KB128780

〈한국목간학회 연구총서 01〉

한국고대 문자자료연구

백제(상) – 지역별 –

권인한 · 김경호 · 윤선태 공동편집

– 집필진(가나나 순) –
강진원 | 서울대학교 국사학과
기경량 | 서울대학교 국사학과
박지현 | 서울대학교 국사학과
안정준 | 연세대학교 사학과
오택현 | 동국대학교 사학과
이은솔 | 원광대학교 서예학과
이재철 | 동국대학교 사학과
이재환 | 서울대학교 국사학과
임혜경 | 서울대학교 국사학과
정동준 | 한성대학교 한국고대사연구소
최경선 | 연세대학교 사학과

한국목간학회 연구총서 01

한국고대문자자료 연구
백제 (상)
– 지역별 –

1판 1쇄 인쇄 2015년 8월 31일 / 1판 1쇄 발행 2015년 8월 31일

공동편집 | 권인한 · 김경호 · 윤선태 / 편집실무 | 오택현 · 이재환
펴낸이 | 최병식 / 펴낸곳 | 주류성출판사 02)3481-1024
주 소 | 06612 서울특별시 서초구 강남대로 435 주류성빌딩 15층(서초동 1305-5)

값 40,000원
ISBN 978-89-6246-255-5 94910
978-89-6246-254-8 94910 (세트)

본 출판물은 성균관대학교 동아시아학술원과 HK한국학사업단의 지원을 받아 수행된 연구임

본 출판물은 2007년 정부(교육부)의 재원으로 한국연구재단의 지원을 받아 수행된 연구임
(NRF-2007-361-AL0014)

한국고대
문자자료연구

백제(상) – 지역별 –

책 머리에

2013년 3월 23일은 "한국고대문자자료 연구모임"이 출범한 뜻깊은 날이다. 한국목간학회와 성균관대학교 동아시아학술원이 공동으로 주최해온 문자문화사 강의가 "『삼국지』·동이전의 세계"를 끝으로 점차 동력을 잃어가던 중 동아시아학술원 인문과학연구소(HK)의 김경호 교수가 세운 중점과제 연구계획서에 의거하여 학문 후속세대 양성에 중점을 둔 연구발표회 모임으로 새 출발을 한 것이기 때문이다. 동아시아자료학 연구를 주제로 한 동 계획서에 의거하여 김경호 교수는 중국출토자료 연구모임을, 권인한은 한국고대문자자료 연구모임을 주관하여 현재에 이르고 있다.

한국고대문자자료 연구모임이 출범하기까지 여러분의 도움이 있었지만, 우선 한국목간학회의 주축을 담당하고 있는 윤선태 교수(동국대학교 역사교육과)의 노고를 잊을 수 없다. 윤 교수의 기획과 섭외로 한국고대문자자료 연구에 관심이 있는 10여 명의 대학원생들을 모을 수 있었을 뿐만 아니라, 그들을 이 방면의 전문가로 성장할 수 있도록 수많은 격려와 지도편달을 해오셨기 때문이다. 이 밖에도 모임 초기에 5회에 걸쳐 서체에 관한 특강을 통하여 글자의 판독에 대한 기초를 다져주신 정현숙 선생님(열화당책박물관), 틈틈이 모임에 참석하시어 토론에 임해주신 김수태 교수(충남대), 김영관 교수(충북대), 최연식 교수(동국대), 조경철 교수(연세대), 정승혜 교수(수원여대) 등도 우리 모임을 키워오신 분들이다. 그리고 우리 모임의 간사로 임명된 강진원 박사(서울대 국사학과)는 백방으로 헌신적인 봉사를 해온 바 있다. 이 모든 분들께 감사의 인사를 올리는 바이다.

성균관대학교 600주년 기념관 4층 10408호 강의실에서 열린 제1회 월례발표회에서는 20여 명의 회원이 참석한 가운데 이재환(서울대 국사학과)의 "무령왕릉 출토 문자자료에 대하여"라는 제목의 발표와 윤선태 교수를 비롯한 참석자 전원의 심도있는 토론이 이루어진 바 있다. 이렇게 힘찬 첫 걸음을 내디딘 우리 모임은 본 백제편의 출판을 위하여 13회의 월례발표회와 3회의 워크숍을 개최한 바 있다. 발표 일정을 일일이 소개하면 다음과 같다.

1회 월례발표회: 2013년 3월 23일(토)
- 무령왕릉 출토 문자자료의 이해/ 이재환(서울대)

2회 월례발표회: 2013년 4월 27일(토)
- 창왕명사리감과 사택지적비의 이해/ 이은솔(원광대)

3회 월례발표회: 2013년 5월 25일(토)
- 특강 '서체와 서풍'/ 정현숙(원광대)
- 왕흥사지 출토 문자자료의 판독과 해석/ 이은솔(원광대)

2013년 하계워크숍: 2013년 7월 26·27일(금·토)
- 부여 관북리·궁남리 출토 목간과 인각와 검토/ 기경량(서울대)
- 공주 출토 문자자료의 재검토/ 박지현(서울대)
- 禰軍 墓誌 검토 -한·중·일 학계의 관심사항을 중심으로-/ 최상기(서울대)
- 古阜 舊邑城 출토 명문와 및 高敞 五湖리 出土 청동인장의 이해/ 강진원(서울대)
- '羅州 伏岩里' 遺蹟 出土 木簡 檢討/ 이재철(동국대)
- 흑치상지 일가 묘지명 검토/ 오택현(동국대)

4회 월례발표회: 2013년 8월 31일(토)
- 특강 '장법'/ 정현숙(원광대)
- 미륵사지 출토 문자자료의 이해/ 임혜경(서울대)
- 흑치상지 묘지명 역주/ 오택현(동국대)
- 예식진 묘지 검토/ 최상기(서울대)

5회 월례발표회: 2013년 9월 28일(토)
- 특강 '집필법, 완법'/ 정현숙(열화당책박물관)

- 나주 복암리 출토 문자자료의 이해/ 이재철(동국대)
- 예소사 묘지 검토/ 최상기(서울대)

6회 월례발표회: 2013년 11월 2일(토)
- 유인원 기공비의 재검토/ 박지현(서울대)
- 예인수 묘지 검토/ 최상기(서울대 국사학과)

7회 월례발표회: 2013년 11월 30일(토)
- 특강 '결구'/ 정현숙(열화당책박물관)
- 부여 쌍북리 출토 문자자료(1)/ 정동준(한성대)
- 익산 및 전주 지역 출토 명문와의 이해/ 이은솔(원광대)

8회 월례발표회: 2013년 12월 28일(토)
- 특강 '서체의 변화와 특징'/ 정현숙(열화당책박물관)
- 부여 쌍북리 출토 문자자료(2)/ 정동준(한성대)
- 미륵사지 출토 기타 문자자료 검토/ 임혜경(서울대)
- 고흥 안동고분 출토 동경 명문 검토/ 기경량(서울대)

2014년 동계워크숍: 2014년 2월 6일(목)
- 능산리사지 출토 목간의 판독과 해석 / 이재환(서울대)
- 익산 연동리 출토 동경 명문 검토 / 기경량(서울대)
- 칠지도 명문 검토 / 오택현(동국대)
- 백제 불상 명문 검토 / 임혜경(서울대)
- 백제 왕손 부여융·태비부여씨 묘지명의 역주와 기초적 검토 / 안정준(연세대)
- 백제 인각와의 재검토 / 이은솔(원광대)

9회 월례발표회: 2014년 2월 28일(금)
- 부여 동남리 및 구아리 출토 문자자료 검토/ 오택현(동국대)
- 부여 지역 출토 인각와와 기타 명문자료(1)/ 최경선(연세대)

10회 월례발표회: 2014년 3월 29일(토)

- 당평제비의 판독과 해석(1)/ 박지현(서울대)
- 진법자묘지명 역주/ 정동준(한성대)

11회 월례발표회: 2014년 4월 25일(금)

- 百濟 義慈王의 外孫 李濟 墓誌銘에 대한 검토/ 안정준(연세대)
- 부여 지역 출토 인각와와 기타 명문자료(2)/ 최경선(연세대)
- 부여 북나성 명문석과 부소산성 출토 광배 검토/ 기경량(서울대)

12회 월례발표회: 2014년 5월 31일(토)

- 능산리 사지 출토 문자자료의 판독과 해석/ 이재환(서울대)
- 미륵사지 출토 기타 문자자료 검토/ 임혜경(서울대)
- 부여 동남리·구아리 출토 문자자료 검토/ 오택현(동국대)
- 금산 백령산성 출토 문자자료의 이해/ 이재철(동국대)

13회 월례발표회: 2014년 6월 28일(토)

- 능산리 사지 출토 문자자료의 판독과 해석(2)/ 이재환(서울대)
- 당평제비의 판독과 해석(2)/ 박지현(서울대)
- 〈난원경묘지명〉의 판독과 해석/ 최경선(연세대)
- 계유명아미타불삼존석상과 계유명삼존천불비상 명문의 이해/ 강진원(서울대)
- 경기 지역 출토 문자자료의 이해/ 안정준(연세대)

2014년 하계워크숍: 2014년 8월 2일(토)

- 무령왕릉 및 능산리사지 출토 문자자료 정리 보고/ 이재환(서울대)
- 공주 출토 문자자료 및 유인원기공비와 당평제비 정리 보고/ 박지현(서울대)
- 흑치상지 일가 묘지명과 칠지도 및 동남리·구아리·낙양 용문석굴 출토 문자자료 정리 보고 / 오택현(동국대)
- 진법자 묘지명 및 쌍북리 출토 문자자료 정리 보고/ 정동준(한성대)
- 복암리·정암리·백령산성 출토 문자자료 정리 보고/ 이재철(동국대)
- 예씨 일가 묘지명 정리 보고/ 최상기(서울대)
- 부여씨 일가 묘지명 및 풍납토성 출토 문자자료 정리 보고/ 안정준(연세대)

– 난원경 묘지명 및 명문와 정리 보고/ 최경선(연세대)
– 사택지적비 및 창왕명 석조사리감·왕흥사지 출토 사리함과 명문와 정리 보고/ 이은솔(원광대)
– 관북리·궁남지·북나성 출토 문자자료와 부소산성 광배 및 동경 정리 보고/ 기경량(서울대)
– 연기 지역 출토 불상명문과 고창 출토 청동인장 정리 보고/ 강진원(서울대)
– 미륵사지 출토 문자자료와 계미명·갑인명·갑신명·정지원명 불상 명문 정리 보고/ 임혜경(서울대)

이렇게 1년 6개월에 걸친 16차례의 발표 원고들을 수정·보완한 끝에 이 책이 상재되었으니 부족함이 없진 않겠으나, 학계에 축하의 인사를 부탁하기에 큰 손색은 없을 줄로 믿는다.

이 책은 백제 문자자료들을 지역별, 주제별로 묶은 것이다.

상권 지역별에는 서울 지역, 공주 지역, 부여 지역, 익산 지역, 기타 지역(국내)로 나누어 각 문자자료에 대한 판독과 해석, 그리고 연구 쟁점사항들에 대한 정리 등을 담은 것이다. 백제의 수도 변천에 따른 문자자료의 사적 전개를 조망할 수 있는 체재인 셈이다.

하권 주제별에는 인각와, 불상 명문, 중국 출토 백제유민 묘지명, 국내 소재 중국계 자료, 기타 해외자료로 구분하여 비슷한 성격의 문자자료들이 한 자리에서 비교·검토가 가능하도록 하였다. 그리고 부록으로 백제 문자자료 이미지 자료들이 한 자리에 모이도록 배려하였다.

여기에서 다루어진 백제 문자자료들은 일찍부터 알려진 자료들도 있지만, 최근에 발굴되어 학계에 소개된 자료들도 적지 않다. 예를 들어 중국 출토 백제유민 묘지명 자료 중 예씨 일가 묘지명, 진법자 묘지명, 난원경 묘지명 등은 최근에 와서 그 존재가 확인되고, 논의가 이루어진 최신의 자료로 주목되는 것들이다. 인각와 자료만 해도 그 동안 곳곳의 도록이나 발굴보고서에 흩어져 있던 것들을 한 자리에 모일 수 있도록 각고의 노력을 기울인 소산이라는 점을 강조하고 싶다. 아무튼 본서의 간행을 계기로 앞으로 백제 문자자료에 대한 연구가 발전하는 데에 밑거름이 될 수 있기를 바라마지 않는다.

성균관대학교 동아시아학술원과 한국목간학회가 손을 잡고서 고대 문자자료들 중에서 그동안 널리 알려졌지만 다시금 음미해볼 만한 가치가 있거나, 혹은 새롭게 발견된 문자자료 등 한국 고대 문자자료 전반을 대상으로 꾸준한 연구 활동을 해보고자 뜻있는 소장학자들이 모여 출범한 "한국고대문자자료 연구모임"의 이름으로 첫 번째로 상재하는 본서의 내용들이 처음에 의도하였던 목표에 어느 정도로 다가섰을지는 조심스럽고 두려움이 앞설 수밖에 없다. 독자 제현의 아낌없는 질책과 비판을 겸허히 받아들이고자 하며, 본서의 출판을 계기로 백제 연구 발전에 조금이나마 이바지할 수 있기를 기대할 뿐이다.

『목간과 문자』의 휘보란을 통하여 소개된 바와 같이 한국고대문자자료 연구모임에서는 현재 고구려편 문자자료에 대한 발표와 검토를 계속해오고 있다. 앞으로 신라편에 이르기까지 한국 고대 문자자료 전반을 대상으로 꾸준한 연구를 행하여 본서의 속편으로 간행할 예정에 있다. 대체로 2017년 8월까지의 여정을 계획하고 있는 바, 앞으로 사계 전문가들의 아낌없는 성원과 지도편달을 바라마지 않는다.

끝으로 본서의 출판을 위하여 바쁜 가운데서도 발표와 원고 작성에 각고의 노력을 기울인 집필자 전원과 행정적·재정적 지원을 아끼지 않으신 성균관대학교 동아시아학술원 HK사업단 관계자, 그리고 어려운 경제 상황에서도 기꺼이 출판을 맡아주신 주류성 관계자들께도 깊이 감사드린다.

2015년 8월

편·저자를 대표하여

성균관대학교 국어국문학과/동아시아학과

권 인 한 謹識

범 례

- 2014년 2월까지 출토 및 공개된 자료들만을 대상으로 하였다.
- 자료의 명칭은 발굴보고서나 최초 보고 자료의 명칭에 기반하여 각 필자가 설정하였다.
- 상권에서는 서울, 공주, 부여 등 각 지역에서 발견된 문자자료들을 유적별로 모아서 소개하였다. 인각와의 경우는 발견 사실만을 간략히 밝히고, 구체적인 사항은 하권 인각와편에서 종합적으로 검토하였다.
- 하권에서는 인각와, 불상 명문, 중국 출토 백제유민 묘지명, 舊백제 지역 소재 중국계 자료 등 유사한 성격을 가진 자료들을 주제별로 모아서 소개하였다. 인각와의 경우 상권의 지역별 유적에서 발견 사실이 소개되었다 하더라도, 하권에서 다른 인각와들과 함께 구체적으로 다시 다루었다.
- 글자임이 분명하나 판독이 불가능한 경우는 '▨'로 표기하였다.
- 묵흔은 확인되지만 몇 글자인지 알기 어려운 경우는 세로쓰기에서 '⊓⊔', 가로쓰기에서 '⊏ ⊐'로 표시하였다.
- 일부만 남은 획을 통해서 전체 글자를 판독하거나, 앞뒤 문맥에 근거하여 추독한 경우 및 판독이 확실하지 않은 추정자의 경우 '[ ]' 안에 글자를 넣어 이를 표시하였다. 井間을 구획한 판독표에서는 해당 글자가 위치한 칸에 음영을 넣는 방식으로 대신하였다.
- 목간의 판독에서 다음과 같은 기호를 사용하였다.

  ◎ → 구멍
  × → 파손
  〉〈 → 절입부

- 판독 비교 자료로 다음 자료를 사용한 경우 약칭을 사용하였다.

  『海東金石苑』 → 海東
  『朝鮮金石總覽』 → 總覽
  『譯註 韓國古代金石文』 → 譯註
  『金石遺文』 → 遺文
  『韓國金石全文』 → 全文

- 목간의 경우, 『한국의 고대목간』, 『백제목간』, 『나무속 암호목간』, 『목간자전』 등을 참고자료로 활용할 때 다음과 같이 약칭하였다.

  국립창원문화재연구소, 2004, 『한국의 고대목간』 → 창원
  국립부여박물관, 2008, 『백제목간 –소장품조사자료집』 → 백제
  국립부여박물관·국립가야문화재연구소, 2009, 『나무 속 암호 목간』 → 나무
  손환일 편, 2011, 『목간자전』, 국립가야문화재연구소 → 자전

차 례

서울 지역

공주 지역

부여 지역

익산 지역

기타 지역

도판 목록

주제별

서울 지역

風納土城 出土 文字資料

風納土城 出土 文字資料

안정준

1. 개관

1980년대에 몽촌토성이 발굴 조사된 이래로 몽촌토성이 곧 河南慰禮城이라고 보는 입장이 지배적이었다. 그러나 1997년 이후의 발굴조사로 풍납토성의 규모(아래 너비 43m, 높이 11m 추정)와 공공건물의 존재 등이 새롭게 규명되었고, 유구나 유물의 양과 질적인 측면에서 풍납토성을 하남위례성으로 보는 견해가 일반화되고 있다(권오영 2002, p.150).

풍납토성의 문자자료들은 1999년 9월부터 2000년 5월까지 한신대학교 박물관에서 서울시 송파구 풍납토성 내 '경당지구'에 대한 발굴조사를 진행할 때 출토된 유물들이다. 2000년대 이후의 발굴조사 가운데 경당연립지구(이하 경당지구) 유적의 44호, 9호 유구는 제사 관련 유구로 추정되며, 한성기 백제 국가제사의 실상을 규명하는데 중요한 단서를 제공할 것으로 생각된다. 이 글에서 다루고자 하는 풍납토성의 문자자료인 "大夫", "井", "直(道)"명도 기존의 제사 유구와 관련이 깊은 문자자료로 이해되고 있다. 이에 해당 문자자료가 출토된 9호 유구와 101호 유구의 형태와 동반 출토된 유물 등을 살펴보고, 위 문자들의 의미를 함께 파악해보도록 하겠다.

2. 銘文 토기

1) 경당지구 9호 유구의 "大夫"銘 直口短頸壺

출처: 국립문화재연구소, 2002, p.52.

(1) 판독 및 교감

大夫

∴ "大"의 우하변에 있는 작은 홈은 字劃이 아니라 깨진 흔적으로 보인다. 이에 "大夫"로 판독하였다.

(2) 역주

풍납동 경당지구 9호 유구는 경당지구의 북반구에 위치하며 층위적으로는 최상층에 해당한다. 91호를 비롯한 선행유구를 여럿 파괴하며 축조되었는데, 그 자신은 현대 건축물의 지하구조물에 의해 서반부가 심하게 훼손되었다. 장축 13.5m, 단축 5.2m, 최대 깊이 2.4m의 장타원형 수혈로서 지금까지 풍납토성 내부에서 조사된 단일유구로는 최대급에 속한다.

방사성탄소연대 측정결과, 9호 유구는 기원후 1~3세기의 범위 내에서 조성되었다. 이 유구는 수회에 걸쳐 퇴적이 이루어졌기 때문에 유물의 출토 양상이 매우 복잡하다. 최상층 면에서부터 조사를 진행하면서 총 24개의 층으로 세분되었지만, 정리 작업에서 7개의 단계(위에서부터 평면A~G)로 압축하였다(권오영 2004, p.17). 그러나 이것이 7회에 걸친 행위를 반영한다고 보는 것은 아니며, 토기의 형태에서 그다지 큰 시기차가 보이지 않는 점을 감안하여, 보고자는 각 평면 간의 시기 차이도 길어야 한두 세대 정도일 것으로 추정하였다(권오영 2004, p.319).[1]

9호 유구의 내부는 토기, 목탄, 소토, 동물 뼈 등이 빽빽하게 차 있는 형태로 그 규모와 출토유물 면에서 주변의 다른 폐기장들을 압도한다. 동물 뼈는 10마리 분의 동물 머리(말뼈로 추정)가 주를 이루는 가

1) 44호 건물지 동·서쪽 지표 하 300㎝에서 입수한 목탄은 모두 기원후 3~6세기 범위로 나타났다(강형태·나경임 2004, p.288).

운데, 소량의 어류, 조류, 소머리, 돼지 어금니, 사슴의 등뼈 등이 포함돼 있다. 토기류는 소형의 고급 祭器 위주의 토기 양상을 보이고 있다. 특히 고배와 三足器에서 다수 보이는 인위적인 打缺痕,[2] 馬形土偶를 비롯한 각종 토제품과 소형 모조품, 다량의 雲母와 매실,[3] 생선뼈의 존재는 일반적인 폐기장의 유물과는 큰 차이를 보인다. 또한 "大夫"와 "井"자가 새겨진 直口短頸壺의 존재는 이 9호 유구가 국가, 왕실이 주체가 된 국가 제사 유구로 보는 근거가 되고 있다(권오영 2002, p.152).

"大夫"銘 直口短頸壺가 출토된 9호 유구의 평면A(동서보크 5~7층, 남북보크 10~11층)는 정형성을 지닌 유물이 출현하는 최초의 단계이다. 목탄이 군데군데 분포하고 있으며, 출토된 유물들은 三足器, 고배 위주의 토기류가 대부분인 가운데 器臺가 두 점 출토되었다. 전반적으로 소형의 祭器類가 주종을 이루는 가운데 인위적으로 깨뜨린 경우가 많다. "大夫"銘 直口短頸壺도 발견 당시에 인위적으로 훼기한 듯 토기편의 분산이 심한 상태였다(권오영 2004, p.17).

直口短頸壺의 어깨부위에 새겨진 "大夫"는 그동안 알려지지 않았던 백제의 관직이나 관등으로 보기도 했다. 이와 관련하여 창녕 계성동 고분군과 동해 추암동 고분군에서 출토된 "大干"명이 신라의 外位의 異稱일 가능성이 높다는 점을 근거로, 경당지구에서 출토된 "大夫"도 백제의 관명으로 판단하기도 하였다. 특히 9호 유구가 제의와 관련된 공간이라는 점에 착안하여, "大夫"가 개로왕대의 王·侯制 하에서 왕실의 祭儀라는 특정한 직무를 담당한 관원이었을 가능성이 있다고 보았다(문동석 2002, pp.54-60).

그러나 최근에 한강을 사이에 두고 풍납토성과 마주보고 있는 아차산 시루봉의 고구려 보루 유적에서 "大夫井大夫井"이라는 문자가 새겨진 토기가 발견되면서 다른 시각에서 접근하기도 하였다(임효재·최종택·임상택·윤상덕·양시은·장은정 2002, p.307). 풍납토성과 한강을 마주보고 북안에 위치한 고구려 보루유적에서 토기에 동일한 문자를 사용했다는 점을 고려할 때, 9호 유구의 "大夫"명을 백제 고유의 관명으로 단정하기 어렵다는 점이 지적되었던 것이다(권오영 2004, p.327).

또한 9호 유구에서 다량의 운모가 출토된 사실을 "大夫"명과 관련하여 주목하기도 한다. 『太平廣記』의 설화에 따르면 도교의 대표적인 선인인 彭祖는 水桂, 雲母粉, 麋角山을 복용하여 나이가 767세에 이르렀는데, 세상사에 관심이 없이 양생과 치신만 일삼자, 왕이 그를 大夫에 임명했다고 전한다(『太平廣記』 卷2 神仙2 彭祖). 중국에서 백제로 도교가 전파되면서 팽조에 대한 설화도 같이 전해졌을 가능성이 있다면, 9호 유구에서 다량의 운모와 함께 발견된 直口短頸壺의 "大夫"명도 팽조와 관련한 표현일 가능성이 있다는 것이다(金昌錫 2004, p.13). "大夫"銘은 외형상 直口短頸壺의 소성 이후에 사용자에 의해 새겨진 것으로 보인다. 아마도 의례를 준비하는 과정에서 새겨 넣었을 가능성이 높아 보이며, "大夫"명도 실제 백제의 관명이라기보다는 제의의 과정에서만 유의미한 상징적인 존재였을 가능성이 높다고 생각된다.

---

2) 9호 유구에서 5점의 석제방망이도 출토되었으며, 보고자는 이를 토기를 파쇄할 때 사용한 것으로 추정하였다(권오영 2004, p.322).

3) 중국에서 雲母는 仙藥으로 不老長生, 輕身 등의 효력을 가진 것으로 인식되었다(門田誠一 2000, p.19). 백제가 남조 국가들과 긴밀한 교섭을 전개하면서 당시 중국에서 유행하던 종교 관념을 도입했을 가능성이 제기된다(권오영 2002, p.152).

2) 경당지구 9호 유구의 "井"銘 直口短頸壺

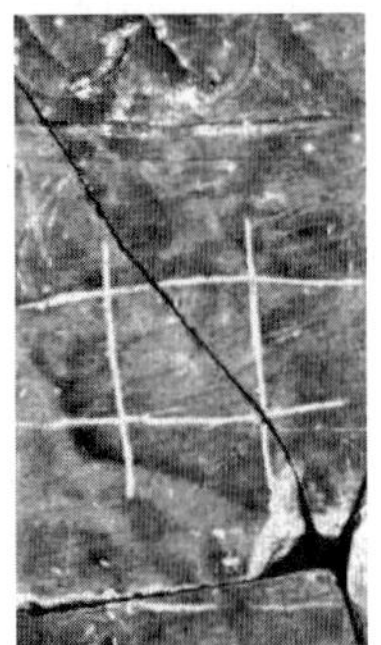

출처: 국립문화재연구소, 2002, p.53.

(1) 판독 및 교감

井

∴ "井"銘이 문자인지 부호인지 여부는 불분명한 상황이다.

(2) 역주

"井"銘 直口短頸壺가 출토된 9호 유구의 평면E는 많은 양의 소형 제기류 출토되었다. 고배가 가장 많으며 이어서 광구단경호, 완, 直口短頸壺 등이 있다. 이 유구에서는 "井"銘 直口短頸壺, 동이 및 심발형토기와 같은 조리용기의 존재 주목된다. 또 중국 西晉代로 추정되는 靑磁, 盌, 충청도 지역에서 제작된 것으로 판단되는 개배 등 외래계 유물의 존재하며, 말뼈로 추정되는 하악골 2개체가 발견되기도 하였다. 이는 단순한 일상용 건물이라기보다는 제사 관련 유구로 이해될 소지가 많다. 9호 유구와 이웃한 呂子形 대형 건물지인 44호 유구가 많은 공력이 투입된 공공시설 목적의 대형구조물이라는 점, 그리고 건물 내부와 외부를 溝로 차단하고, 溝의 바닥에 판석과 정선된 숯을 깐 점 등을 주목하는 가운데, 일본에서도 이와 유사한 구조의 유구가 神殿이나 祠로 쓰였다는 점이 지적되기도 했다(권오영 2001, pp.41-42; 문동석 2002, pp.57-58).

한편 한강을 사이에 두고 서로 마주보고 있는 아차산 시루봉 고구려 보루에서 발견된 접시나 완의 동체부와 바닥면에서도 '#' 형태의 부호가 발견된 사례들이 나타나고 있다.[4] 이를 통해 9호 유구의 "井"銘도 고구려·백제 양국 공통의 종교 행위와 관련 있을 가능성을 제시하는 가운데, 祈雨 제사와 관련하여 이해

4) 보고자는 "井"을 부호로 판단하였다(임효재·최종택·임상택·윤상덕·양시은·장은정 2002, p.155). 한편 고구려의 경우 토기의 바닥이나 동체에 새겨지는 것이 보통이며, 45도 내지 약간 기울어진 형태로 새겨지는 경우도 나타난다. 경주 壺杅塚의 청동호우 바닥면에 있는 명문의 상단, 그리고 천추총에서 출토된 권운문 와당면의 반구형 중방에 새겨진 "#"의 사례도 그러한데, 이를 문자가 아닌 辟邪의 의미를 가졌거나 혹은 특별한 상징성을 가진 부호로 추정하기도 한다(심광주 2009, p.272).

하기도 하며(권오영 2004, pp.321–327; 신희권 2013, pp.25–27), 단순히 무병장수를 위해 疫病과 疫鬼를 씻어내 물리치는 辟邪의 의미로 이해하기도 한다(金昌錫 2004, p.13). 그 밖에 9호 유구에서 말을 희생으로 하고, "井"銘의 토기를 제사용품으로 사용한 것은 祈雨 혹은 城內의 음용수를 확보하기 위한 제사이거나, 혹은 외적의 침입을 물리치기 위한 일종의 軍事儀禮일 가능성도 있다고 보고, 이를 漢代의 漢神 숭배와 연관시키기도 한다.[5)]

3. 명문 전돌

1) 경당지구 101호 유구의 "道(直)"銘 전돌

출처: 국립문화재연구소, 2002, p.94.

(1) 판독 및 교감

道; 直

∴ "道(直)"銘 전돌은 명문의 우상부가 깨져나간 형태인데 보고서에서는 直자로 추정하였다(權五榮·韓志仙 2005, p.125). 그러나 근래 좌변이 「광개토왕릉비」 등에서 보이는 '辶'과 유사하며, 이를 중국 後漢시대부터 北魏시대에 유행했던 예서체의 일종으로 보아 '道'로 판독하는 의견도 제시되었다. 현재로서는 깨진 흔적으로 인해 어느 한쪽으로 단정하기는 어려운 상태이다.

(2) 역주

경당지구 101호 구덩이 유구는 신전 건축물로 추정되는 44호 건물지의 남서 측 모서리로부터 10m, 그

5) 고대 일본에서도 漢神祭가 있었는데, 여기서 漢神은 漢土의 神으로 遣唐使나 蕃客을 통해 들어오며, 그것이 퍼뜨린 疫과 재앙이 전염병과 가뭄을 일으킨다고 여겨졌다고 한다. 9호 유구의 제사가 祈雨, 疫神 퇴치, 혹은 군사의례와 관련있다면 이는 漢神 제사와도 연관해볼 수 있다는 것이다(金昌錫 2004, pp.10–12).

리고 제사용 수혈로 추정되는 9호 유구의 서쪽 7m 지점에 위치해 있는데, 44호 건물지와 관련있는 유구로 추정된다. 이 유구는 하층의 삼국시대 전기의 주거지를 파괴하고 들어서 있으며, 이 윗층에는 경당지구 상층에 해당하는 주거지들이 조성된 것으로 보아 전체적으로는 경당지구의 중층 유구로 볼 수 있다.

101호 유구는 출토된 토기의 양상이 완형 유물이 없이 전부 깨진 상태로 출토된 데다 인위적으로 깨트린 흔적이 드물며, 제사용기보다는 일상용기 비중이 큼을 고려할 때 일상적인 폐기장 정도로 생각할 수도 있다. 그러나 소, 말, 멧돼지, 사슴, 곰 등의 다양한 동물 뼈가 출토된 점, 文字塼과 五銖錢의 존재는 일반적인 폐기장의 특징으로 보기 어려우며, 특히 유구가 한번 굴착된 이후 2회에 걸쳐 재굴착되는 과정을 거쳤다는 점이 유의된다. 이는 고성 동외동 유적 등 유물 파쇄를 비롯한 모종의 의례와 매립이 반복됐던 다른 제사 유구의 사례들과 유사한 점이다.[6)]

이 유구에서는 "道(直)"字로 추정되는 銘文塼을 비롯해 500여 점 이상의 토기가 출토됐으며, 출토된 토기 중에 고배와 삼족기, 보주형 꼭지 달린 뚜껑이 전무한 점, 중도식 경질무문토기가 남아있는 점 등으로 보아 한성기 백제 토기의 초창기 모습을 보여주고 있다. 또한 後漢代에 주조된 것으로 추정되는 오수전의 존재와 더불어 동물뼈의 AMS연대 측정 등을 통해 해당 유구의 연대를 3세기 후반경으로 추정할 수 있다(權五榮·韓志仙 2005, pp.125-126). 경당지구 인근의 197번지 일대 발굴조사에서 도로 유적이 발굴됨에 따라, "道(直)"銘 전돌을 단순히 '길'을 의미하는 것으로 이해하는 견해도 있다(신희권 2013, pp.9-12).

4. 참고문헌

1) 보고서 및 자료집

국립 문화재연구소, 2002, 『風納土城 -잃어버린 '王都'를 찾아서-』, 서울역사박물관.

權五榮·權度希·韓志仙, 2004, 『風納土城Ⅳ -慶堂地區 9號 遺構에 대한 發掘報告-』, 한신대학교 박물관.

權五榮·韓志仙, 2005, 『風納土城 Ⅵ -慶堂地區 中層 101號 遺構에 대한 報告-』, 국립문화재연구소·한신대학교박물관.

임효재·최종택·임상택·윤상덕·양시은·장은정, 2002, 『아차산 시루봉 보루』, 서울대학교 박물관.

2) 논저류

高島英之, 2000, 『古代出土文字資料の硏究』, 東京堂出版.

金昌錫, 2004, 「한성기 백제의 국가제사 체계와 변화 양상 -풍납토성 경당지구 44호, 9호 유구의 성격 검토를 중심으로-」, 『서울학연구』 22.

6) 일상용기가 많이 보이는 것은 약 200년 정도의 시차에 의한 의례대상물과 행위의 차이로 해석되기도 한다(權五榮·韓志仙 2005, pp.124-126).

문동석, 2002,「풍납토성 출토 "大夫"銘에 대하여」,『百濟研究』36.
신희권, 2013,「風納土城 출토 文字와 符號 探論」,『韓國古代史探究』15.
심광주, 2009,「남한지역 고구려유적 출토 명문자료에 대한 검토」,『목간과 문자』4.

門田誠一, 2000,「湯山古墳出土の雲母片と關聯試料の再吟味」,『古代學研究』150.

공주 지역

公山城 出土 文字資料

宋山里 6號墳 出土 文字資料

武寧王陵 出土 文字資料

公山城 出土 文字資料

박지현

1. 개관

지금 공산성으로 불리는 충청남도 공주시 산성동 · 금성동 일원에 위치한 성은 고대에는 熊津城 혹은 熊川城으로, 고려 시대에는 공주산성으로, 조선시대에는 쌍수산성이라고도 불렸다. 공산성은 이처럼 다양한 이름으로 백제~조선시대까지 긴 시간 동안 계속 유지되고 사용되었기 때문에 그 내부에는 여러 시기의 다양한 유적이 존재하고 있다. 그중에서도 백제 때 만들어진 것으로 추정되는 것은 공산성 성곽 일부를 구성하는 土城址와 石城, 추정왕궁지, 성안마을 백제유적, 연못, 쌍수정 북쪽 백제건물지, 용수저장 시설이 있는 백제건물지, 공산성 북쪽 구릉의 저장시설 등이다.

공산성 내에서 확인된 문자자료들은 출토된 층위가 명확하지 않은 탓인지 제작 시점이나 사용 시점을 확정하기는 어렵다. 백제 때의 것으로 확정할 수 있는 것으로는 최근 성안마을 백제유적에서 출토된 '貞觀十九年'이라는 朱書를 지닌 칠찰갑과 명문 벼루, 그리고 공산성 내 여러 유구에서 발견된 수 점의 인각와가 있다. 따라서 본 글에서는 칠찰갑의 朱書를 중심으로 다루고, 인각와는 인각와만을 따로 다룬 글에서 자세히 살펴보기로 하겠다.

2. 칠찰갑 朱書

칠찰갑은 성안마을 북동쪽의 저수시설의 최하층에서 출토되었다. 수습 당시 찰갑편이 남북 3m, 동서

2m 정도의 너비에 흩어져 있었고, 부분적으로는 찰갑편이 엮여 있는 형상이 확인되기도 했다. 남아있는 찰갑편은 크기와 형태별로 약 23종류로 분류된다(이남석 2012, pp.173-177). 서로 붙어있는 채로 출토된 찰갑편들도 있는데, 이 경우 유물 훼손을 막기 위해 보존 처리를 거쳐 떼어내게 된다. 따라서 지금까지 발표된 것 이외에도 朱書가 남아있는 찰갑편이 있을 가능성이 있으므로 朱書의 완전한 판독과 해석은 보존처리가 끝난 이후에나 이루어질 수 있을 것이다. 여기서는 우선 발표된 찰갑편의 朱書만을 살펴보도록 하겠다.[1]

1) '李肇銀'명 찰갑편

출처: 한국목간학회, 2011, 『목간과 문자』 9, p.3.

(1) 판독 및 교감

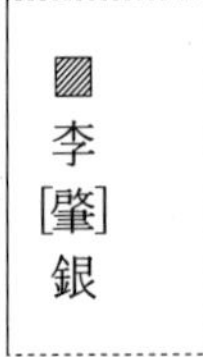

▨[2]李[肇][3]銀

---

1) 찰갑편의 제시 순서는 발굴자였던 이남석이 한국목간학회에서 발표한 논문에 제시된 순서를 따랐다. 전체 찰갑의 보존작업이 진행중으로, 아직은 찰갑편을 차례로 엮기 어렵다. 또한 2014년에 실시된 성안마을 추가 발굴조사에서 주서가 있는 또 다른 찰갑편이 발견되었는데, 아직 자료가 정리되지 않은 상태이므로 2014년 출토품은 본 글에서는 다루지 않고 있음을 밝혀 둔다.

2) ▨: '馬'나 '鳥'와 같은 글자일 가능성이 높다.

3) ▨(이남석 2012), 肇(이도학 2012).

[肇]

찰갑편	隋 龍華寺碑	唐 段志玄碑

∴ 글자 윗부분은 '肇'와 거의 같으나, 글자 아랫부분은 조금 다르다. 글자 아랫부분을 '來'와 같은 글자일 것이라고 추정한 견해도 있다(이남석 2012, p.180). 현재로서 가장 가능성 높은 글자로서 '肇'를 제시하긴 하였으나, 아직 확정하기는 어렵다고 생각된다.

(2) 역주

▨이조은[4)]

2) '史護軍▨'명 찰갑편

출처: 한국목간학회, 2012, 『목간과 문자』 9, p.3.

4) 이조은: 인명일 것으로 추정된다.

(1) 판독 및 교감

史
[護]
軍
▨

史[護]軍▨

[護]

찰갑편	魏 鍾繇 宣示表	唐 顔眞卿 自書告身

∴ 찰갑편의 글자가 '護'와 가장 유사하긴 하나, 중간의 획이 완전히 같은 것은 아니다. 따라서 추독자로 둔다.

(2) 역주

사호군[5]▨

3) '緖'명 찰갑편

출처: 한국목간학회, 2012, 『목간과 문자』 9, p.3.

5) 사호군: 史護軍. 현재로서는 의미를 파악하기 어렵다.

(1) 판독 및 교감

緖

緖

(2) 역주

서[6]

4) '王武監大口典'명 찰갑편

출처: 한국목간학회, 2012, 『목간과 문자』 9, p.3.

(1) 판독 및 교감

王 武 監 大 口 典

王武監大口典

6) 서: 緖. 현재로서는 의미를 파악하기 어렵다.

(2) 역주

왕무감[7]대구[8]전

5) '行貞觀十九年'명 찰갑편

찰갑 2편에 연이어 주서가 쓰여 있다. 찰갑편은 분리되어 있었지만 명문 내용상 이어 보는 것은 무리가 없다고 판단된다. '行'의 윗부분은 찰갑편 상단이 결실되어 글자가 보이지 않지만 글자 2개가 더 있었을 것이라고 한다.

公山城 성안마을 연못출토 銘文漆札甲片

출처: 한국목간학회, 2012, 『목간과 문자』 9, p.2.

(1) 판독 및 교감

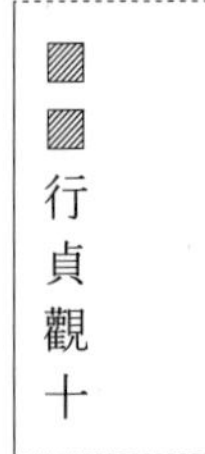

▨
▨
行
貞
觀
十

九
年
四
月
廿
一
日

7) 無監: 관직으로 추정하기도 한다(이남석 2012, p.184).

8) 大口: 의복을 뜻하는 경우도 있어, 뒤의 典과 함께 衣制法式의 의미로 추정하기도 하였다(이남석 2012, p.184).

▨▨行貞觀十九年四月廿一日

⑵ 역주

▨▨行 貞觀[9]19년 4월 21일

6) 연구쟁점

위에서 살펴본 찰갑편들의 朱書 중 "貞觀十九年"은 칠찰갑의 연대를 짐작할 수 있는 근거가 된다. 貞觀 19년은 645년으로 唐의 고구려 원정이 있었던 해이다. 이때 당 태종의 고구려 정벌 기록 중에 "이때(貞觀 19년) 백제가 金髹鎧를 바치고, 또 검은 쇠로 무늬있는 갑옷을 만들어 바치니 군사들이 (이것을) 입고 따랐다. 황제(태종)이 勣(이세적)과 만나니 갑옷 빛이 햇빛에 빛났다."(『三國史記』 卷21 寶藏王 4년, 『新唐書』 卷220 東夷傳 高麗)라는 내용이 있다. 만약 이 칠찰갑이 기록에 등장하는 金髹鎧라면 제작자는 백제, 사용자는 당이 되는 것으로 볼 수 있을 것이다. 그러나 645년 당 태종의 정벌 대상은 고구려에 한정되어 있는데, 갑옷의 출토지는 백제 영토였던 공주(웅진)이기 때문에 이때의 갑옷이 공주로 옮겨진 정황이 설명되어야 할 것이다.

이와 달리 백제가 이와 같은 갑옷 제작 기술을 보유하고 직접 만들어 사용한 갑옷이었다고 상정할 수도 있을 것이다. 그렇다면 朱書도 백제가 남긴 것이라고 보아야 한다. 그러나 이 경우 백제가 年을 표기할 때 연호를 사용하지 않고 干支를 사용했다는 사실과 어긋나게 된다. 이에 관하여 '貞觀' 연호가 문두에 쓰인 것이 아니라는 점에 초점을 맞추어 이 명문이 백제의 대중국 외교와 관련된 것으로 '貞觀' 연호는 그 외교사건의 특정 시간을 표기하기 위해 사용되었다는 견해가 제기되기도 하였다(이남석 2012, pp.184-185). 그러나 이 시기 백제의 연호 사용을 뒷받침할 명확한 증거가 없다는 견해도 있다(이도학 2012, pp.330-333).

칠찰갑의 소유자와 관련하여 주목할 만한 것은 "▨李[肇]殷"이 써 있는 찰갑편이다. '李' 다음의 글자를 발굴단 측에서는 미상으로 처리하였으나 '李▨殷'을 인명일 것이라고 보았으며, 그렇게 보는 것이 가장 자연스럽기도 하다. 그런데 지금까지 백제인 중에서는 '李'씨 성을 가진 인물이 확인되지 않았다. 따라서 이러한 사실에 근거하여 이름의 주인공을 唐人으로 보고 가운데 글자를 '肇'로 읽어서 '李肇殷'이라는 唐人이 이 칠찰갑의 착용자였다고 보기도 한다(이도학 2012, p.334). 일견 타당한 견해이지만, 아직 확인되지 않은 朱書가 남아 있으므로 다양한 가능성을 열어 두는 것이 좋을 것으로 생각된다.

---

9) 貞觀: 唐 太宗의 연호이다. 貞觀 19년은 645년으로, 당의 고구려정벌이 있었던 해이기도 하다. 『三國史記』 卷21 高句麗本紀9 寶藏王 4年 기사에 따르면, 645년 4월 李世勣이 이끄는 당군이 遼水를 건너 玄菟에 이르렀다고 한다.

3. 銘文硯

2011년 시행된 성안마을 발굴조사에서 출토된 벼루 중 명문이 있는 것이 한 점 확인되었다. 본 자료가 확인된『웅진성 공산성』에서는 정확한 출토 지점이나 유물의 크기 등의 특징에 관해서는 언급하고 있지 않다.[10)]

출처: 공주대학교박물관·공주시, 2013,『웅진성 공산성』, p.112, 도판 3.

(1) 판독 및 교감

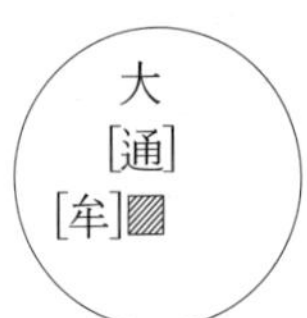

大通[11)]▨[12)]

[牟]

10) 정식 발굴보고서가 출토되지 않아서 발굴 정황이나 자료에 대해 상세한 내용을 알 수 없다.

11) 通(공주대학교박물관·공주시 2013).

12) 夆(공주대학교박물관·공주시 2013).

[通]

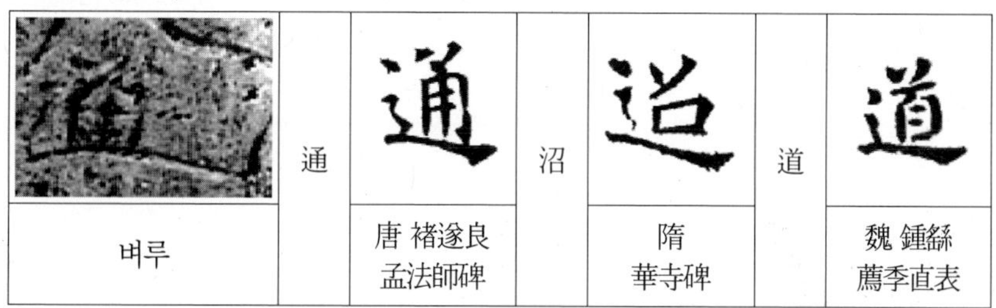

벼루	通	唐 褚遂良 孟法師碑	沼	隋 華寺碑	道	魏 鍾繇 薦季直表

∴ '用' 안의 세로획이 보이지 않는 등 글자 형태만으로는 '通'이라고 확신하기 어렵다. 다만 '大通'이 梁나라의 연호로 사용되었으며 공주와 부여에서 '大通'명 기와가 발견된 사실이 있다는 점과 바로 앞 글자가 '大'라는 점에서 미루어보아 '通'으로 읽는 것이 가장 자연스러울 듯하다. 그러나 가능성을 열어두기 위하여 비슷한 모양의 글자들도 함께 제시하였다.

▨

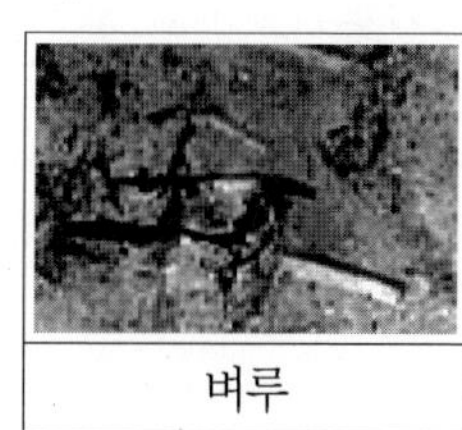

벼루

∴ 두 번째 가로획의 오른쪽에서 시작되는 패인 선을 획으로 볼 수 있다면 '五'로 읽을 수 있다. 그러나 이것이 획이 아니라면 '主'일 가능성도 있으며, 두 번째 가로획 왼쪽에 보이는 패인 자국을 획으로 인정한다면 '注'라고 읽을 수도 있을 것이다.

[牟]

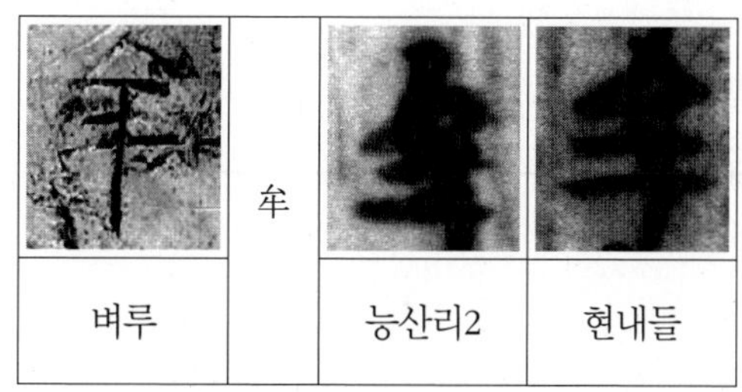

벼루	牟	능산리2	현내들

∴ 본 자료가 보고된『웅진성 공산성』(공주대학교박물관·공주시 2013)에서는 이 글자를 읽지 않고, 가운데 한 줄의 명문을 3자로 파악하여 '大通寺'로 읽었다. 그러나 '寺'로 읽은 글자 왼편에도 글자가 확연히 보이고 있어 전체 글자는 3자가 아니라 4자로 보아야 할 것이다. 글자의 모양은 목간에서 보이는 '牟'와 유사하기는 하나 확정하기는 어렵다. 현재로서는 '牟'로 추독하는 것이 가장 타당하리라 여겨진다.

(2) 역주

대통[13]▨年

4. 인각와

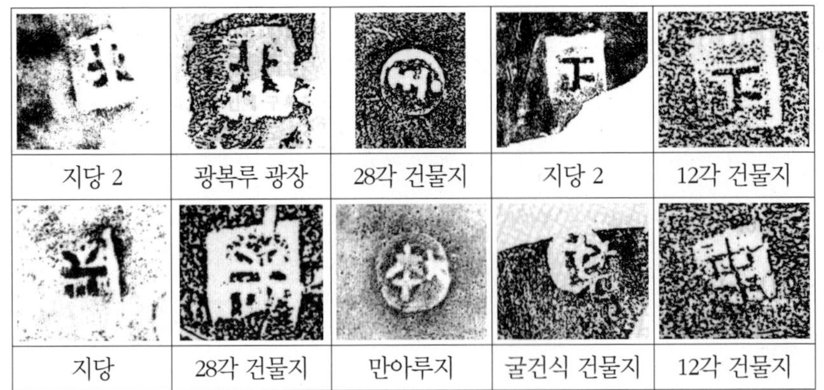

지당 2	광복루 광장	28각 건물지	지당 2	12각 건물지
지당	28각 건물지	만아루지	굴건식 건물지	12각 건물지

인각와에 관한 자세한 내용은 본서 인각와 항목을 참고.

5. 참고문헌

1) 보고서 및 자료집

공주대학교 박물관, 2011, 『사적 12호 公山城 성안마을 내 유적 -제4차 발굴조사 약보고서-』, 공주대학교 박물관.

공주대학교박물관·공주시, 2013, 『웅진성 공산성』, 공주대학교박물관.

국립부여박물관, 1989, 『百濟의 瓦塼: 특별전』, 국립부여박물관.

국립부여박물관, 2002, 『百濟의 文字』, 국립부여박물관.

국립부여박물관, 2010, 『百濟瓦塼: 기와에 담긴 700년의 숨결』, 씨티파트너.

國史編纂委員會, 2004, 『中國正史朝鮮傳: 譯註 二』, 신서원.

安承周·李南奭, 1987, 『公山城 百濟推定王宮址 發掘調査報告書』, 公州師範大學校博物館.

安承周·李南奭, 1990, 『公山城 城址發掘調査報告書』, 公州大學博物館.

安承周·李南奭, 1992, 『公山城 建物址』, 公州大學校博物館.

13) 大通: 중국 남조 梁의 연호이다. 527년을 원년으로 하여 529년까지 쓰이다가, 529년에 연호가 中大通으로 바뀌었다.

李南奭·李勳, 1999,『公山城池塘』, 公州大學校博物館.

韓國古代社會研究所, 1992,『(譯註)韓國古代金石文 1 –고구려·백제·낙랑편–』, 駕洛國史蹟開發研究院.

2) 논저류

朴容塡, 1973,「公州出土의 百濟瓦·塼에 關한 研究」,『百濟文化』6, 공주대학교 백제문화연구소.

이남석, 2012,「公山城出土 百濟 漆刹甲의 銘文」,『목간과 문자』9, 한국목간학회.

이도학, 2012,「公山城 出土 漆甲의 性格에 대한 再檢討」,『인문학논총』28, 경성대학교 인문과학연구소.

이병호, 2004,「기와 조각에서 찾아낸 백제 문화, 인각와」,『고대로부터의 통신』, 푸른역사.

宋山里 6號墳 出土 文字資料

박지현

1. 개관

송산리 6호분은 충청남도 공주시 금성동에 위치한 宋山의 남쪽 경사면에 위치하고 있다. 이 지역에는 발굴된 고분 7기를 포함하여 모두 20여 기 이상의 백제 고분이 자리잡고 있는데, 현재 宋山里 1~6호분과 무령왕릉(武寧王陵)이 복원되어 있다. 발굴된 고분 7기 중 1~4호분이 경사면 위쪽에 무리지어 있고, 5·6호분과 무령왕릉은 그 남쪽 사면에 위치한다. 고분의 구조는 穹窿狀 天井의 橫穴式 石室墳과 塼築墳으로 나뉘는데, 6호분은 전축분에 해당한다. 송산리 고분군에서 무령왕릉과 6호분만 전축분이어서, 이 두 무덤의 시간적 선후관계를 밝히기 위한 연구가 진행되기도 하였다(박보현 2002).

송산리 6호분에 대한 공식적인 발굴조사는 1933년에 시행되었다. 1932년 당시 공주고보 교사였던 輕部慈恩이 6호분의 배수구 일부를 발견하고 1933년에 총독부에 그 사실을 알렸고, 조선총독부 박물관은 藤田亮策·小泉顯夫·澤俊一에게 촉탁하여 발굴조사를 실시하였다. 여러 차례의 내부 도굴로 인해 유물은 거의 발견되지 않았으나, 玄室의 四方 벽에 그려져 있던 四神(靑龍, 白虎, 朱雀, 玄武)의 벽화가 확인되었다. 小泉顯夫가 고분의 실측도를 작성하고 澤俊一이 사진 촬영을 맡았다고 하며, 輕部慈恩도 조사에 참여하여 벽화와 銘文塼 등의 스케치를 남겼으나, 상세한 발굴보고서는 간행되지 않은 듯하다.

송산리 6호분의 현실은 길이 3.7m, 폭 2.4m, 높이 3.13m의 크기로, 현실을 축조하기 위해 먼저 필요한 만큼의 넓이로 壙을 파고 塼으로 床面을 쌓았으며 현실 바닥에는 배수구를 시설하였다. 床面 중앙의 동쪽에 관대가 시설되었으며, 사방의 벽은 문양전으로 쌓아올리고 벽면에 사신도를 그렸다. 東西 양벽에 각 3개, 북벽에 1개 등 7개의 燈龕이 마련되어 있다.

출토된 문자자료로는 연도와 현실 천장의 아치형 벽면을 구축하는데 사용된 銘文塼으로서 '中方'銘 塼과, 연도 입구를 막는데 사용된 폐쇄용 전 중에서 발견된 독특한 銘文塼 한 점이 있다.

2. 銘文塼

1) '中方'명 塼

長·短邊에 각각 斜格紋과 '中方'이라는 銘文이 남아있다. 장변의 有紋側보다는 無紋長邊側이 넓은 사다리꼴 모양의 전으로 연도와 현실 천장의 아치형 벽면을 구축하는 데 사용되었는데, 태토는 세미하고 소성도는 양질에 속하며 색조는 회갈색이다. 명문의 자경은 1.5cm이며, 장변 길이 33.0cm, 단변 길이 16.5cm, 두께 4.5cm이다. 명문이 선명하여 '中方'으로 판독하는데 이견이 없는 듯하다.

출처: ⓒ박지현.

(1) 판독 및 교감

中 方

中方

(2) 역주

중방[1)]

---

1) 중방: 中方. 백제의 지방행정구역인 5방 중 하나의 이름이다.

2) '梁[宣]以爲師矣'명 塼

송산리 6호분의 閉鎖用塼에서 수습되었다. 장변의 길이는 30.0cm이고 短邊의 無紋面의 길이는 13.5cm, 紋樣面의 길이는 10.0cm이며 두께는 4.0cm이다. 태토는 세미하고 견고하게 소성되었으며 색조는 회색이다. 명문은 長邊의 한 측면에 예리한 공구로 음각하였으며 서체는 草書로 보인다. 이 塼에는 명문 이외에도 蓮花文이 새겨져 있다.

출처: 국립부여박물관, 2010,『百濟瓦塼: 기와에 담긴 700년의 숨결』, p.61.

公州宋山里第六号墳にて発見された造瓦銘入百済塼

출처: 輕部慈恩, 1971, 『百濟遺蹟の硏究』, 圖版31.

(1) 판독 및 교감

梁	①
[宣]	②
以	③
爲	④
師	⑤
矣	⑥

梁[宣][2)]以[3)]爲師矣

2) 良(關野貞, 정재훈), 官(輕部慈恩, 박용전, 김태식), 宣(조윤재).
3) 瓦(輕部慈恩, 박용전), 以(조윤재).

②: [宣]

	宣				官		
②		陳 智永 千字文谷氏本	明 文徵明	元 康里巎巎		東晉 王羲之 十七帖(上野本)	唐 賀知章 孝經

∴ '官'으로 읽는 견해가 많았던 글자이다. 그러나 근거로 든 '官'을 쓴 글자들을 보면, 본 銘文塼의 글자에서 보이는 'ㄴ' 모양의 필획을 확인할 수 없다. 오히려 '宣'에 해당하는 글자들과의 유사성이 드러나기는 하지만, '宣'과 정확하게 일치한다고 보기도 어렵다. 현재로서는 '宣'으로 읽는 것이 최선이라 하겠으나, 다른 글자일 가능성도 완전히 배제할 수는 없을 듯하다.

③: 以

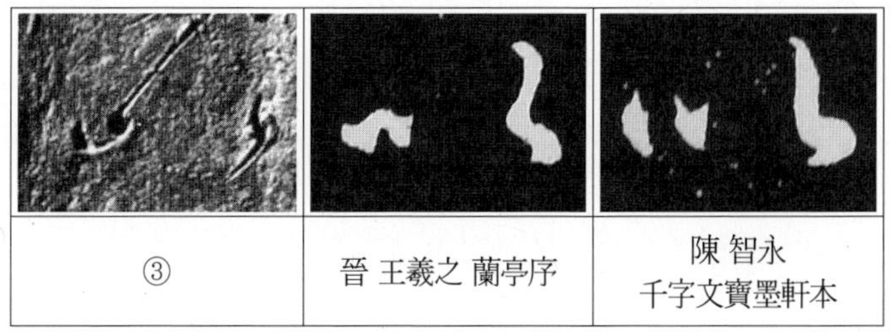

③	晉 王羲之 蘭亭序	陳 智永 千字文寶墨軒本

∴ 이 글자를 '瓦'로 읽기에는 획이 너무 부족하다. '以'를 흘려쓴 형태로 판단하는 것이 타당하다.

(2) 역주

梁나라[4] 宣을 스승(師)으로 삼았다.

(3) 연구 쟁점

본 명문의 판독에서 가장 문제가 되었던 부분은 '梁' 다음에 오는 두 글자이다. 지금까지 많은 연구자들이 이 두 글자를 '官瓦'로 읽고 이 '官瓦'를 '관영공방에서 제작된 기와'로 해석하였다. 이 경우 뒤에 오는 '師'를 '본보기로 삼다'라는 뜻으로 풀어, "양나라 관영공방의 기와를 본보기로 삼았다."라고 해석하였다. 그러나 초기에 이 명문전을 조사한 일본인 학자 關野貞은 '梁' 다음의 두 글자를 '良(?)○'로 처리하고 이 '良○'를 梁으로부터 온 工人의 이름일 것으로 추정하였다(關野貞 1941). 輕部慈恩은 처음에는 이 두 글자를 '官品'으로 보았다가 '官瓦'로 수정하였다(輕部慈恩 1946, p.124·pp.226-227; 1971, p.62). 鄭在勳은

4) 梁: 蕭衍이 세운 중국 南朝의 세 번째 왕조. 502년부터 557년까지 존속했다.

梁 다음의 첫 번째 글자는 '良', 그 다음 글자를 '瓦'로 보아 '좋은 기와'라는 뜻으로 풀이했다(정재훈 1987). 이럴 경우 명문 전체는 "양나라의 좋은 기와를 본보기로 삼았다."라는 뜻이 될 것이다. 그런데 조윤재는 이 두 글자를 '宣以'로 보아 완전히 다르게 판독하였다(조윤재 2008, pp.62-64). 이 경우 宣을 인명으로 처리하여, 전체 명문은 "양나라의 宣을 스승으로 삼았다."라고 해석될 것이다. 그러나 위에서 제시하였듯이, 기존에 '瓦'로 읽었던 글자는 실제로는 '瓦'로 읽을 수 없고 자형은 '以'의 초서체와 동일하다. 다만 쓰는 순서가 왼쪽부터 차례로 점 세 개를 찍은 것이 아니라, 그 위에서부터 글자를 이어 쓰면서 중간 점을 먼저 찍고 좌·우의 점을 찍은 것으로 보인다. 그러나 두 글자 중 첫 번째 글자는 '官'으로 보는 한편, 두 번째 글자의 경우는 이 부분에 남은 흔적들이 글자의 흔적이 아니라고 보는 견해도 있다(김태식 2007, p.85-86). 그러나 현재 육안으로 확인되는 필획과 각종 서체들을 비교하여 결론을 내린 조윤재의 견해가 가장 합당한 것으로 여겨진다.

3. 참고문헌

1) 보고서 및 자료집

국립부여박물관, 1989, 『百濟의 瓦塼: 특별전』, 국립부여박물관.

국립부여박물관, 2002, 『百濟의 文字』, 국립부여박물관.

국립부여박물관, 2010, 『百濟瓦塼: 기와에 담긴 700년의 숨결』, 씨티파트너.

2) 논저류

김태식, 2007, 「송산리 6호분 명문전(銘文塼) 재검토를 통한 무령왕릉 축조 재론 -오독(誤讀)이 빚은 기와 "량관와(梁官瓦)"-」, 『忠北史學』 19, 충북대학교 사학회.

박보현, 2002, 「文樣塼으로 본 宋山里 6號墳의 編年的 位置」, 『湖西考古學』 6·7, 호서고고학회.

朴容塡, 1973, 「公州出土 百濟瓦 塼에 關한 硏究」, 『백제문화』 6, 공주대학교 백제문화연구소.

鄭在勳, 1987, 「公州 宋山里 第6號墳에 대하여」, 『文化財』 20, 文化財管理局.

趙胤宰, 2008, 「公州 宋山里6號墳 銘文塼 판독에 대한 管見」, 『湖西考古學』 19, 호서고고학회.

정상기, 2012, 「일제강점기 공주 송산리고분의 조사」, 『중앙고고연구』 10, 중앙문화재연구원.

輕部慈恩, 1946, 『百濟美術』, 寶雲舍.

輕部慈恩, 1971, 『百濟遺蹟の硏究』, 吉川弘文館.

關野貞, 1941, 『朝鮮の建築と藝術』, 岩波書店.

武寧王陵 出土 文字資料

이재환

1. 개관

무령왕릉은 충청남도 공주시 금성동의 송산리고분군 내, 6호 전축분 북쪽의 얕은 구릉에 위치해 있다. 송산리고분군은 『新增東國輿地勝覽』에서부터 백제의 옛 왕릉으로 인식되고 있었음이 확인되며, 일제강점기에 도굴 및 발굴조사가 이루어진 바 있다. 당시 6호분 조사에 참여했던 輕部慈恩은 현재 무령왕릉으로 판명된 지점을 인식하였으나, 四神思想에 맞추어 6호분의 玄武에 해당하는 위치에 인위적으로 조성한 구릉으로 판단하여 조사하지 않았다. 이후 1971년 7월 5일 5호분과 6호분의 배수구 확보를 위한 공사 도중에 우연히 발견되었다. 이 벽체의 재료가 송산리 6호분과 유사한 백제 전돌임이 확인되면서 공사를 중단하고 본격적인 발굴을 시작하여 7월 7일부터 9일에 거쳐 내부조사를 실시하고 유물을 반출하였다. 이후 8·9·10월에 2~4차 후속조사를 통해서 입구·바닥·배수구·봉분의 토층 및 호석 등에 대한 조사가 이루어졌다. 발굴 결과 중국 남조에서 유행하던 전축분으로 만들어진 백제 왕릉임이 밝혀졌으며, 피장자를 알려주는 誌石을 비롯한 수많은 유물이 출토되어 화제를 불러일으켰다.

무덤의 구조는 남북으로 긴 장방형의 평면에, 전면 중앙에 羨道가 부설된 凸자형 塼築 單室墓이다. 원형 분구는 지름이 약 20m이며, 무덤 상면에 護石으로 추정되는 잡석으로 쌓은 석축이 확인되었다. 묘실 규모는 남북 길이 420cm, 동서 너비 272cm, 높이 293cm이다. 연도는 길이 290cm, 너비 104cm, 높이 145cm이며, 그 앞으로 묘도가 길게 연결되어 있다. 벽체는 벽돌을 이중으로 쌓아 만들었다. 벽면은 좌우벽을 상부에서 곡률을 주어 정상부에서 만나고, 전·후벽은 수직으로 하여 터널형 천정을 축조하였다. 전축은 四平一垂로 뉘어쌓기와 세워쌓기를 반복하였다. 사용된 벽돌은 연꽃무늬가 장식되었으며, 위치에 따라 사격자의 網狀紋과 연화문을 배열하였다. 입구의 막음벽돌 중에는 무문전과 6호분의 벽돌과 동일한 전범문 벽돌이 꽤 많이 있다. 출토유물은 誌石과 鎭墓獸를 비롯하여 왕·왕비의 金製冠飾, 金銅制飾履, 銅鏡, 용봉문환두대도, 각종 금 은제 장식, 중국 도자기, 曲玉, 유리옥 등 모두 4,600여 점에 이른다.

2. 誌石과 買地券

무령왕릉 연도부 중앙에 있는 진묘수 앞에서 남쪽을 향해 바라보아서 읽을 수 있는 방향으로 놓은 2개의 돌이 동·서로 나란히 놓인 채 발견되었다. 편의상 동쪽의 것을 제1석이라고 부르고, 서쪽의 것을 제2석이라고 지칭하고, 발견 당시 노출된 면을 앞면, 반대편을 뒷면으로 지칭하도록 하겠다. 모두 청회색 섬록암이다.

제1석은 장방형 평판마석으로 크기는 세로 35cm, 가로 41.5cm, 두께 5cm이다. 앞면 우측에서 19.9cm, 하단에서 20cm 되는 위치에 직경 1.1cm의 구멍이 뚫려 있다. 서쪽의 제2석은 세로 35cm, 가로 41.5cm, 두께 4.7cm의 크기를 가졌고, 오른쪽에서 19.8cm, 하단에서 14cm 떨어진 위치에 구멍이 뚫려 있다.

제1석의 경우, 뒷면 간지도의 子-午를 잇는 선과 하단 중앙의 卯에 맞추어 구멍이 뚫렸으며, 앞면의 '崩'字가 구멍을 피해 앞 글자와 약간의 간격을 두고 서사된 점을 볼 때, 뒷면의 간지도가 먼저 작성된 후 뒤에서 앞으로 구멍을 뚫은 뒤, 앞면의 墓誌가 작성되었을 것으로 추정된다. 구멍의 크기를 보아도 뒷면 쪽이 다소 크며 구멍의 단면이 깎여 있는 점이 이러한 추정을 뒷받침한다고 하겠다(성주탁·정구복 1991, p.172에서도 간지도 쪽에서 구멍을 뚫었을 것으로 추정한 바 있음). 제2석의 경우 제1석의 구멍 위치에 맞추어 구멍을 뚫고 음각 종선을 그어 행을 만든 뒤 매지권을 작성하였고, 앞면은 비워 두었다가, 왕비를 추가장하면서 뒤집어 행을 만들고 왕비의 묘지를 기록한 것으로 보인다. 제1석 뒷면의 간지도가 제1석 앞면의 왕 묘지와 제2석 뒷면의 매지권에 앞서 가장 먼저 만들어졌다는 사실은 간지도-묘지-매지권의 관계를 설정하는 데 있어 주목할 만한 사실이다. 아울러 가장 먼저 만들어져 구멍을 뚫으면서 방위와 중심점 설정의 기준이 되었던 간지도가 왕의 묘지 반대편에 위치하여 뒤집어 놓이게 예정되어 있음은 뒤에서 살펴볼 좌-우 방위의 역전 관념에 영향을 주었을 가능성이 있다.

구멍의 용도에 대해서는 중앙에 구멍을 끼워 天盤과 地盤을 포개어 회전시키며 점을 치는 式盤의 형태를 딴 것으로 보는 견해가 있다(권오영 2005, p.91). 그러나 무령왕릉 지석의 구멍은 중앙을 벗어나 있으며, 묘지나 매지권이 식반의 형태를 모방할 이유도 의문으로 남는다. 이에 漢代 碑首에 뚫었던 '穿'이라는 구멍에 상응하는 것으로 이해하는 견해가 제기된 바 있다(임창순 1974, p.52). '穿'은 희생을 묶어 두거나, 下棺 작업에 활용하기 위한 구멍에서 유래한 것으로, 梁代의 墓碑에도 사용되었다. 墓誌는 碑가 아니지만 碑의 형태에서 변형되었으므로, 碑穿의 제도를 가져왔을 가능성이 있다는 것이다. 중국 南京 郭家産 溫嶠의 가족묘 중 12호분에서 윗부분에 원형의 透孔이 있는 圭形의 墓誌가 발견된 사례도 이와 관련하여 주목된다(권오영 2005, p.91).

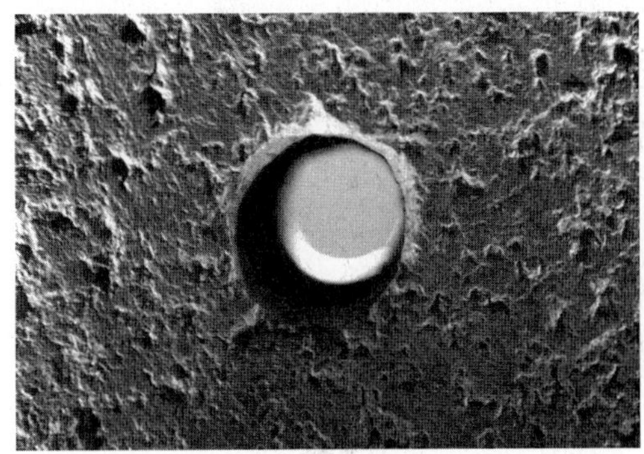

제1석 뒷면의 천공부분 확대
(ⓒ이재환)

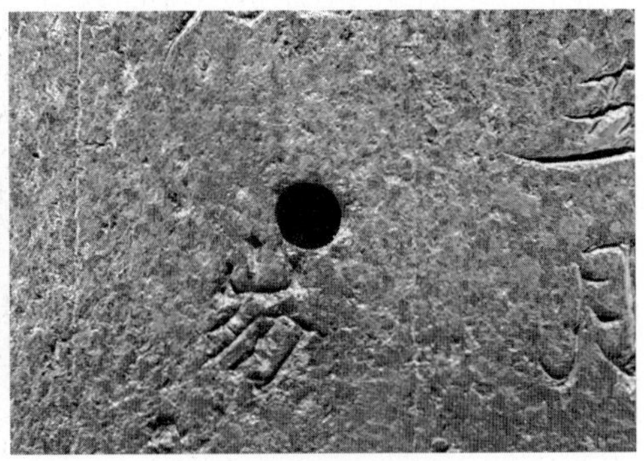

제1석 앞면의 천공부분 확대
(ⓒ이재환)

두 석판의 성격에 대해서는 墓誌로 보는 견해와, 買地券으로 보는 견해, 冥券으로 보는 견해, 묘지와 매지권을 겸한다는 견해 등이 제기되어 있다. 매지권으로 보는 견해는, 北朝와 달리 南朝에서는 墓誌가 많이 쓰이지 않았으므로, 南朝 문화의 영향을 많이 받은 백제에서 墓誌를 사용하지 않았을 가능성이 높으며, 墓誌라고 하기에는 王의 生年이나 경력 등이 전혀 없다는 점을 근거로 들고 있다(임창순 1974, p.51). 따라서 제1석의 앞면은 뒷면의 매지권을 작성하기 위한 前文에 불과하며, 앞면 마지막의 '立志如左'에서 '志'는 곧 뒷면의 매지권을 지칭한다는 것이다. 그러나 六朝代의 墓誌는 재질과 형태가 다양하며 글자 수도 9자에 불과한 경우부터 203자에 이르는 장문까지 존재하므로, 제1석과 제2석의 앞면 내용도 墓誌라고 부르기에 충분하다(권오영 2005, p.88). 아울러 墓誌 부분과 買地券 부분이 각각 스스로를 '志'와 '券'으로 지칭하고 있으므로, 각각 墓誌와 買地券으로 구분하여 이해하는 것이 적당하다고 생각된다.

墓誌와 買地券의 文體는 극히 간결하고 健嚴하며, 俗氣나 이두식 표현이 없는 정격 한문 문장으로 평가하나(임창순 1974, p.61), 왕 墓誌의 "寧東大將軍 百濟 斯麻王 年六十二歲 癸卯年 五月丙戌朔 七日壬辰崩"과 왕비 墓誌의 "丙午年十二月 百濟王大妃壽終" 등을 한국식 어순으로 보아, 한문과 한국식 어순이 혼재한 발생 초기의 이두문으로 파악하는 경우도 있다(김영욱 2003, pp.132-136).

서풍은 남조풍에 속하는 우아한 필치로 본 견해(임창순 1974, p.61)가 일반적으로 받아들여지고 있으나, 동시기·동계층인 北魏 皇族 묘지와의 비교를 통해, 이미 남조의 영향을 받은 북조 고위층의 서풍으로부터 영향을 받은 것이라는 주장도 나왔다(佐保竹子 1984, p.184). 이에 대해서는 필세·필력과 전체적인 風格을 감안하면 北魏의 서풍과 흡사한 점이 있더라도, 그 풍격이 북위의 영향을 그대로 받아서 이루어진 것이라고 보기보다는, 이미 오랫동안 한자를 사용한 결과로 형성된 백제인의 서예술과 미감을 반영하여 이루어진 것이라 보아야 할 것이라는 반론이 있다(김병기 1991, pp.190-191).

한편, 誌石의 刻法에 대해서는, 왕과 왕비의 지석치고는 신중하게 제작이 이루어지지 않았음이 지적된 바 있다(임창순 1974, p.53). 전체적 글자의 포치를 고려하지 않았음이 왕과 왕비의 지석에서 확인되며, 왕 묘지 3행의 '卯'와 '年', '月' 및 5행의 '甲'·'申' 등의 글자를 볼 때 刻前에 石面에 쓰는 과정(刻稿)을 거치지 않고 직접 刻했을 가능성이 상정된다는 점이 그 근거로 거론되었다(김병기 1991, pp.191−192; 李星培 2000, p.241). 아울러 3행의 '卯'字 외에도 3행의 '年'과 4행의 '八' 및 5행의 '厝'字 등에서 원래의 자획과 조금씩 다른 자획의 흔적들이 확인되어, 새기던 과정에서 수정하였거나 미리 얕게 새긴 뒤에 정식으로 새긴 것이 아닌가 의심케 한다. 이는 각고의 과정을 거치지 않았을 가능성을 더 높여주는 부분이라 하겠다.

왕 묘지 3-1 | 왕 묘지 3-2 | 왕 묘지 4-9·10

왕 묘지 5-7 | 왕 묘지 5-8 | 왕 묘지 5-10

다만 이를 신중하게 새기지 않은 것으로 보기보다, 모필로 서사한 듯 자연스러우면서 각법이 매우 뛰어나며, 온유하고 강한 필치를 자연스럽게 표현하였다고 보는 평가도 있다(이성배 2000, p.241). 지석의 표면을 정밀하게 연마하지 않고, 界線도 자연스럽게 긋는 등 자연스러운 모습은 중국의 지석과 구분되는 면모라 한다. 점획과 자형의 변화가 풍부하고 정형화되지 않은 章法이 시각적으로 자연스러워 관찰자를 편하게 하므로, 격조 높은 백제의 문화와 분위기를 잘 표현한 글씨라는 것이다. 따라서 전체적으로 남조나 북조의 해서 분위기를 닮은 듯하면서도 상당한 차이를 보여 웅진시기 백제 서예의 독자적인 면모를 논할 수 있다고 한다.

1) 제1석 뒷면(干支圖)

⑴ 판독 및 교감

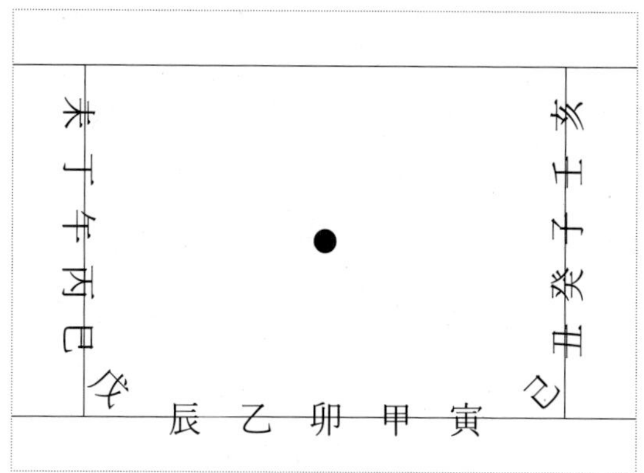

⑵ 연구쟁점

장방형 석판의 한 변을 비우고 나머지 세 변에 중심의 구멍을 위로 하여 각각 동·남·북쪽 방위에 해당하는 '寅甲卯乙辰'·'巳丙午丁未'·'亥壬子癸丑'의 간지들을 새겼으며, 동남·동북에 해당하는 두 모서리에는 중앙에 해당하는 간지 '戊'와 '己'를 새겼다. 간지의 배열 방식이 式盤과 유사함은 일찍부터 지적되어 온 바이다. 대부분의 식반들은 중앙에 해당하는 戊와 己의 위치가 이와 반대로 뒤집어져 있는데, 中國歷史博物館藏 銅式의 경우 무령왕릉 간지도와 방위가 일치하여, 이와 같은 배치의 식반도 존재하였음을 알 수 있다. 다만 무령왕릉의 간지도에는 서쪽에 해당하는 '申庚酉辛戌'이 빠져 있는 점이 특징적이다. 위아래 변은 상단부로부터 2.5cm 떨어져 석판 좌측 단면에서 우측 단면에 이르는 음각 횡선을 새겼고, 좌우측 단면에서 역시 2.5cm 정도씩 간격을 두고 횡선 사이로 음각 종선을 새겼다. 이렇게 새긴 음각 선들은 3변의 간지 문자들을 관통하고 있다.

이를 왕비의 陵券을 제2석 뒷면에 새긴 뒤에 한 면만 비워두는 것이 이상하여 陵의 방위에 맞추어 능권에 방위도를 추각한 것이라 보면서, 구멍을 사방의 중앙으로 설정하고 방위를 새기는 과정에서 석판이 정방형이 아니었기 때문에 서쪽 방향은 생략할 수밖에 없었다고 해석하기도 하였다(임창순 1974). 그러나 단순히 비워두는 것이 이상했다는 점은 방위도를 새긴 이유로 보기 어려우며, 발견 당시의 방위도 陵의 방위와 전혀 일치하지 않는다. 아울러 왕비의 추가장 때 추각되었다기보다는 앞서 언급한 바와 같이 제1석 뒷면의 방위도에 맞추어 구멍을 뚫고 앞면을 작성하였을 가능성이 높다.

중국 六朝代의 買地券에 墓域의 七極이나 四至를 언급한 사례에 비추어, 이것이 방위도와 陵域圖를 겸한 것이라고 보는 견해도 있다(이병도 1974, pp.562-564). 서쪽에 해당하는 간지가 없는 것은 卜筮 혹은 陰陽拘忌 관계로 不吉하다는 이유로 절단한 것이 아닌가 추정하였다. 간지가 광곽선상에 걸쳐서 기입된 것은 이들이 주위의 거리를 추정하는 척도의 단위까지 겸하였기 때문이라고 보았다.

그밖에 서쪽에 해당하는 간지 부분의 결락 이유에 대해서 서방 정토와 관련된다고 보는 견해도 나왔지만(大谷光男 1977, p.154; 사재동, 1981, p.43), 근래에는 서쪽에 해당하는 간지 부분이 결락한 것을 매지권과 연관지어 해석하는 것이 일반적이다. 무령왕릉의 위치가 공산성을 중심으로 보아 서쪽에 위치해 있으며, 매지권에서도 '申地'를 샀다고 밝히고 있으므로, 묘지에 해당하는 방위가 생략되었다는 것이다(권오영 2005). 이는 계약을 증명하기 위한 '券'이 가지는 특징 중, 가상의 '合同'을 전제로 한 '破券'을 나타낸 것으로서, 서쪽 방위 부분은 가상의 판매자인 神格이 잘라서 가지고 갔다고 상정하여 만들었다는 설도 나왔다(白須淨眞 2007).

2) 제1석 앞면 (王의 墓誌)

상·하단에 음각 횡선을 긋고, 음각 종선으로 7행을 만들어 53자의 명문을 새겼다. 행간은 5~5.3cm, 자경은 2.5cm이다. 왕의 諱인 '斯麻'와 나이 '六十二歲' 앞에서 반 字의 공간을, 왕의 죽음을 의미하는 '崩'字 앞에는 한 字의 공간을 비우고 刻字하여 왕에 대한 공경을 표시했다고 보기도 하지만(성주탁, 1991), 1행의 '軍'과 '百' 사이나 3행의 '卯'와 '年' 사이 등의 字間을 볼 때 1행의 '濟'와 '斯' 사이가 특별히 넓다고 보기는 어려우며, 4행 '崩' 앞의 공간은 지석에 뚫린 구멍을 피하기 위한 것으로 보인다(임창순, 1974, p.56). 결국 왕비의 묘지와 마찬가지로 대두나 공격은 사용하지 않았다고 보아야 한다.

(1) 판독 및 교감

7	6	5	4	3	2	1
▨	登冠大墓立志如左	癸酉朔十二日甲申安厝	日壬辰●崩到乙巳年八月	卯年五月丙戌朔七	麻王年六十二歲癸	寧東大將軍百濟斯

寧東大將軍百濟斯麻王 年六十二歲[1] 癸卯年五月丙戌朔[2]七日壬辰崩 到乙巳年八月癸酉朔十二日甲申 安厝 登冠[3]大墓 立志如左 ▨

7-①: ▨

왕 묘지 7행 첫 글자와 6행 상단 글자의 새김 비교
(출처: ⓒ이재환)

아직 정확한 판독은 나와 있지 않다. 任昌淳은 '▨'와 같은 모양으로 새긴 것이 있는데, 符號인지 다른 문자를 새기려다 그만둔 것인지 속단할 수 없다고 하고, 마지막 행은 空行으로 간주하였다. 묘지에서 왕과 관련된 용어에 半字 혹은 한 字의 공격을 사용하고 있다는 전제 하에서, 6행의 '左' 다음에 공간을 남겨 두고 7행으로 넘어간 것은 왕과 관련된 글자이기 때문으로, 왕의 무덤을 지칭하는 '穴'이나 '冢'일 가능성이 제기된 바 있다(성주탁 1991). 그와 달리 중국 육조 매지권에 종종 보이는 도교와 관련된 부적 같은 기호로 보기도 한다(권오영 2005). 나아가 해당 글자의 형상을 '尸' 아래에 3개의 점('口'자 모양)이 있는 것으로 파악하여, 역시 도교의 符籙에 쓰이는 부호라는 견해가 제기된 바 있는 창녕 화왕산성 출토 목간 1의 첫 글자와 연관짓는 해석도 나왔다(김영심 2012). 그러나 이 글자의 상단부는 '尸' 형태라고 보기는 어렵다. 6행의 '冠'이나 1행의 '軍'과 유사하므로 '冖'에 더 가깝다고 하겠다. 그 밖에 '印'의 이체자로 보면서 불교적 의미로 해석하거나(김영욱 2003), '冢'字의 神書로서 무령왕의 영혼을 집으로 부르기 위해 사용된 道符라 파악하거나(권인한 2006), 도교의 符籙이라기보다는 墓券의 계약 기능을 감안하여, '合同'했을 때 접합의 증거로 삼기 위한 문자 내지 기호일 것이라는 견해도 있다(白須淨眞 2007). 그런데 육조 매지권에서 확인되는 도교의 符籙과 같이 보거나, 가상의 合同을 전제로 한 문자 혹은 기호로 볼 경우, 이것이 매지권이 아닌 묘지 부분에 새겨졌다는 점이 문제가 된다. 매지권을 새기고 난 뒤에도 상당한 여백이 남아 있음에도 神과의 계약과 관련된 符籙 혹은 기호를 별도의 돌에 제작된 묘지 부분에 새길 이유가 설명되어야 하기 때문이다. 결국, 지금까지 제기된 판독안들은 이 글자를 명백하게 해명해주지 못하고 있다고 하겠다. 상단의 '冖'은 자획이 분명하지만, 그 외의 획들은 자획임이 인정되더라도 다른 글자들의 자

---

1) 北魏 劉阿素墓誌(501년)에 사용된 자형(▨)과 유사하다(임창순 1974, p.62). 고구려 광개토왕비문도 유사한 자형이 사용되었다(정재영 2003, p.109).

2) 北魏 元顯儁墓誌(513년)에 사용된 자형(▨)과 유사하다(임창순 1974, p.62).

3) 北魏 楊大眼造像記(500~503년)와 字形이 유사하다(임창순 1974, p.62).

획에 비해 깊이가 매우 얕고 희미하다. 따라서 완전한 한 글자가 아니라 새기다가 그만 두었을 가능성(이성배 2000, p.241)도 배제할 수 없다. 한 글자의 일부에 불과하다면, 앞 행에 나오는 '冠'의 다른 글씨체나 '冢'字의 일부 획일 수 있겠다. 왕의 지석에 글씨를 쓰다마는 것이 가능했겠는가 하는 점은 의문이 남지만, 잘못 새긴 부분을 무성의하게 긁은 뒤 뒤집어서 반대쪽 면에 다시 새긴 채 매장한 고려시대 世賢 買地券의 사례가 있고, 앞서 언급한 바와 같이 무령왕릉 墓誌 자체도 완벽한 사전 계획과 각고 뒤에 새겨진 것이 아님을 감안하면, 당시인의 墓誌에 대한 관념이 지금 우리가 생각하는 것과 같지 않았을 수도 있으리라는 가정이 필요할 듯하다.

(2) 역주

영동대장군[4] 백제 사마[5]왕이 나이 62세[6]인 계묘년(523)[7] 5월 병술삭 7일 임진[8]에 돌아가셨다. 을사년(525) 8월 계유삭 12일 갑신[9]에 이르러 안장하여[10] 대묘로 등관[11]하였다. 묘지(墓誌)를 기록함[12]이 이상

4) 寧東大將軍: 武寧王 21년에 梁 武帝로부터 제수받은 '使持節都督百濟諸軍事寧東大將軍'의 略稱이다(『梁書』 卷54, 百濟). 무령왕 사후 2년 3개월이 지난 정식 매장 때 만들어졌을 묘지문과 6년 뒤에 사망한 왕비의 묘지문에 '武寧王'이라는 시호가 보이지 않는 점을 근거로, 백제왕에 대한 자체적 시호 제정은 그 이후에 시작된 것으로 보고, 시호가 없는 상태에서 사망 2년 전에 수령하고 별로 사용되지 않았던 '寧東大將軍'을 사실상의 시호로 활용하였다고 이해하는 견해도 있다(이성규 1996, pp.307-308). 나아가 '武寧王'이라는 시호도 이 칭호의 의미를 취하여 만든 것으로 보기도 한다(이성규 1996; 권인한 2006).

5) 斯麻: 무령왕의 諱. 『日本書紀』의 표기와 일치한다. 『三國史記』 백제본기에는 '斯摩'로 되어 있다. 당시 음가는 '시마'로서, 섬(島)을 의미한다(權仁瀚 2006). 곤지가 倭로 향하던 중 筑紫의 섬에서 태어나 이러한 이름을 지었다는 전승이 『日本書紀』에 남아 있다. 시호인 '武寧'을 사용하지 않고 왕의 諱를 그대로 사용하고 있는 것은, 장례 때까지 시호가 바쳐지지 않았거나, 백제의 시호제가 聖王代 이후에야 만들어졌을 가능성을 보여준다.

6) 62세: 『三國史記』에는 왕의 탄생연도와 사망시 연령이 기록되어 있지 않다. 지석에 기록된 나이를 통해 사망한 523년으로부터 추산해 보면 461년에 태어난 것이 되는데, 이는 『日本書紀』의 기록과 일치한다. 무령왕의 출자에 대해서 두 가지 설이 있어서 『삼국사기』는 동성왕의 둘째 아들이라고 하였고, 『日本書紀』에 따르면 동성왕의 이복형이 된다. 묘지의 기록은 후자의 가능성을 높여준다고 할 수 있다.

7) 癸卯年: 백제 무령왕 23년(523)으로, 『삼국사기』의 몰년 기록과 일치한다. 『梁書』 百濟傳에서 양 무제 보통 5년(524)에 사망했다고 한 기록이 잘못되었음을 보여준다(김영심 1992a).

8) 癸卯年 五月丙戌朔 七日壬辰: 이 기사를 비롯하여 무령왕 지석의 날짜는 '元嘉曆'에 의거하였음이 밝혀져 있다(大谷光男 1973). 중국에서는 양 무제 유송 원가 22년(445)부터 천감 8년(509)까지 원가력이 사용되었다.

9) 到乙巳年八月癸酉朔十二日甲申: 왕이 사망한 계묘년(523) 5월 7일부터 을사년(525) 8월 12일까지는 3년(만 27개월)의 간격이 있는데, 이는 『隋書』에서 "사람이 죽으면 집안에서 殯을 치르고, 3년이 지나면 길일을 택하여 매장한다"고 기록한 고구려의 喪制와 일치한다. 단, 〈광개토왕릉비〉에 따르면 광개토왕이 412년 10월에 사망하여 414년 9월에 본장을 치렀으므로, 2년 정도의 기간 동안 빈장을 유지한 것으로, 실제로는 고구려보다도 상당히 긴 빈장 기간을 가졌다고 할 수 있다(박중환 2007a).

10) 安厝: '편안히 모신다'라고 해석하는 견해도 있지만(이병도 1974), 중국의 사례는 "관을 잠시 안치하다, 가매장하다"라는 뜻으로 해석되는 한 가지 예를 제외하면 모두 "가매장의 상태를 지나 本葬을 실시한다"라는 뜻이므로, 여기서도 27개월간의 殯을 끝내고 本葬을 하였다는 의미로 해석된다(권오영 2005). 투르판 지역에서 출토된 〈唐大曆四年張無價買陰宅地契〉에서도 "宜於州城前庭縣界西北角之原, 安厝宅兆"라고 하여 동일한 용례가 확인된다고 한다(白須淨眞 2007, p.179).

11) 登冠: 아직 중국의 묘지나 매지권에서 용례가 확인되지 않아 정확한 해석은 어렵다. 때문에 고유명사인 지명으로 보는 견해(임창순 1974, p.57)와, 현재의 무령왕릉인 大墓로 "올려 뫼신다"는 의미라 해석하는 견해(이병도 1974)가 있다. 모든 유품을 대표하는 물건으로 왕을 상징하는 冠을 大墓에 올렸다는 해석(정구복 1987, p.43)이 무난하다고 생각된다.

과 같다.[13)]

3) 제2석 뒷면(買地券)

매지권으로서, 음각 종선으로 4.38행을 만들어 6행까지 자경 2~3cm의 명문을 새겼다.

⑴ 판독 및 교감

8	7	6	5	4	3	2	1
		不從律令	買申地爲墓故立券爲明	土伯土父母土下衆官二千石	百濟斯麻王以前件錢▨土王	乙巳年八月十二日寧東大將軍	錢一万文右一件

12) 立志: '志'는 '誌'와 통한다. 문서라는 의미에서 '券'과도 통한다고 보아, 매지권을 가리킨다는 견해도 있다(이병도 1974).

13) 如左: 墓誌 문장의 마지막임에도 '左와 같다'는 표현이 등장하여 해석에 있어 논란의 여지가 많다. 이를 왕비 추가장 이전 왕의 지석과 매지권이 나란히 놓여 있었던 상황에서, 왼쪽에 놓인 매지권의 내용을 가리킨다고 해석하기도 한다(이병도 1974; 권인한 2006). 그런데 발굴 당시에는 북쪽에서 남쪽의 묘도를 향해서 읽을 수 있는 방향으로 동쪽에 제1석(왕의 묘지)이, 서쪽에 제2석이 놓여 있었다. 이 상태라면 제2석은 제1석(왕의 묘지)보다 오른쪽에 있는 것이 된다. 왕비의 묘지가 새겨지기 이전에는 반대로 배치되어 있었다면, 굳이 왕비의 묘지를 새긴 뒤에 두 지석의 위치를 바꾸어야 했던 이유가 설명되어야 한다. 아울러 묘지와 매지권에 각각 '立志'와 '立券'이라는 용어가 사용되고 있음을 볼 때, 스스로를 誌와 券으로 지칭하고 있다고 이해하는 것이 자연스럽다. 제1석과 제2석이 중앙의 구멍을 이용하여 결합된 채로 포개져 있었을 가능성까지 감안한다면(권오영 2005; 白須淨眞 2007), 굳이 왕비 묘지의 '立志如左'를 무시하면서까지 원래 두 지석의 좌우 배치를 배정하기는 어려울 듯하다. 두 지석에서 左는 이전까지의 내용을, 右는 다음의 내용을 가리킨다고 보는 것(정구복 1987; 張傳璽 1995; 白須淨眞 2007)이 가장 이해하기 쉬운 해석 방법이라고 생각된다. 좌·우가 실제 글을 써나간 전후 관계와 반대의 방위를 가리키게 된 것은, 고려시대 世賢 買地券이나 중국 〈馬二十四娘 買地券〉 등의 廻文이나 梁代 石闕들의 反文들처럼 사후세계와 관련하여 좌우 방위의 착종에 대한 관념과도 관계가 있을 수 있다.

錢一万文[14] 右一件 乙巳年八月十二日 寧東大將軍百濟斯麻王 以前件錢 ▨[15]土王土伯土父母土[16]下衆官二千石 買申地爲墓 故立券爲明 不從律[17]令

(2) 역주

돈[18] 1만 문[19], 다음의[20] 1건.

을사년 8월 12일[21]에 영동대장군 백제 사마왕이 앞 건의 돈으로 토왕[22], 토백[23], 토부모,[24] 지하의 질이천 석[25] 여러 관리들에게 문의하여 남서쪽 땅[26]을 사서 묘를 만들었다. 그러므로 권을 세워 증명으로

---

14) 北魏 楊大眼造像記(500~503)에 사용된 자형(攵)과 같다(임창순 1974, p.62).

15) 訟(임창순), 訽(이병도), 訴(정구복), 請(정구복), 諳(성주탁).

16) 임창순 이래로 일반적으로 '上'이라고 판독해 왔으나, 두 가로획 사이에 찍힌 점을 보아 '土'로 판독하였다(张传玺 1995; 김영욱 2003; 정재영 2003; 권인한 2006).

17) 梁 普通四年 寫經「律序」의 '律'와 자형이 일치한다(임창순 1974, p.62).

18) 錢: 神에게서 무덤을 만들기 위해 토지를 구입하면서 지급한 대금으로서, 발굴 당시 두 지석 중간쯤에 놓여 있었던 90여 개의 五銖錢을 가리킨다. 금액이 1만 문이라고 한 데 비해 발견된 오수전의 수가 적어서, 토지에 대한 대가가 아니라 매지권에 자주 등장하는 '沽酒' 대금이라고 본 견해도 있다(白須淨眞 2007). 그러나 무령왕릉 출토 매지권 중에는 '고주'에 관한 내용이 적혀 있지 않고, 이 1만 문의 돈만 언급되고 있으므로 발견된 오수전은 상징적인 토지 매매 대금으로 이해하는 것이 자연스럽다. 계약 금액이 매지권의 首句에 등장하고 권문 중간의 '以前件錢'과 호응을 이루는 사례는 중국에서 확인되지 않는다고 한다(张传玺 1995, p.286).

19) 文: 중국에서 錢의 단위로 '文'을 사용한 사례는 東晋 후기부터 등장하며, 매지권에 사용된 것은 〈宋泰始六年始安縣歐陽景熙買地石券〉이 최초로, 이후 隋唐代에 보편화된다(张传玺 1995, p.286).

20) 右一件: 일반적으로는 '右'가 앞의 내용을 가리키지만, 여기서는 '如左'와 마찬가지로 다음의 내용을 가리키는 것으로 보인다. 제1석 뒷면의 능역방위도를 가리킨다고 보거나(이병도 1974, p.565), '이상의 사정을 지니는'으로 해석하기도 하며(권인한 2006), '錢一万文'을 지칭한다고 보는 견해(김영욱 2003)도 있다.

21) 乙巳年八月十二日: 매지권의 작성 일자로서, 제1석 墓誌의 本葬과 동일한 날짜이다. 朔干支와 日干支를 생략한 것은 墓誌에서 언급했기 때문이라고 보기도 한다(임창순 1974, p.59).

22) 土王: 지하의 토지신 가운데도 王府와 百官이 존재하는 것으로 가정하여 나열하고 있으며, 土王은 그들 전체를 지배하는 神으로 보인다(김영심 1992a). 이를 泰山府君에 비정하기도 한다(瀧川政次郎 1972a). '土王'의 용례는 〈三國吳永安五年丹陽縣彭盧買地鉛券〉에서만 확인된다(张传玺 1995, p.291).

23) 土伯: 해당 지역의 토지신(이병도 1974) 혹은 冥府의 死籍을 관리하고 死者의 拘引을 담당하는 신격(瀧川政次郎 1972a)으로 본다. 楚 지역의 鎭墓獸 도상이 이를 나타낸다는 견해도 있다. '土伯'의 용례는 〈東晋咸康四年丹徒縣朱曼妻買地石券〉에서 1례가 확인되며, 宋代 이후가 되어야 사례가 조금 늘어난다고 한다(张传玺 1995, p.291).

24) 土父母: 다른 곳에서는 사례가 확인되지 않는다. 중국 매지권에 종종 등장하는 東王父·西王母의 생략된 표현이라고 보기도 한다(권정 2002).

25) 土下衆官二千石: 〈永壽二年二月甕〉의 '……天帝使者告丘丞墓伯地下二千石……', 〈無年號墓簡〉의 '告▨之印恩在墓皇墓伯墓長墓令丘丞地下二千石……', 〈鍾仲游妻鎭墓券〉의 '……告丘丞墓伯地下二千石……' 등에 보이는 '地下二千石'과 동일한 의미를 가진다고 판단된다. '土下'의 용례는 동시대 자료에서는 확인되지 않으나, 武周代에는 〈武周延載伍松超地券〉의 1례가 있다고 한다(张传玺 1995, p.291). 2천 석은 한대 지방장관의 녹봉이 2천 석이었던 데서 비롯된 것으로, 명부의 여러 지방관을 가리킨다(김영심 1992a). 백제와 신라에서는 도량형 단위 '石'의 경우 첫 번째 가로획을 생략한 字形을 사용했는데 여기서는 생획하지 않고 원래의 '石'자 그대로 썼다.

26) 申地: 서남쪽 땅을 말한다. 남조 묘지명의 지점 표시에 비해 간략한 것이 특징적이다. 무령왕릉을 서남쪽으로 보고 역추적하

삼으니, 따르지 않으면 율령에 의거하여 처분하라.[27]

4) 제2석 앞면(王妃 墓誌)

위아래로 음각 횡선을 친 뒤 음각 종선으로 2.7~2.9cm 너비의 15행을 만들어 우측 제2행에서 4행까지 왕비의 묘지를 음각하였으며 자경은 2cm이다.

(1) 판독 및 교감

13	12	11	10	9	8	7	6	5	4	3	2	1
						●			志如左	未朔十二日甲午改葬還大墓立	終居喪在酉地己酉年二月癸	丙午年十一月百濟國王大妃壽

여 현재의 공산성 쪽이 방위의 기준이었다고 추정한 바 있다(김영심 1992a). 단, 서남향이 庚·申·未·丁으로 세분화되었음을 감안할 때, 공산성의 가장 북쪽 지점을 기준으로 하더라도 무령왕릉이 정확히 申 방위에 위치한 것으로 보이지는 않는다.

27) 不從律令: 중국의 墓券의 말미에 일반적으로 사용되는 '急急如律令' 등의 呪語에 해당하는 관용구이나, 의미가 반대로 읽혀 여러 가지 해석이 제시되고 있다. 天帝의 律令이 이곳에는 미치지 못한다는 聖域化의 의미로 받아들이거나(임창순 1974, p.61), 여기서의 律令을 세속의 律令으로 보아 세속의 律令을 초월한다고 보기도 한다(이병도 1974, p.567). 이를 세간의 율령으로 보는 입장 하에서 무령왕대 백제에 율령에 대한 이해가 있었음을 보는 증거라고 본 견해도 나왔다(노중국 1986). 매매계약을 지키지 않을 경우 不從律令罪로 처벌하겠다는 의미를 가지거나, 율령의 규정과 달리 이 매매내용은 절대로 물릴 수 없음을 말한다고 보는 견해도 있다(정구복 1987). 이상의 견해에서는 이 구절을 백제적인 표현으로 보았으나, 중국 남경 서선교 보국장군묘의 매지권 문장 중 '不從俟令'을 '不從律令'으로 읽어 중국의 표현을 그대로 수용했다고 이해하는 주장도 제시되었다(권오영 2005). 중국에서 먼저 발생한 표현의 변화라고 한다면 관용어구라고는 해도 전혀 다른 의미가 파생되었다기보다는, 如律令·當律令 대신 '律令'만을 사용하는 사례를 참고할 때, "不從"을 계약 위반 등의 조건으로 따로 떼어내서 "따르지 않으면"으로 해석하는 것이 무난할 듯하다(张传玺 1995, p.293; 이정효 2011).

丙午年十一月 百濟國王大妃壽終 居喪在酉地 己酉年二月癸未朔十二日甲午 改葬[28]還大墓 立志如左

(2) 역주

병오년 11월[29] 백제국 왕태비[30]가 수명을 다하셨다.[31] 거상[32]은 서쪽 땅[33]에 있었다. 기유년 2월 계미삭 20일 갑오[34]에 다시 장례를 치루고[35] 대묘로 돌아왔다.[36] 묘지를 기록함이 이상과 같다.

3. 금속제품

1) 銀釧銘

외경 8cm, 내경 6cm, 環의 저면 폭은 1cm이다. 현실 내부, 왕비쪽 冠飾 하단에서 북쪽으로 35cm 되는

---

28) 『重訂直音篇』 卷四 艸部, 『敦煌俗字譜』 艸部 등에 보이는 이체자형과 일치한다. 백제의 경우 왕흥사지 사리함에서 동일 자형이 확인된다.

29) 丙午年十一月: 왕비가 죽은 연월에 해당하는데, 일자·간지·향수 등이 생략된 점이 특징적이다.

30) 王大妃: 죽은 왕비를 '太后'라고 칭한 고려시대의 관습을 근거로 武寧王의 아내로서 '太妃'를 칭한 것이라는 주장도 있지만(정구복 1987, p.46), 왕비가 당시 국왕인 聖王의 母后이기 때문에 聖王의 입장에서 붙인 칭호로 보는 것이 일반적이다(임창순 1974; 이병도 1974; 김영심 1992b).

31) 壽終: 보통 天壽를 누리고 죽은 것으로 해석된다. 그런데 무령왕릉에서 발굴 당시 바닥을 쓸어담은 잔재물 중 발견된 치아 1개에 대한 분석 결과, 10~20대 시절에 건강한 발육을 한 30대 여성의 것이라는 의견이 제시된 바 있다(임창순 1974, p.46). 이 치아가 왕비의 것이 분명하다면, 왕비는 30대에 사망한 것이 되어 묘지의 기록과 어긋난다. 아울러 연령상 聖王의 생모가 될 수 없기 때문에, 무령왕릉에 합장된 왕비는 繼妃이며, 前妻인 成王의 생모는 무령왕보다 먼저 사망하여 송산리 6호분에 묻혔을 것이라는 추정도 나왔다. 〈梁天監四年銘買地券〉의 "……月十二日醉酒壽終"과 〈北齊武平四年王江妃隨葬衣物疏〉의 "忽以今月六日命過壽終"이라는 구절을 근거로 오히려 자연스러운 병사가 아니라 갑자기 사망한 경우에 '壽終'이라는 용어를 사용하였을 것이라는 주장도 제기된 바 있다(강인구 1991, p.161). 그 밖에 무령왕비가 비정상적인 죽음을 맞았지만 해를 끼치지 않고 정상적으로 사후세계에 들어갈 수 있도록 수명을 다하고 죽었다는 표현을 사용했을 것이라는 견해도 있다(장인성 2000). 그러나 바닥 잔재물 중 나온 1개뿐인 치아를 왕비의 것으로 확정하여 논의를 진행시키기 어려우며, 이 치아는 사랑니로서 치아의 마모도만 가지고 나이를 추정하기 어렵다는 연구 결과도 있으므로, 신중을 요한다.

32) 居喪: 殯을 가리킨다고 본다(임창순 1974).

33) 酉地: 정서방에 해당한다. 王의 墓誌에는 殯에 대한 직접적 언급이 없는데 왕비 墓誌에서만 '居喪在酉地'라고 구체적으로 지칭한 것은 王의 경우 정례대로 闕內에서 停葬하였기 때문에 특기할 필요가 없었을 것이라는 추정이 제기된 바 있다(이병도 1974, p.565). 왕비만 궐 밖의 酉地에 殯한 까닭은 卜筮 陰陽에 기인한 것으로 보았다. 한편, 정지산 유적이 발굴되면서, 정지산 유적이 곧 빈전으로서 酉地에 해당한다는 견해가 나왔다. 氷庫가 발견되어, 시신의 부패를 막기 위한 빈전에서 얼음을 사용했을 것으로 추정하기도 한다(권오영 2005). 다만 공산성을 기준으로 할 경우, 가장 북쪽 지점을 기준으로 하더라도 정지산 유적은 공산성의 약간 서북쪽에 위치하여, 정서방이라고 보기에는 어색한 면이 있다.

34) 己酉年二月癸未朔十二日甲午: 성왕 7년(529)으로서, 사망일은 기록하지 않았으면서도 本葬日의 경우 삭간지와 일간지까지 자세히 기록하고 있는 점이 특징적이다.

35) 改葬: 빈전에서 시신을 옮겨와 다시 장례를 치루었음을 의미한다.

36) 還大墓: 무령왕릉이 모셔진 대묘로 돌아왔다는 의미로 해석된다.

위치에서 金訓과 5cm 거리를 두고 함께 출토되었다. 오른팔 쪽에는 金釧이, 왼팔 쪽에서는 銀釧이 1쌍씩 겹쳐 나왔는데, 이는 梁山 夫婦塚의 부인이 오른팔과 왼팔에 각각 金·銀釧을 끼고 있던 것과 같은 양상이라고 한다(김영심 1992c, p.184). 팔목에 닿는 내면 側緣에 齒刻點列을 돌리고, 둥근 외면에 혀를 길게 내민 三爪龍 2구를 부조하였다. 내면에 17字의 陰刻銘이 1행으로 새겨져 있으며, 字徑은 0.7cm이다.

(1) 판독 및 교감

庚[37]子年二月多利作大夫人分[38]二百卅主耳

(2) 역주

경자년(520)[39] 2월에 多利[40]가 대부인[41]의 몫[42]으로 만들었으니, 230주[43]이다.[44]

2) 宜子孫獸大鏡

직경 23.2cm, 緣高 0.7cm로 왕의 머리 부분에 背文部를 위로 하여 놓여 있었다. 무령왕릉에서 출토된 3면의 銅鏡 중 가장 크다. 鈕에 뚫린 구멍에는 직물의 조각을 접어 만든 끈이 부식된 채 남아 있다. 중심

37) 庚: 가운데 획이 양쪽으로 삐치지 않고 한 획으로 쭉 뻗은 형태의 이체자이다(정재영 2003, p.110).

38) 分(문화재관리국, 국립부여박물관 2003, 김영심), 永(정재영) / 일반적으로 '分'으로 판독해 왔으나, 필획상 '分'으로 볼 수 없고 '永'일 가능성이 높다는 문제 제기가 있었다. 그런데 두 개의 팔찌 중 하나의 '分'字는 획순이 독특하지만 다른 한 개의 경우 '分'자로 판독하는 데 무리가 없다. '卅'字의 경우에서도 확인되듯이 각 팔찌의 글자가 형태를 달리하는 경우가 있더라도 동일한 글자임은 분명하므로, 두 팔찌에는 같은 문장이 새겨졌다고 판단된다. 따라서 이 글자는 '分'으로 판독할 수 있다.

39) 庚子年: 520년(무령왕 20년)과 460년의 두 연대 중 왕비의 연령을 감안하면, 왕비가 사망하기 6년 전인 520년으로 추정된다(문화재관리국 1974, p.29).

40) 多利: 銀釧을 제작한 匠人의 이름으로 추정된다. 일본 法隆寺의 三尊佛을 제작한 止利(도리)나 무령왕 12년(512년)에 가야에서 백제로 넘어갔다는 任那 4縣 중 上哆利·下哆利와 관계가 있을 것으로 보기도 한다(문화재관리국 1974, p.30).

41) 大夫人: 왕비 묘지의 '王大妃'와 달리 무령왕 생존시 왕비의 호칭이 본래 '大夫人'이었음을 짐작케 한다. 신라 황남대총 북분에서 출토된 은제 허리띠에 '夫人帶'라는 명문이 있고, 울주 천전리 서석 등에도 '夫人'이 보이는 것을 보면, 백제나 신라에서 王妃나 王母 등 최상류층의 기혼 여성을 호칭하는데 '夫人'이 사용되었음을 알 수 있다(이귀영 1991, p.225). 『日本書紀』 卷26, 齊明紀에서도 의자왕의 妃를 '君大夫人'이라 기록한 바 있다(권인한 2006, p.114).

42) 分: '몫'의 의미로 추정했다(김영심 1992c, p.185).

43) 主: 등잔의 심지를 지칭하는 '炷'와 같은 의미의 단위 명사로 짐작하거나(김영심 1992c, p.185), 뒤의 '耳'자와 연결하여 '主耳'라는 무게 단위로 해석하기도 하였지만(국립부여박물관 2003, p.37), 현재는 '銖'에 해당하는 무게의 단위로 보는 것이 일반적이다(박홍수 1999, p.508). 부여에서 '一斤'이라는 글자가 새겨진 거푸집이 2점 발견되어 1斤의 무게가 261.25g~286.97g임이 확인되었는데, 1근은 384銖이므로, 백제의 1銖는 0.680~0.747g이 된다. 銀釧의 실제 무게는 167.230g과 166.022g이므로 156.4~171.8g으로 추정되는 230銖에 들어맞는다. 燕에서 '銖'를 '朱'로도 표기하였으며, 主와 朱의 音이 같은 점 또한 主가 銖에 해당하는 무게 단위였음을 뒷받침해 준다.

44) 耳: 이를 앞의 '主'字와 연결하여 '主耳'라는 무게 단위로 해석하기도 하였으나(국립부여박물관 2003, p.37), '主'가 銖에 해당하는 백제식 무게 단위이며, 문장 앞부분의 "庚子年二月多利作"이 초기 이두문으로 인정됨을 감안하면(남풍현 2000, p.32), '耳'는 문장종결사로 해석할 수 있다(정재영 2003, p.113; 권인한 2006, p.115). '耳'가 문장종결사로 사용된 용례는 신라의 〈영일냉수리비〉에서도 확인된다.

圓座鈕 주위에는 9개의 乳를 배치하였으며, 사이사이에 작은 獸形으로 보이는 문양과 '宜子孫'의 銘文이 있다. 그 주위를 櫛齒文과 이중의 素文帶, 다시 櫛齒文帶로 둘러쌌다. 주요 문양대인 內區에는 7개의 四葉座乳를 배치하고 그 사이에 四神 이외의 奇禽異獸로 보이는 도형을 조각하였다. 무령왕릉에서 출토된 나머지 2면의 동경과 더불어 『日本書紀』 神功皇后 52年條에 백제왕이 七枝刀와 함께 일본에 보냈다고 기록된 '七子鏡'이 바로 이와 같은 형태의 동경이었을 것으로 보기도 한다(樋口隆康 1972). 이들의 제작시기와 장소에 대해서는 六朝代의 復古鏡으로 보는 설과(樋口隆康 1972), 南朝代에 銅 산출량이 감소하면서 주조기술이 열악해져 동경의 질량과 수량이 줄고 문양이 간략화하였음을 근거로, 後漢代의 舊式鏡으로서, 궁정 등에서 전세되다가 백제에 전해진 것으로 파악한 견해가 나와 있다(齊東方 2001, pp.129−130).

일본에는 이와 거의 동일한 型式의 거울이 滋賀縣 野洲町 三上山下古墳에서 2점, 群馬縣 高崎市 綿貫町 綿貫觀音山古墳에서 1점, 도합 3점 존재하는 것으로 확인되었다(樋口隆康 1972). 이후 연구가 진전되면서 무령왕릉 출토 宜子孫獸大鏡과 이들 3점의 동경은 엄밀한 동형경으로서, 綿貫觀音山古墳 출토 동경을 제외한 3점은 중국에서 제작된 후 백제로 가져왔다가, 그중 일부(三上山下古墳 출토 동경)를 일본에 전했으며, 綿貫觀音山古墳 출토 동경은 이들 중 하나를 원형으로 하여 제작된 것으로 추정하고 있다(小田富士雄 2001, p.77).

綿貫觀音山古墳 출토 동경의 內區 銘帶에는 "尙方作竟眞大好 上有仙人不知老 渴飮玉泉飢食棗 ▨▨▨▨▨▨▨ 壽如金石▨▨▨兮"라는 명문이 시계 방향으로 새겨져 있다(小田富士雄 2001, p.76). 마찬가지로 무령왕릉 출토 동경도 內區 주위를 둘러싸는 帶에 명문이 있었을 것으로 보기도 하지만(문화재관리국 1974, p.36), 현재로서는 명문의 존재가 확인되지 않는다.

3) 方格規矩神獸文鏡

직경 17.8cm, 緣高 0.7cm로서, 왕의 넘어진 足座 북쪽에 背文部를 위로 하여 놓여 있었다. 나무 상자의 잔존 흔적을 통해 원래 나무 상자에 들어 있었음을 알 수 있다. 기본적으로 後漢代에 유행하던 방격규구경의 문양을 기초로 하여, 한 명의 인물상과 네 마리의 獸形을 반입체적으로 부조한 것이 특징적이다. 때문에 六朝代에 後漢鏡을 모방하여 만든 것으로 추정하였으나(문화재관리국 1974, p.36), 唐代 이전에 兩漢의 古鏡을 모방한 사례가 없으며, 동진 이후 銅荒으로 동경 제조 기술이 열악해졌고, 浮彫를 활용한 기술도 後漢 후기부터 동경 공예에 나타난 변화와 발전을 보여주므로, 宜子孫獸大鏡과 마찬가지로 後漢 중후기에 만들어진 동경이 전세되다가 무령왕릉에 부장된 것으로 보아야 한다는 반론이 있다(周裕興 2005, pp.95−96).

중앙의 圓鈕 주위에 방형의 윤곽을 만들고, 그 내부에 작은 乳 12개를 배열한 뒤, 12支의 문자를 새겼다. 북쪽에 '亥'·'子'·'丑', 동쪽에 '寅'·'卯'·'辰', 남쪽에 '巳'·'午'·'未', 서쪽에 '申'·'酉'·'戌'을 배치하였다. 內區는 TLV形 문양과 8개의 圓座乳 사이에 神獸와 인물상을 배치하였다. 인물상은 맨발에 상투를 튼 반라신으로서, 남방적 요소임이 지적된 바 있다(문화재관리국 1974, p.37). 內區 주위에는 銘文帶가 둘러졌다. 유사한 명문내용을 가진 것으로 한반도 내에서는 부산박물관 소장 傳 김해 양동리 출토 방격규구사신경이 있다.

(1) 판독 및 교감

a. 중앙 방형 윤곽 내부

◎亥◎子◎丑◎
戌　　　　　寅
◎　　　　　◎
酉　　　　　卯
◎　　　　　◎
申　　　　　辰
◎未◎午◎巳◎

b. 銘文帶

尙方佳竟眞大好上有仙人[不]知老渴飮玉泉飢食[棗][壽][如]金石兮

※ 12支 기준 동북쪽 모서리를 기점으로 원형을 이루며 서사됨

∴[45] 尙方佳[46]竟眞大好 上有仙人[不][47]知老 渴飮[48]玉泉飢食[棗][49] [壽][50][如][51]金石兮

---

45) 시작점을 나타내는 부호로 보인다.

46) 作(문화재관리국 1974 외), 佳(樋口隆康) / 자형상으로는 佳가 분명해 보인다. 이 거울의 명문과 상당히 유사한 평양 석암리 194호분 출토 사신경의 同 구절 및 대동강변 6호분 출토경, 정오동 1·5·7호분 출토경 등의 해당 부분에 대해서도 '佳'로 판독한 바 있다(임기환 1992).

47) 神獸 문양에 가려져 자형이 명확하지 않으나, 문맥 및 남은 자획을 보아 '不'로 추정한다.

48) 飮: 자형상 '沂'나 '汲'와 유사하나, 漢鏡에서 '飢'를 '汎'로 축약하기도 하는 사례에 비추어 보면, '飮'의 축약형으로도 인정할 수 있겠다. 『樂浪郡時代の遺跡』에서는 낙랑 출토 동경의 유사한 구절을 '渴汲玉泉汎食棗'라고 판독하기도 했다.

49) 神獸 문양에 가려져 자형이 분명하지 않으나, 다른 古鏡의 명문에 의거하여 유추한다(문화재관리국 1974).

50) 尙方: 漢代 이래 少府의 屬官으로, 天子의 御物을 만들고 보관하는 일을 맡았다고 한다(김영심 1992d, p.186).

51) 上有仙人: "옛날 선인은"이라고 해석하기도 하였으나(김영심 1992d, p.186), 낙랑 출토 神獸鏡에 "…… 上有東王西王母 青龍白虎居右 ……"이라 하였고, 四神의 위치를 설명한 명문들이 많은 것을 보아, 仙人의 공간적 위치를 지칭한다고 보아야 할 것이다.

1-⑯: 渴

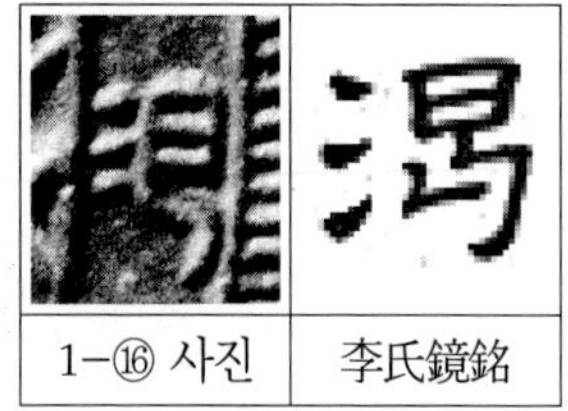

1-⑯ 사진 | 李氏鏡銘

∴ 『隸辨』 入聲 曷韻에 인용된 〈李氏鏡銘〉의 자형과 유사하다. 銅鏡用 축약자로 보인다.

(2) 역주

상방[52]의 아름다운 거울은 진실로 매우 좋다. 위에[53] 선인이 있어 늙음을 알지 못하니, 목마르면 玉泉[54]을 마시고, 배가 고프면 대추를 먹어, 수명이 금석과 같도다!

4) 銀製花形裝飾銘

직경 6.1cm, 중앙 화심부 직경 3cm로, 관재 표면과 바닥에 흩어져 있던 92개의 은제화형장식 중 하나이다. 현실 장엄용으로 산포했거나 장막 등에 장착했던 것으로 추정된다(문화재관리국 1974, p.42).

(1) 판독 및 교감

一百卌三

(2) 역주

143[55]

5) 鐵製 五銖錢

직경 2.4cm에 일변 0.8cm 정도의 方孔이 뚫린 오수전들로서, 90여 개 분량이 왕 지석과 왕비 지석에 걸쳐 놓여 있었다. 본래 실로 꿰어져 있었던 것으로 보인다. 심한 산화로 인해 전면에 두꺼운 녹이 끼여 있는데, 녹을 제거한 뒤에 방공 좌우에 '五'·'銖' 두 글자가 陽鑄되어 있음이 확인되었다.

오수전은 漢 武帝 元狩 5년(기원전 118)에 처음 주조되었다. 원래 銅錢이었는데, 後漢 光武帝 6년(기원

---

52) 玉泉: 곤륜산 위에 있다고 하는 전설 상의 샘.

53) 上有仙人: "옛날 선인은"이라고 해석하기도 하였으나(김영심 1992d, p.186), 낙랑 출토 神獸鏡에 "…… 上有東王西王母 靑龍白虎居右 ……"이라 하였고, 四神의 위치를 설명한 명문들이 많은 것을 보아, 仙人의 공간적 위치를 지칭한다고 보아야 할 것이다.

54) 玉泉: 곤륜산 위에 있다고 하는 전설 상의 샘.

55) 143: 무게의 단위를 표기한 것이거나, 제작수량을 나타낸 것으로 추측하고 있다(국립부여박물관 2003, p.38).

후 30)에 鐵錢을 만들었다가 얼마 가지 못하고 다시 銅錢이 유통되었다. 梁代에 들어 銅荒이 심해지자, 梁 武帝가 天鑑 年間(502~519년)에 '女鐵五銖'를 鑄造하였고, 普通 4년(523년)에 또 令을 내려 銅錢의 유통을 중지하고 鐵錢을 사용하게 했다(齊東方 2001, pp.128-129). 이 철전은 양 무제 때 주조한 오수전으로 추정되며, 무령왕이 사망한 해에 비로소 제작되었으므로, 왕비 생존시 또는 그 뒤에 전래되어 왕비의 지석 위에 놓인 것으로 보기도 한다(문화재관리국 1974, p.41). 그러나 발견 당시 오수전과 직접 접촉하지 않고 있었던 제2석 뒷면(매지권)에 철제 오수전의 쇳녹이 붙어 있는 것을 보아 왕비 매장 이전에 무덤에 넣어졌을 가능성이 매우 높다(권오영 2005, p.220). 아마도 524년에 파견된 사신이 중국에서 가져와 525년 본장 때 부장하였을 것이다. 다만, 동전 테두리 바깥쪽이 닳지 않은 점이나 두께가 얇은 점 등으로 보아 방제품을 매납하였을 가능성도 배제할 수 없다는 주장도 있다(국립부여박물관 2003, p.39).

4. 塼銘

음각으로 새긴 것(1)과 튀어나오게 찍어낸 것(2·3·4·5·6)들로 구분할 수 있다. 후자의 것들은 사용부위를 밝힌 설계 상의 기호로 추정된다. 중국 六朝塼室墓 중 蕭宏墓·蕭象墓에서는 '謝'·'吳'·'雷'·'安' 등 성씨가 새겨진 塼들이 확인되며, 塼을 굽는 요지의 주인 혹은 工匠의 성씨로 추정된다. 蕭融墓의 塼 중에는 '正方'·'大坤舌'·'中坤'·'小坤'·'下字坤'·'下字斧'·'中斧'·'中産' 등의 문자가 확인되는데, '正方'은 장방형塼을, '斧'·'坤舌'·'坤'은 楔形塼을 가리킨다고 한다. 蕭偉墓의 塼에도 '正方'·'大擲'·'中擲'·'大鴨'·'中鴨'·'急擲'·'倒臣' 등의 글자가 보인다. 문자의 서법은 차이가 있으나, 모두 서로 다른 塼形의 부호로 사용된다고 한다(齊東方 2001, pp.125-126).

1) "…士 壬辰年作"銘塼

연도 폐쇄전 중 상단이 부러진 상태로 출토되었다. 잔존 길이는 15cm, 두께는 4cm이다. 長邊에 예리한 공구로 음각하여 종서되었으며, 자경은 3.0cm이다. 壬辰年은 무령왕 붕어 13년 전인 512년에 해당하는 것으로 추정된다(김영심 1992e, p.192). 이를 통해 무령왕릉을 만들기 위한 전돌들이 임진년(512)에 이미 만들어지고 있었다고 보기도 한다(국립부여박물관 2003, p.51). 그러나 백제 왕실에 壽陵의 풍습이 있었는지 확인되지 않기 때문에, 이것이 무령왕릉 축조를 위해 만들어졌음을 인정하기는 어렵다. 무령왕 재위 중 왕과 가까운 누군가를 위해 만들어 쓰고, 남은 塼을 보관하다가 왕릉을 폐쇄하는 재료로 사용하였을 것으로 추정할 수 있다(권오영 2005, p.127).

'士' 앞쪽은 파손되어 남아있지 않지만, 백제 공인 중 하나인 '瓦博士'일 것이라는 추정이 가능하다(국립부여박물관 2003, p.51). 해석은 "(와박)사가 임진년에 만들었다" 정도가 되는데, 吐는 없지만 한자를 우리말 어순으로 배열한 초기 이두문의 형식을 띠고 있다고 보기도 한다(정재영 2003, p.112)

2) "中方"銘塼

'中方'이라는 銘文은 중국에서 582년에 만들어진 것으로 추정되는 西善橋罐子山 출토 塼에서도 확인된다고 한다(노중국 2000, p.142). 사용 부위를 밝힌 명문으로 파악하는 것이 일반적이나, 이를 백제 방군성 체제 중 5방의 하나인 中方으로 보고, 方制의 시원을 알려주는 자료로 활용한 견해도 있다(김수태 1997, p.225).

①은 현실 벽면에 설치된 등감 하부의 살창에 전용되었다. 장변 길이 33.0cm, 단변 길이 16.5cm, 두께 4.0cm로, 장변에 '中方'이라는 문자를 튀어나오도록 압출하였으며, 자경은 1.5cm이다.

②는 장변 길이 33.0cm, 단변 길이 16.5cm, 두께 4.5cm이다. 단변에 '中方'이라는 문자가 튀어나오게 압출하였으며, 수직벽전 및 아치형 벽 전용으로 사용되었다(박용진 1991, p.146). 부여 정동리 가마터에서 동일한 塼이 발견된 바 있다.

3) "大方"銘塼

장변 길이 33.0cm, 단변 길이 16.5cm, 두께 4.0cm이며 무늬가 없다. 장변에 '大方'이라는 문자를 튀어나오도록 찍어냈는데, 모두 床面의 棺臺造成用 敷塼으로만 사용되었다(박용진 1991, p.146). 부여 정동리 가마터에서 동일한 塼이 발견된 바 있다. 중국의 경우 582년에 만들어진 것으로 추정되는 西善橋罐子山 출토 塼에서 '大方'이라는 銘文이 확인된다고 한다(노중국 2000, p.142).

4) "急使"銘塼

현실 남벽 아치 천정 부분에 사용된 것으로, 횡단면이 사다리꼴을 이룬다. 장변 길이 35.0cm, 단변 길이 15cm, 두께는 문양면 3.0cm, 무문면 5.5cm이고 무늬는 없다. 단변에 左書로 '急使'라고 튀어나오도록 압출하였으며, 자경은 20cm이다. 역시 사용 부위를 밝힌 설계 상의 기호로 추정한다(김영심 1992e, p.194). 의미는 다르지만, 경주 안압지 185호 목간에서도 '急使'의 용례를 확인할 수 있다.

5) "中"銘塼

장변이 斜格子文이며, 단변에 '中'이 튀어나오도록 압출되었다(국립부여박물관 2003, p.52).

6) "仗大"銘塼

무늬가 없는 塼이다. 단변에 '仗大'가 左書로 튀어나오도록 압출되었다(국립부여박물관 2003, p.52). '使大'로 판독하기도 하였으며(김영심 1992e, p.194), 右書로 파악하여 '扑才'라고 판독한 경우도 있다(국립공주박물관, p.17).

5. 王妃 頭枕 墨書

王妃의 頭枕은 바닥 너비 40cm, 상부 너비 44.2cm, 높이 33.7cm, 두께 12.2cm의 큰 나무토막 중앙부를 U字形으로 판 것이다. 표면은 나무에 주칠을 하고 금박으로 주연 윤곽을 따라 내선을 한 줄 돌린 뒤 내부에 금박으로 귀갑문을 만들고 안에 白·朱·黑·金泥로 각종 그림을 그렸다. 여기에 그려진 도상 중 중국적인 天人誕生 과정을 추출하여, 남조에서 창안된 도상이 직접 백제로 전달된 것이며, 天人誕生談을 수반하는 龍門 北魏窟의 불상이 남조 불상의 영향 하에 성립했다고 보는 龍門様式 南朝起源說의 증거로 활용한 연구도 있다(吉村怜 1977).

상면 평탄부에는 조그만 구멍이 하나씩 있어 두 개의 목제 봉황두를 마주보게 꽂도록 하였는데, 1989년 보존처리를 위한 상태정밀조사 중 적외선 사진 촬영을 이용하여 베개 좌·우의 봉황두 아래에서 '甲'과 '乙'이라는 墨書가 발견되었다. '甲'자는 가로 2.0cm에 세로 3.2cm로, 두침의 상태가 좋은 면을 기준으로 향좌측 윗면에 대각선으로 비스듬히 쓰여 있고, '乙'자는 가로 5.0cm, 세로 2.0cm로 향우측에 '甲'자와 대각선상 정반대 방향으로 쓰여 있다. 서체는 행서체로 매우 유려한데, 왕비 지석의 甲·乙 서체와 일맥상통하나 묵서인 만큼 더욱 필치가 자연스럽다(이상수·안병찬 1990).

이 묵서는 위에 얹혀진 목제 봉황두 1쌍과 연관되었을 것으로 보이는데, 봉황두 1쌍은 암·수를 구별할 만한 표징 없이 크기만 차이가 있다. 따라서 갑·을은 이들 봉황두를 암·수 혼동 없이 두침 위에 설치하기 위해 적어둔 기호라는 추정이 가능하다(이상수·안병찬 1990).

6. 참고문헌

1) 보고서 및 자료집

국립공주박물관, 2001,『백제 사마왕 –무령왕릉, 그 후 30년의 발자취–』.

국립공주박물관, 2006,『무령왕릉 출토유물분석보고서(Ⅱ)』.

국립공주박물관, 2008,『무령왕릉 기초자료집』.

국립공주박물관, 2011,『무령왕릉을 격물하다 (무령왕릉 발굴 40주년 기념 특별전)』.

국립공주박물관, 2009,『무령왕릉 신보고서 Ⅰ』.

국립부여박물관, 2003,『百濟의 文字』.

文化財管理局 編, 1974,『武寧王陵 (發掘調査報告書)』.

2) 논저류

姜仁求, 1991,「武寧王陵의 葬法과 墓制」,『百濟武寧王陵』, 忠淸南道·公州大學校 百濟文化研究所.

高光憲, 2000,「百濟 金石文의 書藝史的 研究」, 원광대학교 대학원 석사학위 논문.

권오영, 2005,『고대 동아시아 문명 교류사의 빛 무령왕릉』, 돌베개.
權仁瀚, 2006,「武寧王陵 出土 銘文들에 대한 語學的 考察」,『口訣硏究』第17輯.
권정, 2003,「중국과 일본의 예를 통해 본 무령왕비의 재해석」,『일본문화연구』6집, 동아시아일본학회.
南豊鉉, 2000,『吏讀硏究』, 태학사.
金炳基, 1991,「誌石의 書體와 刻法」,『百濟武寧王陵』, 忠淸南道·公州大學校 百濟文化硏究所.
金壽泰, 1997,「百濟의 地方統治와 道使」,『백제의 중앙과 지방(백제연구총서 5)』, 충남대학교 백제연구소.
金永培, 1974,「百濟武寧王陵塼考」,『百濟硏究』5.
김영심, 1992a,「武寧王 誌石」,『譯註 韓國古代金石文 Ⅰ(고구려·백제·낙랑 편)』, 가락국사적개발연구원.
김영심, 1992b,「武寧王妃 誌石」,『譯註 韓國古代金石文 Ⅰ(고구려·백제·낙랑 편)』, 가락국사적개발연구원.
김영심, 1992c,「武寧王陵 出土 銀釧銘」,『譯註 韓國古代金石文 Ⅰ(고구려·백제·낙랑 편)』, 가락국사적개발연구원.
김영심, 1992d,「武寧王陵 出土 銅鏡銘」,『譯註 韓國古代金石文 Ⅰ(고구려·백제·낙랑 편)』, 가락국사적개발연구원.
김영심, 1992e,「公州地域 出土 瓦 塼銘」,『譯註 韓國古代金石文 Ⅰ(고구려·백제·낙랑 편)』, 가락국사적개발연구원.
金英心, 2011,「百濟의 道敎 成立 問題에 대한 一考察」,『百濟硏究』第53輯.
김영심, 2012,「무령왕릉에 구현된 도교적 세계관」,『한국사상사학』40.
김영욱, 2003,「백제 이두에 대하여」,『구결연구』11, 구결학회.
盧重國, 1986,「百濟律令에 대하여」,『百濟硏究』第17輯.
盧重國, 2000,「新羅와 百濟의 交涉과 交流 −6~7세기를 중심으로−」,『新羅文化』第17·18合輯.
朴容塡, 1991,「武寧王陵의 塼」,『百濟武寧王陵』, 忠淸南道·公州大學校 百濟文化硏究所.
박중환, 2007a,「金石文을 통해서 본 백제인의 來世觀」,『역사학연구』29.
朴仲煥, 2007b,「百濟 金石文 硏究」, 全南大學校 大學院 史學科 博士學位論文.
朴興秀, 1999,『韓·中 度量衡 制度史』, 성균관대학교출판부.
史在東, 1981,「武寧王陵文物의 敍事的 構造」,『百濟硏究』第12輯.
成周鐸, 1971,「武寧王陵」,『百濟硏究』第2輯.
成周鐸, 1991,「武寧王陵 出土 誌石에 關한 硏究」,『무령왕릉의 연구현황과 제문제』, 공주대학교 백제문화연구소.
成周鐸·鄭求福, 1991,「誌石의 形態와 內容」,『百濟武寧王陵』, 忠淸南道·公州大學校 百濟文化硏究所.
李揆山, 1991,「銅鏡」,『百濟武寧王陵』, 忠淸南道·公州大學校 百濟文化硏究所.
李貴永, 1991,「金屬製 裝身具」,『百濟武寧王陵』, 忠淸南道·公州大學校 百濟文化硏究所.
李相洙·安秉燦, 1990,「百濟 武寧王妃 나무베개에 쓰여진 銘文 "甲" "乙"에 대하여」,『考古學誌』第2輯.

李星培, 2000,「웅진 시대 백제 서예고찰 무령왕릉 출토 명문을 중심으로」,『韓國書藝』12.
李星培, 2004,「百濟書藝와 木簡의 書風」,『百濟硏究』第40輯.
李成珪, 1996,「中國의 分裂體制模式과 東아시아 諸國」,『韓國古代史論叢』제8집.
李丙燾, 1974,「武寧王陵 發見의 意義」,『武寧王陵 (發掘調査報告書)』, 文化財管理局 編.
李丙燾, 1976,「百濟武寧王陵 出土 誌石에 대하여」,『韓國古代史硏究』.
이정효, 2011,「武寧王陵 賣地券文의 "不從"과 "律令"」,『文物硏究』19.
이주현, 2012,「魏晉南朝의 將軍制와 '寧東大將軍'」,『百濟文化』46.
李喜寬, 1997,「武寧王 買地券을 통하여 본 百濟의 토지매매문제」,『百濟硏究』第27輯.
임기환, 1992,「제1부 낙랑 제7장 銅鏡 銘文」,『譯註 韓國古代金石文 Ⅰ(고구려·백제·낙랑 편)』, 가락국사적개발연구원.
任昌淳, 1974,「買地券에 對한 考察」,『武寧王陵 (發掘調査報告書)』, 文化財管理局 編.
鄭求福, 1987,「武寧王 誌石 解釋에 對한 一考」,『宋俊浩敎授停年紀念論叢』.
張守男, 2011,「武寧王陵 買地券의 起源과 受用背景」,『百濟硏究』第54輯.
張寅成, 2000,「武寧王陵 墓誌를 통해 본 百濟人의 生死觀」,『百濟硏究』第32輯.
鄭在永, 2003,「百濟의 文字 生活」,『口訣硏究』第11輯, 구결학회.

張傳璽, 1995,「《百濟國斯麻王買地券》釋例」,『韓國學術論文集 · 韓國傳統文化國際術論硏討會論文專輯』, 北京大學; 2008,『契約史買地券硏究』, 中華書局.
齊東方, 2001,「백제무령왕묘와 남조양묘」,『무령왕릉과 동아세아문화』(무령왕릉 발굴 30주년 기념 국제학술대회), 국립부여문화재연구소 국립공주박물관.
周裕興, 2005,「武寧王陵 出土 遺物分析(2) −銅鏡의 例−」,『백제문화 해외조사 보고서 Ⅴ −中國 江蘇省·安徽省·浙江省(國立公州博物館 硏究叢書 第16冊)−』, 國立公州博物館.

岡內三眞, 1980,「百濟武寧王陵と南北朝の比較硏究」,『百濟硏究』第11輯.
吉村怜, 1977,「百濟武寧王妃木枕に畵かれた天人誕生圖」,『美術史硏究』14冊.
大谷光男, 1973,「武寧王墓誌에 使用된 曆法에 대하여」,『考古美術』119.
大谷光男, 1977,「武寧王と日本の文化」,『百濟硏究』第8輯.
瀧川政次郎, 1972a,「百濟武寧王妃墓碑陰の冥券」,『古代文化』24−3.
瀧川政次郎, 1972b,「百濟武寧王妃墓碑と陰冥券考追考」,『古代文化』24−7.
白須淨眞, 2007,「영동대장군 백제 사마왕(무령왕)·왕비 합장묘의 묘권·묘지석에 관한 한 제언」,『중앙아시아의 역사와 문화』, 솔.
小田富士雄, 2001,「武寧王陵의 發見과 日本考古學界의 硏究同鄕」,『武寧王陵과 東亞細亞文化』, 국립부여문화재연구소.

佐保竹子, 1984,「百濟武寧王陵誌石の字跡と中國石刻文字との比較」,『朝鮮學報』111.
池田 溫, 1981,「中國歷代墓劵略考」,『東洋文化硏究所紀要』86.
樋口隆康, 1972,「武寧王陵出土鏡と七子鏡」,『史林』55-4.

부여 지역

官北里 出土 文字資料
舊衙里 出土 文字資料
宮南池 出土 文字資料
陵山里寺址 出土 文字資料
東南里 出土 文字資料
扶蘇山城 出土 文字資料
北羅城 出土 文字資料
雙北里 出土 文字資料
王興寺址 出土 文字資料
王興寺址 窯址 出土 文字資料
亭巖里 出土 文字資料
砂宅智積碑

官北里 出土 文字資料

기경량

1. 개관

충청남도 부여군 부여읍 관북리는 부소산 남쪽 기슭에 위치한 행정구역으로, 조선 시대에는 부여현의 관아가 있었던 곳이다. 이러한 입지 때문에 일찍부터 유력한 백제 왕궁 터의 후보지로 지목되었다. 옛 부여박물관 정문 앞에 좁은 광장이 있었는데, 원래 민간인의 사유지였으나 1978년 상가 건물을 짓기 위해 기초 공사를 하던 중 백제시대 遺構가 발견되어 공사를 중지하고 국가가 토지를 매입하였다.

1982~1992년에 충남대학교 박물관이 이 지역에서 7회에 걸쳐 발굴을 실시하였다. 1982~1983년 기간 중에는 백제 시대의 蓮池 유적과 함께 배수 시설이 발견되었다. 연지는 方形으로, 석축으로 견고하게 護岸 시설이 구축된 인공물이었다. 내부의 퇴적토는 크게 3개 층위로 나누어지는데, 최상층에서는 중국 唐代의 화폐인 開元通寶를 비롯해 鐵槍·鐵鏃 등이 나왔고, 그 아래의 두 개 층에서는 蓮花文 수막새 기와를 비롯한 백제 기와편과 토기편이 나왔다. 특히 바닥층에서는 2점의 목간이 발견되었는데 이 중 1점은 자흔이 확인되는 것으로 최초로 발견된 백제 목간이었다.

이후 3년간 발굴 작업은 중단되었는데, 이 기간 중 토지 매입과 지상 건물의 철거 등이 이루어지고 1987년부터 1990년까지 발굴이 재개되었다. 1987년 발굴에서는 暗渠 시설 일부를 발견하였다. 이는 백제 시대 남북대로 및 동서소로의 교차 지점에 설치되었던 것이어서, 백제 시대 도로의 형태를 확인할 수 있는 실마리가 되었다.

1988년 발굴에서는 부소산 남쪽 기슭에 있는 암반 아래에서 인공적으로 石築한 샘을 발견하였다. 샘은 백제 시대의 석축 배수로와 연결되어 있었다. 샘이 발견된 암반의 남쪽에서는 건물지가 발견되었는데,

이 건물은 백제 건축의 특색이라고 할 수 있는 瓦積基壇 위에 세워졌다. 건물은 비교적 소형으로 수막새 기와로 장식되었고, 인접한 샘과의 연관성이 깊다고 짐작되었다. 건물지 기단 주변에는 다량의 기와 파편과 토기 파편이 흩어져 있었으며, 건물지 기단에서 동쪽으로 각각 10m와 28m 떨어진 배수구 내부에서는 '北舍'라는 글자가 찍힌 대형 甕器 파편 2점이 발견되었다.

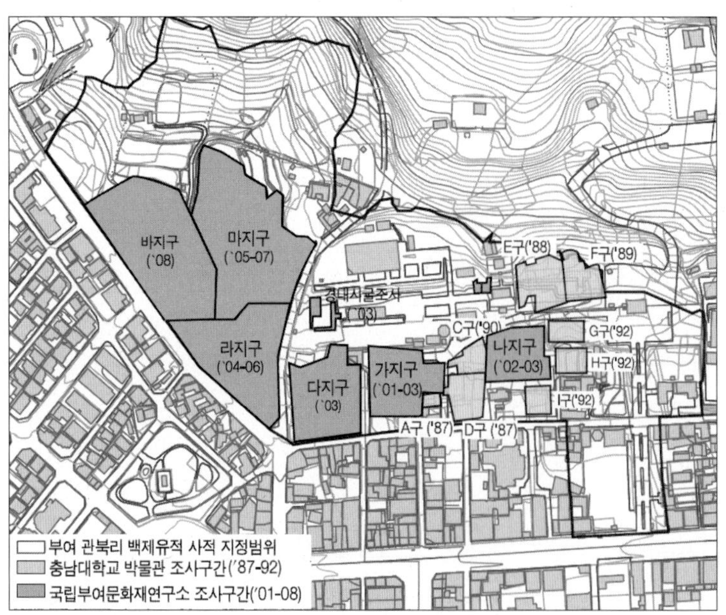

출처: 국립부여문화재연구소, 2011, p.21.

1989~1990년 발굴에서도 건물지, 석축과 배수구, 남북대로의 흔적을 발견하였다. 1991년에 잠시 보류되었던 발굴은 1992년에 마저 이루어졌는데, 이때 동서소로의 일부가 발굴되었다. 특히 H구에서는 백제시대의 窯址와 철기 제작소로 보이는 竪穴 건물지 1개소 등이 발견되었다. 수혈 내부에서는 철기 파편들과 함께 燒土層이 확인되었고 다량의 토기 파편과 와편들이 출토되었다. 그중 상당수가 대형의 원통형 옹기 안에서 나와 이 수혈이 용도가 폐기된 이후부터 쓰레기 매립장으로 사용되었다는 사실이 확인되었다.

2001년에는 이 일대가 사적 제428호 '부여 관북리 백제유적'으로 지정되었다. 이에 따라 부여군에서 계획한 장기적인 유적 복원과 정비사업의 일환으로 국립부여문화재연구소에서 발굴 조사를 시작하였다. 발굴은 2001년부터 2008년까지 6회에 걸쳐 이루어졌으며, 가~바에 이르는 6개 지구가 조사 대상이 되었다.

2001~2002년에는 백제시대 연지의 서쪽 지역인 '가' 지구와 백제시대 남북대로의 동쪽 지역인 '나' 지구에서 발굴을 하였고, 백제시대 움집터와 댓돌, 일렬의 기둥구멍 등을 확인하였다. 특히 과거 충남대학교 박물관에서 조사한 바 있는 백제 연지의 서쪽 구역을 마저 조사하여 백제 시대 연못의 전모를 확인할 수 있었다. 연못의 내부 크기는 10.6m, 남북 폭은 6.2m, 잔존 깊이는 1~1.2m로 확인되었다. 연못 내부 회흑색 점토층에서는 다수의 목간과 목간형 목제품들이 추가적으로 출토되었다.

2003년에는 '가' 지구와 '나' 지구 외에 '다' 지구까지 조사하였는데, 공방으로 보이는 생산 시설 단지와 지하 목곽 곳간, 움집터 등을 발굴하였다. 2004년에는 '다' 지구의 지하의 목곽 곳간에 대해 추가 조사를 하는 한편, '라' 지구와 '마' 지구에 대해 조사를 실시하여 대형 건물지를 확인하였다. 목곽 곳간에는 참외를 비롯한 다량의 과일 씨앗과 밤나무 수피가 쌓여 있어 과일이나 과일 가공품을 저장하는 용도로 사용되었으리라 추측되었다. '라' 지구에서는 석곽 곳간이 확인되기도 하였다.

2005~2006년에는 '라' 지구의 대형 건물지에 대한 보완 조사를 실시하는 한편, '마' 지구의 조사 범위를 확대하였다. 대형 건물지는 동서 길이 35m, 남북 폭 18.5m 또는 19.25m로 동서 7칸, 남북 4칸에 중심부가 빈 통칸 구조였던 것으로 파악되었다. 그밖에 목곽 수조와 기와도수관로로 이루어진 백제의 상수도 시설을 확인하였다. 2007년에는 '마' 지구에서 백제시대 우물 2기와 석축 배수로를 확인하였고, 2008년에는 '바' 지구에서 매축대지와 담장 등을 확인하였다.

관북리에서는 발굴 과정에서 다량의 문자 유물이 출토되었다. 목간을 비롯해 인각와, 문자명 토기 등이 나왔고, 당나라 초기부터 제작된 開元通寶도 출토되었다. 이 중 인각와는 별고를 통해 자세히 다루므로 여기서는 목간과 명문 토기만을 살펴보도록 하겠다.

2. 목간

관북리에서는 총 12점의 목간이 확인되었다. 다만 희미하게라도 자흔 내지 낙인 같은 것이 남아 판독을 시도할 수 있는 목간은 5점뿐이다. 나머지 7점에서는 묵흔은 있더라도 글자의 획은 확인되지 않으며, 발굴보고서에 따라 '목간' 혹은 '목간형 목제품'이라고 달리 표기되고 있다.

1) 관북 1차 목간 1(백제-293, 창원-283, 나무-283, 자전-관5)

1983년 발굴 조사 당시 연못 안의 바닥층에서 발견되었다. 얇게 깎은 장방형으로 길이 19.6cm, 너비 4.2cm, 두께 0.4cm이다. 상단 끝에서 아래쪽으로 4.2cm, 측면에서 1cm 위치에 송곳 같이 날카로운 것으로 뚫은 작은 구멍이 있다. 비슷한 유형의 목간들을 모아 편철할 수 있도록 만든 구멍으로 보이므로, 문서 목간으로 여겨진다.

글씨를 쓴 이후 표면의 일부를 칼로 깎아낸 흔적이 있다. 하단에는 칼을 이용해 목간을 조금씩 조각내 폐기한 흔적이 보이며, 앞면 하단부 우측에 길쭉하게 한 조각이 남아 있다. 이러한 폐기 방식은 일본의 郡符木簡 폐기 행정과 상통한다(이용현 1999, p.342; 히라까와 미나미 2000, p.130; 윤선태 2007c, pp.329-330).

양면에 모두 글자가 남아 있는데, 앞면은 2행, 뒷면은 3행으로 글을 작성한 것으로 파악된다. 남아 있는 묵흔의 상태가 썩 좋지 못하고 내용도 명확하지 않다. 발굴 보고서에 따르면 한쪽 면에서 '▨▨本我自▨'를 읽었다고 하였는데, 이는 이후 나온 판독문과 큰 차이가 있다. 적외선 사진 등을 활용할 수 없었던 시절의 한계라 할 수 있다. 그러나 적외선 사진 활용 이후에 이루어진 판독문들 역시 연구자에 따라 상이한 편인데, 그만큼 남아 있는 글자의 상태가 좋지 않다는 것을 의미한다.

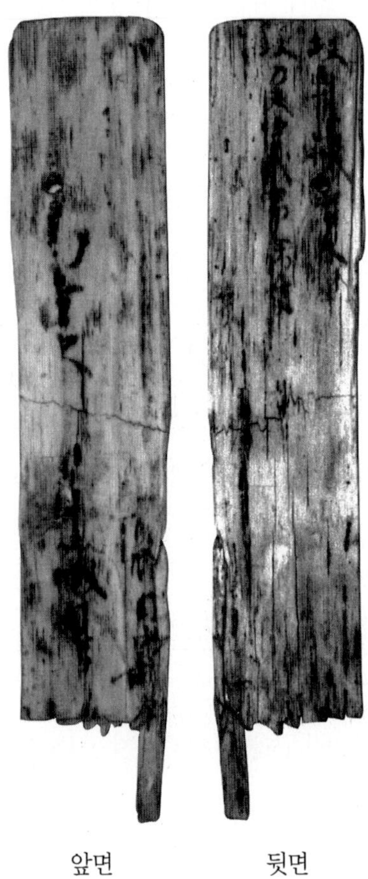

앞면 뒷면

출처: 나무, p.40.

(1) 판독 및 교감

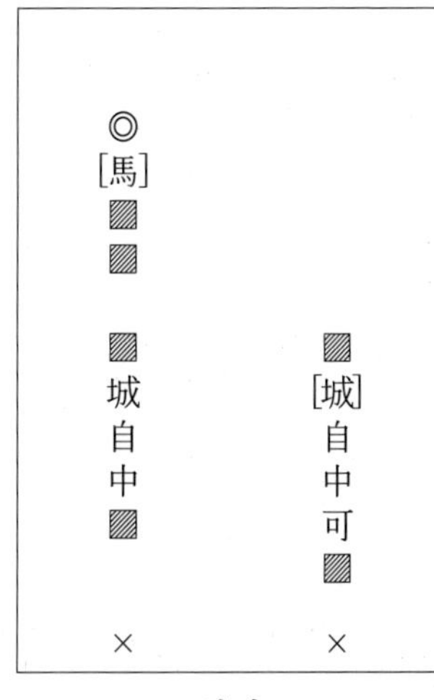

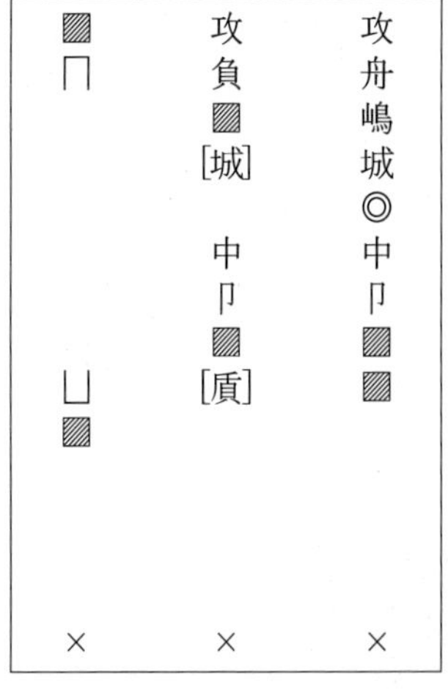

앞면　　　　　　　　뒷면

앞면 1: ▨[城][1]自[2]中[3]可[4]▨

2: [馬][5]▨[6]▨[7]▨[8]城[9]自[10]中[11]▨

뒷면 1: 攻舟[12]嶋[13]城中[14]卩[15]▨[16]▨[17]

2: 攻負[18]▨[城][19]中[20]卩[21]▨[22][質][23]

3: ▨⊏　　　　　　　　　⊐▨[24]

---

1) ▨(이용현, 백제, 나무, 손환일).
2) 自(이용현, 백제, 나무, 손환일).
3) 中(이용현, 백제, 나무, 손환일).
4) 卩(손환일), ▨(이용현, 백제, 나무).
5) [南](손환일), ▨(이용현, 백제, 나무).
6) [吉](손환일), ▨(이용현, 백제, 나무).
7) [次](이용현, 손환일), 久(백제, 나무).
8) 本(충남대학교 박물관), [中](손환일), ▨(이용현, 백제, 나무).
9) 我(충남대학교 박물관), 歲(이용현), 城(백제, 나무, 손환일).
10) 自(충남대학교 박물관, 이용현, 손환일), ▨(백제, 나무).
11) ▨(손환일).
12) 舟(이용현, 백제, 나무), 自(손환일).
13) 嶋(이용현, 백제, 나무), 嵎(손환일).
14) ▨(이용현, 백제, 나무).
15) 尸(손환일), ▨(이용현, 백제, 나무).
16) 城(백제, 나무), 民(손환일).
17) 軍(손환일).

앞면 1-①: ▨

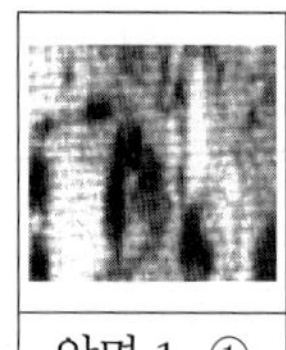

앞면 1-①

∴ 묵흔이 너무 희미하며 판독이 어려우며, 기존 판독자들도 모두 미상자로 처리하였다.

앞면 1-②: [城]

앞면 1-②	앞면 2-⑤	뒷면 1-④	東晋 王羲之	唐 顔眞卿	平城宮木簡 00284	平城宮木簡 04833

∴ 묵흔이 희미해 판독이 쉽지 않으나 2행 같은 열의 글자가 城으로 판독되기 때문에 역시 같은 글자로 추독할 수 있다.

앞면 1-③: 自

앞면 1-③	앞면 2-⑥	平城京木簡 04996	平城京木簡 00858	平城宮木簡 03367	藤原宮木簡 00014

∴ 비교적 분명하게 판독할 수 있는 글자이다. 얼핏 보면 '用'으로 보이기도 하나, 좌측 상단에 '丿' 획

18) 負(이용현, 백제, 나무), '刀'·'夫'(손환일).
19) 城(백제, 나무), [成](손환일), ▨(이용현).
20) 而(손환일), ▨(백제, 나무).
21) ▨(백제, 나무, 손환일).
22) 禾(이용현), ▨(백제, 나무, 손환일).
23) ▨(이용현, 백제, 나무, 손환일).
24) ▨(이용현, 백제, 나무).

이 분명하게 보이고, 안쪽의 가로획 세 개의 필획도 분명하게 확인된다. 글자 가운데 세로획처럼 보이는 것은 나무결에 먹이 스며든 결과이다. 이 글자는 2행 같은 열에 있는 글자와 동일자로 파악된다.

앞면 1-④: 中

앞면 1-④	궁남지 1호 뒷면 2-③	관북리 3차 833호 앞면 1-①	平城宮木簡 02319	平城京木簡 05725	平城宮木簡 00356

∴ 자획이 선명해 분명하게 판독할 수 있는 글자이다. 2행 같은 열에 있는 글자와 동일자로 파악된다.

앞면 1-⑤: 可

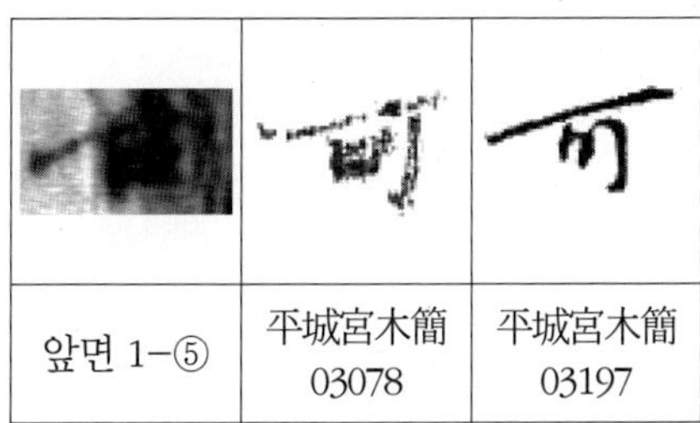

앞면 1-⑤	平城宮木簡 03078	平城宮木簡 03197

∴ 비교적 선명하게 자획이 남아 있기는 하지만, 같은 행의 글자들에 비해 왼쪽으로 크게 벗어난 위치에 글씨가 써져 있다. 이는 목간의 상태 때문으로 보인다. 원래 글씨가 들어가야 할 자리에는 나무가 갈라지고 홈이 파져 있어 정상적으로 글씨를 쓸 수 없는 상태이다.

앞면 1-⑥: ▨

앞면 1-⑥

∴ 묵흔이 남아 있기는 하나 매우 희미하며 목간이 폐기되며 생긴 절단 지점에 글자가 걸쳐 있어 판독이 어렵다. 미상자로 처리한다.

앞면 2-①: [馬]

앞면 2-①	馬	唐 顔眞卿	唐 顔眞卿	平城宮木簡 00427	南	唐 顔眞卿	唐 柳公權

∴ 구멍 아래에 비교적 큰 글씨로 세 글자가 적혀 있었던 것으로 보이는데, 그중 첫 번째 글자이다. 이 세 글자는 목간의 제목일 가능성이 높다고 여겨지는데, 모두 칼로 목간 표면을 깎아낸 듯 글자의 왼쪽 절반 정도가 지워진 상태여서 판독이 어렵다. 손환일(2011)은 [南]으로 추정하였지만 남아 있는 자흔을 감안하면 그보다는 [馬]에 가깝다. 이 목간의 내용이 전반적으로 군사와 관련된 것이라는 점을 감안하면 [馬] 앞에 '兵'이라는 글자가 있었다가 지워졌을 가능성도 있다.

앞면 2-②: ▨

앞면 2-②	吉	隋 智永	唐 褚遂良	借	北魏 唐雲墓誌	唐 顔眞卿 李玄靖碑	함안 성산산성 출토 목간

∴ 글자의 오른쪽 자흔은 꽤 선명하지만 왼쪽은 거의 다 지워진 상태라 판독이 어렵다. 손환일(2011)은 [吉]로 추정하였다. 그런데 '吉'로 판단하기에는 상단의 세로획이 오른쪽으로 많이 치우쳐 남아 있다는 점이 문제이다. 남아 있는 자흔만으로는 오히려 '昔'의 형태에 더 가까워 보인다. 하단이 '口'로 보이기는 하지만 글자 전체 크기에 비해 '口'의 비율이 큰 편이라 '日'일 가능성도 있다. 글씨의 왼쪽 부분이 전혀 보이지 않는 상태에서 정확한 판독은 어려우므로 미상자로 처리한다.

앞면 2-③: ▨

앞면 2-③	次	東晉 王羲之 姨母帖	唐 顔眞卿 郭虛己墓誌	久	飛鳥 王勃詩序	平安 最澄 久隔帖

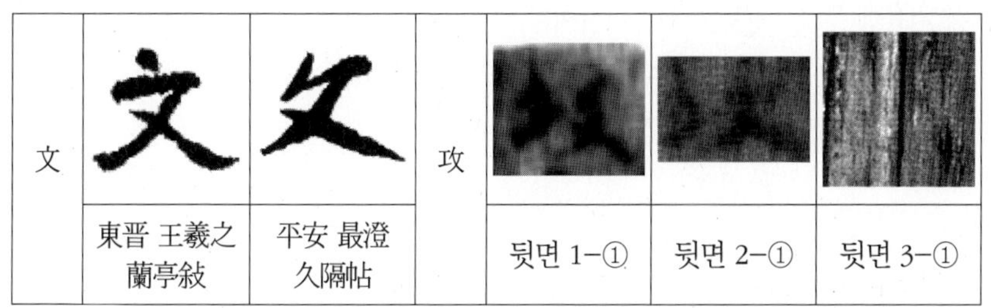

文	東晉 王羲之 蘭亭敍	平安 最澄 久隔帖	攻	뒷면 1-①	뒷면 2-①	뒷면 3-①

∴ 글자 왼쪽이 지워져 판독이 어렵다. 남아 있는 자형으로는 '次'의 형태와 가장 가까워 보이나 글자의 왼쪽이 전혀 보이지 않는 상태에서 확정은 어렵다. '次' 외에 '久', '文', '攻'일 가능성이 모두 존재한다. 이에 미상자로 처리한다.

앞면 2-④: ▨

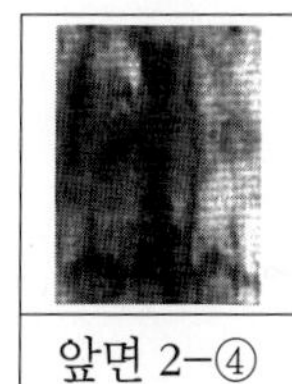

앞면 2-④

∴ 크게 써진 앞의 세 글자 다음에 일정한 공격이 있고, 이 글자가 자리하고 있다. 묵흔이 보이기는 하나 필획이라고 할 만한 것이 보이지 않아 판독이 어렵다. 발굴 보고서에서는 '本'이라 판독한 바 있으나, 그렇게 보기는 어렵다. 두 글자일 가능성도 있으나 판단하기 어려우므로, 여기서는 일단 한 글자로 파악하되 미상자로 처리한다.

앞면 2-⑤: 城

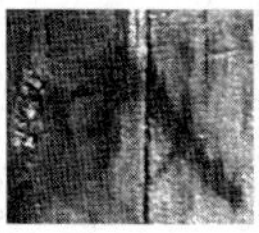 앞면 2-⑤	 뒷면 1-④	 東晋 王羲之	 唐 顔眞卿	 平城宮木簡 00284	 平城宮木簡 04833

∴ 발굴보고서에서 처음에 '我'로 판독하였던 글자이다. 좌변의 '土'가 잘 보이지 않지만 해당 위치에 묵흔이 남아 있으며, 우변 자획은 '成'이 분명하다. 따라서 城으로 판독한다.

앞면 2-⑥: 自

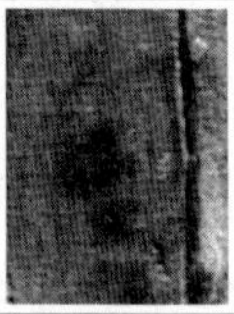 앞면 2-⑥	 앞면 1-③	 平城京木簡 00858	 平城宮木簡 03367	 藤原宮木簡 00014

∴ 좌측 상단에 '丿' 획이 분명하게 보이고, 전체적인 자형이 1행 같은 열의 글자와 동일하다.

앞면 2-⑦: 中

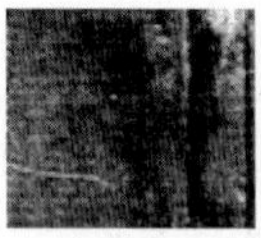 앞면 2-⑦	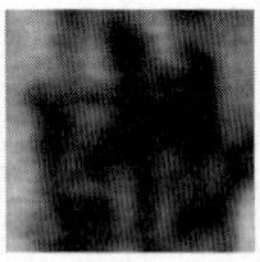 앞면 1-④	 관북리 3차 833호 앞면 1-①	 平城宮木簡 02319	 平城京木簡 05725

∴ 기존 판독에서는 글자로 보지 않거나 미상자로 처리되었으나, 이 목간에서 1행과 2행이 비교적 병렬적인 문장 구조로 이루어지고 있음을 감안하여 살펴보면 1행 같은 열에 있는 '中'과 동일자임을 알 수 있다. 왼쪽 부분의 묵흔이 지워진 상태이지만 남아 있는 자흔만으로도 원래 '中'이었음을 짐작할 수 있다.

앞면 2-⑧: ▨

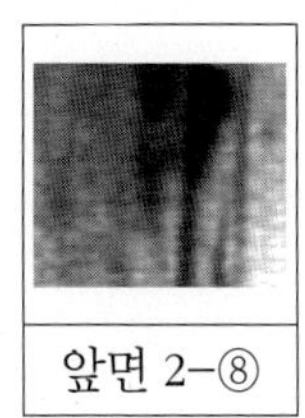
앞면 2-⑧

∴ 글자로 보지 않는 경우가 대부분이나 묵흔은 분명하게 남아 있다. 部의 약자인 'ㄗ'처럼 보이기도 하나 글자의 왼쪽 부분이 지워진 상태일 가능성도 있으므로 확정하기 어렵다. 미상자로 처리한다.

뒷면 1-①: 攻

뒷면 1-①	北魏 元悅墓誌	北魏 元詮墓誌	東晋 王羲之	唐 歐陽詢 행서	唐 陸柬之 행서

∴ 적외선 사진에서 비교적 분명하게 확인할 수 있는 글자이다. 판독자 간 이견이 없다.

뒷면 1-②: 舟

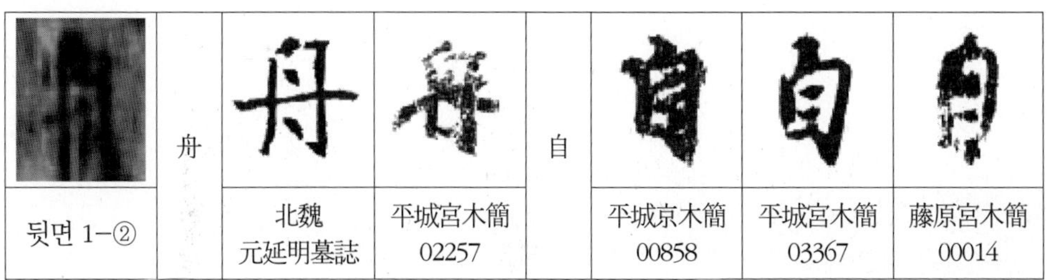

뒷면 1-②	舟	北魏 元延明墓誌	平城宮木簡 02257	自	平城京木簡 00858	平城宮木簡 03367	藤原宮木簡 00014

∴ 남아 있는 자흔의 상태가 좋지 않아 판독에 어려움이 있다. '自'로 판독하는 경우도 있지만 좌우가 좁고 장방형으로 길쭉한 전체 형상과 중간 부분에 밖으로 나온 가로획으로 보이는 흔적이 있으므로 '舟'에 더 가깝다고 여겨진다.

뒷면 1-③: 嶋

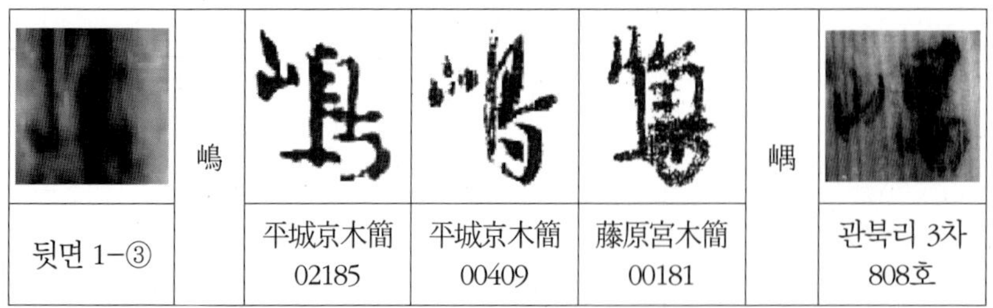

뒷면 1-③	嶋	平城京木簡 02185	平城京木簡 00409	藤原宮木簡 00181	嵎	관북리 3차 808호

∴ 좌변의 '山'은 분명하며 우변 오른쪽 하단의 돌아 내려오는 자획은 '鳥'로 판독하는 중요한 근거가 된다. '嵎'로 판독한 경우가 있는데, 이는 같은 유적에서 나온 嵎夷명 목간을 의식한 것으로 보인다. 그러나 우변 상단에 '田' 형태로 볼 수 있는 모습이 전혀 보이지 않으므로, '嶋'로 판독하는 것이 타당하다.

뒷면 1-④: 城

뒷면 1-④	앞면 2-⑤	東晋 王羲之	唐 顔眞卿	平城宮木簡 00284	平城宮木簡 04833

∴ 판독자 간 이견이 없다. 좌변 '土'의 마지막 가로획이 보이지 않기는 하나 전체적인 자형으로 보았을 때 城으로 판독하는 데 무리는 없다.

뒷면 1-⑤: 中

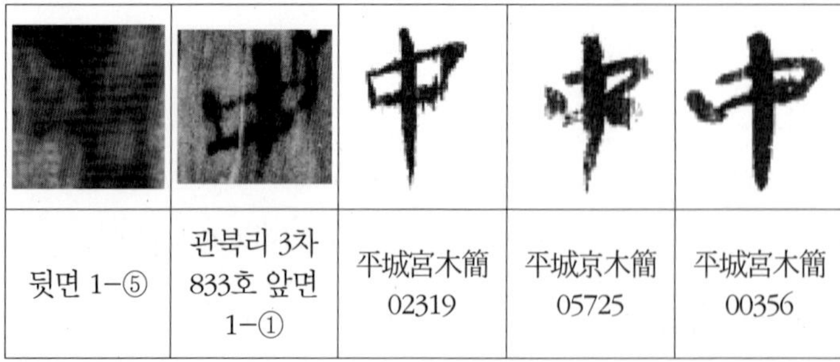

뒷면 1-⑤	관북리 3차 833호 앞면 1-①	平城宮木簡 02319	平城京木簡 05725	平城宮木簡 00356

∴ 목간에 뚫려 있는 구멍에서 우측 아래에 좌우가 넓은 편방 형태의 '口'의 묵흔이 뚜렷하게 보이며, 'ㅣ' 획 역시 확인된다. 따라서 이 글자는 '中'으로 판독하는 것이 타당하다. '中'으로 판독할 수 있는 또 하나의 근거는 2행에 나란히 자리하고 있는 같은 열에도 비슷한 형상의 글자가 있다는 점이다. 이용현(2007), 국립부여박물관(2008), 손환일(2011) 등 기존 판독자들은 모두 미상자로 처리하거나 글자로 보지

않았다. 다만 국립부여박물관(2003)에서 나온 소도록에서 이 목간을 소개할 때 판독문 제시 없이 1행과 2행에 '中卩'라는 글자가 판독된다고 간략하게 언급한 바 있는데, 아마도 이 글자를 가리켰던 것으로 여겨진다. 정식 판독은 아니었는지 이후 국립부여박물관에서 출간된 도록(2008)에 실린 판독문에는 반영되어 있지 않다. 하지만 이번 판독을 통해 '中卩'의 존재가 재확인되었으며, 이는 백제 목간 중 유일한 사례이다.

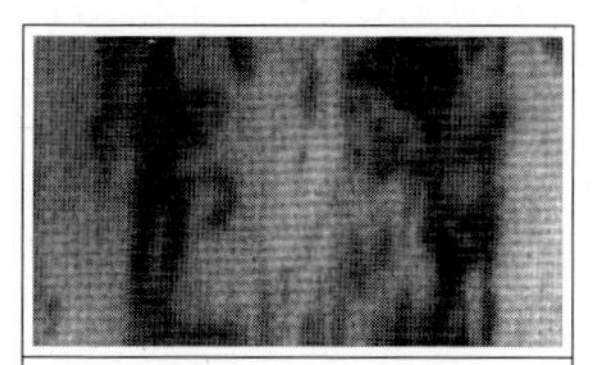
뒷면 1-⑤·⑥와
뒷면 2-⑤·⑥에
열을 맞추어 적힌 '中卩'

뒷면 1-⑥: 卩

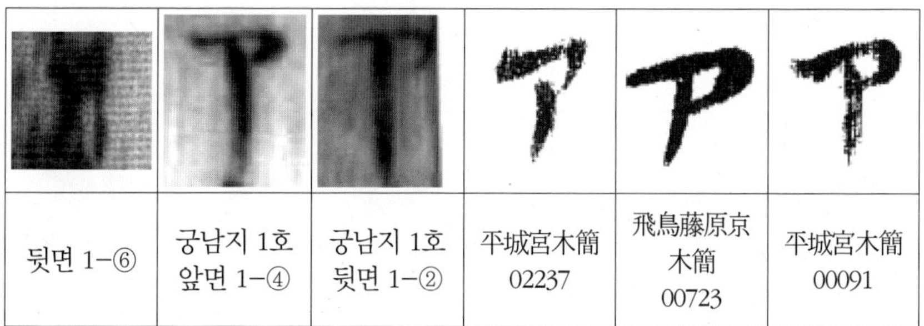

뒷면 1-⑥	궁남지 1호 앞면 1-④	궁남지 1호 뒷면 1-②	平城宮木簡 02237	飛鳥藤原京木簡 00723	平城宮木簡 00091

∴ 대부분의 판독자들이 미상자로 처리했던 글자이다. '尸'로 판독한 경우도 있으나 그렇게 보기는 어렵다. 이 글자는 2행 같은 열에 있는 글자와 동일자인 '卩'로 판독된다. 바로 윗글자인 '中'에서 약간 오른쪽으로 중심축이 치우친 형태를 띠고 있다.

뒷면 1-⑦: ▨

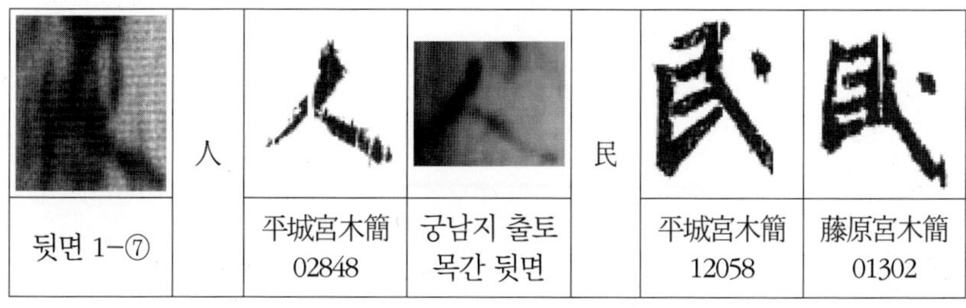

뒷면 1-⑦	人	平城宮木簡 02848	궁남지 출토 목간 뒷면	民	平城宮木簡 12058	藤原宮木簡 01302

∴ '民'으로 판독한 경우와 '城'으로 판독한 경우가 있으나 모두 수용하기 어렵다. 남아 있는 자형으로는 '人'에 가까워 보이지만 두 획이 만나는 곳에 가로획처럼 묵흔이 퍼져 있는 점이 문제가 된다. 먹이 번

진 것일 수도 있고 '夫'나 '大'일 가능성도 있기 때문에 미상자로 처리한다.

뒷면 1-⑧: ▨

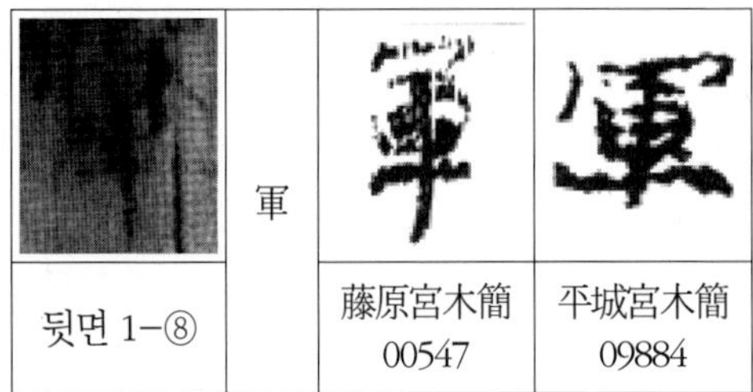

	軍		
뒷면 1-⑧		藤原宮木簡 00547	平城宮木簡 09884

∴ 대부분의 판독자들이 글자로 보지 않는 가운데, '軍'으로 판독한 경우도 있다. 확대 사진을 보면 약간의 묵흔이 남아 있는 것을 확인할 수 있다. 먹이 번진 흔적일 수도 있지만, 2행의 같은 열에도 글자가 있음을 감안한다면 이것 역시 자흔이라 인정해도 좋을 것이다. 다만 남아 있는 묵흔이 너무 옅고 불확실하여 '軍'이라 확정하기는 곤란하다. 따라서 글자로 인정은 하되 미상자로 처리한다.

뒷면 2-①: 攻

뒷면 2-①	뒷면 1-①	北魏 元悅墓誌	北魏 元詮墓誌	東晋 王羲之	唐 歐陽詢 행서	唐 陸柬之 행서

∴ 뒷면 1-①과 동일 글자이다. 판독자 간 이견이 없다.

뒷면 2-②: 負

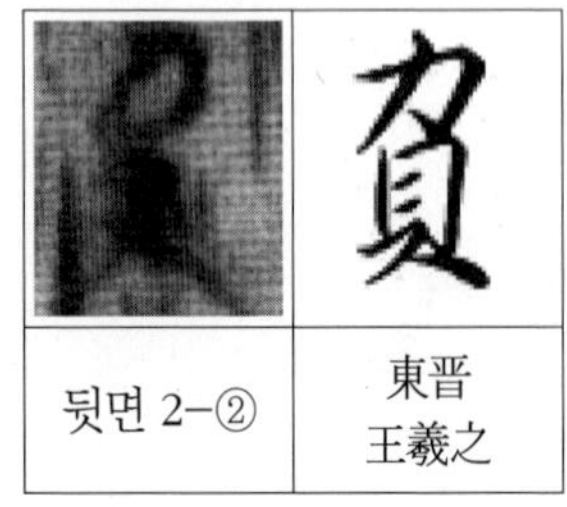

뒷면 2-②	東晋 王羲之

∴ '負'로 판독하는 경우와 '刀'와 '夫' 두 글자로 판독하는 경우가 있다. 모두 가능한 판독이라고 여겨지나 1-②의 '舟'가 세로로 긴 장방형의 자형을 가지고 있음을 감안하면, '刀'와 '夫' 두 글자로 보는 것보다는 '負' 한 글자로 보는 것이 더 타당해 보인다. 1행과 2행의 문장이 모두 '功'으로 시작되는 것을 보았을

때 두 행은 문장 구조 역시 유사할 가능성이 높고, 그렇다면 가급적 열을 맞추어 글을 썼을 것이기 때문이다.

뒷면 2-③: ▨

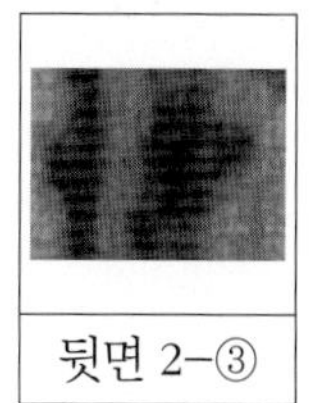

뒷면 2-③

∴ 남아 있는 자형은 좌우로 넓은 편방형이다. '口'이나 '皿', '四' 같은 글자를 상정해 볼 수 있고, '中'이나 '西'가 지워진 형태로 볼 수도 있으나 판단이 쉽지 않다. 미상자로 처리한다.

뒷면 2-④: [城]

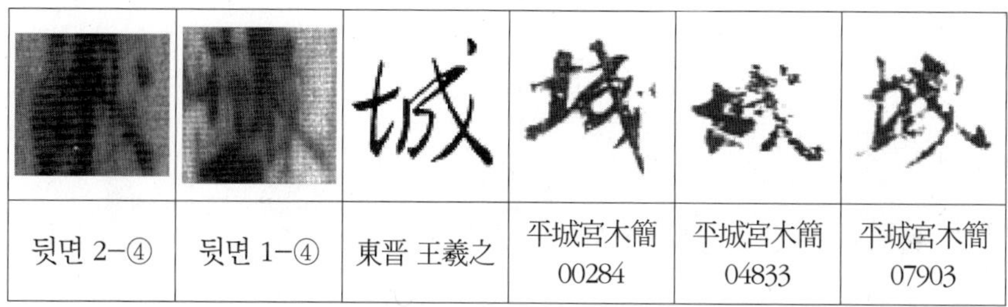

뒷면 2-④	뒷면 1-④	東晋 王羲之	平城宮木簡 00284	平城宮木簡 04833	平城宮木簡 07903

∴ 묵흔이 매우 옅어 판독이 어려운 글자이다. 다만 나란히 배치되어 있는 1행 네 번째 글자가 '城'으로 판독되고 있으므로 이를 참고해 [城]으로 추독할 수 있다. 1행과 2행의 문장이 유사한 구조를 띠고 있을 가능성이 높기 때문이다. 우변에 '戈' 부분과 마지막 '㇏' 부분이 확실히 남아 있다는 점도 이러한 추독에 신빙성을 높여 준다.

뒷면 2-⑤: 中

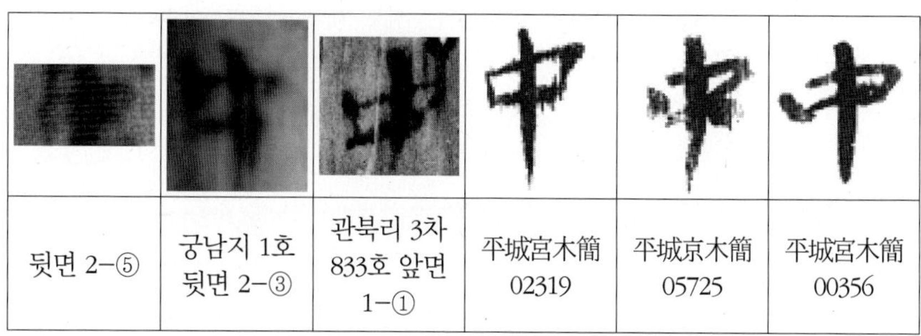

뒷면 2-⑤	궁남지 1호 뒷면 2-③	관북리 3차 833호 앞면 1-①	平城宮木簡 02319	平城京木簡 05725	平城宮木簡 00356

∴ 1행의 다섯 번째 글자와 동일자이다. 손환일(2011)은 '而'로 판독하였는데, 아마도 다섯 번째 글자

인 '巾'과 여섯 번째 글자인 '卩'를 하나의 글자로 판단한 것으로 짐작된다. 하지만 수용하기 어려우며 '巾'으로 판독하는 것이 타당하다. '丨' 부분은 세로로 나 있는 나무결과 겹친다.

뒷면 2-⑥: 卩

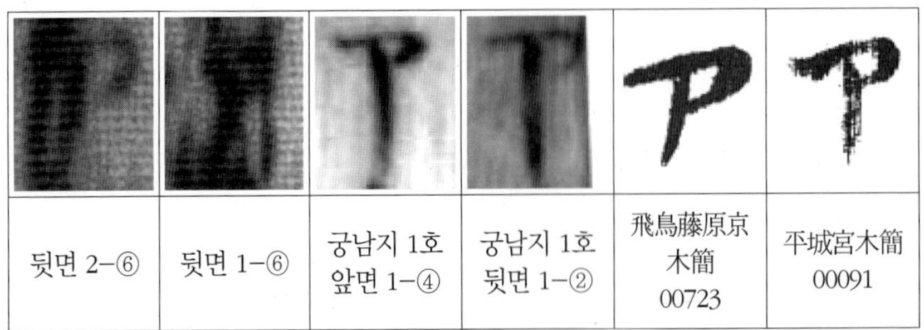

뒷면 2-⑥	뒷면 1-⑥	궁남지 1호 앞면 1-④	궁남지 1호 뒷면 1-②	飛鳥藤原京 木簡 00723	平城宮木簡 00091

∴ 뒷면 1-⑥ 글자와 동일자이다. 1행과 2행의 5~6번째 글자는 자형은 물론이고 글자의 배치까지 완전히 동일한 형태이다.

뒷면 2-⑦: ▨

뒷면 2-⑦	歸	궁남지 1호 뒷면 2-①	唐 李邕	唐 柳公權	禾	平城宮木簡 11422	平城宮木簡 11332

∴ 판독이 쉽지 않은 글자이다. 대부분의 판독자들이 미상자로 처리한 가운데 '禾'로 판독한 경우도 있다. 그러나 적외선 사진을 보면 우측 하단의 획이 둥글게 오른쪽으로 휘었다가 돌아오는 형상이 완연하다. 따라서 이를 '禾'로 보기는 어렵다. 이러한 필획이 나오는 가장 전형적인 자형은 '巾'이다. 본 글자의 좌변에 세로획의 묵흔이 확인된다는 점을 감안하면, '帰'일 가능성도 있다. 하지만 단정하기는 어려우므로 미상자로 처리한다.

뒷면 2-⑧: [貭]

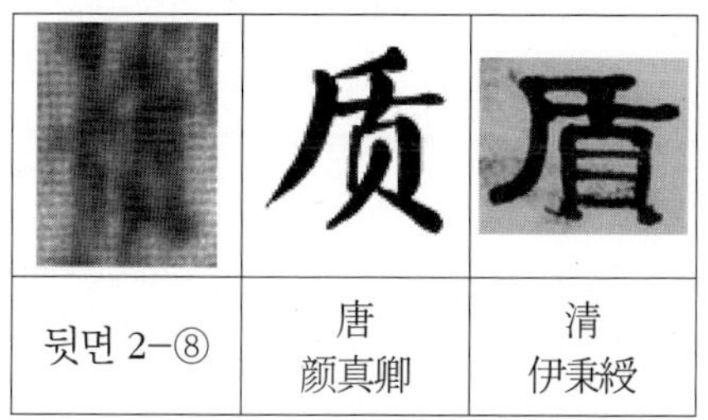

뒷면 2-⑧ | 唐 颜真卿 | 清 伊秉綬

∴ 기존 판독에서 모두 미상자로 처리된 글자이다. 다만 우측 하단의 자형은 '貝'가 분명하다. 전체적인 자형은 '質'의 이체자인 '貭'과 가장 흡사하다.

뒷면 3-①: ▨

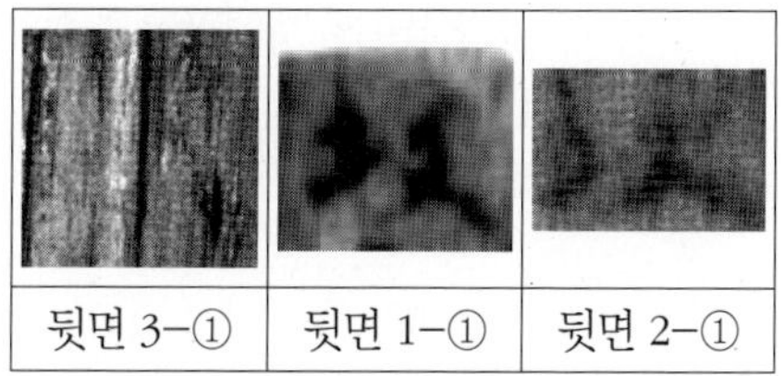

뒷면 3-① | 뒷면 1-① | 뒷면 2-①

∴ 기존 판독자들은 글자로 보지 않았으나 글자의 오른쪽 끝부분에 해당하는 곳에 묵흔이 남아 있는 것이 확실하다. 1행·2행의 첫 글자와 마찬가지로 '攻'일 가능성이 높다고 여겨지나 현재 남아 있는 묵흔만으로는 판독이 불가능하다.

뒷면 3-②: ▨

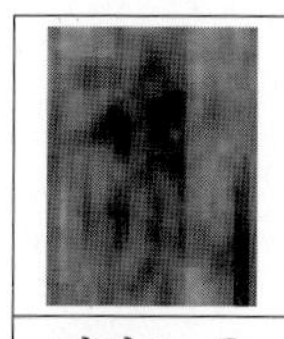

뒷면 3-②

∴ 1행과 2행의 마지막자보다 약간 아래 자리하고 있으며, 3행의 첫 번째 글자와 이 글자 사이는 묵흔이 전혀 없는 깨끗한 상태이다. 목간을 폐기하는 과정에서 표면의 글자를 깎아낸 것으로 여겨진다. 즉, 이 목간은 앞면과 뒷면 모두 왼쪽 부분의 내용을 깎아낸 셈인데, 백제의 목간 폐기 방식과 관련해 유의해야 할 부분이다. 획이 어느 정도 보이기는 하나 판독하기 어렵다.

(2) 역주

앞면: [馬]▨▨…▨[城]自中可▨…▨城自中▨

뒷면: 舟嶋城[25]을 공격…中卩[26]…, 負▨[城]을 공격…中卩…[質]…, ▨…▨

(3) 연구쟁점

이 목간은 내용보다는 고대 문서 목간의 폐기 행정을 보여 주는 사례로 주목받았다. 이용현은 이 목간의 원래 길이를 추정하는 과정에서 하단 파손부에 칼등으로 선을 약간 넣고 무릎에 올려놓고 손으로 목간의 양단을 잡고 무릎에 내리쳐 부러뜨린 유형의 것으로 추정하며, 일본 목간의 전형적인 폐기 방식의 일종이라 하였다(이용현 1999, p342).

윤선태는 이 목간을 설명하며 삭도로 목간의 끝부분을 세로로 자르고, 다시 가로로 칼을 넣어 차례로 조각내어 부러뜨리는 방식으로 폐기하고 있다는 점에서 일본 문서목간의 폐기행정과 미세한 부분까지도 동일하다는 점을 지적하였다. 또한 백제 멸망 후 백제 관인층의 상당수가 일본으로 망명하는 과정에서 백제의 문서생산과 폐기 방식이 전파되었을 가능성을 암시한다고 지적하였다(윤선태 2007, pp.330-331).

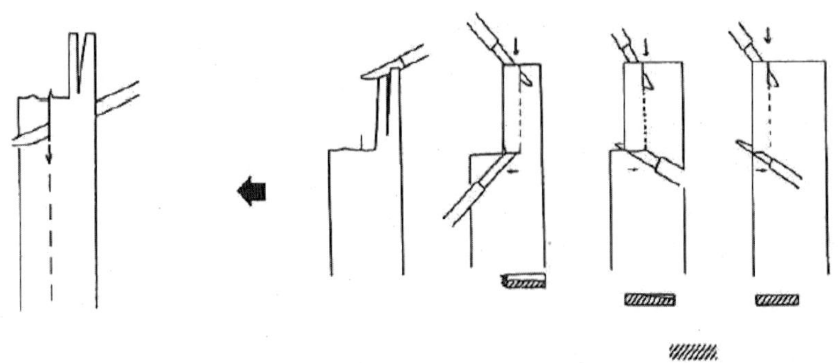

출처: 히라까와 미나미, 2000, p.130.

이용현은 이 목간의 성격에 대해 어떤 지역에 대한 공격의 내용이 포함되어 있는 記錄簡으로 추정하였다(이용현 2007, p.267). 그런데 이 목간의 앞면에는 '…▨[城]自中…'이라는 표현이 반복적으로 나오고

25) 舟嶋城: 공격의 대상이 된 성의 이름이다. 하지만 정확히 어느 곳인지는 알 수 없다.

26) 中卩: 백제의 5부는 상부·중부·하부·전부·후부로 구성되어 있었고 부 아래에는 5巷이 편제되어 있었다. 이러한 기록이 남아 있는 가장 이른 시기의 문헌 자료는 『周書』와 『隋書』이다. 『周書』 卷49, 異域列傳 百濟에서는 "都下有萬家 分爲五部 日 上部前部中部下部後部……"라 하였고, 『隋書』 卷81, 東夷列傳 百濟에서는 "……其都日居拔城……畿內爲五部 部有五巷 士人居焉……"이라 하였다. 부여의 궁남지에서는 '西部'명 목간, 능산리사지에서는 '下部'명 목간이 출토된 바 있으며, 동남리에서는 '上部'명 표석과 '前部'명 표석이 발견된 바 있다. 각지에서 발견된 인각와에도 '○卩'명이 다수 나타난다.

뒷면에는 '攻○○城 中卩…' 형태의 문장이 반복적으로 등장한다. 일반적으로 部名 뒤에는 人名이 등장하는 경우가 많으므로, 이 목간은 군대의 이동 경로와 공격 대상별 담당 인물의 이름을 나열한 군사 행정 목간일 가능성이 높다. 앞면과 뒷면의 표면을 깎아 내고 다시 칼집을 넣어 조각내는 방식으로 치밀하면서도 복잡한 폐기가 이루어졌다는 점도 이 목간이 기밀을 요하는 내용을 담고 있었으리라는 추정을 뒷받침한다. 궁남지에서 출토된 '궁남지 2차 보고서 2호' 목간과 함께 백제의 군사 행정을 보여 주는 자료로 주목된다.

2) 관북리 3차 808호(창원-286, 나무-286, 자전-관2)

2001~2002년 발굴 과정에서 출토된 목간이다. 관북리 유적 연지 내부의 지표 아래 110cm의 회흑색 유기물층에서 출토되었다. 모서리를 다듬은 부찰형 목간으로, 묵흔 외에 낙인이 찍혀 있는 점이 주목된다. 길이 9.3cm, 너비 4.9cm, 두께 0.8cm이며 수종은 소나무이다. 상단 1cm 아래 가운데 직경 1mm의 작은 구멍이 나 있고, 그 바로 아래 좌우로 두 글자가 있으며, 그 아래쪽에 낙인이 있다. 왕궁이나 관청 출입을 위해 발부한 부신용 패찰로 여겨진다. 낙인 왼쪽에 일정 간격으로 5개의 묵흔이 세로로 남아 있어 글자로 볼 여지가 있으나 분명하지는 않다. 뒷면 역시 묵흔이 보이나 판독이 어렵다.

앞면

뒷면

출처: 국립부여문화재연구소, 2009, p.16.

(1) 판독 및 교감

앞면: 嵎夷 ▨[27](낙인)

뒷면: 판독 불능

앞면 ①: 嵎

앞면 ①	唐 歐陽通 泉男生墓誌	泉男産墓誌

∴ 판독상 이견이 없다.

앞면 ②: 夷

앞면 ②	唐 懷仁 集王羲之聖 教序	唐 世說新書	唐 李良墓誌

∴ '夷'의 이체자이다. 판독 상 이견이 없다.

27) ▨: 문자가 아니라 기호이며, 통일신라 시기에 만들어진 도장의 유사한 문양이 참고가 된다.

앞면 ③: ▨

앞면 ③	경주 동천동 출토 인장	경주 황남동 출토 인장	익산 미륵사지 출토 인장

(2) 역주

앞면: 嵎夷[28] ▨(낙인)

뒷면: 판독 불능

(3) 연구쟁점

이용현은 '嵎夷'가 '神丘'와 함께 동이를 가리키는 일반칭이라고 지적하며, 당이 백제를 공격하면서 내린 벼슬명인 '禺夷道總管', 혹은 '嵎夷道行軍總管'과 연관시켜 해석하였다. 즉, 이 목간이 나당연합군이 백제를 멸망시킨 직후에 만들어진 것이라 판단하였다(이용현 2007, pp.268-269). 반면 윤선태는 '嵎夷'가 백제 고유의 지명이었을 것이라 보았다. 우이는 사비도성 동쪽에 위치한 특수행정구역이었고, 서쪽에 부여된 神丘와 더불어 사비 도성을 세계의 중심 공간으로 표상하려 한 장치의 일환이었다고 설명하였다(윤선태 2007a, pp.211-212).

3) 관북리 3차 823호(창원-288, 나무-288, 자전-관4)

2001~2002년 발굴 과정에서 출토된 목간이다. 관북리 유적 연지 내부의 지표 아래 120cm의 황갈색 모래층에서 출토되었다. 길이 12.7cm, 너비 2.4cm, 두께 0.3cm이며, 수종은 편백류이다. 상단 1cm 아래 가운데 직경 3mm의 구멍이 있다. 앞면에는 글자가 또렷하게 남아 있는데 구멍은 그중 첫 글자를 관통하고 있다.

28) 嵎夷: 해가 떠오르는 동쪽 땅을 가리키는 용어이다. 원래 山東의 東部 해변 지역을 가리키는 용어였다.

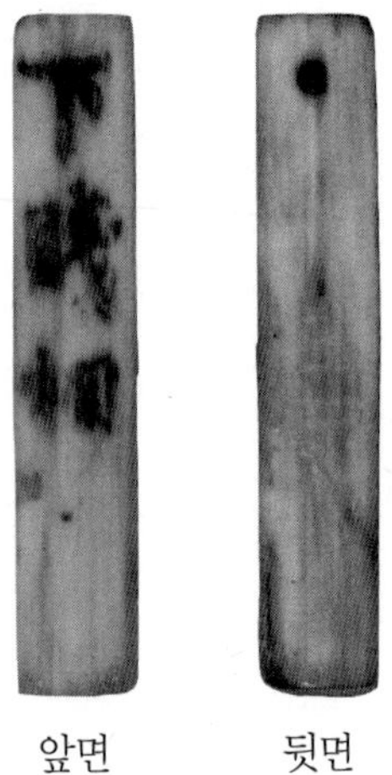

앞면　　　　뒷면

출처: 국립부여문화재연구소, 2009, p.18.

(1) 판독 및 교감

◎ 下 賤 相

下賤相

(2) 역주

낮고 천한 모습[29)]

29) 낮고 천한 모습: 이용현은 '下賤'을 '上貴'의 반대 개념으로 보며, '下賤相'을 '아주 천한 모습', '아주 천한 이의 모습'으로 추정하였다(이용현 2007, pp.269-270). 그런데 목간에 구멍이 뚫려 있다는 점을 감안하면 사람의 모습을 표현한 것이라기보다 물건의 품질이나 상태를 나타내기 위해 걸어 놓았던 표지가 아니었을까 여겨진다. 관북리 유적에는 목곽 형태의 창고가 여럿 발견되었는데, 이 목간은 그러한 창고에 보관하였던 물품들의 관리를 위해 만든 것일 가능성이 있다.

4) 관북리 3차 831호(창원-289, 나무-289, 자전-관3)

2001~2002년 발굴 과정에서 출토된 목간이다. 관북리 유적 연지 내부의 지표 아래 130cm의 회흑색 점토층에서 출토되었다. 길이 11cm, 너비 3.6cm, 두께 0.6cm이며 수종은 소나무이다. 위쪽 끝은 편평하게 다듬었고, 아래쪽 끝은 둥글게 다듬었다. 상단 2.5cm 지점에 구멍이 있으며, 구멍과 겹쳐 자흔 하나가 남아 있다.

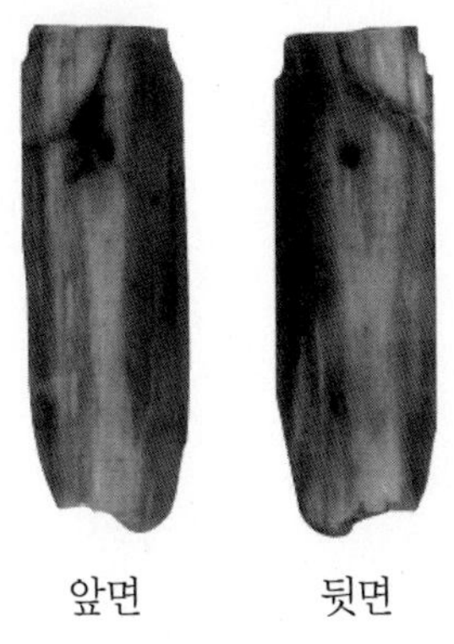
앞면 뒷면

출처: 국립부여문화재연구소, 2009, p.19.

(1) 판독 및 교감

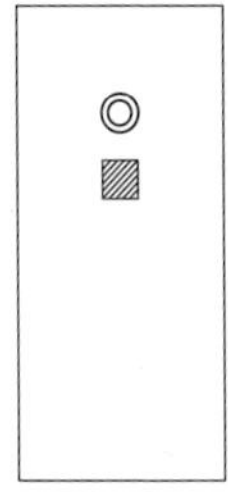

(2) 역주

▨[30)]

5) 관북리 3차 833호(창원-285, 나무-285, 자전-관1)

2001~2002년 발굴 과정에서 출토된 목간이다. 연지 유적 내부의 회흑색 점질토와 명갈색 점질토 사이 지표 아래 110cm 지점에서 출토되었다. 길이는 12.2cm, 너비 4.2cm, 두께 0.2cm이다. 상단은 예리한

30) 丑(자전, 손환일), ▨(나무) / 남아 있는 자흔은 '彡' 형태로 보이나 정확한 판독은 어렵다.

도구를 이용해 둥글게 다듬어져 있고, 하단은 예리한 도구를 이용해 반 정도 사선으로 자른 후 부러뜨린 형태이다. 상단에는 원래 구멍이 있었으나 끈을 당기며 찢어져 나간 흔적이 있다.

앞면　　　뒷면

출처: 국립부여문화재연구소, 2009, p.15.

(1) 판독 및 교감

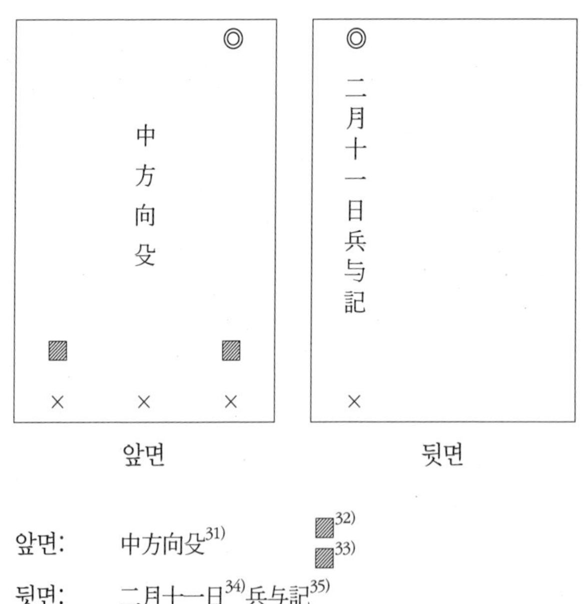

앞면　　　뒷면

앞면: 中方向殳[31] ▨[32] ▨[33]

뒷면: 二月十一日[34]兵与記[35]

31) 十·八(손환일), ▨(윤선태, 이용현).

32) 十(윤선태 2007a), [吉](손환일), ▨(이용현).

33) 艹(손환일), ▨(윤선태, 이용현).

34) 月(윤선태), 日(이용현, 손환일).

앞면 1-⑤: ▨

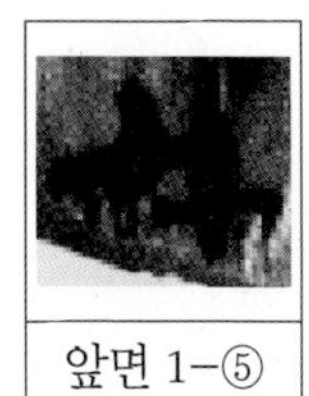
앞면 1-⑤

∴ 十으로 판독하는 경우와 [吉]로 추독한 경우가 있다. 남아 있는 자형으로 볼 때 '吉'로 판독할 여지는 거의 없다. '十'의 형태는 분명히 보이나 이것 자체가 완형의 글자라기보다 목간의 파손으로 인해 원 글자의 일부분만 남아 있는 것으로 여겨진다. '十'의 오른쪽 하단에 선명하게 가로획 하나가 보이기 때문인데, 이 가로획은 오른쪽 끝부분에서 아래로 꺾이는 모습을 보인다. 간격이나 위치, 형태로 보았을 때 이 획을 '十' 자획과 관계없는 다른 자획으로 보기는 어렵다. 아마도 十과 함께 전체 글자를 구성하는 일부분이라고 보아야 할 것이다. 미상자로 처리한다.

앞면 2-④: 殳

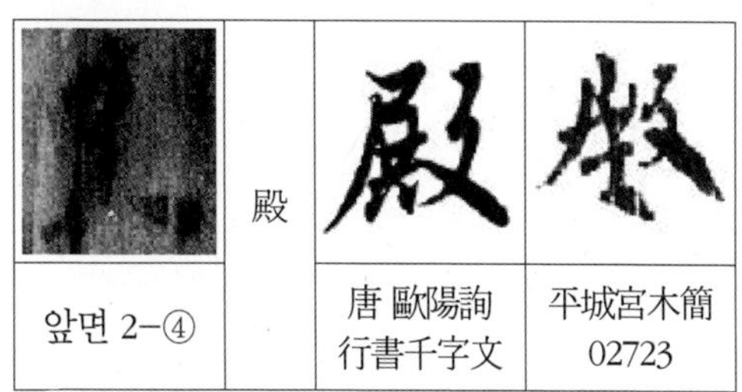

앞면 2-④

∴ 대체로 미상자로 판독하는 가운데 '十', '八' 두 글자로 판독하는 경우도 있다. 하지만 상단은 '十'과는 전혀 거리가 먼 형태이고, 하단도 '八'로 보기에는 위쪽 모서리가 교차하고 있어 '人'이나 '又에' 가까운 모습이다. 자형상 이 글자는 '殳'로 판독할 수 있다. '殳'가 단독으로 쓰인 자형의 용례는 찾기 어렵지만 이를 글자의 일부로 사용한 '殿'과 같은 글자의 용례를 보면 자형이 유사함을 확인할 수 있다.

'殳'는 '杸'와 同字로서 '날 없는 창'이라는 뜻을 가지고 있고, 周代에 戈·戟·酋矛·夷矛와 함께 '五兵'이라 불리기도 하였다. 쇠붙이를 이용해 납작하고 편편하게 날을 세워 만든 다른 병기들과 달리 殳은 날이 없으며 끝 부분에 날카로운 모서리를 만들어 찌르는 형태의 무기이다. 제작할 때 대나무를 이용하는 경우가 많았다고 하며, 후대에는 곤봉과 같은 형태로 변하여 의장용으로 사용되기도 하였다. 다만 백제가 중국에서도 춘추시대에나 사용되었던 옛 병기인 殳를 사용하였을지는 의문스럽다. '殳'에는 창의 자루, 혹은 竹槍이라는 의미도 있으므로 백제 중앙이 창의 자루나 죽창 같은 병기를 지방에 소재한 군사 거점에 공급한 것으로 이해할 수 있을 것이다.

35) 記(윤선태), 詔(이용현, 손환일).

앞면 3-①: ▨

앞면 3-①

∴ 대체로 미상자로 보는 가운데 남은 자흔을 '卄'로 파악하는 경우가 있다. 대체로 타당해 보이지만 글자의 전체 자형이 남아 있는 것이 아니므로 단정하기 어렵다. 이 목간의 앞면 하단에 두 줄로 병기된 내용은 중방으로 보낸 병기인 '殳'의 수량이나 제작처에 대한 내용일 가능성이 높다고 여겨진다.

뒷면 1-⑤: 日

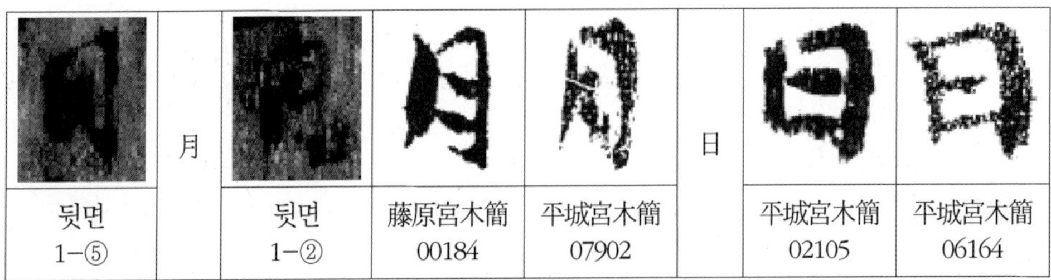

뒷면 1-⑤	月	뒷면 1-②	藤原宮木簡 00184	平城宮木簡 07902	日	平城宮木簡 02105	平城宮木簡 06164

∴ '月'로 판독한 경우와 '日'로 판독한 경우가 있다. 뒷면 1-②의 '月'과 비교해 보면 마지막 가로획 두 개가 아래쪽에 위치해 있어 '月'보다는 日'로 보는 것이 더 타당해 보인다.

뒷면 1-⑧: 記

뒷면 1-⑧	記	능사 8차 목간 1	東晋 王羲之	平城宮木簡 07910	詔	東晋 王羲之	唐 歐陽詢

∴ 좌변이 '言'이라는 것은 분명하게 판독된다. 다만 우변에 대해서는 판독이 엇갈리는데, '記'로 판독하는 경우와 '詔'로 판독하는 경우가 있다. 판독을 가름하는 부분은 우변의 두 번째 가로획이다. 분명하게 보이는 가로획이 확인되는 이상 '詔'로 판독할 수는 없다. 반면 '記'로 판독하는 것은 마지막 'ㄴ' 부분이 길게 뻗지 않는 점이 다소 걸릴 뿐 필순에 무리가 없다. 따라서 '記'로 판독한다.

(2) 역주

앞면: 中方[36]으로 보낸 殳(날 없는 창)…

뒷면: 2월 11일 병기 분여를 기록.

(3) 연구쟁점

윤선태는 이 목간의 형태가 漢代 편철목간의 표지로 사용했던 楬과 유사하다고 설명하며, 내용과 형태상 '兵与記' 장부의 꼬리표 목간일 것이라 하였다(윤선태 2007a, pp.318-325). 이경섭은 해당 목간이 완형이 아님에도 12.2cm라는 짧지 않은 길이를 가지고 있다는 점을 지적하고, 윤선태가 '兵与記'라고 읽은 마지막 글자도 우변의 묵흔이 복잡하여 판독이 주저된다고 하였다. 또한 윤선태가 끈을 매달기 위해 의도적으로 뚫은 구멍이라고 판단한 상단의 뜯어진 흔적도 실제로 그러한지 다른 이유로 파손된 부분인지 불분명하다고 지적하였다(이경섭 2007, pp.211-212). 이에 대해 윤선태는 길이가 21cm에 이르는 한대 楬의 사례를 제시하며 본인의 기존 견해를 재차 확인하였다(윤선태 2007c, pp.320-322).

윤선태는 '兵与記'라는 판독에 근거하여 이 목간이 2월부터 11월까지의 '병기 분여에 관한 기록부'를 나타내는 표지라고 이해하였다(윤선태 2007a, pp.167-168). 반면 이용현은 '兵与詔'로 판독을 하고, '병기를 분여하는 조칙', 혹은 '병사를 분여하는 조칙'으로 이해하였다(이용현 2007, p.268). 군사의 출동이나 병기의 지급과 같은 군사 활동에 관한 국왕의 명령으로 보고, 목간 자체를 문서로 파악한 것이다. 하지만 앞에서 살펴본 바와 같이 해당 부분은 '兵与記'로 판독하는 것이 더 타당하므로, 조칙과 관련된 문서로 이해하기는 어렵다.

그런데 윤선태가 이 목간을 '兵与記' 장부의 꼬리표로 본 것은 2월부터 11월까지의 병기 분여에 대한 기록이라는 의미였으나, 판독에 따르면 '11월'이 아니라 '11일'로 보는 것이 더 타당하므로 이 역시 문제가 있다. 목간이 나타내는 것이 기간이 아닌 특정 날짜이기 때문이다. 앞면에 큰 글자로 써진 '中方向殳'를 이 목간의 제목이라고 본다면, 꼬리표 목간으로 보는 것보다는 백제 중앙 관청이 2월 11일에 중방으로 병기를 보낸 내용을 기록한 문서 목간이라고 보는 것이 자연스럽다. 목간 상단의 뜯겨나간 형태로 남은 구멍도 꼬리표라는 용도 때문이 아니라 동일한 유형의 행정 문서들을 편철하기 위해 만들어진 것으로 이해할 수 있다.

36) 中方: 백제에는 五方이라는 지방통치체제가 갖추어져 있었는데, 이는 지방 행정구역의 단위이면서 군사적 단위이기도 하다. 5방에 대한 가장 이른 중국측 기록은 『周書』이며, 『隋書』, 『北史』, 『翰苑』 등에도 관련 기록이 남아 있다. 이에 따르면 방에는 10郡이 편제되어 있었는데, 적은 경우는 6~7郡을 두었다. 각 방에는 達率 관등의 方領 1명을 두어 方佐가 그를 보좌하였고, 郡에는 德率 관등의 장수를 두었다. 方에서 거느리는 군사는 700~1,200명이었는데, 都城 내외의 백성들과 그 외 작은 城들이 모두 여기에 예속되었다고 전한다. 『周書』 卷49, 異域列傳 百濟에 따르면 중방은 古沙城으로, 이는 백제의 古沙夫里郡이었던 지금의 전라북도 정읍시 고부면으로 비정된다.

3. 목제품

1) '竹' 명문 대나무자(806호)

2001~2003년 조사 기간 중 과거 충남대학교 박물관이 발굴한 바 있던 연못 서쪽의 '가' 지구에서 출토되었다. 출토된 지점은 연못 내부 회색 점토층 지표 아래 130cm이고, 2편으로 이루어진 대나무자이다. 작은 편은 수축으로 너비가 줄어 있는 상태였고, 눈금의 간격은 2.4~2.5cm이다. 하나는 길이 10cm, 너비 1.7cm, 두께 0.2cm이고 다른 하나는 길이 4.6cm, 너비 1.5cm, 두께 0.2cm이다. 보고자에 따르면 자의 뒷면에 음각으로 명문이 새겨져 있지만 판독은 불가능하며 마지막 글자인 '竹'자만 뚜렷이 보인다고 한다.

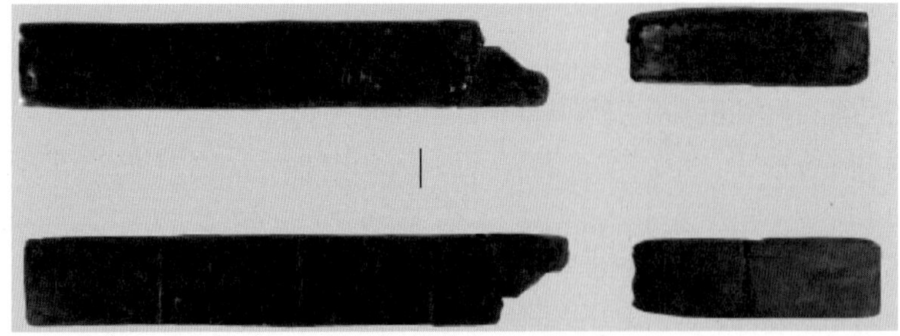

출처: 국립부여문화재연구소, 2009, p.319.

(1) 판독 및 교감

竹

(2) 역주

竹

4. 토기

1) '北舍'명 토기편 1, 2

1988년 백제시대 샘터 앞에 있는 소형 건물지 부근에서 출토되었다. 둥근 어깨 부분이 발달한 대형 토기의 파편으로, 원형의 윤곽 안에 명문이 양각으로 표현되어 있다. 동일한 명문의 인장을 찍은 것이지만 두 토기에 찍힌 인장은 각기 크기가 다르다. 하나는 1.7cm이고, 다른 하나는 2cm이다.

출처: 국립부여박물관, 2003, p.55.

(1) 판독 및 교감

北舍

(2) 역주

北舍[37)]

2) '小上'명 토기

철기 제작소로 여겨지는 움집 터 바닥에 묻힌 상태로 발견되었다. 원통형의 토제품으로, 아래와 위가 모두 뚫려 있는 독특한 형태이다. 높이 52.6cm, 입 지름 29.9cm, 바닥 지름 39.5cm, 두께 약 1cm이다. 동체의 위 아래에 4개씩 8개의 손잡이가 대칭되는 위치에 있다. 동일한 원통형 토기를 연결할 수 있도록 제작된 것으로 보인다. 상단 손잡에서 약간 내려온 위치에 두 글자의 명문이 새겨져 있는데, 글자 하나의 크기는 약 2~3cm이다.

37) 北舍: 부소산성에서도 '北舍'명 토기편이 출토되었고, 궁남지에서도 '北舍'명 토기편이 1점 출토되었다. 北舍가 정확히 어떤 성격의 건물인지는 밝혀지지 않았다. 공공기관이나 큰 시설에 딸린 부속 건물로 추정하기도 한다.

출처: 국립부여박물관, 2003, p.56.

(1) 판독 및 교감

小上

(2) 역주

小上[38)]

3) '畓'명 토기편

'다'지구 1호 목곽곳간 상부의 기와무지층에서 출토되었고, 구연부가 모두 유실된 채 절반 가량 남아 있다. 내면은 회전물손질 흔적이 선명하게 남아 있으며, 내면과 외면, 속심은 회색이고 경질이다. 동체부로 이어지는 부분에 글자가 양각되어 있다.

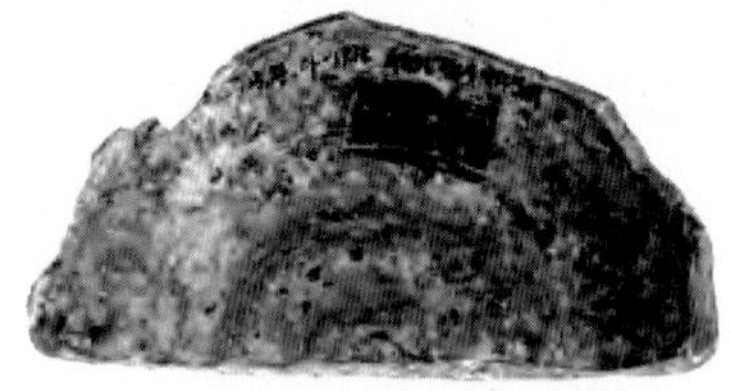
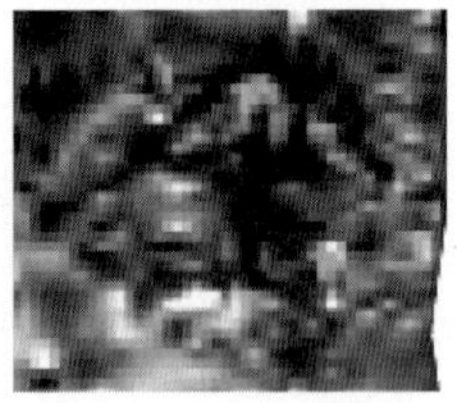

출처: 국립부여문화재연구소, 2009, p.299.

(1) 판독 및 교감

畓[39)]

38) 小上: 동일 형태의 토기를 겹쳐 연결하는 구조인 것으로 보아, 입구가 작은 쪽이 위쪽이라는 것을 표시하는 것으로 여겨진다.

39) 畓(국립부여문화재연구소) / 사진 상으로는 '全'에 더 가까워 보이나, 사진의 상태가 양호하지 않으므로 실물을 자세히 관찰하였을 보고자의 의견을 존중하여 '畓'로 판독한다.

(2) 역주
舍

4) '▨'명 토기편

'마'지구 Ⅰ호, Ⅱ호 도수관로 사이 회색 뻘층에서 출토되었다. 구연 및 동체부 일부만 남아 있으며, 기형을 정확히 알 수는 없으나 자배기로 추정된다. 동체부 외면에 직경 2.5cm의 원형 인장이 음각원권의 형태로 압인되어 있다. 인장의 일부는 유실되었고, 인장 안에는 문자, 혹은 문양이 양각되어 있다.

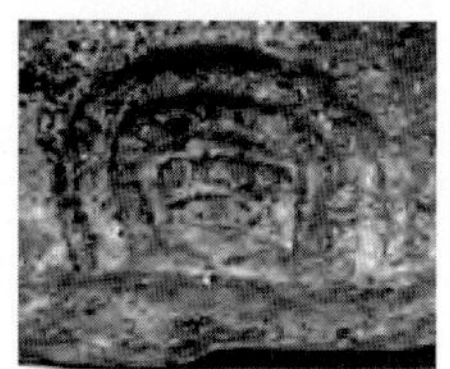

출처: 국립부여문화재연구소, 2009, p.304.

(1) 판독 및 교감
▨[40)]

(2) 역주
▨

5) [義]명 토기편

'나'지구 동서석렬 남쪽 암갈색 사질점토층에서 출토되었고, 동체부 일부만 남아 있다. 직경 2.5cm 내외의 원형 인각부가 음각원면으로 압인되어 있고, 내·외면은 흑회색, 속심은 적갈색을 띠며 경질이다.

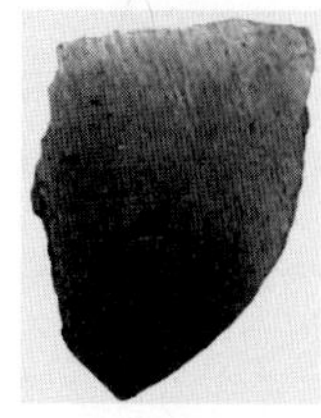

출처: 국립부여문화재연구소, 2009, p.311.

40) ▨(국립부여문화재연구소) / 사진 상으로는 '白'에 가까운 형태이나 아래 부분이 결실되어 있어 판단이 어렵다. 글자가 아니라 문양일 가능성도 배제할 수 없다.

(1) 판독 및 교감

[義]

(2) 역주

[義]

5. 참고문헌

1) 보고서 및 자료집

國立加倻文『化財研究所, 2011, 『韓國木簡字典』, 예맥.

국립부여문화재연구소, 2009, 『扶餘 官北里 百濟遺蹟 發掘報告 Ⅲ −2001~2007년 調査區域 百濟遺蹟篇−』, 문화재청.

국립부여문화재연구소, 2009, 『扶餘 官北里 百濟遺蹟 發掘報告 Ⅳ −2008년 調査區域−』, 문화재청.

국립부여문화재연구소, 2011, 『扶餘 官北里 百濟遺蹟 發掘報告 Ⅴ −2001~2007년 調査區域 統一新羅時代 以後 遺蹟篇−』, 국립부여문화재연구소.

국립부여박물관, 2003, 『백제의 문자』, 하이센스.

국립부여박물관, 2008, 『백제목간』, 학연문화사.

국립부여박물관·국립가야문화재연구소, 2009, 『나무 속 암호 목간』, 예맥.

국립창원문화재연구소, 2004, 『한국의 고대목간』, 예맥출판사.

국립창원문화재연구소, 2006, 『개정판 −한국의 고대목간−』, 예맥출판사.

국립청주박물관, 2000, 『한국 고대의 문자와 기호유물』, 통천문화사.

尹武炳, 1985, 『扶餘 官北里 百濟遺蹟 發掘報告(Ⅰ)』, 忠南大學校 博物館·忠淸南道廳.

尹武炳, 1999, 『扶餘 官北里 百濟遺蹟 發掘報告(Ⅱ)』, 忠南大學校 博物館·忠淸南道廳.

2) 논저류

김영심, 2007, 「백제의 지방통치에 관한 몇 가지 재검토」, 『한국고대사연구』 48.

손환일, 2011, 『한국 목간의 기록문화와 서체』, 서화미디어.

윤선태, 2006, 「백제 사비도성과 '嵎夷'」, 『동아고고논단』 2, 충청문화재연구원.

윤선태, 2007a,『목간이 들려주는 백제 이야기』, 주류성.
윤선태, 2007b,「百濟의 文書行政과 木簡」,『한국고대사연구』 47.
윤선태, 2007c,「한국고대목간의 형태와 종류」,『역사와 현실』 65.
윤선태, 2008,「문자」,『유적·유물로 본 백제(Ⅱ)』, 충청남도역사문화연구원.
이경섭, 2007,「함안 성산산성 출토 제첨축(題籤軸)과 고대 동아시아세계의 문서표지(文書標識) 목간」,『역사와 현실』 65.
李鎔賢, 1999,「扶餘 宮南池 出土 木簡의 年代와 性格」,『宮南池 發掘調査報告書』, 國立扶餘文化財研究所.
이용현, 2007,「목간」,『백제의 문화와 생활』, 충청남도 역사문화원.
이용현, 2009,「부여 관북리 출토 목간 분석」,『扶餘 官北里 百濟遺蹟 發掘報告 Ⅲ -2001~2007년 調査區域 百濟遺蹟篇-』, 문화재청.
이규훈, 2011,「지형 및 유구분포로 본 백제 사비왕궁의 범위」,『역사와 담론』 60, 호서사학회.
이성배, 2011,「百濟木簡의 書體에 대한 一考」,『목간과 문자』 7.
전덕재, 2012,「한국의 고대목간과 연구동향」,『목간과 문자』 9.
히라까와 미나미, 이용현 역, 2000,「日本古代木簡 研究의 現狀과 新視點」,『한국고대사연구』 19.

舊衙里 出土 文字資料

오택현

1. 개관

구아리는 충청남도 부여군 부여읍 내에 위치한 곳으로 이곳에서 도량형 석제품과 목간, 인각와와 같은 문자자료가 발견되었다. 발견된 지역을 자세히 살펴보면 구아리 64·65번지 유적 일대에서 도량형 석제품과 인각와, 구아리 319번지 유적(일명 부여성결교회유적)에서 목간, 구아리 434번지에서는 인각와가 출토되었다.

먼저 구아리 64·65유적에 대해서 언급해 보고자 한다. 이 지역은 부여군 부여읍 구아리 64·65번지 일대에 위치한다. 유적을 둘러싼 주변에는 도로망이 잘 조성되어 있으며, 발굴조사 결과 백제 사비시대 王宮址로 가장 유력한 후보지로 추정되고 있다.

구아리 64·65유적은 1944년 경찰서 신축과정에서 「天王」명 수막새 등 여러 유물이 출토되어 일본인들에 의해 발굴조사가 시행되었지만 보고서가 발간되지 않아 정확한 상황을 알 수 없다. 단순히 「天王」명 수막새로 인해 天王寺라는 절터가 있던 것이 확인될 뿐이다(『三國史記』 卷28, 百濟本紀6 義慈王 12年 5月).

그런데 1966년 상수도 송수관 공사를 하던 중 銅製鬼形飾板이 출토되어 구아리 64·65유적 일대가 백제 사비시대의 중요한 지역이었을 가능성이 제기되었다. 이에 충청남도에서는 1992년 국립부여문화재연구소에 의뢰하여 이 유적 일대를 정비하는 차원으로 사전조사를 실시하게 되었다. 그 결과 백제시대의 수막새, 토기류, 기화류, 납석제 용범, 도자기편, 방추차와 어망추 등 백제시대의 유물이 다수가 확인되었다.

다음으로 살펴볼 유적은 구아리 319번지 일대이다. 이 유적에서 출토된 문자자료는 목간자료이며, 구아리 출토 목간 혹은 중앙성결교회 목간이라고 불린다. 아직까지 정확한 명칭이 없기 때문에 발굴지 혹은 지명을 따서 목간을 부르고 있다(이 글에서는 구아리 목간이라고 명명한다).

구아리 목간은 부여 구아리 319번지에서 교회증축공사(중앙성결교회)에 앞서 행해진 발굴에 의해 알려지게 되었다. 구아리 319번지(중앙성결교회)유적은 부여군 부여읍 구아리에 위치하고 있는데, 이곳의 위치는 과거 백제 후기 사비도성의 중심부이다. 현재는 부여시가지의 남북중심로인 '사비로'의 서편에 위치하고 있고, 부여 버스터미널 근처에 위치하고 있다. 즉 과거와 현재 모두 중심 지역이었던 지역인 것이다. 물론 도시화로 인해 원지형이 대부분 훼손되었지만 일제강점기의 지형도, 1960년대 항공사진과 주변 지형지물 및 유적을 통해 해발 7m 전후의 저지대임이 확인되었다(심상육·이미현·이효중 2011, pp.118-119).

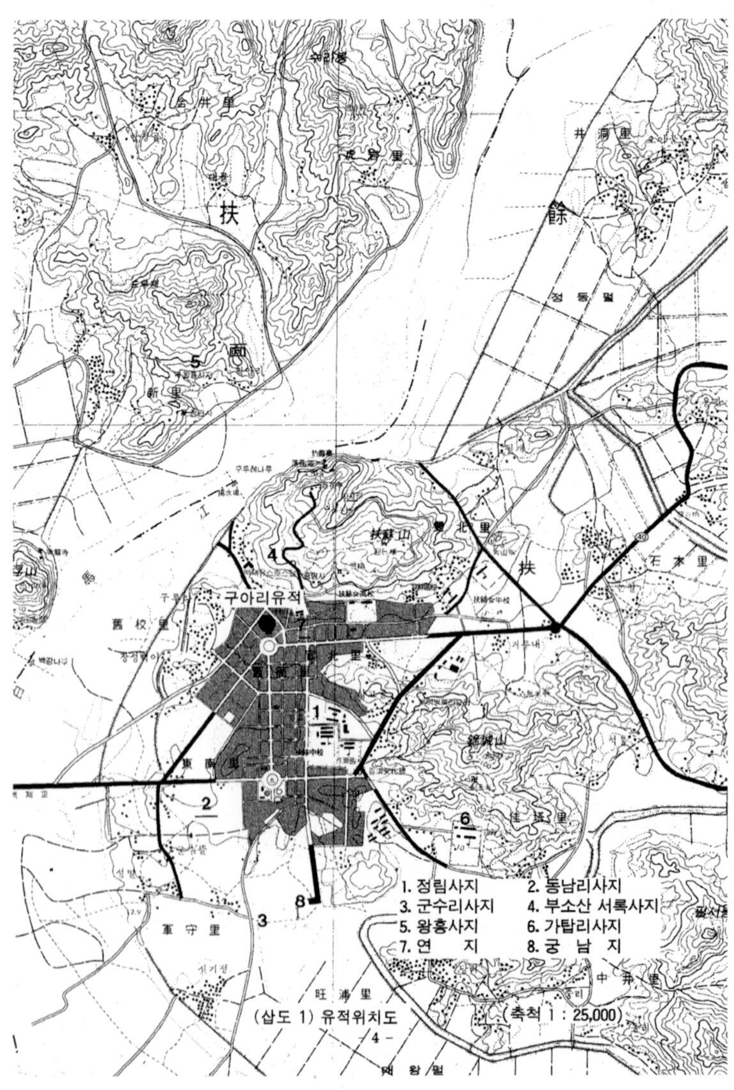

(삽도 1) 유적위치도

유적이 위치한 곳은 부소산과 금성산 잔구로 둘러싸인 해발 9.5m의 저평지이다. 이러한 지형적인 요인으로 인해 집중호우 시 상습적으로 침수가 이루어졌다. 구아리 319번지 일대가 저지대라는 이유도 있지만 지형 상 구릉지의 물이 백마강으로 흘러들어가는 길목에 구아리 319번지 일대가 위치하고 있기 때문이다. 그래서 집중호우 시 백마강의 수위가 불어나면 길목에 위치한 하천의 물은 백마강으로 흘러들어가지 못한다. 이러한 상황 때문에 하천의 물이 범람할 수밖에 없고, 하천 일대가 자연스럽게 상습적인 침수가 진행되는 것이다. 그러다보니 현재까지도 일부 지역에 한해서는 저습지를 이루고 있다. 이 저습지에서는 다량의 목제유물을 비롯하여 자기류, 토기류, 금속류, 석기류, 초본류, 동식물 유체류 등 다종다양한 유물이 확인되었으며, 그중에 문자가 기록된 목간이 발견되었다.

인각와는 구아리 64·65번지 유적과 구아리 434번지 유적에서 출토되었으며, 구아리 434번지는 문화관광형시장 조성사업 부지로 발굴조사 결과 인각와가 발견되었다.

2. 도량형 석제품

1) '一斤'銘

북편우물지에서만 출토된 납석제 용범은 도량형에 사용되었던 유물로 보인다. 유물의 모양을 보면 윗부분에 주물을 넣을 수 있는 홈이 있다. 옆에는 끈으로 감은 것과 같은 실선이 있는 것으로 보아 2개가 한 쌍으로 이루어진 거푸집 형태였을 것이다. 형태는 직사각형이며 납작한 滑石으로 만들었다. 단면은 사다리꼴의 모양으로 크기는 윗면 가로 5.2cm-세로 9.2cm, 아랫면 가로 4.3cm-세로8.4cm, 깊이 0.6cm이다.

이 유물이 주물제품 생산에 사용되었을 것으로 추정하는 이유는 注口가 마련되어 있기 때문이다. 이 注口는 위쪽으로 1.2cm 되는 지점에 위치하고 있다. 그리고 주물틀 상면에 구멍의 관통되어 있는데, 이 구멍을 일반적으로 매어달거나 들 수 있는 끈을 연결하기 위함이었을 것이라고 추정하고 있다(扶餘文化財研究所 1993, p.79).

'一斤'銘 실물사진-앞면	'一斤'銘 실물사진-뒷면
'一斤'銘 탁본-앞면	'一斤'銘 탁본-뒷면

출처: 국립부여박물관, 2003a, p.22(실물사진) / 국립부여문화재연구소, 1993, p.104(탁본).

(1) 판독 및 교감

〈앞면〉

1	
一	①
斤	②

〈뒷면〉

2	1	
下	大	①
	王	②
	天	③

앞면: 一斤

뒷면: 大王天下[1)]

앞면 1-①: 一

앞면 1-① 사진	앞면 1-① 사진 역전	앞면 1-① 탁본	앞면 1-① 탁본 역전

∴ 이 글자는 '一'로 보는 것에 문제가 없다. 사진자료와 탁본을 통해 명확하게 '一'의 획이 보이고 있기 때문이다.

앞면 1-②: 斤

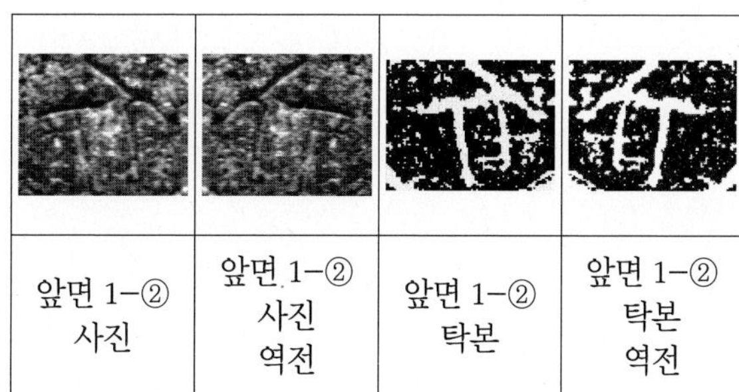

앞면 1-② 사진	앞면 1-② 사진 역전	앞면 1-② 탁본	앞면 1-② 탁본 역전

∴ 이 글자는 도량형으로 파악되어 일반적으로 '斤'으로 판독한다. 그러나 '斤'의 경우 좌방변이 '亻'과 같이 떨어져 있지 않고 연결되어 있으므로 '斤'이 아니라는 견해도 있다. 그러나 '斤' 이외에는 다른 글자로 판독할 여지가 없다. 그래서 문맥과 유물의 성격을 통해 글자를 판독해 '斤'이라고 보는 것이 가장 무난할 것이다.

1) 판독 유보(보고서).

뒷면 1-①: 大

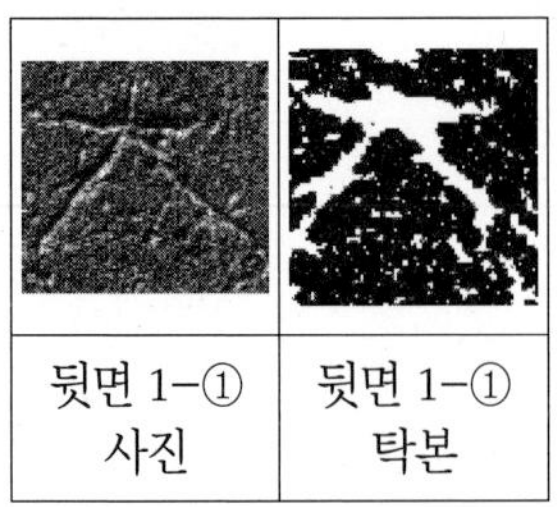

뒷면 1-① 사진	뒷면 1-① 탁본

∴ 이 글자는 '大'로 판독하는데 문제가 없다. 사진자료와 탁본에 명확하게 '大'가 보이기 때문이다. 뒷면은 앞면과 다르게 주물로 찍어내는 부분이 아니어서 글자를 대칭하지 않고 그대로 새겼다.

뒷면 1-②: 王

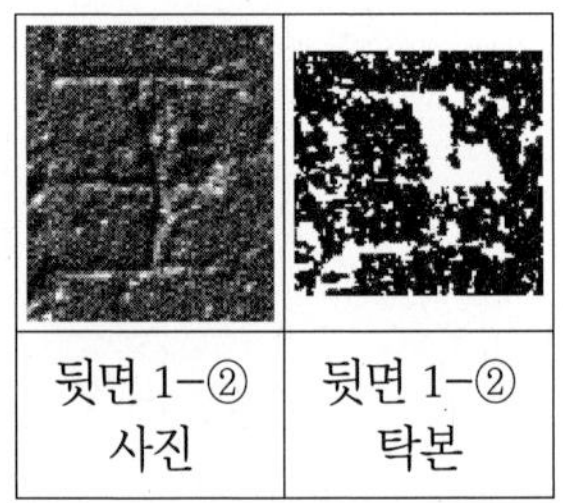

뒷면 1-② 사진	뒷면 1-② 탁본

∴ 이 글자는 '王'로 판독하는데 문제가 없다. 사진자료에는 명확하게 '王'이 보이고 있으며, 탁본에 약간 비의 파손이 있는 것처럼 보이지만 '王'으로 판독하기에는 무리가 없다. 뒷면은 앞면과 다르게 주물로 찍어내는 부분이 아니어서 글자를 대칭하지 않고 그대로 새겼다.

뒷면 1-③: 天

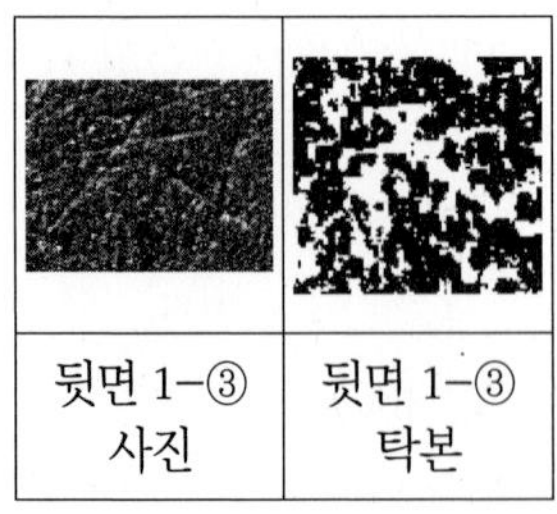

뒷면 1-③ 사진	뒷면 1-③ 탁본

∴ 이 글자는 '天'로 판독하는데 문제가 없다. 사진자료에 '大' 위의 획이 보이고 있기 때문에 '天'으로 판독하고자 한다. 탁본도 흐리기는 하지만 '天'으로 볼 수 있는 자획이 남겨져 있다. 뒷면은 앞면과 다르게 주물로 찍어내는 부분이 아니어서 글자를 대칭하지 않고 그대로 새겼다.

뒷면 2-①: 下

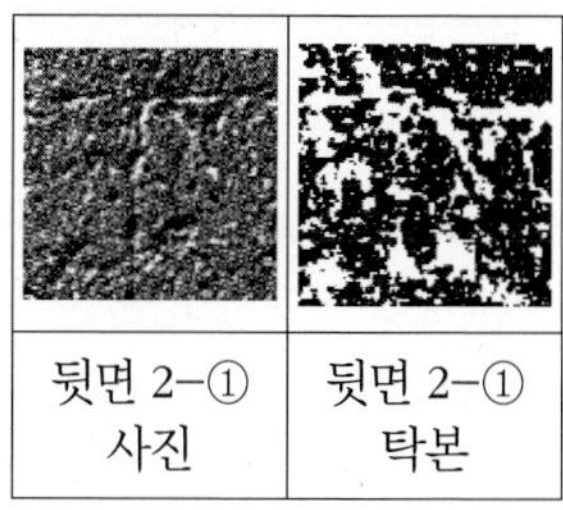

뒷면 2-① 사진	뒷면 2-① 탁본

∴ 이 글자는 '下'로 판독하고자 한다. 사진자료에 의하면 희미하게 '下'로 볼 수 있는 자획이 새겨져 있음이 확인된다. 탁본은 많은 부분이 마멸되어 '下'로 보기에는 무리가 있지만 사진자료와 함께 판독을 진행하면 '下'의 '丶'이 명확하게 보이기 때문에 '下'로 판독한다. 이 글자는 보고서에서 여러 글자가 새겨져 있다고만 판독할 뿐 정확한 판독은 유보한 글자이다. 게다가 2행에 위치하고 있기 때문에 상대적으로 글자를 판독하려는 의지가 부족했다. 이는 도량형 석제품의 뒷면에서는 1행에만 관심을 가졌고, 앞면은 도량형을 나타내는 단위에만 집중하였기 때문이다. 그래서 뒷면에 대한 재판독이 요구되며, 현재 확인할 수 있는 사진자료와 탁본에 의해 이 글자는 '下'로 판독한다. 이 글자도 마찬가지로 뒷면은 앞면과 다르게 주물로 찍어내는 부분이 아니어서 글자를 대칭하지 않고 그대로 새겼다.

(2) 역주

앞면: 一斤[2]

뒷면: 大王天下[3]

(3) 연구쟁점

이 유물은 도량형기의 용범으로 사용되었다고 생각된다. 그 이유는 유물의 내부 중앙에 음각으로 명문이 새겨져 있고, 명문은 둥근 원안에 '一斤'명이 좌서로 새겨져 있다. 명문이 거꾸로 명기된 이유는 주물제품이 생산되었을 때 양각명을 주물에 바르게 새기기 위해서 명문을 거꾸로 새긴 것으로 보인다. 뒷면에는 금속 같은 날카로운 도구로 새긴 '大王天下'이라는 글자가 보이며, 그 주변에도 뚜렷하게 판독하기 어려운 글자가 여러 개 새겨져 있다.

도량형 자료가 발견된 부여 가탑리와 구아리에서 발견된 도량형 관련 자료가 주목되었다. 이들 자료에는 공통적으로 '一斤'이라는 명문이 새겨져 있기 때문이다. 또 注口가 있어 거푸집으로 사용되었다고 추

2) 一斤: 도량형의 단위를 나타내는 글자로, 백제에서 사용하고 있던 도량형을 파악하는데 매우 귀중한 자료가 된다.

3) 大王天下: 백제의 왕을 大王으로 칭하고 있음을 알려주는 자료이며, 대왕이 통치하는 세계를 天下로 표현하였음을 알 수 있다. 또 도량형 자료에 보이고 있음을 근거로 표준안을 통한 백제의 통치질서 확립이라는 관점에서 사비시기를 이해할 수도 있을 것으로 추정된다.

정되며, 이를 통해 일정한 도량형 주물을 만드는 방법이 있었음을 확인할 수 있다.

그리고 더 나아가 도량형 주물을 만드는 재료가 무엇이었는지에 대해서 최근 연구에 의해 상당수 밝혀졌다. '一斤'명 거푸집의 부피 값으로 금속의 비중을 고려하여 무게를 구한 것이다. 은의 경우 구아리가 261.25g, 가탑리가 286.97g로 서로 같은 무게는 아니지만 두 유물이 만들어진 시기를 고려한다면 중국 남조에서 은 1근의 무게가 291g이라는 것이 주목된다. 백제에서 발견된 2개의 유물 모두 291g에 가깝기 때문이다. 그래서 부여에서 출토된 2개의 거푸집은 은으로 만든 '一斤'을 제작하는데 사용했던 것으로 추정할 수 있는 것이다(국립부여박물관 2003, p.78).

다음으로는 뒷면에 대해 살펴보도록 하겠다. 뒷면에 대해서는 발굴보고서에 "금속 같은 날카로운 도구로 새긴 '大王天'이라는 글자가 보이며, 그 주변에도 뚜렷하게 판독하기 어려운 글자가 여러 개 새겨져 있다"고 한다. 즉 뒷면에 대해서는 크게 관심을 갖지 않았다. 그럴 수밖에 없는 이유는 '大王天'이라는 글자는 유물의 가운데에 새겨져 있고, 다른 글자에 비해 명확하게 보이기 때문이다. 그리고 주변에 판독하기 어려운 글자는 '大王天' 왼쪽에 새겨진 여러 글자를 가리키는 것이다.

그러나 '大王天'만으로는 정확한 판독 및 의미를 찾아낼 수 없다. 그리고 알 수 없는 여러 개의 글자라고 했지만 과연 판독이 불가능한 것인지는 자세히 살펴봐야 한다. 그래서 주변의 글자를 살펴본 결과 '大'의 왼편에 글자로 보이는 자획이 보인다. 이는 '下'로 판독된다. 따라서 뒷면에 새겨진 글자는 '大王天下'가 되는 것이다.

도량형은 국가의 통치를 강화하기 위해 시행한다. 이는 중국의 진시황이 도량형을 통일해 사회를 통제하려는 의도에서도 찾아 볼 수 있다. 사비시기는 백제에서도 강력한 왕권을 유지한 시기라고 보인다. 그러한 관점에서 도량형을 통일하고, 도량형 용범 석제품 뒤에 대왕의 세상을 보여주는 '大王天下'가 쓰인 것이다.

흠이라고 생각하고 정확한 판독을 실시하지 않았고, 도량형이기 때문에 앞면에 새겨진 '一斤'에만 포커스를 맞추었기 때문에 뒷면에 대해서는 상대적으로 앞면에 비해 경시했던 것이다. 그 결과 뒷면에 대한 정확한 판독이 이루어지지 못하였다.

3. 목간

목간에 대한 판독은 2011년에 『목간과 문자』 7의 최초 판독을 시작으로, 2012년에 『부여 구아리319 부여중앙성결교회 유적 발굴조사 보고서』, 2013년에 文文 제2회 정기 학술대회 「새로 만난 文物 다시 보는 文物」까지 총 3개의 판독안이 존재한다. 이후에는 『목간과 문자』 7은 〈木〉, 보고서는 〈보〉, 文文은 〈文〉으로 약자 표기하며 판독 페이지를 명기하는 것을 원칙으로 한다.

1) 중앙성결교회 출토 31호 목간

이 목간은 부여성결교회유적에서 출토된 목간으로 1-3단계면의 유구7(수로)에서 출토되었다. 목간의 양측부에 '〉〈'과 같은 절입부가 있는 부찰형 목간이다. 상단부가 결실되었으며, 길이 10.5cm, 폭 3.3cm, 두께 0.5cm으로 앞면에서만 묵서가 확인된다. 발굴과정 중에서 묵서면 일부가 상처를 입었으며, 4단으로 구성되어 있다. 단은 가로로 구획되어 있다.

심상육·이미현·이효중, 2011, p.125.

(1) 판독 및 교감

▨	▨	▨
▨	▨	▨
	▨	
	▨	
▨		▨
▨		▨
▨		服
	并	
	[監]	

3	2	1	
▨	▨	▨	①
▨	▨	▨	②
			③
	▨		④
	▨		⑤
			⑥
▨		▨	⑦
▨		▨	⑧
▨		服	⑨
			⑩
	并		⑪
	[監]		⑫

〈글자번호표〉

1단: ▨▨ ▨[4]

▨ ▨▨

2단: ▨▨[5]

3단: 우측) ▨▨[6]服[7]

좌측) ▨[8]▨▨

4단: 并[監][9]

---

4) 〈木〉, 〈보〉에 의하면 고광의는 좌변을 良으로 볼 수 있다고 판독했다.

5) 〈木〉, 〈보〉에 의하면 3차 판독시 한자로 보아 麥으로도 보았으며, 고광의의 경우 두 문자 모두 좌변만이 확인 가능하다고 보아 윗자의 경우 示 혹은 木변으로 아래자의 경우 多 혹은 鄕자의 좌측 결구 형태인 幺로 보았다. 하지만 판독이 명확하지 않다.

6) 〈木〉, 〈보〉에 의하면 1·2차 판독 시 밑의 글자가 枚자로 판독되어 廾 혹은 卄 등으로 판독되었고 3차 판독시 김재홍은 卌으로 고광의는 卌으로도 보았다.

7) 〈木〉, 〈보〉에 의하면 1차 판독시 枚(防, 版)로 판독되었고 3차 판독시 服으로 판독되었다.

8) 〈木〉, 〈보〉에 의하면 1차 판독시 魚로 3차 판독시 唯로 판독할 수도 있다고 보았다.

9) 〈木〉, 〈보〉에 의하면 3차 판독시 고광의는 馬로도 판독할 수 있다고 보았다.

2-⑫: [監]

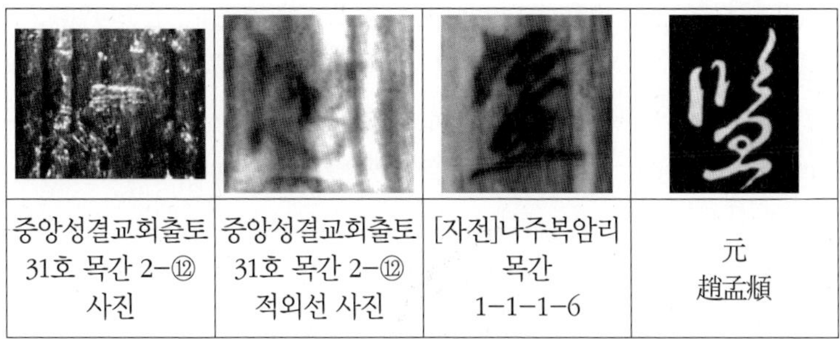

중앙성결교회출토 31호 목간 2-⑫ 사진	중앙성결교회출토 31호 목간 2-⑫ 적외선 사진	[자전]나주복암리 목간 1-1-1-6	元 趙孟頫

∴ 이 글자는 자획이 희미해서 정확한 판독이 매우 어려워 적외선 사진에 일부 보이는 묵흔을 통해 글자를 판독해야 한다. 우선 '馬'로 판독하기에는 우측 상단의 묵흔이 있다는 점이 의심스럽다. 밑의 자획이 돌아 들어가기 때문에 가능할 수는 있지만 우측 상단에 묵흔이 있기 때문에 '馬'로 보는 것은 어렵다고 생각된다. 이에 보고서와 같이 '監'으로 판독하고자 한다. 이는 元 趙孟頫와 마찬가지의 모양이 나타나고 있기 때문이다. 다만 밑의 자획에 삐침이 있는데 이는 나주 복암리 목간에서 보이듯이 삐침이 없이 쓰는 경우가 있기 때문에 큰 문제는 없어 보인다. 그래서 이 글자는 '監'으로 판독한다.

2-④·⑤: ▨

중앙성결교회출토 31호 목간 2-④ 사진	중앙성결교회출토 31호 목간 2-④ 적외선 사진	중앙성결교회출토 31호 목간 2-⑤ 사진	중앙성결교회출토 31호 목간 2-⑤ 적외선 사진

∴ 이 글자는 정확하게 판독이 안 된다. 내용도 단락이 나누어져서 확인하기 어렵다. 또 고광의의 판독에 따르면 일부의 변은 보이지만 정확한 글자를 판독하기 어렵다고 한다. 게다가 문맥을 통해서도 글자 판독이 어렵기 때문에 정확한 판독을 위해 판독을 보류한다.

(2) 연구쟁점

판독할 수 있는 글자가 적어 해석이 불가능하다. 다만 단을 나눠서 기술했다는 점은 백제의 서사방식으로 이해할 수 있을 것이다. 좌관대식기나 여타 백제목간을 통해보면 단을 나눠서 기술하는 경우가 종종 보이기 때문이다.

2) 중앙성결교회 출토 47호 목간

이 목간은 부여성결교회유적에서 출토된 목간으로 1-2단계면의 유구5(웅덩이)에서 출토되었다. 앞면을 기준으로 할 때 목간의 하단부 좌측이 약간 파손되어 있지만 거의 완형으로 남아있어 묵서의 대부분이 판독 가능하다. 묵서는 앞면과 뒷면에 모두 기록되어 있으며 4언으로 된 문구가 적혀 있다. 앞면의 경우 1행으로 12자가, 뒷면의 경우 1단 1행 8자, 2단 2행으로 8자와 4자가 기록되어 있다.

심상육·이미현·이효중, 2011, p.126.

⑴ 판독 및 교감

所[遣]信來以敬辱之於此[質]簿

〈앞면〉

一无所有不得仕也 莫[睄]好耶荷陰之後
永日不忘

〈뒷면〉

1	
所	①
[遣]	②
信	③
來	④
以	⑤
敬	⑥
辱	⑦
之	⑧
於	⑨
此	⑩
[質]	⑪
簿	⑫

〈앞면〉

2	1	
	一	①
	无	②
	所	③
	有	④
	不	⑤
	得	⑥
	仕	⑦
	也	⑧
永	莫	⑨
日	[睄]	⑩
不	好	⑪
忘	耶	⑫
	荷	⑬
	陰	⑭
	之	⑮
	後	⑯

〈뒷면〉

〈글자번호표〉

앞면: 所[10][遣][11]信來 以敬[12]辱之 於此[質][13]簿[14]

뒷면: 一无[15]所有 不得仕[16]也[17] 莫[睄][18]好耶[19]荷陰之後[20]
永日不[21]忘

---

10) 〈보〉에 의하면 권경렬은 '斷'으로 판독하였다.

11) 〈木〉, 〈보〉에 의하면 좌변의 辵은 명확하나 우변이 불명하여 遣, 遺으로 볼 수 있다고 발굴자는 파악하였다.

12) 〈木〉, 〈보〉에 의하면 수 차례의 판독회 결과 敬 혹은 教로 판독되었다고 한다.

13) 〈木〉, 〈보〉에 의하면 1~3차 판독시 모두 貢, 賞, 費, 質로 판독할 수도 있다고 보았다. 3차 판독시 고광의는 상부 좌측에 '斤'자의 行草 형태가 비교적 분명하고, 이후 運筆이 우상향하다가 다시 좌하향으로 꺾이면서 '貝'자의 첫 번째 획으로 이어지고 있어 특이한 필체라고 하였고, 이는 서사자가 중복되는 자형을 의도적으로 피한 것으로 추정하기도 하였다. 〈文〉에서는 '貧'으로 판독하였다.

14) 〈보〉에 의하면 권경렬, 김영문은 '薄'으로 판독하였다.

15) 〈보〉에 의하면 권경렬은 '器'로 판독하였다.

16) 〈보〉에 의하면 권경렬은 '往'으로 판독하였다.

앞면 1-⑪: [質]

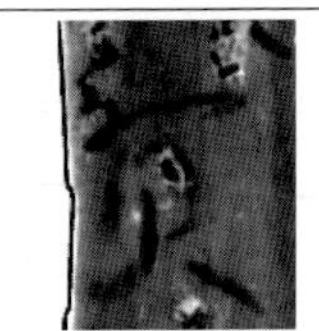	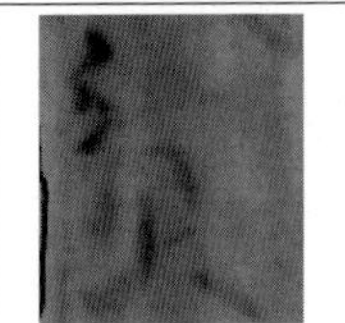
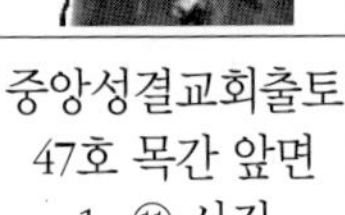 중앙성결교회출토 47호 목간 앞면 1-⑪ 사진	중앙성결교회출토 47호 목간 앞면 1-⑪ 적외선 사진

∴ 이 글자는 고광의가 지적한 것과 같이 좌측에 '斤'자의 行草 형태가 비교적 분명하게 보이고 있다. 그러나 우측에 '斤'자의 行草 형태 보이지 않는다는데 문제가 있다. 이러한 용례가 현재로서는 보이지 않는 자형이기 때문이다. 이에 대해 〈자전〉과 〈文〉에서는 '貧'이라는 글자로 판독을 하였다. 이는 목간을 편지목간으로 파악하여 자신의 안부를 한탄하는 글귀로 보기 때문이다. 이 글자에 대해서는 미상자로 판독하고 싶지만 좌측에 보이는 명확한 '斤'자의 行草 형태가 보이기 때문에 '質'로 판독을 한다.

뒷면 1-⑩: 睄

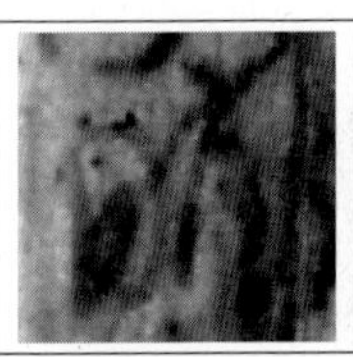	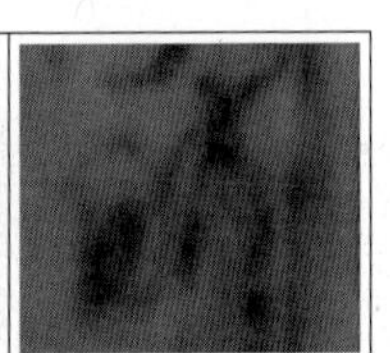
중앙성결교회출토 47호 목간 뒷면 1-⑩ 사진	중앙성결교회출토 47호 목간 뒷면 1-⑩ 적외선 사진

∴ 이 글자에 대한 용례를 찾기가 어려운 실정이다. 우선 우방변은 '目'이 확실하다. 그래서 좌방변이 무엇인지만 파악하면 글자를 알 수 있다. 그 결과 일부에서는 '眞'으로 파악하지만 '眞'으로 볼 경우 가운데 중앙이 열려 있기 때문에 성립이 되지 않는다. 자획을 통해 보면 가운데 아래는 닫혀있지 않고 열려 있기 때문에 '眞'이라고 보기 어려운 것이다. 그래서 초기 판독안 대로 '肖'일 가능성이 있다. 자획만을 통해서 '昉'로도 생각했지만 문맥이 이어지지 않기 때문에 이 글자는 '睄'로 판독한다.

---

17) 〈보〉에 의하면 권경렬은 '見'으로 판독하였다.

18) 〈木〉, 〈보〉에 의하면 1차 판독시 時, 睄로, 3차 판독시 고광의는 瞋으로 읽었다. 〈文〉에서는 '瞋'으로 판독하였다.

19) 〈보〉에 의하면 김영문은 '邪'로 판독하였다.

20) 〈보〉에 의하면 김영문, 권경렬은 '復'으로 판독하였으며, 김영문은 '侈'일 가능성도 제기하였다.

21) 〈木〉, 〈보〉에 의하면 3차 판독시 고광의는 좌측에 '丿'처럼 보이는 것이 묵흔이라면 '及'자, 묵흔이 아니라면 '不'자로 확정할 수 있다고 보았다.

(2) 역주

앞면: 보내주신 편지를 받자오니 삼가 과분하옵니다.

뒷면: 하나도 가진 게 없어 벼슬에 나아가지 못하고 있습니다. 잠시 동안의 좋고 나쁨이 없을지라도 음덕을 입은 후에는 영원히 잊지 않겠습니다.

(3) 연구쟁점

이 목간은 4언으로 끊긴다는 점에서 주목된다. 신라 월성해자에서 발견된 149호 목간은 당시 이두가 쓰여 있다고 해서 큰 관심을 받았다. 이처럼 목간에는 당시 서사방식이 기재된 경우도 있기 때문에 47호 목간이 4언으로 쓰였다는 점은 큰 의미를 가진다고 볼 수 있다. 물론 이러한 서사방식이 백제식의 방식인지, 혹은 중국의 유명 구절을 기록한 것인지는 확인되지 않았다. 필자 역시 중국에 존재하는 문구 중에서 일치하는 구절이 있는지 확인해 보았지만 확인이 되지 않아 묵서 내용이 무엇인지에 대해서는 더욱 연구가 필요한 실정이다.

3) 중앙성결교회 출토 88호 목간

이 목간은 부여성결교회유적에서 출토된 목간으로 1-2단계면의 유구5(웅덩이)에서 출토되었다. 목간은 하단과 측면 일부만 남아있을 정도로 파손되었다. 현재 남아있는 목간의 크기는 길이 18.6cm, 폭 3.3cm, 두께 0.6cm이며, 묵서가 앞면과 뒷면에 모두 기재되어 있다. 다만 묵서가 앞면과 뒷면에 모두 기록되어 있지만 목간이 파손되어 완전한 내용이 기록되어 있지 않으며, 뒷면의 경우 우측부 절반 정도가 잘려나간 상태이기 때문에 판독은 불가능하다. 그러나 현재 남아있는 기록과 판독이 불가능한 묵흔을 토대로 원래의 상태를 추정해보면 묵서가 앞면과 뒷면에 모두 1행으로 이루어진 것으로 추정되며, 앞면에 6자, 뒷면에 10자 정도로 보이기 때문에 앞면과 뒷면의 글자 크기도 차이가 있었던 것으로 보인다.

심상육·이미현·이효중, 2011, p.127.

(1) 판독 및 교감

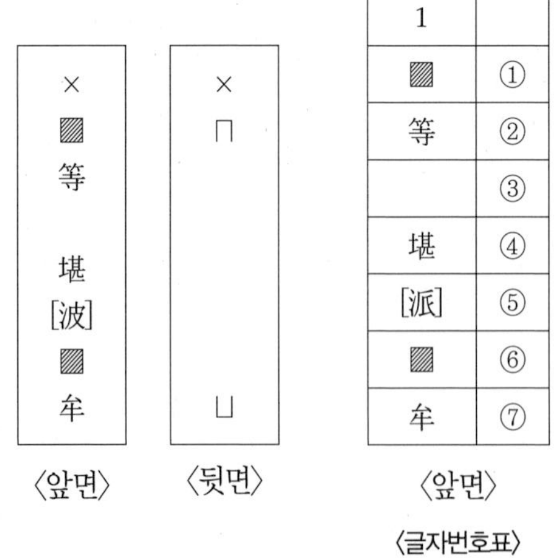

1	
▨	①
等	②
	③
堪	④
[派]	⑤
▨	⑥
牟	⑦

〈앞면〉

〈글자번호표〉

앞면: ▨[22]等[23]堪[波][24]▨[25]牟

뒷면: ▨▨[26]▨[27]▨▨▨▨▨▨▨▨

뒷면 1-⑤: 波 or 彼

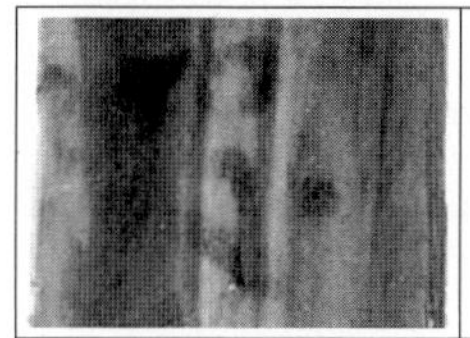	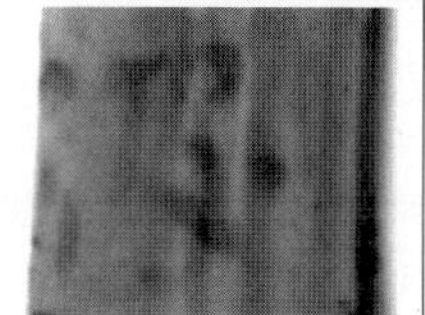	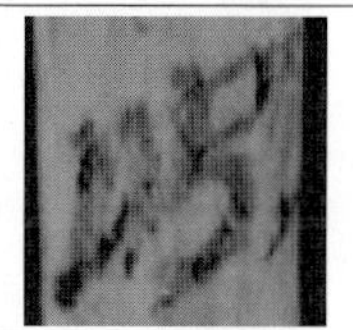	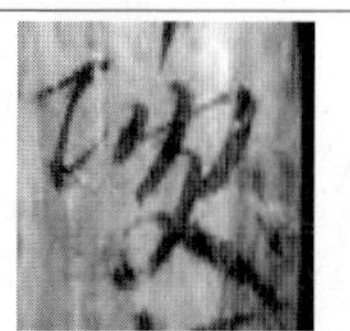
중앙성결교회출토 88호 목간 뒷면 1-⑤ 사진	중앙성결교회출토 88호 목간 뒷면 1-⑤ 적외선 사진	[자전]함안성산산성 32-2-1-3 적외선 사진 '波'	[자전]함안성산산성 100-1-1-7 적외선 사진 '波'

∴ 이 글자의 우방변이 '皮'라는 것은 이견이 없다. 다만 좌방변이 무엇인지에 대해서는 몇 가지 논의가 있다. 이는 나무가 결실되어 정확한 부수를 알 수 없기 때문이다. 이에 '波'와 '彼'의 가능성을 염두에 두고 살펴본 결과 '彼'의 용례는 쉽게 찾아지지 않았다. 그리고 자획 상 좌변이 끊긴 듯한 느낌을 주기 때문에 '氵'변이 아닌가 생각된다. 그러나 정확한 판독이 어렵기 때문에 '波'로 판독하지만 '彼'의 가능성도 열어둔다.

(2) 연구쟁점

이 목간은 파손된 상태로 발견되어 정확하게 내용을 파악할 수 없지만 앞면과 뒷면의 글자 크기가 다르다는 점에서 의미를 찾아봐야 한다고 생각한다. 특히 뒷면은 묵흔이 남아있지만 정확하게 판독되지 않아 의미를 파악하기 힘들다. 하지만 앞면의 내용을 보충 설명하는 내용이거나, 목간의 성격을 언급한 내용이 아닐까 조심스레 추정해본다.

4) 중앙성결교회 출토 89호 목간

이 목간은 부여성결교회유적에서 출토된 목간으로 최하층은 1-1단계면의 유구11(수로)에서 출토되었다. 목간은 장방형의 큰 목간이지만 전반적으로 파손의 상태가 심하다. 현존하는 목간의 크기는 길이 29.1cm, 폭 3.6cm, 두께 0.6cm이며, 묵서는 앞면과 뒷면에 모두 기록된 것으로 추정되지만 앞면만이 판독 가능하다.

---

22) 〈木〉, 〈보〉에 의하면 묵서의 상단이 결실되어 하변인 '口'만을 확인할 수 있다. 고광의는 '口'자의 위 중앙 부분에 세로 필획이 비교적 분명하여 '舍', '杏'자 등일 가능성도 있다고 보았다.

23) 〈木〉, 〈보〉에 의하면 묵서흔이 분명하게 보이지 않으나 고광의는 글자의 간격으로 보아 한 글자가 있을 것으로 보았다.

24) 〈木〉, 〈보〉에 의하면 좌획이 불명하여 1차 판독시 波로도 보았다.

25) 〈木〉, 〈보〉에 의하면 좌획은 木이 분명하나 우획은 지워져 불명하다.

26) 〈木〉, 〈보〉에 의하면 고광의는 좌측에 '土'자 형태가 판독된다고 보았다.

27) 〈木〉, 〈보〉에 의하면 고광의는 '月'자 단독으로 되었거나, 또는 '月'자가 좌측에 있는 자형일 것으로 보았다.

심상육·이미현·이효중, 2011, p.128.

(1) 판독 및 교감

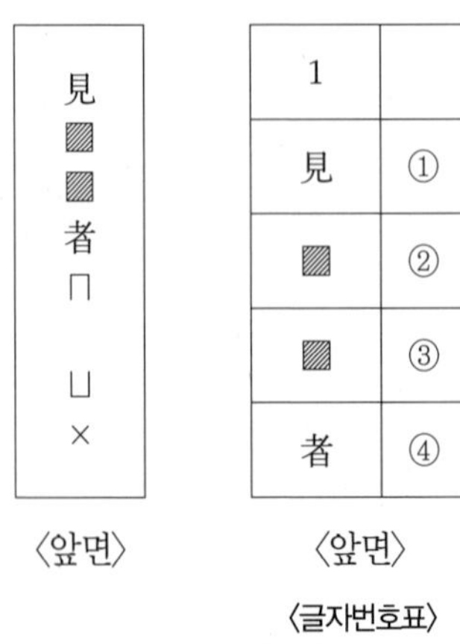

見
▨
▨
者
⊓

⊔
×

〈앞면〉

1	
見	①
▨	②
▨	③
者	④

〈앞면〉

〈글자번호표〉

앞면: 見▨[28)]▨[29)]者[30)]⌐ ¬[31)] ×

(2) 연구쟁점

이 목간은 파손 상태로 출토되었지만 상단에 4글자가 있고, 하단에도 글자가 있을 것으로 추정되는 묵흔이 발견되었다. 하단부가 결실이기 때문에 정확한 크기는 확인할 수 없고, 90호 목간과 소재 및 서사방식이 비슷해 하나의 목간이었다고 추정되지만 두 목간이 연결되는 접점을 찾기 어려운 상태이다.

5) 중앙성결교회 출토 90호 목간

이 목간은 부여성결교회유적에서 출토된 목간으로 최하층은 1-1단계면의 유구11(수로)에서 출토되었으며, 89호 목간 바로 옆에서 출토되었다. 89호 목간과 90호 목간은 같은 곳에서 출토되었고, 형태 및 두께와 폭이 비슷하며 묵서의 필체 또한 일치하여 하나의 목간이 분리되었을 가능성도 있다. 하지만 두 목간의 결실된 부분이 서로 연결되지 않아 보고서에서는 서로 다른 번호를 부여한 것이다. 목간은 장방형인 홀형으로 상단부가 결실된 상태이며, 현존 길이는 24.5cm, 폭 3.6cm, 두께 0.5cm이다. 묵서는 앞면과 뒷면에 모두 기록되어 있으며 앞면의 경우 상단은 1행으로 1자, 하단은 2행으로 좌측에 6자-우측에 5자가 기록되어 있으며, 뒷면은 묵흔의 상태 및 글자 크기로 보아 8자 정도의 문자가 기록되었을 것으로 추정되지만 정확하지는 않다. 이 목간은 문서목간으로 추정되는데, 그 이유는 앞면에 기록된 '中部奈率得進'과 같이 '행정구역명-관등명-인명'의 순으로 기록된 백제의 일반적인 문서서사 방식이 기재되어 있기 때문이다.

---

28) 〈木〉, 〈보〉에 의하면 좌변은 言이 명확하나 우변은 결실되어 명확하지는 않다.

29) 〈木〉, 〈보〉에 의하면 見과 같이 가로획을 과장되게 쓴 耳로 보이나 명확치 않다.

30) 〈木〉, 〈보〉에 의하면 고광의는 者자 앞의 문자 간격으로 보아 한 글자가 있을 가능성도 배제할 수 없다고 보았다.

31) 〈木〉, 〈보〉에 의하면 목간의 표면 부식이 심하여 판독이 곤란하나 고광의는 "子(于)二亮者▨則率(導·準)屠"로 판독될 수도 있다고 보았다.

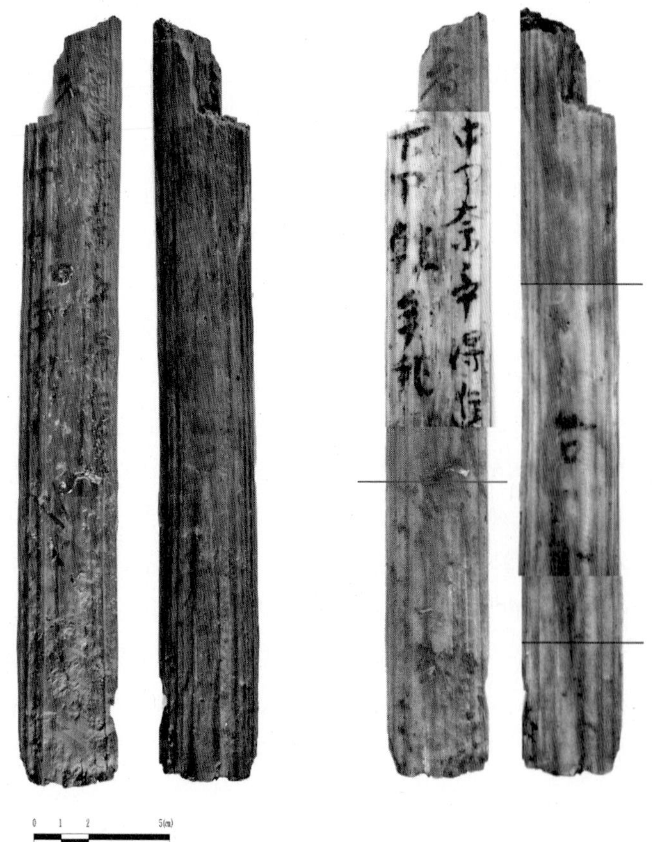

심상육·이미현·이효중, 2011, p.129.

(1) 판독 및 교감

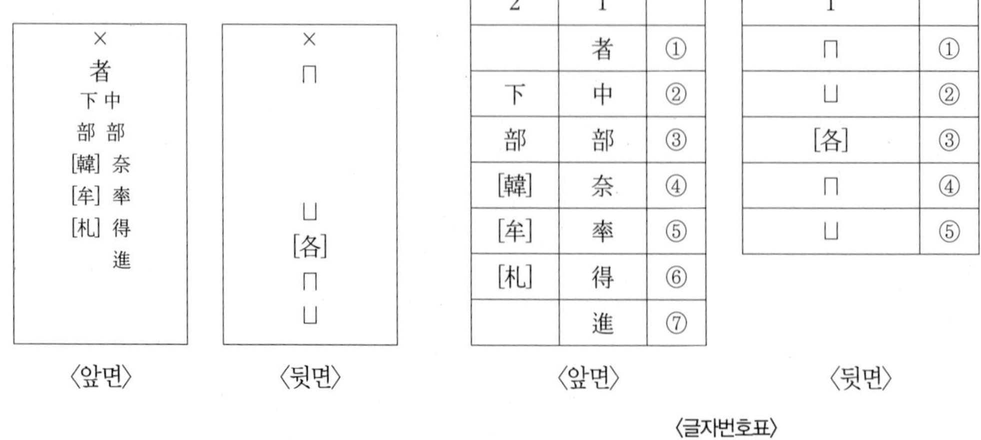

〈앞면〉

×
者
中部奈率得進
下部[韓][牟][札]

〈뒷면〉

×
⊓
⊔
[各]
⊓
⊔

〈앞면〉

2	1	
	者	①
下	中	②
部	部	③
[韓]	奈	④
[牟]	率	⑤
[札]	得	⑥
	進	⑦

〈뒷면〉

1	
⊓	①
⊔	②
[各]	③
⊓	④
⊔	⑤

〈글자번호표〉

앞면: ×者 中部奈率得進 / 下部[韓][32][牟][33][札][34]

뒷면: ×[　　][各][　　][35]

앞면 2-④: 韓

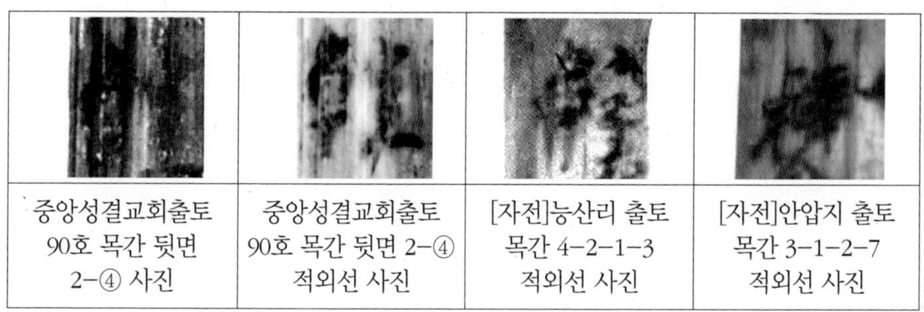

중앙성결교회출토 90호 목간 뒷면 2-④ 사진	중앙성결교회출토 90호 목간 뒷면 2-④ 적외선 사진	[자전]능산리 출토 목간 4-2-1-3 적외선 사진	[자전]안압지 출토 목간 3-1-2-7 적외선 사진

∴ 이 목간은 적외선 사진으로 볼 때 '韓'으로 판독할 수 있다. 다만 가운데 부분이 결락되어 정확한 글자를 판독하기 어렵다는 점이 문제로 남는다. 이에 대해 능산리와 안압지에서 출토된 우측의 '韋'변이 주목된다. 똑같지는 않지만 상부에서 하부로 이어지는 자획의 이음이 자연스럽게 연결되고 있으며, 이러한 모습이 이 두 곳의 목간에서도 보이기 때문이다. 그래서 이 글자는 '韓'으로 판독한다.

앞면 2-⑤: 牟

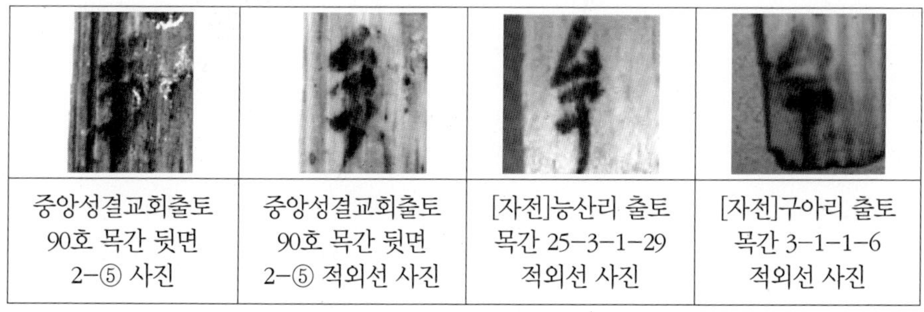

중앙성결교회출토 90호 목간 뒷면 2-⑤ 사진	중앙성결교회출토 90호 목간 뒷면 2-⑤ 적외선 사진	[자전]능산리 출토 목간 25-3-1-29 적외선 사진	[자전]구아리 출토 목간 3-1-1-6 적외선 사진

∴ 이 글자는 부여의 능산리에서 출토된 목간 및 구아리에서 출토된 목간에 기록된 '牟'와 자획이 유사하다. 90호 목간의 '牟'는 한 획으로 이어서 쓴 것이 특징이지만 여타 자획이 유사하기 때문에 '牟'로 판독해도 큰 무리가 없다. 그래서 이 글자는 '牟'로 판독한다.

32) 〈木〉, 〈보〉에 의하면 우변의 일부가 지워져 있다.

33) 〈보〉에 의하면 김영문은 '多'로, 임경희는 '率'로 판독하였다.

34) 〈木〉, 〈보〉에 의하면 礼 혹은 札로도 판독되었으나 範에 더 가까워 보인다.

35) 〈보〉에 의하면 고광의는 各자 위로 3자 정도가 더 있으며, 밑으로는 4자 정도가 더 있다고 보았다. 또한 各자 바로 밑 문자는 一 혹은 二일 가능성도 있다고 보았다.

앞면 2-⑥: 札

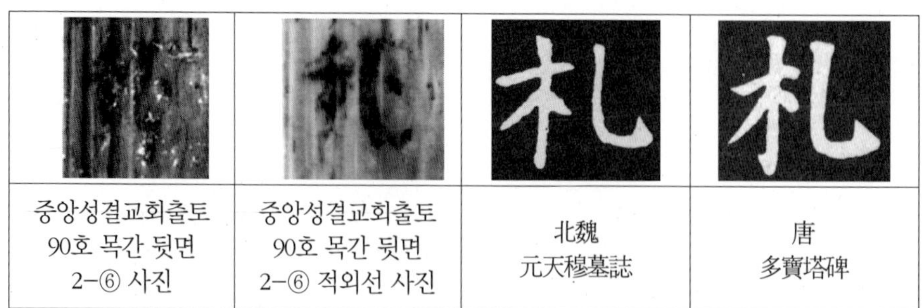

중앙성결교회출토 90호 목간 뒷면 2-⑥ 사진	중앙성결교회출토 90호 목간 뒷면 2-⑥ 적외선 사진	北魏 元天穆墓誌	唐 多寶塔碑

∴ 이 글자에 대해서는 '範'으로 판독을 많이 했다. 그러나 좌측변이 '木' 혹은 '禾'에 가깝다. 또 상부에 '竹'변이 보이지 않는다. 여타 '範'의 사례를 살펴보면 '竹'변이 남아있지만 여기에는 보이지 않기 때문에 '範'으로 판독하는 것은 무리가 있다고 판단된다. 또 우측에 찍혀있는 점은 사진으로 보면 파인 자국이기 때문에 초기 판독안인 '札'로 판독한다.

뒷면 1-③: 各

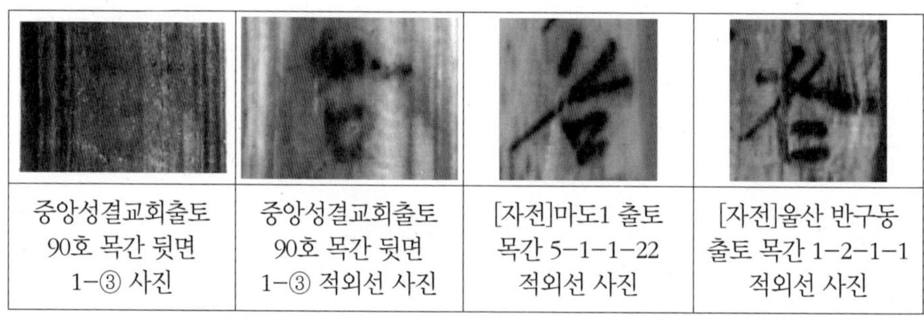

중앙성결교회출토 90호 목간 뒷면 1-③ 사진	중앙성결교회출토 90호 목간 뒷면 1-③ 적외선 사진	[자전]마도1 출토 목간 5-1-1-22 적외선 사진	[자전]울산 반구동 출토 목간 1-2-1-1 적외선 사진

∴ 이 글자는 고려시대의 목간이기는 하지만 '各'과 유사한 형태를 지닌다. 그러나 하부에 '口'가 있는 것은 확실하지만 상부가 뭉개져 있어 정확한 글자를 판독하기 어렵다. 아마도 울산 반구동과 같은 형태이지만 먹의 번짐으로 인해 중앙성결교회 출토 90번과 같은 형태가 나타난 것으로 추정된다. 그래서 이 글자는 '各'으로 판독한다.

(2) 연구쟁점

이 목간은 앞면에 백제의 일반적인 인명기술방식이 나오고 있어 행정용으로 사용된 목간으로 추정할 수 있다. 이와 같은 형식은 백제에서 다수의 목간 및 문헌자료에서 나타나고 있기 때문에 목간이 행정용으로 사용되었다는 것은 쉽게 확인할 수 있다. 다만 구체적인 내용에 대해서는 남아있는 기록이 없기 때문에 정확하게 알 수는 없다. 뒷면에는 '各'으로 추정되는 글자가 남아있지만 이 글자를 기준으로 전·후에 몇 글자가 있었는지에 대해서도 제대로 파악하지 못하는 실정이다.

마지막으로 이 목간은 앞서 설명한 바와 같이 89호 목간과 하나의 목간이었을 것으로 추정되지만 연결

접점이 발견되지 않아 추정만 할 뿐이다.

6) 중앙성결교회 출토 93호 목간

이 목간은 부여성결교회유적에서 출토된 목간으로 최하층은 1-1단계면의 유구11(수로)에서 출토되었다. 상단부가 결실되어 있으며, 현존하는 목간의 크기는 길이 14.6cm, 폭 2.5cm, 두께 0.7cm이다. 앞면에서만 묵서가 확인되며 1행으로 5자가 기록되어 있다.

이 목간은 앞면 하단에 "眞"이라는 한 글자만 판독되기 때문에 정확한 목간의 성격을 규명하기에는 무리가 있다.

심상육·이미현·이효중, 2011, p.130.

(1) 판독 및 교감

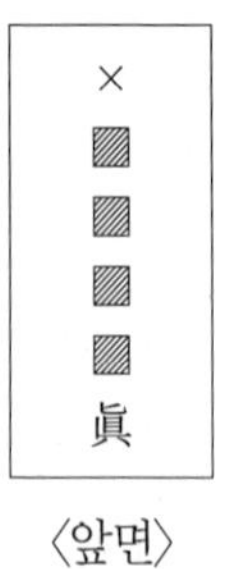

〈앞면〉

앞면: ▨[36]▨▨[37]▨[38]眞

7) 중앙성결교회 출토 102호 목간

이 목간은 부여성결교회유적에서 출토된 목간으로 최하층인 1-1단계면의 유구11(수로)에서 출토되었으며, 89호~90호 목간 주변에서 발견되었다. 목간의 하단에는 양측에 '〉〈'과 같은 절입부가 있는 부찰형 목간이다. 완형이며 길이 19.3cm, 폭 2.5cm, 두께 0.6cm으로 앞면에서만 10자의 묵서가 확인된다. 하단부에 절입부가 있는 것으로 보아 꼬리표 목간으로 추정되며, 묵서명을 통해 보면 인명과 부명, 곡물 종류, 수량과 관련된 물건에 달려 있던 목간일 것이다.

심상육·이미현·이효중, 2011, p.131.

36) 〈木〉, 〈보〉에 의하면 김재홍은 自로 판독될 가능성이 있다고 보았다.

37) 〈木〉, 〈보〉에 의하면 불명하나 日(김재홍) 혹은 白으로 읽힐 가능성도 있다.

38) 〈木〉, 〈보〉에 의하면 皿으로도 판독되었으나 명확치 않다.

(1) 판독 및 교감

[太] ▨ 美 前 部 赤 米 二 石 〉〈

〈앞면〉

앞면: [太][39]▨[40]▨[41]美[42]前部赤米二石

앞면 1-①: [太]

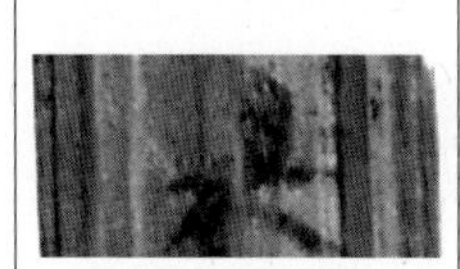	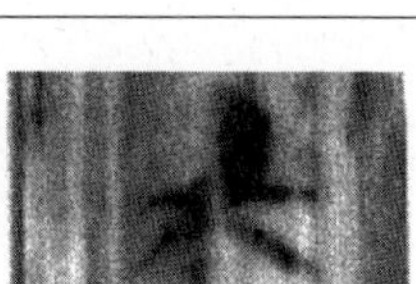	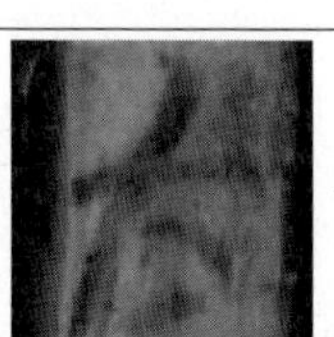	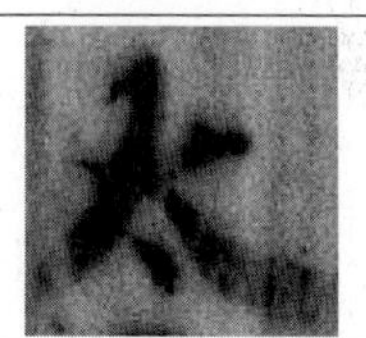
중앙성결교회출토 102호 목간 뒷면 1-① 사진	중앙성결교회출토 102호 목간 뒷면 1-① 적외선 사진	[자전]성산산성출토 목간 138-1-1-1 적외선 사진	[자전]안압지 출토 목간 39-1-1-2 적외선 사진

∴ 이 글자는 '大' 혹은 '太'로 판독이 가능하다. 사진 및 적외선 사진으로 보면 '太'가 맞다. 하지만 혹

39) 〈木〉, 〈보〉에 의하면 大, 太, 木 등으로 보이나 太일 가능성이 높아 보인다.

40) 〈木〉, 〈보〉에 의하면 公 혹은 佘 등으로 보이나 하변이 厶일 가능성이 높아 公으로 판단하였다. 앞의 '太'와 합쳐 '太公'일 경우 관명 혹은 지칭대명사(노인의 존칭 대명사)일 가능성이 있어 보인다고 보았다. 〈보〉에 의하면 임경희는 앞의 글자와 합쳐서 한 글자인 '奈'로 보았다.

41) 〈木〉, 〈보〉에 의하면 四로도 판독되었다. 〈보〉에 의하면 임경희는 '率'로 판독하였다고 한다.

42) 〈木〉, 〈보〉에 의하면 實로도 판독되었다. 〈보〉에 의하면 임경희는 '矣'로 판독하면서 이름이나 이두의 소유격일 수 있다고 했다.

여 '犬'로 판독된다고 해도 '太'와 '犬'는 같은 의미이기 때문에 큰 문제는 없다. 그러므로 여기서는 보이는 '太'로 판독한다.

앞면 1-②·③: ▨

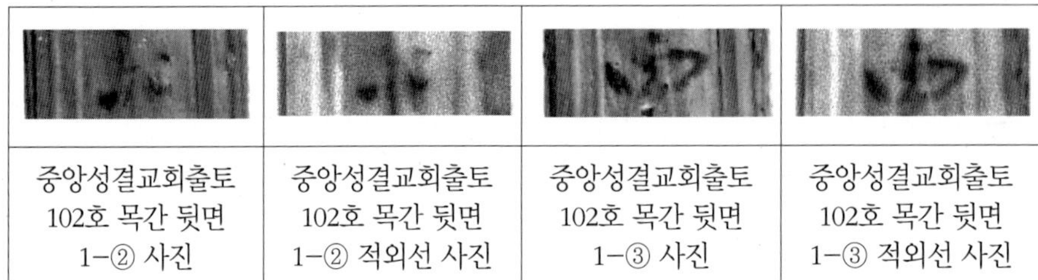

중앙성결교회출토 102호 목간 뒷면 1-② 사진	중앙성결교회출토 102호 목간 뒷면 1-② 적외선 사진	중앙성결교회출토 102호 목간 뒷면 1-③ 사진	중앙성결교회출토 102호 목간 뒷면 1-③ 적외선 사진

∴ 1-②는 '公'으로 판독한 글자이다. 하지만 글자가 다른 글자에 비해 매우 작게 기술되어 있다는 점에서 아랫 부분과 연결되어 하나의 글자가 되었을 가능성도 있다. 두 글자가 하나의 글자라고 한다면 앞의 '太'와 뒤의 '美前卩'과의 글자 크기가 일치하기 때문이다. 하지만 이것이 하나의 글자라도 하더라도 정확한 글자의 판독은 어려운 상황이다.

(2) 역주

앞면: [太]▨▨美의 前部 赤米 二石

(3) 연구쟁점

이 목간은 형태가 꼬리표이기 때문에 물건에 매달아 두었던 것으로 생각되며 묵서 내용을 통해 어디에 매달아 두었는지를 확인할 수 있다. 목간의 묵서면을 통해서 목간의 성격을 염두에 두고 판독을 한다면 판독을 정확하게 할 수 없지만 앞의 4글자는 불명, 뒤이어 나오는 前部는 부명, 赤米는 곡물 종류, 二石은 수량으로 해석할 수 있을 것이다.

8) 중앙성결교회 출토 109호 목간

이 목간은 부여성결교회유적에서 출토된 목간으로 최하층인 1-1단계면의 유구5(장방형웅덩이)에서 출토되었으며, 상단부의 일부만 남아있다. 현존 크기는 길이 6.2cm, 폭 3.2cm, 두께 0.2cm이다. 묵서는 앞면에서만 확인되며, 2단으로 나뉘어져 있으며, 각단에는 3행씩 3줄이 적혀 있다.

심상육·이미현·이효중, 2011, p.132.

(1) 판독 및 교감

×	×	
牟	[雀]	×
多	麻	文
	石	
鳥	鳥	鳥
兮	石	▨
管	▨	▨

〈앞면〉

3	2	1	
牟	[雀]	×	①
多	麻	文	②
	石		③
			④
鳥	鳥	鳥	⑤
兮	石	▨	⑥
管	▨	▨	⑦

〈앞면〉

〈글자번호표〉

1단: ×[43]文

1단: ×[雀][44]麻石[45]

1단: ×牟多

43) 〈보〉에 의하면 '冬'으로 판독되었다.

44) 〈木〉, 〈보〉에 의하면 崔, 省, 雀, 雀 등으로도 판독되었다.

45) 〈木〉, 〈보〉에 의하면 石을 합하여 磨로도 판독되었다.

2단: 鳥▨▨

2단: 鳥石▨

2단: 鳥兮[46]管[47]

앞면 2-①: 雀

	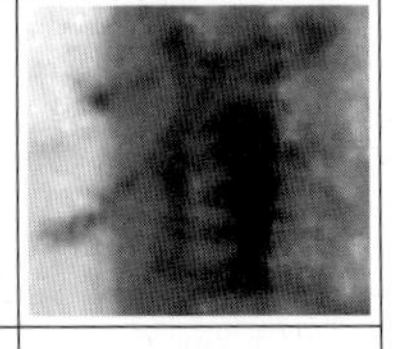
중앙성결교회출토 109호 목간 뒷면 2-① 사진	중앙성결교회출토 109호 목간 뒷면 2-① 적외선 사진

∴ 이 글자는 '省'으로 판독될 여지가 있다. 그러나 적외선 사진을 보면 '目'보다는 한 획이 더 있는 것이 확인된다. 그래서 '目'보다는 '圭'일 가능성이 매우 높다. 이렇게 본다면 이 글자는 '雀'으로 판독하는 것이 맞다고 여겨진다. 그래서 이 글자는 '雀'으로 판독한다.

(2) 연구쟁점

이 목간은 상단이 결실되어 하단부만 남은 상태인데 31번 목간과 마찬가지로 단을 나누어 묵서가 기록되었다. 기록된 묵서가 무엇을 뜻하는지는 모르지만 일정한 패턴을 가지는 것으로 보아 인명을 기록한 것이 아닌가 생각된다. 1단에서는 "牟"와 같은 백제 인명에 자주 사용되는 어미가 확인되며, 2단에는 모두 "鳥"로 시작되는 인물들이 기록된 것은 아닌지 생각되지만 백제의 인명어미를 제대로 파악한 뒤에서 이러한 추론에 힘이 실릴 수 있을 것이다.

9) 연구쟁점

구아리 319번지(중앙성결교회)유적은 지형 상 북·동·남편의 구릉에서 발원한 물이 이 곳을 통해 서편의 백마강으로 흘러들어가는 물길이었다. 그러다 보니 자연스럽게 저습지가 생성될 수 있었으며, 이 과정에서 목간이 지금까지 남아있을 수 있던 것이다.

중앙성결교회유적에서는 13점의 목간 혹은 목간형 목제품이 출토되었다. 그중에서 묵흔이 확인된 것은 10점이며, 문자가 1자라도 판독된 목간은 8점이다. 즉 2점은 묵흔은 존재하지만 문자로 판독하기 어려운 흔적이다. 목간의 번호는 발굴보고서에 나타난 번호를 중심으로 기술하였다. 번호의 통일이 이뤄지지

---

46) 〈木〉, 〈보〉에 의하면 乎로도 판독되었다.

47) 〈木〉, 〈보〉에 의하면 簪으로도 판독되었다.

않았기 때문에 나타난 결과이며, 이에 대해서는 조만간 정리 작업이 필요하다.

그러나 목간의 묵서를 통해보면 하나의 성격을 가진 목간은 아닌 것으로 보인다. 4언으로 기록된 목간, 꼬리표 목간, 인명으로 추정되는 목간 등 다양한 성격을 가진 목간이 두루두루 보이고 있으며, 파손된 목간도 다수 보이기 때문에 일정한 성격을 논의하기에는 무리가 있다. 그렇지만 앞서 살펴본 바와 같이 북·동·남편의 구릉에서 발원한 물이 이 곳을 통해 서편의 백마강으로 흘러들어가는 과정에서 목간이 퇴적된 것으로 추정할 수 있기 때문에 폐기된 목간이 구아리 319번지(중앙성결교회)유적에 이르러 퇴적되었고, 그 과정에서 구아리 319번지(중앙성결교회)유적에 13점의 목간이 남겨진 것이다.

일본의 평성궁 유적에서는 목간을 인위적으로 폐기한 곳이 존재하며, 신라의 월성해자에서도 목간을 폐기한 것으로 추정되는 지역이 있는 등 사용을 다한 목간은 폐기하는 문화가 있었다. 그래서 구아리 319번지(중앙성결교회)유적을 목간을 폐기한 지역일지도 모른다는 의견이 제시되기도 한다. 하지만 구아리 319번지(중앙성결교회)유적이 위치한 지형적 특징을 우연한 기회에 목간이 퇴적된 것으로 보는 것이 적합할 것이며, 구아리 319번지(중앙성결교회)유적 주변의 지역도 이와 같이 다수의 목간이 퇴적되었을 가능성이 충분하다고 생각된다.

4. 인각와

1944년 구아리 64·65번지에서는 경찰서 신축 사업이 진행되었다. 그 과정에서 인각와가 발견되었는데, 여기에는 天王명 수막새, 연화문 수막새편 등이 출토되었다. 당시 일본인들에 의해 발굴조사가 실시되었지만 보고서가 未刊되어 출토 당시의 정확한 상황은 알 수 없다(부여문화재연구소 1993). 다만 天王명 수막새가 수습되면서 天王寺 절터 위치를 비정할 수 있게 되었다는 점은 새로운 성과였다.

그리고 이 외에도 백제 수막새, 토기편, 기와편, 약간의 조선시대 백자편, 일제 시대 사기그릇, 도가니편 등 다양한 유물들이 출토되기도 했다. 이들 유물의 대부분은 구아리 64·65 유적의 남편과 북편으로 나눠진 2개의 우물지에서 대부분이 발견되었다. 발견된 인각와를 살펴보면 "辰", "午", "斯", "巳", "助", "丁巳"명 등이지만 북편우물지에서는 "丁巳" 명문와 1점만이 출토된다.

또 구아리 434번지 유적은 문화관광형시장 조성사업 부지로 지정되어 발굴조사가 시작되었는데, 여기에서도 인각와가 발견되었다. 이 지역은 부여시가지 중심부의 권역 안에 속해 있어 예전부터 백제시대 유적이 집중적으로 분포해 있을 것으로 추정되었다. 그리고 발굴조사 결과 이곳에서 토기, 토제품, 기와, 석기, 목기 등의 유물과 우물 초축단계인 1차 구지표면 즙와열 상하층에서 午-助명 인각와 2점이 발견되었다.

인각와에 대해서는 본서 하권의 인각와 항목을 참조바라며, 여기에서는 구아리에서 발견된 인각와의 현황에 대한 설명만으로 끝맺고자 한다.[48]

5. 참고문헌

1) 보고서 및 자료집

국립부여박물관, 2003a, 『백제의 문자』.

국립부여박물관, 2003b, 『백제의 도량형』.

扶餘文化財研究所, 1993, 『扶餘舊衙里百濟遺跡 發掘調査報告書』.

한얼문화유산연구원, 2012, 『부여 구아리 434번지 백제유적: 부여 문화관광형시장 조성사업 부지 내 문화유적 발굴조사』.

(재)부여군문화재보존센터, 2012, 『부여 구아리319 부여중앙성결교회 유적 발굴조사 보고서』.

2) 논저류

심상육·이미현·이효중, 2011, 「부여 '중앙성결교회유적' 및 '뒷개유적' 출토 목간 보고」, 『木簡과 文字』 7.

심상육·김영문, 2013, 「부여 구아리 319 유적 출토 편지목간」, 『새로 만난 文物 다시 보는 文物』, 문문 제2회 정기학술대회 발표문.

48) 구아리에서 출토된 인각와에 대해서는 원광대학교 서예학과의 이은솔 선생님의 도움을 받았음을 밝힌다.

宮南池 出土 文字資料

기경량 · 최경선*

1. 개관

궁남지는 충청남도 부여군 부여읍 동남리에 속해 있는 유적이다. 부여읍 남쪽에 넓게 형성된 개활지에 위치한다. 이 일대는 본래 상습적으로 침수가 일어나는 저습지였는데, 1965~1967년에 복원하여 현재와 같은 모습을 갖추었다.

『삼국사기』에는 634년(무왕 35) 대궐 남쪽에 못을 팠는데 20여 리 밖에서 물을 끌어 들이고 못 가운데 方丈仙山을 모방하여 섬을 쌓았다고 기록되어 있으며, 『삼국유사』에는 武王의 어머니가 京師의 남쪽 못가에 살았는데 용과 관계하여 무왕을 낳았다는 전승이 실려 있다. 이러한 문헌 기록을 참조하여 1960년대 후반에 진행된 복원 작업 이후 이 일대를 궁의 남쪽에 있는 못이라는 의미로 '궁남지'라 부르게 되었다. 현재 사적 제135호로 지정되어 있다.

궁남지 유적은 1990~1993년 국립부여박물관에 의해 3차에 걸쳐 조사가 이루어졌다. 1990년에는 궁남지 서편, 1991~1992년에는 궁남지 동북편을 조사하였으며, 1993년에는 궁남지 동남편을 조사하였다. 이들 조사에서 백제시대 수로와 수전 경작층 등을 확인하였고, 각종 토기와 벽돌, 목제품 등이 출토되었다.

1995~2006년에는 국립부여문화재연구소에 의해 8차에 걸친 조사가 이루어졌다. 1995년에는 궁남지 내부를 조사하였는데, 저수조와 짚신, 사람 발자국 흔적을 비롯하여 '西卩後巷'이라는 명문이 확인되는 '궁남지 1호 목간'이 출토되었다. 1997년에는 궁남지 서북편 일대를 조사하였고, 1998~2001년에는 궁남

* 궁남지 출토 목간은 기경량, 나머지 명문자료는 최경선이 정리하였다.

지 북편에 대한 조사가 이루어졌다. 특히 2001년 조사에서는 재차 목간이 출토되었고, 각종 목제품과 철도자·토기 등이 수습되었다. 2003~2006년에는 궁남지 남편 일대를 조사하였다.

궁남지 유적에서는 목간과 인각와, 명문 토기, 開元通寶 등 다양한 문자자료가 출토되었다. 이 중 인각와는 별고에서 다룰 것이므로, 여기서는 목간과 명문 토기, 인각와를 제외한 명문 기와를 살펴보도록 하겠다.

2. 목간

1) 궁남지 1호(창원-315, 백제-297, 나무-295, 자전-궁1)

1995년 연못 중심부에 대한 조사 과정에서 나무로 만든 貯水槽 시설 남동쪽 모퉁이에서 40cm 가량 떨어진 수로 안의 서편 護岸에서 다른 백제시대 유물들과 함께 출토되었다. 목간이 출토된 층은 연두색계와 회색계 뻘층과 유사한 진흙층이었고, 150cm 반경 내에서 백제시대 돗자리, 토기편, 베틀 비경이로 보이는 목제품 등이 출토되었다. 북쪽으로 250cm 떨어진 수로의 동일 층위에서는 철제 화살촉 1점이 출토되었다.

목간은 길이 35cm, 폭 4.5cm, 두께 1.0cm의 장방형이며, 목재는 소나무이다. 칼을 이용해 잘 다듬은 형태이고 모서리도 둥글게 처리하였다. 상단에 비해 하단 모서리의 각이 더 둥글게 처리되어 있다. 상단 4.4~4.9cm 지점 가운데는 지름 0.5cm 정도의 구멍이 뚫려 있다. 구멍은 전면에서 후면 쪽으로 관통시킨 것으로 확인된다. 전면 상단에 1행의 짧은 묵서가 있고, 후면에는 2행의 묵서가 남아 있다.

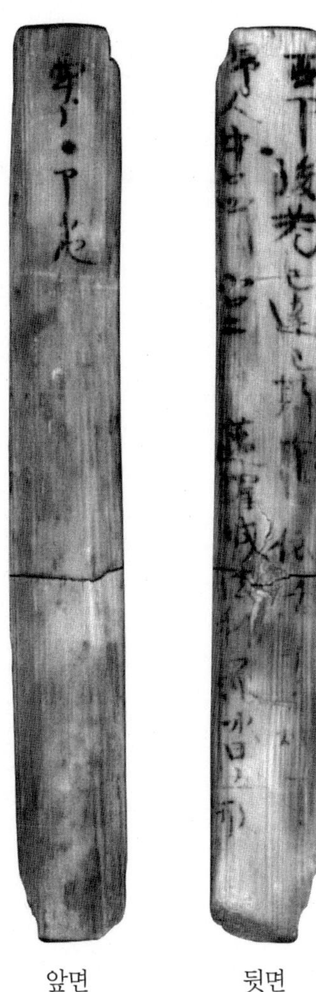

앞면　　　　　　뒷면

출처: 나무, p.67.

(1) 판독 및 교감

판독을 할 때 기본적으로 '나무'의 적외선 사진을 제시하겠지만, 일부 글자들은 1999년에 國立扶餘文化財研究所에서 간행된 발굴조사보고서의 적외선 사진을 추가로 제시하도록 하겠다. '나무'에 실린 적외선 사진에서는 안 보이는 글자가 발굴보고서에 실린 적외선 사진 상으로는 뚜렷이 보이는 경우가 있기 때문이다.

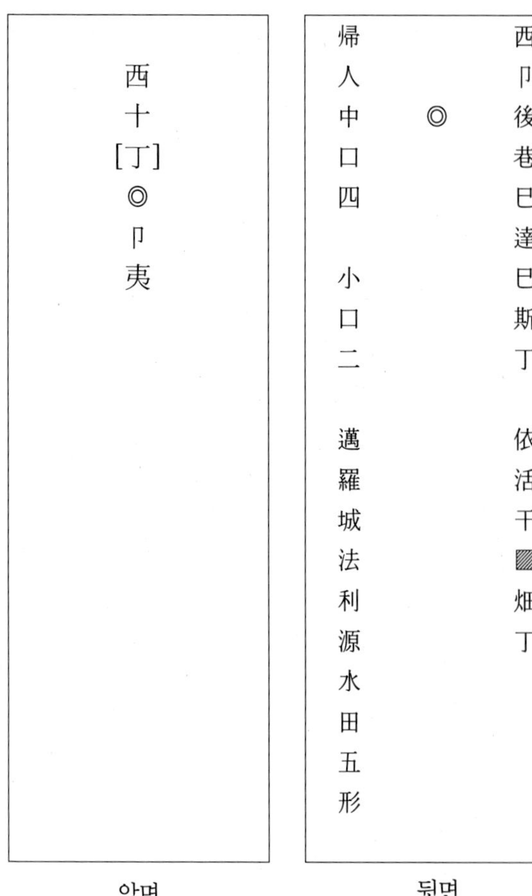

앞면　　　　뒷면

앞면: 西十[1)][丁][2)]卩夷

뒷면 1: 西卩後巷巳達巳斯[3)]丁[4)] 依活[5)]干[6)]▨[7)]畑[8)]丁[9)]

2: 帰[10)]人中口四 小[11)]口二 邁羅城法利源水田[12)]五形

---

1) 卩(최맹식·김용민, 박현숙, 국립청주박물관, 노중국), [卩](이용현), 十(윤선태, 손환일, 자전), [十](이경섭), ▨(백제, 나무).

2) 中(최맹식·김용민, 박현숙, 국립청주박물관, 노중국), 丁(이용현, 윤선태), −(손환일, 자전), ▨(백제, 나무).

3) 斯(최맹식·김용민, 박현숙, 이용현, 국립청주박물관, 윤선태, 백제, 나무, 노중국, 이경섭, 平川南, 손환일), 新(자전).

4) 卩(최맹식·김용민, 박현숙), 丁(이용현, 국립청주박물관, 윤선태, 백제, 나무, 노중국, 이경섭, 平川南), [卩](손환일).

5) 活(최맹식·김용민, 박현숙, 국립청주박물관, 윤선태, 노중국, 손환일, 자전), [舌](이용현), 舌(백제, 나무), [活](이경섭), ▨(平川南).

6) [奉](최맹식·김용민), 耳(손환일), ▨(박현숙, 이용현, 국립청주박물관, 윤선태, 백제, 나무, 노중국, 이경섭, 자전).

7) [前](최맹식·김용민), 利(손환일), ▨(박현숙, 이용현, 국립청주박물관, 윤선태, 백제, 나무, 노중국, 이경섭, 자전).

8) [後](최맹식·김용민), 知(손환일), 後[자전], ▨(박현숙, 이용현, 국립청주박물관, 윤선태, 백제, 나무, 노중국, 이경섭).

앞면 1-②: 十

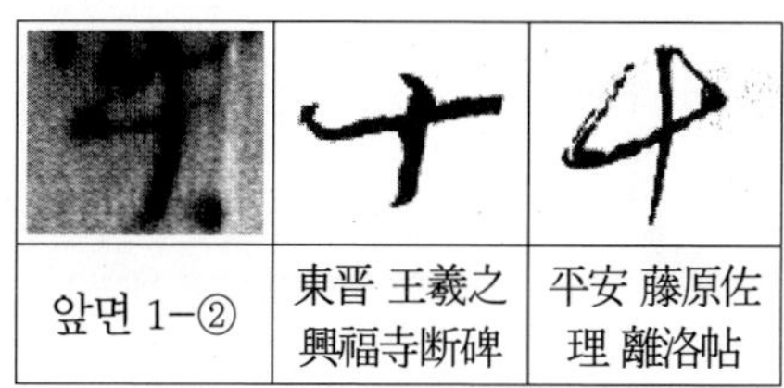

앞면 1-②	東晋 王羲之 興福寺断碑	平安 藤原佐 理 離洛帖

∴ '卩'로 판독하는 경우도 있으나 자획의 형태상 그렇게 보기는 어렵다. 획의 형태로 보았을 때 첫 번째 글자인 '西'에 연이어 '十'을 쓴 것으로 보는 것이 타당하다.

앞면 1-③: [丁]

앞면 1-③	국립부여문화재연구소 1999, 도판 157	北魏 張玄墓誌	隋 智永 眞草千字文	唐 柳公權 馮宿碑

∴ 제대로 보이는 것은 세로획뿐이다. 단, 가로획으로 볼 수도 있을 법한 선이 희미하게 확인된다. '中'으로 판독한 경우도 있으나 자형상 그렇게 보기는 어려우며, 丁으로 보는 것이 타당하다. 바로 앞 글자인 十의 마지막 세로획이 왼쪽으로 휘어 있으므로 그 방향의 끝에서 丁의 첫 번째 획이 시작되는 것으로 볼 수 있을 것이다.

9) [卩](최맹식·김용민), ▨(박현숙, 손환일), 丁(이용현, 국립청주박물관, 윤선태, 백제, 나무, 노중국, 이경섭), [丁](平川南), 卩(자전).

10) 帰(최맹식·김용민, 박현숙, 이용현, 국립청주박물관, 윤선태, 백제, 나무, 노중국, 이경섭, 손환일, 자전), 婦(平川南).

11) 下(최맹식·김용민, 박현숙), 小(이용현, 국립청주박물관, 윤선태, 백제, 나무, 노중국, 이경섭, 平川南, 손환일, 자전).

12) 水田(최맹식·김용민, 박현숙, 이용현, 국립청주박물관, 윤선태, 백제, 나무, 노중국, 이경섭, 平川南, 손환일, 자전), 畓(이용현).

뒷면 1-⑨: 丁

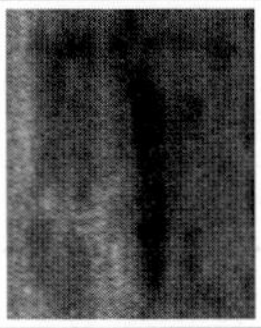	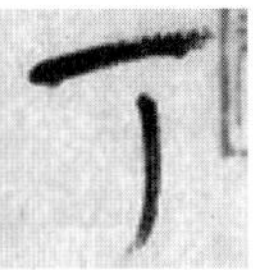			
뒷면 1-⑨	唐 懷素 自敍帖	北魏 張玄墓誌	隋 智永 眞草千字文	唐 柳公権 馮宿碑

∴ '卩'로 판독한 경우도 있으나 글자의 우측 상단에서 돌아 내려오는 필획이 보이지 않으므로 '卩'가 아니라 '丁'으로 읽는 것이 합당하다.

뒷면 1-⑪: 活

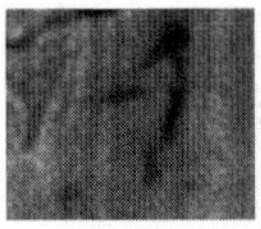			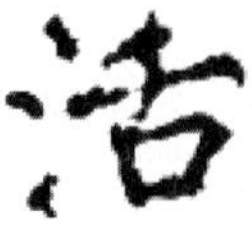	
뒷면 1-⑪	국립부여문 화재연구소 1999, 도판 155	隋 蘇孝慈墓誌	唐 柳公権 馮宿碑	唐 李邕 麾將軍碑

∴ 우변의 '舌'은 분명하나, 좌변은 분명하지 않다. 다만 발굴보고서에 실린 적외선 사진을 보면 왼쪽에 삼수변의 일부로 보이는 묵흔이 확인된다. 따라서 '活'로 판독한다.

뒷면 1-⑫: 干

<table>
<tr><td>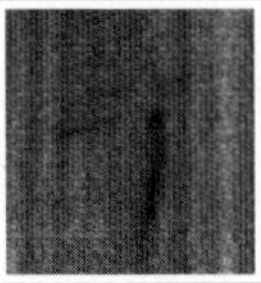</td><td></td><td rowspan="2">干</td><td></td><td></td><td rowspan="2">子</td><td></td><td></td></tr>
<tr><td>뒷면 1-⑫</td><td>국립부여문
화재연구소
1999,
도판 155</td><td>唐
柳公權
魏公先廟碑</td><td>唐
裵休
圭峰禪師碑</td><td>唐
歐陽詢
史事帖</td><td>奈良
繪因果經</td></tr>
</table>

∴ 자획이 희미하여 판독이 어렵다. '千'이나 '子'일 가능성도 있다. 다만 '千'으로 보기에는 바로 윗 글자인 '活'의 자획을 참고했을 때 첫 가로획이 가늘고 수평하게 그어진 형태로 남아 있다는 점에서 성립하기 어려워 보인다. 또한 '子'로 보기에는 세로획이 왼쪽으로 휘는 기운이 없이 곧바로 내려오고 있는 점이 문제가 된다. 따라서 '干'으로 판독한다.

뒷면 1-⑬: ▨

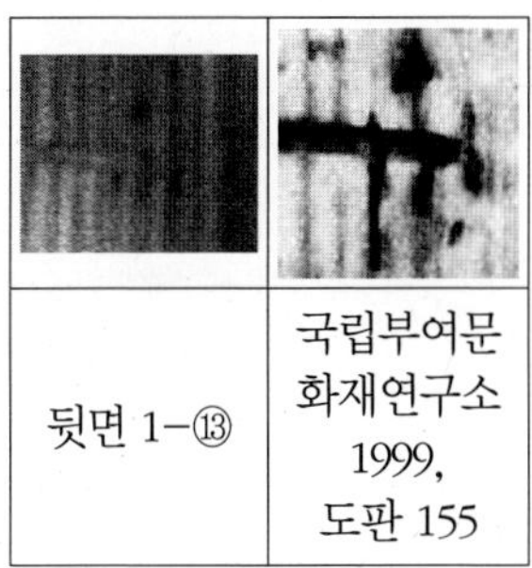

뒷면 1-⑬	국립부여문화재연구소 1999, 도판 155

∴ 자흔이 매우 희미하게 남아 있는 데다, 글자 가운데를 가로지르며 길게 흠집이 나 있어 판독이 어렵다.

뒷면 1-⑭: 畑

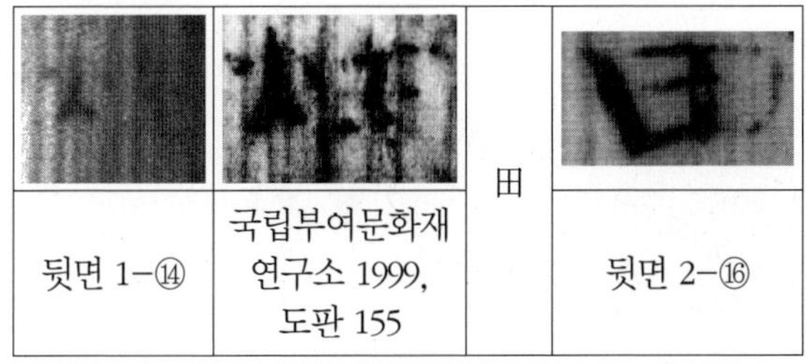

		田	
뒷면 1-⑭	국립부여문화재연구소 1999, 도판 155		뒷면 2-⑯

∴ 기존에는 '後'나 '知'로 판독한 경우가 일부 있었고, 그 외에 대다수 판독자들은 미상자로 처리하였다. 실제로 각종 자료집에 실린 사진들에서는 좌변의 '火'만 간신히 판독할 수 있을 정도로 글자가 희미하다. 하지만 1999년 간행된 발굴보고서에 실린 사진을 보면 우변에 편방형의 '田'이 뚜렷하게 확인되며, 뒷면 2-⑯의 '田'의 자형과 비교하면 매우 유사함을 알 수 있다. 따라서 '畑'으로 판독한다. 한 가지 짚고 넘어갈 점은 궁남지 1호 목간의 경우 국립부여문화재연구소에서 1999년에 간행한 발굴조사보고서에 실린 사진이 그간 출간된 각종 목간 자료집들의 사진보다 훨씬 선본이라는 점이다. 판독에 있어서 이 점을 염두에 두어야 한다.

뒷면 1-⑮: 丁

뒷면 1-⑮	국립부여문화재연구소 1999, 도판 155	뒷면 1-⑨	唐 懷素 自敍帖	北魏 張玄墓誌	隋 智永 眞草千字文	唐 柳公権 馮宿碑

∴ 발굴 초기에 찍은 보고서의 사진에 선명하게 '丁'임이 드러나며, 뒷면 1-⑨ 글자와 동일자라는 것도 확인할 수 있다.

뒷면 2-①: 帰

뒷면 2-①	국립부여문화재연구소 1999, 출토 당시 사진	궁남지 발굴 보고서 1999, 도판155	唐 李邕 李思訓碑	平城京 5131	平安 伝橘逸勢伊都內親王願文

∴ 목간의 좌변 상단이 약간 깨져 나가 결실되어 있다. 기존 판독자 대부분이 '帰'로 판독해 왔으나 李成市(2010)와 平川南(2010)은 '婦'로 판독하였다. 궁남지 목간과 유사한 문장 구조를 가진 나주 복암리 목간의 글자를 판독하는 과정에서 양자가 동일자라는 판단 하에 궁남지 목간에 대해서도 수정된 판독안을 제시한 것이다. 이에 대해 김창석(2011)은 복암리 목간에 대해서는 '婦'로 보면서도 궁남지 목간은 앞면의 '卩夷'에 조응하는 측면에서 기존 방식대로 '帰'로 판독하는 것이 합리적이라고 하였고, 홍승우(2013)는 문장 구조상 궁남지 목간과 복암리 목간의 해당 글자는 동일 글자로 보아야 할 것이라고 지적하며 두 글자 모두 '帰'라고 재확인하였다.

각종 자료집에 실린 적외선 사진을 보면 궁남지 1호 목간의 해당 글자 좌변 위쪽이 결실되어 판독에 어려움을 준다. 하지만 목간 발굴 직후 현장에서 찍은 사진과 발굴보고서에 실린 초기 적외선 사진을 보면, 해당 글자 좌변에 선명하게 세로획 두 개가 확인될 뿐 '女'가 되기 위해 필요한 가로획은 보이지 않는다. 목간의 글씨는 발굴 직후가 가장 선명하다고 알려져 있는데, 가장 이른 시기의 사진에서 확인되는 모습이 이러하므로 해당 글자가 복암리 목간에 나오는 글자와 동일자인가에 대한 논의와 별개로 이 목간에서의 판독은 '帰'로 보는 것이 타당하다.

뒷면 2-⑥: 小

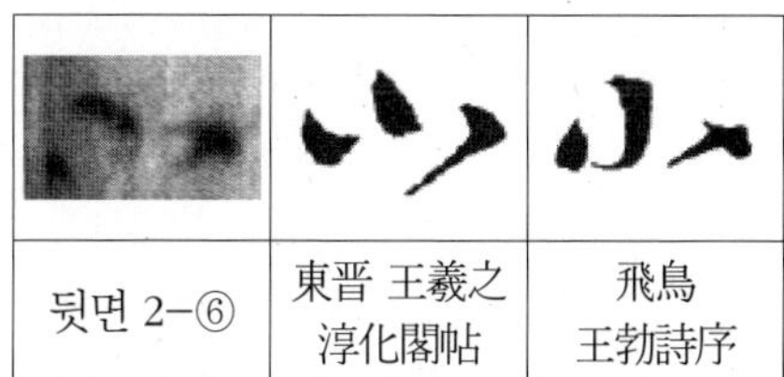

뒷면 2-⑥	東晋 王羲之 淳化閣帖	飛鳥 王勃詩序

∴ 초기에는 '下'로 판독하기도 하였으나 자형상 '小'가 분명하다.

뒷면 2-⑭: 源

뒷면 2-⑭	국립부여문 화재연구소 1999, 도판 156	唐太宗 晋祠銘	唐 褚遂良 雁塔聖教序

∴ '源'의 초서 형태이다.

뒷면 2-⑮: 水, 뒷면 2-⑯: 田

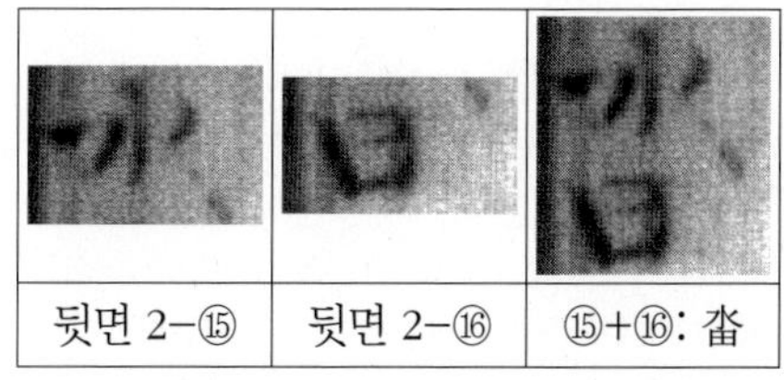

뒷면 2-⑮	뒷면 2-⑯	⑮+⑯: 畓

∴ 이용현(1999)은 '畓'으로 읽었으나 나머지 판독자들은 모두 '水田' 두 글자로 판독하였다. 글자의 크기와 간격을 감안하면 '水'와 '田' 두 글자로 보는 것이 타당하다고 여겨진다.

(2) 역주

앞면: 西十丁[13]◎卩夷[14]

뒷면 1행: 西卩後巷[15] 巳達巳斯[16]丁 依活干▨畑[17]丁

2행: 帰人[18] 中口 4 小口 2[19] 邁羅城[20] 法利源[21]의 水田[22] 5形[23]

13) 丁: 연령등급제에서 역역을 담당하는 기준이 되는 人身의 파악 단위를 가리킨다. 백제에서는 술과 관련된 직역을 담당한 이로 보이는 酒丁, 官內·官司나 귀족 아래에서 잡역에 종사하던 이로 추정되는 資丁과 같이 직역에 따라 여러 丁의 명칭이 있었던 것으로 보인다(김성범 2010, p.157).

14) 卩夷: 서부라는 행정 구역에 거주하는 이민족 출신자들을 가리키는 것으로 여겨진다. 이경섭은 '卩夷'이면서 '歸人'인 이들을 전쟁 포로로 매라성 법리원으로 사민된 이들이라고 파악하기도 하였다(이경섭 2010, pp.346-348).

15) 西卩後巷: 백제의 5부는 상부·중부·하부·전부·후부로 구성되어 있었고 부 아래에는 5巷이 편제되어 있었다. 이러한 기록이 남아 있는 가장 이른 시기의 문헌 자료는 『周書』와 『隋書』이다. 『周書』 卷49, 異域列傳 百濟에서는 "都下有萬家 分爲五部 曰上部前部中部下部後部……"라 하였고, 『隋書』 卷81, 東夷列傳 百濟에서는 "…其都曰居拔城……畿內爲五部 部有五巷 士人居焉…"이라 하였다. 항의 실재 여부는 궁남지 목간의 출토를 통해 증명되었으나, 문제는 西卩라는 글자이다. 『삼국사기』 온조왕대 기사에 따르면 기원후 13년(온조왕 31) 정월에 남부와 북부를 만들고, 기원후 15년(온조왕 33) 가을 8월에 동부와 서부를 더 두었다고 한다. 이것이 실제 역사적 사실을 반영한 것인지는 불분명하지만, 부여 지역에서는 중국의 문헌 기록과 부합하는 각부의 명문 문자자료들이 다수 확인되었다. 이에 上部(東部), 前部(南部), 中部(中部), 下部(西部), 後部(北部)로 파악하여 이들 명칭을 동일한 시기 사용된 이칭으로 보는 것이 일반적이나, 박현숙은 605년(무왕 6) 나성의 형태를 완비하면서 효율적인 왕도 행정과 통치력 제고를 위하여 상·전·중·하·후의 부명을 동·서·남·북·중으로 바꾸었다고 보았다. 이러한 생각을 바탕으로 '西卩'라는 지명이 있는 궁남지 1995년 1호 목간의 작성 연대도 무왕 6년 이후의 어느 때로 추정하였다(박현숙 1996, p.30). 그러나 7세기에 백제에서 집중적으로 생산된 인각와에서도 여전히 상·전·중·하·후의 부명 꾸준히 사용되었던 것으로 보아 기존의 시각대로 상·전·중·하·후의 부명과 방위명 부명이 혼용되었다고 생각하는 편이 더 타당해 보인다. 한편 5부제가 사비 도성만이 아닌 지방 중심지에서도 시행되었을 것이라는 점을 들어 '西卩後巷'을 익산의 행정구역으로 보는 견해도 있다(박민경 2009, p.68).

16) 巳達巳斯: 인명으로 추정된다.

17) 依活干▨畑: 인명으로 추정된다.

18) 帰人: 흉년으로 인해 신라나 고구려 등에서 넘어온 유이민, 호적에서 이탈했다가 다시 돌아온 사람, 전쟁 포로 등을 가리키는 말로 추정하곤 한다(박현숙 1996, pp.16-17). 인구 推刷에 따라 歸農한 사람으로 보기도 하였으며(노중국 2010, p.224), 이를 '婦人'으로 판독하여 丁의 친족 관계를 가리키는 것으로 보기도 하였다(平川南 2010, p.185). 궁남지 목간과 복암리 목간 모두 帰人이 중구 및 소구로 구성되어 있다는 점에서 귀화인이 아니라 丁을 호주로 하는 호에 소속된 가속을 지칭하는 것으로 보기도 한다(홍승우 2013, pp.31-32).

19) 中口四 小口二: 연령에 따라 인력을 구분한 것이다. 이를 통해 당시 백제가 시행한 연령등급제의 형태를 살필 수 있다. 중국에서는 秦代에 키에 따라 백성을 등급화 하여 역을 부여하였고, 漢代에 이르러 연령을 기준으로 등급이 만들어졌다. 이때 20세나 23세를 기준으로 역의 수취와 동원이 이루어졌다고 하는데, 목간자료에 20세 이하가 역역에 동원된 사례가 있어 실제로는 15세 이상이 역역동원의 기준연령일 가능성도 있다고 한다. 北齊에서는 564년 '小-中-丁-老'의 연령등급제를 사용하는 한편 정의 연령을 18세 이상으로 하였고, 隋代에는 '小' 아래에 '黃'이 더해지고 정의 연령은 21세가 되었다고 한다. 唐에서도 隋代의 연령등급제에 준하여 '3세 이하는 黃, 4~15세는 小, 16~20세는 中, 21~59세는 丁, 60세 이상은 老'라고 구분하였는데, 각 등급의 연령대 기준은 시기에 따라 다소 조정이 되었다고 한다(홍승우 2011, pp.132-136). 唐 초기에 사용했던 연령등급제 기준에 따르면 궁남지 1호 목간에 나오는 중구 4는 '16~20세의 사람 4명'을 가리키는 것이고, 소구 2는 '4~15세 이하의 사람 2명'을 가리키는 것이 된다.

20) 邁羅城: 백제의 지명이다. 자세한 내용은 본문의 연구쟁점을 참고.

21) 法利源: 매라성에 속한 지명으로 여겨진다. 이용현은 이를 '佛法의 利益의 근원' 혹은 '佛法과 利益의 근원'이라는 의미일 것이라 설명하였다. 또한 '邁羅'와 달리 고유토착어 계열이 아닌 완벽한 漢子라는 점에서 백제가 이 지역을 접수한 후 행정구획화 하는 과정에 붙인 지명이나 행정구역명일 것이라 하였다(이용현 1999, pp.332-333).

22) 水田: 논을 의미한다. 이를 합쳐서 '畓'이라 판독하는 경우도 있는데, '畓'은 '水'와 '田' 두 글자가 합쳐져 하나의 글자로 변한 한국식 漢字이다.

(3) 연구쟁점

① 목간의 성격

박현숙은 이 목간의 내용을 "西部後巷(에 사는) 巳達巳는 이 部에 의거하여 ▨▨▨▨에서 활약했으므로 歸人인 中口 넷·下口 둘과 邁羅城 法利源의 水田 五形(을 하사한다)"고 해석하여 '巳達巳'라는 자가 공훈을 세운 것에 대한 포상의 내용이 적혀 있는 것으로 이해하였다(朴賢淑 1996, p.12). 이용현은 이 목간의 소유자가 巳達巳斯라는 丁이라면 出務傳票이거나 過所 목간일 것이고, 당시 인구 편제와 호적 작성 등의 주무부서인 點口部의 기록이라면 호적류 관련 문서일 것이라고 보았다(이용현 2007, pp.295-296).

윤선태는 목간에 등장하는 이들이 모두 단일한 戶를 구성한 이들이며, '帰人'은 이들 전체에 해당하는 신분표시라고 보았다. 또한 '매라성 법리원 수전 5형'은 해당 호의 재산관련 기록으로, 이들에게 주어진 경작지와 소재지를 표시한 것으로 이해하였다. 이에 따라 해당 목간의 성격은 호적의 내용을 발췌한 것으로 파악하였다(윤선태 2007b, pp.213-215). 박민경은 이 목간이 가족 구성원을 기록한 호적의 성격과 보유한 토지 면적이 기록된 量案의 성격을 모두 가지고 있음을 지적하며, 국가가 조세 징수나 역의 징발 시 기록과 실제 상황을 대조하기 위한 장부의 성격을 가지고 있다고 보았다(박민경 2009, pp.64-65).

이경섭 역시 이 목간이 문서목간의 성격을 지닌 帳簿 목간이라고 보았으며, 구체적 용도는 외부로부터 유입된 이들과 도성의 遊食者들을 대상으로 한 '徙民給田籍'이라고 하였다(李京燮 2010, pp.348-349). 김창석은 사비성의 서부 후항에 사는 원백제인과 帰人을 매라성 법리원에 있는 수전 5형의 경작에 동원했음을 기록한 徭役 징발 臺帳의 일부라고 보았다(김창석 2011, p.153).

② '帰人'의 성격

목간 뒷면 2행에 등장하는 '帰人'의 성격에 대해서는 대부분의 연구자들이 외부로부터 유입된 歸化人으로 파악하고 있는데, 이는 '帰人'을 전면에 있는 '卩夷'와 연관된 존재로 파악하고 있기 때문이다. 다만 '帰人'의 범주를 2명의 丁과 中口 4와 小口 2까지 모두 포함되는 것으로 보는 경우가 있고(윤선태, 박민경), 2명의 丁을 제외한 中口 4와 小口 2에만 해당되는 것으로 보는 경우가 있다(박현숙, 이용현, 이경섭, 김창석, 홍승우). 특히 홍승우는 궁남지 목간뿐 아니라 나주 복암리에서 출토된 비슷한 문장 유형의 목간에서도 '帰人' 뒤에 中口와 小口만 등장한다는 점을 들어 '帰人'을 歸化人으로 보지 않고, 丁을 호주로 하는 호에 소속된 가속을 지칭하는 것으로 보았다(홍승우 2013, pp.31-32).

이 문제가 분명하게 해결되기 위해서는 같은 유형의 목간이 더 출토되기를 기다려야 하겠지만, 문맥상

---

23) 形: 백제 고유의 단위 기준으로 보이나 정확한 의미는 알기 어렵다. 앞에 나오는 水田의 면적을 나타내는 것으로 여겨진다. 이와 관련해 박현숙은 畝·頃·結 등 과거 토지를 세는 단위로 널리 쓰인 글자를 形으로 표시한 것이 아닌가 추측하기도 하였다(박현숙 1996, p.12). 한편 통일신라의 수전 경작에서는 작은 구획을 하나로 묶은 대구획을 지칭하는 의미로 '畦'라는 용어를 사용한다는 점을 근거로, 백제의 '形'이 통일신라의 '畦'와 비슷한 성격의 용어일 가능성도 제기되었다(전덕재 1999, p.117).

'帰人'의 범위를 그 앞의 丁에게까지 소급하는 것은 자연스럽지 못한 것이 사실이다. 현재로서는 '帰人'을 뒤에 이어지는 中口 4와 小口 2에만 해당하는 것으로 보는 것이 타당해 보인다. 다만 그렇다 하더라도 일부 연구자들의 시각처럼 巳達巳斯丁과 依活干▨畑丁은 백제의 원주민, 中口 4와 小口 2는 외래인으로 구분해서 파악해야만 하는 것은 아니다. 목간 앞면에 '卩夷'라는 표현이 보이기 때문이다.

목간 앞면의 내용을 '西[卩] 소속의 10丁과 卩夷'로 분리해 보는 것보다는 '西[卩] 소속의 10丁-卩夷'라는 부가 설명으로 파악하는 것이 더 자연스럽다고 여겨진다. 『隋書』에 따르면 백제에는 "그 사람들은 新羅·高麗·倭人 등이 섞여 있으며, 中國 사람도 역시 있다."고 하였다.[24] 이처럼 백제 영역 내에는 다양한 외래인들이 존재했던 것으로 여겨지는데, 그렇다면 도성 내에 거주하는 외래인들의 경우 '卩夷'라는 형태로 분류되어 관리되었을 수 있을 것이다. 그런데 출신이 외래인이라 하여도 호적 상에 등록되었다면 원주민과 동일하게 丁으로서 수취와 관리의 대상이 되었을 것이므로, 뒷면에 보이는 巳達巳斯丁 依活干▨畑丁은 丁이자 동시에 卩夷인 존재로 볼 수 있을 것이다.

이 경우 '帰人'이 홍승우의 의견대로 丁을 호주로 하는 호에 소속된 가속을 지칭하는 것인지는 단정할 수 없지만, 굳이 귀화인이라는 의미로 좁혀볼 필요는 없을 것이다. '歸'에는 '따르다'는 의미도 있으므로 '帰人'을 丁의 가솔로 보거나, 국가가 丁에게 어떤 역을 부여하면서 붙인 보조자로 해석하여도 무리는 없다.

③ 邁羅城의 비정

『三國志』 卷30 魏書, 東夷傳 韓에는 마한 54개국의 이름이 나열되는데 그중 萬盧國이 등장한다. 또한 『南齊書』 卷58, 東南夷列傳에 따르면 백제 동성왕대에 建威將軍 餘歷을 "假行龍驤將軍 邁盧王"으로 삼았다는 기록과 동성왕 17년 "沙法名을 假行征虜將軍 邁羅王"으로 임명했다는 내용이 있다. 『三國史記』 卷37, 地理志 百濟에는 백제 멸망 후 설치된 도독부에 편제된 13현 중 邁羅縣이 확인된다.

『三國志』에 등장하는 萬盧國에 대해 정인보는 충청북도 진천으로 비정하였고(정인보 1946, p.118), 末松保和는 전라북도 옥구나 전라남도 장흥 회령을 후보지로 삼았으며(末松保和 1949, p.112), 이병도는 충청남도 보령의 감포(이병도 1976, p.265), 천관우는 전라북도 옥구로 비정한 바 있다(천관우 1989, pp.405-406). 이용현은 매라성을 전라도 지역으로 보다가(이용현 1999, p.329) 충청남도 보령으로 수정하였다(이용현 2007, p.296). 鮎貝房之進은 『南齊書』의 동성왕 표문 중에 등장하는 매라왕의 존재를 충청남도 서천군 한산면으로 비정하였고(鮎貝房之進 1930, p.29), 윤선태는 매라현이 사비도성에 설치된 도독부 소속 13현 중 하나이고 사비도성의 서부후항에 거주한 이들이 토지를 경작했다는 점에서 사비도성 인근에 위치해 있었다고 보았다(윤선태 2007b, p.214). 박민경은 매라성을 전라북도 옥구로 파악하며, 이 목간에 등장하는 '서부후항' 역시 옥구와 가까운 전라북도 익산에 설치된 행정구역으로 보았다(박민경 2009, p.68).

---

24) 『隋書』 卷81, 백제 "其人雜有新羅高麗倭等 亦有中國人"

④ 인명의 문제

"巳達巳斯丁 依活干▨畑丁"에 대해 대부분의 연구자들이 丁 앞에 위치한 글자 전부를 인명으로 파악하고 있다.[25] 즉, '巳達巳斯'라는 이름의 丁과 '依活▨▨▨'라는 丁으로 이해하고 있으며 이러한 시각은 기본적으로 타당하다. 그런데 새로 판독한 '畑'의 경우 이름에 들어가는 글자로 보기에는 다소 의문이 드는 글자이다. 백제에서는 맡은 직역에 따라 '酒丁'이나 '資丁'과 같이 '▨丁'이라는 형태의 용어가 사용되었다고 여겨지기도 하는데, 그렇다면 '畑丁'이라는 용어가 사용되었을 가능성 또한 염두에 둘 필요가 있다. 이 경우 앞의 '斯丁'이라는 용어 역시 상정 가능함은 물론이다. '斯'에는 '분리되다', '떠나다'라는 의미가 있으므로 본래 서부후항 소속이던 巳達巳가 邁羅城 지역으로 분리 이주하게 된 것을 나타내는 것일 수도 있다. 그렇다면 이 문장은 '巳達巳는 斯丁이고, 依活干▨는 畑丁이다' 정도로 해석하는 것도 가능할 것이다. 앞으로 동일한 유형의 목간이 다수 확보되면 이 문제도 명확하게 해결되리라 여겨진다.

2) 궁남지 2차 보고서 1호(백제-궁II1, 나무-궁2, 자전-궁3)

1999년~2001년 기간에 국립부여문화재연구소에서 궁남지 서북편 일대에 대한 발굴조사를 실시하였다. 그 결과 여러 갈래의 남북수로와 동서수로를 확인하였는데, 수로 내부의 퇴적층 조사에서 짚신을 비롯해 초목류와 씨앗류, 목재편, 동물뼈 등이 발견되었고, 그 외에도 토기편과 기와편, 칠기, 각종 목제품이 출토되었다. 이러한 유물들은 수로 내부의 흑갈색 유기물층에서 수습되었고, 일부는 수로 상층의 암록색 점토층에서 수습되었다.

궁남지 2차 보고서 1호 목간은 2001년 궁남지 동서수로 Ⅱ-2에서 출토된 것으로 상단부의 일부가 결실되었으나 완형에 가깝다. 결실된 상단부는 부러뜨린 듯한 모습이다. 위에서 아래로 단면의 크기가 좁아지며 전체적으로 휘어 있다. 4개면은 글을 쓰기 좋게 칼로 다듬어져 있고, 하단의 끝처리는 반듯하다. 4개의 면에 같은 글자들을 반복하여 써 넣은 전형적인 습서 목간이다. 잔존 길이는 4.8cm, 단면 크기는 1.5~2.8cm이다.

궁남지 유적에서는 鐵刀子와 벼루가 함께 출토되어 백제인들의 문자 생활에 대한 정보를 제공하고 있다. 이 목간은 일정한 한문 능력을 갖추어야 했던 백제의 관리들이 글씨를 연습하는 과정에서 제작된 습서 목간으로 보인다.

---

25) 박현숙(1996)은 '巳達巳'만을 인명으로 보았으나 이용현(2007)이 丁 앞에 위치한 '巳達巳斯'를 모두 인명으로 파악한 이래 대체로 이를 수용하고 있는 상황이다.

1면 2면 3면 4면

출처: 나무, p.71.

(1) 판독 및 교감

1면	2면	3면	4면
×	×	×	×
▨	書	▨	▨
文	文	▨	進
文	[書]	[之]	文
文	[文]	之	之
文	文	之	也
文	[令]	▨	也
文	令	▨	也
文	[文]	之	也
文	文	之	也
文	也	之	也
	也	之	
	也	⌈	
	文		
	也		
	文	⌋	

1면: ▨文文文文文文文文文

2면: 書[26]文[書][27][文][28]文[令][29]令[30][文][31]文也[32]也[33]也[34]文也文

3면: ▨▨[之][35]之之▨[36]▨[37]之之之之⌈ ⌋

4면: ▨進[38]文[39]之也也[40]也也也也[41]

26) 書(김재홍, 이용현, 백제, 나무), ▨(손환일, 자전).

27) 書(이용현, 백제, 나무), ▨(김재홍, 손환일, 자전).

28) ▨(김재홍, 이용현, 백제, 나무, 손환일, 자전).

29) ▨(김재홍, 이용현, 백제, 나무, 손환일, 자전).

30) 令(이용현, 백제, 나무, 손환일), ▨(김재홍, 자전).

31) ▨(김재홍, 이용현, 백제, 나무, 손환일, 자전).

32) 也(김재홍), 二(손환일), ▨(이용현, 백제, 나무).

33) 文(김재홍), 也(손환일), ▨(이용현, 백제, 나무, 목간).

34) 也(김재홍, 손환일), ▨(이용현, 백제, 나무, 목간).

35) 文(김재홍, 이용현, 백제, 나무, 자전), 之(손환일).

2면 1-①: 書

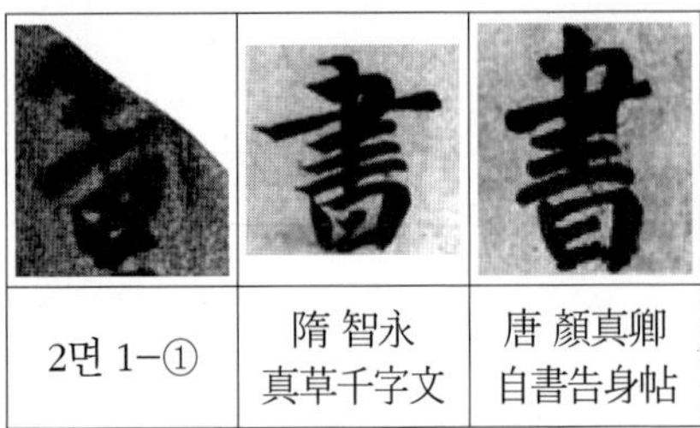

2면 1-①	隋 智永 真草千字文	唐 顔真卿 自書告身帖

∴ 우측 상부가 결실되었지만 '書'로 판독하는 데 문제가 없다.

2면 1-③: [書]

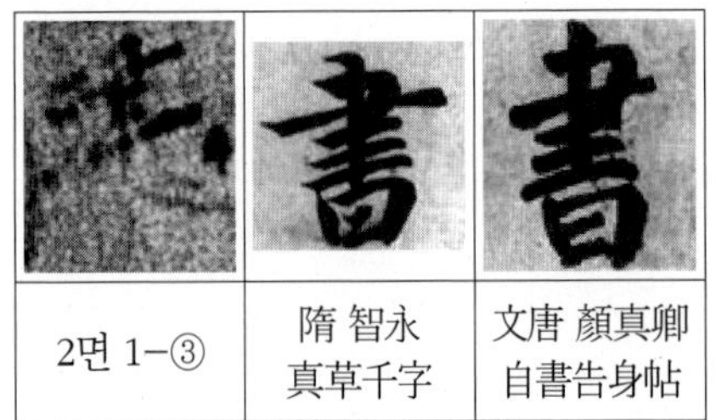

2면 1-③	隋 智永 真草千字	文唐 顔真卿 自書告身帖

∴ 하단의 자획이 보이지 않으나 상단부의 모습만으로 '書'로 판독하는 데 무리가 없다. 이 목간이 동일한 글자를 반복적으로 쓰고 있는 습서 목간이라는 점 또한 2면 1-①의 '書'와 동일자라고 볼 수 있는 근거가 된다.

2면 1-④: [文]

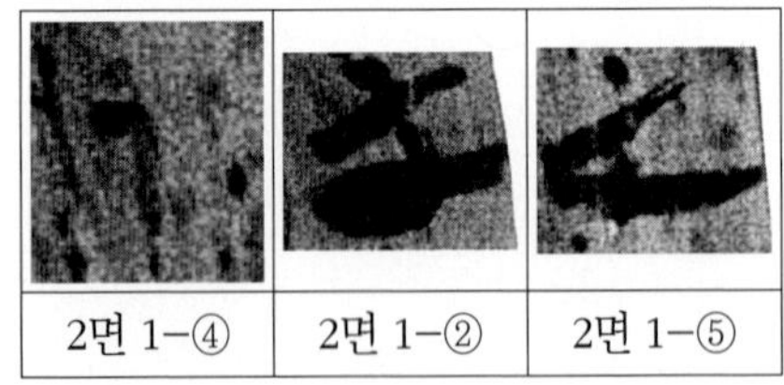

2면 1-④	2면 1-②	2면 1-⑤

∴ 자획이 희미하여 대부분 연구자들이 미상자로 보거나 글자로 보지 않았으나, 묵흔이 남아 있는 것

36) 文(이용현, 백제, 나무), 二(손환일), ▨(김재홍).
37) 文(이용현, 백제, 나무), 人(손환일), ▨(김재홍, 자전).
38) 道(이용현, 백제, 나무), 進(손환일), ▨(김재홍, 자전).
39) 道(이용현, 백제, 나무), 文(자전, 손환일), ▨(김재홍).
40) 文(김재홍), 也(이용현, 백제, 나무, 목간, 손환일).
41) 文(김재홍), 也(이용현, 백제, 나무, 목간, 손환일).

은 분명하고 남아 있는 자획으로 보았을 때 [文]으로 추독할 수 있다.

2면 1-⑥: [令]

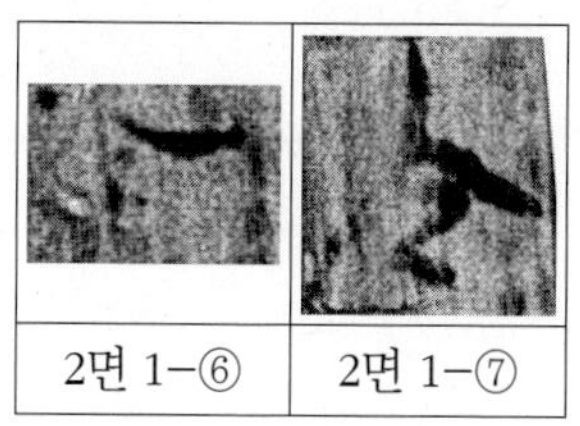

2면 1-⑥	2면 1-⑦

∴ 자획이 희미하여 대부분 연구자들이 미상자로 보았으나, 남아 있는 자획을 보면 [令]으로 추독할 수 있다.

2면 1-⑧: [文]

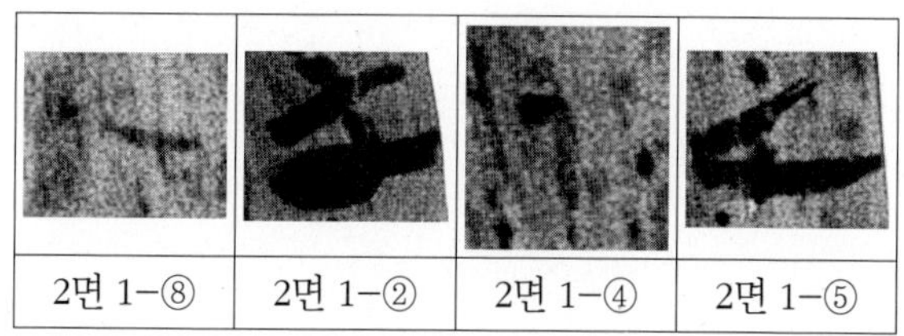

2면 1-⑧	2면 1-②	2면 1-④	2면 1-⑤

∴ 자획이 희미하여 대부분 연구자들이 미상자로 보았으나, 남아 있는 자획을 보면 [文]으로 추독할 수 있다.

2면 1-⑩: 也

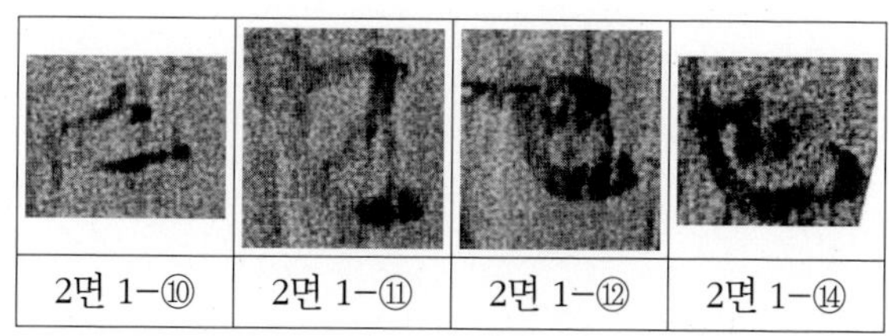

2면 1-⑩	2면 1-⑪	2면 1-⑫	2면 1-⑭

∴ 자획이 희미하여 대부분 연구자들이 미상자로 보았고, 손환일(2011)은 '二'로 판독하였으나 남아 있는 자획을 보면 '也'가 분명하다. 2면 1-⑪의 경우 김재홍(2001)은 '文'으로 판독하고 손환일이 '也'로 판독하였을 뿐 나머지 판독자들은 모두 미상자로 처리하였으나 이 역시 '也'가 분명하다. 2면 1-⑫ 역시 김재홍과 손환일이 '也'로 판독하고 나머지 판독에서는 모두 미상자로 처리되었으나 '也'로 판독할 수 있다.

3면 1-③: [之]

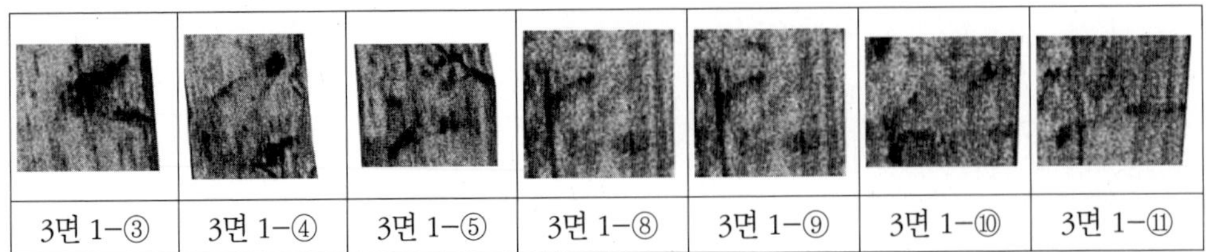

3면 1-③	3면 1-④	3면 1-⑤	3면 1-⑧	3면 1-⑨	3면 1-⑩	3면 1-⑪

∴ 3면은 남아 있는 글자가 특히 희미하여 판독이 어렵다. 김재홍(2001)이 3면에 있는 글자들을 '文'으로 판독한 이래 손환일을 제외한 대부분의 판독자가 '文'으로 읽고 있으나 자형상 손환일(2011)의 견해대로 '之'로 판독하는 것이 타당하다. 이는 뒤에 나오는 4면 1-④ '之'의 자형과 비교해 보면 더욱 분명하다.

3면 1-⑥, 3면 1-⑦: ▨

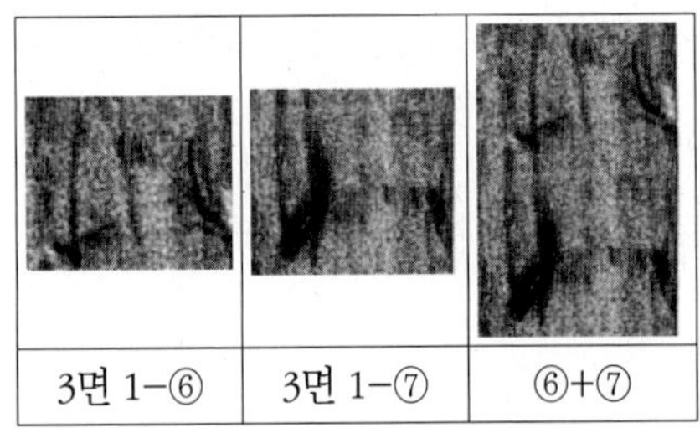

3면 1-⑥	3면 1-⑦	⑥+⑦

∴ 이 면에서는 '之'가 반복되고 있으므로 이 역시 '之'일 가능성이 높다. 특히 3면 1-⑥은 '之'의 상단부로 보는 데 문제가 없다. 다만 3면 1-⑦의 형태가 '之'의 하단부로 보기 주저되는 부분이다. 습서하는 과정에서 실수를 한 것일 수도 있겠으나, '之'의 자형이 단순하여 실수일 가능성도 의문이 남는다. 손환일(2011)은 3면 1-⑥을 '二'로 보고, 3면 1-⑦을 '人'으로 판독하였으나 그렇게 보기는 어렵다. 따라서 두 글자로 나누어 보되 미상자로 처리한다.

4면 1-②: 進

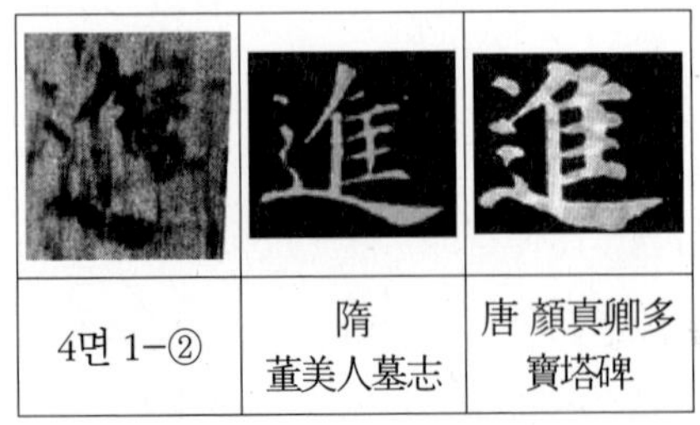

4면 1-②	隋 董美人墓志	唐 顔真卿多 寶塔碑

∴ 이용현(2007)이 '道'로 판독한 이래 많은 판독문에서 '道'로 판독하였으나 손환일(2011)의 견해대로 '進'으로 읽는 것이 타당하다.

4면 1-③: 文

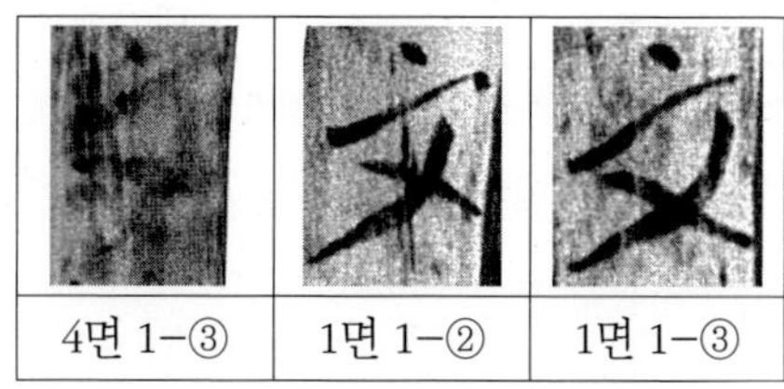

4면 1-③	1면 1-②	1면 1-③

∴ 이용현(2007) 등은 '道'로 판독하였으나 손환일(2011)의 견해대로 '文'으로 판독하는 것이 타당하다.

4면 1-④: 之

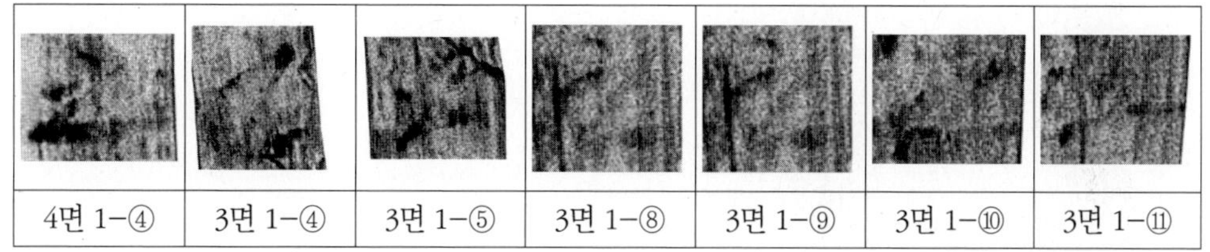

4면 1-④	3면 1-④	3면 1-⑤	3면 1-⑧	3면 1-⑨	3면 1-⑩	3면 1-⑪

∴ 기존 판독에서는 미상자로 처리되는 경우가 많았으나 손환일(2011)의 견해대로 '之'로 판독하는 것이 타당하다.

(2) 역주

1면: ▨文文文文文文文文文

2면: 書文[書][文]文[令]令[文]…글이다…也也…글이다…글

3면: ▨▨[之]之之▨▨之之之之……

4면: …올리는 글이다…也也也也也

3) 궁남지 2차 보고서 2호(나무-궁1, 자전-궁2)

2000년 남북수로Ⅰ에서 많은 목제품과 함께 출토되었다. 원래 궁남지 2차 보고서 1호 목간보다 먼저 출토되었으나, 발견 당시에는 묵흔이 육안으로 관찰되지 않아 목간형 목제품으로 간주되다가 보존처리 과정에서 문자가 뒤늦게 확인되었다.

폭이 좁고 길쭉한 장방형이며 표면은 잘 다듬어져 있고, 측면도 깔끔하게 마무리되어 있다. 위와 아래 부분에 마무리 흔적이 있어 목간이 완형임을 알 수 있다. 길이는 25.5cm, 너비는 1.8(아래)~2.0(위)cm, 두께는 0.5cm 정도이다. 상단에 刀子로 쪼갠 듯한 흔적이 있는데, 목간을 폐기하려 한 행위의 흔적으로 보인다. 갈라진 흔적은 4.5~6.5cm이다.

김재홍은 폐기의 흔적을 통해 앞뒷면을 추측하였다(김재홍 2001, p.429). 한쪽 면의 도자날 흔적이 다른 면보다 선명하며 끝에서 오른쪽으로 비튼 흔적이 보인다는 것이다. 그러나 폐기 흔적만으로 앞뒷면을

파악하기는 어렵다. 목간의 폐기행정을 보여 주는 대표적 사례인 관북리 목간의 경우 목간을 뒤집어 문서의 아래쪽부터 쪼개어 폐기한 흔적이 확인되기 때문이다. 즉, 백제에서 목간을 폐기할 때 반드시 앞면의 윗부분부터 쪼개는 방식을 취했다고 단정할 수 없다. 김재홍은 이 목간의 성격에 대해 경전에 나오는 인명이나 내용을 연습한 습서 목간일 가능성을 제시하면서도, 폐기를 시도했다는 점에서 습서가 아닌 문서 목간일 수도 있다고 언급하였다.

앞면　　　뒷면

출처: 나무, p.68.

(1) 판독 및 교감

앞면	뒷면
▨	死
君	所
前	可
軍	依
日	故
今	背
[敵]	▨
白	作
惰	弓
之	穀
心	[日]
▨	間
[之]	[落]
▨	

앞면: ▨[42]君前[43]軍[44]日[45]今[46][敵][47]白惰[48]之心▨[之][49]▨[50]

뒷면: 死[51]所[52]可依[53]故背[54]▨[55]作[56]弓[57]穀[58][日][59]間[60][落]

---

42) 蘇(김재홍, 이용현, 나무), 茗(손환일), ▨(자전).
43) 蒔(김재홍, 나무), 前(손환일), ▨(이용현, 나무, 자전).
44) 守(김재홍, 나무), 軍(자전, 손환일), ▨(이용현).
45) 日(김재홍, 이용현, 나무, 자전), 日(손환일).
46) 令(김재홍, 나무), 今(자전, 손환일), ▨(이용현).
47) 敬(이용현), 教(자전), 故(손환일), ▨(김재홍, 나무).
48) 有(김재홍, 나무, 자전, 손환일), ▨(이용현).
49) ▨(김재홍, 이용현, 나무, 자전, 손환일).
50) ㅋ(김재홍, 나무), ▨(이용현, 자전, 손환일).
51) 死(김재홍, 나무, 자전, 손환일), 宛(이용현).
52) 所(김재홍, 이용현, 나무, 손환일), [所](자전).
53) 依(자전, 손환일), ▨(김재홍, 이용현, 나무).
54) 背(자전, 손환일), ▨(김재홍, 이용현, 나무).
55) 破(손환일), ▨(김재홍, 이용현, 나무, 자전).
56) 田(김재홍, 나무), 三(자전, 손환일), ▨(이용현).
57) 弓(김재홍, 나무), 月(자전, 손환일), ▨(이용현).

앞면 1-①: ▨

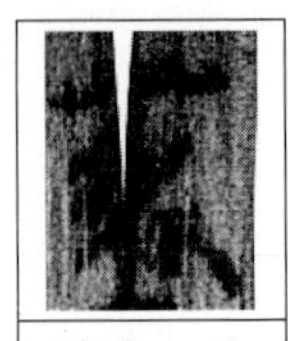

앞면 1-①

∴ 글씨 윗부분의 나무가 쪼개져 있지만 자획은 비교적 선명하게 남아 있다. 상단은 '艹'이 분명하지만, 하단의 자형은 판독에 어려움이 있다. 미상자로 처리한다.

앞면 1-③: 前

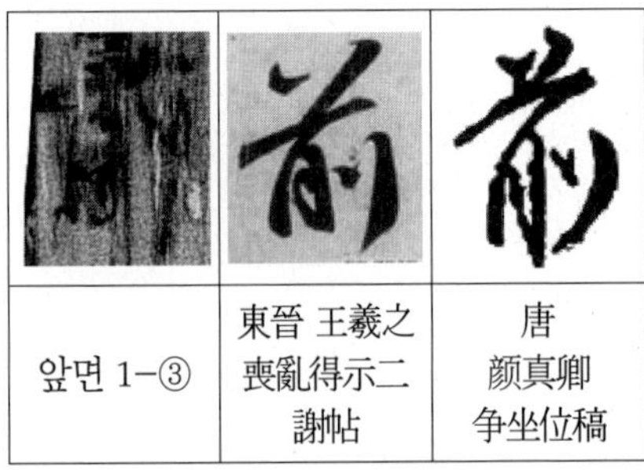

앞면 1-③	東晉 王羲之 喪亂得示二 謝帖	唐 颜真卿 争坐位稿

∴ '前'으로 판독하는 데 문제가 없다.

앞면 1-④: 軍

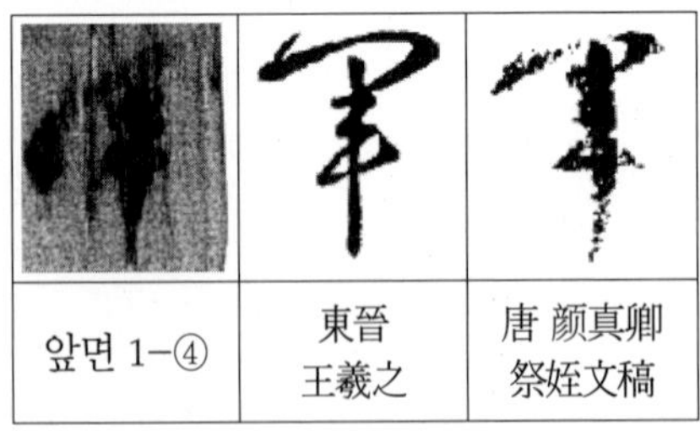

앞면 1-④	東晉 王羲之	唐 颜真卿 祭姪文稿

∴ '軍'의 초서체이다.

58) 閑(김재홍, 나무), 穀(손환일), ▨(이용현, 자전).

59) 日(자전, 손환일), ▨(이용현).

60) 間(김재홍, 나무, 자전, 손환일), ▨(이용현).

앞면 1-⑤: 曰

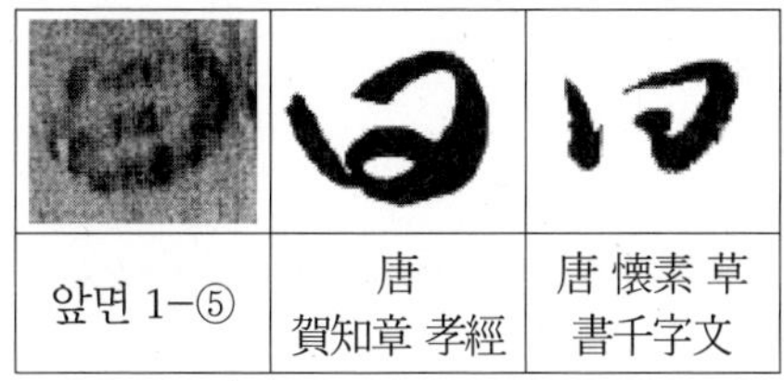

앞면 1-⑤	唐 賀知章 孝經	唐 懷素 草 書千字文

∴ 글자가 좌우가 넓은 편방이며, 문장 상으로도 '日'보다는 '曰'로 보는 것이 타당하다.

앞면 1-⑥: 今

앞면 1-⑥	今	東晋 王羲之 蘭亭叙	東晋 王羲之 淳化閣帖	唐 颜真卿 蔡明遠帖	令	東晋 王羲之 黃庭經	궁남지 2차 보고서 1호 2면 1-⑥

∴ '令'으로 판독하기도 하지만, '今'으로 판독하는 것이 더 타당하다. '令'은 일반적으로 마지막 획이 오른쪽으로 꺾이며 강조되는 형태를 보이는데, 해당 글자는 마지막 획이 수직으로 내려오는 형태이다.

앞면 1-⑦: [敵]

앞면 1-⑦	東晋 王羲之 樂毅論	唐 颜真卿 裵將軍詩	奈良 聖武天 皇 雜集

∴ 敬(이용현 2007), 敎(자전), 故(손환일 2011) 등으로 판독된 바 있으나 모두 남아 있는 자획과 부합하지 않는다. 우변은 '攵'이 분명해 보이나 좌변은 획이 꽤 많이 남아 있음에도 번져 있어 확정하기 어렵다. 다만 좌변 왼쪽에 있는 세로획의 존재를 참고하여 최대한 비슷한 자형인 '敵'으로 추독한다.

앞면 1-⑨: 惰

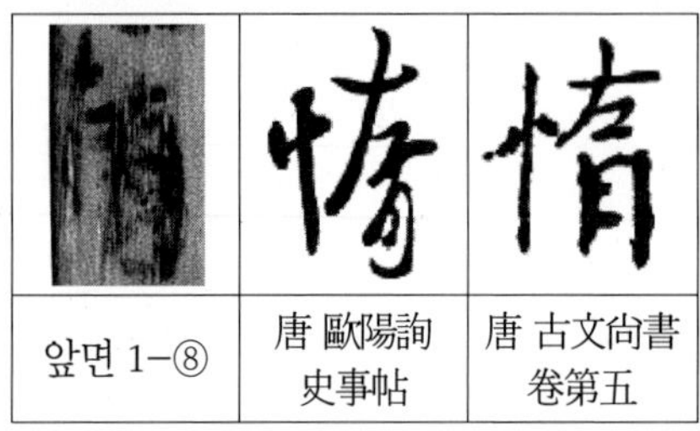

앞면 1-⑧	唐 歐陽詢 史事帖	唐 古文尚書 卷第五

∴ 김재홍(2001)이 '有'로 판독한 이래 대부분 '有'로 판독하였으나 이는 좌변에 보이는 자획을 반영하지 않은 것이다. '㤢'와 동일자인 '惰'로 판독하는 것이 타당하다.

앞면 1-⑫: ▨

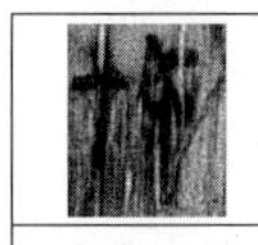

앞면 1-⑫

∴ 기존 판독에서 모두 미상자로 처리한 글자이다. 좌변은 '十'으로 보이나 글자의 일부가 지워진 상태임을 감안하면 '木'변이나 '忄'일 가능성도 있다. 우변의 하단이 지워져 정확한 판독은 어렵다.

앞면 1-⑬: [之]

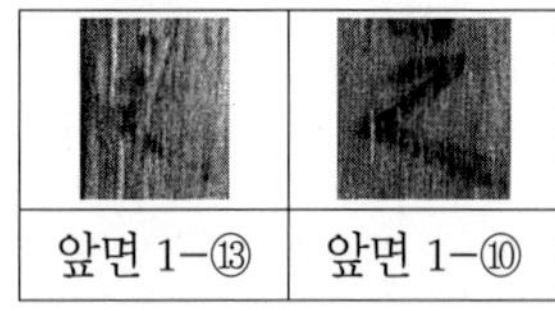

앞면 1-⑬	앞면 1-⑩

∴ 기존 판독에서 모두 미상자로 처리한 글자이다. 남아 있는 자흔이 매우 흐릿하여 판독이 어렵지만 '之'로 추독하는 것이 가능하다.

앞면 1-⑭: ▨

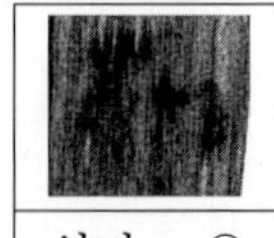

앞면 1-⑭

∴ 기존 판독에서는 ㄱ(김재홍, 나무)로 판독하거나 미상자로 처리하였다. 남아 있는 자형상 ㄱ로 보기는 어렵다. '而'나 '心'등으로 판독할 여지가 있으나 확정하기 어려우므로 미상자로 처리한다.

뒷면 1-①: 死

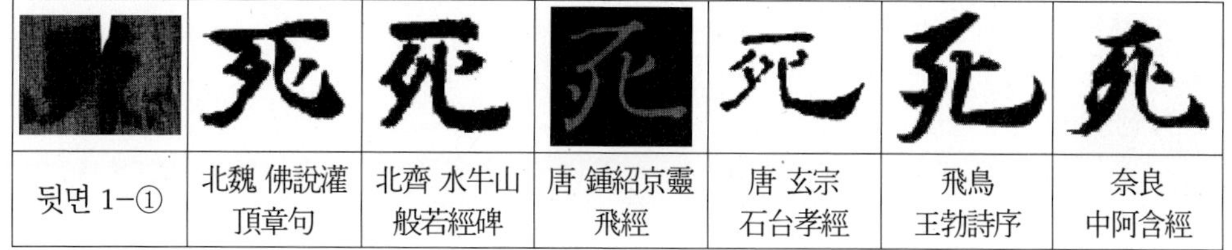

뒷면 1-①	北魏 佛說灌頂章句	北齊 水牛山般若經碑	唐 鍾紹京靈飛經	唐 玄宗石台孝經	飛鳥王勃詩序	奈良中阿含經

∴ 대부분 '死'로 판독하는 가운데 이용현(2007)은 '宛'으로 판독하였다. 남아 있는 자형으로 보았을 때 상단을 '宀'로 보기는 어려우므로 '死'로 판독하는 것이 타당하다.

뒷면 1-②: 所

뒷면 1-②	東晋 王羲之	唐 懷仁集王羲之聖教序	唐 鍾紹京靈飛經

∴ 우하변의 자획이 흐릿하기는 하지만 所로 판독하는 데 무리가 없다.

뒷면 1-④: 依

뒷면 1-④	奈良 聖武天皇 雜集	東晋 王羲之興福寺斷碑	唐 李邕麓山寺碑

∴ '依'로 판독하는 데 무리가 없다.

뒷면 1-⑥: 背

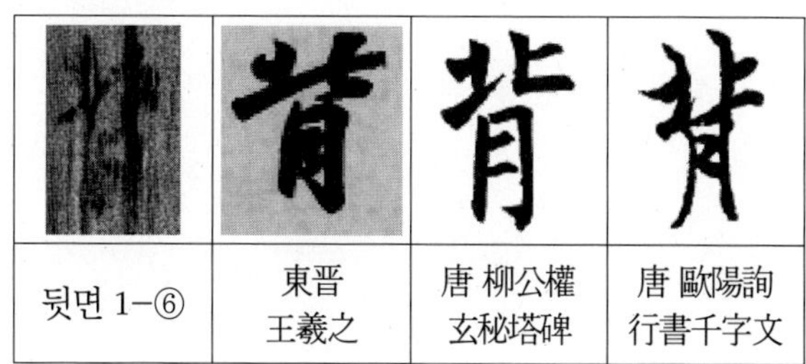

뒷면 1-⑥	東晋 王羲之	唐 柳公權玄秘塔碑	唐 歐陽詢行書千字文

∴ '背'로 판독하는 데 무리가 없다.

뒷면 1-⑦: ▨

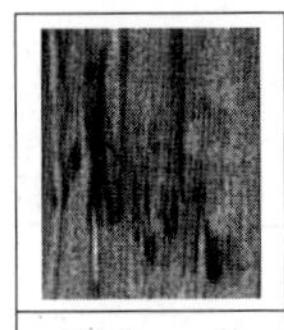

뒷면 1-⑦

∴ 손환일(2011)은 '破'로 판독하였으나 남아 있는 자흔만으로는 판단이 어렵다. 좌변의 자형은 '亻'으로 여겨지는데, 뒷면 1-④인 '依'의 좌변 '亻'의 형태를 참고할 수 있다. 미상자로 처리한다.

뒷면 1-⑧: 作

	作				乍		
뒷면 1-⑧		吳 谷郎碑	北魏 佛說幻 土仁賢經	北魏 大般涅 槃經卷六		東晋 王羲之 孝女曹娥碑	唐 褚遂良 雁塔聖教序

∴ '田'(김재홍, 나무)으로 판독하는 경우와 '三'(자전, 손환일)으로 판독하는 경우가 있었으나, 둘 다 성립하기 어렵다. 남아 있는 자흔으로는 '作'을 생각해 볼 수 있다. 글자 위치가 상당히 왼쪽으로 치우쳐 있어 '乍'로도 볼 수 있지만, 좌변에 '亻'의 일부로 볼 수 있는 묵흔이 희미하게나마 확인되므로 '作'으로 판독한다.

뒷면 1-⑨: 弓

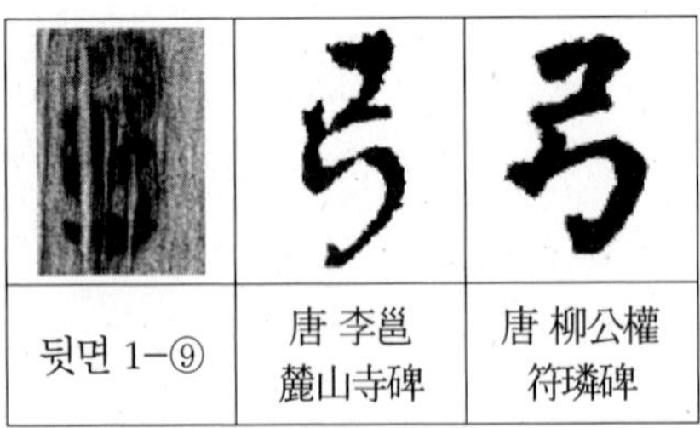

뒷면 1-⑨	唐 李邕 麓山寺碑	唐 柳公權 符璘碑

∴ '月'(손환일, 자전)로 판독하기도 하였으나, 자형상 '弓'이 분명하다.

뒷면 1-⑩: 彀

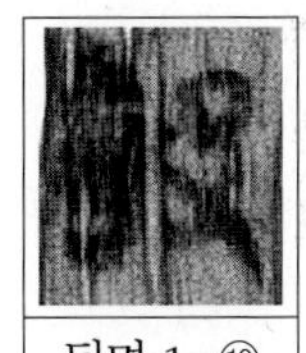

∴ '閑'(김재홍, 나무)으로 판독한 경우가 있는데, 이는 뒷면 1-⑪의 글자까지 하나의 글자로 인식한 결과이다. 하지만 남아 있는 자획을 보면 그렇게 볼 수 없다. '穀'(손환일)으로 판독하기도 하였는데, 우변이 '殳'인 것은 분명하나 좌변의 경우는 하단의 오른쪽에서 왼쪽으로 돌아가는 획 때문에 수긍하기 어렵다. 남아 있는 자획 상으로는 '彀'로 판독할 수 있다. '彀'는 '활시위를 당기다·활을 쏘다'라는 뜻을 가지고 있으므로, 문장 해석 상으로도 앞 글자인 '弓'과 상응한다. 예를 들어『舊唐書』에는 "令軍士少息 繕羈靮甲冑 發刃彀弓 復建旆而出"같은 표현이 등장하기도 한다.[61)]

뒷면 1-⑪: [日]

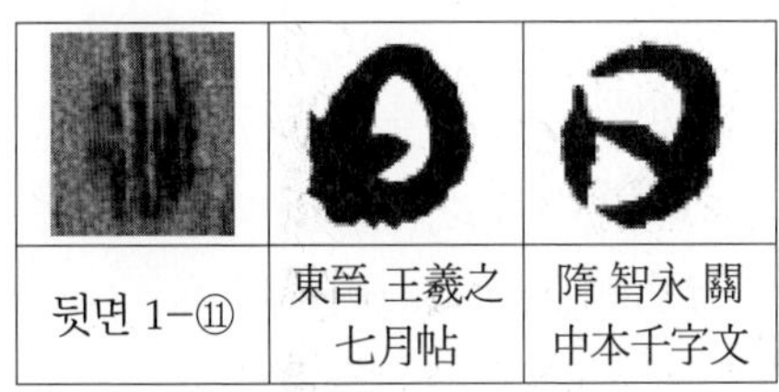

뒷면 1-⑪	東晉 王羲之 七月帖	隋 智永 關中本千字文

∴ 다른 글자들에 비해 매우 작게 묵흔이 형성되어 있어 단정하기는 어려우나 [日]로 추독해 볼 수 있다.

뒷면 1-⑬: [落]

뒷면 1-⑬	東晉 王羲之 黃庭經	唐 歐陽詢 行書千字	文唐 貞隱子墓誌	奈良 佛說彌勒成佛經	平城宮 4692

∴ 글자 상단의 '艹' 부분과 우하단의 '口'는 분명하게 보인다. 여기에 나머지 자흔들을 참고하면 [落]으로 추독할 수 있다.

61)『舊唐書』卷133, 列傳 李愬.

(2) 역주

앞면: ▨君[62]이 軍士들 앞에 나아가 말하기를, "지금 적은 업신여기는 마음을 드러냈고……

뒷면: …죽는 것은 故事에 의거할 수 있는 바이다." …을 등지고 활을 쏘게 하니 하루 사이 함락하였다.

(3) 연구쟁점

이 목간은 그동안 해석이 가능할 만큼 충분한 판독이 이루어지지 않았으며, 목간의 성격에 대해서는 앞면의 '白有'라는 판독에 근거하여 중국의 經典을 베낀 습서목간일 가능성이 제기되거나,[63] 앞면의 '敬白'이라는 판독을 근거로 서신류의 문서목간으로 보는 경우가 있었다.[64] 그러나 판독의 정확성에 문제가 있을 뿐 아니라 목간 내용이 포함된 경전도 확인되지 않는다. 서신으로 보기에도 의문스러운 점이 많다. 새로 판독한 글자들을 반영하여 해석하면 이 목간의 내용은 ▨君이라는 자가 군사들 앞에서 한 발언과 활동을 서술한 것이다. 내용은 짧지만『삼국사기』열전을 보는 듯한 느낌을 준다.

고대 삼국은 많은 전쟁을 치르는 과정에서 전장에서 공을 세운 이들을 포상하는 제도가 발달하였으리라 여겨진다. 궁남지에서 발견된 목간은 특정 인물이 전장에서 보인 활약을 보고하거나 평가하기 위해 작성하였던 문서목간이라고 생각해 볼 수 있다. 이와 관련해 참고가 되는 것이 668년 고구려 정벌 이후 문무왕이 공을 세운 자들에게 포상하는 내용을 전하는『삼국사기』의 기록이다. 문무왕은 김유신 이하 전쟁에서 활약한 이들에게 출신지·이름·활약상을 구체적으로 열거하며 관등과 곡식 등을 포상하고 있다. 이러한 조치를 위해서는 전장에서의 활동을 기록하여 보고하는 문서의 작성과 이를 근거로 한 論功의 행정이 필수적이다. 만약 궁남지 2차 보고서 2호 목간을 백제의 군사 행정을 담은 문서목간으로 볼 수 있다면 구체적인 작성 주체는『周書』에서 확인되는 백제 外官 중 하나인 司軍部로 추정할 수 있을 것이다.

3. 기와

1) '[井]'명 기와

2차 조사 시에 출토되었다. 회청색 경질의 기와로 외면은 무문이다. 외면에 명문이 타날되어 있다. 기와의 잔존 길이는 13.6cm, 두께는 1.9cm이다. '卄'자나 '井'자와 비슷하나 명문의 일부가 결실되어 온전한 형태를 알 수 없다.

62) ▨君: 백제사에서 '▨君'이라고 호칭될 사람을 찾기는 어렵다. 그런데 삼국시대 신라에 劒君이라는 인명이 존재하였음을 감안하면 이 목간에 등장하는 ▨君을 백제인의 인명으로 볼 수 있을 것이다.

63) 金在弘, 2001,「扶餘 宮南池遺跡 出土 木簡과 그 意義」,『宮南池 Ⅱ -現 宮南池 西北便一帶-』, 國立扶餘文化財硏究所, pp. 431-432.

64) 이용현, 2007, 앞의 논문, p.297.

출처: 국립부여박물관, 2007, p.89, 도면 30-4.

(1) 판독 및 교감

[井]

(2) 역주

[井]

2) '井'명 기와

궁남지 서편 외곽에서 확인된 수로 상면의 사질점토층에서 출토되었다. 기와 내면에는 마포문이 있고, 색조는 회색이고 소성도는 보통이다. 기와의 외면에는 선문이 타날되어 있고, 문양 위에 '井'자가 양각되어 있다. 기와의 잔존 크기는 12×8.2cm, 두께는 1.5cm이다.

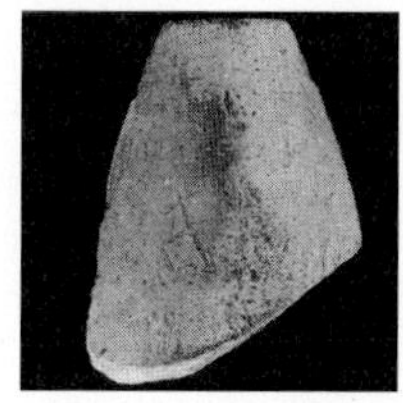

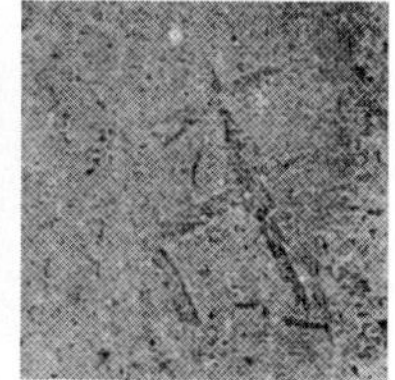

출처: 국립부여문화재연구소, 1999, p.280, 도판 163-⑤.

(1) 판독 및 교감

井

(2) 역주

井[65]

65) 井: 주술적인 의미를 갖거나 수량을 표시하기 위한 것으로 이해된다(국립중앙박물관 1997, p.114).

3) '卄'명 기와

궁남지 서편 외곽지역에서 출토되었다. 회색 연질기와로 외면의 문양은 타날 후에 문질러 옅게 남아 있다. 기와의 표면에는 음각으로 쓰인 글자가 있는데, 이 자는 '中' 또는 '卄'으로 판독된다. '中'자로 볼 경우 가운데 세로획을 먼저 쓰고 'ㄱ' 모양 획을 나중에 썼으며, '口'의 첫 획이 없기 때문에 '中'자로 보기는 어렵다. 글자의 크기는 3.3×2.2cm 정도이며, 어느 정도 건조한 후 눌러쓴 것으로 짐작된다. 기와의 잔존 크기는 15×12cm, 두께 1.7cm이다.

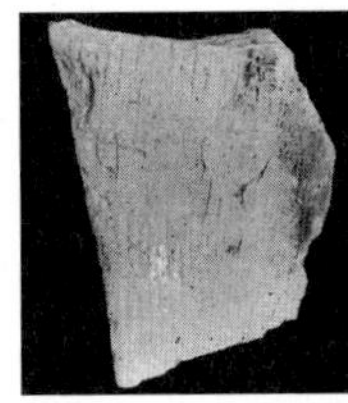
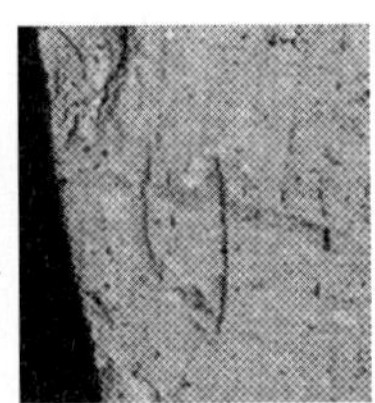

출처: 국립부여문화재연구소, 1999, p.279, 도판 162-⑤.

(1) 판독 및 교감

卄

(2) 역주

卄[66)]

4. 토기

1) '北舍'명 壺

웅덩이 유구 Ⅰ에서 출토되었다. 회청색 경질의 구연부편이다. 외반구연으로 구순은 결실되었다. 경부에서 넓게 벌어져 나간 동체부에는 선문이 타날되었다. 견부에는 '北舍'자가 거꾸로 압인되어 있으나 선명하지 않으며, '北'자는 일부 결실되었다. 글자는 양각되어 있다. 복원 頸徑은 8.0cm, 잔고 4.0cm, 기벽 두께는 0.4-0.6cm이다.

66) 卄: 기와 제작 시 수량과 관계된 것으로 이해될 수 있을 것이다.

출처: 국립부여문화재연구소, 2001, p.155, 도판 218-④.

(1) 판독 및 교감

北舍

(2) 역주

北舍[67]

2) '中'명 완

3차 조사 시 출토되었다. 평저이며, 동부는 저부에서 완만하게 벌어지며 구연에 이른다. 구연 끝부분은 둥글게 처리하였고, 저부와 동부는 따로 제작하여 부착하였다. 표면은 회갈색, 속심은 암적갈색인 연질토기로 소성상태는 양호하다. 저부 외면에 '中'자가 선각되어 있다. 높이 5.8cm, 입지름 13.4cm, 밑지름 7.8cm이다.

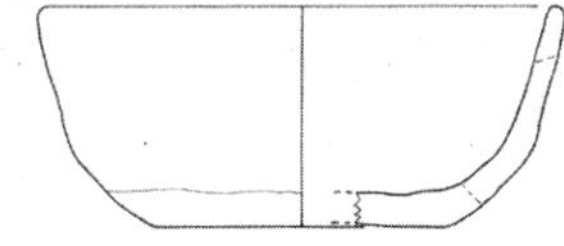
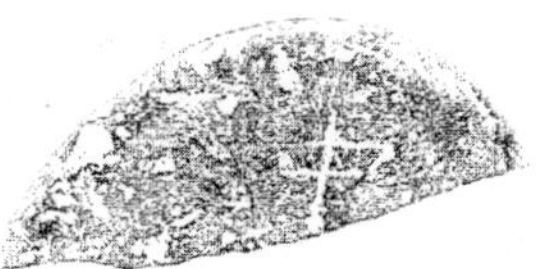

출처: 국립부여박물관, 2007, p.123, 도면 43-5; p.222, 도판 115-7.

(1) 판독 및 교감

中

(2) 역주

中

67) 北舍: 부소산성과 관북리에서도 '北舍'명 토기편이 출토된 바 있다. 北舍가 정확히 어떤 성격의 건물인지는 밝혀지지 않았다. 공공기관이나 큰 시설에 딸린 부속 건물로 추정하기도 한다.

3) '舍'명 완

웅덩이 유구 Ⅰ의 수로 상면의 회색모래층과 적갈색사질점토층의 경계지점에서 수습되었다. 회흑색 연질토기로 외면은 박락이 심해 회백색을 띤다. 구연은 직립하고 평저로 안쪽이 들려 있다. 저부 내면에는 회전물손질 정면흔이 남아 있고, 중앙에는 '舍'자가 음각되어 있다. 구경 14.0cm, 저경 8.4cm, 높이 6.8cm, 두께 0.3~0.8cm이다.

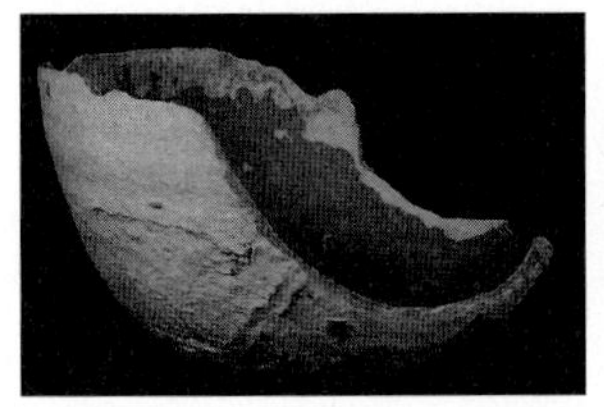

출처: 국립부여문화재연구소, 2001, p.153, 도판 216-3.

(1) 판독 및 교감

舍

(2) 역주

舍

4) '小'명 盤

동서수로 Ⅱ-1의 갈색점토층에서 목제품과 함께 출토되었다. 흑회색 연질로 완형이다. 저부 내면에 조족문과 같은 선이 새겨져 있는데, 글자인지 문양인지 분명하지 않다. 글자로 본다면, '小'자에 가까워 보인다. 盤은 구경 27.5cm, 두께 5.1cm이다.

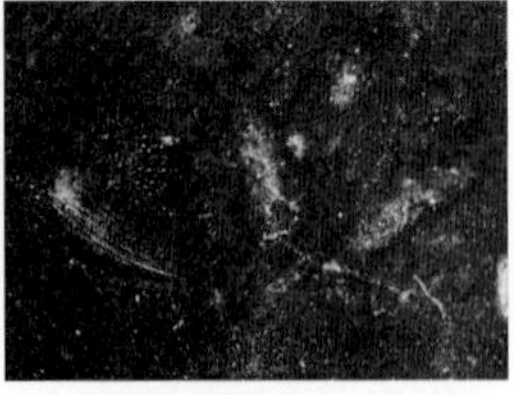

출처: 국립부여문화재연구소, 2001, p.129, 도판 192-③.

(1) 판독 및 교감

小

(2) 역주

小

5. 참고문헌

1) 보고서 및 자료집

國立加倻文化財硏究所, 2011, 『韓國木簡字典』, 예맥.

國立扶餘文化財硏究所, 1999, 『宮南池 發掘調査報告書』, 國立扶餘文化財硏究所.

國立扶餘文化財硏究所, 2001, 『宮南池 Ⅱ -現 宮南池 西北便一帶-』, 國立扶餘文化財硏究所.

國立扶餘文化財硏究所, 2007, 『宮南池 Ⅲ -南便一帶 發掘調査報告書-』, 國立扶餘文化財硏究所.

國立扶餘博物館, 2007, 『宮南池』, 國立扶餘博物館.

국립부여박물관, 2008, 『백제목간』, 학연문화사.

국립부여박물관·국립가야문화재연구소, 2009, 『나무 속 암호 목간』, 예맥.

국립창원문화재연구소, 2004, 『한국의 고대목간』, 예맥출판사.

국립창원문화재연구소, 2006, 『개정판 -한국의 고대목간-』, 예맥출판사.

국립청주박물관, 2000, 『한국 고대의 문자와 기호유물』, 통천문화사.

손환일, 2011, 『한국 목간의 기록문화와 서체』, 서화미디어.

2) 논저류

김영심, 2007, 「백제의 지방통치에 관한 몇 가지 재검토」, 『한국고대사연구』 48.

金在弘, 2001, 「扶餘 宮南池遺跡 出土 木簡과 그 意義」, 『宮南池 Ⅱ -現 宮南池 西北便一帶-』, 國立扶餘文化財硏究所.

김창석, 2011, 「7세기 초 영산강 유역의 호구와 농작 -나주 복암리 목간의 분석-」, 『百濟學報』 6.

노중국, 2010, 『백제사회사상사』, 지식산업사.

박민경, 2009, 「백제 궁남지 목간에 대한 재검토」, 『목간과 문자』 4.

朴賢淑, 1996, 「宮南池 출토 百濟 木簡과 王都 5部制」, 『韓國史硏究』 92.

양기석, 2005, 『백제의 경제생활』, 주류성.

尹善泰, 2007a, 「百濟의 文書行政과 木簡」, 『한국고대사연구』 47.

윤선태, 2007b, 『목간이 들려주는 백제 이야기』, 주류성.

李京燮, 2010, 「宮南池 출토 木簡과 百濟社會」, 『한국고대사연구』 57.

李丙燾, 1976, 「三韓問題의 硏究」, 『韓國古代史硏究』, 博英社.

李成市, 2010, 「韓日古代社會における羅州伏岩里木簡に位置」, 『6~7세기 영산강유역과 백제』, 국립나

주문화재연구소.
李鎔賢, 1999, 「扶餘 宮南池 出土 木簡의 年代와 性格」, 『宮南池』, 國立扶餘文化財研究所.
이용현, 2007, 「목간」, 『백제의 문화와 생활』, 충청남도 역사문화연구원.
全德在, 1999, 「백제 농업기술 연구」, 『한국고대사연구』 15.
鄭寅普, 1946, 『朝鮮史研究』, 서울신문社出版局.
千寬宇, 1989, 「馬韓諸國의 位置試論」, 『古朝鮮史·三韓史研究』, 一潮閣.
崔孟植·金容民, 1995, 「扶餘 宮南池內部 發掘調査概報 －百濟木簡 出土 意義와 成果－」, 『韓國上古史學報』 20.
洪承佑, 2011, 『韓國 古代 律令의 性格』, 서울大學校 大學院 博士學位論文.
홍승우, 2013, 「扶餘 지역 출토 백제 목간의 연구 현황과 전망」, 『목간과 문자』 10.

末松保和, 1949, 『任那興亡史』, 大八洲出版(1971, 『任那興亡史』, 吉川弘文館).
鮎貝房之進, 1930, 「全北全州及慶南昌寧の古名に就きて」, 『青丘學叢』 4.
平川南, 2010, 「日本古代の地方木簡と羅州木簡」, 『6~7세기 영산강유역과 백제』, 국립나주문화재연구소.

陵山里寺址 出土 文字資料

이은솔 · 이재환*

1. 개관

扶餘 陵山里寺址 유적은 扶餘 羅城과 능산리 고분군 사이의 계단식 전답으로 조성된 산정골에 위치해 있다. 산정골의 정면인 남쪽은 국도 4호선과 이어지며, 서쪽으로는 東羅城, 동쪽으로는 능산리 고분군의 능선이 자연 경계를 이루고, 북쪽으로는 동나성과 능산리 고분군의 능선이 서로 연결되어 삼면이 산으로 둘러싸여 있다. 그 지리적 위치 때문에 관심을 받아 오다가, 1985년 능산리 서고분군 일대에 백제 고분 모형관을 짓기 위한 배수로 공사가 이루어지던 도중 여러 점의 연화문 와당이 신고되면서 백제시대 건물 유적의 존재 가능성이 알려지게 되었다. 이에 1992년부터 2009년까지 11차례 조사가 이루어졌다. 1993년 2차 조사를 통해 공방지 I 에서 금동대향로(국보 제287호)가 출토되고, 1995년 4차 조사 중에는 목탑지 심초석 상면에서 창왕명석조사리감(국보 제288호)이 출토되어 많은 관심을 받은 바 있다.

이 유적은 능산리 고분군으로부터 불과 100m 떨어진 지점에 위치해 있다는 점에서, 왕릉을 수호하고 그곳에 묻힌 백제왕들의 追福을 기원하는 陵寺였을 것이라는 추정이 일찍부터 제기되었다(이도학 1997, p.463). 동명왕릉과 관련된 고구려의 追福 사찰 定陵寺의 존재가 그 방증으로 여겨졌다. 특히 聖王의 능이 능산리에 있을 것으로 비정된 데 기반하여(강인구 1997, p.87), 聖王陵과의 관련성이 제기되었다. 창왕명석조사리감의 명문을 통해 능산리 사원의 목탑이 567년에 건조되기 시작하였으며, 성왕의 딸이자 위덕왕의 누이인 공주가 목탑 건립의 주도적 역할을 하였음이 확인되자, 독실한 불교 신자였던 聖王의 명

* 창왕명석조사리감은 이은솔이, 나머지 문자자료는 이재환이 정리하였다.

복을 빌기 위한 사찰이었다는 주장은 널리 받아들여지게 되었다(김상현 1999; 김수태 1998). 이와 같은 입장은 발굴조사보고서에도 반영되어 '陵寺'라는 명칭이 보고서의 제목으로 채택되었다(국립부여박물관·부여군 2000, p.2).

한편 6·7차 발굴조사 과정에서는 서배수로 인접구역에 노출된 V자형 남북방향 溝(초기 배수로)의 내부와 제5배수시설에서 20여 점의 백제 목간이 출토되어(박중환 2002, p.212), 백제 목간 연구가 활성화하는 계기가 되었다. 목간에 대한 검토를 통해 능산리 유적의 성격에 대한 논의도 한층 심화될 수 있었다. 목간들이 출토된 장소가 층위상 서배수로 아래로 흘러가는 수로이며, 능산리 사원보다 앞선 시기의 유구일 가능성이 높다는 점이 알려지면서, 567년 목탑 건립 이전 유적의 성격에 관심이 몰렸다.

먼저 대부분의 목간이 행정지배의 목적으로 만들어졌으며, 불교 교리보다는 서사적 성격이 강한 관념을 포함하고 있어, 일반 官人이나 지방민들을 대상으로 한 것으로 보인다는 점이 지적되었다. 나아가 목간의 내용에서 道使나 對德 등의 官人이 熊津城으로부터 파견된 정황을 유추함으로써, 목간 출토 유적은 陵寺 성립 이전, 사비도성의 동나성 축조에 관련된 장소라는 결론을 내렸다. 능산리 유적 출토 목간의 성격을 羅城 축조에 관련된 것으로 규정하고, 그 작성 시기는 천도 이전인 527년에서 538년 무렵으로 추정한 것이다(近藤浩一 2004, p.127).

한편 목간 내용에 대한 보다 면밀한 검토를 통해, 都城의 사방 경계지점에서 열렸던 국가의례나 羅城의 禁衛에 관련된 시설에서 사용한 목간으로 보아야 한다는 주장도 나왔다. 능사 조성 이전의 기와를 올린 시설은 나성 축조를 위한 임시적 시설로 보기 어려우며, 사비도성의 나성 동문 밖에 위치하였고, 후대에 그 자리에 왕실 원찰이 건립되었다는 점에서 신라 왕경의 사방 경계지점에 세워졌던 성전사원과 유사함이 지적되었다. 목간의 내용 검토 과정에서 능산리 초기시설이 여러 사찰과 인적·물적 소통관계를 맺고 승려도 상주하였음을 확인하였으며, 능사 6차 목간 5(299호) 및 능사 6차 목간 1(295호)을 근거로 능산리 유적은 일상적 공간이 아니라 항상적으로 의례가 열리는 '비일상적 공간'이었다고 주장하였다. 능사 6차 목간 1(295호)이 사용된 道祭는 都城의 성립을 전제로 하므로, 사비도성이 성립한 538년 이후부터 능사가 건립되는 567년 이전까지 이들 목간이 제작·활용되었을 것이며, 따라서 나성 축조와 연결시키기는 어렵다는 것이다(윤선태 2004, p.73).

이에 대해서 목간의 출토 정황에 대한 세밀한 분석에 기반한 반론이 제기되었다(이병호 2008a; 이병호 2008b). 중문지 남서쪽의 초기 자연배수로뿐 아니라 동남쪽의 초기 자연배수로와 그보다 시기가 늦은 제2석축 배수시설에서도 목간이 출토되었으므로, 목간의 성격은 나성과 연관되기보다 능산리사지 가람중심부의 정비 과정과 연관지어야 한다는 것이다. 목간들을 크게 세 부류로 구분하였는데, 먼저 능사 8차 목간 1(支藥兒食米記) 및 6차 목간 2(306호)·4(310호)는 능산리 사지에 1차로 건물이 들어서고 나서 일정 기간이 경과한 다음 폐기된 것으로서 능산리 사지의 운영과 직결된다. 6차 조사시 중문지 남쪽 초기 자연배수로에서 출토된 능사 6차 목간 1(295호)·3(309호)·5(2000-3)·6(2000-1)·8(314호)과 삭설 9(2000-4)·10(2000-2)·11(2000-5~10) 및 남서쪽 초기 자연배수로에서 발견된 능사 7차 목간 1(296호)·3(297호)·10(313호) 등은 한 단계 이른 시기의 것으로서, 능산리 사지의 초기 시설뿐 아니라 사원과도 관련성을 가지고 있었던 것으로 보인다. 중문지 동남쪽 초기 자연배수로에서 출토된 능사 7차 목간 5(299호)과 2001-8호(능5)는 목탑 건립을 전후하여 폐기되었으므로, 능산리 사지의 초기 시설과 관련되었다고 판단된다.

능산리 유적에는 567년 목탑 건립 이전에 초기의 강당지가 먼저 건립되어 성왕릉의 조영이나 조상신 제사 등 특수한 기능을 담당한 것으로 여겨지는데, 목간들도 강당지의 활동이나 성격과 관련된다는 것이다. 출토된 벼루편의 연대를 감안할 때 그 상한이 6세기 중엽을 크게 상회하지 않을 것으로 보이므로, 538년의 사비 천도나 그 이전으로 소급해 올라가기는 어렵다고 결론지었다. 결국 능산리 유적 출토 목간들은 554년 성왕의 죽음으로부터 567년 창왕명석조사리감 매입 사이의 어느 시기에 사용·폐기된 것이며, 그 기재 내용이 불교나 제사 관련, 물품의 생산지나 물품의 이동, 장부 등을 망라하고 있으므로, 나성이나 나성문의 출입과 관련시켜 보기는 어렵다고 하였다.

다만 567년 이전 능산리 유적 초기 시설의 성격을 聖王과 연결짓기에는 아직 증거가 부족해 보인다. 목탑 건립 이후 성립한 사원이 성왕을 추복하기 위한 陵寺로 지어졌다는 문헌적 근거는 아직 발견된 바 없다. 창왕명석조사리감은 "백제 창왕 13년인 정해년(567)에 妹兄公主가 사리를 공양하였음"을 밝히고 있을 뿐, 創寺나 목탑 건립에 先王을 위한다는 목적이 내재하고 있음은 전혀 언급한 바 없다. 이는 동일하게 위덕왕대 만들어진 왕흥사지 사리기가 '亡王子'에 대한 추복을 명시한 것과 대비되는 면모이다. 백제의 불상 명문들의 경우에도 사망한 父母의 追福을 목적으로 한 경우에는 모두 이를 분명히 언급하고 있다. 따라서 창왕명석조사리감의 명문은 오히려 목탑의 건립이 성왕의 추복과 직접적으로 관계를 가지지 않는다는 근거로도 해석된다고 하겠다.

아울러『日本書紀』卷19, 欽明紀 16年 8月條에는 555년 8월에 위덕왕이 아버지 성왕을 받들기 위해 출가 수도하려고 했다가, 대신 100명을 度僧하는 등의 功德을 쌓은 일이 기록되어 있다. 이는 능산리 사원의 목탑이 조영되기 시작한 567년보다 10여 년 전이므로, 성왕의 추복을 위한 출가 시도나 度僧 등이 능산리 사원이 아닌 다른 사찰에서 이루어졌음을 보여준다. 성왕 사망 직후에 능산리에 성왕의 능과 祀廟가 건립되었다고 해도, 出家나 度僧은 사원의 성립을 전제로 하므로, 다른 공간을 상정하지 않을 수 없다. 이처럼 능산리 사원이 성왕의 추복을 위한 능사였음을 보여주는 직접적 근거는 찾기 어렵다.

초기 시설과 관련된 것으로 추정한 목간들의 내용 또한 성왕의 추복 시설이었다는 추정을 뒷받침하지 않는다. 능사 7차 목간 5(299호) 목간을 제사에 사용된 位牌로 추정하는 견해를 받아들인다면, 이 位牌가 사용된 제사는 성왕의 추복을 위한 제사라고 볼 수 없게 된다. 陪臣이 함께 제사지내지는 경우는 상정 가능하겠으나, 姓氏나 직함도 없이 9명의 인명이 나열되고 있어 陪臣의 位牌로 보기에도 격이 맞지 않는다. 능사 6차 목간 1(295호) 및 그와 함께 출토된 남근형 목제품의 경우에도,[1] 주술이나 제사와의 관련성은

1) 기존에 목간으로 분리된 능사 7차 목간 19(도면 94-1, 도판 168-2; 이병호 2008a에서는 2001-6으로 넘버링함) 및 능사 7차 목간 20(도면 95-1, 도판 168-3; 이병호 2008a에서는 2001-7로 넘버링함)은 묵흔이 확인되지 않으므로 목간에서는 제외해야 한다. 다만 능사 7차 목간 19의 경우 남근형임이 인정되므로, 능사 6차 목간 1과 성격상 관계가 있을 가능성이 크다.

인정되나, 王의 追福을 위한 제사에 쓰여졌다고 보기는 힘들다. 능사 6차 목간 3(309호)의 '死'나 '再拜' 등의 구절에서 죽은 이에 대한 제사 행위를 유추하기도 했는데, '死'는 王의 죽음에 사용되는 용어가 아니며, '伏地再拜'와 같은 관용 어구를 감안하면 '再拜'가 제사 상황에서만 쓰이는 것이 아님 또한 분명하다.

목간과 함께 출토된 유물의 성격도 주목할 필요가 있다. 남근형 목제품 외에도 새모양 목제품, 목제빗, 복숭아·가래 등의 과일 씨앗, 원반형 토·석제품, 철제 도자, 철제화살촉, 철정, 짚신·나막신, 우각형 파수부, 벼루편에 인면토제품까지 함께 출토되었기 때문이다. 이들은 우물·연못 등 水邊祭祀의 흔적으로 자주 확인되는 것들이며(이재환 2011, pp.57-63), 先王을 祭神으로 하는 祠廟 祭祀에 사용하였다고 보기는 어렵다. 우물이나 연못 등 수변공간은 땅과 물이 만나는 곳으로서, 교차로나 시장의 경우와 더불어 '境界'로 인식되는 대표적인 공간이다. 결국 능산리 유적은 사비 도성과 외부의 경계인 동시에 땅과 물의 경계로서, 경계 제사의 祭場이 되기에 충분한 조건을 갖추고 있다고 할 수 있다.

羅城과 고분군이 능산리 유적에 인접하여 있는 것 또한, 이들이 모두 사비도성의 경계에 위치해야 할 시설임을 감안하면 자연스러운 현상이라 하겠다. 567년 이후 이곳에 사원이 건립되면서, 이러한 경계제사의 기능은 사원의 승려들이 이어서 담당하였을 것으로 추정된다. 사찰의 우물·연못에서 기우를 목적으로 한 수변제사를 지낸 사실은 신라의 사례에서 확인할 수 있다(이재환 2011, pp.52-55). 목탑 건립 이전과 이후 능산리 유적의 연속성은 이러한 차원에서 설명하는 것이 가능하다.

2. 창왕명석조사리감

창왕명석조사리감은 1995년 부여 능산리 능사 중앙 목탑지의 심초석 위에서 출토되었다. 사리감은 화강암으로 윗면이 둥근 직사각형으로 되어 있다. 규모는 높이 74cm, 가로·세로 각각 50cm이다. 감실은 높이 45cm, 너비 25.3cm, 깊이 24.5cm로 만들어졌는데 문턱 4cm를 제외하면 실제로 사리장엄구를 넣을 수 있는 깊이는 21.5cm가 된다. 조사 당시 감실 내부는 비어 있었다. 감실이 있는 앞면의 양쪽면에는 각각 10글자씩 글자가 刻字되어 있는데, 글의 시작은 오른쪽에서 왼쪽이다.

서체는 원·방필이 섞여 있는 해서라고 볼 수 있다. 창왕명석조사리감의 서체는 발굴시행기관이었던 국립부여박물관에서 발간한 도록에 '예서풍의 해서체'라고 간단히 언급하였다(국립부여박물관 1996, p.29). 이후 예서와 해서의 과도기적 형태를 띠며 남북조 서풍의 영향이거나(고광헌 2001, p.34), 굳세고 강건한 해서로 보기도 하였다(이규복 2001, p.65). 또 북조의 영향을 받은 해서(이도학 2003, p.466), 이체자가 있는 예서로 분류하기도 했다(이성배 2007, p.460). 최근 왕희지의 세련된 해서라고 보았으나(노중국 2012, pp.361-362) 사리감의 서체 또는 서풍에 부합되기 어려워 보인다. 창왕명석조사리감은 다수의 글자가 원·방필이 섞여있는 북조 서풍으로 서체는 마땅히 해서로 보아야 할 것이다.

출처: 국립부여박물관, 1996,『백제금동대향로와 창왕명석조사리감』, 통천문화사.

1) 판독 및 교감

2	1	
丁	百	①
亥	濟	②
妹	昌	③
兄	王	④
公	十	⑤
主	三	⑥
供	季	⑦
養	太	⑧
舍	歲	⑨
利	在	⑩

百濟昌王十三季太歲在 丁亥妹兄公主供養舍利

2–②: 亥

고구려·백제	광개토대왕비 (414)	무령왕지석 (525)	창왕명사리감 (567)	미륵사지금제사리봉영기(639)			
신라	마운령비 (568)	남산3비 (591)	남산5비 (591)	남산7비 (591)	남산10비 (591)		
중국	北魏 元顯儁墓誌 (513)	北魏 李璧墓誌 (520)	北魏 胡明相墓誌 (527)	隋 蘇慈墓誌 (603)	隋 元公墓誌 (615)	唐 道因法師碑 (623)	唐 九成宮禮泉銘 (632)

〈표 1〉 고구려·백제·신라, 중국의 '亥' 용례

∴ 문자학적으로나 서체상으로도 '亥'로 보기는 어려우나 전반적으로 사리를 공양한 해를 나타내는 干支로써 '亥'로 판독 되는 것이 옳다는 의견이다. 창왕명석조사리감과 가까운 시기인 북위의 '亥'와 가장 근접하나 약간 변형된 형태로 생각되며, 창왕명석조사리감의 '亥'는 마땅히 이체자로 보아야 할 것이다. 또 북위 때에 나타나는 '亥'자의 형태는 같은 백제시대 외에 고구려, 신라에서도 비슷하게 나타난다(〈표 1〉 참조).

2–④: 兄

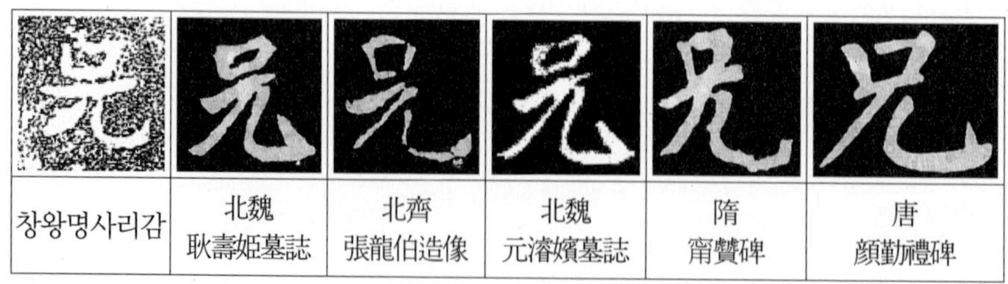

창왕명사리감	北魏 耿壽姬墓誌	北齊 張龍伯造像	北魏 元濬嬪墓誌	隋 甯贙碑	唐 顏勤禮碑

〈표 2〉 창왕명석조사리감의 '兄'과 중국의 '兄' 용례

〈표 3〉 백제·고구려·신라의 '兄' 용례

∴ 사리감에 보이는 '兄'자의 용례는 중국의 북조 때에 주로 쓰이는데 대체로 이체자라는 의견이다(신광섭 2006, p.90; 길기태 2009, p.20)〈표 2〉. 또 이와 같은 형태의 '兄'자는 부여 관북리 백제 왕궁지 유적에서 출토된 인장 기와편에서도 나타나며(윤무병·충남대학교박물관 1999) 고구려 支都兄, 冉牟兄, 後部兄 토기명문(서울대학교박물관 2000), 신라의 단양적성비와 황초령비에서도 찾아 볼 수 있어 삼국의 문자 사용 체제를 파악할 수 있는 근거로 볼 수 있겠다〈표 3〉.

2) 역주

백제 창왕[2] 13년(567) 태세[3]로는 정해가 되는 해에 누이인 매형공주[4]가 사리를 공양했다.

3. 목간

1) 능사 6차 목간 1(창원-295, 백제-295, 나무-295, 자전-[陵]1)

'창원'의 295호 목간에 해당한다. '天'銘 刻墨書木簡으로 소개된 바 있으며(박중환 2002, p.212), 近藤浩

2) 昌王 十三季: 창왕은 위덕왕의 이름(충청남도역사문화연구원 2008, p.207). 위덕왕의 이름에 대해 『三國遺事』 王曆篇에는 '昌' 또는 '明'으로 나온다. 그러나 '明'은 성왕의 이름이므로 이는 착오인 듯하다. 한편 『周書』 百濟傳과 『隋書』 百濟傳에는 '昌'으로, 『日本書紀』 卷19, 欽明紀 15年條에는 '餘昌'으로 나오는 것이 보인다. 백제에서는 국왕이 사망한 후에 부여되는 시호와는 달리, 국왕 생존 시에는 왕명 자체가 공식 호칭이었음을 알게 된다. 창왕명사리감 명문의 위덕왕 13년은 정해년이나, 『三國史記』의 13년은 병술년으로 기재되어 있어 1년의 차이가 있는데 이는 위덕왕 때 踰年稱元法을 사용하였다고 추측된다.

3) 太歲: 태세는 木星이 하늘을 운행하는 기간이 12년이 소요되는 것을 이용하여, 12支의 순서에 따라 해를 표기하는 방법이다.

4) 妹兄公主: 대체적으로 능산리 절터의 창건 배경은 성왕의 딸이요 위덕왕의 누이동생인 공주가 先王의 명복을 빌기 위한다는 의견이 지배적이다. 즉 발원자가 공주이며 발원 대상은 성왕이라는 것이다. 반면 돈황 막고굴의 공양인 題記 방식에 의거하여 창왕이 兄公主를 위해 공양한 것이라고 보기도 하였다. 여기에서 妹는 손아래누이라는 의미로 위덕왕의 동생이며, 兄公主의 兄은 序次 가운데 가장 위의 공주라고 본다(한연석 1998, p.169). 설문해자에서 兄은 "長也. 從儿從口."라 하고 段玉裁의 注에 "古長不分平上, 其音義一也"라 하여 '옛날에는 '長'이 평성과 상성으로 나뉘지 않고 발음과 의미가 하나였다'고 했다(염정상 2007, p.475). 문자학적으로 兄을 長으로 해석하는데 문제가 없다고 보며 兄公主 즉, 長公主는 중국 漢代에서는 황제의 자매 혹은 황제의 딸 가운데 尊崇者에 대한 봉호로 불려졌다. 한편 『三國遺事』·『日本書紀』에서도 맏공주를 의미하는 '上公主'·'長公主' 등으로 쓴 용례가 있으며 '兄公主'와 의미가 동일하다고 여겨 사리감의 兄公主를 '맏누이동생'이라고 보았다(신광섭 2006, pp.91-92). 신라 말 지증대사비문에서 왕의 누이를 長翁主라고 한 것 또한 '長'을 '兄'과 유사한 의미라고 보며, 妹兄公主를 위덕왕의 여동생이면서 序次의 가장 위인 공주를 가리키는 것이라고 볼 수 있겠다.

一 2004에서는 (1)번 목간으로 소개하였다. '양물형목간'(平川南 2005) 혹은 '남근형 목간'(국립부여박물관 2010)로도 불리운다. S110, W50~40 구간 중문지 남쪽 초기 자연배수로의 제2·제3목책렬 동쪽 끝부분에서 출토되었다. 초기 자연배수로의 폐기 연대가 6세기 중엽부터 567년 전후로 추정되기 때문에 초기 시설뿐 아니라 사원과의 관련성도 함께 가지고 있었다고 생각된다(이병호 2008a). 자연목을 표면 가공하여 제작한 것으로서, 길이 22.7cm, 너비 2.4cm, 두께 2.1cm이다. 앞면 상단을 둥글게 깍고 턱을 만들어 끈으로 매달 수 있게 하였으며, 男根을 형상화한 형태의 특이성 때문에 주목을 받았다. 刻書와 墨書가 공존하고 있는 점도 특징적이다. 이에 대해서 墨書와 刀刻을 시기를 달리하는 별도의 서사 행위로 간주하여, 애초에 刀刻 목간이었다가 차후에 다시 이용할 때 묵서로 가필했다는 추정도 나왔으나(이승재 2008, pp.58-59), 이는 주술적 의도를 가진 데 따른 특징으로 보인다.

刻書와 墨書의 공존 외에도 '天'을 거꾸로 새긴 점이나, 佛經을 욀 때의 발어사인 '无'가 새겨진 점 등에 근거하여 제사 의식과 관련되었을 것이라는 추정이 제기되었다(국립부여박물관 2003, p.93). 天을 대상으로 한 在來祭祀와 관계 깊은 呪符木簡이라고 규정하고, '天'자를 바르게 세운 상태에서 어딘가에 매달 수 있도록 고안되었다는 주장도 나왔다(近藤浩一 2004, p.94). 이후 尹善泰가 목간의 내용과 형태에 대한 비교 검토를 통해 사비도성의 사방 외곽 도로에서 國家儀禮로 거행된 道祭의 神主로 사용되었다는 견해를 제출하였고(윤선태 2004, pp.69-73), 平川 南 또한 古代 日本의 길 제사 사례와 비교하여, 道祖神 信仰의 원류를 이 목간을 통해 추적한 바 있다(平川南 2005·2008).

이용현은 男根의 왕성한 생식력·생명력을 바탕으로 사악한 귀신과 기운을 위무하거나 위협하여 이들이 聖域에 접근하지 못하게 하기 위해, 능사 건립을 전후하여 능사에 봉헌된 것으로 파악하였다(이용현 2007, pp.274-276). 이는 사악하고 매혹된 厲를 제거하려는 呪禁 행위에 해당하며, 聖王의 원혼을 달래기 위한 능사 건립의 목적을 감안하면, 聖王을 비롯한 관산성 전투 전사자들의 혼을 달래고 새로운 생명력을 기억하기 위한 것이었다고 하였다. 이병호는 초기 강당지가 성왕의 추복과 연관된 기능을 수행하고 있을 때 그곳과 능산리 고분군을 연결하는 연결 도로에서 행한 제사와 관련되었을 것이라 보았다(이병호 2008a, p.81). 이 도로가 곧 사당이나 왕릉으로 향하는 '神道'에 해당하며, 이 목간은 神道 옆에서 행해진 의례를 보여준다는 것이다. 이상은 길 제사에 사용되었던 목간이라는 견해를 받아들이면서도, 聖王 追福과의 연관성을 놓치지 않고자 한 해석 방식이라고 할 수 있다. 聖王의 追福은 아직 실체가 불확실하므로, '경계' 제사로서의 성격에 주목할 필요가 있다. 한편 김영심은 도교적 方術과 연관하여 이를 해석하면서, 백제에서 불교 사찰이 도교 의례의 공간을 겸했을 가능성을 제기하였다(김영심 2009·2011).

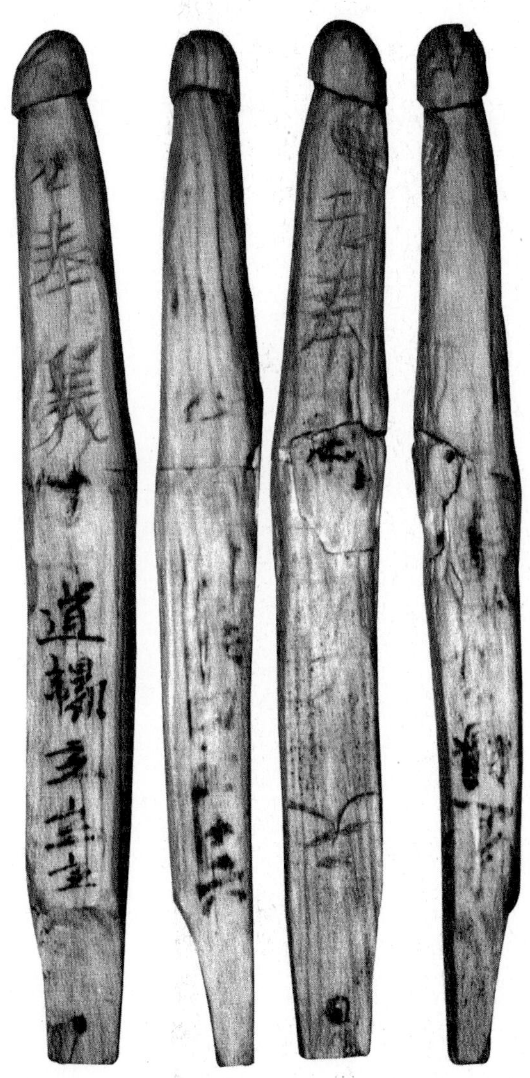

출처: 나무, p.133.

(1) 판독 및 교감

※『 』는 刻書. 좌우·상하의 구분은 발굴보고서에 따름.

左	下	右	上
『大』 『无奉義』▨道緣立立立 ◎	▨ ⎕四▨▨六	『无奉』▨ 『天』 ◎	道緣

좌면: 「『大』[5)] 『无[6)]奉義[7)]』▨[8)] 道緣[9)]立立[10)]立[11)] ◎」

하면: 「 ▨⎕[12)][四][13)]▨▨[14)]六 」

우면: 「 『无奉』▨[15)] 『天』 」

상면: 「 道緣[16)] 」

5) 天(국립부여박물관 2007, 이용현, 손환일), 미판독(국립부여박물관 2003, 近藤浩一, 윤선태, 平川南, 김영심), 大(백제, 나무) / 원래 '天'이었을 가능성을 배제할 수는 없으나, 현재로서는 '大'의 刻書를 확인할 수 있을 뿐이다. 男根의 상징을 감안할 때, '大'로 보아도 의미는 크게 어긋나지 않는다.

6) 无(국립부여박물관 2007, 국립부여박물관 2003, 近藤浩一, 윤선태, 平川南, 이용현, 백제, 김영심), 天(나무), 在(손환일), ▨(국립부여박물관 2010) / 상단의 첫 가로획은 보이지 않으나, 남은 부분과 우면의 '无'에 의거하여 추독할 수 있다.

7) 義(국립부여박물관 2007, 국립부여박물관 2003 본문, 近藤浩一, 윤선태, 平川南, 이용현, 백제, 김영심, 나무, 국립부여박물관 2010, 손환일), 儀(국립부여박물관 2003 판독문).

8) 미판독(국립부여박물관 2007, 윤선태, 平川南, 이용현, 김영심, 近藤浩一 2008, 백제, 나무, 국립부여박물관 2010), 十(손환일), ▨(국립부여박물관 2003, 近藤浩一 2004) / 묵흔인지 아닌지 명확하지 않다.

9) 緣(국립부여박물관 2007, 平川南, 백제, 이용현, 近藤浩一 2008, 나무, 국립부여박물관 2010, 손환일), 禓(윤선태, 김영심), ▨(국립부여박물관 2003, 近藤浩一 2004) / 우변은 논란의 여지가 남아 있으나, 좌변은 '糸'가 분명하다고 판단된다. 상면의 '道' 다음 글자의 자형이 '緣'으로 보이는 것을 고려하면, '道緣'이 반복 서사되었을 가능성이 높다고 하겠다.

하면 상부: ▨

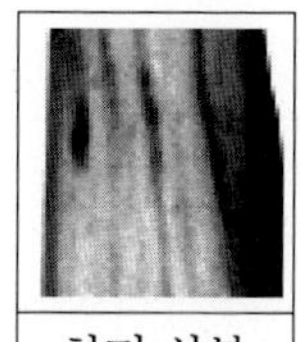
하면 상부

∴ 묵흔이 약간 남아 있다. 썼다가 깎아내어 삭제한 것이 아닌가 한다.

하면 중부: ▭

하면 중부

∴ 묵흔이 남아 있으나 판독이 어려우며, 몇 자였는지도 정확히 알기 어렵다. 역시 삭제한 것으로 추정된다. 남은 자형에 기반하여 마지막 글자를 '徒'로 추정하거나(손환일 2011b), '門徒'의 두 자를 읽어낸 경우도 있다(자전).

---

10) 立(국립부여박물관 2007, 윤선태, 平川南, 백제, 이용현, 김영심, 近藤浩一 2008, 나무, 국립부여박물관 2010, 손환일), 十二(국립부여박물관 2003, 近藤浩一 2004) / 위·아래의 글자들과 함께 '立'을 연이어 쓴 것으로 보인다. 첫 번째 '立'의 경우 자형이 다음 두 '立'과 조금 다르지만, 나머지 두 '立'의 자형은 서로 비슷하다.

11) 立(국립부여박물관 2007, 윤선태, 이용현, 平川南, 近藤浩一 2008, 백제, 나무, 국립부여박물관 2010), ▨(국립부여박물관 2003, 近藤浩一 2004).

12) ▨[徒](윤선태 2007) ▨(이용현, 平川南, 近藤浩一 2008), 미판독(나무), 門徒(자전), 徒(손환일 2011b).

13) ▨(윤선태, 平川南, 이용현, 近藤浩一 2008, 백제), 미판독(나무).

14) 十(윤선태, 平川南, 이용현, 近藤浩一 2008, 백제), 미판독(나무).

15) 미판독(국립부여박물관 2007, 국립부여박물관 2003, 近藤浩一, 윤선태, 平川南, 백제, 이용현, 김영심, 나무), 門(자전), 用(손환일 2011b) / 묵흔이 일부 남아있지만, 남은 획만으로는 판독이 불가능하다.

16) 道緣▨(국립부여박물관 2007), 追▨(윤선태, 近藤浩一 2008), ▨▨(平川南 2005), 道緣(平川南 2008, 나무), ▨道緣(이용현, 백제), 道緣其一(자전), 道緣北(손환일 2011b).

하면 하부 ①: [四]

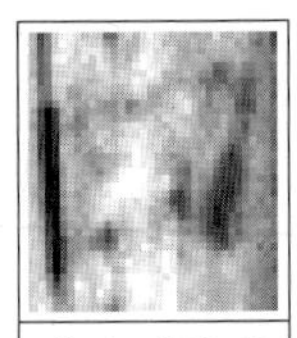
하면 하부 ①

∴ 썼다가 깎아낸 것으로 보인다. 적외선 사진에 보이는 남은 묵흔은 '四'에 가까운데, '日'로 판독한 경우도 있다(자전; 손환일 2011b).

하면 하부 ②: ▨

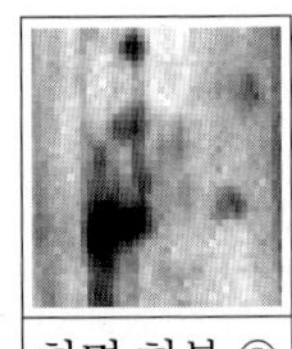
하면 하부 ②

∴ '立'이 아닌가 추정하거나(平川南 2008, p.46), '五'로 판독한 경우도 있지만(자전; 손환일 2011b), 현재로서는 판단내리기 어렵다.

하면 하부 ③: ▨

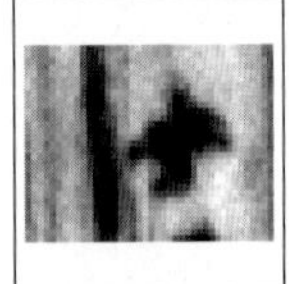
하면 하부 ③

∴ '十'으로 판독하는 것이 일반적이나, 왼쪽에도 묵흔이 있어 단정지을 수 없다.

(2) 역주

좌면: 크다! 받들 뜻이 없다.[17] 길 가[18]에 서라! 서라! 서라![19]

---

17) 無奉義: 尹善泰는 "받들 것이 없다"는 뜻으로, 역병의 만연 등 부정·불안한 현실에 대해 신을 자극하기 위한 역설적 문투일 가능성을 제기하였다(윤선태 2004, p.72). 반면에 이용현은 无가 불경에서 발어사로 쓰이기도 하므로, '義를 받들다(받듦, 받들어라)'로 풀이된다고 하였다(이용현 2007, p.272).

18) 道緣: 尹善泰는 '道禓'으로 판독하여 "道神인 禓"으로 해석하였고(윤선태 2004, pp.68-69), 이용현은 승려의 이름일 가능성을 제기한 바 있으나(이용현 2007, p.273), '길 가'라는 해석을 받아들인다(平川南 2005, p.232).

하면: ……

우면: 받들지 말라. … (하늘)[20]

상면: 길 가

2) 능사 7차 목간 2(창원-296, 백제-296, 나무-296, 자전-[陵]2)

발굴보고서의 7차 조사 목간 ②(도면 86-2, 도판 163-1)로서, '창원' 296호에 해당한다. '이전'먹글씨목간(국립부여박물관 2003, p.106) 및 '이전'명 목간(국립부여박물관 2010, p.129)으로 소개된 바 있으며, 近藤浩一 2004에서는 (11)번 목간으로 넘버링하였다. 중문지 남서쪽 초기 자연배수로(S110, W61)의 제2·제3 목책열 사이 굵은 목재편 북쪽에서 출토되었다. 초기 자연배수로의 폐기 연대가 6세기 중엽부터 567년 전후로 추정되기 때문에 초기 시설뿐 아니라 사원과의 연관성도 가지고 있다고 여겨진다(이병호 2008a). 길이 27.6cm, 너비 1.9cm, 두께 0.4cm의 홀형 목간으로서, 완형이다. 능산리 유적 출토 목간 중 능사 8차 목간 1 다음으로 장대하다.

이 목간의 성격에 대해서는, 능사 7차 목간 6(300호)과 관련된 것으로 보아 森林의 관리나 農桑에 관계된 내용이며, 3월 12일의 날짜와 함께 배밭와 감나무가 등장하고 있으므로 수확기가 아니라 봄철의 삼림관리와 관계된 내용이라는 견해가 제시된 바 있다(국립부여박물관 2003, p.106). 아울러 사찰에서 관리하는 토지의 이용에 관한 내용일 가능성도 제기하였다. 이는 능사 7차 목간 6(300호)에서 '柿山'·'竹山' 등의 내용을 판독하고, 이 목간에서 '梨田'을 판독한 데 기반한 것이다. 이것이 곧 능사 7차 목간 11에 보이는 '是非相問'의 구체적인 대상을 이루고 있었을 가능성도 제기되었다(박중환 2002, p.220).

近藤浩一은 물건에 묶은 紐 속에 꽂아 사용하였던 하찰일 수도 있다고 하였고(近藤浩一 2004, p.96), 윤선태는 애초에 帳簿 목간이었다가 용도를 다한 후 하단부를 삭도로 깎아낸 뒤, 습서목간으로 재활용하고, 좌·우 측면을 잘라내 폐기하였던 것으로 추정하였다(윤선태 2007, p.153). 이용현 역시 원래 3월 12일의 배밭 등과 관련된 생산품 및 보리 등에 관한 기록이었는데, 용도가 완료된 뒤 다른 용도로 습서 혹은 낙서되었다고 보았다. 단, 梨나 麥, 麻가 단순한 농산품을 넘어 약재로서의 의미를 가지고 있었음을 지적하였다(이용현 2007, p.292). 김영심도 배의 약재로서의 측면에 주목하여, 梨田이 약초를 재배·공급하는 존재를 보여주므로, 醫藥과 관련된 道教書에 대한 이해도를 알게 해 준다고 하였다(김영심 2009).

그러나 '田'이나 '麥'·'麻'의 판독에 의문이 남으며, 뒷면은 앞면 상부의 내용과 별도로 습서된 것이므로 연관지어서 해석할 수 없다. 설사 이러한 판독을 인정한다 하더라도, 이들이 농산품을 넘어 약재로서의 의미를 가지고 있었다는 증거는 찾기 어렵다.

---

19) 立立立: 尹善泰는 "道神인 禓이 (일어)섰다"는 의미이며 立을 세 번 연속으로 쓴 것은 강조법이라고 이해하였다(윤선태 2004, p.69).

20) 天: 일반적으로 天神을 의미한다고 보는데, 男根 방향의 위 아래를 표시한 것이라고 본 견해도 있다(이용현 2007, p.273).

출처: 자전, p.532.

(1) 판독 및 교감

앞면	뒷면
三 月 十 二 日 梨 丑 ▨ 『 之 ▨ ▨ ▨ ▨ ▨ ▨ ▨ ▨ 』	广 清 靑 靑 [靑] 『 用 ▨ ▨ [用] [今] [用] [今] ▨ 』

※ '『 』'는 異筆.

앞면: 「三月十二日梨丑[21]▨[22]『之▨[23]▨[24]▨▨▨[25]▨▨▨』」

뒷면: 「广清靑[26]靑[27][靑][28]『用▨[29]▨[30][用][31][今][32][用][33]▨』[34]」

21) 田(국립부여박물관 2007, 박중환, 국립부여박물관 2003, 近藤浩一, 윤선태, 이용현, 백제, 나무, 국립부여박물관 2010).

22) ▨▨(국립부여박물관 2007), ▨(박중환, 국립부여박물관 2003, 近藤浩一 2004, 이용현, 백제, 나무), 三(윤선태), 二(近藤浩一 2008) / 남은 자형은 '二'와 비슷하나 왼쪽으로 치우쳐 위치하였고, 아래부터는 깎아낸 뒤 異筆로 서사되고 있으므로 원래의 자형을 추정하기 어렵다.

23) ▨(국립부여박물관 2007, 박중환, 국립부여박물관 2003, 近藤浩一, 이용현, 백제, 나무) / 우변이 정확하지 않으나 좌변은 '月'이 분명하다. 이어지는 글자들 중에도 月(육달월)을 좌변으로 가지고 있는 것들이 많아 月(육달월)변의 글자들을 나열한 습서로 추정하기고 있다(국립부여박물관 2007, p.238).

24) ▨(국립부여박물관 2007, 박중환, 국립부여박물관 2003, 近藤浩一, 이용현, 백제, 나무), 滕(윤선태).

25) ▨(국립부여박물관 2007, 박중환, 국립부여박물관 2003, 近藤浩一, 이용현, 백제, 나무), 滕(윤선태).

26) 麥(국립부여박물관 2007, 박중환, 국립부여박물관 2003, 近藤浩一, 이용현, 백제, 나무, 국립부여박물관 2010), 靑(윤선태) / 바로 위의 '清'과 아래의 '靑'을 감안할 때, 이 글자 또한 '靑'일 가능성이 크다.

27) 靑(국립부여박물관 2007, 박중환, 국립부여박물관 2003, 近藤浩一 2004, 윤선태, 이용현, 백제, 나무, 국립부여박물관 2010), 麥(近藤浩一 2008).

28) 耳▨▨(국립부여박물관 2007, 박중환), 用(국립부여박물관 2003), 耳(近藤浩一 2004, 이용현, 백제, 나무, 국립부여박물관

앞면 1-⑦: 丑

앞면 1-⑦	元 馮子振	北緯 吳高黎墓地	唐 玄言新記明老部	唐 春秋穀梁傳集解

∴ 기존에는 대부분 '田'으로 판독하였으나, 좌측에 획이 하나 부족하다. '日'일 가능성도 있지만, 가장 가까운 자형은 '丑'이라 하겠다. 능사 7차 목간 6(300호)에서도 비슷한 자형이 확인되는데, 正倉院 所藏 〈佐波理加盤付屬文書〉의 '丑'가 '籾'을 의미하는 造字임을 추적하는 과정에서 능사 7차 목간 6(300호)의 '丑' 또한 그에 해당한다는 주장이 제기된 바 있다(平川南 2010).

(2) 역주

앞면: 3월 12일 梨丑 …

뒷면: 〈習書〉

3) 능사 7차 목간 3(창원-297, 백제-297(p.21), 나무-297, 자전-[陵]3)

발굴조사보고서 7차 조사 목간 ③(도면 87-1, 도판 163-2)로서, '창원' 297호에 해당한다. '對德'銘 목간(박중환 2002, p.217) 및 '대덕'먹글씨목간(국립부여박물관 2003, p.98)이라는 명칭으로도 소개된 바 있으며, 近藤浩一 2004에서는 (5)번 목간으로 넘버링하였다. 중문지 남서쪽 초기 자연배수로에서 출토되었다. 초기 자연배수로의 폐기 연대가 6세기 중엽부터 567년 전후로 추정되기 때문에, 초기 시설뿐 아니라 사원과의 연관성도 가지고 있었을 것으로 여겨진다(이병호 2008a). 완형의 홀형 목간으로, 하단부는 뾰족하며, 아랫부분을 공백으로 남겨 두었다. 앞면에만 묵서가 있고, 뒷면에는 묵흔이 확인되지 않는다. 길이 21.9cm, 너비 1.9cm, 두께 0.3cm이다. 이 목간의 서체와 서풍에 관해서는 전체적으로 운필이 세련되

2010), 靑(윤선태), 麥(近藤浩一 2008) / 위의 글자들에 이어서 '靑'의 다양한 자형을 습서한 것으로 보인다.

29) ▨(국립부여박물관 2007, 박중환, 국립부여박물관 2003, 近藤浩一 2004, 윤선태, 이용현, 백제, 나무, 국립부여박물관 2010), 馬(近藤浩一 2008).

30) ▨(국립부여박물관 2007, 박중환, 국립부여박물관 2003, 近藤浩一 2004, 윤선태, 이용현, 백제, 나무, 국립부여박물관 2010), 用(近藤浩一 2008).

31) 麻(국립부여박물관 2007, 이용현, 백제, 나무, 국립부여박물관 2010), ▨(박중환, 국립부여박물관 2003, 近藤浩一), 用(윤선태, 近藤浩一 2008) / 남은 묵흔으로 결정짓기 어렵다.

32) ▨(박중환, 국립부여박물관 2003, 近藤浩一, 윤선태, 이용현, 나무, 국립부여박물관 2010).

33) ▨(박중환, 국립부여박물관 2003, 近藤浩一, 윤선태, 이용현, 나무, 국립부여박물관 2010).

34) 이상의 8字는 위의 5字에 비하여 크게 서사되어 異筆로 보고 있다. '用'과 유사한 글자가 반복되고 있어 습서로 추정된다.

고 필획이 유려하며, 결구가 안정된 수준 높은 행서라고 평가된 바 있다(이성배 2004, p.250).

그 성격에 대해서는 하찰이나 부찰일 가능성(국립부여박물관 2003, p.99; 국립부여박물관 2007, p.241)과 신분증일 가능성이 아울러 제시되었다(박중환 2002, p.217). 近藤浩一은 공식적 측면이 강한 신분증명서로서, 韓城에서 陵山里 지역으로 보내진 官人이 휴대한 것이었다고 이해하였다(近藤浩一 2004, p.109). 윤선태는 나성대문의 금위와 관련된 목간이라 파악하여, 나성대문을 통과할 때 사용한 관인의 신분증명서라고 보았다(윤선태 2007, p.145). 名簿일 가능성도 제기된 바 있다(백제, p.21). 내용과 문장 구성에 있어서는 평양 경상동 출토 고구려 성벽 석각의 '漢城下後部小兄文達…'와 유사하다는 지적이 있었다(박중환 2002, p.220).

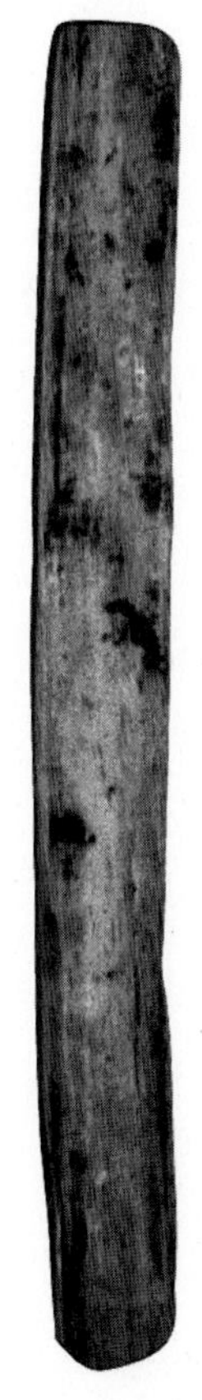

출처: 자전, p.533.

(1) 판독 및 교감

앞면 뒷면

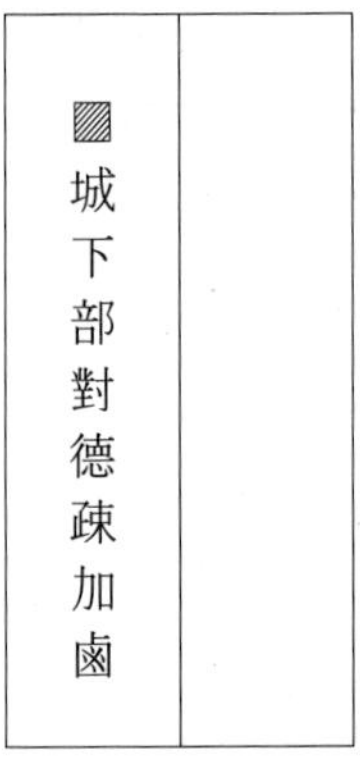

앞면: 「▨[35]城下部對德疎加鹵 」

뒷면: 「 」

앞면 1-①: ▨

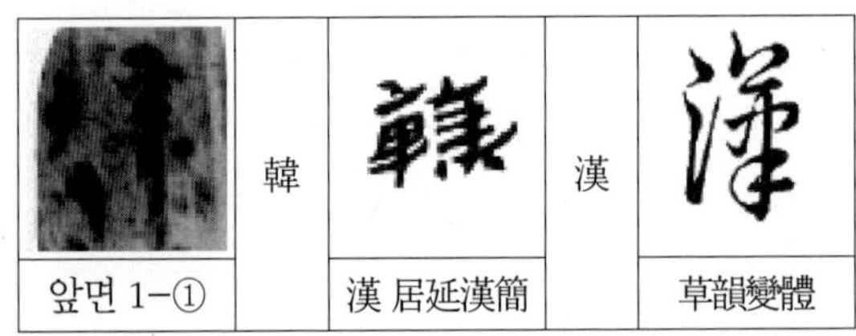

앞면 1-① | 漢 居延漢簡 | 草韻變體

∴ 韓이나 漢으로 판독하기도 하나, 현재 남은 묵흔만으로는 판단하기 어렵다.

앞면 1-④: 部

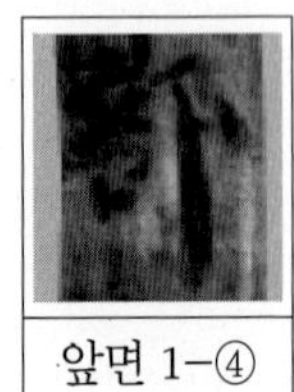

앞면 1-④

∴ '卩'나 'ア'와 같은 형태가 아니라 正字로 쓰여 있는 점이 특징적이다.

35) ▨(국립부여박물관 2007, 윤선태, 이용현, 近藤浩一 2008, 국립부여박물관 2010), 漢(국립부여박물관 2003, 백제, 나무), 韓(박중환, 이성배, 近藤浩一 2004, 김영심).

앞면 1-⑥: 德

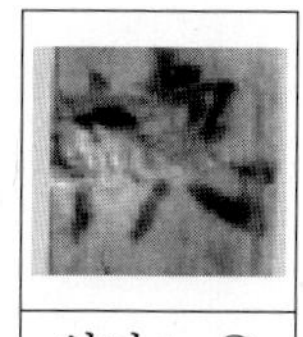
앞면 1-⑥

∴ 좌측이 손상되었지만 전체적 형태와 문맥상 '德'이 분명하다고 판단된다.

(2) 역주

앞면: ▨城[36] 下部[37]의 對德[38]인 疏加鹵[39]

뒷면: ……

4) 능사 7차 목간 4(창원-298, 백제-298, 나무-298, 자전-[陵]4)

발굴보고서의 7차 조사 목간 ④(도면 87-2, 도판 163-3)로서, '창원' 298호에 해당한다. '나솔'먹글씨목간(국립부여박물관 2003, p.97) 및 '나솔'명 목간(국립부여박물관 2010, p.128)으로 소개된 바 있으며, 近藤浩一 2004에서는 (4)번 목간으로 넘버링하였다. 완형으로, 상면에 구멍이 있으며, 양면에 묵서되었다. 길이 21.9cm, 너비 1.9cm, 두께 0.3cm이다. 상부의 구멍에 끈이나 못을 관통시켜 매달아 두었던 듯하다. 官位가 선두에 기재되었다는 점에서, 허리 등에 매달아 늘어뜨리고 있다가 특정 장소에 출입하기 위해 제출되었던 신분증명서일 가능성이 높다는 견해도 나왔다(近藤浩一 2004, pp.95-96).

---

36) ▨城: '韓城'으로 판독하여 사비천도 이전 왕도였던 熊津城을 가리킨다고 해석하거나(近藤浩一 2004, pp.109-110), '漢城'으로 판독하고 큰 성, 즉 사비도성을 일컫는다고 보기도 한다(백제).

37) 下部: 당시 백제 도성의 5부명 중 하나이다(국립부여박물관 2007, p.241).

38) 對德: 백제 16관등 중 11위에 해당한다.

39) 疏加鹵: 일반적으로 인명으로 추정하고 있다(국립부여박물관 2007, p.241).

출처: 자전, p.534.

(1) 판독 및 교감

앞면	뒷면
◎	◎
奈	急
率	朋
加	▨
姐	▨
白	左
加	⎾
之	
⎾	
⏌	
▨	
▨	
淨	⏌

앞면:「◎奈率加姐[40)]白加[41)]之⎾ ⏌[42)]▨▨淨[43)]」

뒷면:「◎急[44)]朋[45)]▨[46)]▨左[47)]⎾ ⏌[48)]」

---

40) 姐(국립부여박물관 2007, 이용현, 백제, 나무, 국립부여박물관 2010), 鹵(近藤浩一 2008).

41) 劦(국립부여박물관 2007, 이용현, 백제, 나무, 국립부여박물관 2010), ▨(박중환, 국립부여박물관 2003, 近藤浩一 2008).

42) 息(국립부여박물관 2007, 이용현, 近藤浩一 2008, 백제, 나무, 국립부여박물관 2010).

43) 淨(국립부여박물관 2007, 이용현, 백제, 나무, 국립부여박물관 2010), ▨(近藤浩一 2008).

44) 急(국립부여박물관 2007, 백제, 나무, 국립부여박물관 2010), 慧(박중환, 국립부여박물관 2003, 近藤浩一, 이용현).

45) 明(국립부여박물관 2007, 이용현, 백제, 나무, 국립부여박물관 2010), 朋(박중환, 국립부여박물관 2003, 近藤浩一) / 좌변이 '月'이 분명하다고 판단되므로, '朋'으로 판독한 견해를 따른다.

46) ▨(국립부여박물관 2007, 백제), 靜(나무, 국립부여박물관 2010) / 이하의 글자들은 앞의 두 글자와 다른 異筆로 간주하기도 하나(국립부여박물관 2007, p.241), 확정짓기 어렵다.

47) ▨(이용현, 백제, 近藤浩一, 나무, 국립부여박물관 2010), 미판독(국립부여박물관 2007).

48) ▨師▨▨(국립부여박물관 2007, 이용현, 백제, 나무, 국립부여박물관 2010), ▨▨▨(近藤浩一 2008) / 묵흔이 확인되지만 정확히 몇 글자인지 알기 어렵다.

앞면 1-①·②: 奈率

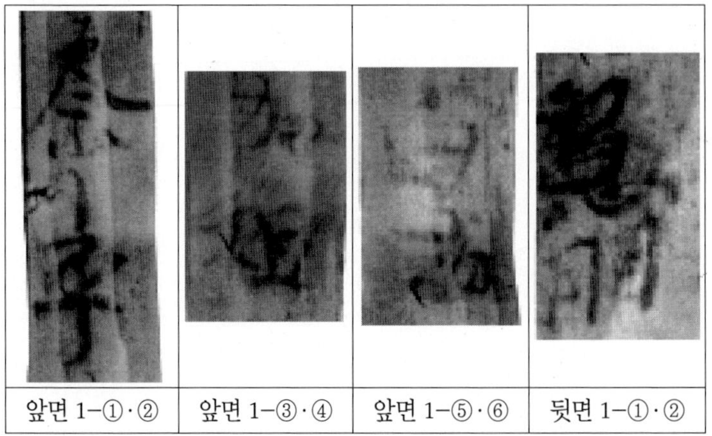

앞면 1-①·②	앞면 1-③·④	앞면 1-⑤·⑥	뒷면 1-①·②

∴ 이 두 글자는 다음의 글자들과 異筆로 간주하기도 한다(국립부여박물관 2007, p.241).

앞면 1-⑥ : 加

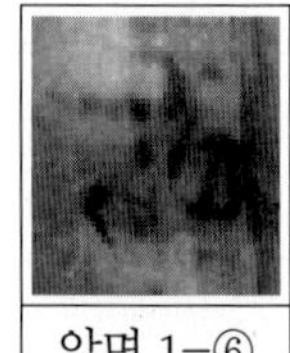

앞면 1-⑥

∴ 기존에는 대부분 '劦'로 판독하였지만, 자형은 '加'가 분명해 보인다.

앞면 1-⑧?: □ □

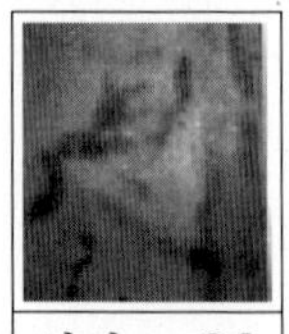

앞면 1-⑧?

∴ 이것을 '息'으로 보기도 하였는데, 이 부분은 깎아냈다 다시 쓴 흔적이 보이므로 한 글자인지 확정짓기 어렵다.

앞면 1-⑨?·⑩?: ▨▨

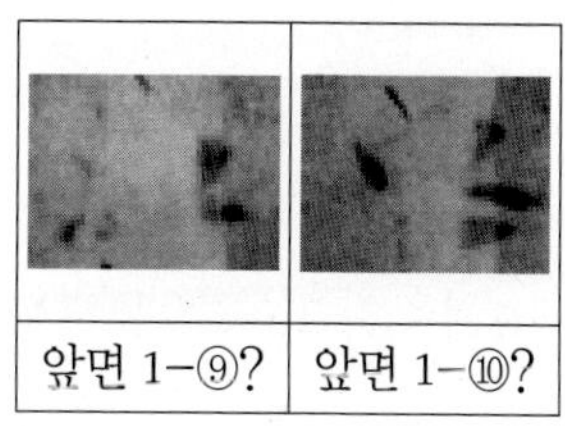

앞면 1-⑨? 앞면 1-⑩?

∴ 이 두 글자는 가운데가 깎여져 나가 판독이 어렵지만, 마지막 글자와 더불어 삼수변 혹은 이수변의 글자로 추정된다.

뒷면 1-⑤: 左

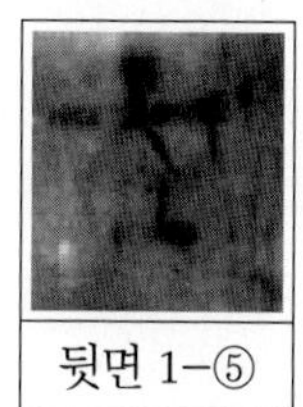

뒷면 1-⑤

∴ 기존에는 판독하지 않았는데, 적외선 사진상으로는 '左'로 보인다.

(2) 역주

앞면: 奈率[49]加姐白加[50]의 … 〈習書〉뒷면: 急朋 …

5) 능사 7차 목간 5(창원-299, 백제-299, 나무-299, 자전-[陵]5)

발굴보고서의 7차 조사 목간 ⑤(도면 88-1, 도판 163-4)로서, '창원' 299호에 해당한다. '女貴'銘 목간(박중환 2002, p.218) 및 '삼귀'먹글씨목간(국립부여박물관 2003, p.101), '삼귀'명 목간(국립부여박물관 2010)이라는 명칭으로 소개된 바 있으며, 近藤浩一 2004에서는 (6)번 목간으로 넘버링하였다. 중문지 동남쪽 초기 자연배수로에서 출토되었는데, 목탑 건립 전후에 폐기된 것으로, 능산리사지 초기 시설과 관련된 목간으로 여겨진다(이병호 2008a). 길이 15.4cm, 너비 2.0cm, 두께 0.3cm이다. 능사 6차 목간 6과 마찬가지로 매우 얇아서, 종이를 의식하여 제작한 것으로 간주하기도 한다(백제, p.22).

상단 규두형의 모습은 원형의 좌반부가 잘려나간 것으로 보았으나(국립부여박물관 2007, p.241; 윤선태 2004, pp.64-66; 윤선태 2007, p.150), 사선 부분에도 뒷면 및 앞면의 테두리선이 지나고 있어, 원래 이같은 형태를 의도하였음을 알 수 있다. 앞면에는 5개의 횡선을 긋고 4개의 칸에 각각 내용을 썼다. 맨

49) 奈率: 백제 16관등 중 6위에 해당한다.

50) 加姐白加: 인명일 가능성이 크다.

윗칸은 비어 있고, 마지막 칸은 묵흔이 있으나 글자로 보이지 않는다. 상하좌우 일정한 간격을 두고 인명과 관련 글자들을 적는 기재방법이 일본 7세기대 목간과 유사함이 지적된 바 있다(近藤浩一 2004, pp.103-106).

박중환은 뒷면의 묵흔이 묵서기록 이전 習字 과정에서 쓰여진 한자 획의 반복서사로 판단하였지만, 동시에 주술적 의미를 갖는다고 본 이용현의 견해를 소개하고, 祭祀·呪術的 성격을 갖는 목간으로 분류하였다(박중환 2002, pp.222-223). 뒷면의 반복적 부호는 주술적인 의미를 가진다고 간주하는 것이 일반적이나(윤선태 2004, p.65; 국립부여박물관 2007; 백제, p.22), '巛'을 연습한 흔적이 또렷하다고 보아 습자목간으로 규정한 경우도 있다(손환일 2008, p.57).

앞면의 내용에 대해서는 기복적 성격의 표현이라고 생각되는 '貴'자가 父·母·兄·女 등 가족관계 명칭에 수반되어 반복 출현한다는 점에서, 참위나 점복적 성격을 가지고 있었을 것이라는 추정이 제기되었다(박중환 2002, pp.222-223). 그러나 父·母·兄·女 등의 판독에 문제가 있으므로 모두 인명으로 보는 것이 합리적이다(윤선태 2004, p.65). 近藤浩一은 孝 관념과 같은 유교 혹은 불교 관련 의식을 배우기 위해 기록한 습서일 가능성을 배제하지 않으면서도, 일본 戶籍과 기재방식의 유사성에 근거하여, 사람들을 파악·관리하기 위해 작성된 것으로서, 律令制와 관련된 행정조직의 존재를 보여준다고 이해하였다(近藤浩一 2004, p.97 및 pp.103-105).

그와 달리 윤선태는 상단이 규두 형태를 하고 있으며, 괘선을 긋고 여러 인명을 순차적으로 나열하고 있다는 점에서 제사의례의 위패였을 가능성을 제시하였다(윤선태 2004, p.65). 나아가 해당 목간 좌변의 의도적 폐기 행정은 백제가 제사에서 사용한 토기를 '毁棄'하였던 것과 유사한 의례의 마지막 절차였을 것으로 보았다. 이용현 또한 얇기가 일본이나 중국의 제사에 쓰이는 인형 모양 목제품과 유사하고, 뒷면의 기호에 주술적 느낌이 있다는 점에서 주술목간이었을 가능성을 제기하였다(이용현 2007, p.290). 方国花는 고대 일본의 大祓儀式에 사용된 人形이나 齋官과의 유사성을 지적하면서, 물에 관련된 祓禊 행사에 사용되었을 수 있다고 보았다(方国花 2010).

한편 橋本 繁는 넓은 폭이나 규두 형태는 符籍·呪符가 아니어도 가능하며, 뒷면의 묵흔도 특별한 의미가 있는 것인지 알 수 없다고 하여, 주술적·의례적 해석을 거부하고 역역동원이나 세금 수취에 관련하여 인명을 나열한 것일 가능성을 다시 제기하였다(橋本 繁 2008, p.271). 횡선을 긋고 단별로 글을 써가는 방식은 부여 쌍북리 출토 佐官貸食記 목간과 나주 복암리 출토 목간 3에서도 확인되는데, 간명을 요하는 행정의 장에서 한눈에 쉽게 알 수 있도록 정리하려는 노력의 산물로 평가된다(백제, p.22). 至丈·至夂·大貴·今毌 등의 인명 아래에 점이 찍혀 있음을 고려하면, 실용적인 용도의 명단이었을 가능성을 여전히 배제할 수 없다고 하겠다.

출처: 자전, p.535.

(1) 판독 및 교감

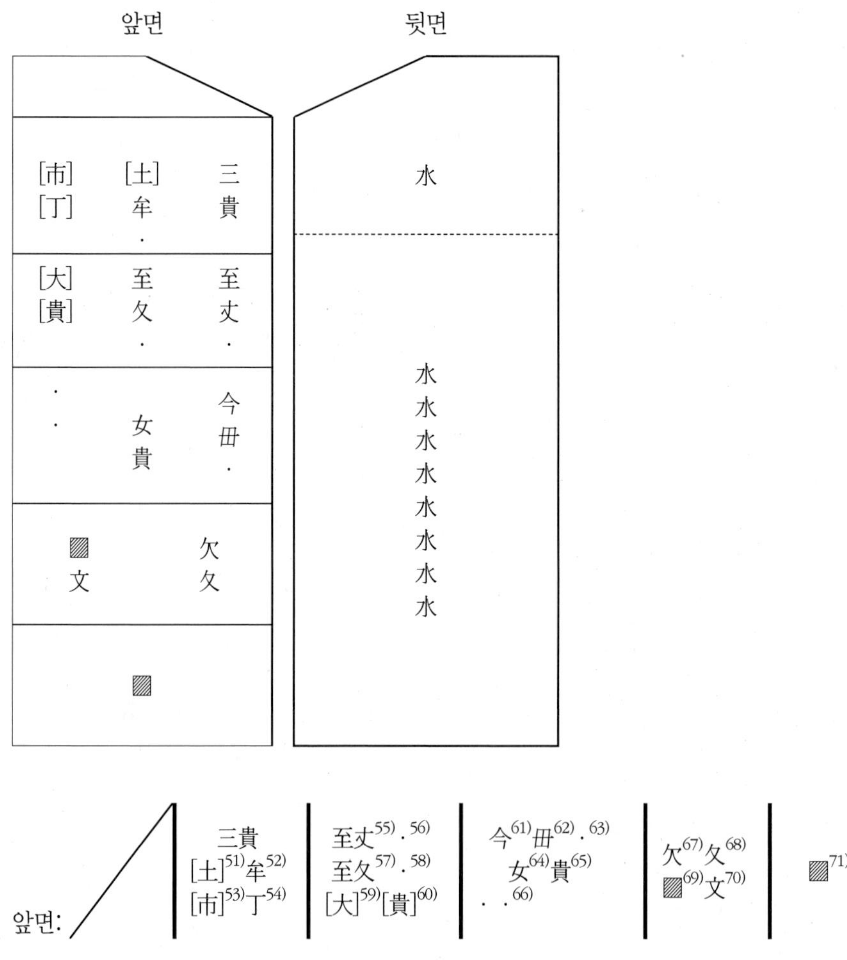

뒷면: 〈'水'의 連書〉[72]

51) ▨(국립부여박물관 2007, 박중환, 국립부여박물관 2003, 近藤浩一, 이용현), 五(윤선태, 方国花), 文(백제, 나무, 국립부여박물관 2010), 丑(자전) / '五'나 '丑'으로 보기에는 첫 가로획이 확인되지 않는다. 세로 획이 두 개로 보이는 것은 가운데가 찍힌 흔적 때문으로 판단되므로, 하나의 획으로 감안하여 '土'에 가깝다고 보았다.

52) 牟(국립부여박물관 2007, 이용현, 백제, 近藤浩一 2008, 나무, 국립부여박물관 2010, 손환일), 幸(박중환, 近藤浩一 2004), ▨(국립부여박물관 2003), 辛(윤선태, 方国花) / 윗부분이 삼각형을 이루고 있다고 보아 '牟'의 판독을 따른다.

53) ▨(국립부여박물관 2007, 박중환, 국립부여박물관 2003, 近藤浩一, 윤선태, 이용현, 백제, 나무, 국립부여박물관 2010, 方国花) /왼쪽 부분이 잘려져 나가 원래의 형태를 정확히 파악할 수 없다. 남아있는 부분과 대칭을 이룬다고 볼 경우 '市'자가 유력하다.

54) 丁(국립부여박물관 2007, 윤선태, 이용현, 백제, 나무, 국립부여박물관 2010, 方国花, 손환일 2011b), ▨(박중환, 국립부여박물관 2003, 近藤浩一), 阿(자전), 可(자전) / 왼쪽이 잘려져 나갔지만 대부분 '丁'으로 판독하고 있다.

6) 능사 7차 목간 6(창원-300, 백제-300, 나무-300, 자전-[陵]6)

발굴보고서의 7차 조사 목간 ⑥(도면 88-2, 도판 163-4)으로서, '창원' 300호에 해당한다. '시산'먹글씨 목간(국립부여박물관 2003, p.107) 및 '경내'명 목간(국립부여박물관 2010, p.127)로 소개된 바 있으며, 近藤浩一 2004에서는 (10)번 목간으로 넘버링하였다. 중문지 남서쪽 초기 자연배수로에서 출토되었다. 초기 자연배수로의 폐기 연대가 6세기 중엽부터 567년 전후로 추정되기 때문에, 초기시설이나 사원과의 관

---

55) 丈(국립부여박물관 2007, 윤선태, 이용현, 백제, 나무, 국립부여박물관 2010, 方国花, 손환일 2011b), 女(박중환, 국립부여박물관 2003, 近藤浩一), 文(자전).

56) 기존에는 주목받지 못했지만, 점이 찍혀 있음이 분명하다.

57) 夂(국립부여박물관 2007, 이용현, 백제, 나무, 국립부여박물관 2010), 父(박중환, 국립부여박물관 2003, 近藤浩一 2004), 久(윤선태, 이용현, 方国花), 文(近藤浩一 2008), 夕(손환일) / 형태는 '夂'과 가장 유사하다. 단, '文'의 이체자인지 '치'의 음을 가지는 글자인지는 판단내릴 수 없다.

58) 앞의 경우와 마찬가지로 이름으로 추정되는 단어 아래 점이 찍혀 있다.

59) 大(국립부여박물관 2007, 국립부여박물관 2003, 近藤浩一 2004, 윤선태 2004, 이용현, 백제, 나무, 국립부여박물관 2010), 因(윤선태 2007), ▨(近藤浩一 2008), [大](方国花) / 절반이 잘려나가 있지만, '大'에 가까운 것으로 추정된다.

60) 貴(국립부여박물관 2007, 박중환, 국립부여박물관 2003, 近藤浩一, 윤선태, 이용현, 백제, 나무, 국립부여박물관 2010) / 역시 절반만 남아 있으나, 자형상 '貴'로 추정할 수 있다. 다른 글자에 비해 크게 서사되어 횡선에 걸쳐졌다.

61) 今(국립부여박물관 2007, 박중환, 국립부여박물관 2003, 近藤浩一, 이용현, 백제, 나무, 국립부여박물관 2010, 方国花), 牟(윤선태), 子(손환일 2011b) / 자형상 '今'에 가장 가깝다.

62) 毋(국립부여박물관 2007, 이용현, 백제, 나무, 국립부여박물관 2010), 母(박중환, 국립부여박물관 2003, 近藤浩一, 윤선태, 方国花) / 자형 자체는 '毌'에 가깝다. 문맥에 따라 '母'나 '毋'로도 읽힐 수 있지만, 고유명사의 나열로 보이므로 판단하지 않고 원래의 형태와 가장 유사한 글자를 전재한다.

63) '今毌' 아래에 점이 찍혀 있다.

64) 安(국립부여박물관 2007, 백제, 이용현, 近藤浩一 2008, 나무, 국립부여박물관 2010, 자전, 손환일 2011b), 女(박중환, 국립부여박물관 2003, 近藤浩一 2004, 윤선태, 方国花) / 상부의 가로획이 실획임이 분명하지 않아 '女'로 남겨둔다.

65) 貴(국립부여박물관 2007, 박중환, 국립부여박물관 2003, 近藤浩一, 윤선태, 이용현, 백제, 나무, 국립부여박물관 2010, 方国花) / 앞의 '[貴]'와 마찬가지로 다른 글자에 비해 크게 서사되어 횡선에 걸쳐져 있다.

66) 두 개의 점이 찍혀 있다. 위의 점은 '大貴'와 관련된 점일 가능성이 상정된다. 아래 점은 글자의 일부일 가능성도 있다.

67) ▨(국립부여박물관 2007, 윤선태, 이용현, 方国花), 兄(박중환, 국립부여박물관 2003, 近藤浩一 2004, 백제, 나무, 국립부여박물관 2010), 只(近藤浩一 2008), 次(손환일) / 모두 가능하나, 가장 유사한 자형은 欠으로 보인다.

68) ▨(국립부여박물관 2007, 이용현, 국립부여박물관 2010), 文(近藤浩一 2004), 父(박중환, 국립부여박물관 2003), 久(윤선태, 백제, 近藤浩一 2008, 나무, 方国花), 夕(손환일) / 앞에 등장하는 '至夂'의 '夂'字와 유사함에 따라 '夂'으로 판독한다

69) ▨(국립부여박물관 2007, 박중환, 국립부여박물관 2003, 近藤浩一, 윤선태, 백제, 나무, 方国花), 久(국립부여박물관 2010), 奴(손환일).

70) 文(국립부여박물관 2007, 박중환, 국립부여박물관 2003, 近藤浩一, 윤선태, 이용현, 백제, 나무, 국립부여박물관 2010, 方国花).

71) 미판독(국립부여박물관 2007, 박중환, 국립부여박물관 2003, 윤선태, 이용현, 近藤浩一, 백제, 국립부여박물관 2010, 方国花) / 묵흔은 진하게 남아 있지만 글자로 보기는 어렵다.

72) 習字 과정에서 쓰여진 한자 획의 반복서사로 보는 견해(박중환 2002, p.222)와 주술적 목적을 상정하는 견해(이용현 2007, p.290)가 있다. '乙'의 連書로 보거나(국립부여박물관 2003, p.101; 윤선태 2004, p.65; 윤선태 2007, p.150; 백제, p.22; 近藤浩一 2008, p.349; 나무, p.17), '巛' 혹은 '坤'의 連書로 본 견해도 있지만(자전; 손환일, 2011b), 물의 주술성과 연관된 '水'의 이체자로 파악한 견해를 따랐다(方国花 2010).

련성이 모두 상정 가능하다(이병호 2008a). 길이 16.7cm, 너비 1.8cm, 두께 0.6cm이다. 상단에 좌우로 'V'자형 홈이 있는 데 근거하여 물품 수송에 사용된 하찰임이 분명하다고 보기도 했다(近藤浩一 2004, p.96).

능사 7차 목간 11에 보이는 '是非相問'의 구체적인 대상을 이루고 있을 가능성도 제기된 바 있다(박중환 2002, p.220). 부찰이나 하찰로 추정하는 것이 일반적이다. '三月仲椋內上▨'으로 판독하고, 8세기 신라 안압지의 창고관리용 꼬리표목간에서 확인되는 "월일+창고위치+물품"의 기재양식과 동일하다고 보기도 한다(윤선태 2007, p.154). 이병호 또한 '仲椋'이라는 판독에 근거하여, 이 목간이 출토된 지점 인근에 창고 시설이 있었음을 보여주는 근거로 활용하였다(이병호 2008a, p.79). 쌍북리 280번지에서 발견된 '外椋卩' 목간의 '椋'과 동일한 '椋'을 판독하고, 3월에 창고인 椋 안의 上田 물품의 부찰 혹은 하찰로 본 견해도 있다(백제).

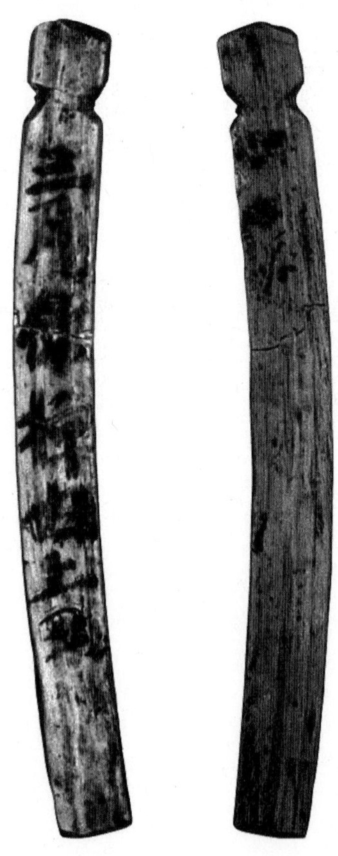

출처: 자전, p.536.

(1) 판독 및 교감

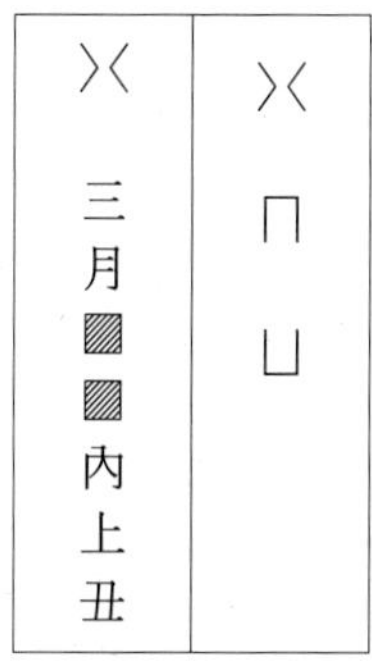

앞면:「三月▨[73]▨[74]內[75]上[76]丑[77]」

뒷면:「□□[78]」

앞면 1-⑦: 丑

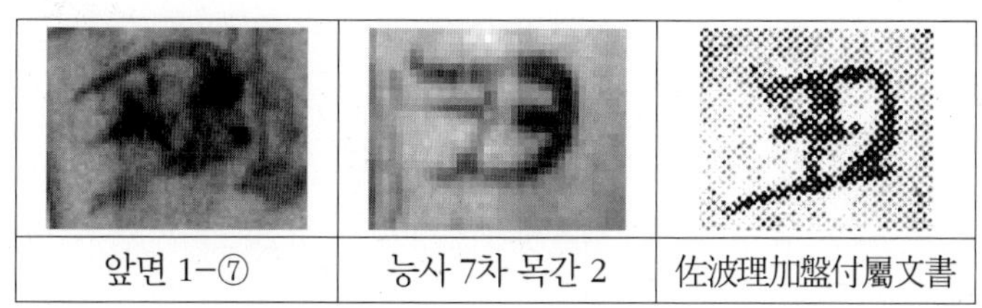

앞면 1-⑦	능사 7차 목간 2	佐波理加盤付屬文書

∴ 능사 7차 목간 2에도 유사한 글자가 보인다. 기존에는 '田'이라고 파악했으나, 자형은 '丑'에 가깝다. 平川南은 正倉院 所藏 〈佐波理加盤付屬文書〉의 '丑'가 '籾'을 의미하는 造字임을 주장하는 과정에서, 이 목간의 '丑' 또한 그에 해당한다고 파악한 바 있다(平川南 2010).

73) ▨(국립부여박물관 2007, 박중환, 국립부여박물관 2003, 近藤浩一 2004, 백제, 나무, 국립부여박물관 2010), 仲(윤선태, 이병호, 近藤浩一 2008) / 좌변은 '亻'으로 보이나, 우변이 뭉개져 명확하지 않다.

74) 椋(국립부여박물관 2007, 윤선태, 이병호, 近藤浩一 2008, 백제, 나무, 국립부여박물관 2010), 柿(박중환, 국립부여박물관 2003, 近藤浩一 2004) / 우변이 불확실하여 확정짓기 어렵다.

75) 內(국립부여박물관 2007, 이병호, 백제, 나무, 국립부여박물관 2010), 山(박중환, 국립부여박물관 2003, 近藤浩一 2004), ▨(近藤浩一 2008).

76) ▨(박중환, 국립부여박물관 2003, 近藤浩一 2004), 上(이병호, 近藤浩一 2008, 백제, 나무, 국립부여박물관 2010).

77) ▨(박중환, 국립부여박물관 2003, 近藤浩一 2004, 이병호), 田(近藤浩一 2008, 백제, 나무, 국립부여박물관 2010).

78) ▨▨▨(국립부여박물관 2007, 이병호, 近藤浩一 2008, 백제, 나무, 국립부여박물관 2010) / 몇 자인지 파악하기 어려우며, 모두 묵흔이 아닐 가능성도 있다.

(2) 역주

앞면: 3월에 … 안에 올린 籾

뒷면: ……

7) 능사 7차 목간 7(창원-301, 백제-301, 나무-301, 자전-[陵]7)

발굴보고서의 7차 조사 목간 ⑦(도면 89-1, 도판 164-2)로서, '창원' 301호에 해당한다. '六部五方'銘 목간(박중환 2002, p.216) 및 '육부오방'먹글씨목간(국립부여박물관 2003, p.102)로 소개된 바 있으며, 近藤浩一 2004에서는 (8)번 목간으로 넘버링하였다. 중문지 남서쪽 초기 자연배수로에서 출토되었다. 초기 자연배수로의 폐기 연대가 6세기 중엽부터 567년 전후로 추정되기 때문에, 초기 시설뿐 아니라 사원과의 관련성도 함께 가지고 있었다고 생각된다(이병호 2008a). 상·하단이 모두 파손되었다. 현재 길이 16.4cm, 너비 1.8cm, 두께 0.5cm이다.

박중환은 '從此法' 등의 표현에 근거하여 律令制에서와 같은 敎令 관련 내용을 담고 있을 것으로 추정하였고(박중환 2002, p.217), 이후에 뒷면 마지막 부분을 '尸具'로 판독한 뒤, 전쟁에서 전사하여 신원 확인이 어려운 상태로 귀환한 전몰 병사들의 장송 절차를 규정한 律令의 일부가 곧 '此法'이라고 보았다(박중환 2007, pp.112-120).

近藤浩一은 '凡 ……'으로 시작하는 기재방법이 일본 令 條文의 기본적 형태와 유사함을 지적하였다. '從此法'이 佛法 의식을 가르킨다고 보아, 이 목간의 성격을 불교와 관련된 儀式들에서 사용된 呪符木簡으로 간주하였다. 백제 영역조직을 가리키는 것으로 보이는 육부오방을 병기한 데 근거하여, '육부오방' 영역의 사람들을 대상으로 하는 '法'을 통한 복속의례가 이 장소에서 행해졌다고까지 추정하였다(近藤浩一 2004, pp.114-115).

반면 윤선태는 '此法'을 무언가를 쓰거나 만드는 방법이라고 보고, 그것을 조목별로 매우 구체적으로 설명한다고 본 견해도 있다. 이 경우 '육부오방'은 어떤 제작물의 세부 부분을 지칭하는 어휘가 된다(윤선태 2007, p.156). 形과 色이 불교적 분위기의 용어이며, '法'이 곧 불법을 가리킨다고 보아서, 佛法 시행과 관련된 문건으로 파악하기도 한다(백제). 김영심은 '作形'을 도교의 術數學과 연관지어 '형체의 보전'으로 해석하고, 전쟁 중 참혹한 죽음을 맞은 성왕과 전사자의 영혼을 달래기 위한 장송의례 또는 제사의례와 연관된 주술·의례용 목간으로 파악했다(김영심 2009).

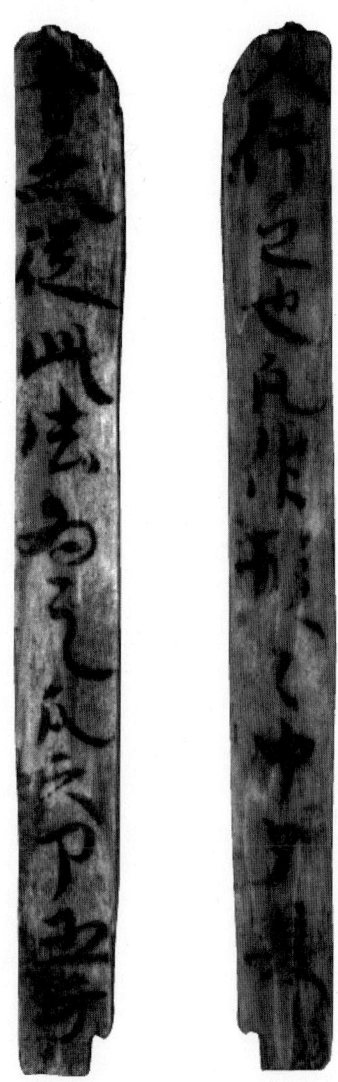

출처: 자전, p.537.

(1) 판독 및 교감

앞면	뒷면
×	×
書	[又]
亦	行
從	色
此	也
法	凡
爲	作
之	形
凡	〃
六	中
卩	了
五	其
方	×
×	

앞면: × 書[79]亦從此法 爲之凡六卩五方 ×

뒷면: × [又][80]行色[81]也 凡[82]作形〃[83]中 了[84]其[85] ×

---

79) 書(국립부여박물관 2007, 박중환, 국립부여박물관 2003, 近藤浩一 2004 판독문, 윤선태, 近藤浩一 2008, 백제, 나무, 김영심, 국립부여박물관 2010), 昔(近藤浩一 2004, 각주 12).

80) 又(국립부여박물관 2007, 백제, 나무, 국립부여박물관 2010), 人(박중환, 국립부여박물관 2003, 近藤浩一, 김영심, 손환일 2011b), ▨(윤선태) / 상부가 파손되어 원래의 자형을 파악하기 어렵다.

81) 之(국립부여박물관 2007, 국립부여박물관 2003, 김영심, 손환일), 色(박중환, 近藤浩一, 윤선태, 백제, 나무, 국립부여박물관 2010).

82) 凡(국립부여박물관 2007, 박중환, 近藤浩一, 윤선태, 김영심, 백제, 나무, 국립부여박물관 2010), 瓦(국립부여박물관 2003).

83) 반복 부호(국립부여박물관 2007, 손환일 2011b), 之(박중환, 近藤浩一, 김영심, 백제, 나무, 국립부여박물관 2010), ▨(윤선태) / 앞면의 '之'와 비교할 때 상부의 삐침이 전혀 보이지 않는다는 점에서 반복 부호일 가능성이 높다고 판단하였다.

84) 了(국립부여박물관 2007, 김영심 2009, 백제, 나무, 국립부여박물관 2010), ▨(박중환 2002, 국립부여박물관 2003, 近藤浩一, 윤선태), 尸(박중환 2007, 김영심 2007).

85) 其(국립부여박물관 2007, 백제, 나무, 국립부여박물관 2010), 具(박중환, 국립부여박물관 2003, 近藤浩一, 윤선태, 김영심) / 상부의 두 세로선이 가로선 위로 올라온 데 근거하여 '其'의 판독안을 따랐다.

앞면 1-⑩: 卩

앞면 1-⑩

∴ '部'의 이체자로서, 사비시대 백제 자료에서는 이와 같은 자형으로 표기된 경우가 많다. 고구려 평양성 석각에서도 이와 같은 자형이 확인되므로, 고구려에서 기원하여 백제와 신라에 전달된 자형으로 보인다.

뒷면 1-③: 色

뒷면 1-③				
	之	南宋 米友仁	平安 小野道風 智証大師賜號勅書	明 陳淳
	色	唐 懷素 草書千字文	淸 丁敬	唐 李邕 麓山寺碑

∴ '之'로 판독하기도 하였으나, '色'과 더 유사하다.

뒷면 1-⑩: 了

뒷면 1-⑩	唐 顔眞卿 多寶塔碑	北宋 蘇軾	元 趙孟頫 蘭亭十三跋

∴ 기존에는 판독불가로 처리한 경우가 많았으며, '尸'로 판독하기도 하였다. 형태는 '了'에 가까운 것으로 보인다.

(2) 역주

… 書 또한 이 法을 따라서 그것을 한다. 무릇 6부 5방[86] …

… 또한 行色이다. 무릇 여러 형태들을 짓는 중에 그 … 끝내다 …

8) 능사 7차 목간 9(창원-303, 백제-303, 나무-303, 자전-[陵]9)

발굴보고서의 7차 조사 목간 ⑨(도면 90-1, 도판 165-1)로서, '창원' 303호에 해당한다. '죽산'먹글씨목간(국립부여박물관 2003, p.107) 및 '죽산'명 목간(국립부여박물관 2010, p.130)으로 소개된 바 있으며, 近藤浩一 2004에서는 (12)번 목간으로 넘버링하였다. 중문지 남서쪽 초기 자연배수로에서 출토되었다. 초기 자연배수로의 폐기 연대가 6세기 중엽부터 567년 전후로 추정되기 때문에, 초기시설이나 사원과의 관련 가능성이 모두 상정된다(이병호 2008a). 좌측과 상·하단이 파손되었다. 큰 글씨로 1행을 쓰고 그 아래 작은 글씨로 3행 정도 썼던 것으로 보인다. 현재 길이 21.0cm, 현재 너비 1.9cm, 두께 0.2cm이다. 뒷면에는 묵흔이 보이지 않는다.

이 목간이 능사 7차 목간 11에 보이는 '是非相問'의 구체적인 대상을 이루고 있을 가능성도 제기된 바 있다(박중환 2002, p.220). 목간의 성격에 대해서 近藤浩一은 하찰이거나 기록간일 가능성을 동시에 제기하였다(近藤浩一 2004, p.96). '竹山'의 '山'이나 '岸'으로 판독한 부분을 지형 관련 용어로 파악한 견해도 있다(이용현 2007, p.293; 국립부여박물관 2007, p.245). 몇 월 26일에 이루어진 행위와 관련된 森林의 관리나 農桑 관련 구역이나 단위의 수가 細注로 나열되고 있다고 본 것이다. 여기서 '竹'은 단순한 농산물이 아니라, 특수작물로서 藥材이기도 하였음을 강조하였다. 신라촌락문서에서 연상되는 것처럼 '山'·'岸'과 같은 田地의 관리가 이뤄지고 있었음을 시사하는 것으로 해석하였다. 윤선태도 '죽산'이 단순한 산명이 아니라 대나무를 생산하는 '대나무밭'을 의미하며, 六은 목간 작성주체들이 관할했던 대나무밭의 數라고 주장하였다(윤선태 2007, p.154). 김영심은 竹山이 약초를 재배·공급하는 존재를 보여주므로, 의약과 관련된 道教書에 대한 이해도를 알게 해 준다고 하였다(김영심 2009). 그러나 '岸'은 판독을 인정하기 어려우며, '竹山'은 그 자체가 지명일 수도 있는 어휘로서, 田地의 특별한 지형지물이라고 단정할 수 없다.

86) 六卩五方: 五方과 병칭되고 있다는 점에서 지방 행정구역일 수 없고 사비도성의 행정구역과 관련된 것임을 지적하고, 사비시기에 익산 지역이 수도의 행정구역 중 일부인 別部로 편성되어 있었다는 견해(김주성 2001)를 뒷받침하는 자료라 판단한 바 있다(박중환 2002, p.221). 六部가 五部에 別部를 포함한 것임은 인정하면서도, 이를 웅진시대에 왕도 5부 이외에 사비가 별부로 편입되었음을 보여주는 것으로 해석한 견해도 있다(김수태 2004).

출처: 자전, p.539.

(1) 판독 및 교감

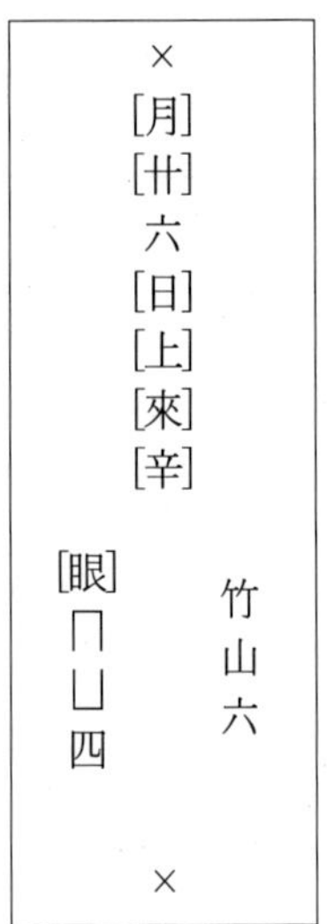

× [月][87][卄][88]六[日][89][上][90][來][91][辛][92]　竹山六
[眼][93] 〔　〕[94]四　×

1-①: [月]

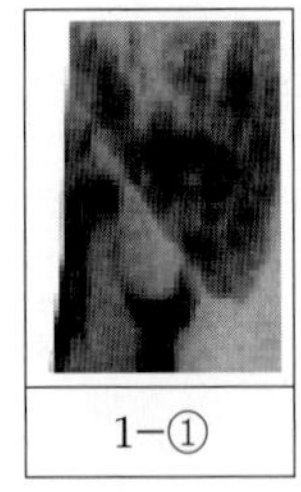
1-①

87) 미판독(국립부여박물관 2007, 박중환, 국립부여박물관 2003, 近藤浩一, 이용현), ▨(윤선태), [月](백제), 月(나무, 국립부여박물관 2010).

88) 卄(국립부여박물관 2007, 近藤浩一, 이용현, 백제, 나무, 국립부여박물관 2010), 二十(박중환), ▨(국립부여박물관 2003, 윤선태).

89) 日(국립부여박물관 2007, 박중환, 국립부여박물관 2003, 近藤浩一, 윤선태, 이용현, 백제, 나무, 국립부여박물관 2010).

90) 〔　〕(국립부여박물관 2007, 이용현), ▨(박중환, 국립부여박물관 2003, 近藤浩一, 윤선태), 上(백제, 나무, 국립부여박물관 2010).

91) 〔　〕(국립부여박물관 2007, 이용현), ▨(박중환, 국립부여박물관 2003, 近藤浩一 2004, 윤선태), 來(近藤浩一 2008, 백제, 나무, 국립부여박물관 2010).

92) 岸(국립부여박물관 2007), ▨(박중환, 국립부여박물관 2003, 近藤浩一, 윤선태, 이용현, 백제, 나무, 국립부여박물관 2010), 미판독(近藤浩一 2008).

∴ 상부가 파손되어 글자는 거의 남아 있지 않지만, 오른쪽 최하단의 삐침이 확인되며, 문맥상 26日이라는 날짜 앞에 위치하고 있으므로 '月'로 추독할 수 있다.

1-②: [卄]

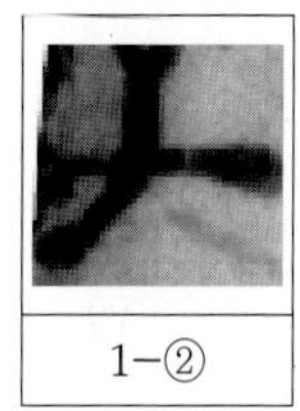

1-②

∴ 보통 '卄'으로 판독해 왔고, 가능성이 높지만, 왼쪽 부분이 잘려나갔기 때문에 확신할 수는 없다.

1-④: [日]

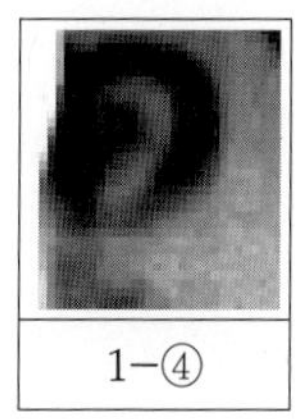

1-④

∴ 좌측이 잘라져 나갔지만, 남은 자획만으로도 '日'로 판독하기에 충분하다고 판단된다.

1-⑤: [上]

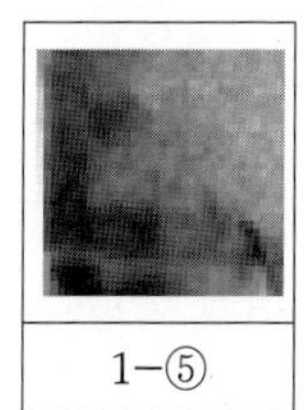

1-⑤

∴ '上'일 가능성이 매우 높지만, 좌측이 잘려나가서 '土'와 같은 글자였을 가능성도 완전히 배제할 수는 없다.

---

93) 眼(국립부여박물관 2007, 나무, 국립부여박물관 2010), 服(박중환, 近藤浩一 2004), ▨(국립부여박물관 2003, 윤선태, 近藤浩一 2008), 眠(이용현, 백제) / 좌변이 파손되어 정확한 자형을 복원할 수 없으나 형태상 '眼'에 가깝다.

94) 岸▨(국립부여박물관 2007), [岸](백제), 庫(박중환, 近藤浩一 2004), ▨(국립부여박물관 2003, 윤선태, 近藤浩一 2008, 이용현), 岸(나무, 국립부여박물관 2010) / 남은 자형만으로 판단내리기 어렵다.

1-⑥: [來]

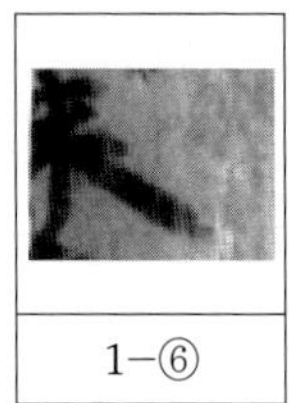
1-⑥

∴ 절반 정도만 남아 있지만 남은 자획에 의하면 '來'와 유사하다.

1-⑦: [辛]

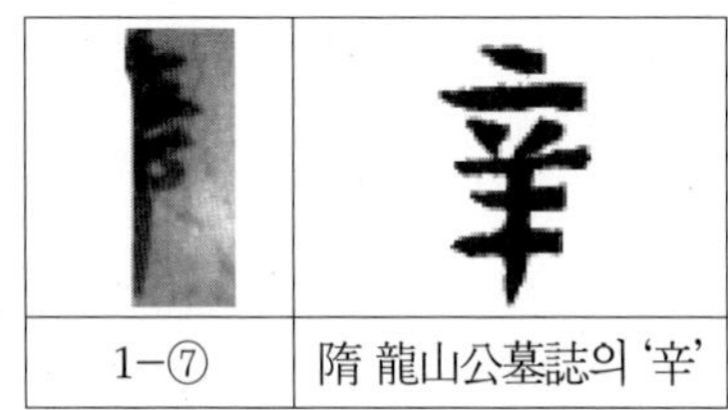

1-⑦	隋 龍山公墓誌의 '辛'

∴ 판독 불능자로 처리하거나(국립부여박물관 2009), '岸'으로 판독하였으나(국립부여박물관 2007), '辛'일 가능성이 높다고 판단된다.

(2) 역주

… 某월 26일에 올린 辛 〈죽산 6 / 眼▨ 4〉

9) 능사 7차 목간 21(창원-304, 백제-304, 나무-304, 자전-[陵]10)

발굴보고서의 7차 조사 목간 ㉑(도면 95-2, 도판 169-1)로서, '창원' 304호에 해당한다. '寶憙寺'銘 목간(박중환 2002, p.213)으로 소개된 바 있으며, 近藤浩一 2004에서는 (2)번 목간으로 넘버링하였다. 중문지 남서쪽 초기 자연배수로에서 출토되었다. 초기 자연배수로의 폐기 연대가 6세기 중엽부터 567년 전후로 추정되기 때문에, 초기 시설 및 사원과의 관련성을 모두 상정해 볼 수 있다(이병호 2008a). 상부는 완형이며 하부는 파손되었다. 현재 길이 12.7cm, 너비 3.6cm, 두께 0.4cm이다.

양면에 묵서가 있는데, 앞·뒷면이 서로 반대 방향으로 서사되었으며, 異筆이다. 뒷면은 파손된 우측하단부를 피해가면서 좁은 잔존 공간을 이용하여 글자를 기록하고 있다는 점도 앞면과 기록 시기가 다름을 보여준다(박중환 2002, p.214). 앞면은 행서로 쓰였고, 뒷면은 초서를 함께 사용하였다. '四月七日'은 필획이 가늘고 자간이 좁으며, 四와 七은 횡세가 더 강조되었다. 전체적으로 글씨가 고르고 유려하며, 초서와 행서에 능숙함을 보여준다고 평가된다(이성배 2004, p.250).

近藤浩一은 이 목간의 성격이 보희사에서 보낸 하찰로서, 앞면의 인명은 이를 운반한 사람일 가능성과, 앞면은 보희사에서 4월 7일 이 장소에 智眞 등의 인물을 파견할 때 제출했던 名簿였고 뒷면은 나중에 재사용된 것일 가능성을 모두 제시하였다(近藤浩一 2004, p.115). 윤선태는 능산리 초기시설에서 석가탄신일 의례에 참석하러 온 승려들을 날짜와 사찰별로 정리한 승려의 출석명단 중 하나였으며, 뒷면은 의례 이후 승려들에게 주어진 답례품을 출납장부 정리를 위해 앞면과 연결시켜 추기한 메모라 추정하였다(윤선태 2004, p.61).

출처: 자전, p.540.

(1) 판독 및 교감

<table>
<tr><th colspan="2">앞면</th><th>뒷면</th></tr>
<tr><td colspan="2">四
月
七
日
寶
憙
寺</td><td rowspan="2">『
七
二
斯
送
▨
』
×</td></tr>
<tr><td>[乘]
×</td><td>智
[寔]
×</td></tr>
</table>

앞면-정방향: 　　　　　　　　　智[寔][95]

　　　　　　「四月七日寶憙寺

　　　　　　　　　　　　　　[乘][96]

뒷면-역방향: ×『▨[97]送塩二石[98]』

앞면 1-⑨: [寔]

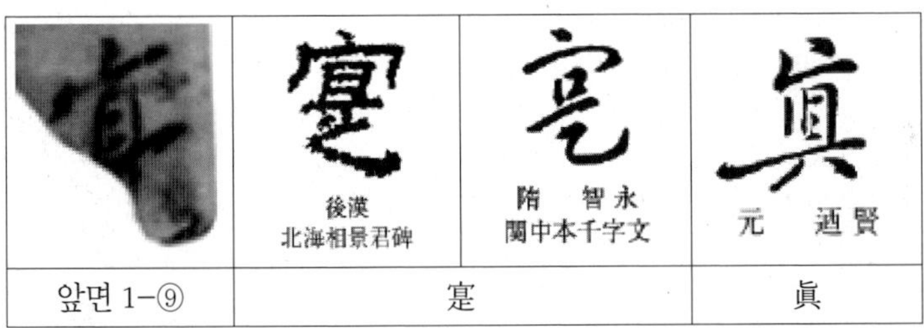

앞면 1-⑨	寔		眞

∴ 기존에는 '眞'으로 판독하는 것이 일반적이었으나, 하단부로 돌아나온 획을 볼 때 '寔'일 가능성이 높다. 이성배도 결구가 '寔'과 유사함을 지적한 바 있다(이성배 2004).

(2) 역주

앞면: 4월 7일[99] 보희사[100] 智寔 … 乘 …

뒷면: … 소금 2섬을 보냄.

95) 眞(국립부여박물관 2007, 박중환, 국립부여박물관 2003, 近藤浩一, 윤선태, 이용현, 백제, 나무, 국립부여박물관 2010), 寔?(이성배).

96) 乘(국립부여박물관 2007, 이용현, 백제, 나무, 국립부여박물관 2010), 慧(박중환, 국립부여박물관 2003), 慈(近藤浩一 2004), 乘▨(윤선태), 垂(이용현), 慧▨(近藤浩一 2008).

97) 미판독(국립부여박물관 2003, 이성배), ▨(近藤浩一, 윤선태, 이용현, 백제, 나무, 국립부여박물관 2010).

98) 一石(국립부여박물관 2007, 박중환, 국립부여박물관 2003, 이용현), 二石(近藤浩一, 윤선태, 백제, 나무, 국립부여박물관 2010), 미판독(이성배) / 量詞로 쓰일 때 '石'의 첫 가로획이 생략됨을 감안하여 '二石'으로 판독하였다.

99) 4월 7일: 석가탄신일 하루 전으로서 석가의 탄생회와 관련될 가능성이 있다(東野治之; 국립부여박물관 2003, p.95). 일본에서 불탄회가 왜왕의 보은을 기원하는 불교적 복속의례의 하나였다는 데 근거하여, 능산리 유적에서 벌어졌던 불탄회 행사 또한 불교행사의 하나라기보다 서사적 측면이 강한 행사와 연관될 가능성도 있다는 견해도 제기되었다(近藤浩一 2004, p.115).

100) 寶憙寺: 삼국시대 사찰 이름으로서는 여기에 처음 보이는 것이다. 능산리 사원의 백제시대 사찰 명칭으로 추정하기도 하였으나, 승려가 이 절에 속한 사람이라면 굳이 寺名을 적을 필요가 없을 것이며, 반대편에 물품을 보낸 내용이 기록되어 있으므로, 보희사를 능산리 사지의 명칭으로 보기는 어렵다고 판단된다(국립부여박물관 2003, p.95). 단, 능산리 사원과 교류하고 있던 백제 사찰임은 분명하다고 하겠다. 보희사는 『大乘四論玄義記』의 寶熹淵師가 머무르던 사찰명으로 보이는데, 중국에서는 확인되지 않으므로, 『大乘四論玄義記』가 백제에서 찬술되었음을 입증하는 증거로 활용되기도 하였다(최연식 2007, pp.17-18).

10) 능사 7차 목간 11(창원-305, 백제-305, 나무-305, 자전-[陵]11)

발굴보고서의 7차 조사 목간 ⑪(도면 90-3, 도판 165-3)로서, '창원' 305호에 해당한다. '宿世結業同生一處'銘 목간(박중환 2002, p.215) 및 '숙세…'먹글씨목간(국립부여박물관 2003), '숙세'명목간(나무) 등으로 소개된 바 있으며, 近藤浩一 2004에서는 (9)번 목간으로 넘버링하였다. 중문지 남서쪽 초기 자연배수로에서 출토되었다. 초기 자연배수로의 폐기 연대가 6세기 중엽부터 567년 전후로 추정되기 때문에, 초기 시설 및 사원과의 관련성을 모두 상정해 볼 수 있다(이병호 2008a).

목패형으로 완형이나, 상단으로부터 1/3 지점이 절단된 상태로 출토되었다. 다른 목간들의 나뭇결이 종선을 이루고 있는 데 반해 나뭇결이 횡선을 이루고 있는 점이 특징적이다. 길이 12.8cm, 너비 3.1cm, 두께 1.2cm이다. 목간 전체가 글자의 중심이 좌측으로 기울어지는 독특한 장법을 구사하고 있으며, 능숙한 행서로 평가된다(이성배 2004, p.251).

박중환은 이 목간의 내용이 형제 간이거나 그와 유사한 혈연관계에 놓여 있던 사람들이 서로 이해관계로 얽혀있는 사안들을 정리하는 과정에서 쓴 것이라고 보면서, 함께 사용된 다른 많은 목간들의 내용에 대한 총론적 성격을 갖는다고 추정한 바 있다(박중환 2002, p.216).

한편 김영욱은 4언4구라는 일정한 운문 형식을 갖추고 있고, 한국어 어순과 한문이 혼재한 백제 고유의 문체가 확인되며, 정서적 표현과 불교적 내세관을 담고 있다는 점에서, 백제 최초의 詩歌가 기록된 書簡 목간으로 간주하고, 이 詩歌에 '宿世歌'라는 이름을 붙였다(김영욱 2003, pp.143-144). 그와 달리 發願文의 일종으로 보거나(이진묵) 혼인 성례를 선포하는 글 또는 노래로 본 경우(김완진)도 있다(이승재 2008, p.59).

불교 경전의 일부분 또는 그와 관련된 어구를 기재한 습서 목간 혹은 교본이었을 가능성도 제기되었다(近藤浩一 2004, p.94). 윤선태는 누군가가 慧暉라는 승려에게 보낸 書簡으로 보아, 능산리 초기시설에 승려가 상주하고 있었던 증거로 활용하였다(윤선태 2004, pp.63-64). 조해숙은 이를 백제어로 부른 노래를 漢譯한 것으로 이해하였으며, 죽음을 당해 장례의 절차를 감당하면서 자신의 소회를 풀어낸 애도가로 규정짓고 〈숙세결업가〉라 이름붙였다(조해숙 2006, p.171). 김영심 또한 이러한 견해를 받아들여 죽은 자를 위한 의례와 관련된 목간으로 보았다(김영심 2009).

출처: 자전, p.541.

(1) 판독 및 교감

앞면	뒷면
宿世結業同生一處是 非相問上拜白來	慧▨▨[藏]

앞면-1행 :「宿世結業 同生一處 是

2행 : 非相問 上拜白來[101]」

뒷면 :「慧▨[102] ▨[103][藏][104]」

101) 事(국립부여박물관 2007, 박중환, 국립부여박물관 2003, 이성배, 近藤浩一, 이용현), 來(윤선태, 김영욱, 조해숙, 백제, 나무, 국립부여박물관 2010).

앞면 2-⑦: 來

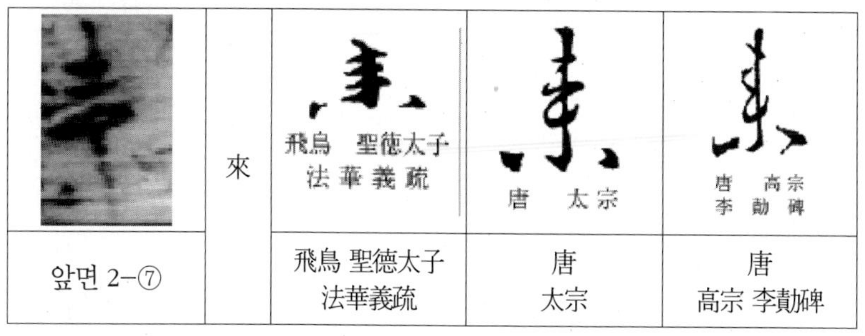

앞면 2-⑦	來	飛鳥 聖德太子 法華義疏	唐 太宗	唐 高宗 李勣碑

∴ '事'로 판독하기도 하지만, 하단부 좌우에 점을 찍은 것이 확인되므로, '來'로 판독하였다(김영욱 2004, pp.74-75; 윤선태 2004, p.63).

뒷면 1-②: ▨

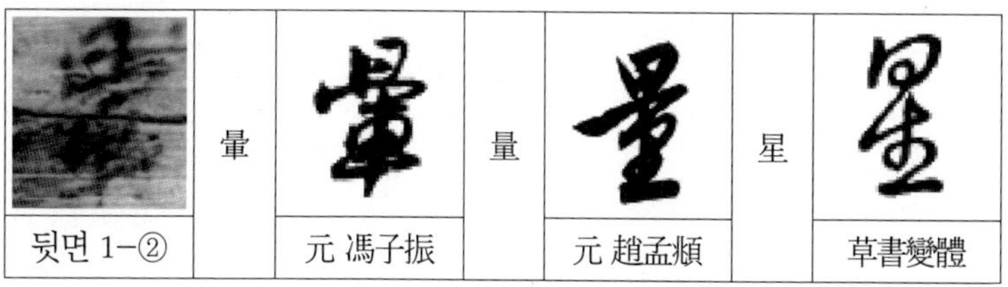

뒷면 1-②	暈	元 馮子振	量	元 趙孟頫	星	草書變體

∴ 윗부분이 '日'임은 분명해 보이나, 아랫 부분이 명확하지 않다. '暈'에 가장 가까우나, '量'이나 '星'일 가능성도 남아 있다.

뒷면 1-③: ▨

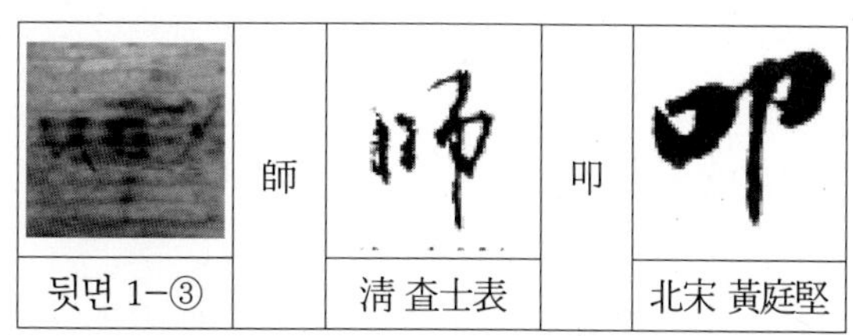

뒷면 1-③	師	清 查士表	叩	北宋 黃庭堅

∴ 기존에는 '師'로 판독하기도 했는데, 이는 앞의 두 글자를 승려의 이름으로 본 데 기반한 것이다. 적

102) 量(국립부여박물관 2007, 박중환, 국립부여박물관 2003, 近藤浩一 2004, 조해숙, 백제, 나무, 국립부여박물관 2010), 暈(이용현, 近藤浩一 2008, 이승재), 暉(윤선태).

103) ▨(국립부여박물관 2007, 박중환, 국립부여박물관 2003, 近藤浩一, 조해숙, 이용현, 이승재, 橋本繁), 師(백제, 나무, 국립부여박물관 2010), 판독 제외(윤선태).

104) 宛(국립부여박물관 2007, 백제, 나무, 국립부여박물관 2010), 前(박중환, 국립부여박물관 2003, 近藤浩一, 윤선태, 조해숙, 이용현), 藏(이승재).

외선사진을 통해 보면 좌변이 '口'로 보인다. 우변은 '巾'·'巾'이나 '巾'과 유사하지만 분명하지 않다. '吅'자와도 유사하다. 윤선태는 誤字를 書刀로 깎아낸 부분으로 파악하여 판독에서 제외하였다(윤선태 2004, p.63).

뒷면 1-④: [藏]

	藏		
뒷면 1-④		草書變體	唐 孫過庭 草書千字文

∴ '前' 혹은 '宛'으로 보기에는 윗부분의 '⺍'가 분명해 보인다. '藏'의 초서체와 유사하지만, '花'나 '范', '落' 등 초두가 들어가는 다른 글자일 가능성도 배제할 수는 없다.

(2) 역주

앞면: 宿世[105]에 業을 맺었기에, 같은 곳에 함께 태어났으니, 是非를 서로 묻기를, 절을 올리며 사룁니다.[106]

뒷면: 慧 …[107] 藏

11) 능사 6차 목간 2(창원-306, 백제-306, 나무-306, 자전-[陵]12)

발굴보고서 6차 조사 목간 ②(도면 52-1, 도판 139-2)로서, '창원' 306호에 해당한다. '두지말'명 목간으로 소개된 바 있다(국립부여박물관 2010, p.133). 6차 조사 S130W60~40구간 확장 트렌치 서남단 깊이 130cm 지점 흑색 유기물층에서 출토되었다. 초기 자연배수로가 아닌 제2석축 배수시설과 할석형 집수조 부근에서 발견되었으므로, 목탑 건립 이후인 6세기 후반에 폐기된 것으로 보아 능산리 사원의 운영과 관련된 목간으로 간주된다(이병호 2008a, p.71).

4면체 막대형 목간으로 상면과 하단이 파손되었다. 하단부가 뭉툭하며 상부가 좁아 사다리꼴을 이룬다. 4면 중 1면과 3면에서 묵흔이 확인된다(1~4면의 구분은 발굴보고서에 따름). 길이 13.2cm, 너비

105) 宿世: 前世, 前生. 일본 나라의 飛鳥池 출토 목간에도 이 용어가 확인된다(백제, p.18).

106) 上拜白來: 김영욱은 '내세를 사뢴다'는 불교적 해석이 가능하다고 하였다(김영욱 2003, p.143) 이를 '절 올이 숣보라'로 訓讀한 경우도 있다(김완진).

107) 慧▨▨: 뒷면의 앞 세 글자는 승려의 인명으로 보는 것이 일반적이다. 마지막 글자를 '藏'으로 판독하고, '慧量師가 藏하던 것'으로서, 스승이었던 慧量師가 제자들에게 남긴 語句, 즉 입적게 또는 열반송이었을 것이라고 본 견해도 나왔다(이승재 2008, p.60).

3.0cm, 두께 2.5cm이다. 묵서를 중심으로 볼 경우 글자의 계속성, 불완전성으로 상·하단이 파손되었음을 짐작할 수 있으나, 상단과 하단에 마감이 되어 있으며, 특히 하단이 반듯하게 깎아져 세워둘 수 있으므로, 목제품으로서는 완형이라고 판단하고, 습서목간을 재가공하여 다른 용도의 목제품으로 재사용했다고 본다(국립부여박물관 2007). 능사 8차 목간 1(지약아식미기)과 거의 같은 시점에 폐기되었기 때문에, 마찬가지로 쌀의 지급과 관련된 어떤 내역을 정리한 傳票나 帳簿로 추정하기도 한다(이병호 2008a, p.79).

출처: 자전, pp.542-543.

(1) 판독 및 교감

1면	2면	3면	4면
× ▨ 斗 之 末 ※ ⊓ ⊔ ×	× ×	× 当 也 ×	× ×

1면: ▨[108]斗[109]之末米[110] □ □[111]

2면: 〈판독불가〉[112]

3면: 当113)也

4면: 〈판독불가〉

12) 능사 7차 목간 12(창원-307, 백제-307, 나무-307, 자전-[陵]13)

발굴보고서의 7차 조사 목간 ⑫(도면 91-1, 도판 166-1)로서, '창원' 307호에 해당한다. '덕간'먹글씨목간(국립부여박물관 2003, p.100) 및 '덕간'명 목간(국립부여박물관 2010, p.128)으로 소개된 바 있으며, 近藤浩一 2004에서는 (7)번 목간으로 넘버링하였다. 중문지 남서쪽 초기 자연배수로에서 출토되었다. 초기 자연배수로의 폐기 연대가 6세기 중엽부터 567년 전후로 추정되기 때문에, 초기 시설과 사원 양쪽에 모두 관련되었을 가능성이 있다(이병호 2008a). 상·하단은 파손되었다. 앞면은 1행, 뒷면은 2행으로 묵서되었다. 현재 길이 9.3cm, 너비 3.6cm, 두께 0.55cm이다.

출처: 자전, p.544.

108) 미판독(국립부여박물관 2007, 백제, 나무, 국립부여박물관 2010), ▨(이병호, 近藤浩一 2008) / 상단부 파손으로 마지막 가로획의 묵흔만 확인된다.

109) ▨(국립부여박물관 2007), 斗(이병호, 나무, 국립부여박물관 2010), [斗](近藤浩一 2008, 백제).

110) ▨(국립부여박물관 2007), 米(이병호, 백제, 나무, 국립부여박물관 2010) / 우측이 깎여 나갔지만, 남은 획으로 보아 '米'로 판단된다. '末'字 하단의 오른쪽에 작게 씌여졌는데, 이하의 묵흔들은 다시 '末'까지와 마찬가지로 중앙에 크게 자리잡고 있어 2행으로 서사된 것으로 보기는 어렵다.

111) ▨▨升(이병호), ▨▨(백제, 나무).

112) 미판독(국립부여박물관 2007, 이병호, 백제, 나무), 斗(近藤浩一 2008).

113) ▨▨(국립부여박물관 2007, 이병호, 백제, 나무), ▨当(나무, 국립부여박물관 2010) / 현재 남아있는 자형으로는 '当'에 가장 가까우나, 완형이 남아있다고는 확신할 수 없다. 앞에 한 글자가 더 있었을 것으로 보기도 하나 묵흔으로 인정하기 어렵다. 면의 오른쪽에 치우쳐 작게 서사되어 있다.

(1) 판독 및 교감

앞면	뒷면	
	×	
×	▨	▨
德	▨	爲
干	▨	資
尓	▨	丁
×	×	

앞면: ×▨德干尓[114] ×

뒷면-1행: ×▨[115]爲[116]資丁 ×

2행: ×▨▨▨▨ ×

앞면 1-①: ▨

앞면 1-①

∴ 상부가 파손되어서 최하단의 삐침만 확인 가능하다. 뒤의 '德'자와 결합된 德系 관등 명칭 중 하나일 경우 '季德'일 가능성이 크다고 할 수 있다.

(2) 역주

앞면: … (季)德[117]인 干尓 …

뒷면: … 資丁[118]을 삼음 …

---

114) 尓(국립부여박물관 2007, 이용현, 백제, 나무, 국립부여박물관 2010), ▨(박중환, 국립부여박물관 2003, 近藤浩一 2004), 爾(近藤浩一 2008).

115) ▨(국립부여박물관 2007, 이용현, 나무), 미판독(近藤浩一 2008, 국립부여박물관 2010), 'ㄱ'자 모양의 검수 표시(백제).

116) 爲(국립부여박물관 2007, 박중환, 近藤浩一 2004, 이용현, 나무, 국립부여박물관 2010), 无(국립부여박물관 2003), ▨(近藤浩一 2008).

117) 德: '-德'은 將德·施德·固德·季德·對德 등 백제 관등 제7위에서 제11위에 붙는 접미사. 그렇다면 뒤의 '干尓'는 이름일 수 있다(국립부여박물관 2007).

118) 資丁: 지역에서 役의 일환으로 파견되어 궁내, 관사나 귀족 아래 잡역에 종사하던 역직을 가리키는 것으로 추정된다(이용현 2007, pp.290-291; 국립부여박물관 2007).

13) 능사 7차 목간 13(창원-308, 백제-308, 나무-308, 자전-[陵]14)

발굴보고서의 7차 조사 목간 ⑬(도면 91-2, 도판 166-2)으로서, '창원' 308호에 해당한다. 〈'이백'명 목간〉으로도 소개된 바 있다(국립부여박물관 2010, p.134). 중문지 남서쪽 초기 자연배수로에서 출토되었다. 초기 자연배수로의 폐기 연대가 6세기 중엽부터 567년 전후로 추정되기 때문에, 능산리사지 초기시설 뿐 아니라 목탑 건립과 같은 사원과의 관련성도 함께 가지고 있었다고 생각된다(이병호 2008a).

하단부는 반원형으로 완형이 남아 있으나, 상단부는 파손되었다. 현재 길이 12.4, 너비 3.2, 두께 0.8. 국립부여박물관 2009에 실린 적외선 사진이 선명한 편이다. '백제'에는 세부적인 적외선 사진이 제시되어 있으나 선명하지 않다.

출처: 자전, p.545.

(1) 판독 및 교감

앞면	뒷면
× ▨ 二 百 十 五 [日] 」	× ▨ ▨ ▨ 」

앞면: × ▨[119]二百[120]十五[日][121]」

뒷면: × ▨[122] ▨▨」

14) 능사 6차 목간 3(창원-309, 백제-309, 나무-309, 자전-[陵]15)

발굴보고서 6차 조사 목간 ③(도면 52-2, 도판 140-1)으로서, '창원' 309호에 해당한다. 〈'칠정'명 목간〉으로도 소개된 바 있다(국립부여박물관 2010, p.134). 6차 조사에서 중문지 남쪽 초기 자연배수로 S110~120, W50~40에서 출토되었다. 초기 자연배수로의 폐기 연대가 6세기 중엽부터 567년 전후로 추정되기 때문에, 초기 시설과 사원 양쪽에 모두 관련되었을 가능성이 있다(이병호 2008a). 매우 얇으며, 양면에 묵서되었다. 잔존 길이 8.4cm, 너비 2.6cm, 두께 0.2cm이다.

윤선태는 '死'·'再拜' 등 남은 묵서 내용을 근거로 死者를 위한 儀禮와 관련된 목간임을 짐작할 수 있다고 보았다(윤선태 2004, p.66). 이후 295호 목간과 동일지점에서 출토되었고, '再拜'가 의례 절차에 등장할 수 있는 어휘라는 점에서, 백제 道祭의 의례 절차를 기록한 笏記이거나, '죽은 자'의 不淨을 京外로 내모는 大祓儀式과 관련되었을 가능성도 제기하였다(윤선태 2007, p.132). 이병호는 死者를 위한 儀禮에 관련된 목간이라는 설명을 받아들여, 능산리 유적 출토 목간들이 554년 聖王 사망 이후 567년 목탑 건립 공사 착수 이전까지 聖王陵 조영이나 조상신 제사 등의 기능을 담당했던 특수 시설물에서 사용되었다고 볼 근거로 활용하였다(이병호 2008a, p.75).

그러나 이에 대해서는 상하가 파손되어 문맥을 알 수 없는 단편적 내용만을 가지고 구체적 용도를 추측하는 것은 무리라는 비판도 있다(橋本 繁 2008, pp.270-271). '死'는 王의 죽음에 사용되는 용어가 아니며, '伏地再拜'와 같은 관용 어구를 감안하면 '再拜'가 제사 상황에서만 쓰이는 것이 아니므로, 聖王에 대한 제사의 흔적으로는 보기 어렵다.

---

119) ▨(국립부여박물관 2007, 백제, 나무), 미판독(국립부여박물관 2010) / 상부가 파손되어 원래의 형태를 알 수 없지만, 남은 필선에 근거하여 추론해 보면 '者'와 같은 글자의 하단부일 가능성이 있다.

120) 二百(국립부여박물관 2007, 백제, 나무, 국립부여박물관 2010), 三日?(국립부여박물관 2007) / '一'과 '日' 사이에 이어지는 선이 확인되므로, '二百'으로 판독하였다.

121) ▨(국립부여박물관 2007, 백제, 나무, 국립부여박물관 2010) / 남은 묵흔만으로 판단내리기 어려우나 '日'과 유사한 형태가 보인다.

122) ▨(국립부여박물관 2007), [疑]?(국립부여박물관 2007, 백제, 나무, 국립부여박물관 2010).

출처: 자전, p.546.

(1) 판독 및 교감

앞면	뒷면
× ▨ 七 定 促 死 ▨ ×	× ▨ 再 拜 ▨ ×

앞면: ×▨七定[123)]促[124)]死▨[125)]

뒷면: ×▨再拜▨[126)]

15) 능사 6차 목간 4(창원-310, 백제-310, 나무-310, 자전-[陵]16)

발굴보고서의 6차 조사 목간 ④로서, '창원' 310호에 해당한다. 〈'반면'명 목간〉으로 소개된 바 있다(국립부여박물관 2010, p.138). 홀형으로서 상·하부가 파손되었다. S130W60~50 구간 깊이 130~140cm 지

123) 定(국립부여박물관 2007, 近藤浩一 2008, 백제, 나무, 국립부여박물관 2010), ▨(윤선태, 橋本繁).

124) ▨(국립부여박물관 2007, 윤선태, 近藤浩一 2008, 橋本繁, 백제, 나무, 국립부여박물관 2010), 食(국립부여박물관 2007) / 남아있는 자형은 '促'으로 보인다. 거의 사용되지 않는 글자로서, 당시의 造字이거나, 誤字일 가능성이 있다.

125) 미판독(윤선태, 近藤浩一 2008, 橋本繁), ▨(백제, 나무, 국립부여박물관 2010).

126) ▨(국립부여박물관 2007, 윤선태, 近藤浩一 2008, 橋本繁, 백제, 나무, 국립부여박물관 2010), 云(국립부여박물관 2007).

점 제2석축 남쪽 끝 흑색 유기물층에서 출토되었다. 초기 자연배수로가 아닌 제2석축 배수시설과 할석형 집수조 부근에서 발견되었으므로, 목탑 건립 이후인 6세기 후반에 폐기된 것으로 보아 능산리 사원의 운영과 관련된 목간으로 간주되고 있다(이병호 2008a, p.71). 나뭇결이 종으로 되어 있다. 현재 길이 12.1cm, 너비 1.5cm, 두께 0.5cm이다. 능숙한 초서로 쓰였으며, 먹의 농담 변화가 분명한 수작으로 평가받고 있다(이성배 2004, p.251). 이 목간은 斑綿衣 20方의 보관이나 이동과 관련된 내용으로 추정된다.

출처: 자전, p.547.

(1) 판독 및 교감

앞면	뒷면
× ▨ 立 卄 方 [斑] 綿 衣 ▨ ×	× 己 ×

앞면: ×▨[127]立廿方[128][斑][129]綿[130]衣[131]▨[132]

뒷면: ×己[133]　　　　　　×

앞면 1-④: 方

∴ '兩'의 초서체로 보기도 했으나, '方'으로 판독하는 것이 가장 적합해 보인다(이성배 2004, p.251; 이병호 2008a, p.79).

(2) 역주

… 20方[134]의 얼룩 무늬 무명옷[135]

127) ▨(국립부여박물관 2007, 이병호, 近藤浩一 2008, 백제, 나무, 국립부여박물관 2010), 미판독(이성배) / 상단부가 파손되어 가운데 ㅣ획만 확인 가능하다.

128) 方(국립부여박물관 2007, 이병호, 백제, 이성배), ▨(近藤浩一 2008, 나무, 국립부여박물관 2010), 兩(손환일 2008).

129) 斑(국립부여박물관 2007, 이병호, 백제, 나무, 국립부여박물관 2010), ▨(近藤浩一 2008, 이성배) / 자형이 유사하나 확신하기는 어렵다.

130) 綿(국립부여박물관 2007, 이병호, 백제, 나무, 국립부여박물관 2010), 停(이성배).

131) 미판독(국립부여박물관 2007, 이성배, 나무, 국립부여박물관 2010), 衣(이병호), ▨(近藤浩一 2008).

132) 미판독(국립부여박물관 2007, 이성배, 이병호, 近藤浩一 2008, 백제, 나무, 국립부여박물관 2010).

133) 己(국립부여박물관 2007, 이병호, 백제, 나무, 국립부여박물관 2010) / 상단부가 파손되어, 전체 글자의 일부일 가능성도 있지만, 남아 있는 부분은 '己'로 보인다.

134) 廿方: '方'이 方形 物體의 量詞로 사용됨을 감안할 때, 20方 또한 그와 관련되어 해석될 가능성이 상정된다.

135) 斑綿衣: 斑은 얼룩 무늬, 綿衣는 무명옷·솜옷을 가리킨다. 『三國志』 魏志 東夷傳에 왜의 사신이 중국에 綿衣를 바친 사례가 확인된다(이병호 2008a, p.79).

16) 능사 7차 목간 14(창원-311, 백제-311, 나무-311, 자전-[陵]17)

발굴보고서의 7차 조사 목간 ⑭(도면 91-3, 도판 166-3)로서, '창원' 311호에 해당한다. 중문지 남서쪽 초기 자연배수로에서 출토되었다. 초기 자연배수로의 폐기 연대가 6세기 중엽부터 567년 전후로 추정되기 때문에, 초기 시설 및 사원과의 관련성을 모두 상정해 볼 수 있다(이병호 2008a). 상단은 완형이나 하단은 파손되었다. 현재 길이 7.5cm, 너비 3.7cm, 두께 0.5cm이다. 뒷면에는 묵흔이 확인되지 않는다. 상단으로부터 공백을 두고 서사를 시작하고 있다.

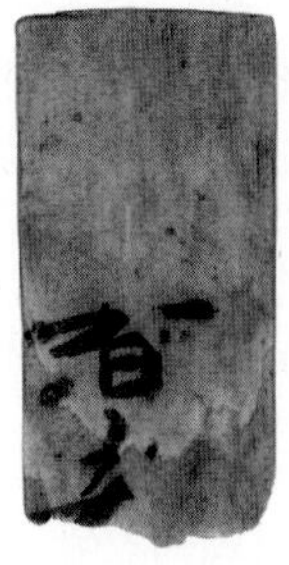

출처: 나무, p.26.

(1) 판독 및 교감

앞면: 「 百▨[136] ×

17) 능사 7차 목간 15(창원-312, 백제-312, 나무-312, 자전-[陵]18)

발굴보고서의 7차 조사 목간 ⑮(도면 91-4, 도판 166-4)로서, '창원' 312호에 해당한다. 중문지 남서쪽 초기 자연배수로에서 출토되었다. 초기 자연배수로의 폐기 연대가 6세기 중엽부터 567년 전후로 추정되기 때문에, 초기 시설 및 사원과의 관련성을 모두 상정해 볼 수 있다(이병호 2008a). 상·하부가 파손되었다. 현재 길이 5.2cm, 너비 3.1cm, 두께 0.6cm이다.

출처: 나무, p.26.

---

136) 者(국립부여박물관 2007, 백제, 나무) / '耂'는 확인되나 하단이 파손되어 정확한 글자는 알 수 없다.

(1) 판독 및 교감

(앞면) × 此▨[137] ×

(뒷면) × ▨[138] ×

18) 능사 7차 목간 10(창원-313, 백제-312, 자전-[陵]19)

발굴보고서의 7차 조사 목간 ⑩(도면 90-2, 도판 165-2)으로서, '창원' 313호에 해당한다. '子基寺'銘 목간(박중환 2002, p.215) 및 '자기사'먹글씨목간(국립부여박물관 2003, p.96)으로도 소개된 바 있으며, 近藤浩一 2004에서는 (3)번 목간으로 넘버링하였다. 중문지 남서쪽 초기 자연배수로(S110, W60)의 제2, 제3 목책열 사이 굵은 목재편 북쪽에서 출토되었다. 초기 자연배수로의 폐기 연대가 6세기 중엽부터 567년 전후로 추정되기 때문에, 초기 시설 및 사원과의 관련성을 모두 상정해 볼 수 있다(이병호 2008a). 상단에 좌우로 V자형 홈이 있어, 끈을 돌려 물건에 맸던 것으로 보인다. 완형으로 길이 7.8cm, 너비 1.9cm, 두께 0.6cm이다.

'자기사'는 문헌에서 확인되지 않는 사찰 명칭으로, '자기사'라는 사찰에서 능산리 유적의 사찰에 물품 등을 송부할 때 사용한 목간으로 보고 있다(박중환 2002, p.215). 안압지 출토 목간처럼 V자 홈이 있는 목간이 신분증명서로 이용된 사례가 있음을 감안하여 목간을 휴대한 인물의 증명서 역할을 했을 가능성이 높다고 본 견해도 나왔다(近藤浩一 2004, p.95). 윤선태는 형태가 부찰목간이므로, 자기사에서 능산리 초기시설로 보냈거나 능산리 초기시설에서 자기사와 관련하여 제작하였을 것으로 추정하였다. 前者는 사람과 물품이 모두 이동한 것이며, 後者의 경우라면 자기사 관련 물품을 능산리 초기시설 내 창고에 보관할 때 사용한 부찰이었던 것이 된다. 어느 쪽이든 능산리 초기시설과 자기사라는 사찰 간의 인적·물적 소통을 보여준다(윤선태 2004, p.62).

출처: 자전, p.550.

137) 미판독(백제, 나무).

138) 묵흔은 있으나 글자라고 보기는 어렵다.

(1) 판독 및 교감

앞면: 「V 子基寺 」

뒷면: 「V □ □[139]」

19) 능사 6차 목간 8(창원-314, 백제-314, 나무-314, 자전-[陵]20)

발굴보고서의 6차 조사 목간 ⑧(도면 54-1, 도판 141-1)로서, '창원' 314호에 해당한다. 중문지 남쪽 초기 자연배수로 S110~120, W50~40에서 능사 6차 목간 1(295호)과 인접하여 출토되었다. 초기 자연배수로의 폐기 연대가 6세기 중엽부터 567년 전후로 추정되기 때문에 초기 시설 및 사원과의 관련성을 모두 상정해 볼 수 있다(이병호 2008a). 막대형으로 상·하부가 파손되었다. 형태만으로는 목제품에 가깝다고 보기도 한다(국립부여박물관 2007, p.148) 현재 길이 12.5cm, 현재 너비 1.6cm, 두께 0.4~1.0cm이다. 판독은 어려운 상태이나, 앞면의 경우 독특한 필획이 확인된다.

출처: 자전, p.551.

139) □ □(국립부여박물관 2007, 윤선태), ▨▨▨(이용현, 近藤浩一 2008) / 묵흔은 확인되나 판독이 어렵다. 마지막 글자는 '內'일 가능성이 있다.

(1) 판독 및 교감

앞면:「□ □[140]」

뒷면:「□ □[141]」

20) 능사 6차 목간 5(2000-3, 백제-능9(p.43))

발굴보고서의 6차 조사 목간 ⑤(도면 53-2, 도판 140-3)로서, 이병호는 2000-3으로 넘버링하였다. '백제'에는 〈능9〉로 넘버링된 목간이 2건 나오는데, 그중 뒤의 것에 해당한다. 중문지 남쪽 초기 자연배수로(S110~120, W50~40)에서 능사 6차 목간 1(295호)과 인접하여 출토되었다. 초기 자연배수로의 폐기 연대가 6세기 중엽부터 567년 전후로 추정되기 때문에, 초기 시설 및 사원과의 관련성을 모두 상정해 볼 수 있다(이병호 2008a). 막대형으로 상하·좌우가 결실되었다. 현재 길이 8.9cm, 현재 너비 1.0cm, 두께 0.6cm이다. 4면 중 한 면에서 묵흔이 확인되나 판독은 어렵다.

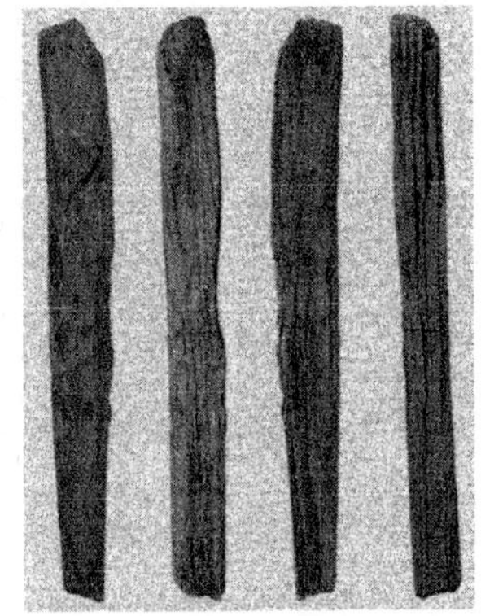

출처: 국립부여박물관, 2007, p.419.

(1) 판독 및 교감

1면: × ▨▨▨ ×

2면: × (묵흔 확인 안 됨) ×

3면: × (묵흔 확인 안 됨) ×

4면: × (묵흔 확인 안 됨) ×

21) 능사 6차 목간 6(2000-1, 백제-능1, 나무-능1, 자전-[陵]21)

발굴보고서의 6차 조사 목간 ⑥(도면 53-3, 도판 140-4)으로서, 이병호는 2000-1로 넘버링하였고,

140) 미판독(국립부여박물관 2007), □ □(나무), 飮广(자전, 손환일 2011b).

141) 미판독(국립부여박물관 2007), □ □(나무), ▨日▨▨▨▨[固](손환일, 2011b).

'백제'에서 〈능1〉로 소개하였다. 국립부여박물관 2010에서는 〈'이리'명 목간〉으로 이름붙였다. 중문지 남쪽 초기 자연배수로(S110~120, W50~40)에서 능사 6차 목간 3(309호)·능사 6차 목간 8(314호)과 공반하여 발굴되었다. 초기 자연배수로의 폐기 연대가 6세기 중엽부터 567년 전후로 추정되기 때문에 초기 시설과 사원에 모두 관련될 가능성이 있다(이병호 2008a). 두께가 매우 얇으나, 양면에 서사되어 있으므로 삭설은 아니다. 애초부터 얇게 종이처럼 깎아서 사용한 것으로서, 樹皮木簡으로 지칭하기도 한다(국립부여박물관 2007, p.148). 종이를 의식한 목간 제작으로 종이시대에도 나무가 여전히 중요한 서사자료였음을 말해준다는 해석이 제기된 바 있다(백제, p.19). 앞·뒷면의 서사 방향이 반대이다. 현재 길이 9.8cm, 현재 너비 2.1cm, 두께 0.2cm.

출처: 자전, p.552.

(1) 판독 및 교감

앞면	뒷면
×	×
二	
裏	
民	矣
▨	和
行	▨
×	×

앞면-정방향: ×二裏民[142)]▨[143)]行[144)]×

뒷면-역방향: ×▨[145)]和矣[146)] ×

앞면 1-⑤: 行

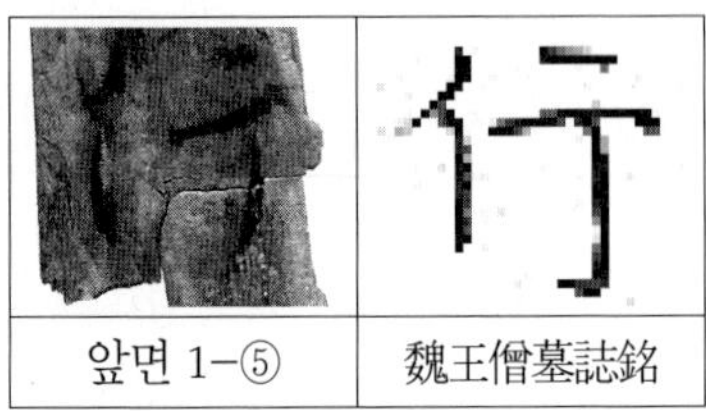

앞면 1-⑤	魏王僧墓誌銘

∴ 좌변이 '亻'으로 되어 있는 이체자이다.

22) 능사 7차 목간 1(2001-1)

발굴보고서의 7차 조사 목간 ①(도면 86-1, 도판 162-5)로서, 이병호는 2001-1로 넘버링하였다. 중문지 남서쪽 초기 자연배수로에서 출토되었다. 초기 자연배수로의 폐기 연대가 6세기 중엽부터 567년 전후로 추정되기 때문에 초기 시설뿐 아니라 사원과의 관련성도 함께 가지고 있었다고 생각된다(이병호 2008a). 막대형 목간으로 하단이 파손되었으며. 상단도 파손되었을 가능성이 있다. 현재 길이 22.2cm, 너비 2.9cm, 두께 2.2cm이다. 묵흔이 보이므로 목간으로 간주할 수 있으나, 판독은 불가능하다. 2면의 경우 9자 가량으로 추정한 바 있다(국립부여박물관 2007, p.238). 아직까지 적외선 촬영 사진이 제시된 바 없다.

23) 능사 7차 목간 16(2001-2, 백제-능6, 나무-능6, 자전-[陵]22)

발굴보고서의 7차 조사 목간 ⑯(도면 92-1, 도판 167-1)으로서, 이병호는 2001-2로 넘버링하였고, '백제'에서는 〈능6〉이라고 소개하였다. 국립부여박물관 2010에서는 〈'치마'명 목간〉으로, 손환일 2011b에는 〈扶餘陵山里寺址新出土木簡(537~567)〉 26으로 표기하였다. 중문지 남서쪽 초기 자연배수로에서 출토되었다. 초기 자연배수로의 폐기 연대가 6세기 중엽부터 567년 전후로 추정되기 때문에 초기 시설 및 사원과의 관련성을 모두 상정해 볼 수 있다(이병호 2008a). 원형의 목재를 끝의 둥근 부분을 남긴 채 나머지를 깎아 4면으로 만든 4면 목간이다. 현재 길이 23.6cm, 너비 2.0cm, 두께 1.7cm이다. 각 면에서 묵흔이 확인되지만, 4면을 제외하면 판독이 어렵다. 습서목간으로 간주된다.

---

142) 民(국립부여박물관 2007, 백제, 나무, 국립부여박물관 2010) / 우측 중심부가 파손되었으나, 좌측의 남은 획을 바탕으로 추정할 수 있다.

143) 雙(국립부여박물관 2007, 백제, 나무, 국립부여박물관 2010), 前(자전), 次(손환일 2011b) / 현재 확인되는 자형에 기반해서는 특정하기 어렵다.

144) 行(백제, 나무, 국립부여박물관 2010).

145) ▨(백제, 나무, 국립부여박물관 2010), 擧(자전), 屆(손환일 2011b).

146) 矣(백제, 나무, 국립부여박물관 2010), 知(손환일 2011b).

출처: 자전, pp.553-554.

(1) 판독 및 교감

(1면) 「⌞ ⌟[147]

(2면) 「(묵흔 확인 어려움)

(3면) 「⌞ ⌟[148]

(4면) 「馳[馬][149]幸[150]▨[151]▨[152]憲▨[153]▨[154]▨[155]

(2) 역주

(4면) 말을 달려 ~로 행차하여 … 憲 …

24) 능사 7차 목간 17(2001-3, 백제-능9(pp.40~41))

발굴보고서의 7차 조사 목간 ⑰(도면 93-1, 도판 167-2)로서, 이병호는 2001-3으로 넘버링하였다. '백제'에서는 〈능9〉로 넘버링된 목간이 2건 존재하는데, 그중 먼저 소개된 것에 해당한다. 중문지 남서쪽 초기 자연배수로에서 출토되었다. 초기 자연배수로의 폐기 연대가 6세기 중엽부터 567년 전후로 추정되기 때문에 초기 시설 및 사원과의 관련성을 모두 상정해 볼 수 있다(이병호 2008a). 비교적 넓은 판에 7자 이상의 글자들이 다양한 방향으로 서사되어 있으며, 묵흔의 농담이 다양하여, 습서 목간으로 판단하고 있다. 습서했던 큰 목판을 재이용하기 위해 잘라낸 것의 일부 조각으로 보기도 한다(국립부여박물관 2007, p.249). 현재 길이 10.4cm, 현재 너비 5.8cm, 두께 1.0cm이다.

---

147) ⌞ ⌟(국립부여박물관 2007, 백제, 나무), 是(손환일 2011b).

148) ⌞ ⌟(국립부여박물관 2007, 백제), 나무, 阿節(손환일 2011b).

149) 馬(국립부여박물관 2007, 백제, 나무, 국립부여박물관 2010), 聖(자전, 손환일 2011b) / 좌변은 '馬'로 보이지만, 우변이 존재하는지 여부는 판단하기 어렵다.

150) ▨(국립부여박물관 2007), 辛▨(백제, 국립부여박물관 2010), 辛(나무, 손환일 2011b) / 상단부에 획의 교차가 확인되므로 '幸'으로 판독하였다.

151) 處(국립부여박물관 2007, 백제, 나무, 국립부여박물관 2010), 露(자전, 손환일 2011b).

152) 階(국립부여박물관 2007, 백제, 나무, 국립부여박물관 2010), 隋(자전, 손환일 2011b).

153) ▨(국립부여박물관 2007), 懷(백제, 나무, 국립부여박물관 2010) 壞(자전, 손환일 2011b).

154) ▨(국립부여박물관 2007, 백제, 나무, 국립부여박물관 2010), 醞(손환일, 2011b).

155) [弓+古]▨(국립부여박물관 2007, 백제), 미판독(나무), ▨(국립부여박물관 2010), 强▨(자전), 强治(손환일 2011b) / 두 글자 중 첫 글자의 좌변은 '弓'으로 볼 수도 있으나, 우변은 '古'라기보다 '艹'나 '虍'를 포함한 자형으로 보인다. 마지막 두 자는 위아래가 뒤집어진 것으로 간주하기도 한다(국립부여박물관 2007).

출처: 백제, p.40.

(1) 판독 및 교감

(앞면) × '見'·'公'·'道'·'進'·'德' ×

25) 능사 7차 목간 18(2001-4, 백제-능3, 나무-능3, 자전-[陵]23)

발굴보고서의 7차 조사 목간 ⑱(도면 93-2, 도판 168-1)로서, 이병호는 2001-4로 넘버링하였고, '백제'에서 〈능3〉으로 소개하였다. 〈'모'명 목간〉으로도 지칭된 바 있다(국립부여박물관 2010, p.137). 중문지 남서쪽 초기 자연배수로에서 출토되었다. 초기 자연배수로의 폐기 연대가 6세기 중엽부터 567년 전후로 추정되기 때문에 초기 시설 및 사원과의 관련성을 모두 상정해 볼 수 있다(이병호 2008a). 4면 목간으로서, 한쪽 끝을 둥근 형태로 만들었다. 상단은 완형이고 하단은 파손되었다. 4면에 묵흔이 확인되지만 판독은 어렵다. 현재 길이 34.8cm, 너비 2.8cm, 두께 2.8cm이다.

출처: 자전, pp.555-556.

(1) 판독 및 교감

(1면) 「 牟[156) ▨[157) ▨[158) ▨[159) ▭[160)

(2면) 「 ▭[161)

(3면) 「 ▭[162)

(4면) 「 ▭[163)

26) 능사 7차 목간 22(2001-5, 백제-능4, 나무-능4, 자전-陵[24])

발굴보고서의 7차 조사 목간 ㉒(도면 96-1, 도판 169-2)로서, 이병호는 2001-5로 넘버링하였고, '백제'에서 〈능4〉로, 국립부여박물관 2010에서 〈'도화'명 목간〉으로 소개하였다. 중문지 남서쪽 초기 자연배수로에서 출토되었다. 초기 자연배수로의 폐기 연대가 6세기 중엽부터 567년 전후로 추정되기 때문에 초기 시설 및 사원과의 관련성을 모두 상정해 볼 수 있다(이병호 2008a). 4면 목간으로서 상단은 파손되었으며, 하단은 완형에 가깝다. 하단은 둥글게 다듬은 듯하다. 현재 길이 24.2cm, 너비 3.5cm, 두께 2.0cm이다.

'伏願'이라는 문구에 근거하여 국왕에게 올리는 상소문이나 외교문서체로 추정하였으며, '貢困'이라는 판독에 기초하여 貢税와 관련된 내용일 것으로 추정한 바 있다(국립부여박물관 2007, p.255). 그러나 習書木簡으로 여겨지므로, 정확한 내용은 파악하기 어렵다고 보아야 한다.

---

156) ▨(국립부여박물관 2007 판독문), 生?(국립부여박물관 2007 본문), 牟(백제, 나무, 국립부여박물관 2010).

157) ▨(국립부여박물관 2007, 백제, 나무, 국립부여박물관 2010), 己(자전, 손환일 2011b).

158) 光(국립부여박물관 2007), ▨(백제, 나무, 국립부여박물관 2010), 兒(자전, 손환일 2011b).

159) ▨(국립부여박물관 2007), 前(백제, 나무, 국립부여박물관 2010, 손환일 2011b).

160) ▨▨(국립부여박물관 2007), ▨▨▨(백제, 나무, 국립부여박물관 2010), 予(손환일 2011b).

161) ▨▨月▨▭(국립부여박물관 2007), ▭(백제, 나무), 今(자전, 손환일 2011b)

162) ▨▨▨▨▨▨(국립부여박물관 2007), ▨▨▨▨▭(백제, 나무).

163) ▨▨▨▨▨(국립부여박물관 2007), ▭(백제, 나무).

출처: 자전, pp.557-558.

(1) 판독 및 교감

1면: × ▨▨法[164] 〔　〕[165]▨[166]〔　〕」

2면: × 則憙拜[167][而][168]受▨[169]伏願[170]常▨[171]此時[172]　　」

3면: × 道▨[173]▨[174]〔　〕[175][礼][176]〔　〕礼礼[177]」

4면: × ▨[178]▨[179]▨[180]辛[181]道[182][貴][183]困[184]▨[185]▨灼▨[186][八][187]▨[188][而][189]▨[190]▨[191]▨[192]▨[193]」

---

164) 浩(국립부여박물관 2007, 백제, 나무, 국립부여박물관 2010), 法(자전), 去(손환일 2011b).

165) ▨▨▨▨(국립부여박물관 2007, 백제, 나무, 국립부여박물관 2010), 原(손환일 2011b).

166) [言+▨](국립부여박물관 2007, 백제), 言(나무, 국립부여박물관 2010) / 좌변이 '言'임은 확인되나 우변은 깎여나가 보이지 않는다.

167) 孫(국립부여박물관 2007), 拜(백제, 나무, 국립부여박물관 2010).

168) 而(국립부여박물관 2007, 백제, 나무, 국립부여박물관 2010) / 적외선 사진으로 보이는 묵흔이 '而'와 유사하다.

169) 미판독(국립부여박물관 2007, 백제, 나무, 국립부여박물관 2010), ▨(자전), 之(손환일 2011b) / '受'와 '伏' 사이에 한 글자가 더 존재했음은 확인된다. '之'일 가능성도 인정할 수 있다.

170) 顚(국립부여박물관 2007), 願(백제, 나무, 국립부여박물관 2010).

171) 上(국립부여박물관 2007, 손환일 2011b), ▨(백제, 나무, 국립부여박물관 2010).

172) '時' 아래에 글자가 더 있을 것으로 추정하기도 하나(백제, 나무), 적외선 사진으로도 묵흔을 확인할 수 없다.

173) [禾+▨](국립부여박물관 2007), 和(백제, 나무, 국립부여박물관 2010, 자전), [私](손환일 2011b) / 좌변의 '禾'만 확인 가능할 뿐 우변은 깎아내 버린 듯 형체를 알아볼 수 없다.

174) ▨(국립부여박물관 2007, 백제, 나무, 국립부여박물관 2010), 德(손환일 2011b) / 좌변의 '禾'가 확인 가능하다. 이 글자를 전후한 3개 글자는 좌변으로 '禾'를 가진 글자들이 반복되고 있는 것으로 보인다.

175) ▨▨▨(국립부여박물관 2007, 백제), ▨▨▨▨(나무, 국립부여박물관 2010).

176) 死(국립부여박물관 2007, 백제, 나무, 국립부여박물관 2010, 자전) / 아래 유사한 자형이 반복되고 있음을 감안할 때, 동일字의 習書일 가능성이 높다.

177) [禾+▨][禾+▨](국립부여박물관 2007, 백제), 禾禾(나무, 국립부여박물관 2010).

178) ▨(국립부여박물관 2007, 백제, 나무, 국립부여박물관 2010), 經(손환일 2011b).

179) ▨(국립부여박물관 2007, 백제, 나무, 국립부여박물관 2010), 德(손환일 2011b).

180) ▨(국립부여박물관 2007, 백제, 나무, 국립부여박물관 2010), 此(손환일 2011b) / 묵흔이 희미하여 정확히 판단하기 어렵지만, 남아있는 자획만 보면 '七'과 유사하다.

181) 辛(국립부여박물관 2007, 백제, 나무, 국립부여박물관 2010), 幸(자전, 손환일 2011b).

182) 租(국립부여박물관 2007, 백제, 나무, 국립부여박물관 2010, 자전), 値(손환일 2011b) / 우변을 '且'로 보기 어렵고, 좌변이 하단의 가로획과 이어지고 있어 '道'에 가깝다고 판단된다.

183) 貢(국립부여박물관 2007, 백제, 나무, 국립부여박물관 2010, 자전), 員(손환일 2011b) / 묵흔이 정확하게 남아 있지 않지만, '貴'와 유사하다.

184) 困(국립부여박물관 2007, 백제), 木(나무, 국립부여박물관 2010), 因(자전, 손환일 2011b).

185) ▨(국립부여박물관 2007, 백제, 나무, 국립부여박물관 2010), 故(손환일 2011b).

186) ▨(국립부여박물관 2007, 백제, 나무, 국립부여박물관 2010), 除(손환일 2011b).

187) ▨(국립부여박물관 2007, 백제, 나무, 국립부여박물관 2010), 八(손환일 2011b) / 적외선 사진으로 확인되는 묵흔만으로 판단하면 '八'에 가깝다.

188) ▨(국립부여박물관 2007, 백제, 나무, 국립부여박물관 2010), 永(손환일 2011b) / 적외선 사진 상으로는 '水'와 비슷하게 보인다.

2면 1-③: [拜]

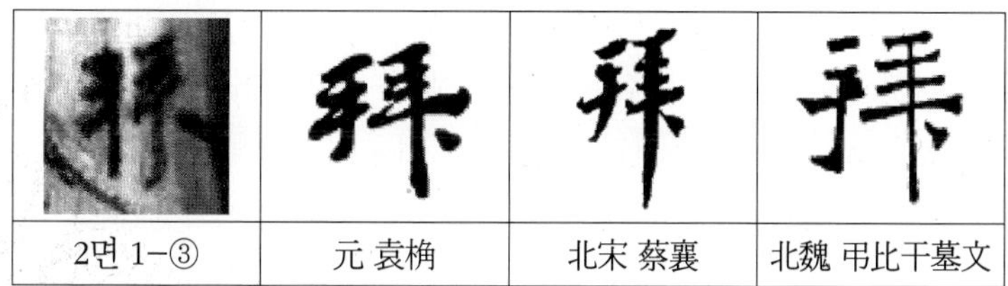

2면 1-③	元 袁桷	北宋 蔡襄	北魏 弔比干墓文

∴ '孫'으로 판독하기도 하였으나, '拜'와 훨씬 유사하다.

3면 마지막 부분: 礼礼

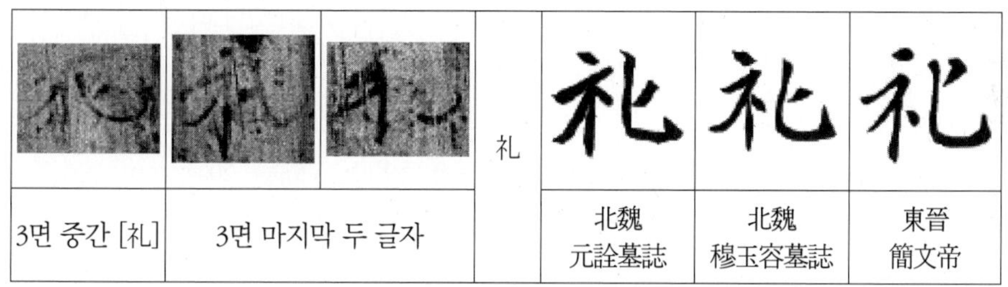

3면 중간 [礼]	3면 마지막 두 글자		礼	北魏 元詮墓誌	北魏 穆玉容墓誌	東晉 簡文帝

∴ 유사한 자형의 글자가 연서되고 있어, 禮의 이체자인 礼를 습서한 것으로 여겨진다. 이 중 3면 중간 잘린 부분 위쪽의 글자는 '死'로 판독되기도 하였으나, 뒤의 글자들과 형태가 유사함을 감안하면 마찬가지로 '礼'字일 가능성이 크다.

(2) 역주

(1면) … 法 …

(2면) … ~하면, 기쁘게 절하고 그것을 받겠습니다. 엎드려 바라건대, 항상 이 때 …

(3면) … 道 … 禮 … 禮禮 …

(4면) … 힘든 길, 귀함과 곤궁함 …

---

189) ▨(국립부여박물관 2007, 백제, 나무, 국립부여박물관 2010), 仰(손환일 2011b) / 적외선 사진에서 확인되는 묵흔에 근거하면 '而'와 가장 가깝다.

190) ▨(국립부여박물관 2007, 백제, 나무, 국립부여박물관 2010), 者(손환일 2011b).

191) ▨(국립부여박물관 2007, 백제, 나무, 국립부여박물관 2010), 斷(손환일 2011b).

192) 四(국립부여박물관 2007, 백제, 나무, 국립부여박물관 2010, 자전, 손환일 2011b).

193) ▨(국립부여박물관 2007, 백제, 나무, 국립부여박물관 2010), 地(손환일 2011b).

27) 능사 8차 목간 1(2002-1, 백제-능2, 나무-능2, 자전-陵[25], 지약아식미기)

발굴보고서의 8차 조사 목간 ①(도면 125-1, 도판 69-1)로서, 近藤浩一 2004에서는 (15)번 목간으로, 이병호는 2002-1로 넘버링하였다. '백제'에서 〈능2〉로, 손환일 2011b에서는 〈扶餘陵山里寺址新出土木簡(537~567)〉 22로 표기하였다. 윤선태 2007에서는 〈능산리 사면목간〉, 이용현 2007에서는 〈食米記〉, 近藤浩一 2008에서는 〈8차조사 출토 4면 목간〉, 국립부여박물관 2010에서는 〈'지약아식미기'명목간〉이라고 지칭하였다. 일반적으로 〈支藥兒食米記〉라고 부르고 있다. S90, W60~85트렌치 북쪽에서 출토되었다. 목탑 건립 이후인 6세기 후반에 폐기된 것이 분명하므로 능산리 사원의 운영과 관련된 목간으로 여겨진다(이병호 2008a, p.71). 4면 목간으로서 상부는 완형이며, 하부는 파손되었다. 4면은 1·2·3면과 달리 글자 방향이 거꾸로 서사되었다. 현재 길이 44.0cm, 너비 2.0cm, 두께 2.0cm이다. 1면 하단의 파손부에 '四日'에 관한 기록이 있었을 것으로 보아 목간의 원래 길이는 60~70cm 정도였다고 추정하거나(윤선태 2007, p.137), 46.4~55.2cm 정도로 추정하고 있다(이용현 2007, p.279; 국립부여박물관 2007, p.320).

近藤浩一은 3면의 내용을 '道使 … 也/道使 … 也'의 구조로 파악하고, 道使와 그들에게 지급된 食米에 관계된 것으로 보아, 帳簿의 역할을 한 기록간으로 성격을 규정하였다(近藤浩一 2004, p.97). '道使'에서 '也' 사이의 내용은 道使의 신체적 특징으로 추정하였다. 아울러 이들은 사비도성 주변의 관인이 아니라 다른 장소에서 이곳으로 일정 기간 파견된 관인일 가능성이 높다고 보았다.

한편 윤선태는 지방사회에 역병이 만연했을 때, 藥部에서 이들의 치료에 필요한 약재를 지급하기 위해, 도성 바깥의 藥田에 약재의 공급을 요청하였고, 나성 대문을 통제하던 관인들이 약재를 운반해 온 지약아들에게 식미를 지급한 뒤 그 출납을 정리한 것으로 보았다(윤선태 2007, pp.142-143). 그러나 이 목간은 목탑 건립 이후 폐기된 것으로서 나성 대문의 금위와 연관시켜 이해할 수 없다는 반론이 있다(이병호 2008a, p.78). 나아가 '支藥兒'를 쌀의 지급이나 물품의 보관을 담당하던 건물이나 시설의 명칭으로 보고, 백제 불교의 의학적 요소를 고려하여 呪噤師와 같은 존재를 상정하였다. 능산리사지 초기 강당지를 전사한 성왕과 관련지어 해석하면서, 주금사의 임무가 성왕의 행적과 잘 연관된다고 보았다.

출처: 국립부여박물관, 2010, p.135.

(1) 판독 및 교감

※ 면의 넘버링은 발굴보고서를 따랐다(국립부여박물관 2007, pp.320-321). 단, 판독표 및 판독면은 필자가 파악하는 읽는 순서에 따라 배열하였다.

1면	4면	3면	2면
支藥兒食米記初日食四斗 二日食米四[斗]小升一 三日食米四斗×	五日食米三斗大升[一] 六日食三斗大二 七日食三斗大升二 八日食米[四][斗]▨	[食]道使▨▨次如逢使猪耳其身者如黑也 道使後後彈耶方 牟氏 牟祋祋耶	[五][二]▨▨[五][二][十]又 五▨十 又 五二十五▨▨又五二十又 五二十又

1면: 「 支藥兒食米記初日食四斗 [194]二日食米四[斗][195]小升一 [196]三日食米四[斗][197]×

4면: 「五日食米三斗大升[一][198] [199]六[200]日食三斗大二 [201]七日食三斗大升二 [202]八[203]日[204]食[205]米
[四][206][斗][207]▨[208]×

3면: 「[食][209]道使▨▨次如逢使[210]猪[211]耳其身者如黑也 道使後[212]後[213]彈耶方 牟氏
牟祋祋耶 ×

2면-역방향: × [214]又十二石 [215]又十二石 [216]又▨[217]▨[218]石 [219]十二石[220]又 [221]十[222]▨[223]石[224] [225]又
[226][十][227][二][228][石][229]▨[230]▨[231][二][232][石][233] 」

---

194) 2字분의 공백이 있다(국립부여박물관 2007, p.320).

195) 斗(국립부여박물관 2007, 윤선태, 이용현, 김영심, 近藤浩一, 이병호, 백제) / 문맥상 '斗'가 분명하다고 생각되나, 좌측 상부의 대각선 획이 보이지 않는다. 아마도 誤字이거나 갈려져 나간 듯하다.

196) 1字분의 공백이 있다(국립부여박물관 2007, p.320).

197) 박락(국립부여박물관 2007, 김영심, 백제), 斗(윤선태, 近藤浩一, 이병호), [斗](이용현) / '斗'의 좌측 상부 대각선 획이 희미하지만 존재한다.

198) 一(국립부여박물관 2007, 이용현, 이병호, 近藤浩一 2008, 백제), 미판독(近藤浩一 2004, 윤선태, 김영심) / 묵흔이 희미하지만 목간이 갈라진 선 바로 아래에 '一'자가 보인다.

199) 1字분의 공백이 있다(국립부여박물관 2007, p.320).

200) 六(국립부여박물관 2007, 이용현, 김영심, 이병호, 近藤浩一 2008, 백제), 壬(近藤浩一 2004) / 전후 맥락과 자형상 '六'으로 볼 수 있다.

201) 1字분의 공백이 있다(국립부여박물관 2007, p.320).

202) 1字분의 공백이 있다(국립부여박물관 2007, p.320).

203) 八(국립부여박물관 2007, 이용현, 백제), ▨(近藤浩一 2004), 九(윤선태, 김영심, 이병호, 近藤浩一 2008).

204) 日(국립부여박물관 2007, 백제, 윤선태, 이용현, 김영심, 이병호, 近藤浩一 2008), ▨(近藤浩一 2004).

205) 食(국립부여박물관 2007, 백제, 윤선태, 이용현, 김영심, 이병호, 近藤浩一 2008), ▨(近藤浩一 2004).

206) 四(국립부여박물관 2007, 백제, 윤선태, 이용현, 김영심, 이병호, 近藤浩一 2008).

207) 斗(국립부여박물관 2007, 백제, 윤선태, 이용현, 김영심, 이병호, 近藤浩一 2008) / 남아 있는 묵흔만으로는 확신하기 어렵다.

208) [大](국립부여박물관 2007, 이용현), 大(윤선태, 김영심, 이병호, 近藤浩一 2008), 미판독(백제).

209) [食](이병호, 백제), ▨(近藤浩一 2004, 윤선태), 食(이용현, 김영심, 近藤浩一 2008).

210) 徒(국립부여박물관 2007), [小+吏](近藤浩一, 윤선태, 이용현, 김영심, 이병호), 使(백제).

211) 이체자 '豬'로 표기됨.

212) 後(국립부여박물관 2007, 이용현, 백제), 浚(近藤浩一 2004), 復(윤선태, 김영심), ▨(이병호, 近藤浩一 2008).

213) ▨(국립부여박물관 2007, 近藤浩一, 윤선태, 김영심, 이병호), 미판독(이용현, 백제, 나무) / 유사한 형태의 두 글자가 연이어 서사되어 동일자로 판단된다.

214) 1字분의 공백이 있다(국립부여박물관 2007, p.320).

215) 半字분의 공백이 있다(국립부여박물관 2007, p.320).

216) 半字분의 공백이 있다(국립부여박물관 2007, p.320).

217) 十(국립부여박물관 2007, 윤선태, 이용현, 이병호, 近藤浩一 2008, 백제).

218) ▨(국립부여박물관 2007, 이용현, 백제), 二(윤선태, 김영심, 이병호, 近藤浩一 2008).

219) 半字분의 공백이 있는 것으로 보인다.

220) 石(국립부여박물관 2007, 윤선태, 김영심, 이병호, 近藤浩一 2008), [石](이용현, 백제).

221) 半字분의 공백이 있는 것으로 보인다.

3면 1-①: [食]

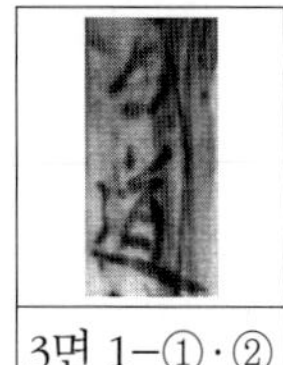
3면 1-①·②

∴ 상부만 희미하게 남아 있다. 원래 '食'으로 시작하는 내용이 3면에도 기재되어 있었었는데, 이를 깎아 내고 새로운 내용을 서사한 듯하다(이병호 2008a, pp.78-79).

3면 1-⑨: 使

3면 1-⑨

∴ '小'와 '吏'의 合字로 보아 직함으로 파악하는 경우가 많으나(윤선태 2007, p.244; 이용현 2007), '小吏'의 合字가 되려면 좌우가 바뀐 점이 부자연스럽다(近藤浩一 2008, p.338). '使'의 이체자 중 하나일 것으로 보거나(이용현 2007), '小'는 재사용 이전의 흔적일 가능성을 제기하기도 한다(이병호 2008a, p.79 각주 60).

222) 十(국립부여박물관 2007, 이용현, 윤선태, 김영심, 이병호, 近藤浩一 2008), [十](백제).
223) 二(국립부여박물관 2007, 이용현, 윤선태, 김영심, 이병호, 近藤浩一 2008), [二](백제).
224) [石](국립부여박물관 2007, 이용현, 백제), 石(윤선태, 김영심, 이병호, 近藤浩一 2008).
225) 半字분의 공백이 있다(국립부여박물관 2007, p.320).
226) 又(국립부여박물관 2007, 윤선태, 김영심, 이병호, 近藤浩一 2008), [又](이용현, 백제).
227) [十](국립부여박물관 2007, 이용현, 백제), 十(윤선태, 김영심, 이병호, 近藤浩一 2008).
228) [二](국립부여박물관 2007), 二(윤선태, 이용현, 김영심, 이병호, 近藤浩一 2008, 백제).
229) [石](국립부여박물관 2007), 石(윤선태, 이용현, 김영심, 이병호, 近藤浩一 2008, 백제).
230) [又](국립부여박물관 2007), 미판독(이용현, 백제), 又(윤선태, 김영심, 이병호, 近藤浩一 2008).
231) [十](국립부여박물관 2007), 미판독(이용현, 백제), 十(윤선태, 김영심, 이병호, 近藤浩一 2008).
232) 二(국립부여박물관 2007, 윤선태, 김영심, 이병호, 近藤浩一 2008), 미판독(이용현, 백제).
233) 石(국립부여박물관 2007, 윤선태, 김영심, 이병호, 近藤浩一 2008), 미판독(이용현, 백제).

(2) 역주

1면: 藥兒에게 食米를 支給한[234] 記.[235] 첫날 食[236] 4斗, 2일 食米[237] 4斗 1小升,[238] 3일 食米 4斗 …

4면:

3면: … 道使 …[239] 그 몸이 검은 것 같다. 道使 … 彈耶方[240] 牟氏/牟祋祋耶 …

2면-역방향: 또 12石, 또 12石, 또 12石, 또 12石, 또 12石, 또 12石, 또 12石 …

28) 2001-8호 목간(백제-능5, 나무-능5, 자전-[陵]26)

능산리사지 출토 4면 목간으로서, 발굴보고서에는 수록되지 않았다. 이병호가 2001-8번 목간으로(이병호 2008a, p.67), '백제'에서는 〈능5〉 목간으로 소개한 바 있다. 〈'영춘'명 목간〉으로 이름붙이기도 했다(국립부여박물관 2010). 손환일 2011b는 〈扶餘陵山里寺址新出土木簡(537~567)〉 25로 표기하였다. 중문지 동남쪽 초기 자연배수로(S100, W20)에서 출토되었는데, 목탑 건립 전후에 폐기된 것으로, 능산리 유적 초기 시설과 관련된 목간으로 여겨진다(이병호 2008a). 상·하단이 파손되었으며, 현재 길이는 16.5cm, 너비 3.5cm, 두께 3.5cm이다. 4면에서 묵서가 확인된다. 이병호는 1면에서 '太歲'를 판독하고, 〈창왕명석조사리감〉에 사용된 太歲 기년법과 연관시켰으며, 4면의 '迦'와 '葉'은 불교적 명칭의 일부로 파악하여, 불교와 밀접한 관련을 맺고 있음을 보여준다고 주장한 바 있다(이병호 2008a, pp.67-68).

---

234) 支藥兒食米: 윤선태는 '지약아'를 '약재를 지급하는 일을 담당했던 사역인'으로 추정하였다(윤선태 2007, p.136). 이병호는 이를 쌀의 지급이나 물품의 보관을 담당하던 건물이나 시설의 명칭으로 파악하여, '지약아식미기'를 '지약아(에서)의 식미 관련 기록부'라고 보았다(이병호 2008a, p.80). 이용현은 '약아의 식미를 지급한 기' 또는 '약아를 扶持하는 食米의 記'로 해석하고, 약아는 唐制의 '藥童'을 참조하여 약의 조제와 처방 및 약재 등 약 관련 업무 종사한 실무자로 이해하였다(이용현 2007, p.277).

235) 記: 〈佐官貸食記〉에서도 '記'의 용례가 확인된다. 帳簿의 의미로 추정하기도 한다(백제, p.25).

236) 食: '밥'·'식사'로 풀이한다(이용현 2007, p.277).

237) 食米: '먹는 쌀'을 지칭한다고 해석한 바 있다(近藤浩一 2004, p.98).

238) 小升: 居延漢簡의 용례에 근거하여 斗의 1/3로 본 바 있다(近藤浩一 2004, p.99). 윤선태는 漢代 大半升·小半升과는 분명히 다르다고 보고, 관인에게 지급되던 일별 식미 양과 일정한 관련이 있으며, 식미 지급의 효율성을 높이기 위해 별도로 소승기(1인분의 식미)와 대승기(2인문의 식미)를 만든 것이 아닌가 추론하였다(윤선태 2007, pp.137-139). 이용현은 10升=1斗, 大升1≦3.33升, 小升1=1升으로 상정하였다(이용현 2007, pp.280-281). 한편 백제에서 중국의 제도를 받아들이는 과정에서 대용량 양제가 함께 들어왔는데, 백제 내부에서 사용되는 양 단위와 차이가 있어 도입과 동시에 전적으로 사용되지 못하던 과도기적 표기로 본 견해도 있다(홍승우 2011).

239) 猪耳: 이를 '돗긔'의 이두 표기로 본 견해도 있다(김영욱 2007). 이용현은 사람이름이라기보다 돼지로 볼 수 있다고 하였다(이용현 2007, p.284).

240) 彈耶方: 앞에서 道使와 인명이 나열된 것을 참고하여, 이 또한 지방행정단위인 '方'에 해당한다고 보았다(윤선태 2007, p.140). 이를 통해 백제에서 6세기 중반 광영행정구획인 5방제와는 성격을 달리하는 '方'이라는 지방행정제도가 존재하였음을 유추하였다(윤선태 2007, p.141; 김영심 2007, p.258).

출처: 자전, pp.567-568.

(1) 판독 및 교감

1면: × [永][241][壽][242]▨▨ ×

2면: × ⌈ ⌉[243] ×

3면: × 一▨[244]江[245] ×

4면: × [迦][246]▨⌈ ⌉▨[247]×

1면 1-①: [永]

1면 1-①	唐 周易王弼注卷第三

∴ 太, 永, 來 등의 판독안이 제시된 바 있으나, 상부에 가로획이 적어도 둘 이상 확인되므로 '永'으로

241) 太(이병호), 永(백제, 나무, 국립부여박물관 2010, 자전), 來(손환일 2011b).

242) 歲(이병호), 春(백제, 나무, 국립부여박물관 2010, 손환일 2011b).

243) ⌈ ⌉(이병호), ▨▨▨(백제, 나무).

244) ▨(이병호, 백제, 나무, 국립부여박물관 2010), 尸(손환일 2011b).

245) ▨(이병호), 江(백제, 나무, 국립부여박물관 2010).

246) 迦(이병호 2008a), ▨(백제, 나무) / 우측 하단이 손상되어 자형이 명확하지 않다.

247) 葉(이병호 2008a), ▨(백제, 나무) / 초두만 남아 있고 아래가 파손되어 확정짓기 어렵다.

판단하였다.

1면 1-②: [壽]

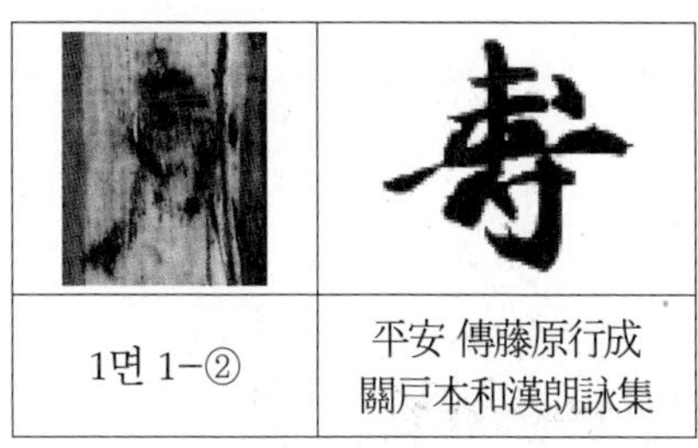

1면 1-②	平安 傳藤原行成 關戶本和漢朗詠集

∴ 歲, 春의 판독안도 제시된 바 있으나, '壽'에 가까운 것으로 보인다.

29) 능7(백제-능7, 나무-능7, 자전-[陵]27)

새 모양과 유사한 독특한 모양의 목제품 4면에 묵서가 남아 있다. '백제'에서 〈능7〉로, 국립부여박물관 2010에서 〈새모양 목간〉으로 소개하였다. 길이 16.5cm, 너비 3.5cm, 두께 3.5cm이다. '覺'과 '苦' 등 불교적 용어를 판독한 뒤, 불법과 관련짓고, 주술적인 역할을 했을 가능성을 제기하였으나(백제, p.36), 판독에 다소 무리가 있다. 목조 구조물의 부재에 묵서한 것으로서 주술적 의도 하에 새 모양으로 만든 것으로 볼 수 없다는 반론도 있다.

출처: 자전, pp.569-570.

(1) 판독 및 교감

1면: 「 ▨▨[248]▨[249]　　　　」

2면: 「 ▨大□　□[250]　」

3면: 「　▨[251]　　　　　」

4면: 「□　□」

30) 능8(백제-능8, 나무-능8, 자전-陵[28])

상·하단이 파손되고 세로로 반이 갈라져 있다. 양면에 묵서가 있으나 절반 이하만 남아서 판독은 어렵다. 현재 길이 16.7cm, 너비 1.0cm, 두께 0.2cm이다.

출처: 자전, p.547.

248) ▨(백제, 나무), 賞(손환일 2011b) / 남은 묵흔은 '堂'의 윗부분과 유사하나, 확실하지 않다.

249) 覺(백제, 나무), 意(손환일 2011b) / 남은 묵흔만으로는 확정짓기 어렵다.

250) ▨▨(백제, 나무), 近巾(손환일 2011b).

251) [苦](백제), 苦(나무), 旨(자전), 谷(손환일 2011b) / '나무'의 적외선 사진에 따르면 '苦'의 초두로 간주된 부분은 묵흔이 아닌 것으로 보인다. 남은 묵흔은 '右'나 '者'의 아랫 부분과 유사하다.

4. 삭설

1) 능사 7차 삭설 8-1(창원-302호 1편, 자전-[陵]8-1)

발굴보고서에서 7차 조사의 ⑧번 목간껍질(도면 89-2, 도판 164-3)로 소개된 삭설 2편 중 1편에 해당한다. '창원'에서는 302호로, '자전'에서는 [陵]8-1로 넘버링하였다. 墨書樹皮(박중환 2002, p.218) 및 먹글씨나무껍질(국립부여박물관 2003)으로도 소개된 바 있으며, 近藤浩一 2004에서는 (14)번 목간으로 넘버링하였다. 중문지 남서쪽 초기 자연배수로(S120W60)의 목교 인접 구간에서 발굴되었다. 초기 시설뿐 아니라 사원과의 관련성도 함께 가지고 있었다고 생각된다(이병호 2008a). 수종은 소나무로 보이며, 매우 얇다. 현재 길이 36.1cm, 현재 너비 1.8cm, 두께 0.05cm이다. 동일 혹은 유사 자형이 반복되고 있어 습서로 추정된다.

(1) 판독 및 교감

× ⊏ ⊐ [252] 大[253] [丈][254] ▨[255] ▨[256] [藏][257] ▨[258] ▨[259] ▨[260] ▨▨[261] ×

2) 능사 7차 삭설 8-2(창원-302호 2편)

발굴보고서에서 7차 조사 ⑧번 목간껍질(도면 89-2, 도판 164-3)로 소개된 2편의 삭설 중 2편에 해당한다. 1편과 동일 목간에서 잘라낸 삭설의 일부로 보인다. 중문지 남서쪽 초기 자연배수로(S120W60)의 목교 인접 구간에서 발굴되었다. 초기 시설 및 사원과의 관련성을 함께 가지고 있었다고 생각된다(이병호 2008a). 현재 길이 7.6cm, 현재 너비 1.7cm, 두께 0.05cm이다.

(1) 판독 및 교감

× ▨[無]

---

252) ▨▨(국립부여박물관 2007), 戈?(백제), 代?(백제), 戔(손환일 2011b) / 戈과 유사한 자획이 남아 있지만 일부뿐으로, 전체적인 자형은 알 수 없다. 정확하게 몇 자였는지도 판단하기 어렵다.

253) 丈(국립부여박물관 2007, 백제), 大(박중환, 近藤浩一, 자전, 손환일 2011b).

254) 丈(국립부여박물관 2007), 大(박중환, 近藤浩一, 자전, 손환일 2011b) / 자형은 '丈'과 유사하나, 위의 글자와 동일하게 '大'를 서사한 것일 가능성도 있다.

255) ▨(국립부여박물관 2007, 백제), 家(박중환, 국립부여박물관 2003, 近藤浩一), 聽(자전, 손환일 2011b).

256) 藏(국립부여박물관 2007, 백제), 貳(박중환, 近藤浩一), 歲(자전), 成(손환일 2011b).

257) 藏(국립부여박물관 2007, 백제), 歲(자전, 손환일 2011b).

258) 艹(국립부여박물관 2007, 백제) / 다음의 글자도 초두로 시작하고 있어, 해당 글자를 쓰다가 중단한 것으로 보인다.

259) 茸(국립부여박물관 2007, 백제), 首(자전, 손환일 2011b).

260) ▨(국립부여박물관 2007, 백제), [肆](손환일 2011b).

261) ▨(국립부여박물관 2007, 백제), [嚴](손환일 2011b).

3) 능사 6차 목간 9(이병호-2000-4, 백제-능11)

발굴보고서의 6차 조사 목간 ⑨(도면 54-2, 도판 141-2)로서, 이병호는 2000-4로 넘버링하였고, '백제'에서는 〈능11〉로 소개하였다. 손환일 2011b의 〈扶餘陵山里寺址新出土木簡(538~567)〉 29 중 〈扶餘陵山里寺址新出土木簡〉9-1에 해당한다. 6차 조사에서 중문지 남쪽 초기 자연배수로 S110~120, W50~40 구간의 황갈색 모래층 하단 흑색 니질토로부터 능사 6차 목간 5·10·11 등과 함께 일괄 출토된 삭설들 중 하나이다. 제2목책렬과 제3목책렬 동쪽 끝에서 발견된 지게 발채 출토 지점의 동쪽에서 발견되었는데, 초기 자연배수로의 폐기 연대가 6세기 중엽부터 567년 전후로 추정되기 때문에 초기 시설뿐 아니라 사원과의 관련성도 함께 가지고 있었다고 생각된다(이병호 2008a). 현재 길이 5.8cm, 현재 너비 1.4cm, 두께 0.15cm이다. 상하좌우가 모두 파손되어 있으며, 매우 얇아서 삭설로 추정된다. 기존에 '高'로 판독한 글자 우측에 글자를 겹쳐서 쓴 흔적이 보이며, 아래 글자 口이 농담이 다른 묵서가 보이는 점 등에 근거하여 습서로 추정한 바 있다(국립부여박물관 2007, pp.148-149). 뒷면에도 묵흔이 보이긴 하나, 애초에 면에 쓴 것이 아니라 묻어온 것으로 추정된다.

(1) 판독 및 교감

× ▨[262]▨ ×

1-①·②: ▨▨

1-①·②

∴ 기존에는 첫 글자를 '高'로 판독하고 우측에 글자를 겹쳐서 쓴 흔적이 보인다고 보았으나(국립부여박물관 2007, pp.148-150), 남아 있는 자형이 '高'에 잘 들어맞지 않는다. 상하를 뒤집어서 '豊'字로 간주한 경우도 있으나(손환일 2011b, p.113), 역시 일치한다고 보기 어렵다. 획이 특이한 곡선을 이루고 있어, 자형의 습서이거나 呪符일 가능성이 상정된다.

262) 高(국립부여박물관 2007, 백제), 豊(손환일 2011b).

4) 능사 6차 목간 10(이병호-2000-2, 백제-능10)

발굴보고서의 6차 조사 목간 ⑩(도판 54-3, 도판 141-3)으로서, 이병호는 2000-2로 넘버링하였고, '백제'에서는 〈능10〉으로 소개하였다. 손환일 2011b의 〈扶餘陵山里寺址新出土木簡(538~567)〉 29 중 〈扶餘陵山里寺址新出土木簡〉9-2에 해당한다. 6차 조사에서 중문지 남쪽 초기 자연배수로 S110~120, W50~40 구간의 황갈색 모래층 하단 흑색 니질토로부터 출토되었다. 능사 6차 목간 9와 같은 곳에서 발견되어 동일한 목간에서 나온 삭설일 가능성도 제기된 바 있다(국립부여박물관 2007, p.150). 제2목책렬과 제3목책렬 동쪽 끝에서 발견된 지게 발채 출토 지점의 동쪽에서 발견되었는데, 초기 자연배수로의 폐기 연대가 6세기 중엽부터 567년 전후로 추정되기 때문에 초기 시설뿐 아니라 사원과의 관련성도 함께 가지고 있었다고 생각된다(이병호 2008a). 우면은 비교적 완형이나 상하·좌면은 파손되었다. 현재 길이 4.6cm, 현재 너비 1.4cm, 두께 0.2cm이다. 같은 자의 반복 서사로 보여, 습서로 추정된다.

(1) 판독 및 교감

× [意][263]意 ×

5) 능사 6차 목간 11-1(이병호-2000-5, 백제-능16)

발굴보고서의 6차 조사 목간 ⑪1(도면 54-4의 ①, 도판 141-4의 ①)로서, 이병호는 2000-5로 넘버링하였고, '백제'에서는 〈능16〉의 삭설 7편 중 하나로 소개하였다. 6차 조사에서 중문지 남쪽 초기 자연배수로 S110~120, W50~40 구간의 황갈색 모래층 하단 흑색 니질토로부터 능사 6차 목간 5·9·10 등과 함께 일괄 출토된 14편의 삭설들 중 하나이다. 제2목책렬과 제3목책렬 동쪽 끝에서 발견된 지게 발채 출토 지점의 동쪽에서 발견되었는데, 초기 자연배수로의 폐기 연대가 6세기 중엽부터 567년 전후로 추정되기 때문에 초기 시설뿐 아니라 사원과의 관련성도 함께 가지고 있었다고 생각된다(이병호 2008a). 능사 6차 목간 9·10과 동일 목간에서 나온 삭설일 가능성도 제기된 바 있다(국립부여박물관 2007, p.150).

(1) 판독 및 교감

× ▨▨ ×

6) 능사 6차 목간 11-2(이병호-2000-6, 백제-능16)

발굴보고서의 6차 조사 목간 ⑪2(도면 54-4의 ②, 도판 141-4의 ②)로서, 이병호는 2000-6으로 넘버링하였고, '백제'에서 〈능16〉로 소개된 삭설 7편 중 하나이다. 국립부여박물관 2007에서는 상·하부가 연결되어 있었던 것으로 파악하였다. 6차 조사에서 중문지 남쪽 초기 자연배수로 S110~120, W50~40 구간

263) 意(국립부여박물관 2007), ▨(백제), [惠](손환일 2011b) / 남아 있는 자형이 다음 글자인 '意'와 유사하지만 상단부와 좌측이 결실되어 확실하지 않다.

의 황갈색 모래층 하단 흑색 니질토로부터 능사 6차 목간 5·9·10 등과 함께 일괄 출토된 14편의 삭설들 중 하나이다. 제2목책렬과 제3목책렬 동쪽 끝에서 발견된 지게 발채 출토 지점의 동쪽에서 발견되었는데, 초기 자연배수로의 폐기 연대가 6세기 중엽부터 567년 전후로 추정되기 때문에 초기 시설뿐 아니라 사원과의 관련성도 함께 가지고 있었다고 생각된다(이병호 2008a). 능사 6차 목간 9·10과 동일 목간에서 나온 삭설일 가능성도 제기된 바 있다(국립부여박물관 2007, p.150).

(1) 판독 및 교감

a. 상부
× ▨ ×

b. 하부
× ▨▨ ×

하부 1-①: ▨

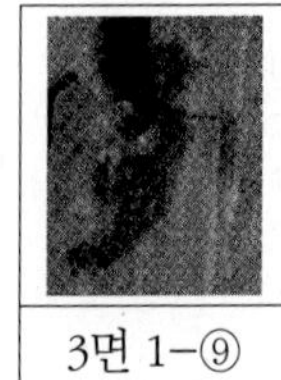
3면 1-⑨

∴ '死'로 판독하거나 '列'일 가능성을 제기한 바 있으나(국립부여박물관 2007, p.150), 현재는 '夕'에 가까운 자형만 확인 가능하며 원형을 확신하기 어렵다.

7) 능사 6차 목간 11-3(이병호-2000-7, 백제-능16중)

발굴보고서의 6차 조사 목간 ⑪3(도면 54-4의 ③, 도판 141-4의 ③)로서, 이병호는 2000-7로 소개하였다. '백제'에서 〈능16〉로 소개된 삭설 7편 중 하나이다. 손환일 2011b의 〈扶餘陵山里寺址新出土木簡(538~567)〉 30 중 〈扶餘陵山里寺址新出土木簡〉10-1에 해당한다. 6차 조사에서 중문지 남쪽 초기 자연배수로 S110~120, W50~40 구간의 황갈색 모래층 하단 흑색 니질토로부터 능사 6차 목간 5·9·10 등과 함께 일괄 출토된 14편의 삭설들 중 하나이다. 제2목책렬과 제3목책렬 동쪽 끝에서 발견된 지게 발채 출토 지점의 동쪽에서 발견되었는데, 초기 자연배수로의 폐기 연대가 6세기 중엽부터 567년 전후로 추정되기 때문에 초기 시설뿐 아니라 사원과의 관련성도 함께 가지고 있었다고 생각된다(이병호 2008a). 능사 6차 목간 9·10과 동일 목간에서 나온 삭설일 가능성도 제기된 바 있다(국립부여박물관 2007, p.150). 현재 길이 3.5cm, 현재 너비 0.8cm, 두께 0.08cm이다.

(1) 판독 및 교감

× ▨▨[264]金▨[265] ×

8) 능사 6차 목간 11-4(이병호-2000-8)

발굴보고서의 6차 조사 ⑪4(도판 141-4의 ④)로서, 이병호는 2000-8로 넘버링하였다. 6차 조사에서 중문지 남쪽 초기 자연배수로 S110~120, W50~40 구간의 황갈색 모래층 하단 흑색 니질토로부터 능사 6차 목간 5·9·10 등과 함께 일괄 출토된 14편의 삭설들 중 하나이다. 제2목책렬과 제3목책렬 동쪽 끝에서 발견된 지게 발채 출토 지점의 동쪽에서 발견되었는데, 초기 자연배수로의 폐기 연대가 6세기 중엽부터 567년 전후로 추정되기 때문에 초기 시설뿐 아니라 사원과의 관련성도 함께 가지고 있었다고 생각된다(이병호 2008a). 능사 6차 목간 9·10과 동일 목간에서 나온 삭설일 가능성도 제기된 바 있다(국립부여박물관 2007, p.150).

(1) 판독 및 교감

× ▨ ×

9) 능사 6차 목간 11-5(이병호-2000-9)

발굴보고서의 6차 조사 ⑪5(도면 54-4의 ⑤, 도판 141-4의 ⑤)로서, 이병호는 2000-9로 넘버링하였다. 6차 조사에서 중문지 남쪽 초기 자연배수로 S110~120, W50~40 구간의 황갈색 모래층 하단 흑색 니질토로부터 능사 6차 목간 5·9·10 등과 함께 일괄 출토된 14편의 삭설들 중 하나이다. 제2목책렬과 제3목책렬 동쪽 끝에서 발견된 지게 발채 출토 지점의 동쪽에서 발견되었는데, 초기 자연배수로의 폐기 연대가 6세기 중엽부터 567년 전후로 추정되기 때문에 초기 시설뿐 아니라 사원과의 관련성도 함께 가지고 있었다고 생각된다(이병호 2008a). 능사 6차 목간 9·10과 동일 목간에서 나온 삭설일 가능성도 제기된 바 있다(국립부여박물관 2007, p.150).

(1) 판독 및 교감

× ▨ ×

10) 능사 6차 목간 11-6(이병호-2000-10, 백제-능16)

발굴보고서의 6차 조사 ⑪6(도면 54-4의 ⑥, 도판 141-4의 ⑥)으로서, 이병호는 2000-10으로 넘버링하였고, '백제'에서는 〈능16〉으로 소개하였다. 6차 조사에서 중문지 남쪽 초기 자연배수로 S110~120,

264) ▨(국립부여박물관 2007, 백제), 品(손환일 2011b).

265) ▨(국립부여박물관 2007, 백제), 甲(손환일 2011b) / 남아 있는 자형은 '卩'에 가깝다.

W50~40 구간의 황갈색 모래층 하단 흑색 니질토로부터 능사 6차 목간 5·9·10 등과 함께 일괄 출토된 14편의 삭설들 중 하나이다. 제2목책렬과 제3목책렬 동쪽 끝에서 발견된 지게 발채 출토 지점의 동쪽에서 발견되었는데, 초기 자연배수로의 폐기 연대가 6세기 중엽부터 567년 전후로 추정되기 때문에 초기 시설뿐 아니라 사원과의 관련성도 함께 가지고 있었다고 생각된다(이병호 2008a). 능사 6차 목간 9·10과 동일 목간에서 나온 삭설일 가능성도 제기된 바 있다(국립부여박물관 2007, p.150).

(1) 판독 및 교감

× ▨ ×

11) 능12

'백제'에 소개된 삭설로서, 국립부여박물관 2010에서는 목간편으로 소개하였다. 현재 높이 7.0cm, 현재 너비 1.5cm, 두께 0.2cm이다.

(1) 판독 및 교감

× [葱][266][權][267]

12) 능13

'백제'를 통해 공개된 삭설이다. 현재 높이 7.0cm, 현재 너비 1.7cm, 두께 0.2cm이다. 4~5字 정도 분량이 남아 있지만 판독은 어렵다.

13) 능14

'백제'를 통해 공개된 삭설이다. 현재 높이 4.0cm, 현재 너비 1.7cm, 두께 0.5cm이다. 2字 정도가 서사될 만한 공간이나 판독은 어렵다.

14) 능15

'백제'를 통해 통해 공개된 삭설이다. 능14보다 현재 높이가 조금 길고, 현재 너비는 약간 짧다. 3字 정도가 서사된 것으로 보이나 전반적으로 판독은 어렵다.

---

266) ▨(백제), [葱] / 상부의 묵흔이 명확하지 않아서 확실하지 않다. '急'이나 '慧'일 가능성도 있다.

267) ▨(백제), [權] / 남은 자형이 '權'과 유사하나 확실하지 않다.

(1) 판독 및 교감

× 卩▨▨

1-①: 卩

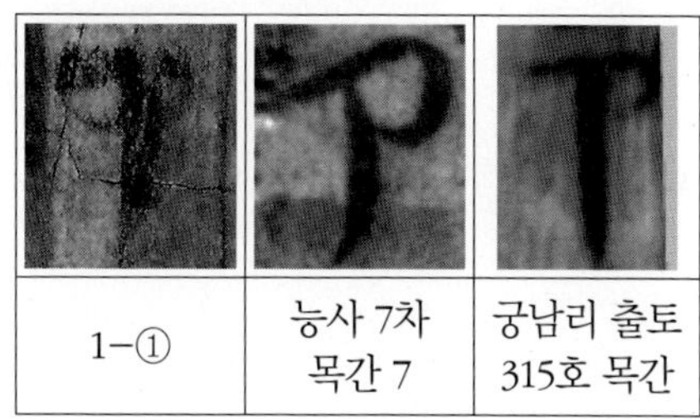

1-①	능사 7차 목간 7	궁남리 출토 315호 목간

∴ '部'의 이체자로서, 궁남리 출토 315호 목간이나 능사 7차 목간 7(301호) 등에도 유사한 자형이 확인된다.

15) 능17

국립부여박물관과 국립중앙박물관이 보존처리를 통해 새롭게 수습하여 '백제'에서 〈능17〉로 소개한 125편에 해당한다. 아래에는 이 가운데 약간이라도 판독이 가능한 삭설들만을 소개한다.

(1) 판독 및 교감

a. 능17-4

× ▨▨

1-②: ▨

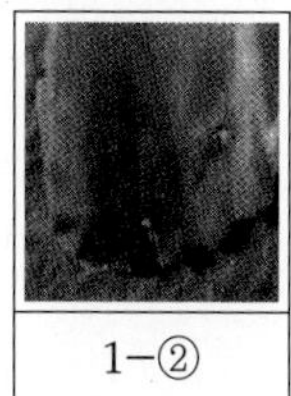

1-②

∴ '也?'로 추정한 경우도 있으나(백제), 남은 자획만으로는 판단하기 어렵다.

b. 능17-5

× [ ]德[268]

1-②: 德

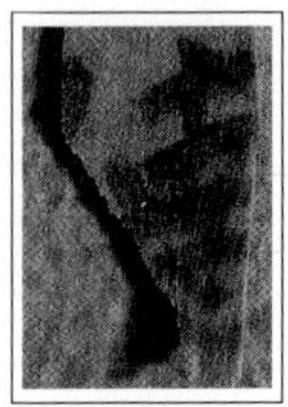

∴ 좌·우단이 잘려 나갔지만, 남은 자형으로 보아 '德'으로 판단된다(백제).

c. 능17-10

× ▨

1-①: ▨

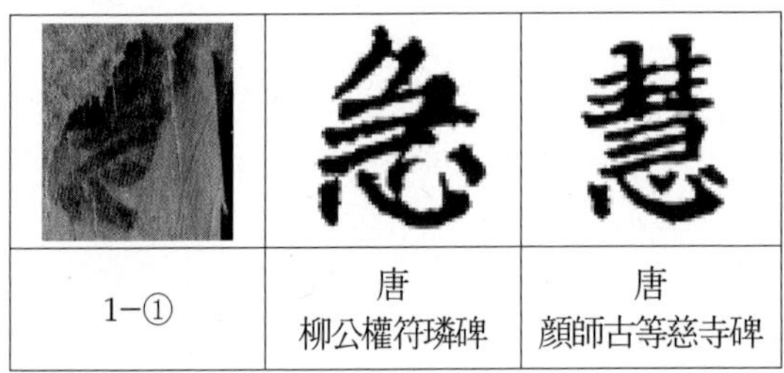

1-①	唐 柳公權符璘碑	唐 顔師古等慈寺碑

∴ 상부를 결실하고 우측 하단은 깎여 나가서 원형을 정확히 알기 어렵지만, 急 또는 慧의 일부일 가능성이 있다.

d. 능17-21

× 了 ×

268) 德(백제).

1-①: 了

1-①

∴ 상단부가 결실되었지만, 남은 자형은 '了'로 판단된다(백제). 길게 늘여서 서사한 것으로 보아, 문장 마지막에 사용되었을 가능성이 있다.

e. 능17-24

× ▨子 ×

1-②: 子

1-①·②				
	予			
		唐 柳公權魏公先廟碑	唐 禮記鄭玄注卷第三	淸 吳昌碩
	子			
		唐 李邕 麓山寺碑	北宋 米芾	奈良 光明皇后 杜家立成雜書要略

∴ 기존에는 판독하지 않았다. '予'일 가능성도 있으나 '子'와 더 가깝다고 판단된다.

f. 능17-25

상단부 1-①: ▨

상단부 1·2행

∴ 2행의 '石'字 오른쪽에 획의 일부가 남아 있어, 앞에 한 행이 더 있었음을 짐작할 수 있다.

하단부: ▨

하단부

∴ 좌측이 결실되어 있는데, 남은 자형의 위쪽은 '日'이 오른편으로 치우쳐져 서사되었고, 아래쪽은 '可'와 유사하다. '苛'일 가능성이 있다. '日'의 치우침을 제외한다면 '得'과 같은 글자의 오른쪽만 남은 것일 수도 있다.

g. 능17-28

× [金] ×

1-①: [金]

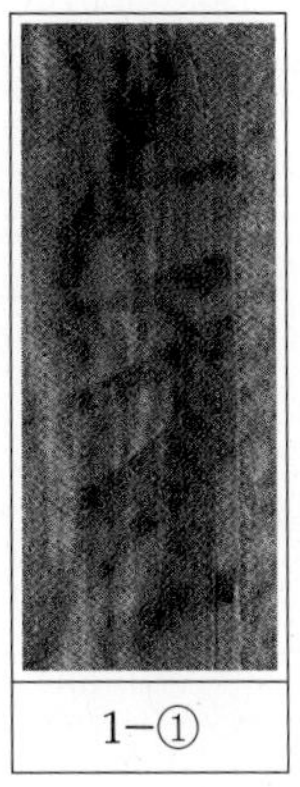
1-①

∴ 좌·우측이 모두 결실되어, 원래 글자의 일부인지 알 수 없지만, 남아 있는 부분은 '金'에 가깝다.

h. 능17-49
× [木] ×

1-①: [木]

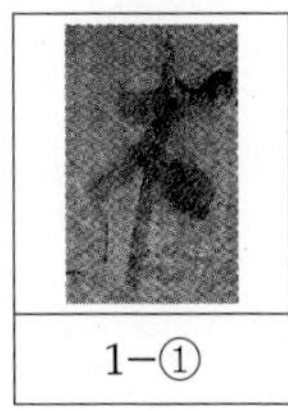
1-①

∴ 우측 상단과 좌측 하단이 잘려서 '木' 또는 '不'에 가까운 자형만 남아 있다.

5. 토기

1) '保文作元▨' 음각 항아리

사비 시대에 널리 사용된 항아리의 구연부 아래에 비교적 큰 글씨가 세로 방향으로 다섯 자 새겨 있다. 높이 83.5cm이다.

(1) 판독 및 교감

保[269]文作元▨

1-①: 保

				係
1-①	草韻變體	東晉 王羲之 淳化閣帖	吳 皇象 急就章	
				保
唐 李懷琳 絕交書	東晉 王羲之 十七帖	平安 藤原行成 白氏詩卷	漢 武威漢簡	

∴ 기존에는 '係'로 판독하였으나, 형태상 '保'에 더 가깝다고 판단된다.

1-⑤: ▨

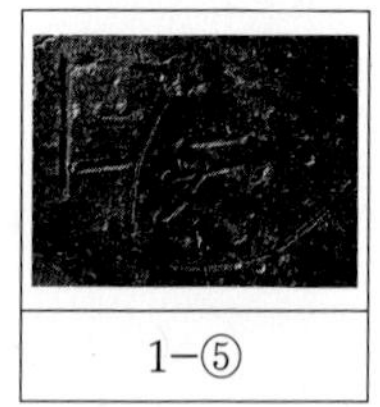

1-⑤

∴ 어떤 글자인지 특정하기 어렵다. 형태는 '瓦'와 '天'이 결합된 글자로 보인다. 앞의 '元'과 결합하여서 혹은 단독으로 토기의 종류를 가리키는 데 사용되었다고 파악한 바 있다(국립부여박물관 2003, p.62).

(2) 역주

保文[270]이 만든 元▨[271]

---

269) 係(국립부여박물관 2003, 나무).

270) 保文: '作' 앞에 위치한 것으로 보아 토기 제작자의 人名으로 추정된다(국립부여박물관 2003).

271) 元▨: 토기의 명칭으로 추정된다. ▨가 단독으로 토기의 명칭이라고 보고 '가장 좋은 ▨'로 해석한 경우도 있다(국립부여박

2) '會暉' 음각 원형토제품

6차 조사 원형토제품 ㉓(도면 50-9, 도판 137-9)에 해당한다. 국립부여박물관 2003에서는 '佘暉'명 토기로, 국립부여박물 2010에서는 '會暉(회휘)'자명 토기로 소개되었다. S140W50 석축 집수조 서쪽 잡석렬 깊이 160~170cm 지점에서 출토되었다. 지름 8.2cm, 두께 0.8cm이다. 흑회색 와질 토기편을 가공한 원형토제품으로 표면은 짙은 흑회색이며, 속심은 회색이다. 한쪽 면에 나선형으로 깎은 흔적이 있어 토기의 저부였던 것으로 추정하고 있다. 반대면에 '會暉' 두 글자가 중심 윗부분에 음각되어 있다. 의미는 분명하지 않으나, 인명일 가능성이 있다.

출처: 국립부여박물관, 2010, p.191.

(1) 판독 및 교감

會[272]暉[273]

3) '前'字 음각 토기 뚜껑

6차 조사 뚜껑 ⑥(도면 34-15, 도판 126-15)에 해당한다. 암갈색 경질 뚜껑으로 1/4 정도 남아 있다. 내·외면은 회전물손질 정면하였고, 구연과 등면에 각 1조의 횡침선이 있다. 구연부 외면에 '前'자가 음각되었다. 앞쪽을 표시한 것으로 추정된다(국립부여박물관 2003, p.63).

4) '佘'字 음각 완

6차 조사 출토 완 ㉛(도면 32-12, 도판 125-4)에 해당하며, '숨'새김토기(국립부여박물관 2003, p.63), '合'자명토기(국립부여박물관 2010, p.191)로도 소개된 바 있다. 6차 조사 S130~140W60~40 중앙둑 하부 깊이 130~150cm 지점 흑색 유기물층에서 출토되었다. 회백색 와질 완으로 소성 상태는 보통이다. 내외

물관 2003).

272) 佘(국립부여박물관 2003), 會(국립부여박물관 2010).

273) 暉(국립부여박물관 2003) / 좌변이 '日'이 아니라 '目' 또는 '且'가 분명한 것으로 보인다.

면은 회전물손질 정면하였고, 내면 바닥에 명문이 음각되었다. 현재 높이 3.2cm, 밑지름 8.8cm이다.

(1) 판독 및 교감

佘[274)]

1-①: 佘

∴ '舍'로 판독하거나(국립부여박물관 2003), '合'으로 판독하기도 했는데(國立扶餘博物館 2007·2010), 자형은 '佘'에 가장 가깝다고 판단된다.

5) '九'字 음각 호

7차 조사 호 ①(도면 55-1, 도판 142-1)에 해당한다. S110W20 동단 중앙 우측 배수로 북동단부에서 출토되었다. 회색 경질 직구호편으로 구연 및 동체 일부가 남아 있다. 둥글고 완만한 형태의 어깨 상부에 '九'字가 음각되었다. 동체 외면에 2조의 횡침선이 음각되었으며, 그 사이에 파상문이 시문되었다. 현재 높이 13.6cm, 입지름 34.8cm이다.

6) '九'字 음각 토기 구연부편

9차 조사 토기 구연부편 20(도면 22-①, 도판 106-⑥)에 해당한다. 북편 건물지 1에서 출토되었다. 중간질로서 외면은 회청색, 벽심은 황갈색, 내면은 회갈색이다. 아주 약하게 호선을 이루는 어깨 부분과 외반하는 구연이 있는 호류 토기 구연부편이다. 외면 어깨 부분에 '九'字가 음각되어 있다. 내·외면에 흑갈

274) 合(국립부여박물관 2007, 국립부여박물관 2010), 舍(국립부여박물관 2003).

색의 유기물 흔적이 일부 부착되어 있다. 현재 높이 10.6cm, 기벽 두께 0.7~0.9cm이다.

7) '方'字 인각 토기 저부편

10차 조사 3건물지의 황갈색점질층(초석면)에서 출토된 인각토기 저부편[35]이다. 3건물지는 가장 남편에 위치하여 동나성에 바로 인접한 초석건물지이며, 황갈색점질층은 3개의 문화층 중 가장 상면으로서, 다량의 백제 기와와 삼족기, 대형호, 인화문토기편 등이 확인되어, 통일신라 초엽에 건물이 완전히 폐기되었던 것으로 보인다. 저부의 굽 부분만 남아 있어 전제척 기형 파악은 어렵다. 회청색 경질이며, 태토는 고운 점토에 가는 석립이 소량 혼입되어 있다. 인각부는 직경 1.8×1.8cm의 음각방권으로 압인되어 있다. 인각부 안에는 '方'자가 음각되었다. 현재 높이 1.8cm, 바닥 너비 5.9cm, 두께 0.7cm이다.

8) '大'字 인각 토기 동체편-1

7차 조사 동체편 ②(도면 58-11, 도판 144-6)에 해당한다. S110W60 서편 깊이 80~140cm 지점 흑회색 유기물층 상면 및 S110W60~64 서단부 깊이 60cm 지점 회흑색 사질토·유기물 혼합층에서 출토되었다. 회청색 경질 토기 동체편으로, 외면에 격자문이 시문되었으며, 방곽 안에 '大'字가 무늬와 횡방향으로 연속 타날되었다. 내면에 물손질 흔적이 있으며, 속심과 표면 모두 회색으로, 굵은 석립이 섞인 거친 태토이다. 현재 높이 20.3cm이다.

9) '大'字 인각 토기 동체편-2

7차 조사 동체편 ③(도면 59-1, 도판 144-7)에 해당한다. S110W60 서편 회흑색 유기물층 상면 깊이 140~150cm 지점에서 출토되었다. 회색 경질토기 동체부편으로, 외면에 격자문이 촘촘히 타날되었으며, 방곽 안에 '大'자가 횡방향으로 연속 타날되었다. 내면에 물손질 흔적이 있으며, 속심은 갈색이고 표면은 회색으로, 굵은 석립이 섞인 거친 태토이다. 현재 높이 8.0cm이다.

10) '人'字 음각 토기 저부

2차 조사에서 출토된 도질제 토기의 底部(도면 51-③도판 85-③)이다. 국립부여박물관 2003에서 '人' 새김토기로, 국립부여박물관 2010에서는 '丁'자명토기로 소개하였다. 공방지 I 의 서쪽 퇴칸에서 발견되었다. 공방지 I 은 서회랑지보다 바닥 레벨이 높게 만들어진 동향의 건물로서, 본체가 남북 방향으로 3칸의 방으로 나뉘어 있었는데, 이 중 중앙칸 연도시설의 남쪽에 있는 水槽 내에서 금동대향로가 출토되었고, 이 밖에도 금동광배편, 각종 금 및 금동 제품, 은제품, 유리, 철제품, 토제품 등 방대한 유물이 수습되었다. 토기의 기형은 壺로 추정된다. 동체는 타날하였으나 물손질로 대부분 깨끗이 지워지고, 저부 접합부 주위에 희미하게 일부가 남아 있다. 저부를 접합한 후에 외면은 회전깎기를 하고 다시 회전물손질로 정면하였고, 내면은 회전물손질로 정면하였으나 접합흔이 많이 남아 있다. 바닥 너비 13.4cm, 현재 높이 6.5cm이다. 바닥면에 음각된 명문은 방향에 따라 '人'字 또는 '丁'字와 유사하나, 글자인지 기호인지 확실하지 않다. 'V'나 'T'의 형태를 띤 기호가 음각된 토기는 나주 복암리에서도 출토되었다.

11) 'X' 음각 저부편

6차 조사 저부편 ㉓(도면 29-1, 도판 122-1)에 해당한다. S130W60 깊이 120~130cm 지점 회흑색 사질토에서 출토되었다. 소성 상태가 양호한 회청색 경질 토기의 저부편으로, 내외면은 회전물손질 정면하였고, 외면과 저부 일부에 나탈흔이 남아 있다. 현재 높이 5.3cm, 밑지름 8.4cm이다. 외면 바닥에 굵은 선각으로 'X'자 표시가 되어 있다. 백제 무덤에서 출토되는 백제 토기 중에는 대칼과 같은 뾰족한 도구를 이용하여 '+' 또는 'X' 기호를 새기거나, 朱漆로 'X'를 표시한 것 등이 확인되는데, 뚜껑접시인 경우가 대부분이며, 일부 병이나 단지에서도 드물게 나타난다. 이러한 토기들의 기호는 죽음과 관련된 벽사적 의미를 띠는 기호로 해석하고 있다(국립청주박물관, 2000).

12) 'X' 음각 기대편

6차 조사 기대 ①(도면 36-5, 도판 127-11)에 해당한다. 회청색 경질 기대편으로 소성 상태는 양호하다. 내·외면은 회전물손질 정면하였고, 내면에는 지두흔이 남아 있다. 동체는 돌아가면서 외면에 'X'자를 새겼다. 현재 높이 10.3cm이다.

13) 'X' 음각 완

7차 조사 완 ④(도면 64-7, 도판 147-10)에 해당한다. S110W50 복토층 내부에서 출토되었다. 흑회색 와질 완으로 소성 상태는 양호하다. 높이 6.8cm, 입지름 16.2cm이다. 내·외면은 회전물손질 정면하였고, 외면 바닥에 목리흔이 남아 있으며, 중앙에 'X'자가 새겨져 있다.

6. 開元通寶

3차 조사시 북쪽 배수로에서 출토되었다(도면 137-①, 도판 168-①). 중앙에 방형의 구멍이 뚫려 있고 한쪽 면에 '開元通寶'가 양각되어 있다. 부식으로 일부 표면이 박리되었다. 주조 후 면을 정면하지 않아 주조 흔적이 남아 있다. 지름 2.6cm이다. 開元通寶는 武德 4年(621)에 처음 만들어진 이후 唐代에 널리 유통되었는데, 부여 지방에서는 주로 초기 형태의 개원통보가 백제 시대 연못·절터·배수로 등에서 출토되고 있다. 銅으로 만들어진 개원통보는 개원통보 가운데 가장 많은 수량이 제작되어 시장 유통에 사용된 것으로서, 교역을 통해 唐 상인으로부터 유입되었을 가능성이 높다고 한다(국립부여박물관 2003).

7. 인각와

斯명 1점, 七명 1점, 拜명 1점, 己丑명 1점, 前卩乙瓦명 1점, 巳-▨명 1점, ▨-助명 1점, 巳-毛명 1점, 巳-▨명 1점, 兄-▨ 2점 등의 인각와가 출토되었다. 상세한 출토 정황 및 판독에 대해서는 인각와편을 참고.

8. 참고문헌

1) 보고서 및 자료집

국립부여문화재연구소, 2008,「능사 : 부여 능산리사지 10차 발굴조사보고서』.

국립부여박물관, 2003,『百濟의 文字』.

國立扶餘博物館, 2007,『陵寺 -부여능산리사지 6~8차 발굴보고서-』.

국립부여박물관, 2008,『백제목간 -소장품조사자료집-』.

국립부여박물관, 2010,『백제 중흥을 꿈꾸다 -능산리사지-』.

國立扶餘博物館·扶餘郡, 2000,『陵寺 -扶餘陵山里寺址發掘調査進展報告書-』.

국립부여박물관·국립창원문화재연구소, 2009,『나무 속 암호 목간』.

국립청주박물관, 2000,『한국 고대의 문자와 기호유물』.

손환일, 2011a,『韓國 木簡字典』, 국립가야문화재연구소.

손환일, 2011b,『한국 목간의 기록문화와 서체』, 서화미디어.

윤무병·충남대학교박물관·충청남도, 1999,『부여관북리 백제유적 발굴보고 2』, 충남대학교 박물관.

임효재·서울대학교박물관·서울대학교 인문학연구소·구리시 구리문화원, 2000,『아차산 제4보루 : 발굴조사 종합보고서』, 서울대학교 박물관·서울대학교 인문학연구소·구리시 구리문화원.

충청남도역사문화연구원, 2008,『百濟史資料譯註集 韓國篇1』, 충청남도역사문화원.

한국전통문화대학교 고고학연구소, 2011,『부여 능산리사지: 제11차 발굴 조사 보고서』.

2) 논저류

姜仁求, 1997,『百濟古墳研究』, 一志社.

고광헌, 2001,「백제 금석문의 서예사적 연구」, 원광대학교석사학위논문.

국립부여박물관, 1996,『백제금동대향로와 창왕명석조사리감』, 통천문화사.

길기태, 2009,「백제 위덕왕 능산리사원 창건과 제의」,『백제문화』41, 공주대학교 백제문화연구소.

金相鉉, 1999,「百濟 威德王의 父王을 위한 追福과 夢殿觀音」,『한국고대사연구』15.

金壽泰, 1998,「百濟 威德王代 扶餘 陵山里 寺院의 創建」,『百濟文化』第27輯.

김수태, 2004, 「백제의 천도」, 『한국고대사연구』 36.
김영심, 2007, 「백제의 지방통치에 관한 몇 가지 재검토 -木簡·銘文瓦 등의 문자자료를 통하여-」, 『한국고대사연구』 48.
김영심, 2009, 「扶餘 陵山里 출토 '六卩五方' 목간과 백제의 數術學」, 『木簡과 文字』 第3號.
金英心, 2011a, 「百濟의 道教 成立 問題에 대한 一考察」, 『百濟研究』 第53輯.
김영심, 2011b, 「백제문화의 도교적 요소」, 『한국고대사연구』 64.
金鍾萬, 2000, 「扶餘 陵山里寺址에 대한 小考」, 『新羅文化』 第17·18合輯.
김주성, 2001, 「백제 사비시대의 익산」, 『한국고대사연구』 21.
金永旭, 2003, 「百濟 吏讀에 對하여」, 『口訣研究』 第11輯.
金永旭, 2004, 「漢字·漢文의 韓國的 受容」, 『口訣研究』 13.
노중국, 2012, 『백제의 대외 교섭과 교류』, 지식산업사.
박경도, 2002, 「扶餘 陵山里寺址 8次 發掘調査 概要」, 『東垣學術論文集』 5.
박중환, 2001, 「扶餘 陵山里寺址 발굴조사개요 -2000년~2001년 조사내용-」, 『東垣學術論文集』 4.
朴仲煥, 2002, 「扶餘 陵山里 發掘 木簡 豫報」, 『한국고대사연구』 28.
朴仲煥, 2007, 「百濟 金石文 研究」, 전남대 대학원 박사학위논문.
孫煥一, 2008, 「百濟의 筆記道具와 木簡 分類」, 『백제목간 소장품조사자료집』, 국립부여박물관.
신광섭, 2006, 「백제 사비시대 능사 연구」, 중앙대학교 박사학위논문.
염정상, 2007, 『(설문해자주)부수자역해』, 서울대학교출판부.
尹善泰, 2004, 「扶餘陵山里 出土 百濟木簡의 再檢討」, 『東國史學』 第40輯.
윤선태, 2007, 『목간이 들려주는 백제 이야기』, 주류성.
尹善泰, 2013, 「新出資料로 본 百濟의 方과 郡」, 『한국사연구』 163.
이규복, 2001, 『(개설)한국서예사』, 이화문화출판사.
이도학, 1997, 『새로 쓰는 백제사』, 푸른역사.
이도학, 2003, 『살아있는 백제사』, 휴머니스트.
李炳鎬, 2008a, 「扶餘 陵山里 出土 木簡의 性格」, 『木簡과文字』 創刊號.
李炳鎬, 2008b, 「扶餘 陵山里寺址 伽藍中心部의 變遷 過程」, 『韓國史研究』 143.
이성배, 2004, 「百濟書藝와 木簡의 書風」, 『百濟研究』 第40輯.
이성배, 2007, 「백제 서예 -그 내재적 발전과 대외교류-」, 『백제문화사대계14 백제의 미술』, 충청남도 역사문화연구원.
李丞宰, 2008, 「295번과 305번 木簡에 대한 管見」, 『백제목간 -소장품조사자료집-』, 국립부여박물관.
이용현, 2007, 「목간」, 『百濟의 文化와 生活』 백제문화사대계 12, 충남역사문화원.
이재환, 2013, 「한국 고대 '呪術木簡'의 연구 동향과 展望」, 『목간과 문자』 10.
조해숙, 2006, 「백제 목간기록 "宿世結業…"에 대하여」, 『관악어문연구』 31.

최연식, 2007, 「백제 찬술문헌으로서의 《大乘四論玄義記》」, 『韓國史研究』 136.
한연석, 1998, 「백제창왕명석조사리감문자고」, 『한국교육연구』 6, 한국한문교육학회.
洪承佑, 2011, 「韓國 古代 律令의 性格」, 서울大學校 國史學科 博士學位論文.
홍승우, 2013, 「扶餘 지역 출토 백제 목간의 연구 현황과 전망」, 『목간과 문자』 10.

橋本 繁, 2008, 「윤선태 著 《목간이 들려주는 백제 이야기》(주류성, 2007년)에 대하여」, 『木簡과 文字』 第2號.
近藤浩一, 2004, 「扶餘 陵山里 羅城築造 木簡의 研究」, 『百濟研究』 第39輯.
近藤浩一, 2008, 「扶餘 陵山里 羅城築造 木簡 再論」, 『한국고대사연구』 49.
方国花, 2010, 「扶餘 陵山里 출토 299호 목간」, 『木簡과文字』 第6號.
平川南, 2005, 「百濟と古代日本における道の祭祀」, 『백제 사비시기 문화의 재조명』.
平川南, 2006, 「道祖神信仰の源流」, 『國立歷史民俗博物館研究報告』 133.
平川南, 2008, 「道祖神 신앙의 원류 -고대 길의 제사와 양물형 목제품-」, 『木簡과 文字』 第2號.
平川南, 2010, 「正倉院佐波理加盤付屬文書の再檢討 -韓國木間調査-」, 『日本歷史』 750.

東南里 出土 文字資料

오택현 · 최경선*

1. 개관

충청남도 부여군 부여읍 동남리에서 문자가 기록된 백제시대의 유물이 발견되었다. 하나는 標石이며, 다른 하나는 인각와이다. 標石은 어떤 것을 표지하기 위하여 세우는 돌이란 뜻으로, 이곳에서 발견된 표석에는 공통적으로 모두 '部'라는 글자가 보인다. '部'는 사비도성 안에 존재하고 있던 행정구역으로 사비도성 내의 다른 지역에서 발견된 '部' 銘 자료를 통해 사비도성이 5부로 나뉘어져 구획되고 있음은 예전부터 확인되었다. 본 장에서는 동남리에서 출토된 2개의 표석 '前部'와 '上卩'銘을 살펴보겠다.

또한 동남리에서는 인각와도 발견되었다. 인각와는 동남리 105번 일대(화지산으로 불리는 지역)와 동남리 702번지(개인주택을 신축하기 위한 부지)에서 발견되었다. 동남리 105번지는 화지산이 있는데, 화지산은 부여읍 남쪽에 위치한다. 이곳의 서쪽에는 '군수뜰'로 불리는 평탄한 대지와 궁남지가 인접해 있어 사비기에 중요한 지역이었던 것으로 추정되어 2000년에 백제 오천결사대 충혼탑 건립지로 선정되어 구제발굴조사가 이루어졌다. 이때 4점의 인각와와 명문 토기 등이 수습되었다. 또 동남리 702번지는 개인주택을 신축하기 위해 2005년에 발굴되었으며, 그 결과 명문 토기가 2점 출토되었다(인각와에 대한 자세한 내용은 본서 하권의 인각와 편을 참고하면 된다).

이 외 4개의 목간도 발견되었다. 목간은 〈창원〉에 1점, 〈나무〉에 3점이 소개되었다. 부여군 부여읍 동남리에 위치한 궁남지에서 출토된 목간은 본서 궁남지 항목에서 다루었다.

* 동남리 출토 標石과 목간은 오택현, 토기에 인간 및 선각이 있는 문자자료는 최경선이 정리하였다.

2. 標石

1)「前部」銘 標石

출처: 국립부여박물관, 2003, p.20.

(1) 판독 및 교감

1	
前	①
部	②

前部

1-①: 前

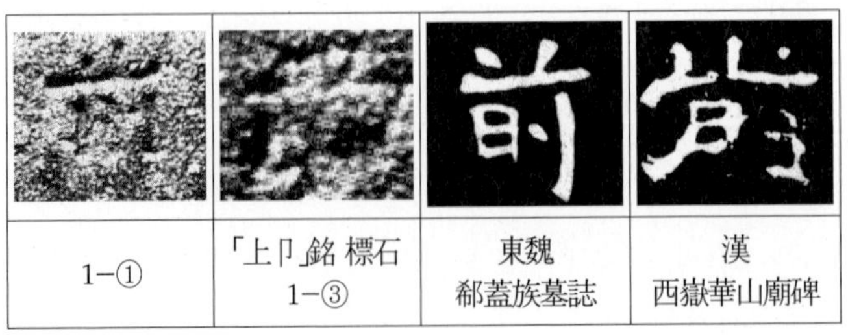

1-①	「上卩」銘 標石 1-③	東魏 郗蓋族墓誌	漢 西嶽華山廟碑

∴ 일반적으로 '前'으로 판독한다. 다만 洪思俊은 '前' 대신 '首'로 판독했다(1971). 그러나 '首卩'로 판독될 경우 5부제와 맞지도 않으며, '首卩'가 의미하는 바가 무엇인지 확인할 수 있는 방법이 없다. 게다가 홍사준 역시 '卩'라는 글자로 판독을 했기 때문에 5부제의 하나로 볼 수 있는데 '首卩'라고 하는 部는 찾을 수 없다. 자획의 상태로도 '前部'로 판독하는 대체적인 경향이 맞다. 또 부여에서 발견된 여타 '前部'銘의

초석·와편·와당의 글자를 서로 비교해봐도 '前'이 맞다.

1-②: 部

1-②	北魏 元固墓誌	北魏 張玄墓誌	北魏 李壁墓誌

2)「上卩」銘 標石

출처: 국립부여박물관, 2003, p.20.

(1) 판독 및 교감

3	2	1	
	▨	上	①
⊓	自	阝	②
⊔	此	前	③
	以	阝	④

上阝前阝
▨自此以
⊏ ⊐

1-①: 上

1-①	漢 張壽殘碑	北魏 牛橛造像	唐 皇甫誕碑

1-②, ④: 卩(部)

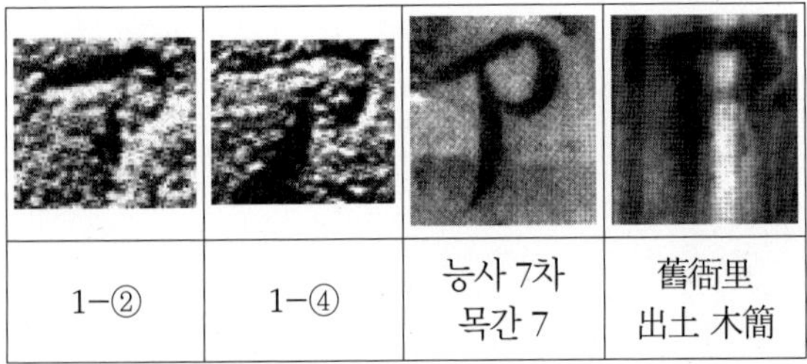

1-②	1-④	능사 7차 목간 7	舊衙里 出土 木簡

1-③: 前

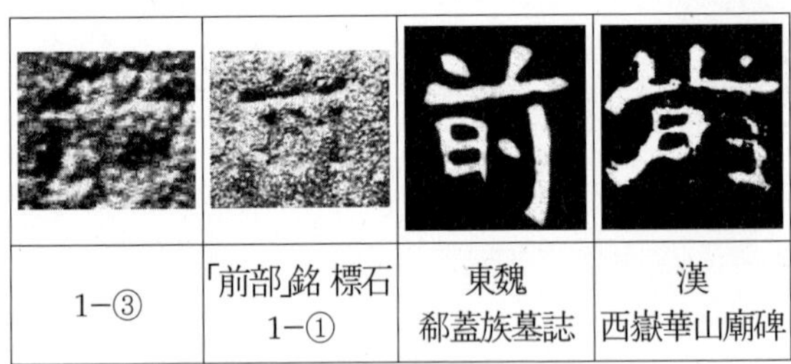

1-③	「前部」銘 標石 1-①	東魏 郗蓋族墓誌	漢 西嶽華山廟碑

2-①: ▨

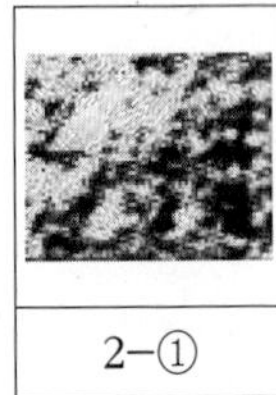

2-①

2-②: 自

2-②	吳 皇象 急就章	晉 索靖 月儀帖	北魏 張玄墓誌

2-③: 此

2-③	梁 瘞鶴銘	北魏 石函蓋銘	唐 顔眞卿 爭坐位稿

2-④: 以

2-④	北魏 弔比干墓文	北魏 元楨墓誌	北魏 元詳造像

(2) 역주

上卩와 前卩 [담당구역]은 여기서부터 [어디까지이다 / 갈라진다].

3) 연구쟁점

동남리의 標石은 1925년 충청남도 부여읍 동남리 향교 동쪽 논 가운데에서 2개 모두 발견되었다. 그러나 발견되고 바로 보존이 된 것이 아니라 3년이 지난 1928년 5월에 이르러서야 국립부여박물관으로 이전되어 보관되었다. 처음에는 標石의 존재를 제대로 알지 못했기 때문에 관리가 소홀했던 것으로 추정된다. 하지만 標石의 銘文이 백제의 5부제를 표시하는 것이라는 것이 알려지면서 보존의 가치가 높아진 것으로 보인다.

標石을 하나하나 자세히 살펴보면「前部銘 標石은 현재 금성산 서남쪽에 위치한 청소년 수련관 부근 발견되었다. 표석의 재질은 화강암으로 長方石의 사다리꼴이며, 높이는 34.5cm이지만 세로는 약 9cm 정도이다. 명문은 한쪽면에만 음각하여 새겨 놓았다.「上卩銘 標石은 현재의 정림사지 북서쪽 시장 부근에서 발견되었다. 표석의 재질은「前部銘 標石과 마찬가지로 화강암이며, 크기는 세로 20cm, 가로 44cm이다. 명문은 한 면에만 존재하며 矩形으로 3행의 글자를 4cm 정도 음각하여 새겨 놓았다.

이 유물들이 발견된 동남리는 사비 나성, 즉 백제 도성 내에 위치한 곳에서 발견되었으며, 동남리 이외의 사비 나성에서 발견된 다른 部銘의 초석·와편·와당 등과 함께 사비도성의 5부제를 연구하는데 중요한 자료로 활용되고 있다(김영심 1992, p.159). 그래서 이를 토대로 유물들이 발견된 위치와 명문에 기초하여 백제가 도성 내에 각 部의 경계를 나타내기 위해 표석을 설치한 것이 아닌가 하는 견해가 꾸준히 제기되었다. 그 결과 上卩는 향교의 동쪽, 前卩는 향교의 남쪽으로 비정하는 견해도 제기되었다(田中俊明 1990, p.189).

그러나 최근에 표석이 발견된 동남리 향교 근처가 표석의 원래 위치가 아니라는 주장이 제기되었다. 이 주장에서는 표석이 사비 나성의 성벽 돌들이었는데, 도로 포장을 위해 나성의 성벽 돌을 깨뜨려 쓰게 되면서 동남리에 위치한 향교 근처로 옮겨지게 되었다는 것이다. 이는 표석에서 글씨가 쓰이지 않은 반대편을 살펴보니 성벽 돌처럼 삼각형의 쐐기 모양으로 되어 있었기 때문에 성벽 돌의 일부로 보았던 것이다. 만약 표석이 성벽의 일부였다면, 高句麗의「平壤城石刻」과 新羅의「南山新城碑」처럼 도성의 각 部에 할당해서 나성을 축조 또는 보수한 후 책임소재를 기록하기 위해 표석을 남겨놓았을 가능성이 있다(김영심 2007, p.252). 그래서 표석의 원래 위치가 어디였는지에 대한 재검토가 필요하다.

사비 나성 내에서 발견된 동남리 표석의 원래 위치가 어디였는지는 정확하게 알기 위해서는 재검토가 필요한 상황이지만, 백제 사회 내에서 5부제가 실행되었다는 자료로서는 이견이 없다. 물론 재검토가 필요하지만 백제가 행정구역을 체계적으로 구성하고 다스리고 있었음을 알려주는 사료로서는 가치가 매우 높은 자료라고 할 수 있다.

3. 목간

4점의 목간이 부여의 동남리에서 출토되었다. 동남리에는 궁남지가 있다. 이 궁남지에서 출토된 목간 1점이 2004년 창원문화재연구원에서 발간한 〈창원〉에 의해 처음으로 보고되었고, 2009년에 발간된 〈나무〉에 2점이 소개되었다. 그리고 2009년에 발간된 〈나무〉에는 동남리 폐사지 목간으로 1점이 추가로 소개되었는데, 현재 이 목간이 백제의 목간인지 신라의 목간인지에 대해서는 이견이 있는 상태이다(동남리 폐사지 목간에 대해서는 신라편에서 다루고자 한다).

궁남지에서 발견된 목간은 매우 중요하다. 〈창원〉에 소개된 목간은 백제 5방제의 시행을 알려주는 '西卩後巷'이 기록된 매우 귀중한 자료이다. 또 글자를 연습한 습서목간과 거주지 및 경작지와 관련된 문서에 사용된 꼬리표 목간이 발견되는데, 이에 대해서는 '부여 궁남지' 편을 참고하면 된다.

4. 기타자료

1) 동남리 105번 일대 출토 문자자료(화지산 출토 문자자료)

화지산은 부여읍의 남편에 위치하며, 부여읍의 중심부에 있는 금성산에서 서남편으로 뻗어내린 지맥에 해당한다. 서편으로는 일명 '군수뜰'로 불리는 매우 평탄한 대지가 형성되어 있고, 현 화지산 서편으로는 궁남지가 인접해 있다. 화지산이 백제 오천결사대 충혼탑 건립지로 선정되면서 2000년에 구제발굴조사가 이루어졌으며, 이때 4점의 인각와와 명문토기 등이 수습되었다. 인각와에 대해서는 본서 인각와 항목을 참조하면 된다.

(1) 대부완(도면 128-9, 도판 220-3)

화지산 라 지구 건물지 8의 북편에 조성된 배수로 내부 퇴적층에서 출토되었다. 회색의 경질토기로서 구연 및 동체 일부가 결실되었으나 전체 기형은 파악 가능하다.

구연부 외측 1개소에는 수직의 침선이 1cm 가량 나있고, 동체의 하단부 굽 바로 위에는 '七'자 또는 '十'자 모양의 기호가 거꾸로 음각되어 있으며, 일정한 간격을 두고 '大'자를 음각한 다음 물손질하여 지운 흔적이 확인된다.

구연부 외측의 수직침선은 뚜껑과 세트관계를 표시하기 위한 기호이며, 동체 하부의 기호는 제작수량이나 규격과 관련되었을 것으로 추정된다.

(높이 10.5cm, 구경 19.6cm, 저경 13.2cm, 기벽 두께 0.3~0.8cm)

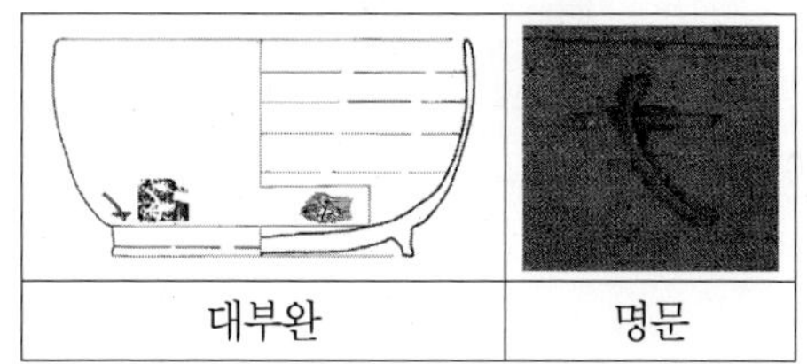

대부완	명문

(2) 기대편(도면 178-1, 도판 231-2, 3)

화지산 마 지구 퇴적층에서 출토되었다. 고화도로 소성된 회청색의 경질토기로서 기대의 동체부만 남아 있다. 외기벽에는 사격자문이 불규칙적으로 타날되어 있으며, 등간격으로 굵은 음각선이 돌아간다.

상단부에 기하학적 문양의 인각이 찍혀 있다. 음각의 원 내에 네 개의 타원형이 원을 이루며 양각되어 있고, 그 중앙부에 원형의 양각 무늬가 조성되어 있다.

(잔존 높이 23.3cm, 기벽 두께 0.8~1.2cm)

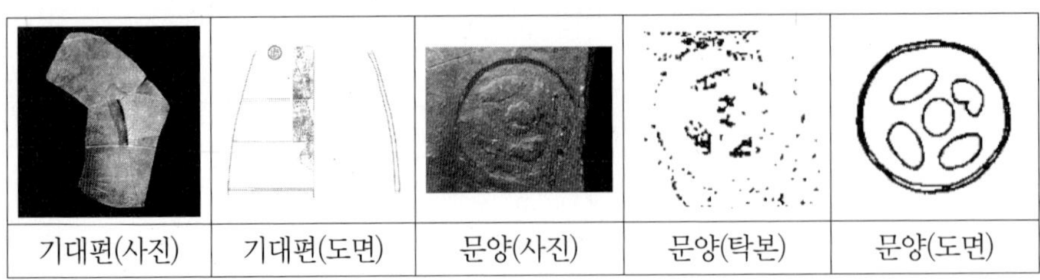

기대편(사진)	기대편(도면)	문양(사진)	문양(탁본)	문양(도면)

2) 동남리 702번지 출토 문자자료

동남리 702번지는 개인주택을 신축하기 위한 부지로, 주변에 백제시기 유적이 밀집하여 분포한 지역이므로 2005년에 발굴조사가 이루어졌다. 조사 결과 사비기의 구상유구 1기와 유물포함층이 확인되었고, 명문토기가 2점 출토되었다.

(1) '女'銘 盌(49번, 도면 8, 도판 37)

Ⅴ-2층(구상유구 내부토층)에서 출토된 완편이다. 내외면 흑회색, 속심 회색을 띠며, 소성도는 연질이다. 태토는 정선된 편이다.

대각 안쪽 바닥면에 '女'자를 線刻한 흔적이 보이는데, 기면과 달리 선각된 부분은 흑회색의 피막이 보이지 않는다. 더불어 일반적인 印刻이나 線刻에 비해 그 새김의 깊이가 매우 얕은 점으로 볼 때, 소성 후에 글자를 새긴 것으로 추정된다.

(총 높이 10.05cm, 대각 높이 1.2cm, 口徑 18.5cm, 대각 지름 11.4cm, 기벽 두께 0.45~0.75cm)

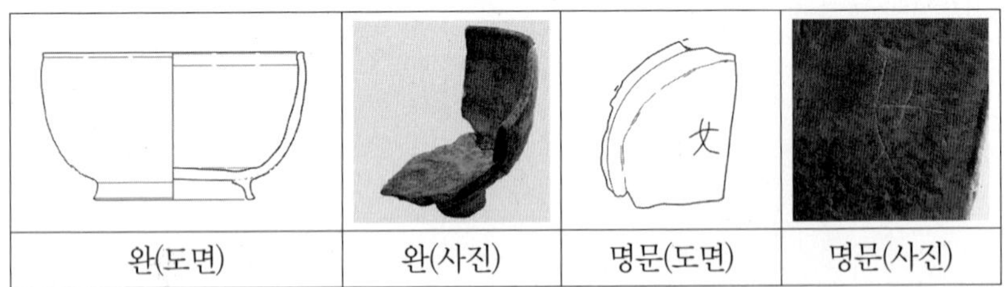

완(도면)	완(사진)	명문(도면)	명문(사진)

(2) '北'銘 盌(66번, 도면10, 도판40)

Ⅳ층(백제시기 유물포함층)에서 출토된 완편이다. 외면은 흑회색, 내면과 속심은 회백 혹은 회황색을 띤다. 소성도는 연질이며, 태토는 미세한 사립이 섞인 고운 점토를 사용하였다. 저부가 결실되어 대각의 유무는 알 수 없다.

기면은 매끄럽게 정면하였으며, 기하부에 '北'字를 비스듬하게 印刻하였다. 음각으로 테두리를 둘렀으며, 글자도 음각되어 있다. 도장의 지름은 1.45cm이다.

(총 높이 7.2cm, 口徑 15.25cm, 기벽 두께 0.35~0.85cm)

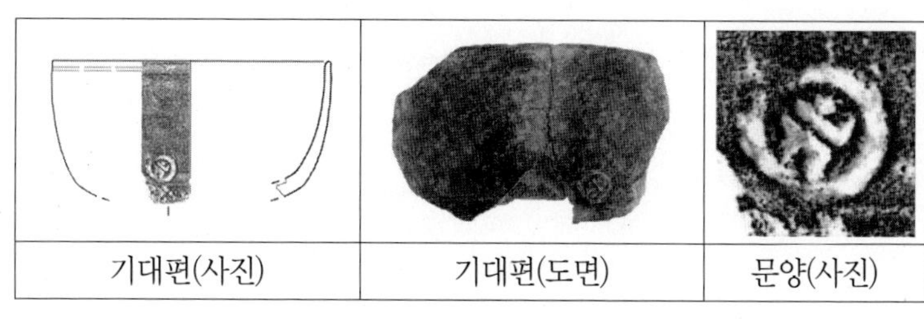

기대편(사진)	기대편(도면)	문양(사진)

5. 참고문헌

1) 보고서 및 자료집

국립박물관, 1939, 『博物館陳列品圖錄』 14.

국립부여박물관, 2003, 『百濟의 文字』.

국립부여문화재연구소, 2002, 『화지산 유적발굴조사보고서』.

김영심, 1992, 「標石」, 『역주 한국고대금석문』 1.

忠淸南道歷史文化院, 2007, 『東南里 702番地遺蹟』.

2) 논저류

김영심, 2007, 「백제의 지방통치에 관한 몇 가지 재검토」, 『한국고대사연구』 48.

成周鐸, 1982, 「百濟泗沘都城硏究」, 『百濟硏究』 13.

洪思俊, 1971, 「百濟城址硏究」, 『百濟硏究』 2.

洪再善, 1981, 『百濟泗沘城硏究』, 충남대석사학위청구논문.

황수영, 1976, 『韓國金石遺文』, 일지사.

田中俊明, 1990, 「王都로서의 泗沘城에 대한 豫備的 考察」, 『百濟硏究』 21.

扶蘇山城 出土 文字資料

기경량

1. 개관

부소산성은 두 개의 테뫼식 산성과 이를 연결해 외곽을 두른 포곡식 산성이 결합한 형태의 성이다. 1980년 부소산 서편의 백제폐사지에 대한 발굴 조사를 시작으로, 2002년까지 지속적으로 발굴 조사가 이루어졌다. 1919년에는 지금의 泗沘樓 부근에서 金銅鄭智遠銘釋迦如來三尊立像이 발견되었다. 1980년 이후 발굴에서는 다량의 인각와가 출토되었으며, 당나라 초기인 621년 처음 주조되어 상당 기간 사용된 開元通寶도 여러 점 출토되었다. 1998년 북문지 주변 조사에서는 '北舍'명 토기편이 출토된 바 있다. 부소산성은 백제 멸망 이후에도 지속적으로 활용되었기 때문에 백제 문자자료 외에 통일신라 및 고려 시대의 문자자료도 출토되고 있다.

1991년에는 부소산성 동문지 주변을 조사하던 중 성벽 안쪽에서 명문이 있는 금동 광배가 출토되었다. 부소산성의 동문지는 두 곳인데 북쪽에 있는 것은 백제 때 만들어진 것이고, 남쪽에 있는 것은 통일신라 때 개축한 것이다. 금동 광배가 발견된 곳은 백제 동문지의 성벽 안쪽이다. 성벽은 점토와 마사토를 번갈아 다져 쌓은 토성으로, 성벽 안쪽에는 납작한 돌을 쌓아 보도 시설을 두었는데, 통일 신라 시대 이후 퇴적토에 덮였다. 이 중 금동 광배는 청동 유물들과 함께 성벽 안쪽 백제 때의 구지표와 퇴적층 경계면에서 출토되었다.

광배 주변에서는 불에 탄 흙이 함께 노출되었다. 이는 광배의 폐기와 화재가 연관되었음을 시사한다. 아마도 백제 멸망 시 성이 함락되었던 사건과 관련되었다고 여겨진다. 금동 광배 출토 시 금동 투조 장식편들이 광배와 포개져 출토되었는데, 이는 광배와는 다른 원형의 장식으로 확인되었다. 부여 지역에서는 이후 1993년 능산리사지에서 광배편, 1995년 금동 광배편이 출토된 바 있고, 2003년에도 관북리에서 금동 광배가 출토되었다.

불상 명문과 인각와는 별고에서 다루므로 여기서는 부소산성에서 출토된 명문이 있는 금동 광배, 토기편, 기와편을 살펴보도록 하겠다.

2. 금동 광배

1) '何多宜藏法師'명 금동 광배

부소산성 출토 금동 광배는 원형의 금동판에 연화문과 忍冬唐草文을 투조한 후 뒷면에 같은 크기의 금동판을 맞대고 소형못을 박아서 결합시킨 것이다. 직경 12.7cm, 두께는 각 원판이 0.9mm, 합쳐서 1.8mm이며, 무게는 62.55g이다. 중심부에서 주변부로 가면서 앞쪽으로 살짝 휘어져 있는 형태이다.

중심부에는 불상을 고정시키기 위한 2×5mm 크기의 직사각형의 구멍이 뚫려 있다. 작은 쇠못을 이용해 중앙에 1개, 주변에 여러 개를 돌아가며 앞뒤의 금동판을 결합시켰다. 가운데는 光心部를 배치하고, 그 주위에 蓮花文帶, 주연부에는 忍冬唐草文帶을 돌렸다. 중앙과 주연부 사이와 주연부 바깥쪽에는 직경 2mm의 구슬 모양을 0.6cm 간격으로 돌렸다. 연화문은 6엽의 중판이고, 그 사이 사이에는 간판이 배치되었다.

투조 문양은 문양을 도안한 후 날카로운 칼로 눌러 잘라내거나 작은 끌을 사용해 도안한 선을 따라 떼

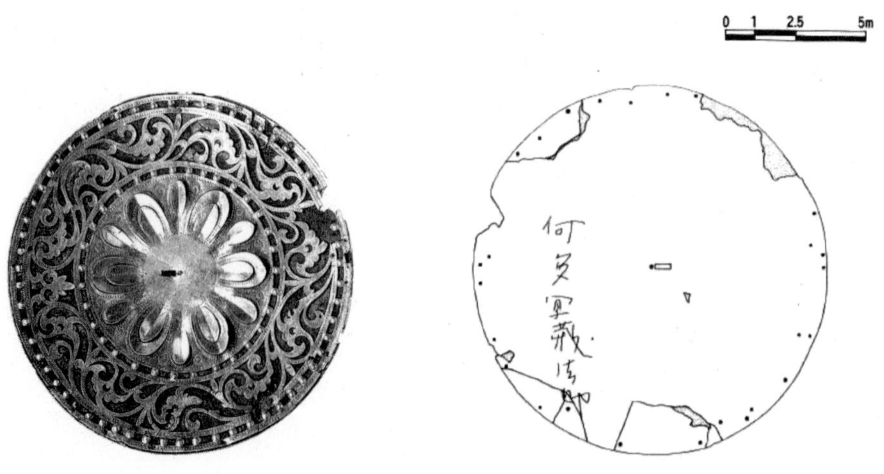

앞면 사진 출처: 덕성여자대학교 미술사학과 최성은 교수 제공.
뒷면 실측도 출처: 부여문화재연구소, 1995, p.340, 도면 58.

어낸 후 거친 면을 매끄럽게 문질러 다듬은 것으로 여겨진다. 판의 앞뒷면을 모두 도금하였는데, 잘라낸 측면에도 도금이 되어 있다. 뒷면은 별도의 문양이 없는 상태이나 하단부에 날카로운 도구를 이용해 '何多宜藏法師' 6자의 명문이 새겨져 있다(부여문화재연구소 1995). 뒷판의 앞면은 주변부에만 도금이 되었고, 중앙부는 도금을 하지 않았다.

(1) 판독 및 교감

何多宜藏法師

1-①: 何

덕성여자 대학교 미술사학과 최성은 교수 제공	부여문화재 연구소 (1995)	부여문화재 연구소(1995) 실측도	東晉 王羲之 遠宦帖	北齊 泰山經石峪	唐 顔真卿 多寶塔碑

∴ 판독에 큰 문제가 없다. 서체는 해서인데, 세로획이 길고 안의 '口'가 작게 위쪽에 붙은 형태는 남조 시기의 해서보다는 唐代의 해서와 더 흡사하다.

1-②: 多

덕성여자 대학교 미술사학과 최성은 교수 제공	부여문화재 연구소 (1995)	부여문화재 연구소 (1995) 실측도	무령왕릉 출토 은제 팔찌 명문	北齊 泰山經石峪	唐 顔真卿 多寶塔碑	平城宮木簡 02891	平城宮木簡 00399

∴ 판독에 문제가 없다. 필획이 날카롭고 마지막 획이 길게 뻗고 있는 것은 글씨를 새긴 재료의 탓도 있겠으나, 역시 서체가 唐代의 그것과 유사하기 때문으로 보인다.

1-③: 宜

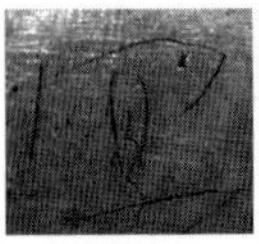 덕성여자 대학교 미술사학과 최성은 교수 제공	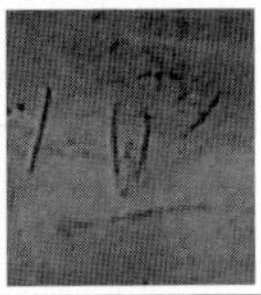 부여문화재 연구소 (1995)	 부여문화재 연구소(1995) 실측도	 東晉 王羲之 小楷 樂毅論	 唐 顏真卿 多寶塔碑	 平城京木簡 01707	 平城京木簡 04625

∴ 일반적인 宜와 달리 '宀'가 아닌 '冖'의 형태이다. 판독에 문제가 없다.

1-④: 藏

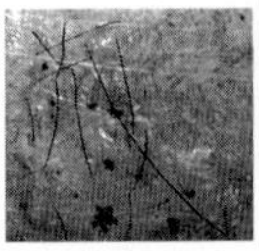 덕성여자 대학교 미술사학과 최성은 교수 제공	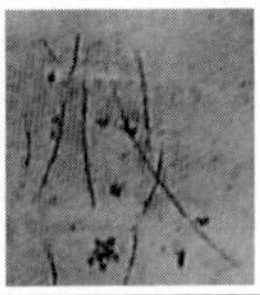 부여문화재 연구소 (1995)	 부여문화재 연구소(1995) 실측도	 隋 智永 真草千字文	 平城宮木簡 03226	 平城宮木簡 01943	 平城宮木簡 08775

∴ 앞의 글자들과 달리 행서 내지 초서에 가깝다. 상단에 '艹'이 분명하게 보이며 특히 일본 平城宮木簡의 동일자와 비교해 보면 자형이 상당히 유사함을 알 수 있다.

1-⑤: 法

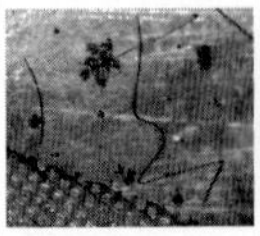	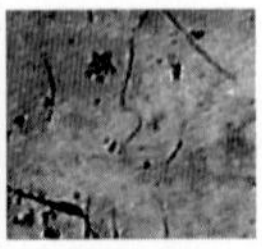		法		
덕성여자 대학교 미술사학과 최성은 교수 제공	부여문화재 연구소 (1995)	부여문화재 연구소(1995) 실측도		唐 歐陽詢	平城宮木簡 08961

∴ 행서 내지 초서에 해당하는 서체이다. 구양순의 행서 글씨 및 平城宮木簡 글씨와 자형이 거의 같으

므로 法으로 판독하는 데 무리가 없다.

1-⑥: 師

덕성여자 대학교 미술사학과 최성은 교수 제공	부여문화재 연구소 (1995)	부여문화재 연구소 (1995) 실측도	師	唐 颜真卿	平城京木簡 00679	藤原宮木簡 00092	平城宮木簡 00108

∴ 행서에 가까운 서체이다. 광배가 깨져 손상된 부분이라 판독에 어려움이 있다. 우변 '帀'의 첫 번째 가로획에 해당하는 부분이 생략되어 있어 엄밀히 말하면 '帥'에 가까운 글씨지만, 바로 앞 글자가 '法'이 분명하므로 '師'로 판독하는 데는 무리가 없다.

(2) 역주

何多宜藏法師[1)]

(3) 연구쟁점

'何多宜藏法師'명 금동 광배는 중심부에 연화문 장식이 있고, 주연부에 인동당초문 장식이 있어 능산리에서 출토된 백제 금동 대향로의 모습과 상통하는 점이 있다. 백제 금동 대향로의 몸체는 연꽃잎을 세 겹으로 겹쳐 구성하고, 뚜껑과 몸체가 맞물리는 부분에는 인동당초문 장식을 둘렀다.

영강 7년명 금동 광배를 비롯해, 경4년 신묘명 금동 삼존불 입상, 계미명 금동 삼존불 입상, 갑인년명 석가 삼존불 광배 등도 광배의 연화문 주위에 인동당초문을 두른 형태를 띠고 있는데, 모두 6세기 중후반에 제작된 것으로 추정된다(성윤길 2006, p.68). 특히 북한 평양시 대성구역의 청암리 토성에서 출토된 금동광배의 경우 '何多宜藏法師'명 금동 광배와 거의 흡사한 형태여서 주목된다. 중심부의 연화문 표현과 그 바깥쪽의 인동당초문, 중앙과 주연부 사이의 연결부를 둥근 장식으로 돌린 것도 유사하다. 해당 유물은 『조선유적유물도감』 4에 '꽃잎모양뚫음무늬금동장식'이라는 이름으로 소개되어 있다. 고구려 수도인 평양과 백제 수도인 부여 지역에서 각각 출토되었음에도 매우 흡사한 형태적 유사성을 띠고 있는 점에 대해 추가적인 분석과 연구가 필요하다.

---

1) 何多宜藏法師: 발굴보고서(부여문화재연구소 1995, p.180)에서는 불상 조성자의 이름으로 보았고, 최응천(2007, p.251)은 불상 제작에 참여했던 발원자로 보았으나 분명한 것은 아니다.

출처: 조선유적유물도감 편찬위원회, 1990, 『조선유적유물도감』 4, p.269.

백제 지역에서 발견된 다른 불상들의 명문을 보면 돌아간 부모나 배우자를 위한 발원의 내용이 많지만 이 경우는 그렇지 않다. 내용이 매우 짧고 형식도 갖추지 않은 느낌이 강하다. 특히 광배를 바르게 놓고 명문을 새긴 것이 아니라 90도 가량 시계 방향으로 돌린 상태에서 공간 배치나 구성을 크게 고려하지 않은 채 왼쪽 아래 치우친 자리에 글씨를 새겼다는 점이 주목된다.

이러한 명문의 형태는 광배가 불상과 결합되어 있는 상태에서 바닥에 뒤집어 놓고 새겼기 때문으로 짐작해 볼 수 있다. 즉, 왼손으로는 광배 아래 튀어 나와 있는 불상의 하단부를 잡아 고정하고 오른손으로 날카로운 도구를 이용해 명문을 새겼다고 추측할 수 있는 것이다. 글자가 아래로 내려오며 점점 오른쪽으로 기울어지듯 새겨진 것도 그 이유 때문일 것이다. 그렇다면 이 명문은 사적인 행위의 결과물일 가능성이 높다. 누군가에게 기증하기 위해서나 부탁을 받아 새겼다고 보기에는 지나치게 격식을 무시하고 있다는 점에서 그러하다.

명문을 새긴 인물은 초서를 능숙하게 구사한 것으로 보아 문자 생활에 익숙했던 이로 여겨진다. 그렇다면 何多宜藏法師란 불상의 조성자나 발원자라기보다 소유자의 이름이라고 보는 것이 자연스럽다. 이때 '何多'를 지명으로 보아 何多 지방, 혹은 何多寺의 의장법사라고 해석할 수도 있겠으나 단정하기는 어렵다.

백제에서는 何多라는 지역명이 확인되지 않는다. 다만 일본에서 유사한 사례를 찾을 수 있다. 『日本書紀』에는 應神天皇 14년에 백제에서 弓月君이라는 이가 귀부하였다고 기록되어 있는데, 『新撰姓氏錄』에 따르면 그는 대표적인 일본의 도래계 성씨인 秦氏(하타씨)의 시조이다. 일본 중부 神奈川縣에는 秦氏가 개발한 데서 이름이 붙은 秦野(하다노)라는 지명이 남아 있기도 하다. 하지만 이것만으로 동경의 '何多'와 일본의 '秦'을 연결시키기에는 근거가 부족하다.

3. 토기

1) '北舍'명 토기편

기벽 내외를 모두 매끄럽게 처리한 것으로, 기벽 두께는 0.5cm이다. 지름 2.7cm 정도의 圓圈 내에 명문이 양각으로 압인되어 있다. 백제의 포곡식 성벽 안쪽 건물지(1998년 조사 중 A 트렌치)의 기단석 바깥 표토 아래 100~180cm 지점, 황갈색 사질토층에서 출토되었다. 이 일대에는 망루가 있었던 것으로 여겨지며, 황갈색 사질토층에서는 백제시대의 기와편과 토기편, 인장와, 철제류 등이 공반 출토되었다.

출처: 부여문화재연구소, 2000, p.64, 삽도 16.

(1) 판독 및 교감

北舍

(2) 역주

北舍[2)]

2) '夲'명 토기편

토기 바닥의 바깥쪽에 음각으로 글씨를 새겼다. 토기 굽의 직경은 7.7cm이다. 통일신라기의 印花紋

---

2) 北舍: 1988년 관북리 백제유적 발굴조사에서도 '北舍'명 토기편이 2점 출토된 바 있고, 궁남지에서도 '北舍'명 토기편이 1점 출토되었다. 관북리에서 '北舍'명 토기편이 발견된 곳은 백제시대 샘터 앞에 있는 소형 건물지 부근이다. 부소산성 출토 '北舍'명과 관북리 출토 '北舍'명은 자형과 형태가 매우 유사하나 동일 인장으로 찍은 것은 아니다. 부소산성 출토 '北舍'명은 지름이 2.7cm인데 비해, 관북리 출토 '北舍'명 2점은 지름이 각각 1.7cm, 2cm이다. 北舍가 정확히 어떤 성격의 건물인지는 밝혀지지 않았다. 공공기관이나 큰 시설에 딸린 부속 건물로 추정하기도 한다.

土器碗 조각들과 함께 출토되었지만, 부여문화재연구소(1997)는 태토나 잔존 굽 상태로 보아 백제의 토기일 가능성이 높다고 보았다. '夲'은 흔히 사용되었던 '本'의 이체자이다.

출처: 부여문화재연구소, 1997, p.246, 삽도 14.

(1) 판독 및 교감

夲

(2) 역주

夲

3) '[夲]'명 토기편

2002~2003년 부소산성의 취수장 남동쪽 계곡 '가' 지구에 대한 조사 과정 중 지표에서 발견되었다. 토기 파편에 글씨가 남아 있는데, 글씨의 일부는 결실되었다.

출처: 부여문화재연구소, 2003, p.337, 도판 201-⑤.

(1) 판독 및 교감

[本][3)]

(2) 역주

[本]

4) '大'명 토기편

2002~2003년 부소산성의 취수장 남동쪽 계곡 '가' 지구에 대한 조사 과정 중 지표에서 발견되었다. 회색 경질 토기편으로 碗의 굽으로 추정되며 절반 가량 깨진 상태이다. 바닥의 지름은 7.2cm이다. 깨진 아래 부분에 자흔이 남아 있어 다른 글자가 더 있었던 것으로 보이지만 토기가 깨져 결실된 상태이다.

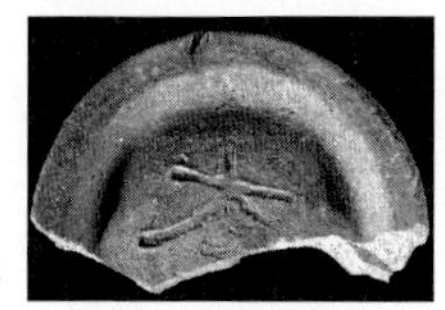

출처: 부여문화재연구소, 2003, p.337, 도판 201-⑥.

(1) 판독 및 교감

大

(2) 역주

大

5) '▨奇'명 토기편

2002~2003년 부소산성의 취수장 남동쪽 계곡 '가' 지구에 대한 조사 과정 중 1피트의 흑색 점토층에서 출토되었다. 회색 경질 토기편으로 외면에 타날선문과 인장을 찍은 흔적이 남아 있다. 인장은 방형이며 글씨는 양각이다. 왼쪽 부분이 결실되어 있다.

3) [本] : 토기가 깨져 글자가 일부 결실되었으나 남아 있는 자형으로 보아 '夲'으로 추정된다.

출처: 부여문화재연구소, 2003, p.337, 도판 201-⑦.

(1) 판독 및 교감

▨ 奇

▨[4]奇[5]

1-②: 奇

	隸辨	漢印	漢印

∴ 부여문화재연구소에서는 미상자로 처리하였으나 이 글자의 경우 결실된 부분이 거의 없으므로 판독이 가능하다. 자형으로 보아 '奇'로 판독할 수 있다.

(2) 역주

▨奇

4) ▨(부여문화재연구소 2003) / 글자의 왼쪽 부분이 결실되어 판독이 어렵다. 남아 있는 자형으로 보면 '西'일 가능성이 있다.

5) ▨(부여문화재연구소 2003).

6) '善官'명 토기편

기벽에 선문을 타날한 토기편에 인장을 찍은 명문이다. 1984년 수혈건물지 부근 조사 중 석축 시설 앞에서 출토되었다. 기벽의 두께는 0.7~0.8mm이고, 남아 있는 형태로 보아 토기 壺로 여겨진다. 印章圓의 지름은 2.8cm이다. 첫 글자의 상단이 약간 결실되었으나 판독은 가능하다.

출처: 국립문화재연구소, 1996, p.453, 도판 20-①~②.

(1) 판독 및 교감

善官

(2) 역주

善官

7) '[北]'명 토기편

1986~1987년 남문지 및 주변 성벽 조사 시 출토되었다. 백제의 대형호 몸통부의 타날선문 위에 원형의 印章을 눌러 찍었다. 인장 지름은 2.4cm 정도이다.

출처: 국립문화재연구소, 1996, p.478, 도판 45-①.

(1) 판독 및 교감

[北][6]

(2) 역주

[北]

4. 기와

1) '朮系'명 기와편

부소산성의 후대 동문지 남측 1호 토광 주변 상층에서 출토되었다. 기와 파편만 남아 있으며, 기와의 등에 끝이 날카로운 도구를 이용해 음각으로 여러 자를 새겼다. 부여문화재연구소의 발굴보고서(1995)에서는 '紮'명 기와로 소개하며 백제계나 통일신라 초반경의 기와로 파악하였다.

출처: 국립부여박물관, 2003, p.75.

6) 北(국립문화재연구소 1996) / 보고서에서는 '北'명 토기편이라고 소개하였으나 다른 글자일 가능성을 남겼으며, 실제로 남아 있는 자형을 보았을 때 '北'이라는 판독에는 다소 의문이 든다. 타날선문 위에 인장이 찍혀 있어 선명함이 떨어져 판독에 어려움이 있다.

(1) 판독 및 교감

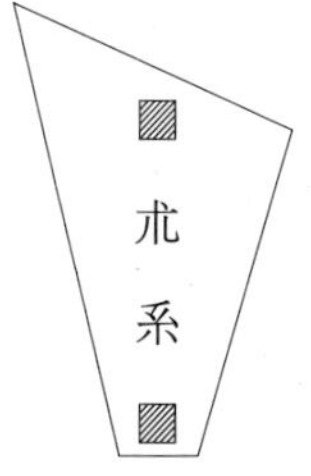

▨[7]朮系▨[8]

1-②: 朮

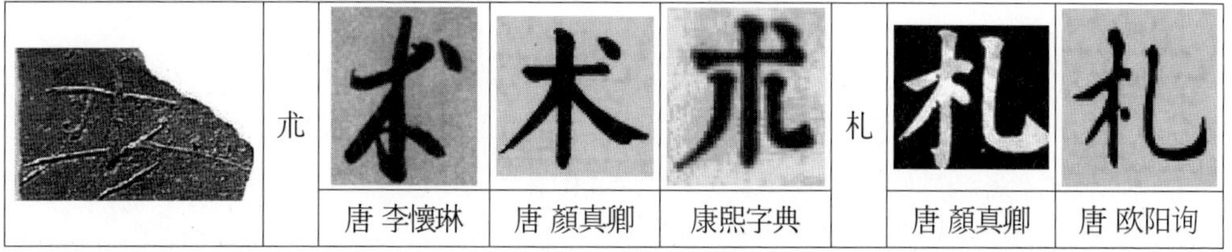

	朮				札		
		唐 李懷琳	唐 顏真卿	康熙字典		唐 顏真卿	唐 欧阳询

∴ 부여문화재연구소(1995)와 국립부여박물관(2003)에서는 두 번째 자와 세 번째 자를 하나의 글자로 보아 '絭'로 판독하였다. 하지만 이는 의미상 기와에 새겨져 있는 글자로 보기에 어색하고, 자획 상으로도 성립하지 않는다. '絭'로 판독할 경우 '木'의 마지막 획이 존재하지 않으며, 상단의 '札'과 하단의 '糸' 사이에 보이는 뚜렷한 가로획도 해명할 수 없다. 좌변만 남아 있는 첫 번째 글자 크기와 비교했을 때 지나치게 글자 크기가 크다는 문제점도 있다. 이에 기존에 '絭'로 판독하였던 글자를 한 글자가 아닌 두 글자로 보고, 그중 위의 글자는 '術'의 이체자인 '朮'로 판독하고자 한다. '札'보다 '朮'로 판독하는 것이 타당한 이유는 첫 글자의 잔획인 '木'변을 통해서도 확인된다. 이 명문의 書者는 '木'을 쓸 때 '十'과 '人' 획의 교차점을 만들고 있다. 그러나 두 번째 글자는 그렇지 않으며, '十'의 교차점에서 훨씬 왼쪽에서 3획을 시작하고 있다. 4획 역시 'L' 형태로 쓴 것이 분명하다. 다만 '朮'로 볼 경우 우측 상단에 있어야 할 '丶'을 확인할 수 없는데, 이는 해당 부분의 기와가 깨져 상실된 탓이다.

7) ▨ / 기와가 깨진 부분에 글자가 걸쳐 있어 좌변의 '木'만 남아 있는 상태이다.

8) ▨ / 글자 부분이 깨져 남아 있는 자획만으로는 판독할 수 없다. 굳이 추정한다면 '自'가 아닐까 여겨지나 확정할 수는 없다.

1-③: 系

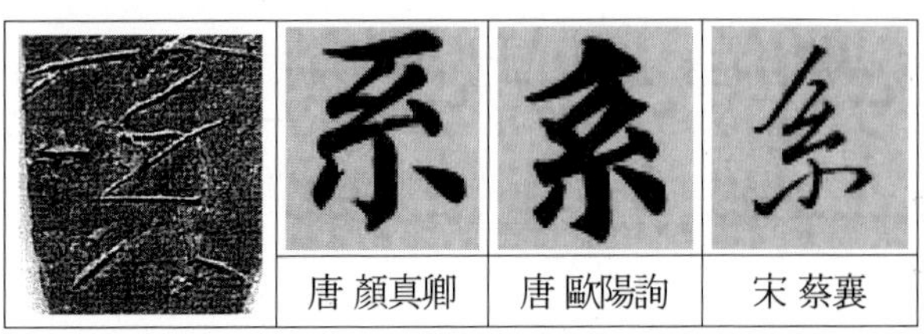

∴ 가로획을 길게 그은 후 필 끝을 떼지 않고 둥글게 연결하여 아래쪽에 '糸'를 형성하고 있다. 따라서 '系'로 판독할 수 있다.

(2) 역주

… 재주를 잇는다…

2) '八六'명 기와편

끝이 날카로운 도구를 이용해 소성하기 전 기와의 등에 쓴 글자이다. 문양이 없는 작은 수키와 파편이며, 네모에 가까운 외곽선 안에 글자를 썼다. 두 글자 모두 끝부분이 모이는 형상을 가지고 있기 때문에 좌서로 된 '人大'라고 판독할 여지도 있으나, 숫자 명문이 있는 다른 기와들의 사례가 있기 때문에 이 기와의 명문 역시 숫자로 보는 것이 자연스럽다. 부여문화재연구소(1995)는 백제계나 통일신라 초반경의 기와로 판단된다고 하였다.

출처: 부여문화재연구소, 1995, p.435, 도판 136-⑧.

(1) 판독 및 교감

八[9]六[10]

(2) 역주

八六

5. 참고문헌

1) 보고서 및 자료집

국립공주박물관, 2002, 『최근 발굴 10년사 －금강－』.

國立文化財研究所, 1996, 『扶蘇山城 發掘調查報告書(1980, 1983~1987年)』.

국립부여박물관, 2003, 『百濟의 文字』, 하이센스.

국립중앙박물관, 2011, 『문자, 그 이후』, 국립중앙박물관.

扶餘文化財研究所, 1995, 『扶蘇山城 發掘調查 中間報告』.

扶餘文化財研究所, 1997, 『扶蘇山城 發掘調查 中間報告』 Ⅱ.

扶餘文化財研究所, 1999, 『扶蘇山城 －整備에 따른 緊急發掘調查－』.

扶餘文化財研究所, 1999, 『扶蘇山城 發掘中間報告書』 Ⅲ.

扶餘文化財研究所, 2000, 『扶蘇山城 發掘中間報告書』 Ⅳ.

扶餘文化財研究所, 2003, 『扶蘇山城 發掘調查報告書』 Ⅴ.

조선유적유물도감 편찬위원회, 1990, 『조선유적유물도감』 4.

2) 논저류

金容民, 1996, 「扶蘇山城 東門址 出土 金銅光背」, 『美術資料』 57, 國立中央博物館.

성윤길, 2006, 「扶餘 官北里出土 金銅光背」, 『美術資料』 74, 國立中央博物館.

최응천, 2007, 「백제의 공예미술 －금속공예품을 중심으로－」, 『백제의 미술』, 충청남도역사문화연구원.

崔茂藏, 1991, 「扶蘇山城 推定 東門址 發掘 概報」, 『百濟研究』 22, 忠南大學校 百濟研究所.

허흥식, 2007, 「한문자의 사용」, 『백제의 문화와 생활』, 충청남도역사문화연구원.

9) 人(부여문화재연구소), 八(국립부여박물관) / 자획을 보면 '人'의 형태에 가까우며, 뒤의 글자가 '六'이므로 '八'로 판독하는 것이 타당해 보인다.

10) 六(부여문화재연구소, 국립부여박물관) / 언뜻 보면 '大'처럼 보이나 필획을 살펴보면 '六'으로 보는 것이 타당하다.

北羅城 出土 文字資料

기경량

1. 개관

부여 나성은 사비 도성을 감싸고 있는 성으로, 서나성과 남나성의 존재는 확인되지 않았으나 북나성과 동나성의 존재는 수 차례의 발굴 조사를 통해 확인되었다. 나성의 길이는 부소산에서 시작하여 염창리까지 약 6.6㎞ 가량이다. 북나성의 청산성 구간은 현재의 행정 구역상 쌍북리에 해당하며, 부소산에서 동쪽으로 뻗어 나가던 성벽이 남쪽으로 방향을 바꾸는 지점이다.

부여 북나성은 구릉 사면에 형성된 내탁식의 토석혼축성벽이다. 체성은 석축부와 토축부로 구성되어 있다. 석축부의 상부는 유실되어 전체 높이를 알 수 없으나, 최대 잔존 높이는 2.9m, 폭은 1~3m이다. 외면석은 최대 9단까지 확인이 되었고, 높이는 210㎝이다. 석축부의 외면석은 모다듬기를 하여 정연하게 치석된 장방형의 석재로서, 가로 26~45㎝×세로 16~25㎝이다. 퇴물림쌓기, 바른층쌓기를 하였고, 횡으로 수평을 맞추고 종으로 서로 엇물려 '品'자형이 되도록 쌓았다. 뒤채움석은 외면석과 토축부 사이에 판석형의 할석 등을 이용해 쌓았다. 토축부는 사질토와 점질토를 교차성토하여 축조하였다. 기저부에는 암반 부스러기와 흙을 이용해 성토다짐을 한 후 석축부의 뒤쪽에 뒤채움석과 함께 준판축과 성토다짐을 하면서 체성을 쌓았다.

발굴 중 수습된 유물은 대다수 웅진~사비기의 백제 토기들이다. 따라서 성벽 축조 시점의 상한은 웅진기 초반대로 볼 수 있는데, 발굴자는 성벽 축조 방법과 기반층에서 확인된 토기를 토대로 보았을 때 6세기 초반, 즉 웅진기 말에서 사비기 초 무렵에 축성된 것으로 판단하고 있다(심상육·성현화 2012, p.195). 1차 조사에서 성벽 앞쪽에 통일신라 초기의 석곽묘가 확인된 바 있으므로, 폐성의 시점은 백제의 멸망 즈음으로 여겨진다.

2. 銘文石

명문석은 부여 나성 중 북쪽의 청산성 구간을 발굴 조사하던 중 출토되었다. 부여 나성은 1991년 이후 지속적으로 발굴 조사가 이루어지고 있었는데, 그중에서도 북나성 청산성 구간은 부여군 문화재 보존 센터에서 2011년 7월 18일~9월 9일까지 진행한 1차 조사 이후 2011년 10월 26일~2012년 1월 20일까지 2차 조사, 2012년 3월 29일~5월 27일까지 3차 조사, 2013년 5월 20일~8월 9일까지 4차 조사가 이루어졌다. 이 중 1차 조사는 시굴 조사였으며, 2차 조사부터는 발굴 조사였다. 명문석은 3차 조사 기간 중 발견되었다.

명문석이 출토된 곳은 북나성의 외벽 보호 시설로 추정되는 부석층이다. 부석층은 판석형의 돌들을 점토와 함께 성외벽을 따라 깐 시설로서, 성벽 외부에 마련된 巡審路, 혹은 낙수 등을 대비한 성벽 보호 시설이다. 다른 판석형 할석들 사이에서 노출되었으므로 원래의 용도가 폐기된 후 성벽 보호시설의 석재로 재사용된 것으로 여겨진다.

명문석은 길이 53㎝, 폭 26㎝, 두께 10㎝의 다듬은 화강암이다. 이와 관련해 약 25㎝인 南朝尺을 기준으로 하였을 때 명문석의 길이가 길이 2척, 폭 1척에 해당한다는 점이 지적되기도 하였다. 명문석은 전면부와 측면부를 편평하게 다듬어 전면부에 글씨를 음각하였다. 새겨진 문자는 2행 8자로 추정되며, 1행 3번째의 '立'자와 2행 첫 번째의 '上'자가 명확히 판독되나, 나머지는 글자들은 희미해 판독이 쉽지 않다. 명문 판독 과정에서 1행의 4번째 글자를 '此'로 보는 의견과 2행의 4번째 글자를 '造'로 보는 견해도 나왔다. 발굴 조사자는 글자에서 파책의 흔적이 확인된다는 점을 들어 5세기 초 이후의 隸楷書體라고 판단하였다(심상육·성현화 2012, p.198).

출처: 부여군 문화재 보존센터 보도자료(2012).

1) 판독 및 교감

2	1	
上	▨	①
▨	▨	②
▨	立	③
▨	此	④

▨▨立[此]上▨▨▨

1-③: 立

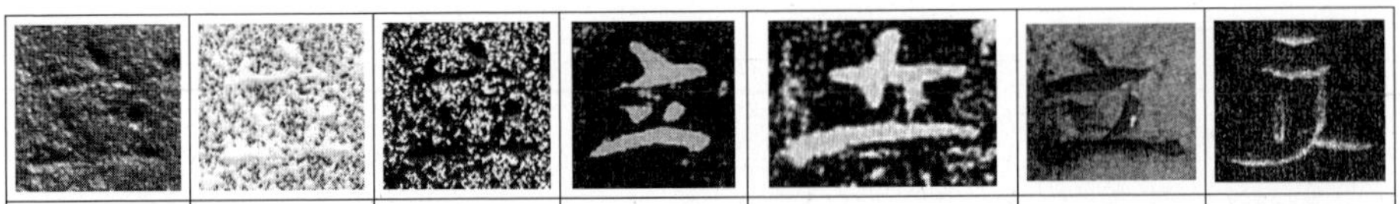

1-③ 사진	탁본	탁본 반전	무령왕 지석	무령왕비 지석	미륵사지 금제사리 봉영기	왕흥사지 청동제 사리함

∴ 글자가 뚜렷하여 판독에 논란의 여지는 없다. 다른 백제 문자 자료 중에서는 미륵사지 금제사리봉영기 전면 11-④ 글자와 매우 흡사하다.

1-④: [此]

1-④ 사진	탁본	탁본 반전	부여 동남리 상부전부명 표석	미륵사지 금제사리 봉영기	東晉 王羲之 小楷 樂毅論	唐 柳公權 玄秘塔碑

∴ 희미하여 판독이 어려우나 '此'로 판독하기도 한다. 미륵사지 금제사리봉영기 3-③의 보입자와 비교했을 때 충분히 타당성이 있다고 여겨지며, 동남리에서 발견된 '上卩前卩'명 표석에 나오는 '此'의 예도 판독의 근거가 될 수 있다. 예서에서는 '此'를 쓸 때 꺾이는 부분을 부드럽게 처리하지만 해서에서는 날카롭게 각을 주는 모습을 보이므로, 이 글자가 '此'가 틀림없다면 해서의 필의를 더 강하게 가지고 있다 할 수 있다.

2-①: 上

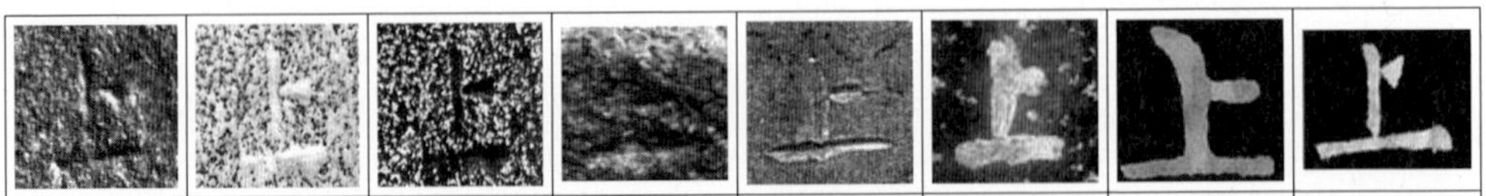

2-① 사진	탁본	탁본 반전	부여 동남리 상부 전부명 표석	미륵사지 금제사리 봉영기	南朝 陶弘景 瘞鶴銘	北齊 泰山經石峪	唐 歐陽詢 九成宮醴泉銘

∴ 판독에 논란의 여지가 없다. 세로획이 긴 장방형이라는 점에서 예서보다는 해서의 필의가 강하다고 평가할 수 있다. 주목되는 점은 첫 번째 가로획의 마무리 부분을 눌러 표현하고 있다는 점인데, 이는 미륵사지 금제사리봉영기의 '上'에서도 보이는 형태이며, 구양순 등의 글씨에서도 보이는 특징이다.

2–④: ▨

사진	탁본	탁본 반전	미륵사지 금제사리 봉영기 '遶'	미륵사지 금제사리 봉영기 '造'	미륵사지 금제사리 봉영기 '迎'	미륵사지 금제사리 봉영기 '遺'	미륵사지 금제사리 봉영기 '遠'

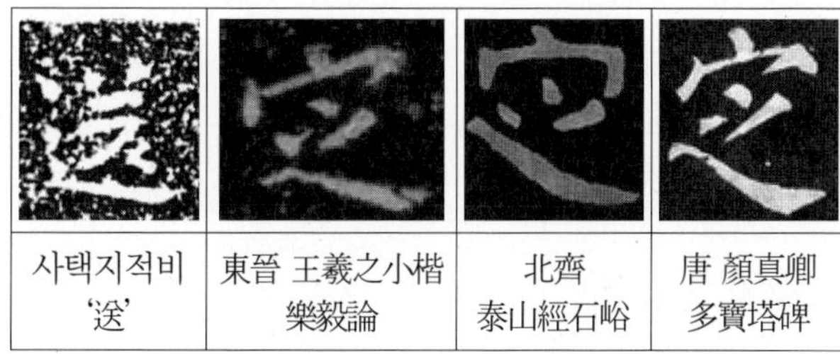

사택지적비 '送'	東晉 王羲之小楷 樂毅論	北齊 泰山經石峪	唐 顏真卿 多寶塔碑

∴ 글자의 윗부분은 잘 안 보이며 아래쪽 마지막 획만 책받침 부수와 비슷한 형태로 남아 있다. 발굴 보고자에 따르면 판독 과정에서 이를 '造'로 판독하는 경우도 있었다고 하나 남아 있는 획만으로는 확정이 어렵다. 발굴 보고자는 '辶'로 판독 처리하여 책받침 부수라는 것만 인정하고 있다. 하지만 이 역시 분명한 것은 아니다. 해당 글자의 마지막 획 시작 부분을 보면 눌러서 힘을 주다가 아래로 살짝 꺾는 모습이 확인되는데, 미륵사지 금제사리봉영기나 사택지적비에 보이는 책받침 부수의 예를 보면 꺾이는 부분을 가늘게 처리하는 한편 가로획을 꺾지 않고 곧게 긋고 있음을 확인할 수 있다. 이 돌이 원래 표지석으로 기능했을 수도 있음을 감안하면 '定'의 마지막 획일 가능성도 생각해 볼 수 있으나 분명하지 않으므로 미상자로 처리한다.

2) 역주

……세운다. (여기에서) 上[1)]……

---

1) 上: 부여 동남리에서 발견된 바 있는 '上卩前卩'명 표석의 사례가 있기 때문에 여기에서 '上' 다음 글자를 '卩'로 추측해 볼 수도 있으나 자형이 확인되지 않는다. 『周書』 卷49, 異域列傳 百濟에서는 백제 수도에 上部·前部·中部·下部·後部의 5부가 있었다고 전하며, 『隋書』 卷81, 東夷列傳 百濟에서는 畿內가 5부로 나뉘는데, 부에는 다시 5巷이 있으며 士人들이 산다고 하였다.

3. 참고문헌

1) 보고서 및 자료집

부여군 문화재 보존센터, 2012, 『부여 북나성 3차 발굴조사 약보고서』.

2) 논저류

심상육·성현화, 2012, 「扶餘羅城 청산성 구간 발굴조사 성과와 '夫餘 北羅城 銘文石' 보고」, 『목간과 문자』 9.

雙北里 出土 文字資料

정동준

1. 개관

쌍북리는 지형도(왼쪽 사진)에서 볼 수 있듯이 서북쪽에는 부소산이, 남쪽에는 금성산이 둘러싸고 있으며, 그 중심부와 동북쪽에는 광범한 저습지가 형성되어 있다. 목간은 주로 중심부의 저습지에 위치한 유적에서 출토되었으나, 뒷개유적만이 북쪽의 떨어진 곳에 위치하고 있다. 분포도(오른쪽 지도)를 보면, 뒷개유적부터 102번지 유적까지 북쪽에서 남쪽으로 거의 일직선상에 가깝게 위치하고 있는 것을 알 수

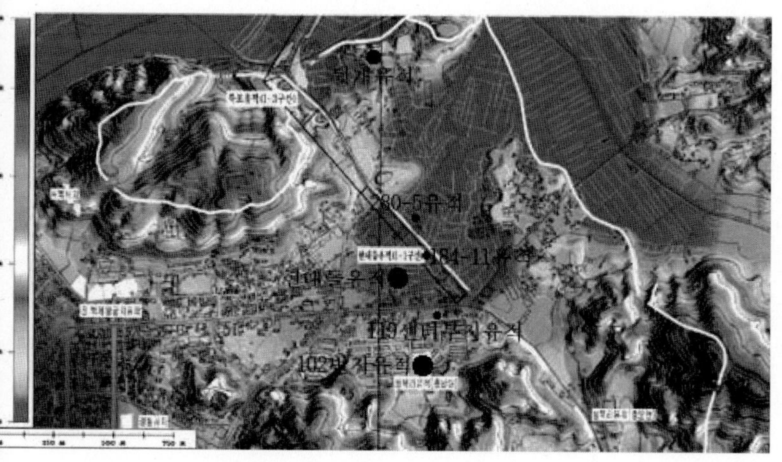

출처: 이판섭·윤선태, 2008, p.285.

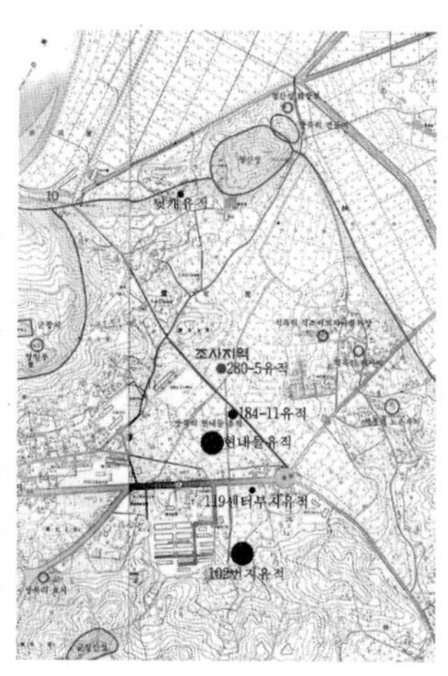

출처: 정해준·윤지희, 2011, p.10.

있다.

목간이 가장 처음 출토된 것은 102번지 유적이고, 그 다음으로 현내들 유적, 280-5번지 유적, 뒷개유적, 173-8번지 유적, 184-11번지 유적 순서로 출토되었다. 이 중 가장 많은 목간이 출토된 것은 현내들 유적이고, 목간의 내용상 가장 주목받았던 것은 「佐官貸食記」 목간과 「外椋部」 목간이 출토된 280-5번지 유적이었다.

쌍북리는 공주, 논산 등 부여 도성의 외부에서 부소산성 인근에 위치한 것으로 추정되는 왕궁으로 통하는 길목에 위치한다. 그렇기 때문에 관문으로서의 역할은 물론, 관청가가 형성되어 있을 가능성도 배제하기 어려운 곳이다. 특히 280-5번지 유적에서 「佐官貸食記」 목간과 「外椋部」 목간이 출토되어 이러한 가능성은 더욱 높아졌다. 또 일부 산지를 제외한 대부분의 지역이 저습지여서 목간이 부식되지 않고 출토되기 용이한 조건이기 때문에, 앞으로도 더 많은 유적에서 목간이 출토될 것으로 기대되는 곳이기도 하다.

백제 멸망 이후에도 부여 지역의 중심지는 부소산성 서남쪽에 위치하였기 때문에, 쌍북리는 백제문화층 이외에 많은 문화층이 상부에 자리잡고 있는 곳이기도 한다. 또 금성산에서 북쪽의 금강 방향으로는 저습지를 가로지르는 수로가 형성되어 있어, 유적이 거의 일직선상으로 존재하는 이유를 설명해 주기도 한다.

앞으로 쌍북리의 더 많은 유적에서 목간이 출토될 것을 기대하면서 102번지 유적부터 출토된 순서대로 검토해 보고자 한다.

2. 쌍북리 102번지 유적 출토 목간

목간이 발견된 충청남도 부여군 부여읍 쌍북리(雙北里) 102번지 유적은 사비도성 내에 있는 금성산의 북동쪽 사면이 끝나는 지점으로, 충남가축위생시험남부지소의 북쪽 논바닥이다. 이곳은 사비시대에 도성의 중심지역과 지금의 공주, 논산 지역을 이어주는 중요한 교통로로 알려져 있다. 유적 북쪽 인근의 사비 나성과 청산성이 만나는 곳에는 나성과 거의 같은 시기에 조성되었을 것으로 보이는 "월함지(月含池)"라는 저수지가 있었고, 이로 인해 청산성에서 유적을 포함한 주변 일대까지 광범위하게 저습지가 형성되어 현재는 논으로 경작되고 있다.

유적조사는 1998년 4월 27일부터 7월 22일까지 쌍북리 102번지 일대의 택지조성과 관련하여 충남대학교 박물관에 의해 이루어졌다. 현재는 쌍북리 주공아파트가 자리하고 있는 쌍북리 102번지 일원의 저지성 습지 및 밭 일대인데 퇴적층은 표토층 아래에 통일신라·고려시대에 걸친 회색뻘층, 그 아래에 유물이 거의 섞이지 않은 모래층, 백제시대의 암회색뻘층, 유물이 거의 없는 모래층과 생토층이 차례로 확인되었다.

조사결과 사비시대의 생활유적과 더불어 고려시대의 담장 및 다수의 유구가 확인되었다. 유물이 발견된 층위는 표토 아래 140cm 정도에서 시작되며, 해발 15.6m 정도 되는 곳이 이 층의 윗면에 해당하는데 이 층위에서 목책이 서 있는 도랑유구와 우물 1개소, 건물지 기단 1개소가 확인되었다. 층위의 상황으로 보아 금성산 북동 사면에서 북쪽 저지대로로 물이 흘렀던 목책유구가 퇴적된 이후에 백제시대의 우물이 사용되고, 우물이 폐기된 후 백제시대 건물기단 유구가 이루어졌음을 알 수 있다. 목간이 출토된 지점에는 시기를 달리 하는 두 개의 저습지 개흙층이 확인되었고, 그중 표토하 3m 내외에 형성된 선대 개흙층에서는 백제시대의 수로, 우물, 건물의 기단으로 추정되는 석렬유구 등이 노출되었다. 물 흐른 도랑의 바닥에 모래가 많이 쌓여 있는 것으로 보아 급류가 여러 번 이 지대를 휩쓸었던 듯하다.

수로의 내부 및 주변에서는 목간, 칠기를 비롯한 다양한 목제품과 「월입(月廿)」·「사(舍)」·「대(大)」가 새겨진 백제시대 명문토기편, 인장문이 찍힌 기와편, 마노석제장신구 등이 각종 씨앗류 및 동물뼈와 함께 출토되었다. 특히 수로 주변의 유기물 퇴적층에서는 완형의 목간 1점과 약간 파손된 목간 1점, 눈금 간격이 약 1.5cm 정도 되는 목제 자[尺]가 수습되었다. 목제품들은 수로의 서쪽에서 주로 출토하였는데 발견상태로 보아 급류에 휩쓸려 윗지역에서 흘러 내려와 쌓인 듯하다. 따라서 이곳에서 발견된 목제품이나 토기편 등은 현재의 장소가 아니라 가축위생시험소 남쪽의 어떤 백제시대 시설에서 흘러 내려와 퇴적된 것으로 판단된다.

목간 등 목제품들은 수로의 서쪽 유기물 퇴적층에서 주로 출토하였는데 발견 상태로 보아 급류에 휩쓸려 윗지역에서 흘러 내려와 쌓인 듯하다. 따라서 금성산 북동사면에 목간을 제작하고 도량형기 등을 사용했던 백제시대의 관청시설이 있었을 것으로 판단된다(이강승 2000; 창원; 홍승우 2013; 윤선태 2013).

1) 316호 목간(보고서 미발간, 백제: 316, 나무: 316, 자전: 雙102-1)

316호 목간(사진)은 18.2×3.1×0.8cm이고, 상하단이 결실되었다(홍승우 2013; 윤선태 2013).

(제1면)　(제2면)

출처: 자전, p.592.

(1) 판독 및 교감

×	×
呼	屋
時	上
伎	信
兄	聞
來	成
▨	▨
▨	▨
×	×

제1면: 呼[1]時伎[2]兄[3]來[4]▨▨

제2면: 屋上信[5]聞成▨▨

1-①: 呼

1-③: 伎

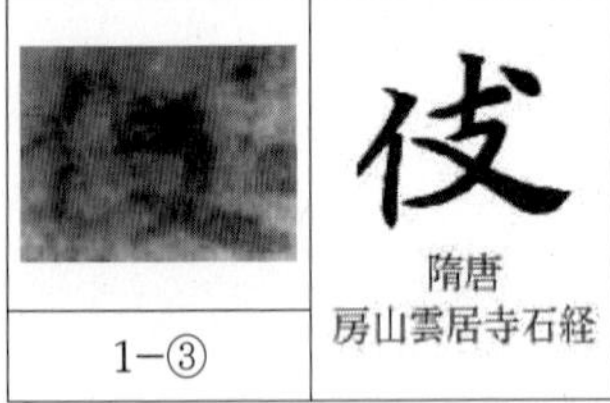

1-④: 兄

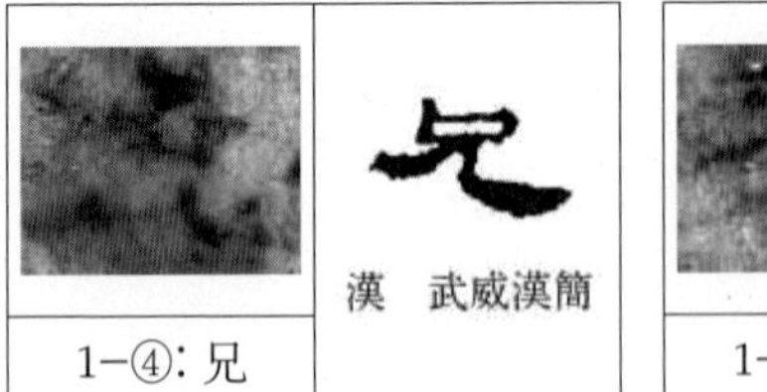

1-⑤: 來

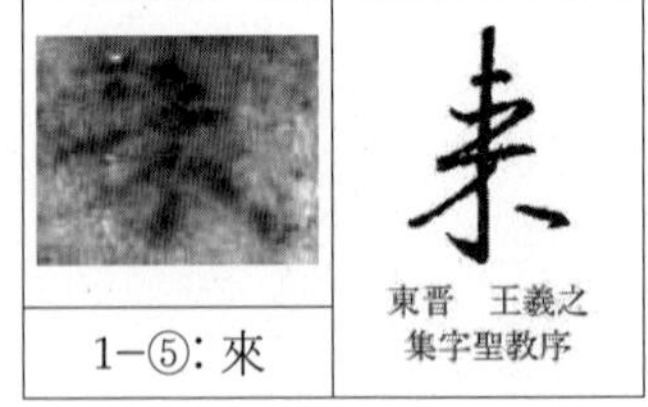

∴ 제1면의 글자 중 각주를 달았던 것들은 판독안처럼 읽는 데에 큰 문제가 없다.

1) 呼(자전), 來(백제).
2) 伎(자전), ▨(백제).
3) 兄(자전), ▨(백제).
4) 來(자전), ▨(백제).
5) 部(자전).

2-③: 信

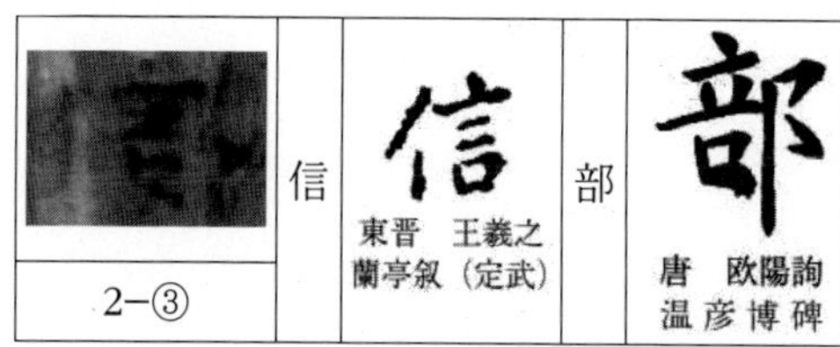

∴ '信(또는 部)'의 경우 확대사진 상으로는 양쪽 다 비슷해 보이지만, 제2면의 글자가 서사된 부분은 확대사진의 왼쪽으로 치우쳐 있기에 '部'로 판독하기는 어렵다.

(2) 역주

呼時伎兄來 屋上信聞成[6)]

2) 317호 목간(보고서 미발간, 백제: 317, 나무: 317, 자전: 雙102-2)

317호 목간(왼쪽 사진)은 12.1×1.7×0.8cm이다. 이 목간은 상단 양측에 결입부가 있는 '부찰(附札)목간'이다.

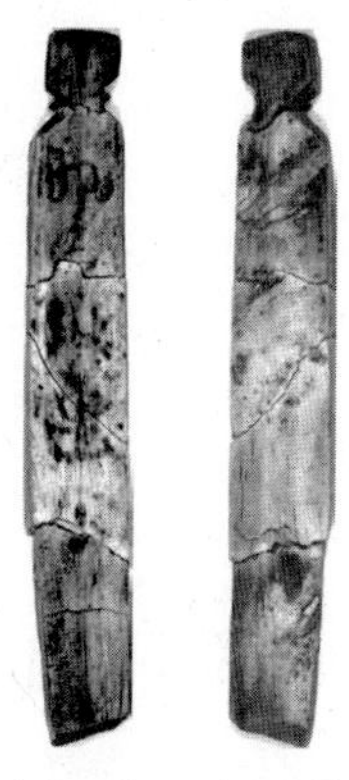

(제1면) (제2면)

출처: 자전, p.593.

6) 하단부의 미독자와 결실된 부분이 있어서 해석이 되지 않는다. 만약 보이는 부분이 전부라고 가정한다면 7자 단위의 한시로 볼 수 있을 가능성도 있지만, 현재의 상황으로서는 알 수 없다.

(1) 판독 및 교감

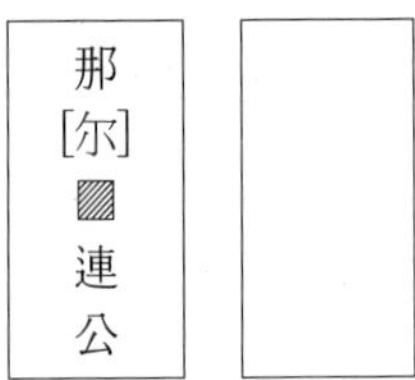

제1면: 那尔[7]▨連公

1-②: 尔

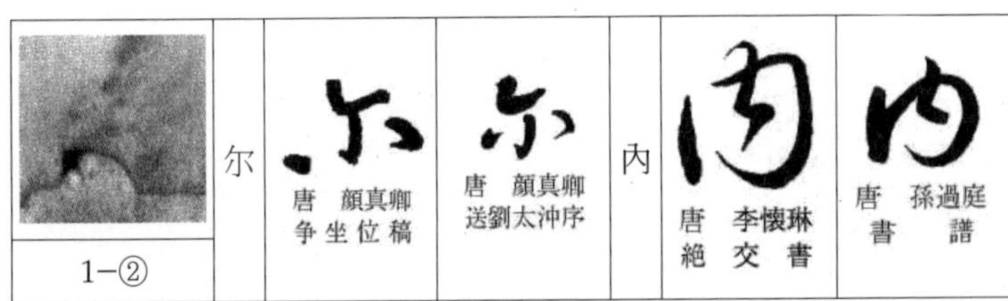

∴ 제1면 2번째 글자는 묵흔이 선명하지 않아서 '尔'로도 '內'로도 판독이 가능한 상황이다. 판독안에서는 '尔'로 처리하였으나, '內'일 가능성도 여전히 남아 있다.

(2) 역주

那尔▨[8]連公[9]

(3) 연구쟁점

제1면의 묵서를 '나니와[那尔波] 무라지[連]', 즉 왜계(倭系)의 인명과 카바네[姓]로 보는 견해가 제기되어(平川南 2009) 주목된다. 중국이나 일본 측 문헌자료에 의하면, 백제에는 왜계의 사람들이 거주하며 관인(官人)으로도 활동한 사실이 확인된다. 이른바 '왜계 백제관료'가 바로 그것이다. 인명이 기록된 백제의 다른 부찰들과 함께 이러한 부찰의 성격과 기능에 대한 종합적인 검토와 정리가 필요하다(홍승우 2013; 윤선태 2013).

---

7) 尔(平川南, 윤선태), 內(자전, 홍승우).

8) 那尔▨: "那尔波"로 판독하여 고대 일본의 지역명이자 성씨인 "나니와[難波]"로 파악한 견해가 있다(平川南 2009).

9) 連公: 連을 고대 일본의 "카바네[姓]" 중 "무라지[連]"로 파악한 견해가 있다(平川南 2009). 이 목간을 "나니와노무라지[那尔波連]"라는 성을 가진 왜계 백제관료의 이름을 적은 부찰(附札)로 본 것이다.

3. 쌍북리 현내들 유적 출토 목간

쌍북리 현내들·북포(北浦)유적은 충청남도 부여군 부여읍 쌍북리 일원으로서 부소산 북쪽의 금강으로 합류하는 가증천 및 그 지류에 위치해 있다. 가증천은 부소산성 북쪽에 인접하여 금강으로 유입되고 있다. 쌍북리 및 정동리 주변의 가증천 일대는 1970년대까지도 범람원 주변 습지로 남아 있다가 경지정리가 이루어져 현재는 정동들 및 가증들, 소새미들, 현내들로 정리되어 경작지와 시설원예지로 이용되고 있다. 특히 현내들유적이 위치한 가증천 지류 주변의 저지대에는 현재까지도 경작이 이루어지지 않는 습지지역이 분포해 있는 상황이며, 저지대 주변의 완만한 구릉완사면을 따라 소규모 마을이 형성되어 있다.

현내들유적은 백제큰길 연결도로 건설공사의 일환으로 2006년에서 2007년에 걸쳐 발굴조사가 실시되었는데, 현내들 유적의 수혈유구에서 12점의 목간 혹은 목간형 목제품이 나왔고, 그중에서 9점에서 묵흔이 확인되며, 글자 판독이 가능한 것은 7점이다.

현내들유적의 조사범위 내에서 확인되는 층위양상은 지표로부터 크게 ①현 경작면 구성층군 – ②사질토 퇴적층 – ③회흑색 점질토층 – ④사질토 및 점질토의 반복퇴적층군 – ⑤백제시대 문화층군으로 구분된다. 백제시대 문화층 상부에 존재하는 ④번 층군의 경우 층위상 굵은 모래 퇴적과 함께 상하 기복이 심한 퇴적 양상을 보여주고 있는데, 주변 지형상 남쪽에 위치한 금성산의 곡부와 함께 부여읍 시가지의 관통 도로가 놓여져 있는 청마산 능선에 의해 형성된 곡부 유입수가 조사지역 내에서 합류해 가증천으로 흘러들고 있기 때문에, 반복적이고 불규칙한 퇴적양상을 보이고 있다.

현내들유적은 모두 9개 소구역으로 구분하였으며, 조사결과 1·7구역에서 백제시대 유구가 확인되었는데, 비교적 유구 상황이 안정적인 3구역에서 백제시대 Ⅰ·Ⅱ문화층이 확인되었다. Ⅰ문화층에서 확인된 유구로는 건물지 1동 및 수로 1기가 있고 Ⅱ문화층에서는 도로유구 7기, 건물지 5기, 수혈유구 2기 및 수로 5기가 확인되었다. 현내들유적의 4구역에서는 목간이 다량으로 출토되었는데, 남북도로 1과 동서도로 1이 교차하는 지점의 측면에 위치한 수혈에서 확인되었다. 수혈은 백제시대 Ⅱ층의 도로조성과 함께, 격자형 도로구획 내부의 대지를 조성하는 과정에서 만들어진 것으로 추정된다(이판섭·윤선태 2008; 홍승우 2013; 윤선태 2013).

1) 현내들 85-8호 목간(나무: 현85-8, 자전: 雙현내1)

85-8호 목간(왼쪽 사진)은 6.1×3.1×0.5cm이고, 수혈② 내부에서 96호 목간의 하부편과 함께 출토되었다. 목간의 상단은 왼쪽 일부분만 파손되었지만, 하단은 크게 파손되어 크기 등 목간의 원형을 복원하기가 어렵다. 한편 앞·뒷면에 모두 묵서가 확인되며, 앞·뒷면 2행의 두 번째 글자가 모두 구멍으로 인해 훼손되었다는 점에서 구멍은 이 목간이 폐기되고 재활용될 때 뚫은 것으로 추정된다. 현내들 목간에는 목간이 폐기된 뒤 다른 용도로 재활용된 것들이 다수 확인된다. 이는 현내들 목간의 출토상황이나 전체 목간의 성격과 관련하여 주목해야 될 요소라고 생각된다(이판섭·윤선태 2008).

(제1면)　　(제2면)

출처: 이판섭·윤선태, 2008, p.300.

(1) 판독 및 교감

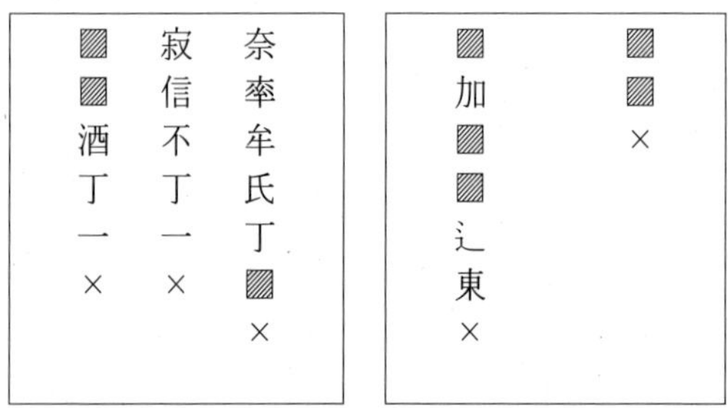

제1면: 奈[10]率牟氏丁▨[11]　寂[12]信[13]不[14]丁一　▨▨[15]酒丁一

제2면: …　▨[16]▨　▨[17]加▨▨[18]辶[19]東[20]

---

10) 奈(자전, 홍승우), ▨(이판섭·윤선태).
11) 一(이판섭·윤선태, 자전, 홍승우).
12) 寂(자전, 홍승우), ▨(이판섭·윤선태).
13) 信(자전, 홍승우), 隆(이판섭·윤선태).
14) 不(자전, 홍승우), ▨(이판섭·윤선태).
15) 及(자전, 홍승우), ▨(이판섭·윤선태).
16) 溪(이판섭·윤선태), 吳(자전, 홍승우).
17) 吳(자전, 홍승우), ▨(이판섭·윤선태).
18) 來(이판섭·윤선태), 工(자전, 홍승우).
19) 之(이판섭·윤선태), 已(자전, 홍승우).
20) 奈(자전, 홍승우), ▨(이판섭·윤선태).

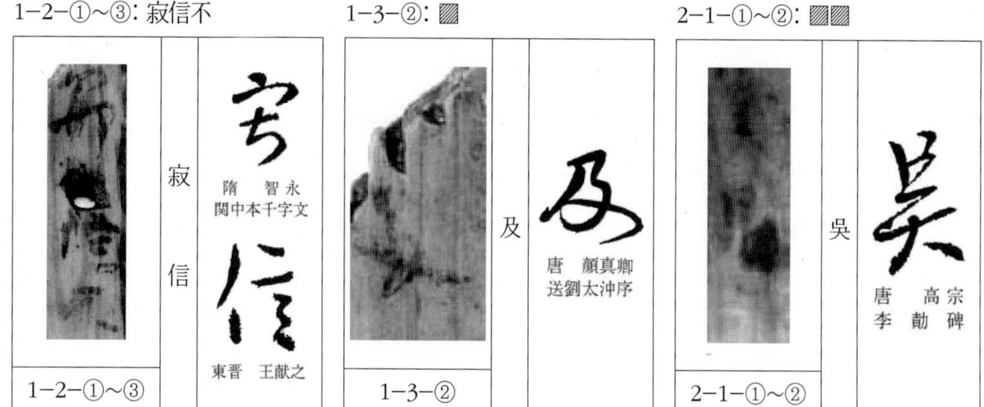

∴ 제1면 제1행의 1번째 글자는 확대하지 않아도 '奈'가 확실하고, 6번째 글자는 읽을 수 없다. 제2행의 1~3번째 글자는 판독안처럼 읽는 데에 큰 문제가 없다. 제3행의 2번째 글자는 '及'과 비슷해 보이지만, 확실하지 않다. 제2면 제1행의 1·2번째 글자, 제2행의 1번째·4번째 글자는 여러 가지 추독이 가능하지만 불확실하다.

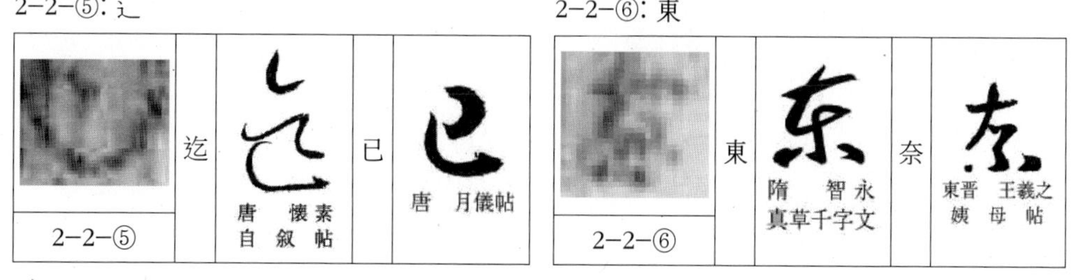

∴ 제2행의 5·6번째 글자는 판독안처럼 읽을 수 있다.

(2) 역주

奈率牟氏丁 寂信不丁一 酒丁一 加辶東[21)]

(3) 연구쟁점

이 목간은 앞면의 묵서가 비교적 잘 남아있어, 목간의 용도를 추론해 볼 수 있다. 우선 앞면 1행의 '牟氏'는 「능산리 支藥兒食米記 목간」과 「계유명 천불비상」에서도 확인되는, 당시 백제에서 널리 사용된 인명이라고 생각된다. 또 앞면 각 행에는 공통적으로 '丁一'이 부기되어 있다. 그리고 앞면 1행과 2행 사이에는 판독문에 묘사한 것처럼 행간에 계선이 그어져 있다. 이러한 묵서의 특징으로 보아, 이 목간의 앞면은

21) 앞면은 인명과 정수를 나열하였다. 뒷면의 의미는 현존하는 자구만으로는 알 수 없다.

인명과 정(丁)의 수를 나열한 문서목간의 파편이라고 생각된다. 뒷면은 앞면에 이어지는 내용이 기록된 것이 아닌가 생각된다. 이 목간은 비록 파편이지만, 백제의 문서행정을 이해할 수 있는 중요한 자료라고 생각된다(이판섭·윤선태 2008).

2) 현내들 87호 목간(나무: 현87, 자전: 雙현내6)

87호 목간(왼쪽 사진)은 9.4×2.5×0.9cm이고 수혈② 내부에서 96호 목간의 하부편과 함께 출토되었다. 상·하단이 파손되었으며, 뒷면에는 가로로 홈을 파고 그 상하에 각각 구멍을 뚫어놓았다. 이 홈과 구멍은 전면의 묵서를 훼손하였다는 점에서, 목간이 폐기된 뒤 재활용될 때 만든 것이라고 생각된다(이판섭·윤선태 2008).

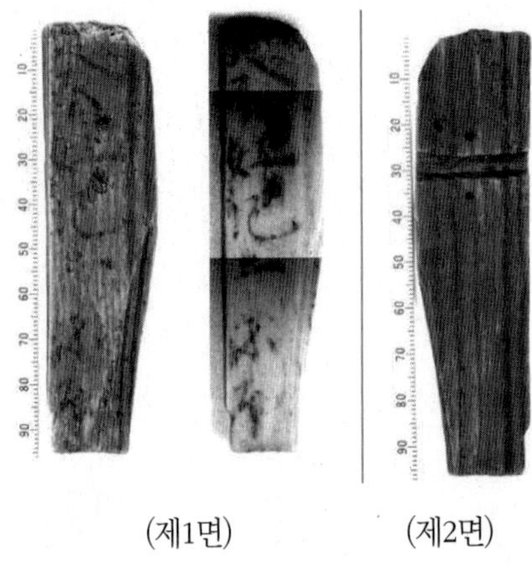

(제1면) (제2면)

출처: 이판섭·윤선태, 2008, p.302.

(1) 판독 및 교감

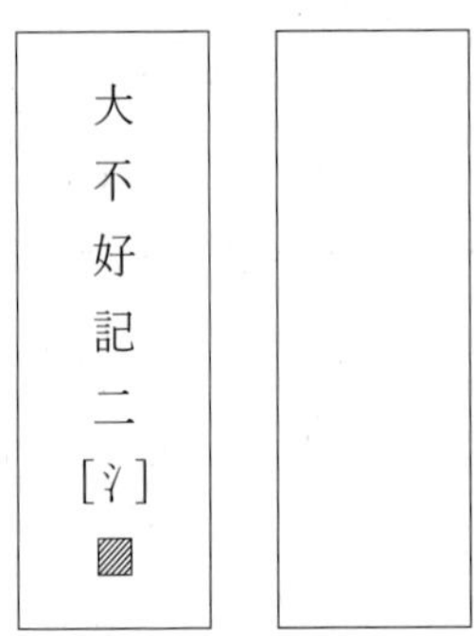

제1면: 大[22]不[23]好記二[24]氵[25]▨[26]

1-①·②: 大不

1-⑤·⑦: 二氵▨

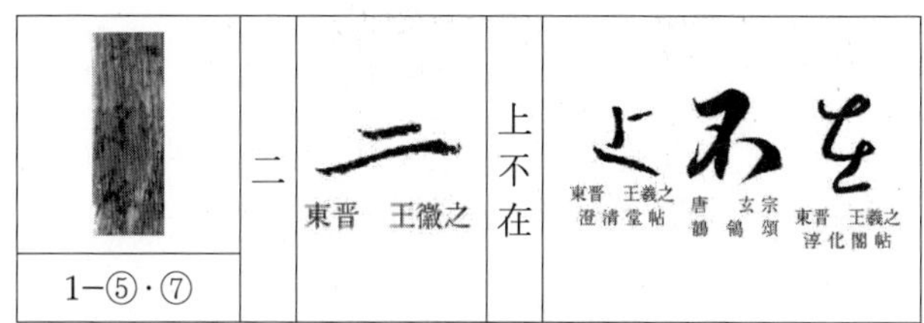

∴ 제1면의 1번째 글자는 기존의 판독안과 달리 '大'로 읽을 수 있다. 2번째 글자는 기존 판독안 중 '不'에 가까운 글자이다. 5번째 글자는 기존의 판독안과 달리 '二'로 읽을 수 있다. 6번째 글자는 왼쪽의 '氵'만 보이고 오른쪽이 불확실하다. 7번째 글자는 현재로서는 판독하기 어려운 상태라고 할 수 있다. 기존 판독안에 문제가 많아 정밀조사를 통해 새로 판독할 필요가 있어 보인다.

(2) 역주

大不好記二 氵[27)]

(3) 연구쟁점

현재의 판독만으로는 목간의 용도를 말하기 어렵다. 한편 앞면의 다섯 번째 글자인 '上'은 혹 '之'일 가능성도 있는데, 만약 '之'라면 그 다음에 의도적으로 종지부적인 빈칸 처리를 한 것으로 볼 여지도 있다. 이 경우 之가 종결형어미로 사용된 백제의 이두로도 이해할 수 있는 매우 중요한 자료가 된다. 또한 앞면의 마지막 글자는 '豖', '至' 또는 '承'일 가능성도 있다. 서체가 매우 힘이 있고, 파책(波策)을 의도적으로 강조하였는데, 백제의 서풍을 이해할 수 있는 중요한 자료라고 생각된다(이판섭·윤선태 2008).

---

22) 水(이판섭·윤선태), 癸(자전, 홍승우).
23) 不(이판섭·윤선태), 大(자전, 홍승우).
24) 上(이판섭·윤선태), 一(자전, 홍승우).
25) 不(자전, 홍승우), ▨(이판섭·윤선태).
26) 在(자전, 홍승우), ▨(이판섭·윤선태).
27) 상하 결실된 부분이 있어서 해석이 되지 않는다.

3) 현내들 91호 목간(나무: 현91, 자전: 雙현내4)

91호 목간(사진)은 12.6×2.7×0.6cm이고, 수혈② 내부에서 96호 목간의 하부편과 함께 출토되었다. 상단에 V자형 결입부(缺入部)가 있는 완형의 부찰형목간이다. 이 목간의 묵서는 '▨城下部對德疏加鹵'가 기록된 능산 7차 목간3(297호)과 서식이 유사해, '首比'는 인명이라고 생각된다. 신분증명을 위한 패찰이거나 물품에 매달아 기증자 또는 소유자 등 관련자를 기록한 부찰목간이 아닌가 생각된다. 한편 두번째 글자인 '率'은 85-8호 목간의 앞면 1행 두 번째 글자와 서체가 동일하다(이판섭·윤선태 2008).

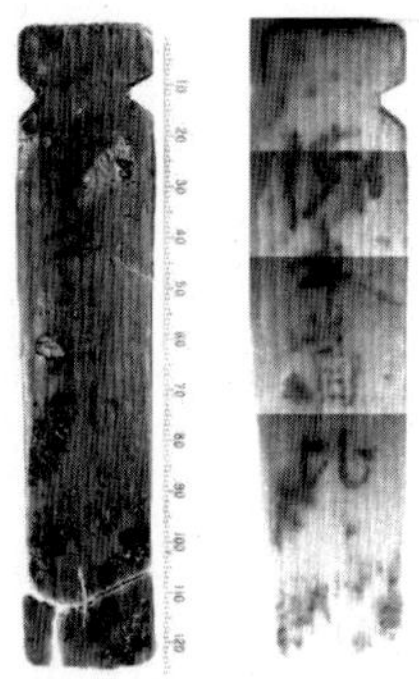

출처: 이판섭·윤선태, 2008, p.302.

(1) 판독 및 교감

德率首比

(2) 역주

德率 首比[28]

4) 현내들 94호 목간(나무: 현94, 자전: 雙현내3)

94호 목간(왼쪽 사진)은 8.2×1.1×0.4cm이고 수혈② 내부에서 96호 목간의 하부편과 함께 출토되었

28) 德率은 관등, 首比는 인명으로 파악된다. 따라서 부찰목간이다.

다. 이 목간은 상 하단이 결실된 데다가 칼로 가로, 세로로 여러 번 폐기된 파편이어서 완형을 추론하기가 어렵고, 목간의 용도 또한 알 수 없다. 그러나 능산리 목간 중에도 이러한 폐기행정이 이루어진 문서목간이 있기 때문에, 이 목간 역시 문서목간일 가능성이 높다고 생각된다(이판섭·윤선태 2008).

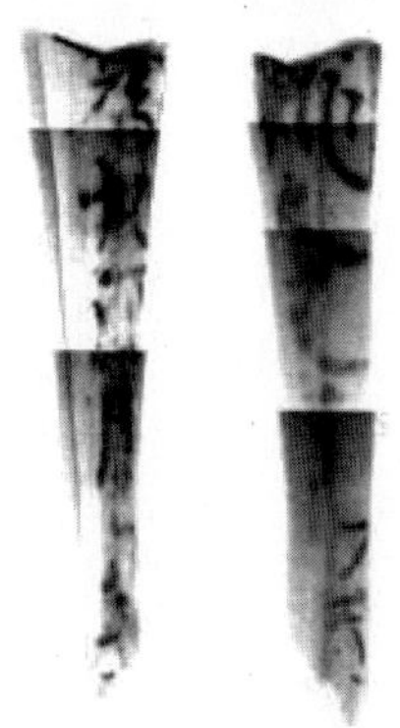

(제1면) (제2면)

출처: 이판섭·윤선태, 2008, p.303.

(1) 판독 및 교감

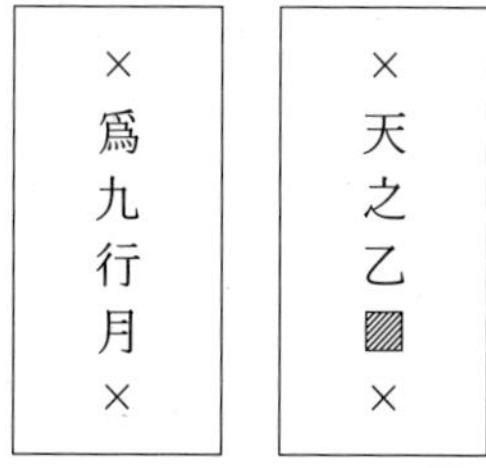

제1면: 爲九[29]行[30]月

제2면: 天[31]之[32]乙[33]▨

29) 九(자전, 홍승우), 丸(이판섭·윤선태).

30) 行(자전, 홍승우), ▨(이판섭·윤선태).

31) 天(이판섭·윤선태), ▨(자전, 홍승우).

32) ▨(이판섭·윤선태, 자전, 홍승우).

33) ▨(자전, 홍승우), 之(이판섭·윤선태).

1-②·③: 九行

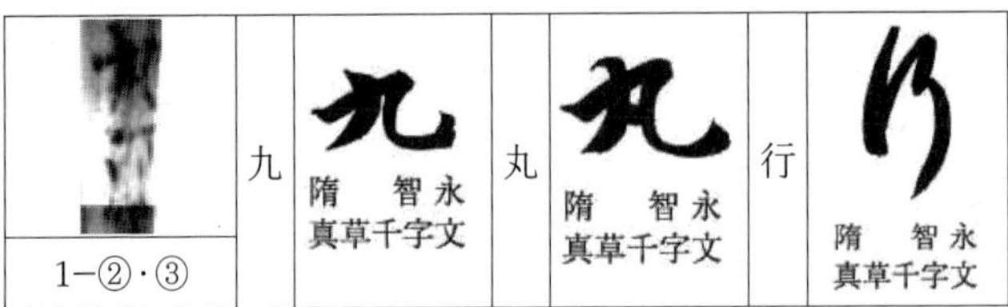

∴ 제1면의 2번째 글자는 '丸'으로 읽기에는 점이 분명하지 않다. 3번째 글자는 판독안 대로 읽어도 무리가 없다.

2-①·③: 天之乙

∴ 제2면의 1·3번째 글자는 판독안 대로 읽어도 무리가 없다.

(2) 역주

爲九行月 天之乙[34)]

5) 현내들 95호 목간(나무: 현95, 자전: 雙현내2)

95호 목간(사진)은 4.1×0.9×0.3cm이고 수혈② 내부에서 96호 목간의 하부편과 함께 출토되었다. 이 목간에는 구멍이 있지만 첫 번째 글자가 구멍으로 인해 훼손되었다는 점에서 구멍은 이 목간이 폐기되고 재활용될 때 뚫은 것으로 추정된다. 한편 구멍이 현존목간의 한가운데 있다는 점에서 애초 원래 목간의 하단부를 잘라내어 일정한 길이로 만든 다음 구멍을 뚫은 것으로 생각된다.

목간의 '上卩(部)'라는 묵서로 볼 때 그 아래에는 인명이 있었을 것으로 생각된다. 이 목간은 '德率 首比'가 묵서된 91호 목간이나 '▨城下部對德疏加鹵'가 기록된 능산리 297호 목간처럼 [지명+관등+인명] 등이 기록된 목간군으로 분류할 수 있다. 이러한 서식의 목간과 그 용도 등에 대해서는 추후 세밀한 검토가 필요하다고 생각된다(이판섭·윤선태 2008).

34) 상하 결실된 부분이 있어서 해석이 되지 않는다.

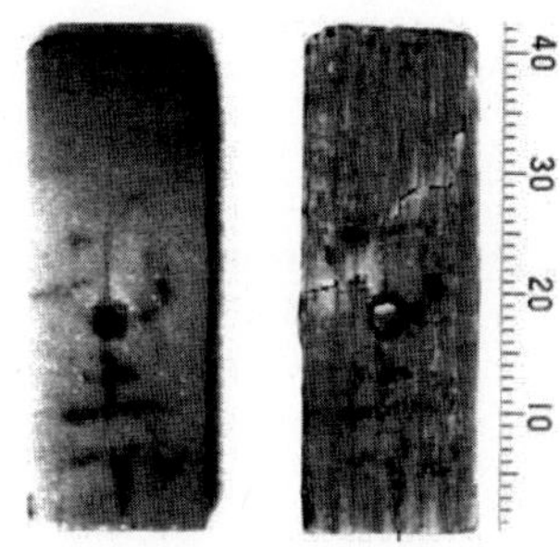

출처: 이판섭·윤선태, 2008, p.303.

(1) 판독 및 교감

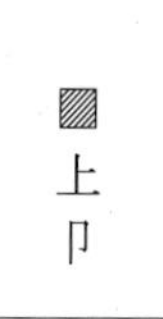

▨上部

(2) 역주

上部[35)]

6) 현내들 96호 목간(나무: 현96, 자전: 雙현내5)

96호 목간(사진)은 38.6×3.1×2.9cm이고 두 개체로 부러진 상태로 하부편은 수혈②의 내부에서 출토된 반면, 뾰족하게 깎은 상부편은 수혈②에서 북쪽으로 약 87cm 정도 떨어진 수혈 외부에서 조사 당시 처음으로 노출되었다. 이 목간은 4면목간인 觚로서 동일한 글자가 반복되고, 부분적으로 글자 방향을 거꾸로 天地逆으로 쓴 글자, 또 가획한 글자도 확인되는 전형적인 습서용 목간이라고 생각된다. 백제가 사면목간을 습서 목간으로 활용한 사례는 이미 궁남지 2차 보고서 1호에서도 확인되었다. 판독문 중 '官(管)', '兩(面, 雨)' 등은 초서체로서 판독이 불확실하며, 그 외에 판독이 어려운 많은 글자가 습서되어 있다. 한편 첫 번째 글자인 '春'은 三의 가로획이 4개로 가획되어 있다(이판섭·윤선태 2008).

35) '上部' 위의 내용을 알 수 없어 해석이 불가능하다. '上部'는 일반적으로 '東部'와 같은 것으로 파악한다. 목간의 용도는 현재로서 알기 어렵다.

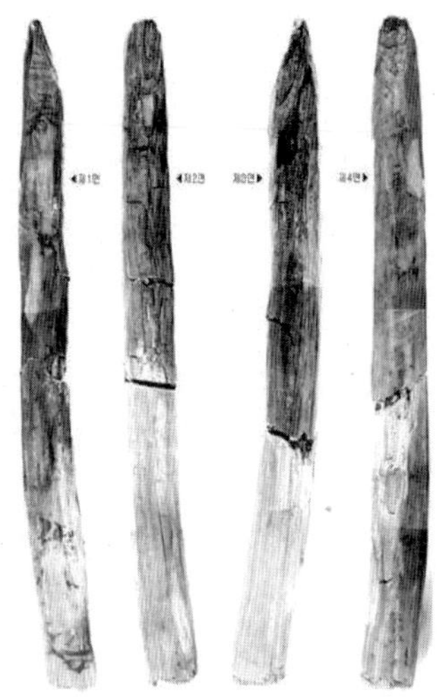

(제1면) (제2면) (제3면) (제4면)

출처: 이판섭·윤선태, 2008, p.297.

(1) 판독 및 교감

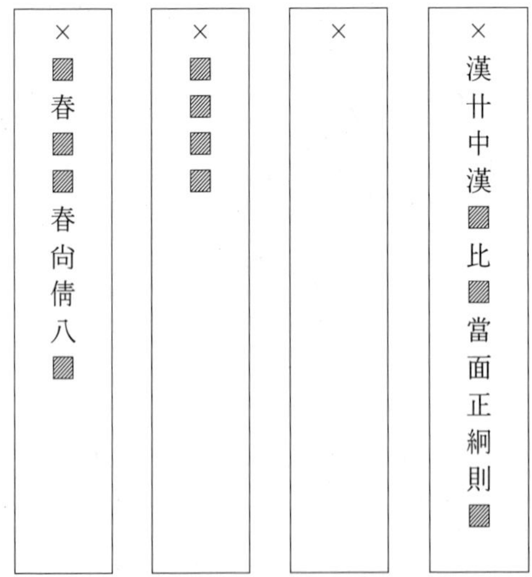

제1면: ▨春▨▨春尙[36]倩[37]八[38]▨ [39] [40] [41]

제2면: ▨▨▨▨[42]

제4면: 漢[43]卄[44]中[45]漢[46]▨比[47]▨當面[48]正絅[49]則[50]▨

사진 상태가 좋지 않아서 글자 비교가 어려우므로 기존 판독안에 따랐다. 다만 판독안 자체에 문제가 있어서 다시 판독할 필요가 있어 보인다.

(2) 역주

습서목간이기 때문에 해석이나 역주를 할 의미는 없다고 생각된다.

7) 현내들 105호 목간

105호 목간(사진)은 13.5×3.6×0.4cm이고 수혈② 내부에서 96호 목간의 하부편과 함께 출토되었다. 이 목간은 상단에 구멍이 뚫어져 있는 부찰형목간인데, 하단은 파손되었다. 남아있는 묵서가 몇 글자 되지 않아, 용도를 추론하기 어렵지만, 판독이 맞다면, 漢谷은 지명일 수도 있다(이판섭·윤선태 2008).

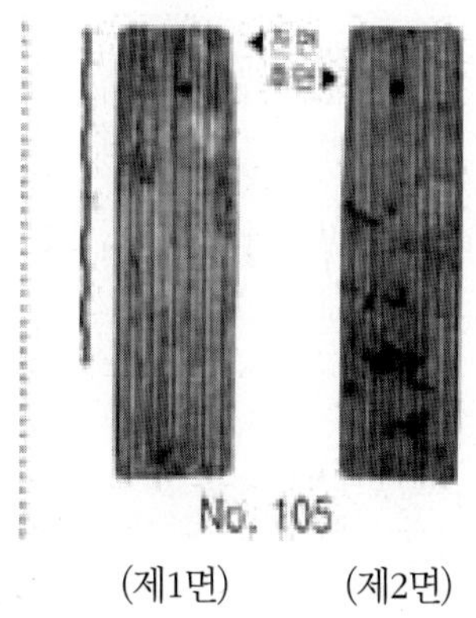

(제1면) (제2면)

출처: 이판섭·윤선태, 2008, p.296.

---

36) 尙(자전, 홍승우), ▨(이판섭·윤선태).
37) 倩(자전, 홍승우), 秋(이판섭·윤선태).
38) 八(자전, 홍승우), ▨(이판섭·윤선태).
39) 官(이판섭·윤선태).
40) 當(이판섭·윤선태).
41) 律(이판섭·윤선태).
42) ▨(자전, 홍승우), 丘(이판섭·윤선태).
43) 漢(자전, 홍승우), ▨(이판섭·윤선태).
44) 卄(자전, 홍승우), ▨(이판섭·윤선태).
45) 中(자전, 홍승우), ▨(이판섭·윤선태).
46) 漢(자전, 홍승우), ▨(이판섭·윤선태).
47) 比(자전, 홍승우), ▨(이판섭·윤선태).
48) 面(자전, 홍승우), 兩(이판섭·윤선태).
49) 絅(자전, 홍승우), 經(이판섭·윤선태).
50) 則(자전, 홍승우), 正(이판섭·윤선태).

(1) 판독 및 교감

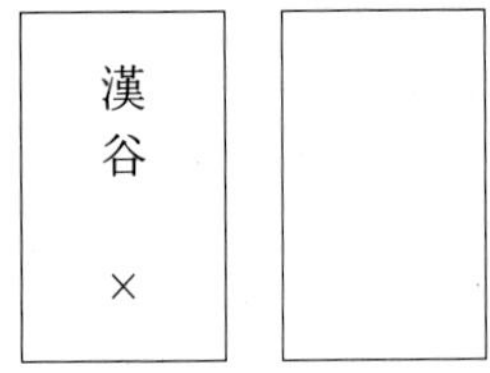

제1면: 漢谷[51)]

사진 상태가 좋지 않아 일단 기존 판독안을 따랐다.

(2) 역주

漢谷[52)]

4. 쌍북리 280-5번지 유적 출토 목간

쌍북리 280-5번지 유적은 2008년 백제문화재연구원에서 신성전기 창고를 신축하기 위하여 발굴조사를 실시하여 발견되었다. 발굴조사는 2008년 1월 8일~3월 5일(1차), 2008년 4월 1일~5월 6일(2차)에 걸쳐 고도보존에 관한 특별법에 의해 진행되었다. 조사지역은 부여여자중학교의 동북쪽에 위치하는데, 동북쪽 약 300m에는 현내들 유적이, 남서쪽 400m에는 부소산성이, 북쪽 400m에는 청산성이 위치하고 있으며, 조사면적은 750㎡이다. 조사대상지역이 위치하는 충청남도 부여군 부여읍 일원은 백제시대 고도로서 이와 관련된 유적의 존재 가능성이 높은 지역이다.

조사지역은 '여삼들'에 위치하고 있는 논 경작지역으로 주변 지형을 살펴보면 서쪽으로는 부소산, 남쪽으로는 금성산, 동쪽으로는 청마산에서 이어져 내려오는 잔구릉에 둘러싸인 곳으로 남서에서 북동방향으로 점차 해발고도가 낮아지면서 조사지역 북쪽의 청산성 동남쪽의 가증천으로 배수가 이루어지고 있다. 또한 금강변 및 가증천 주변의 해발고도와 큰 차이를 보이고 있지 않아 금강 범람시 주변지역까지 침수가 되었을 것으로 보인다.

조사결과 조사지역은 현 지표에서 약 1.5~2.0m 정도 복토가 이루어진 상태로 복토층을 제거하자 주변 지역의 지표수가 유입되는 저습지를 이루고 있었다. 현 표토(논 경작지) 지하 약 3m 깊이에서 백제시

51) ▨(이판섭·윤선태, 홍승우).

52) '漢谷'의 실체를 알 수 없다.

대의 동서방향 도로유구와 건물지가 조사되었다. 유구는 주로 백제시대 Ⅱ층에서 확인되었으며 길이 21m, 너비 2.5m 가량의 동서도로가 조사되었다. 도로 중심축은 남북자오선과 직교하는 중심축으로부터 약 15~20° 정도 동쪽으로 치우쳐 있다. 도로의 양옆에는 도로의 배수를 용이하게 하기 위하여 조성한 도랑[側溝]이 있고, 도로 상면에서는 사람 발자국과 폭 1~1.2m의 수레바퀴 흔적이 있었으며 짚신의 바닥면이 출토되기도 하였다.

굴립주 건물지는 동서도로의 남쪽에 3동, 북쪽에 2동이 조사되었다. 건물의 기둥으로 사용된 목재는 15~30cm 정도로 굵기가 일정하지 않으며, 박힌 깊이 또한 정연하지 않다. 일부 기둥의 바닥에는 판판한 돌을 받쳐 놓은 것도 있다. 2호 건물지 이외에는 기둥과 기둥 사이에 판자 또는 둥근 목재를 놓아 벽체를 조성한 부분도 확인되었다. 건물의 바깥쪽 동서도로 쪽으로는 울타리 시설로 추정되는 지름 5cm 내외의 작은 말목들이 확인되었다. 건물지와 백제시대 유물 퇴적층 상에서 묵서가 기록된 목간과 다종다양한 토기류와 목제류를 비롯한 동·식물유체 등이 확인되었다.

3호 건물지에서는 구상유구가 확인되었다. 구상유구 내에서는 굴껍질, 복숭아씨, 볍씨 등의 동·식물유체가 다양하게 다량 확인되었으며, 토기류를 비롯한 여러 기종의 목제류가 확인되었다. 또한 토기 등에 인식표로 부착하는 부찰형 목간이 확인되었다. 조사지역에서 확인된 5동의 건물지 중 동·식물유체와 토기 및 목제류의 출토량이 3호 건물지에서 가장 많은 것으로 미루어 보아 3호 건물지의 기능이 식량 등을 저장하는 창고의 역할이었을 것으로 보인다.

3건물지의 남쪽으로는 나뭇가지들을 깔아놓은 부엽층이 여러 층 확인되며, 제2건물지와 부엽층의 경계에는 작은 말목열을 박아 건물지와 구분한 것으로 보인다. 부엽층 위에서는 목간 7점을 포함하여 기타 목제품과 패각류, 씨앗류 등도 출토되었다. 출토목간 중 묵서가 있는 목간은 3점이다. 특히 '佐官貸食記' 목간과 '与▨' 목간은 1호 건물지에서, '外椋部' 목간은 남쪽 측구와 1호 건물지 사이에서 출토되었다. 그 중 '外椋部'가 묵서된 附札 목간은 백제 22부사의 실재를 증명해주었다. 이 일대에 外椋部의 창고나 관련 관청지가 있었던 것이 아닌가 생각된다(朴泰祐·鄭海濬·尹智熙 2008; 朴泰祐 2009; 정해준·윤지희 2011; 윤선태 2013).

1) 쌍북리 280-5번지 131호 목간(佐官貸食記 목간, 나무: 좌관대식기, 자전: 雙280-1)

'佐官貸食記'목간(사진)은 제1건물지 동쪽 1.7m 지점에서 출토되었다. 이 목간은 29.1×4.2~3.8×0.4cm이고, 하단이 결실되었으며, 상단부에서 2.4cm 내려온 중앙에 앞면에서 뒷면으로 뚫은 구멍이 있다. 출토층위는 회색 진흙층 아래의 황갈색 모래층으로서 건물지의 일부를 침식하고 만들어진 웅덩이 상면인데, 유수의 흐름으로 생긴 토층으로서 발굴조사된 유구와는 직접적인 관련성이 없는 것으로 추정된다고 한다.

출토지점과 층위, 그리고 공반유물의 시기가 6세기 말 이후인 것을 고려하면, 이 목간의 '戊寅年'은 558년보다는 618년으로 보아야 할 것이다. 또 '外椋部' 목간이 확인됨에 따라 이 목간이 외경부에서 곡물의 출납과 관련이 있는 문건인 것이 확실해졌다. '外椋部' 목간과 이 목간이 동일지점의 동시 출토는 아니라고 하더라도 크게 보아 유수유입이라는 경로를 통하여 출토지점으로 유입된 것으로 간주할 수 있기 때문에, 상호 관련성이 있는 것으로밖에 해석할 수 없다(朴泰祐·鄭海濬·尹智熙 2008; 朴泰祐 2009; 정해준·윤지희 2011).

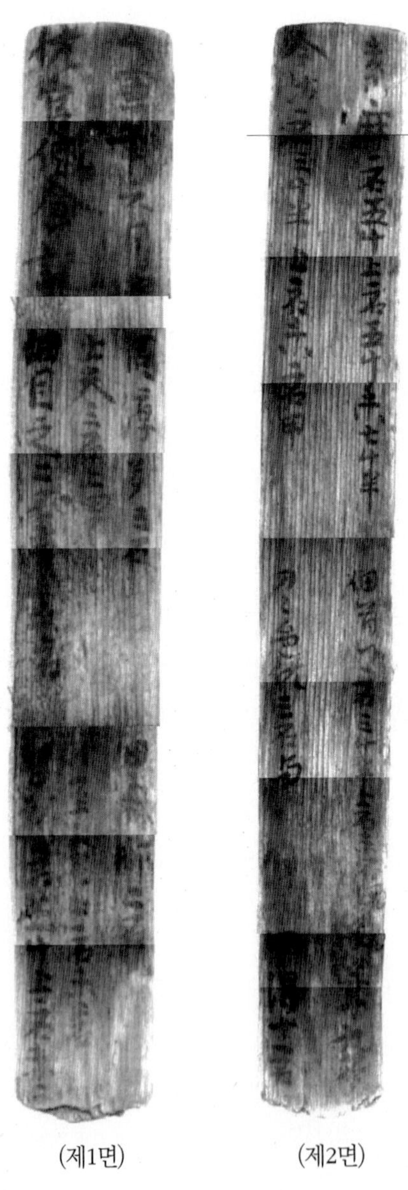

(제1면) (제2면)

출처: 朴泰祐·鄭海濬·尹智熙, 2008, p.186.

(1) 판독 및 교감

戊寅年六月中 固淳多三石 佃麻那二石
上夫三石上四石 比至二石上一石未二石
佐官貸食記 佃目之二石上二[石][未]一石 習利一石五斗上一石未一[石]×

素麻一石五斗上一石五斗未七斗半 佃首行一石三斗半上石未石甲 并十九石×
今沽一石三斗半上一石未一石甲 刀々邑佐三石与 得十一石×

제1면: 戊寅年六月中　固淳多[53]三石　佃麻那二石
上[54]夫三石上四石　比至二石上一石未二石
佐官貸食記　佃目之二石[55]上二石未[56]一石　習利一石五斗上一石未一石[57]

제2면: 素麻一石五斗上一[58]石五斗未七斗[59]半 佃首行一石三斗[60]半[61]上石未石甲[62] 并十九石得十一石
今沽[63]一石三斗半上一石未一石甲　刀刀[64]邑佐 三石与

53) 多(손환일, 자전, 홍승우, 정동준 2014), 夢(백제, 정동준 2009, 윤선태).

54) 上(손환일, 자전, 홍승우, 윤선태, 정동준 2014), 止(백제, 정동준 2009).

55) 石(백제, 정동준, 윤선태), ▩(손환일, 자전, 홍승우).

1-1-⑨: 多 　　　　　　　　1-2-①: 上

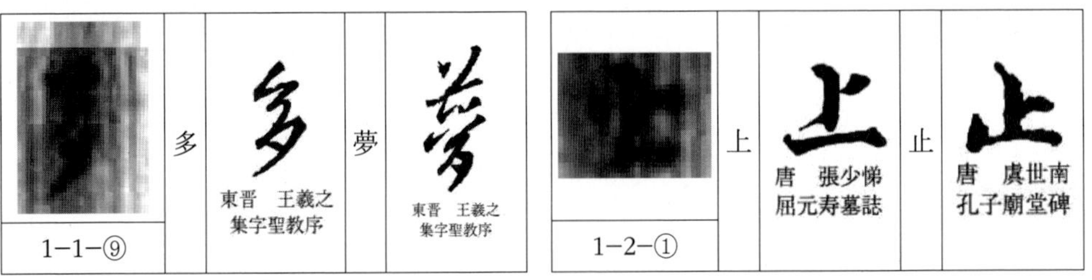

∴ 제1면 제1행의 9번째 글자는 양쪽 모두 판독이 가능하나, 아래쪽의 '夕'이 강조된 점에 주목하여 '多'로 판독하였다. 제2행의 1번째 글자는 '止'가 항상 왼쪽의 세로획이 분명하게 서사되나 이 글자는 불분명하여 '上'으로 판독하였다.

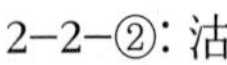

2-2-②: 沽 　　　　　　　　2-2-⑯: 々

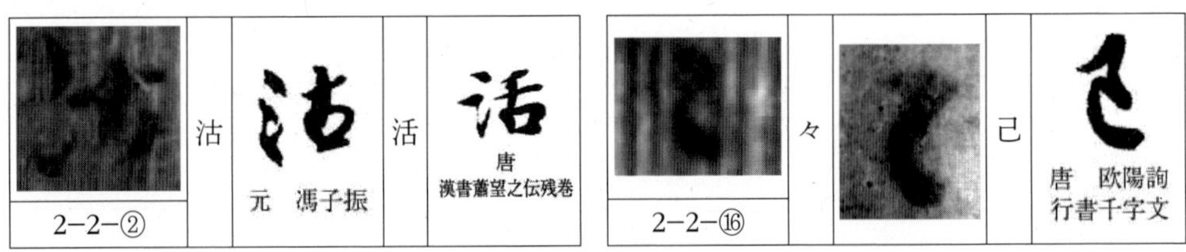

∴ 제2면 제2행의 2번째 글자는 판독안 대로 읽어도 무리가 없다. 16번째 글자는 7세기 難波宮 출토 목간의 '々'자와 같다.

(2) 역주

戊寅年(618)[65] 6월에 佐官에게[66] 貸食한 기록

56) 未(백제, 정동준, 윤선태), ▨(손환일, 자전, 홍승우).
57) 石(백제, 정동준), ▨(손환일, 자전, 홍승우, 윤선태).
58) 一(백제, 정동준, 윤선태), ▨(손환일, 자전, 홍승우).
59) 斗(백제, 정동준, 윤선태), 十(손환일, 자전, 홍승우).
60) 斗(백제, 정동준, 윤선태), ▨(손환일, 자전, 홍승우).
61) 半(백제, 정동준, 윤선태), ▨(손환일, 자전, 홍승우).
62) 甲(백제, 정동준, 윤선태), ▨(손환일, 자전, 홍승우).
63) 沽(백제, 정동준, 윤선태), 活(손환일, 자전, 홍승우).
64) 々(백제, 정동준), 己(윤선태), ▨(손환일, 자전, 홍승우).
65) 戊寅年(618): 유적 개관의 설명처럼 공반유물 등을 고려하면 618년에 해당된다.
66) 佐官에게: 이전에 대부분의 연구가 '佐官이'로 해석하였다. 그러나 편철된 목간이기에 굳이 주체를 명기할 필요가 없어 보이고, 중국왕조나 일본에서 중·하급관인을 대상으로 대식과 유사한 차대(借貸)를 행한 사례가 있어서 '佐官에게'가 보다 타당할 것으로 보인다(정동준 2009).

固淳多에게 3石 貸食.

上夫에게 3石 貸食 후 4石 상환.

佃目之에게 2石 貸食 후 2石[67] 상환하고 1石 미납.

佃麻那에게 2石 貸食.

比至에게 2石 貸食 후 1石 상환하고 2石 미납.

習利에게 1石5斗 貸食 후 1石 상환하고 1石[68] 미납.

素麻에게 1石5斗 貸食 후 1石5斗 상환하고 7.5斗 미납.

今沽에게 1石3.5斗 貸食 후 1石 상환하고 1石0.25斗[69] 미납.

佃首行에게 1石3.5斗 貸食 후 1石 상환하고 1石0.25斗 미납.

刀刀邑佐에게[70] 3石을 与하였다.[71]

모두 19石이고,[72] 11石을 얻었다.[73]

(3) 연구쟁점

이 목간처럼 하나의 목간 내에 단을 지어 書寫하는 방식이 복암리 1호 수혈 출토유물 405호, 407호 목간 등에서 똑같이 확인된다. 당시 백제에서 목간 내에 2~3단으로 구분하여 서사하는 관행이 일상화되어 있었기 때문이라 생각된다. 이 '佐官貸食記'를 통해 당시 백제에서 佐官에게 貸食을 통해 殖利하였음을 알 수 있다. 국가재정 확충의 방법 중 하나로 하급관리에 대한 식리 행위가 있었던 사실은 백제 이웃인 당시 중국 왕조와 일본의 고대사회에서도 확인되는 사실이다(정동준 2009). 이제 이 목간을 통해 백제와

67) 2石: 글자가 정확히 판독되지 않으므로, 추독이다. 이 부분의 판독에 따라서 이자율이 달라질 가능성이 있다.

68) 1石: 하부가 결실된 데다가 '石'조차 추독이기 때문에 '石' 뒤에 글자가 더 있을 가능성이 있다. 만약 글자가 더 있다면, 이자율 50%인 경우가 많기 때문에 '二斗半' 또는 '甲'(주17 홍승우 견해 참조)일 가능성이 있는데, 어느 쪽이더라도 환산하면 2.5斗가 된다. 上夫와 習利 모두 이자율이 50%인 다른 사례와 달리 이자율이 33.3%인데, 추독이 들어가 있어서 기존의 논의를 재고할 여지도 있다고 생각된다.

69) 0.25斗: 甲은 일반적으로 1/4斗로 보지만, 앞 단위의 1/4을 뜻하는 것으로 파악하기도 한다(홍승우 2009). 어느 쪽이더라도 환산하면 0.25斗가 된다. 7세기 후반 일본의 목간에서도 나타나는 표기법이어서 백제의 영향을 엿볼 수 있다.

70) 刀刀邑佐: '刀刀'는 인명인지 지명인지 알 수 없다. '邑佐'에 대해서는 지방관으로 보는 데에 이견이 없다. 특히 백제의 지방제도인 방(方)-군(郡)-성(城) 체제에서 성과 동급인 읍(邑)을 상정하고, 그 책임자인 도사(道使)를 보좌하는 존재로서 읍좌를 상정한 견해도 있었는데, 이 경우 성과 읍의 차이는 성곽의 존재 여부라고 하였다(정동준 2013).

71) 与하였다: 글자 그대로 무상으로 '준' 것으로 보기도 하지만, 일반적으로는 '무이자로' 대식한 것으로 파악한다. 이자를 붙여 대식하였는데 아직 상환하지 않은 경우로 볼 수도 있지만, 그 경우 固淳多·佃麻那와 달리 굳이 '与'자를 명기한 이유를 설명하기 어렵다.

72) 19石: 하부가 결실되어 뒷부분에 글자가 더 있을 가능성이 있다. 대식한 액수의 '石'만 합한 숫자여서, 뒷부분에는 '斗'만 합한 숫자가 기록되었을 것으로 추정된다. 판독문의 '19석~' 부분을 '19석17두'가 아닌 '19석5.5두'로 추정하여, 대식액의 합계가 아니라 이자율 50%를 기준으로 한 미상환액의 합계로 파악한 견해도 있다(尹善泰 2010).

73) 11石: 하부가 결실되어 뒷부분에 글자가 더 있을 가능성이 있다. 상환한 액수의 '石'만 합한 숫자여서, 뒷부분에는 '斗'만 합한 숫자가 기록되었을 것으로 추정된다.

고대 동아시아 각국의 재정운영과 그것을 비교 검토하는 작업이 활발히 이루어질 것으로 기대된다(朴泰祐·鄭海濬·尹智熙 2008; 朴泰祐 2009; 정해준·윤지희 2011; 윤선태 2013).

2) 쌍북리 280-5번지 132호 목간(与▨ 목간)

'佐官貸食記' 목간 주변 황갈색 사질토층에서 출토되었다. 5.5×1.6×0.45cm이고 축 부분은 0.6×0.6cm이다(朴泰祐·鄭海濬·尹智熙 2008; 朴泰祐 2009).

출처: 朴泰祐·鄭海濬·尹智熙, 2008, p.186.

(1) 판독 및 교감

与▨

(2) 역주

与[74)]

(3) 연구쟁점

2글자가 있는데 "与▨"로 1글자만 판독된다. 함안 성산산성에서 이 목간과 형태는 다르지만 제첨축(題籤軸)으로 보고된 것이 있으나 묵서가 없다. 이번에 확인된 이 목간의 경우에는 "与▨"라는 묵서가 있어 확실하게 제첨축으로 볼 수 있다. 종래 제첨축을 일본의 목간연구자들이 일본 독자의 것으로 이해하는

74) 한 글자밖에 판독되지 않아 해석하기는 어렵다. 제첨축으로 파악하는 데에는 큰 문제가 없을 것으로 보인다.

경향이 있었지만, 이 목간의 발굴을 통해 그것조차 백제에서 기원한 것임을 분명히 알 수 있게 되었다(朴泰祐·鄭海濬·尹智熙 2008; 朴泰祐 2009; 윤선태 2013).

3) 쌍북리 280-5번지 390호 목간(外椋部 목간)

이 목간은 8.1×2.3×0.6cm로서 상단부에 구멍이 뚫려 있다. 출토지점은 동서방향 도로의 옆으로 최종 발굴조사된 유구 레벨면보다 5cm 상면에 형성된 황갈색 모래층으로, 도로와 1건물지 사이에 있다. 황갈색 모래층은 유수의 흐름으로 생긴 토층으로서 발굴조사된 건물지 유구 이후에 형성된 토층이어서 건물지와의 직접적인 관련성은 없는 것으로 추정된다(朴泰祐·鄭海濬·尹智熙 2008; 朴泰祐 2009; 정해준·윤지희 2011).

(제1면) (제2면)

출처: 朴泰祐·鄭海濬·尹智熙, 2008, p.185.

(1) 판독 및 교감

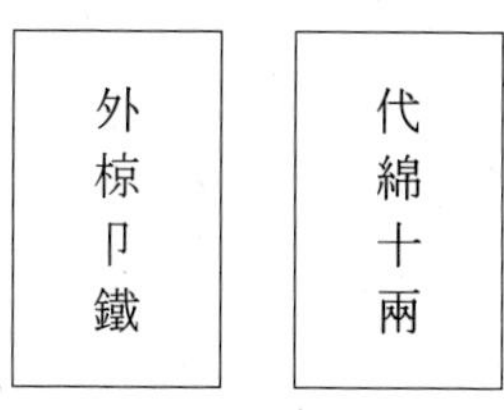

外椋卩鐵	代綿十兩

제1면: 外椋部鐵[75]

75) '鐵'로 판독하였으나, '金' 부분이 절반을 차지하고 있어서 '鑄'일 가능성도 있다. 그러나 '鑄'의 사용례를 검토해 보면, '金'보

제2면: 代綿十兩

1-④: 鐵　　　　　　　　2-③·④: 十兩

∴ 판독상에 큰 문제는 없다. 다만 제1면 4번째 글자는 '鐵'이라고 보기에는 좌변이 지나치게 커서 문제가 되지만, 다른 대안이 없어서 기존 판독안을 따랐다.

(2) 역주

外椋部의[76] 철로 綿 10兩을[77] 대신한다.[78]

(3) 연구쟁점

목간의 제1면에는 4글자가 쓰여 있는데 첫 번째 글자는 "外", 두 번째 글자는 "椋"으로 읽는데 문제가 없고, 세 번째 글자는 "部"의 약자인 "卩"이다. 네 번째 글자는 적외선 촬영 직후 많은 연구자들이 "鍵"으로 판독하여 외경부의 열쇠를 매단 패찰의 용도로 이 목간을 사용한 것으로 간주하였다. 또한 판독 초기 단계에는 목간 뒷면의 글자를 제대로 판독할 수 없어 외경부 창고의 몇 번째 열쇠를 의미하는 것이 아닐까 추측하였다. 그렇지만 뒷면의 글자가 그 후에 판독됨에 따라 "鍵"이 아니라 "鐵"자일 가능성이 높아졌다. 이 "鐵"자와 비슷한 서체를 보이는 고대 목간으로서는 함안 성산산성 출토 "殂鑄十之" 목간이 있다. 따라서 앞면의 4글자는 "外椋卩鐵"로 읽어도 문제가 없을 것으로 생각된다.

제2면에는 4글자가 쓰여 있는 것으로 보인다. 첫 번째 글자는 "代"이다. 두 번째 글자는 "綿"으로 읽을 수 있다. 세 번째 글자는 "十"으로 판독할 수 있으며, 네 번째 글자는 "兩"자의 초서체이다. 따라서 뒷면의 4글자는 "代綿十兩"이 된다.

이 "外椋部鐵 代綿十兩"은 내관 12부 중의 하나인 외경부에서 철의 대가로 지방에서 가져와 창고로 거

다는 '壽'가 강조되는 형태여서 '鑄'로 보기에는 근거가 약하다.

76) 外椋部: 백제 22부사 중 내관 12부에 속하는 관사. 대체로 국가재정 관련 물품을 출납하는 창고를 관리한다고 파악하나, 왕실 관련 창고로서 궁궐 바깥에 두어진 것으로 파악하기도 한다(李文基, 2005).

77) 兩: 무게의 단위. 이 당시 백제에서 어느 도량형을 사용했는지는 분명하지 않다.

78) 철로 綿 10兩을 대신한다: 철과 綿 중 하나가 화폐 대용의 기능을 한 것으로 생각된다. 철의 수량이 기록되지 않은 것으로 보아 일정한 기준단위였다고 보면 철이 철정과 같은 형태로서 화폐 대용의 기능을 한 것으로 볼 수도 있지만, 綿 10兩이 기준단위로서 화폐 대용의 역할을 한 것이 아닌가 추정해 볼 수도 있다. 실제 직물의 경우 화폐 대용의 기능을 할 경우에는 絹이나 布처럼 직조된 형태로 사용되기도 하지만, 고대 일본에서 나타나는 '綿~屯'처럼 綿과 같은 솜 형태로 사용되는 사례가 존재한다.

두어들인 '綿 10兩'의 포대에 붙여져 있던 꼬리표[荷札]가 아닐까 한다(朴泰祐·鄭海濬·尹智熙 2008; 朴泰祐 2009; 정해준·윤지희 2011).

5. 쌍북리 뒷개유적 출토 목간

쌍북리 뒷개유적은 부여 백제역사재현단지 접속도로 개설공사 부지 내에 있다. 목간이 출토된 유적은 부여읍의 주산인 부소산의 동쪽에 위치한 일명 '월함지' 서안에 위치한다. 이곳은 나성으로 둘러싸인 사비도성의 내부지역으로 바로 서편에는 '청산성'이 북편에는 청산성에서 연결된 부여나성 중 동나성이 북서-남동향으로 놓여 있다.

유적의 발굴 결과 현재까지 2단계로 구분되는 백제시대 사비기의 생활면이 확인되었고, 그 생활면에 조영된 수로, 건물과 우물 축대 등이 노출되었다. 목간은 하층유구인 수로(유구5-3로)에서 다량의 유기물과 함께 출토되었다(심상육·이미현·이효중 2011).

1) 뒷개 출토목간(자전: 雙뒷개1)

뒷개유적의 목간(왼쪽 사진)은 능산리와 궁남지 등에서 확인된 사면을 갖은 목간이며 상단과 하단이 결실된 상태로 확인되었다. 묵서 흔적은 네 면 중 2면에서 각 1행으로 6자, 5자가 판독된다. 1면 첫 글자는 결실되어 일부만 확인되어 불명이고 "慧草而開覺"으로 판독된다. 2면은 모두 5자가 확인되나 첫 번째 자인 '人'과 '道'만이 판독된다.

최초의 보고에서는 1점의 목간이 소개되고 있으나, '자전'에는 묵흔은 있으나 판독불능의 목간 하나가 더 실려 있다. 다만 자전의 번호는 1, 3으로 되어 있는데, 오류인지 3개의 목간이 있는지는 분명하지 않다(심상육·이미현·이효중 2011; 홍승우 2013; 윤선태 2013).

(제1면) (제2면)

출처: 심상육·이미현·이효중, 2011, p.135.

(1) 판독 및 교감

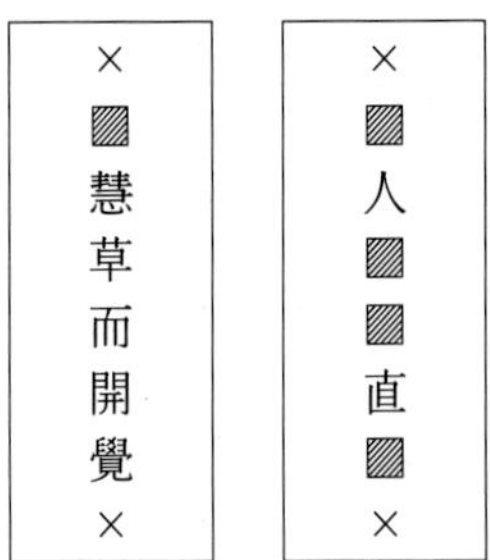

제1면: ▨慧[79]草而開覺

제2면: ▨人▨▨直[80]▨

1-②: 慧　　　　2-⑤: 直

∴ 제1면의 2번째 글자는 '慧'로 읽어도 큰 무리가 없을 듯하다. 제2면의 5번째 글자는 '道'보다는 '直'과 유사한 형태이다.

(2) 역주

慧草而開覺 人 直[81]

6. 쌍북리 173-8번지(119안전센터부지) 출토 목간

부여 쌍북리 173-8번지(119안전센터부지) 유적에서는 발굴조사를 통해서 자배기, 개배, 삼족기, 완 등 각종 토기류 및 목간과 칠기를 포함한 목기류, 철기, 구리 편 등의 다양한 생활용품과 당시 식생활을 나

79) 慧(심상욱·이미현·이효중, 홍승우), ▨(자전).

80) 直(자전), 道(심상욱·이미현·이효중, 홍승우).

81) 미독자가 있고 상하가 결실되어 해석이 어렵다.

타내는 각종 씨앗류, 굴껍데기 등을 수습할 수 있었다. 또한 적외선 촬영을 통해서 판독이 가능한 목간 4점, 묵서명이 지워진 목간 1점이 출토되었다. 이러한 유물양상으로 보아 본 유적의 목간은 단독간으로 사용된 것으로 보인다. 물품의 꼬리표 역할을 하는 부찰(付札)로 파악되는 목간에 초점을 맞추어 서술하고자 한다.

부찰목간이 출토된 유적은 단순히 목간을 폐기하는 장소이거나 문서, 물자를 운반하고 보관하는 창고로 이용되었을 가능성이 높다. 이처럼 부찰목간은 출토되는 유적의 성격에 따라서 용도와 내용이 다르게 해석될 수 있을 것이다. 따라서 후자에 속하는 이 유적의 부찰목간 묵서명을 우선적으로 살펴보고, 유적의 성격과 공반유물을 통한 시기를 설정하는 것이 바람직하다.

다음으로 유적 내에 축조된 벽주건물지는 웅진-사비로의 남천과 도성제를 정비하는 과정에서 건축된 왕실 건물지, 제사지, 귀족의 주거지, 관아지 등으로 파악되고 있다. 건물지에 대한 선행연구를 수용하면, 부여 쌍북리 173-8번지 유적에서 확인된 벽주건물지는 관아지보다는 공방지로 사용되었을 가능성이 높다. 이는 1호 벽주건물지의 동편에서 청동로 1기가 확인되었으며, 부여지역에서 가장 많은 개체의 도가니가 수습되었고, 유적의 보존조치로 인해 미조사된 지역에서 청동로 또는 용해로와 관련된 시설이 유존하고 있을 가능성이 높기 때문이다.

마지막으로 공반유물은 총 229점으로 백제 사비기 문화층내에서 출토되었다. 유물들은 문화층의 상층과 하층으로 나누어지며, 다양한 기종들이 수습되었다. 유적 내에서 출토된 유물은 대체로 사비기 토기양식으로 파악된다.

본 유적에서 삼족기 2점이 출토되었는데, 사비기 토기이기는 하나 연구자마다 편년이 엇갈린다. 개는 12점이 수습되었으며, 대체로 7세기로 편년된다. 전달린토기는 7세기를 전후한 시기로 파악하고 있다. 본 유적에서 수습된 자배기는 사비기의 이른 시기로 편년할 수 있다. 도가니의 경우, 바닥부분이 첨저형과 둥근형태를 띠고 있는 것은 사비기 내내 사용된 것으로 파악되고, 나팔형은 사비기의 늦은 시기에 등장하는 형식으로 볼 수 있다. 따라서 삼족기, 전달린토기 등 사비기의 이른 시기로 편년되는 기종들이 확인되고 있으나 대부분의 기종들은 7세기경에 등장하거나 유행한 것으로 파악되고 있다.

이상과 같이 목간이 출토된 유적은 백제 중앙 정부의 직접적인 통제의 의해서 관리되는 공방지의 가능성이 높다. 이는 백제의 왕궁이나 관아 등의 건물로 인식되는 벽주건물이 위치하고 있어 일반 민의 주거와의 뚜렷한 차별성을 보인다. 또한 유적 내에서 청동로와 다종다량의 도가니가 수습되었으며, 복암리 목간1을 통해서 중앙정부의 지원을 상정할 수 있다. 이외에도 유적이 입지상으로 저습지에 형성되어 있고, 실생활에 사용된 용기류보다 폐기된 유물이 대부분을 차지하고 있는 것으로 보아 유적의 시기를 7세기 전엽으로 한정하기보다는 7세기 중반까지의 시기폭을 가지는 것으로 보아야 한다. 따라서 유적은 7세기 전반~중반까지 청동과 철을 용해하는 공방지이며, 부여 쌍북리유적의 부찰목간의 묵서는 청동로의 주재료이거나 첨가물을 나타내는 꼬리표이다(손호성 2011).

1) 쌍북리 173-8번지 122호 목간

122호 목간(사진)은 양면에 묵서가 잔존하고 있다. 백제 왕경의 어느 부(남은 획으로 보아 아마도 前部 혹은 南部일 가능성이 큼) 소속의 사람인 혜례지문▨리 …와 관련된 곡물류 2두에 관한 목간으로 보인다(동방문화재연구원 2013).

(제1면) (제2면)

출처: 李浩炯, 2013, p.146.

(1) 판독 및 교감

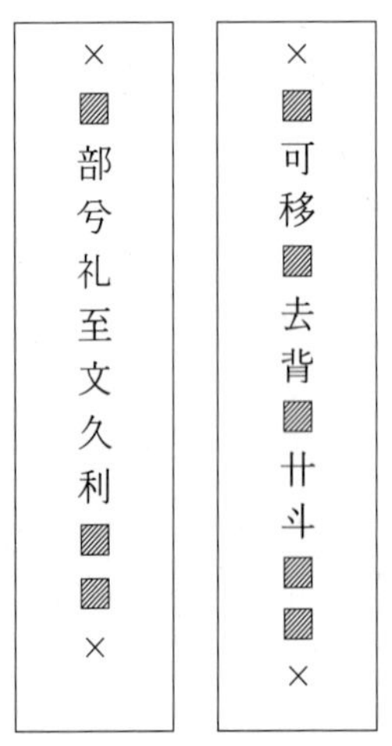

제1면: ▨部兮礼至文久[82]利▨▨

제2면: ▨可[83]移[84]▨去背▨廿[85]斗[86]▨▨

2-②: 可　2-③: 移

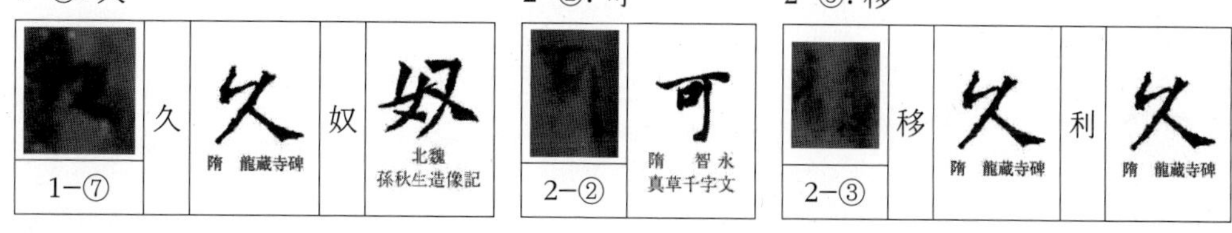

2-⑧: 卄　2-⑨: 斗

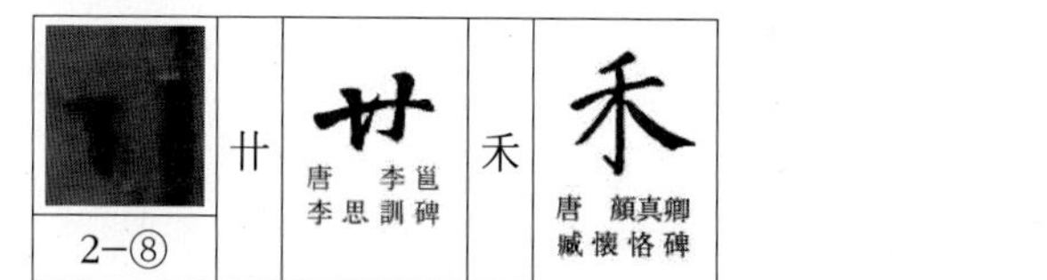

∴ 논란이 되었던 5개의 글자 모두 판독안 대로 읽는 데에 무리가 없다.

(2) 역주

部兮禮至文久利 可移 去背 卄斗[87]

2) 쌍북리 173-8번지 194호 목간

194호 목간(왼쪽 사진)의 형태는 전면에서 보아 좌·우측 상부에 'V'자형의 결입부가 있고, 상단부는 거칠게 가공하여 둥근 톱니바퀴모양에 가깝다. 전면과 후면은 넓고, 길게 가공하였으며, 좌·우측면은 잔손질하여 편상형이다. 하단부는 결실되어 정확한 형태를 파악하기 어렵다. 묵서명은 표면의 상단부에서 하단부로 5자가 확인되고 있다. 목간의 크기는 9.9×1.7×0.8cm 정도이다(손호성 2011).

82) 久(李浩炯), 奴(동방문화재연구원).
83) 可(李浩炯), ▨(동방문화재연구원).
84) 移(李浩炯), 利(동방문화재연구원).
85) 卄(동방문화재연구원), 禾(李浩炯).
86) 斗(동방문화재연구원), ネ(李浩炯).
87) 미독자가 있고 상하가 결실되어 해석이 어렵다.

출처: 李浩炯, 2013, p.143.

(1) 판독 및 교감

>< 五 石 [六] 十 斤

五[88]石六[89]十斤

1-①: 五　　1-③: 六

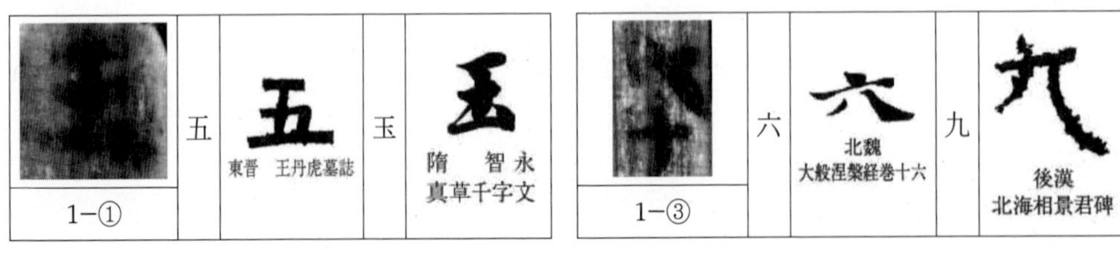

∴ 1번째 글자는 '玉'보다는 '五'에 가까운 형태이다. 3번째 글자는 '六'으로도 '九'로도 판독할 수 있으

88) 五(손호성, 홍승우, 동방문화재연구원), 玉(李浩炯).

89) 六(손호성, 홍승우), ▩(동방문화재연구원, 李浩炯).

나, 오른쪽 아래 획의 모양을 중시하여 '六'으로 읽었다.

(2) 역주

五石六十斤[90]

(3) 연구쟁점

목간은 묵서명이 확인되고 있으나 박리되어 육안으로 판독하기는 어렵다. 또한 목간의 일부분만 남아 있어 전체적인 내용을 파악하기는 쉽지 않다. 하지만 목간에 남아 있는 묵서명을 적외선 촬영한 결과, 전면부의 표면 상단에서부터 "五(玉)石六(九)十斤"자의 묵서를 확인되었다. 이 목간의 내용에 대한 해석은 불분명하나 묵서명의 사진자료를 확인한 손환일은 다음과 같이 판독하였다.

표면의 상단부에서 첫 번째, 두 번째 자인 '五(玉)石'의 판독은 다섯 가지 광물질로 약을 섞어 만든 선약(仙藥)으로 오석산(五石散) 또는 한식산(漢食散)으로도 파악하고 있다. 이는 도교에서 약효가 뛰어난 선약으로 여겨지고 있다. 하단부의 '▨十斤'자 가운데 미판독된 세 번째는 묵서를 '九'로 판독한다면 '90근'으로 해석되어 용량 또는 중량을 나타내는 단위로 추정된다. 이와 같이 목간에 초점을 맞추어 판독한다면 단사(丹砂), 웅황(雄黃), 백반(白礬), 증청(曾靑), 자석(磁石)을 사용해서 만든 약의 재료로 볼 수 있다. 그리고 한국목간학회의 발표회를 통해서 판독한 결과, '五石'을 '玉石'으로 해석되지만 '五石'의 가능성도 배제하기 어렵다는 의견이 제시되었다. 또한 '▨十斤'은 중량을 나타내는 단위이며, 3번째 자를 '六'으로 판독하기로 하였다.

출토된 목간에서 확인된 "五(玉)石六(九)十斤"자명 묵서는 '玉石'보다는 '五石'으로 판독하는 것이 바람직하다. 그리고 목간의 3번째 자는 묵서명이 중량을 나타내고, 낙랑군 초원 4년 호구전에서 유사한 형태의 묵서가 확인되고 있어 '六'자로 볼 수 있을 것이다(손호성 2011). 첫 번째 문자인 '五'는 223호 목간의 앞면 좌행의 2번째 문자인 '五'자와 획이 다르게 그어져 있는 점으로 보아 오히려 '玉'으로 읽는 것이 타당할 것으로 판단되어 이 목간의 묵서는 '玉石▨十斤×'이었을 것으로 보기도 한다(李浩炯 2013).

3) 쌍북리 173-8번지 197호 목간

197호 목간(사진)은 상단부와 하단부가 결실되고 일부만 잔존한다. 部는 백제 중앙 행정명칭이다. 백제의 왕경은 5부로 구성되어 있었으며, 中部와 東西南北(혹은 前後左右)가 있었다. 목간 자료에서는 약체자 혹 이체자가 아닌 정체자로 部를 표기한 것이 독특하다(동방문화재연구원 2013).

90) '五石'이라는 물질 '60斤' 또는 '5石 60斤'으로 해석할 수 있으나, 후자는 부피·무게 단위를 함께 써서 어색하다.

출처: 李浩炯, 2013, p.144.

(1) 판독 및 교감

×   部   ×

部

(2) 역주

部[91]

4) 쌍북리 173-8번지 223호 목간

223호 목간(사진)은 15.2×3.7×0.7cm이고, 丁, 婦의 수를 차례로 나열하고 있는 서식이 주목된다. 복암리 2호 목간은 호적을 발췌한 것으로 추정되는데, 그 기재양식이 丁, 婦의 순서로 되어 있다. 위 보고서의 판독이 정확하다면, 이 목간은 백제 호적양식이나 호적에 사용된 어휘와 그 뜻을 확정하는 데 매우 중요한 자료가 될 수 있다(윤선태 2013).

91) 한 글자뿐이어서 해석이 불가능하다.

(제1면)　　(제2면)

출처: 李浩炯, 2013, p.142.

(1) 판독 및 교감

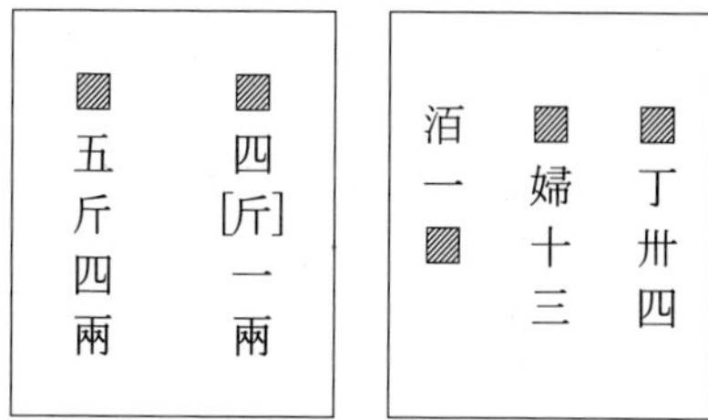

▨四[斤]一兩　▨五斤四兩

▨丁卅四　▨婦十三　洕一▨

제1면: ▨四[92]斤[93]一兩[94]　▨五斤四兩[95]

제2면: ▨丁卅四　▨婦十三　洕一▨

92) 四(李浩炯), 官(동방문화재연구원, 윤선태).

93) 斤(李浩炯), ▨(동방문화재연구원, 윤선태).

94) 兩(李浩炯), ▨(동방문화재연구원, 윤선태).

95) 兩(李浩炯), ▨(동방문화재연구원, 윤선태).

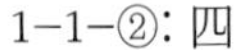

1-1-③: 斤 1-1-⑤/1-2-⑤: 兩

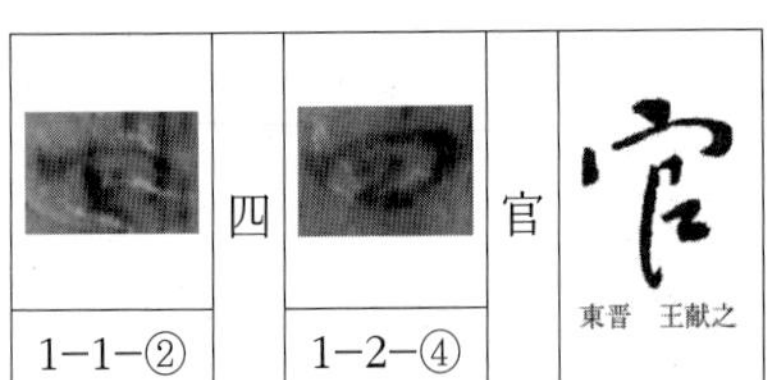

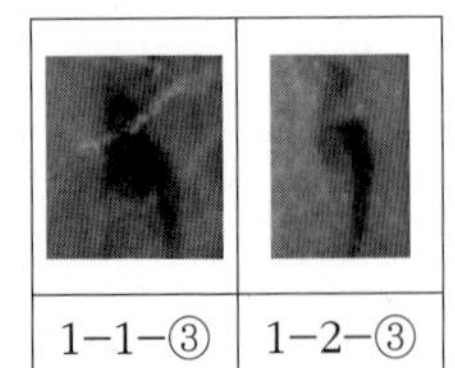

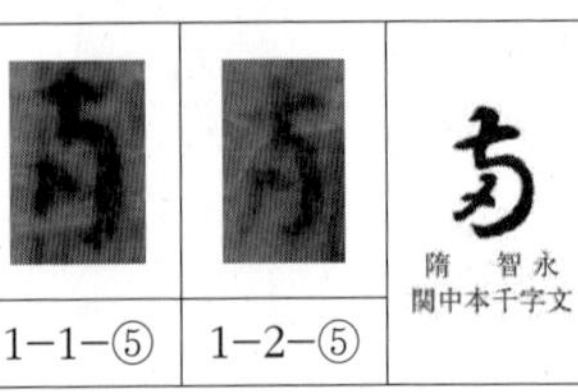

∴ 제1면 제1행의 2번째 글자는 제2행의 4번째 글자와 같아서, '官'으로 읽은 기존 판독안은 문제가 있다. 3번째 글자는 제2행의 3번째 글자와 유사하다. 5번째 글자와 제2행의 5번째 글자는 같은 형태인데, 쌍북리 280-5번지 390호 목간의 '兩'자와 같은 방식으로 서사되었다.

(2) 역주

四斤一兩 五斤四兩 丁卅四 婦十三 酒一[96)]

(3) 연구쟁점

처음에 알려지지 않았던 223호 목간은 보고서의 판독대로라면 관북 1차 목간1이나 나주 복암리목간들과 함께 백제의 호적제도 및 인민지배방식을 구체화할 수 있는 중요한 자료라고 생각된다(손호성 2011; 홍승우 2013; 윤선태 2013). 제1면에 기록된 내용은 어떤 물건의 무게를 기록한 표찰 목간이며, 백제시대 사비도읍기에 무게 단위로 '斤'과 '斤'의 하위 단위로 '兩'이 사용되었음을 알려 주었다(李浩炯 2013).

7. 쌍북리 184-11번지 유적 출토 목간

쌍북리 184-11 유적이 위치한 곳은 부여에서 공주와 논산의 갈림길인 동문삼거리 부근으로 백제의 마지막 서울이었던 사비도성지 안에 속한다. 이곳은 부소산의 동편 저평지에 위치한 소방파출소를 신축하기 위한 부지로서 2012년도에 구제발굴된 유적이다. 유적 주변으로는 부소산성을 비롯하여 백제시대의 고리대업을 기록한 '佐官貸食記' 목간이 출토된 쌍북리 280-5 유적, 현내들 유적 등이 위치하고 있다.

유적은 해발 약 9m인 저평지에서 2011년과 2012년 말까지 조사되었으며, 백제시대의 흔적은 지표에서 약 2~3m 땅을 파내서야 확인되었다. 즉, 해발고도 6~7m인 현 지하수위에서 우물, 집터, 공방터 그리고 양쪽에 배수로를 갖춘 도로가 확인되었다.

우선 도로는 남북향으로, 그 폭이 6m에 달하며 도로가에는 너비가 2~3m 정도의 배수로가 설치되어

96) 제1면은 '4근 1량'과 '5근 4량'이라는 무게 단위이나, 무엇의 무게인지는 알 수 없다. 다만 제2면의 '丁'·'婦' 등으로 보아 호적과 관련된 문서목간의 일부로 추정해 볼 수 있다.

있다. 노면(路面)은 모래와 점토를 켜켜이 쌓아 단단하며, 수레의 흔적으로 보이는 평행선상의 수레바퀴 자국이 노면과 나란하게 확인되었다. 노면가에 설치된 배수로의 양 변에는 말목을 박아 놓았다. 우물은 발굴조사로 확인된 도로의 가장자리에 위치하며 돌을 둥글게 쌓아 만든 원형우물이다. 우물의 크기는 너비가 90cm, 깊이가 2.2m에 달한다. 우물 내에서는 나무손잡이가 달린 칼을 비롯하여 토기와 나무 등이 출토되었다. 집과 공방은 도로가에서 확인되었다. 집터는 하부구조만이 노출되었지만 벽체를 따라 촘촘히 박힌 기둥과 도랑[溝], 그리고 출입구(벽주건물) 등을 통하여 사람이 거주한 주거지임을 확인할 수 있었다. 집터의 크기가 25㎡로 약 7.5평 정도이다. 공방지는 철물 등을 녹였던 용기인 도가니가 확인되어 추측할 수 있었다.

유적에서는 유구뿐만 아니라 유물 또한 다수 확인되었다. 주요 출토유물로는 문자가 적혀 있는 목간을 비롯하여, 오수전(五銖錢), 옻칠 그릇, 토기, 기와 등이다. 목간은 우물과 연결된 1호 남북도로 측구에서 2점 발견되었다. 그중 1점은 상단에 묶을 수 있게 '〉〈' 홈이 나 있으나 하단부가 결실되었고 묵흔 또한 확인되지 않았다(심상육 2013; 홍승우 2013; 윤선태 2013).

1) 쌍북리 184-11 71호 목간

묵흔이 확인된 목간(사진)은 우물에서 연결된 남북도로1의 서측구 시작부에서 모래에 뒤섞인 채 출토되었다. 목간의 형태는 판상형으로 상단은 반원상을 띠며 하단부는 결실된 상태였다. 현재 잔존 부분은 10.1×2.45×0.3cm 이하이다.

글자는 모두 4자가 앞면에서만 확인된다. 글자의 크기는 0.8~1.2cm이며 위쪽 두 글자와 아래쪽 두 글자가 짝을 이루며 둘 사이는 0.3cm 간격이다. 글자는 상단에서 1cm 아래부터 쓰여 있으며, '斤止受子'로 판독된다. 세 번째 자는 대만 이체자 사전의 '受'자와 일치한다.

이 목간은 형태가 부찰(附札) 목간과 비슷하고, 4자로 마무리된 것으로 미루어 인명과 관련된 것이 아닌가 한다(심상육 2013).

출처: 심상육, 2013, p.188.

(1) 판독 및 교감

斤 止 受 子 ×

斤止受子

(2) 역주

斤止受子[97]

8. 참고문헌

1) 보고서 및 자료집

國立昌原文化財研究所, 2004, 『韓國의 古代木簡』, 藝脈出版社. (약칭: 창원)

국립부여박물관, 2008, 『百濟木簡』. (약칭: 백제)

이판섭·윤선태, 2008, 「扶餘 雙北里 현내들·北浦유적의 조사 성과」, 『木簡과 文字』 1.

朴泰祐·鄭海濬·尹智熙, 2008, 「扶餘 雙北里 280-5番地 出土木簡 報告-」, 『木簡과 文字』 2.

국립부여박물관·국립가야문화재연구소, 2009, 『나무 속 암호 목간』, 예맥. (약칭: 나무)

정해준·윤지희, 2011, 『扶餘 雙北里 280-5 遺蹟』.

國立加耶文化財研究所, 2011, 『韓國木簡字典』, 예맥. (약칭: 자전)

심상육·이미현·이효중, 2011, 「부여 '중앙성결교회유적' 및 '뒷개유적' 출토 목간 보고」, 『木簡과 文字』 7.

손호성, 2011, 「부여 쌍북리 119안전센터부지 출토 목간의 내용과 판독」, 『木簡과 文字』 7.

동방문화재연구원, 2013, 『부여 사비119 안전센터 신축부지내 쌍북리 173-8번지 유적』.

심상육, 2013, 「부여 쌍북리 184-11 유적 목간 신출 보고」, 『木簡과 文字』 10.

李浩炯, 2013, 「扶餘雙北里173-8番地遺蹟木簡의 出土現況 및 檢討」, 『木簡과 文字』 11.

백제고도문화재단, 2014, 『부여 쌍북리 184-11 유적』.

97) 하단이 결실되었지만 중간에 글자가 없어서 4글자로 판독된다. 그러나 4글자만으로는 '斤止'가 고유명사인지가 불분명하다. 고유명사라고 가정할 경우, '斤止가 아들을 받다'가 된다. 정확한 의미는 전후 맥락을 알 수 없어 파악하기 어렵다.

2) 논저류

이강승, 2000, 「백제시대의 자에 대한 연구」, 『韓國考古學報』 43.

李文基, 2005, 「泗沘時代 百濟 前內部體制의 運營과 變化」, 『百濟研究』 42.

孫煥一, 2008, 「百濟 木簡 『佐官貸食記』의 分類體系와 書體」, 『韓國思想과 文化』 43.

국립부여박물관, 2009, 『백제 "좌관대식기"의 세계』(5월21일 개최 학술세미나 자료집).

朴泰祐, 2009, 「木簡資料를 통해 본 泗沘都城의 空間構造」, 『百濟學報』 창간호.

정동준, 2009, 「「佐官貸食記」 목간의 제도사적 의미」, 『木簡과 文字』 4.

홍승우, 2009, 「「佐官貸食記」 木簡에 나타난 百濟의 量制와 貸食制」, 『木簡과 文字』 4.

노중국, 2010, 『백제사회사상사』, 지식산업사.

洪承佑, 2011, 『韓國 古代 律令의 性格』, 서울大學校 博士學位論文.

정동준, 2013, 『동아시아 속의 백제 정치제도』, 일지사.

홍승우, 2013, 「扶餘 지역 출토 백제 목간의 연구 현황과 전망」, 『木簡과 文字』 10.

윤선태, 2013, 「백제목간의 연구현황과 전망」, 『백제문화』 49.

정동준, 2014, 「백제 대식제(貸食制)의 실상과 한계」, 『역사와현실』 91.

平川南, 2009, 「百濟の都出土の'連公'木簡」, 『國立歷史民俗博物館研究報告』 153.

尹善泰, 2010, 「新出木簡からみた百濟の文書行政」, 『朝鮮學報』 215.

王興寺址 出土 文字資料

이은솔 · 최경선

1. 개관

왕흥사지는 현재의 백마강변으로부터 약 500m 정도 떨어져 있으며, 부소산과 마주보고 있는 드무재산(해발 131m)의 남동향한 산자락 아래 해발 10~20m 부근에 위치해 있다.

1934년에 '王興'명 기와편이 수습되어 『三國史記』와 『三國遺事』 등에 기록이 전하는 '王興寺'로 비정되었다(『三國史記』 卷27, 法王 2年條, 武王 35年條; 卷28, 義慈王 20年條; 『三國遺事』 卷1, 太宗春秋公; 卷2, 南扶餘前百濟; 卷3, 法王禁殺). 1946년에는 고려시대의 것으로 보이는 석조 좌불상 1구가 왕흥사지에서 국립부여박물관으로 옮겨졌다(부여군지편찬위원회 1987, p.777; 홍사준 1974, pp.149-150).

국립부여문화재연구소에서는 2000년부터 연차적인 발굴조사를 실시하였다. 발굴조사 결과 목탑지, 금당지를 비롯하여 동, 서회랑 및 동, 서건물지, 강당지 및 서편 부속건물지 등 사역 중심부의 건물지 등이 확인되었으며, 사역의 축대인 동서석축, 진입시설인 남북석축과 사역 동편 외곽의 백제~고려시대 기와가마터가 확인되었다. 왕흥사지에서는 인각와를 비롯한 명문기와, 명문토기, 상평오수전, 오수전, 청동제 사리함 등의 명문자료가 출토되었다.

2. 청동제사리함

1) 왕흥사지청동제사리함

왕흥사지청동제사리함은 왕흥사지 목탑지 정중앙에서 크기 100×110cm, 두께 45cm의 장방형 석재가 확인되었다. 석재 남단부에서 16×12×16cm 크기의 사리공이 마련되어 있었고 이를 사다리꼴의 석제 뚜껑으로 덮었으며 사리공 안의 사리기는『大般涅槃經』등의 불교 경전에 언급된 바와 같이 여러 재질을 이용하여 내부로 갈수록 귀한 재질의 용기로 중첩하는 것이 통례인데 왕흥사 목탑지에서 발견된 사리기 역시 사리 봉안의 전형을 보여주며 금제사리병−은제사리호−청동사리합의 3중 구조로 안치되어 있었다.

왕흥사지청동제사리함의 사리 봉안 형식은 중국 남북조 시대의 예와 비슷하지만 그와 같은 형식을 그대로 채용한 것이 아니라 건축 구조를 보강하기 위해 장방형 석재 윗면에 별도로 판축하여 심주의 하중을 받도록 하여 보다 기능적인 측면을 더해 백제 목탑 건축과 사리 안치의 새로운 특징이라고 보고 있다. 이러한 사리구 봉안 형식은 사리 안치 시설이 심초석 지하에 놓이는 한편 심초석과 사리공이 결합되는 초기 양식을 보여 주며, 심초석을 지상에 놓아 심주가 습기로 훼손되지 않게 하는 등 여러 가지 새로운 시도와 보완이 동시에 이루어지게 하였다. 또한 사리 안치시설이 지하에 위치한 까닭에 사리공 주변에 놓인 공양품이 진단구의 역할도 함께 하였다고 보기도 했다(국립부여문화재연구소 2008, pp.43−44).

청동사리함 외면에는 5자 6행 29자의 명문이 음각으로 새겨져 있는데 명문의 위·아래로 두 줄의 평행선으로 둘러져 있다. 사경에서는 이 두 선을 天地線(김경호 2006, p.195)[1]이라 하는데, 경문 또는 명문을 장엄하게 하는 역할을 한다. 죽은 왕자에게 공덕을 미치도록 공양하는 의식인 만큼 왕권의 신성성을 상징화 하려는 의도가 아닌가하는 추측을 해 볼 수 있겠다.

왕흥사지청동사리함 명문의 필순에 관하여 독특한 점이 발견되는데, 가로획과 세로획이 교차되는 글자일 경우 가로획을 다 그은 후 세로획을 마지막에 쓰는 필순 또는 교차되는 부분의 세로획을 먼저 그은 후 가로를 한꺼번에 긋는 순서를 보인다. 일반적으로 알고 있는 필순과 달리 전반적으로 그러한 양상을 보이며, 당시의 서사 습관인지 청동이라는 재질적 특성 때문에 刻者의 편의를 위한 필순인지는 알 수 없으므로 같은 시기 비슷한 재질의 문자 자료와 비교하여 앞으로 더 논의해야 할 부분이다.

명문의 서체는 예서의 필의가 있는 해서이다. 예서의 필의가 있는 것으로는 길게 뻗은 왼쪽 掠획의 수필 부분(月(1−5), 爲(3−3, 6−3)), 예서의 파책이 보이는 획(子(4−1), 立 (4−2)) 등이 그 예라고 볼 수 있다. 앞서 선행 연구에서 서풍은 북조풍이 주를 이루나 남조풍의 필법이 가미되어 백제의 서사 문화가 남조보다 북조에 더 익숙해져 있다고 보았다(국립부여문화재연구소 2008, p.193). 사실상 북조의 자료보다 상대적으로 남조의 자료가 적기 때문에 북조풍을 따랐다고 단정 지을 수는 없다. 왕흥사지청동제사리함의 명문 중 '葬'의 형태가 무령왕비지석의 '葬'과 유사한 형태를 띠고 있는 점으로 미루어 보아 남조 서풍의 영향을 받았다는 사실 또한 배제할 수 없다고 본다. 따라서 왕흥사지청동제사리함은 예서의 필의가

---

1) 명문의 윗부분은 天頭線, 아랫부분을 地脚線이라 하며 아래 위를 모두 합쳐 天地線이라 칭한다.

있는 해서이며 서풍은 남북조풍이라고 할 수 있겠다.

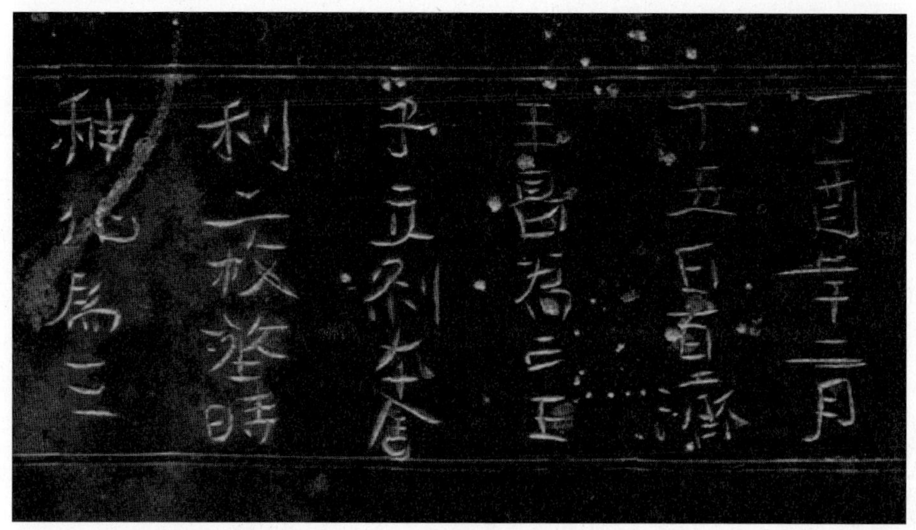

출처: 이천시립월전미술관, 2010, p.90.

(1) 판독 및 교감

6	5	4	3	2	1	
神	利	子	王	十	丁	①
化	二	立	昌	五	酉	②
爲	枚	刹	爲	日	年	③
三	葬	本	亡	百	二	④
	時	舍	王	濟	月	⑤

3-④: 亡

왕흥사지 사리기 명문	북위 李璧墓誌	북위 鞠彦雲墓誌	당 歐陽詢 千字文	당 懷素 千字文 碑林本	당 太宗 屏風書

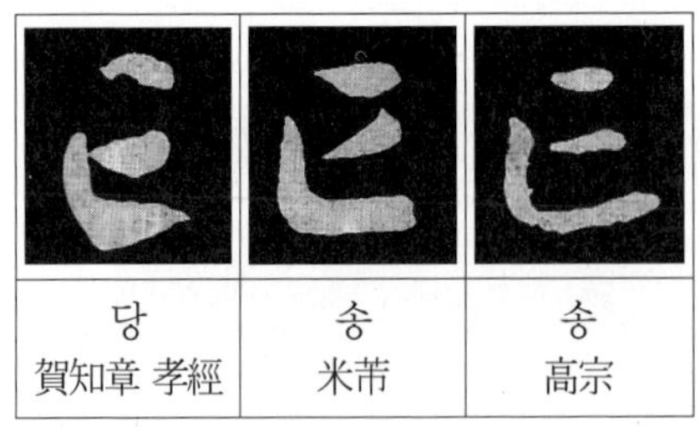

당 賀知章 孝經	송 米芾	송 高宗

∴ 三으로 보는 견해가 있고(이도학 2008, pp.4-5) 三, 亡 모두 판독 가능하다는 입장도 있으나(국립부여문화재연구소 2008, p.163) 대부분 亡으로 보는 견해가 지배적이다. 亡자의 이러한 형태는 주로 비슷한 시기 중국의 북조에서 찾을 수 있으며, 후에 唐·宋까지 이어지는 것을 볼 수 있다.

4-③: 刹

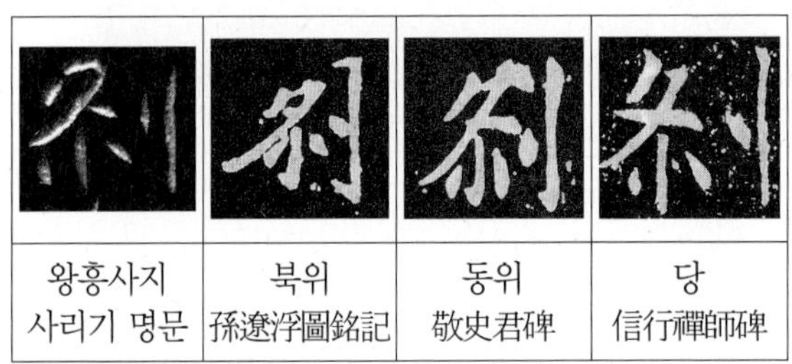

왕흥사지 사리기 명문	북위 孫遼浮圖銘記	동위 敬史君碑	당 信行禪師碑

∴ 문맥상 刹로 보고 있으며, 대만 교육부 제공 이체자 자전의 목록과 비교하여 사리함의 刹을 이체자로 보기도 했으나(김태식 2007, pp.45-46) 비슷한 시기 북조는 물론 당나라 때까지 같은 형태의 刹이 드러나 당시의 서사법으로 볼 수 있겠다.

5-④: 葬

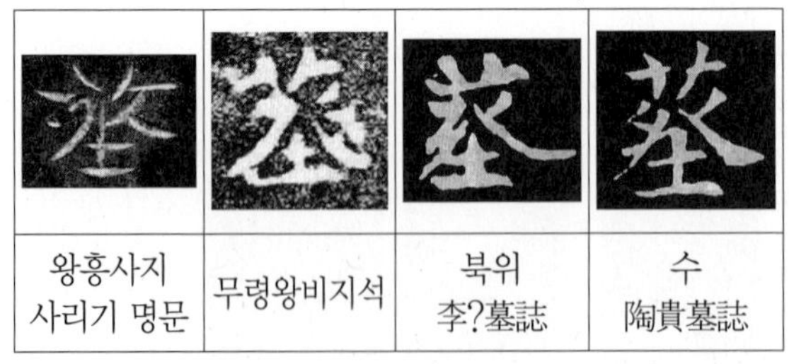

왕흥사지 사리기 명문	무령왕비지석	북위 李?墓誌	수 陶貴墓誌

∴ 무령왕비지석의 葬과 동일한 형태이다. 葬을 문맥상 瘞로 볼 수도 있다는 견해가 제시되기도 했다(국립부여문화재연구소 2008, p.58). 사리를 안치 한다는 행위는 葬 외에도 瘞, 置, 安, 藏 등을 사용하기도 한다. 중국의 북조나 수나라에서도 葬의 이러한 용례가 있어 문맥으로 보나 형태상으로 보나 葬으로 보는 것이 타당하다.

6-①: 神

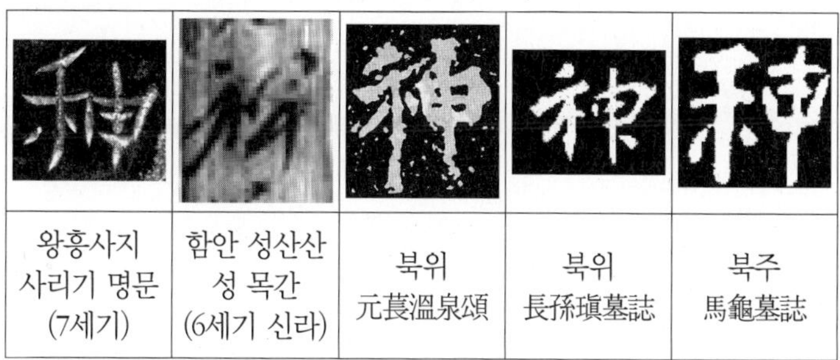

왕흥사지 사리기 명문 (7세기)	함안 성산산성 목간 (6세기 신라)	북위 元萇溫泉頌	북위 長孫瑱墓誌	북주 馬龜墓誌

∴ 왕흥사지 사리기 명문의 神의 礻변을 禾와 같이 서사하였다. 한편 함안 성산산성 출토 목간에서는 稗의 禾변을 礻로 쓴 점이 보이는데, 비슷한 시기 신라와 백제가 禾와 礻를 구별 없이 사용하였고 그것이 7세기까지 이어진 것으로 보인다. 이러한 礻변을 禾의 형태로 쓰는 것은 중국에서는 주로 북조 때에서도 찾아 볼 수 있다.

(2) 역주

丁酉年[2] 二月十五日[3] 百濟王昌[4] 爲亡王子[5] 立刹[6] 本舍利 二枚 葬時 神化爲三

정유년 2월 15일 백제왕 昌이 죽은 왕자를 위해 刹을 세웠다. 본래 사리 2매였는데 장지에 묻을 때 신묘한 변화로 셋이 되었다.

---

2) 丁酉年: 위덕왕 24년(577)에 해당한다. 왕흥사 창건 연도를 577년으로 본다면, 『三國史記』에 보이는 600년(법왕 2)에 공사를 시작하여 634년(무왕 35)에 낙성되었다는 기록이 잘못된 것으로 보았다(국립부여문화재연구소 2008, p.260).

3) 二月十五日: 사리봉안식의 날짜로, 2월 15일은 석가모니불의 열반일이며 미륵보살의 열반일이기도 하여 정토신앙과 관련 있는 것으로 보기도 했다(길기태 2009, p.154).

4) 昌: 위덕왕의 이름으로 창왕명석조사리감에는 '昌王'으로 나온다. 창왕명석조사리감 명문에는 '百濟昌王', 왕흥사지청동제사리함 명문에서는 '百濟王昌'으로 표기되어 있는 것으로 보아 아직 '大王'에 이를 정도의 왕권 확립에 도달하지 못한 것으로 보았다(김수태 2009, p.15). 이것은 미륵사지금제사리봉영기 명문에 나타난 '大王'이나 '陛下'로 표기된 것과 차이가 있다.

5) 亡王子: 죽은 왕자라는 뜻으로, 창왕의 아들에 대한 기록은 『日本書紀』 推古紀 5年(597)에 阿佐太子뿐이다. 창왕명사리감이 출토된 능사와 같이 왕흥사도 위덕왕대에 조성된 사찰로 보며 597년 아좌태자 외에 또 다른 왕자를 두었다는 설을 제시하기도 하였다(국립부여문화재연구소 2008, p.22). 앞서 판독에서 亡을 三으로 보고 三王子라고 본 의견이 있었으나 위덕왕에게 왕자가 셋이 있었다는 적절한 근거가 없다는 의견도 있으며(국립부여문화재연구소 2008, p.160) 학계의 대부분은 亡王子로 보고 있다.

6) 立刹: 왕흥사의 목탑 건립에 한정하는 것으로 보고 '목탑의 중심 기둥을 세워 탑을 건립 한다'라는 뜻으로 풀이되기도 하였다(국립부여문화재연구소 2008, p.147). 한편 '刹'의 뜻이 탑을 뜻하기도 하지만 사찰의 뜻도 함께 지니고 있어 목탑 건립과 동시에 왕흥사의 공역 또한 이미 착공이 된 것으로 보기도 했다. 즉 탑은 사찰의 주요 구성 요소로 왕흥사 전체 가람과 분리하여 볼 수 없고, 건물의 창건의 경우 본 건물의 立柱 날을 上樑한 날을 기준으로 창건일을 삼는 것이 일반적이라 목탑의 건립 연대를 왕흥사의 창건 연대로 보았다(양기석 2009, pp.41-42). 하지만 사찰의 이름과 창건 목적은 어떠한 계기로 인해 바뀌는 경우가 많기도 하므로(조경철 2010, p.9) 立刹의 의미를 사찰 건립과 함께 연결 짓기는 어렵다고 볼 수 있겠다.

3. 기와류

1) '高'銘 기와(325번)

강당지 주변 와적층에서 출토되었다. 회색을 띠는 연질계 기와이며, 등면에 선각으로 '高'자를 음각하였다.

(잔존 길이 18.7cm, 잔존 너비 8.7cm, 두께 1.9cm)

325번 기와

출처: 국립부여박물관, 2012, p.223.

4. 토기류

1) 명문토기(483번)

서편 진입시설 주변의 흑회색 뻘층에서 출토되었다. 토기의 동체부 일부만이 남아 있는데, 연질소성이며 외면은 회백색을 띤다. 선각으로 글자가 음각되어 있다. 보고서에서는 '扜店??'으로 판독하였으며, 도면에서는 8, 9자 정도의 글자를 모사하였다. 토기편이기 때문에 전모를 알 수는 없으나, 1행에 2자, 2행에 2자, 3행에 4자 혹은 5자가 새겨져 있는 것으로 보인다.

(잔존 기고 8.3cm, 잔존 너비 11.4cm, 두께 0.8~0.9cm)

(1) 판독 및 교감

3행	2행	1행
▨		
[扜]		
居		
[彤]		
篆	一	[爻]
八	千	[井]

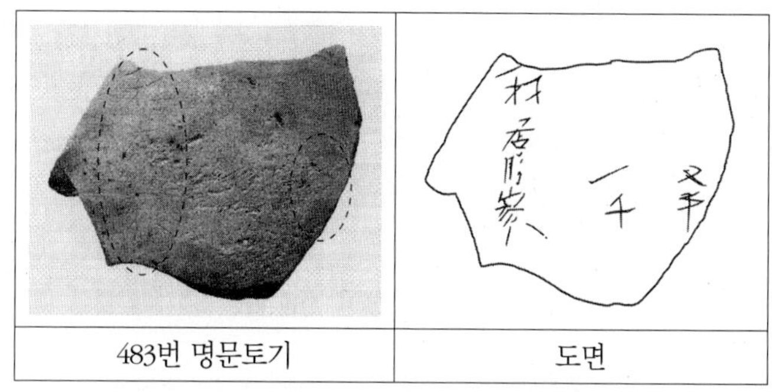

483번 명문토기	도면

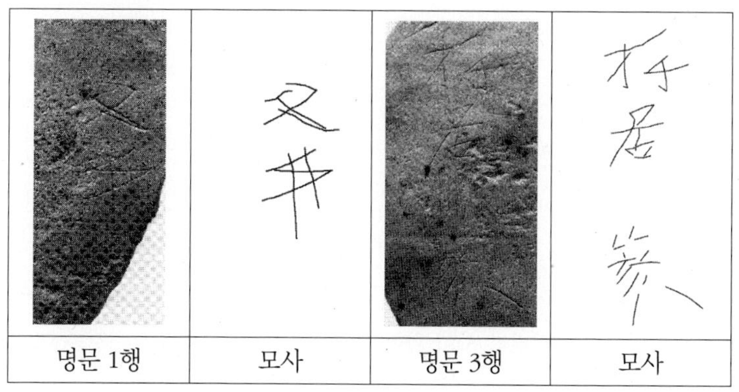

명문 1행	모사	명문 3행	모사

출처: 국립부여박물관, 2012, p.269·529.

5. 금속류

1) 常平五銖錢(16-1, 2번)

2007년에 목탑지를 조사하면서 사리장치석 남편에서 2점이 출토되었다. 북제(550~577) 때 주조하여 사용된 동전으로 경주 분황사 모전석탑에서도 출토된 예가 있다. 청동재질로 중앙에 한 변의 길이가 0.8cm인 정방형의 구멍이 뚫려 있다. 한쪽 면에만 篆書로 '常平五銖'가 양각으로 주조되어 있으며, 글자는 상, 하, 우, 좌의 순서로 읽힌다. 16-1번은 비교적 잔존형태가 양호하나, 16-2번은 부식이 심하게 진행되어 표면의 많은 부분이 박리된 상태이며, 모두 직물의 흔적이 발견되었다.

(지름 2.5cm, 두께 0.15cm)

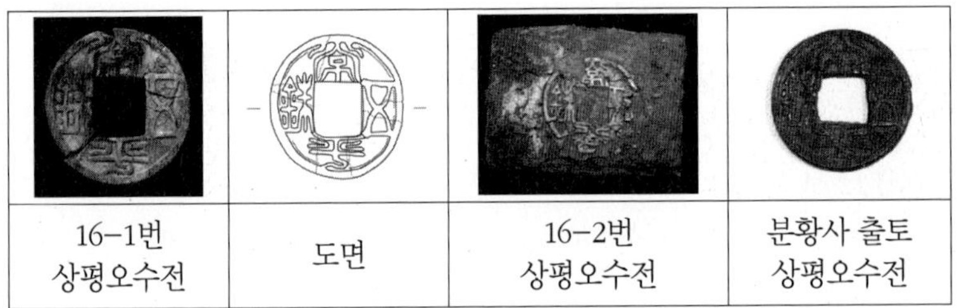

16-1번 상평오수전	도면	16-2번 상평오수전	분황사 출토 상평오수전

출처: 국립부여문화재연구소, 2009, p.82 및 국립경주문화재연구소, 2006, 『芬皇寺』.

2) 五銖錢(17번)

2007년에 목탑지를 조사하면서 사리장치석 남편에서 출토되었다. 청동재질로 반 이상 결실된 상태로 '五'자만 남아 있다. 중앙에 정방형의 구멍이 뚫려 있고, 주연과 뒷면의 구멍 주연이 굵게 융기되어 있다.

오수전은 중국 漢 武帝 5년(B.C. 118)에 처음 주조하여 유통된 것으로 당 초기에 開元通寶가 제정(621)될 때까지 거의 중국의 표준화폐로 유통되었다. 위진남북조 시대에 이르면 한의 계통을 이은 오수전을 주류로 하여 각지에서 독자적인 오수전을 주조하였다. 梁 武帝 4년(523)에는 철제 오수전이 주조·유통되기도 하였는데, 무령왕릉에서는 토지신에게 무덤터를 사기 위한 목적으로 양나라 철제 오수전 90여 개가 지석 위에 꾸러미로 놓인 상태로 출토된 예가 있다.

(추정 지름 2.5cm, 두께 0.15cm)

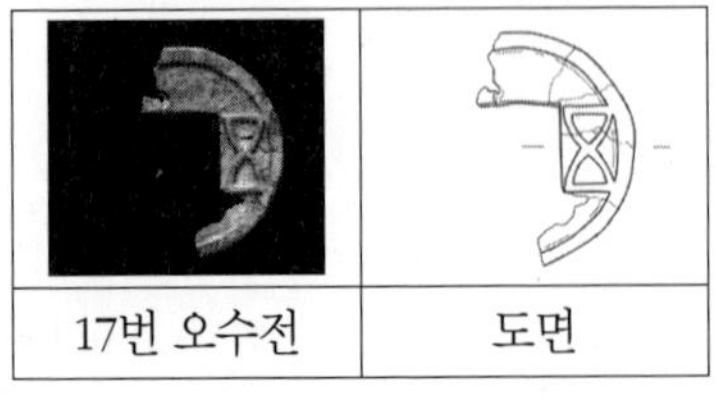

17번 오수전	도면

출처: 국립부여문화재연구소, 2009, p.83.

6. 참고문헌

1) 보고서 및 자료집

국립부여문화재연구소, 2002,『왕흥사 : 발굴중간보고서 1』, 국립부여문화재연구소.

국립부여박물관, 국립부여문화재연구소, 2008,『百濟王興寺』.

국립부여문화재연구소, 2009,『왕흥사지 Ⅲ -목탑지·금당지 발굴조사 보고서-』.

국립부여문화재연구소, 2012,『왕흥사지 Ⅳ』.

부여군지편찬위원회, 1987,『扶餘郡誌』.

2) 논저류

국립부여문화재연구소, 2008,『扶餘 王興寺址 出土 舍利器의 意味』, 국립부여문화재연구소, 국립부여박물관.

국립부여박물관, 국립부여문화재연구소, 2008,『백제 왕흥사』, 국립부여박물관.

국립문화재연구소, 부여군, 2008,『정림사 : 역사문화적 가치와 연구현황』, 국립문화재연구소.

길기태, 2009,「왕흥사지 사리함 명문을 통해 본 백제불교」,『한국사시민강좌』44, 일조각.

김경호, 2006,『한국의 사경』, 한국사경연구회.

김수태, 2009,「백제 무왕대의 미륵사 서탑 사리 봉안」,『신라사학보』16, 신라사학회.

김용민, 김혜정, 민경선, 2008,「부여 왕흥사지 발굴조사 성과와 의의」,『목간과 문자』창간, 한국목간학회.

김태식, 2007,「부여 왕흥사지 창왕명 사리구에 관한 고찰」,『문화사학』28, 한국문화사학회.

藤澤一夫, 1976,「百濟 別都 益山 王宮理 廢寺卽 大官寺考」,『馬韓·百濟文化』第2, 圓光大學校 馬韓百濟文化硏究所.

손환일, 2008,「백제 왕흥사지출토 청동사리함명문의 서체」,『한국고대사연구』49, 한국고대사학회.

신대현, 2008,「부여 왕흥사지 목탑지 발견 사리장엄의 양식과 역사적 의미」,『역사와 실학』35, 역사실학회.

심삼육, 2005,「백제시대 인각와에 관한 연구」, 공주대학교대학원 석사학위논문.

양기석, 2009,「백제 왕흥사의 창건과 변천」,『백제문화』41, 백제문화연구소.

이다운, 2007,「인각와를 통해 본 익산의 기와에 대한 연구」,『고문화』70, 한국대학박물관협회.

이도학, 2008,「〈왕흥사지 사리기 명문〉 분석을 통해 본 백제 위덕왕대의 정치와 불교」,『한국사연구』142, 한국사연구회.

전덕재, 2009,「함안 성산산성 출토 신라 하찰목간의 형태와 제작지의 검토」,『목간과 문자』3, 한국목간학회.

조경철, 2010,「백제 왕흥사의 창건과정과 미륵사」,『사총』70, 고려대학교 역사연구소.

洪思俊, 1974, 「虎岩寺址와 王興寺址考」, 『百濟研究』 5.

한국역사연구회, 2004, 『고대로부터의 통신』, 푸른역사.

王興寺址 窯址 出土 文字資料

최경선

1. 개관

왕흥사지 요지가 위치한 곳은 드무재산의 동편 끝부분 남록의 나지막한 경사지로 왕흥사지 사역으로부터 동쪽으로 약 150m 떨어져 있다. 2005~2006년에 왕흥사지 사역 동편 외곽에서 관련 유구의 존재유무를 확인하고 왕흥사지의 범위를 파악하기 위해 발굴조사가 이루어졌다. 조사 결과, 조사지역 서편 윗단의 대지에서는 와열 배수로가, 아랫단의 경작지에서는 와적기단이 확인되었으며, 동편의 남록 경사면에서는 11기의 기와 가마터가 발견되었다. 11기 가마 중 1호 가마만 고려시대에 만들어진 것이며, 나머지는 백제시기의 가마인 것으로 밝혀졌다.

2. 명문 기와

백제시기의 가마인 3호 가마 회구부 남서편의 기와가 폐기되어 있던 황갈색 마사점토층에서 출토되었다. 명회색의 암키와로 아랫부분의 일부가 결실되었다. 등면은 물손질로 인하여 타날흔이 거의 보이지 않는데, 부분적으로 굵은 선문이 남아 있다. 등면에는 가로 4.5cm의 방곽 안에 글자가 양각되어 있는데, 방곽은 위, 아래 부분이 마모되어 크기가 확실하지 않다. 글자는 좌우 폭이 3.8cm, 상하 길이가 2.6cm이다. 보고서에서는 '王'자로 판독하였는데, '王'자 위로 비스듬한 획이 하나 더 있어 '主'자일 가능성도 있지 않을까 생각된다.

(잔존 길이 33.5cm, 잔존 너비 32cm, 두께 2cm)

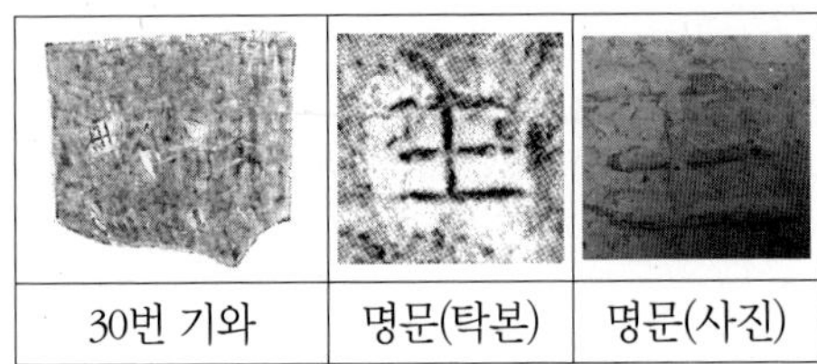

30번 기와	명문(탁본)	명문(사진)

출처: 국립부여문화재연구소, 2007, p.161.

3. 참고문헌

1) 보고서 및 자료집

國立扶餘文化財硏究所, 2007,『王興寺址 2, 기와 가마터 發掘調査 報告書』.

亭巖里 出土 文字資料

이재철

1. 개관

亭巖里瓦窯址는 忠淸南道 夫餘郡 場岩面 亭岩里 內洞 일대(부여읍내를 기준으로 남쪽으로 약 4km 정도 떨어진 白馬江邊 부근, 現 정암1리 일원)[1)]에 위치한 百濟時代 가마터 遺蹟이다.[2)] 정암리와요지는 1987년 부여 지역에 내린 집중호우로 가마의 천장 일부가 무너지면서 발견되었다. 이후 국립부여박물관에 의해 1988년·1990년·1991년 3차례에 걸쳐 4구역(A·B·C·D)으로 구분되어 발굴조사가 이루어졌고 이를 통해 12기의 가마(窯)와 작업장 관련 유구 1기가 확인되었다.[3)]

1) 亭巖里瓦窯址 遺蹟은 부여읍내에서 출발 시, 부여교차로와 부여대교를 거쳐야 갈 수 있다. 부여대교를 따라가면 금강을 건너 바로 규암교차로에 이르게 되는데, 이곳에서 부여가구단지·토성공원(석동리 방향)쪽 길로 진입해야 한다. 진입한 방향으로 약 2km 정도 접어들어(충절로) 석동교를 지나면 석동삼거리가 나온다. 석동삼거리에서 좌회전을 한 뒤, 금강변을 끼고 형성된 도로(의자로)를 통해 3~4km를 계속 직진하면(와요로 19번길) 정암리와요지(부여군 장암면 정암리 47) 유적에 도착한다(인근에 부여군 위생처리장 소재).

2) 정암리와요지는 지리적 여건상 교통의 要地에 위치하고 있다. 그 주변에는 古墳群과 山城 등의 백제시대 유적이 다수 분포하고 있으며, 遺蹟址 앞을 지나는 江邊道路는 過去에는 부여에서 南山, 陽化, 韓山, 舒川을 경유하여 西海로 빠지는 오랜 도로인 동시에 서해쪽인 長港, 群山의 錦江河口에서 강의 西岸을 따라 부여에 이르는 중요한 陸路였다. 유적지에서 서쪽으로 1km쯤 올라가면 場岩津이라는 나루터가 있는데 1970년대까지만 해도 부여 시내로 들어가는 지름길이었으며, 이 길을 따라가다 보면 軍守里寺址(遺蹟 44號)에 도달하게 된다(國立扶餘博物館·扶餘郡 1992, p.16).

3) 정암리와요지에 대한 발굴조사는 총 3차례 시행되었다. 1차(1988.5.9.~1988.6.5)에는 A지구(1·2호 가마와 주변 일대), 2차(1990.4.25.~1990.6.24.)에는 B지구(정암리 47번지 일대에 대한 가마의 분포와 형태), 3차 시기(1991.10.26.~1991.12.26.)에는 B지구(정암리 47번지 서쪽)와 A·B지구 경계지역에 대한 조사가 이루어졌다. 이 중 본문에서 다루고자 하는 문자자료 유

2·3차 조사가 이루어진 B지구에서는 8기의 백제시대 가마가 발견되었는데,[4] 2개의 문자자료 유물(瓦·盌)이 出土되었다. 이외에도 6세기 후반~7세기 전반의 蓮花文瓦當·수키와·암키와·완·무문전돌·상자형전돌 등이 다수 발굴되었다. 이 중 연화문와당과 상자형전돌 등의 유물은 인근에 소재한 軍守里寺址의 출토 유물과 동일한 것으로 확인되어 당시 일련의 官窯 생산체계가 존재했음을 상정하게 한다.

정암리와요지는 중국과 일본의 奈良에서도 정암리가마와 유사한 형태의 가마가 발견됨으로써 古代 동아시아의 문화교류 및 造瓦技術의 양상을 파악할 수 있다는 측면에서 중요한 유적으로 평가받고 있다(國立扶餘博物館·扶餘郡 1992, p.128).

2. 銘文瓦

1) '二百八'銘瓦

'二百八'銘瓦는 정암리와요지 2·3차 조사 간 발견되었다(길이 37.2cm). 기와는 수습 과정에서 접합된 것으로 보이는데, 등면 표면에는 縱線文과 斜線이 혼재되어 분포하고 있다. 접합부를 기준으로 우측 등면의 좌측 상단에는 기와의 수량을 표시한 것으로 추정되는 '二百八'이라는 字形이 陰刻되어 있다.

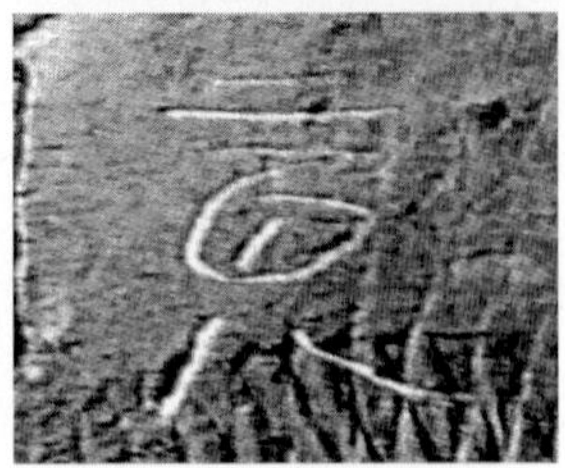

출처: 국립부여박물관, 2002, p.68; 국립청주박물관·청주인쇄출판박람회조직위원회, 2000, p.84; 國立扶餘博物館·扶餘郡, 1992, p.124, 挿圖51.

물은 B지구에서 발굴되었다.

4) 정암리에서 발견된 백제시대 가마의 구조(지하식)는 平窯(5기)와 登窯(3기)가 함께 나타나고 있어 주목받고 있는데, 高麗·朝鮮시대의 가마까지 발견되어 가마의 발달 및 기와 변천 연구에 중요한 자료로 인정받는다(國立扶餘博物館·扶餘郡 1992, pp.117-128).

(1) 판독 및 교감

二	①
百	②
八	③

二百八

1-②: 百

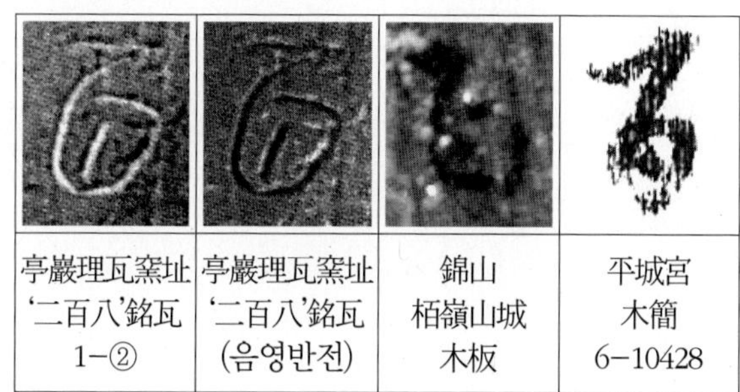

亭巖理瓦窯址 '二百八'銘瓦 1-②	亭巖理瓦窯址 '二百八'銘瓦 (음영반전)	錦山 栢嶺山城 木板	平城宮 木簡 6-10428

∴ '二百八'銘瓦의 '百'字는 그 字劃과 筆順을 볼 때, 類似 字形의 사례로 제시된 錦山 栢嶺山城 出土 木板과 平城宮 遺蹟 出土 木簡의 '百'字와 유사하다. '百'으로 판독 가능하다.

(2) 역주

이백팔[5)]

3. 土器

1) 盌('軍門'銘土器)

盌('軍門'銘土器)은 亭巖理瓦窯址 B지구에 대한 발굴조사 시(2차: 1990.4.25~1990.6.24) 출토되었다(구경 18.5cm, 밑지름 10.8cm, 높이 10.4cm). 완의 내외부는 흑색을 띠고 있고 외면의 일부는 剝落된 상

5) 암키와의 등에 기와의 枚數를 적은 것도 있다(國立扶餘博物館·扶餘郡 1992, p.124). 기와에 (제작)수량을 의미하는 글자를 기재한 경우는 錦山 栢嶺山城['上水瓦作土…'銘 음각와의 五十九(59), 九十五(95)], 扶餘 扶蘇山城[八六(86)], 益山 王宮里 遺蹟[三百(300)] 등에서 출토된 유물의 사례가 있다. 이와 관련시켜 보면 '二百八'銘瓦의 '二百八' 역시 기와의 (제작)수량을 나타내는 것으로 판단된다.

태이다. 완은 平行線文을 打捺한 후에 회전 손빚음(手打)으로 文樣을 지웠는데, 等間隔을 이루며 두 줄의 圈線文이 형성되어 있다.[6] 굽의 높이는 4cm 정도로 수직으로 부착되어 있으며, 굽 안쪽 즉 완의 바닥에는 '軍門'이라는 두 글자가 陰刻되어 있다(國立扶餘博物館·扶餘郡 1992, p.103).

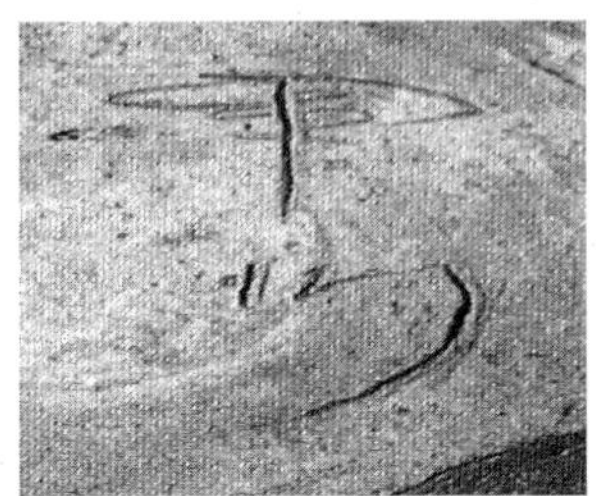

출처: 國立扶餘博物館·扶餘郡, 1992, p.190, 圖版60(盌)-①; 국립부여박물관, 2002, p.57.

(1) 판독 및 교감

軍	①
門	②

軍門[7]

1행-②: 門

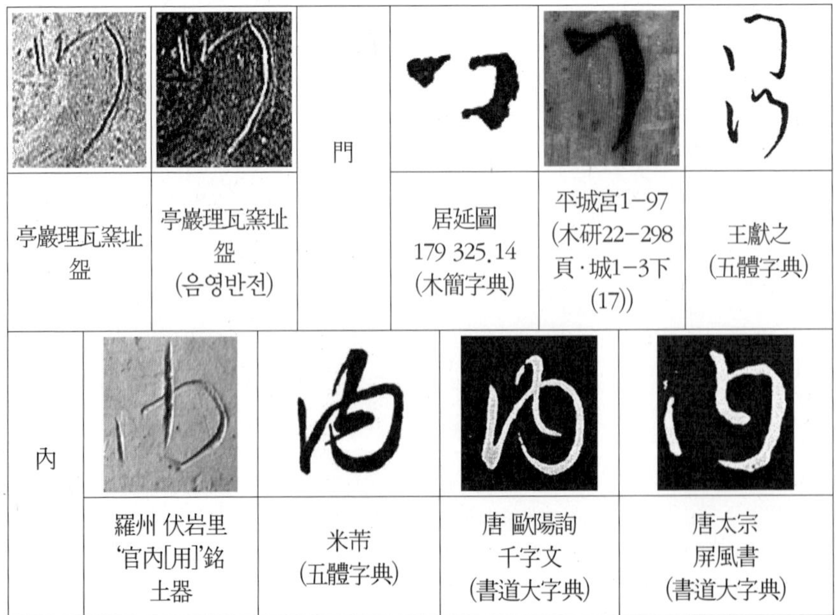

亭巖理瓦窯址 盌	亭巖理瓦窯址 盌 (음영반전)	門	居延圖 179 325.14 (木簡字典)	平城宮1-97 (木研22-298頁·城1-3下(17))	王獻之 (五體字典)
內	羅州 伏岩里 '官內[用]'銘 土器	米芾 (五體字典)	唐 歐陽詢 千字文 (書道大字典)	唐太宗 屛風書 (書道大字典)	

∴ 최초 발굴보고서에서는 亭巖理瓦窯址 盌의 '門'字를 未詳字(▨)로 판단하였다(國立扶餘博物館·扶餘郡 1992, p.103). 이후 '門'자의 형태가 羅州 伏岩里 遺蹟에서 출토된 '官內[用]'銘 土器의 '內(門)'자 용례와 유사하다는 의견이 제시되었다. 羅州 伏岩里 遺蹟에서 출토된 '官內[用]'銘 土器의 '內(門)'자 자형 검토간에 亭巖理瓦窯址에서 출토된 盌('軍門'銘 土器)의 '軍門' 경우가 참고된다는 것이다(김성범 2009, p.224). '門'자의 일반적인 字形을 고려해봤을 때, 정암리와요지 완의 경우를 명확히 '門'으로 판독하기는 어렵다. 그 자형을 살펴보면, 좌측 부분의 자획은 살짝 내려 그은 삐침 형태이고 우측 부분은 마치 갈고리와 같은 모습(꺾은 후 돌려서 씀)으로 단순화되어 있다. 이와 같은 형태는 위 표에 제시된 유사 '門'자 자형의 사례들과 흡사하다. 또한 정암리와요지 완의 '門'과 나주 복암리 유적 '官內[用]'銘 土器의 '內'자 사례를 비교해 보면 유사한 자형으로 판독하기에는 무리가 있다. 무엇보다 정암리와요지 완의 '門'자는 ('內'의 部首인 '冂' 외에) '入'의 획 형태가 (생략되거나 단순화되었을 가능성을 감안하더라도) 보이지 않을 뿐만 아니라 右劃의 형상(갈고리 모양)이 나주 복암리 유적의 그것과는 구별된다. '內'자가 기재된 餘他 사례와 비교해도 그 字樣에 확연한 차이가 있다. 반면에 나주 복암리 유적 '官內[用]'銘土器의 '內'자는 '冂'와 '入'의 획 처리 방식이 유사 '內'자 용례들과 비슷하다. 이상의 검토 내용을 근거로 정암리와요지 완의 명문 두 번째 글자는 '門'으로 판독한다.

(2) 역주

軍門[8]

4. 참고문헌

1) 보고서 및 자료집

국립부여박물관, 2002,『百濟의 文字』.

國立扶餘博物館·扶餘郡, 1988,『부여 정암리 가마터(Ⅰ) -國立扶餘博物館古蹟調查報告 第2冊-』.

國立扶餘博物館·扶餘郡, 1992,『부여 정암리 가마터(Ⅱ) -國立扶餘博物館古蹟調查報告 第4冊-』.

국립청주박물관·청주인쇄출판박람회조직위원회, 2000,『한국 고대의 문자와 기호유물 -2000 청주인쇄출판박람회기념 특별전-』.

6) 胴體部에 2條의 凹凸帶가 돌아가는데 이것은 武寧王陵 出土 銅製盌의 영향임이 확실하다(國立扶餘博物館·扶餘郡 1992, pp.126-127).

7) 門(백제의 문자), ▨(보고서).

8) 군문이 軍營의 입구 또는 군대를 비유해 이르는 말인 점을 감안하면 '군문'이란 軍需用임을 표기한 것으로 해석된다(국립부여박물관 2002, p.59).

2) 논저류

金誠龜, 1990,「扶餘의 百濟窯址와 出土遺物에 대하여」,『百濟研究』21, 충남대학교 백제연구소.

김성범, 2009,「羅州 伏岩里 유적 출토 백제목간과 기타 문자 관련 유물 -신출토 목간 및 문자자료-」,『木簡과 文字』3, 韓國木簡學會.

砂宅智積碑

이은솔

1. 개관

1948년 부여읍 관북리 도로변에서 발견되었다. 그러나 발견된 것은 비의 일부로 높이 102cm, 폭 38cm, 두께 29cm이다. 양질의 화강암에 가로, 세로로 井間을 구획하여 그 안에 글자를 음각하였으며, 1행은 14자로 이루어져 있는데, 현존하는 것은 앞부분에 해당하는 4행까지로서 모두 56자이다. 비의 우측면 상부에는 음양설에 따라 원 안에 봉황문(혹은 주작, 삼족오)이 음각한 것과 붉은 칠을 한 흔적으로 잘려간 반대 측면에도 용(혹은 주작, 두꺼비)이 조각되었을 가능성이 있어 음양오행설과 연관시키기도 하였고(홍사준 1954, p.257), 이와 관련하여 사택지적비를 음양오행설과 불교, 도교 및 노장사상과 연결시키기도 하였다(조경철 2004; 신광섭 2005; 길기태 2006; 김두진 2006; 이내옥 2006; 박중환 2008).

문장은 중국 육조시대의 四六騈儷體이다. 내용은 사택지적이란 인물이 늙어가는 것을 탄식하여, 불교에 귀의하고 원찰을 건립했다는 것이다. 사택지적비의 서풍은 홍사준이 백제오층석탑의 소정방의 기념문(〈大唐平百濟記〉(600))과 같은 구양순체라고 비정한 이후(홍사준 1954, p.257) 사학계의 대부분이 그것을 따랐다(서영대 1992; 안동주 1998; 문동석 2004; 조경철 2011). 이와 달리 남북조풍을 따른 의견과(임창순 1985; 김응현 1995; 채용복 1998; 방재호 2003; 정현숙 2010; 장긍긍 2011) 남북조풍과 수·당풍을 함께 갖추고 있다는 의견도 있다(이성미, 조수현, 최완수 1998; 고광헌 2000; 이규복 2001; 이성배 2008; 정현숙 2012). 이 의견들 중 북조와 수대의 서풍을 함께 갖추고 있다고 보며 그 결구와 필획 또한 견고하고 瘦勁한 것이 사택지적비 서풍에 적절하다고 할 수 있겠다.

출처: 이천시립월전미술관, 2010, p.101.

2. 판독 및 교감

4	3	2	1	
吐	以	慷	甲	①
神	建	身	寅	②
光	珍	日	年	③
以	堂	之	正	④
送	鑿	易	月	⑤
雲	玉	往	九	⑥
峩	以	慨	日	⑦
峩	立	體	奈	⑧
悲	寶	月	祇	⑨
貌	塔	之	城	⑩
含	巍	難	砂	⑪
聖	巍	還	宅	⑫
明	慈	穿	智	⑬
以	容	金	積	⑭

1-①: 甲

∴ 홍사준은 1행의 첫 글자에 天干의 甲자가 내려 온 획이 있어 甲으로 판독하였다(홍사준 1954, p.256). 『日本書紀』 642년 7월에 일본에 사신을 간 대좌평 지적과 같은 인물로 보며 甲寅年을 654년으로 비정하였다. 후에 후지사와도 갑인년으로 따랐고(藤澤一夫 1971) 〈譯註〉에서 갑인년으로 제시된 후 이해로 확정된 듯하다. 만약 미상이라고 해도 『日本書紀』의 지적의 활동연대와 관련하여 壬寅年(642), 丙寅年(666)이 고려될 수 있으나 '壬'의 마지막 '一'획이든가 '丙'의 양 옆의 'ㅣ'획이 확인되지 않아 '甲'일 가능성이 높다는 의견이 있다(조경철 2011, pp.132-133).

1-⑧: 柰

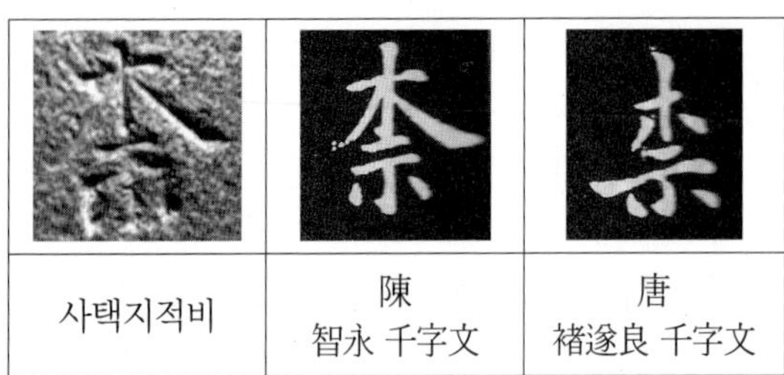

사택지적비	陳 智永 千字文	唐 褚遂良 千字文

∴ 처음에는 奈로 판독되기도 하였으나(한국고대사회연구소 1992, p.158; 충청남도역사문화원 2005, p.297) 실제 비문이나 탁본에서 보이는 바와 같이 柰로 보는 것이 타당할 듯하다. 柰에 대한 용례는 南朝 陳에서 唐代까지 나타나는 것을 알 수 있다.

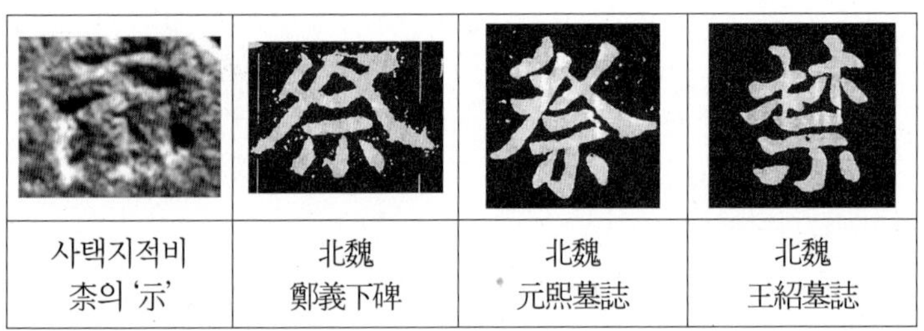

사택지적비 柰의 '示'	北魏 鄭義下碑	北魏 元熙墓誌	北魏 王紹墓誌

∴ 혹 柰의 '示'변이 두 번째 가로획과 점획이 붙은 것처럼 보여 '币'와 같은 형태로 오해될 수 있으나, '示'변이 있는 중국의 용례나 사택지적비 珍(3-3)의 양 점획을 비교해 보면 점획을 보통의 획처럼 조금 길게 서사했음을 볼 수 있어 점획이 'ㅣ'와 같은 획이 아닌 점으로 새겨진 것으로 보아야 할 것이다.

4-⑩: 貌

사택지적비	貌의 이체자 陳 智永 眞草千字文

∴ 비문 상 '貇'을 홍사준과 조종업은 '貌(모양 모)'으로 보았고(홍사준 1954, p.255; 조종업 1975, p.19), 후지사와와 이홍직은 비문 그대로 '貇(간절할 간)'으로 보고(이홍직 1950; 藤澤一夫 1971), 허흥식은 '懇(간절할 간)'으로 보아왔다(허흥식 1984, p.52). 비문을 확인하면 '貇'의 형태가 확실하나 해석이 곤란하여 '貌'으로 판독한 것으로 생각된다. 이에 후지사와는 '貇'을 '貌'의 오기라 하고 서영대는 '貌'의 이체

자라고(한국고대사회연구소 1992, p.158) 하였다. 혹 '모양'이라는 뜻으로 해석한다면 서체상의 판독에서도 '貌'의 이체자로 '狠'으로 쓰기도 하여 '貌'의 이체자로 보아도 무관하겠다.

3. 역주

甲寅年[1] 正月九日奈祇城[2] 砂宅智積[3] 慷身日之易往慨體月之難還穿金 以建珍堂鑿玉以立寶塔[4] 巍巍慈容 吐神光以送雲[5] 峩峩悲狠含聖明以[6]…

1) 甲寅年: 비의 건립연대로 사택지적은 후술하는 바와 같이 의자왕대의 인물인 점, 문장이 육조시대 이래로 성행한 사륙병려체인 점을 미루어 보아 갑인년은 654년(백제 의자왕 14)으로 추정되고 있다(홍사준 1954, p.256; 한국고대사회연구소 1992, p.158). 또 『翰苑』 주에 인용된 「括地志」에는 '(百濟) 其紀年 無別號 但數六甲爲次第'라고 하여 백제에서는 연대를 표기함에 있어 연호를 사용하지 않고 6甲干支만 사용했음을 전하고 있다.

2) 柰祇城: 祇의 독음은 '기' 혹은 '지'이나 현재 柰祇城의 독음을 '내기성'으로 가정하고 있다. 내기성은 사택지적이 은퇴한 지역, 즉 사택지적의 출신지로 보고 있다. 부여읍 서쪽 30리의 부여군 恩山面 內地里로 비정하는 견해가 있는데(홍사준 1954, p.256), 內地里라는 지명은 1914년 內垈里와 地境里를 하나의 행정구역으로 개편할 때 새로 만들어진 이름으로 내지성과 직접적인 관련성은 없다고 하였다(조경철 2004, p.159).

3) 砂宅智積: 이 비의 원 주인. 砂宅은 성, 智積은 이름으로 추정하고 있다. 沙宅智積이란 인물을 『日本書紀』 皇極天皇 元年(642) 7월 기사에 백제에서 일본으로 사신을 간 대좌평 지적과 같은 인물로 비정하였다(이홍직 1987, p.23; 충청남도역사문화원 2005, p.297). 사택지적비의 문장이나 서체로 볼 때 사택지적이 7세기대의 인물로 보고 『日本書紀』의 지적과 동일인일 가능성이 높다고 하여, 이에 사택지적비를 이용해 『日本書紀』 관련 구절의 편년을 재조정하는 견해도 있다(이도학 1997, pp.409-410). 여기서 지적이라는 이름의 배경을 『法華經』의 지적에서 왔다고 보고 법화신앙과의 연관성을 강조 했다(정경희 1988, p.31; 조경철 2004, pp.162-163).

砂宅이란 성은 『隋書』의 「百濟傳」에서 보면 백제의 八大姓의 하나인 沙氏와 같은 것으로, 沙宅·沙乇·沙吒·砂宅혹은 沙로 표기되었다. 사택씨가 백제 조정에 보이는 것은 5세기 후반 웅진시대부터로 동성왕대 6좌평 중 일각인 내법좌평으로 沙若思가 등장한다. 또 『梁書』의 「百濟傳」에 495년 백제 동성왕은 중국 남조 梁에 490년 북위와의 전쟁에서 활약한 수하의 신하를 책봉해 줄 것을 요구하였는데 그들 4명은 沙法名, 贊首流, 解禮昆, 木干那이다. 이들 沙, 解, 木씨는 8대성 중 하나로서 沙씨는 늦어도 5세기 말에 백제 조정에서 두각을 드러낸 것으로 보인다. 한편 『日本書紀』에서도 欽明紀 4년(543) 기사에서 백제의 대외정책 회의와 관련하여 沙宅己婁라는 인물이 3좌평 중 최고위 상좌평을 차지하고 있어 사택씨가 당시 백제 사비기의 최고 귀족임을 확인시켜 준다. 근래 미륵사지금제사리봉영기(639)에서 '百濟王后佐平沙乇積德女'라 하여 백제 왕후는 당시 좌평이던 사택적덕의 딸이라 보았다. 또 사택지적과 사택적덕은 형제 간 혹은 사택지적이 사택적덕보다 한 세대 아래라고 보며 두 인물이 비슷한 시기에 활동하였다고 추측하였다. 후에 『日本書紀』 齊明 6년(660)에 확인되는 마지막 인물로는 대좌평 沙宅千福으로 의자왕대까지 사택씨가 확인된다. 백제 멸망 10년 후 『日本書紀』 天智 10년(671)에 일본으로 건너간 백제 귀족 余씨, 沙宅씨에 대해 일본 조정은 가장 높은 관작을 수여하는데, 이것은 일본조정에 대한 기여도가 크거나 모국인 백제에서의 지위도 배려일 것이라는 가능성을 제시하기도 했다(이용현 2009, p.57). 이것은 백제 멸망을 전후로 사택씨가 왕족에 버금가는 정치·사회적 지위를 갖고 있음을 시사한다. 앞서 사택지적이 "금을 뚫어 珍堂을 세우고 옥을 다듬어 寶塔을 세우는 것"에 대하여 대귀족으로서의 경제력이 있었기 때문일 것이라고 보는 견해(한국고대사회연구소 1992, p.159)가 있는데, 당시 사택씨의 사회적 지위로 보아 충분히 가능한 일이라고 할 수 있다.

4) 寶塔: '보배로운 탑'으로 조경철은 일반적인 탑의 의미라기보다 사택지적이 자신의 복을 쌓기 위한 불사의 하나로 보았다. 『法華經』의 見寶塔品의 교설에 따라 세워진 탑으로 다보여래에 대한 신앙의 일환이라 하였다(조경철 2004, p.161). 후에 길기태는 보탑의 건립을 서방정토로의 왕생을 기원하는 아미타사상에 입각한 것이라고 보았다(길기태 2006, p.41).

갑인년(654) 정월 9일 내지성의 사택지적은 몸(身)은 해(日)가 쉬이 가는 것을 슬퍼하고(慷) 몸(體)은 달(月)이 가듯 어렵게 돌아옴을 슬퍼하니(慨), 금(金)을 뚫어 보배로운 금당(珍堂)을 세우고(建) 옥(玉)을 갈아 보배로운 탑(寶塔)을 세우니(立), 높디높은(巍巍) 자비로운 모습(慈容)은 신령스런 빛(神光)을 토(吐)함으로써 구름을 보내는 듯하고, 그 우뚝 솟은(峨峨) 슬픈 모습(悲貌)은 성스러운 밝음(聖明)을 머금으로써(含)…

4. 참고문헌

1) 보고서 및 자료집

이천시립월전미술관, 2010,『옛 글씨의 아름다운: 그 속에서 역사를 보다』, 이천시립미술관.

조수현, 1998,『한국금석문서법선집 1 백제 무령왕릉지석·사택지적비, 신라 단양적성비·영천청제비』, 이화문화출판사.

충청남도역사문화원 백제사연구소, 2005,『百濟史資料譯註集, 韓國篇』, 충청남도역사문화원.

한국고대사회연구소, 1992,『(譯註)韓國古代金石文 1, 고구려·백제·낙랑편』, 駕洛國史蹟開發研究院.

허흥식, 1984,『한국금석전문(고대)』, 아세아문화사.

2) 논저류

고광헌, 2000,「백제 금석문의 서예사적 연구」, 원광대학교 대학원 석사학위논문.

김두진, 2006,『백제의 정신세계』, 주류성.

김응현, 1995,『서여기인』, 동방연서회.

길기태, 2006,「백제 사비기의 아미타신앙」,『진단학보』102, 진단학회.

박중환, 2007,「백제 금석문 연구」, 전남대학교 사학과 박사논문.

박중환, 2008,「사택지적비문에 반영된 소승불교적 성격에 대하여」,『백제문화』39, 공주대학교 백제문화연구소.

5) 吐神光以送雲: 길기태는 '토해낸 신광을 송운 하는 듯하다'는 것은 진당과 보탑의 공덕이 구름처럼 보내진다는 의미로 해석하며 '송운'의 목적지를 서방정토로 보았다(길기태 2006, p.42). 후에 조경철은 서방의 왕생보다는 금당에 모셔진 불상의 모습을 형용한 것이라 보았다(조경철 2011, p.145).

6) 巍巍慈容 吐神光以送雲 峩峩悲貌 含聖明以…: 비문의 문체는 사륙변려체로 보고 4행의 마지막 구절 '含聖明以'이 앞 구절 '吐神光以送雲'과 대구가 되므로 '含聖明以' 뒤에 두 글자가 더 있을 것이라 제시하였다(홍사준 1954, p.257). 후에 후지사와, 조종업은 '送雲'과 대가 되는 것으로 각각 '迎霧'와 '迎雨'로 비정했고(藤澤一夫 1971; 조종업 1975, p.19) 박중환은 '迎霓'로 보고 다음 5행으로 추정되는 곳에서 자획의 흔적으로 유추하려 했으나 단정 짓기는 무리라고 생각된다고 하였다(박중환 2007, pp.185-186).

신광섭, 2005, 『백제의 문화유산』, 주류성.
신광섭, 2006, 「백제 사비시대 능사 연구」, 중앙대학교 박사학위논문.
안동주, 1998, 「백제 한문학 자료에 대한 재고찰」, 『호남대학교논문집』 19, 호남대학교.
예술의전당 전시기획팀, 1998 『옛 탁본의 아름다움, 그리고 우리 역사』, 우일출판사.
이규복, 2001, 『(개설)한국서예사』, 이화문화출판사.
이내옥, 2006, 「백제인의 미의식」, 『역사학보』 192, 역사학회.
이도학, 1997, 「일본서기의 백제 의자왕대 정변 기사의 검토」, 『한국고대사연구』 11, 한국고대사학회.
이성배, 2008, 「백제와 남조·수·당의 서예비교」, 『서예학연구』 13, 한국서예학회.
이용현, 2009, 「미륵사 건립과 사택씨」, 『신라사학보』 16, 신라사학회.
이홍직, 1971, 「백제인명고」, 『한국고대사의 연구』, 신구문화사.
정경희, 1988, 「삼국시대 사회와 불경의 연구」, 『한국사연구』 63, 한국사연구회.
정현숙, 2012, 「백제 〈사택지적비〉의 서풍과 그 형성배경」, 『백제연구』 56, 충남대학교 백제연구소.
조수현, 1998, 「고운 최치원의 서체특징과 동인의식」, 『한국사상과 문화』 50, 한국사상문화학회.
조경철, 2004, 「백제 사택지적비에 나타난 불교신앙」, 『역사와현실』 52, 한국역사연구회.
조경철, 2006, 「백제 불교사의 전개와 정치변동」, 한국학중앙연구원박사논문.
조경철, 2007, 「백제 웅진 대통사와 대통신앙」, 『백제문화』 36, 공주대학교 백제문화연구소.
조경철, 2011, 「백제 사택지적비의 연구사와 사상경향」, 『백제문화』 45, 공주대백제문화연구소.
조종업, 1975, 「백제시대 한문학의 경향에 대하여 −특히 그 변려체를 중심으로−」, 『백제연구』 6, 충남대학교 백제연구소.
한국미술사학회, 1998, 『백제 미술의 대외교섭』, 예경.
한국역사연구회, 2004, 『고대로부터의 통신』, 푸른역사.
홍사준, 1954, 「백제 사택지적비에 대하여」, 『역사학보』 6.

藤澤一夫, 1971, 「百濟 砂宅智積建堂塔記碑考 −貴族造寺事情徵証史料−」, 『アジア文化』 8−3.

익산 지역

彌勒寺址 出土 文字資料

蓮洞里 出土 文字資料

彌勒寺址 出土 文字資料

임혜경

1. 개관

彌勒寺址(사적 제150호)는 전라북도 익산시 금마면 기양리에 위치한 廢寺址로서 배후에 미륵산을 두고 남남서 방향으로 평야지대를 바라보는 완만한 경사지에 자리 잡고 있다. 익산지역은 충청도와 전라도를 연결하는 교통로 상에 위치하고 있으며, 만경강과 넓은 평야를 끼고 있어 경제적 기반도 풍부한 곳이다. 이 때문에 익산은 일찍부터 정치·문화의 중심지로 기능하였던 것으로 이해되어 고려 중기에는 익산 金馬郡이 準王의 南遷지역이라고 하는 인식이 나타나기도 하였다(미륵사지석탑보수정비사업단 2012, p.30). 특히 백제 사비시대에는 왕궁리유적과 오금산성, 제석사지·미륵사지에서 확인되는 바와 같이 대규모의 役事가 진행되었는데, 이와 관련하여 일찍이 김정호가 『大東地志』(方輿總志 권3 백제 國都篇)에서 익산을 무왕의 '別都'라고 기술한 이래로 학계에서는 백제가 武王代에 이곳으로 천도를 했다고 보거나(黃壽永 1973, p.2; 李道學 2003), 수도의 5부와 비슷한 성격의 하나인 別部(김주성 2001), 또는 神都로서의 성격이 강한 불교 도시로 파악하기도 하고(조경철 2008), 정국의 전환 및 쇄신을 위하여 離宮을 건설하는 등 익산지역을 개발하였다고 이해하기도 한다(박현숙 2009, pp.340-341). 이처럼 다양한 견해가 제기되어 온 것은 그만큼 이 지역이 갖는 역사적 위상이 크다는 의미일 것이다.

기존에 미륵사는 『三國遺事』 紀異 第2 武王條의 기록에 따라 武王과 신라 출신의 선화공주가 용화산 아래의 큰 못에서 彌勒三尊의 출현을 친견한 것이 계기가 되어 조성한 것으로 이해되었다. 미륵사지에 대한 학술적인 조사·연구는 일본인 학자들에 의해 시작되었는데, 1910년에 關野貞이 미륵사지와 서탑에 대한 현지조사를 통해 본래 9층탑이었던 서탑이 동쪽 면을 제외한 3면이 붕괴된 채 6층만 남아있음을 보고하면서 미륵사가 신라 聖德王 이후에 건립된 것으로 추정하였다(전라북도익산지구문화유적지관리사업소 2001, p.200). 이후 1915년에 서탑의 1층 일부와 석축을 정비하면서 무너져 내린 부위에 콘크리트를 덧씌우는 보강공사를 진행하였고, 이러한 형태는 2001년의 해체 전까지 유지되었다(미륵사지석탑보수정비사업단 2012, p.34). 이후 1930년대에는 藤島亥治郎에 의해 미륵사가 백제 武王과 신라 眞平王의 동시 재위년도인 632년 이전에 처음 창건되었다는 견해가 나오면서 동시에 『삼국유사』 무왕조의 "乃法像彌勒三會 殿塔廊廡各三所創之" 기록에 따라 東塔院·西塔院·中塔院이 品字 형태로 배치된 가람배치를 이루는 것으로 해석되었다(전라북도익산지구문화유적지관리사업소 2001, p.201). 더불어 藤島亥治郎은 현재까지 남아있는 西院의 탑은 석탑이지만, 나머지 두 院의 탑은 목탑이었을 것으로 추정하였다(梁正錫 2009, p.360).

해방 이후 국내 학자들에 의해 미륵사지에 대한 연구가 진행되면서 1962년 미륵사지 서탑이 국보 제11호로, 1963년에는 동·서 당간지주가 보물 제236호로, 1966년에는 미륵사지가 사적 제150호로 지정되는 한편, 品字형 가람배치에 대하여 동·서원 북쪽에 또 하나의 가람이 존재했는가에 대한 의문이 제기되었으며, 그 결과 미륵사의 가람배치를 쌍탑 가람으로 이해하는 경향이 나타났다. 더불어 발굴조사의 필요성이 대두함으로써 1974년에 원광대학교 마한·백제문화연구소에서 동탑지에 대한 발굴조사 및 서탑에 대한 기초조사를 시행하였다(梁正錫 2009, p.361). 발굴 결과 동탑이 목재로 건립되었을 것이라고 보았던 이전의 견해와 달리 석탑으로 건립되었으며, 그 기단의 규모는 서탑의 것과 유사하다는 점이 확인되었다. 그럼에도 불구하고 지표상에 석탑의 흔적이 전혀 없었던 점에 대해서는 1916년 무렵에 개인 가옥의 건축부재로 轉用되거나 石工들의 작업 자재로 사용되었을 것이라고 하는 지역민들의 증언이 제시되었다(원광대학교 마한 백제문화연구소 1975, pp.33-34). 1974년의 발굴은 미륵사지에 대한 최초의 발굴조사였으며, 동탑지의 유구 평면도를 제시함으로써 동탑지에 대한 이해의 기준을 마련하는 성과를 올렸지만, 동탑지 전반에 대한 조사가 아니었기 때문에 1975년의 동탑지 2차 발굴조사 이후로도 미륵사지가 쌍탑 가람이라고 하는 학설은 여전히 유지되었다(梁正錫 2009, p.362).

이후 1978년에 문화재관리국에서 中西部古都文化圈 整備計劃의 일환으로 미륵사지에 대한 발굴조사를 계획하였고, 이에 따라 1980년부터 1994년까지 5개년 단위로 3차에 걸친 미륵사지 발굴조사가 진행되었다. 이를 통해 1차 조사에서는 예상치 못했던 중원 금당지와 목탑지가 발견되어 미륵사지가 중원·동원·서원이 병립된 독특한 三塔三金堂式 가람배치였음이 알려졌으며, 그 북쪽의 거대한 강당지, 각 院을 구획하는 회랑지 등을 확인하였다. 2차 조사에서는 사역 서편지역에서 통일신라 및 고려시대 건물지를, 미륵사의 건립 下限으로서 사역 북편에서 조선시대 건물지를 확인하였고, 3차 조사에서는 통일신라시대의 동·서 연못지가 확인되었으며, 총 18,710점에 달하는 유물이 수습되었다(국립부여문화재연구소 1996, p.35). 15년에 걸친 발굴조사의 성과에 힘입어 미륵사지는 우리나라 최초의 三院並列式 사찰로서의 위상을 지니게 되었으며, 전반적인 이해도 심화되었다. 또한 3院址가 정비되면서 1993년에는 9층 동탑이 복원되고, 1997년에는 미륵사지유물전시관이 개관되어 출토 유물과 사역 전체에 대한 체계적 관리가 가능하게 되었다.

한편 미륵사지에 대한 발굴조사는 1998년에 실시된 미륵사지석탑(西塔) 구조안전진단을 계기로 획기적인 전환점을 맞게 되었다. 진단 결과 구조적 불안정성 및 콘크리트 노후화 등의 문제가 제기되면서 이듬해에 문화재위원회에 의해 해체 및 보수정비가 결정된 것이다. 이에 2001년 10월에 국립문화재연구소 주관으로 6층 귀옥개석부터 석탑의 해체가 시작되어 이듬해에 콘크리트가 제거되었고, 2005년에는 2층까지 해체가 완료되었다. 이때 백제시대의 원형이 가장 잘 남아있는 1층을 보존할 것인지의 문제가 논의되기도 하였으나, 정밀조사 결과 구조적으로 상당히 불안정한 모습으로 확인되면서 1층의 전면 해체가 불가피해졌고, 이에 따라 1층의 해체는 석축 해체와 병행하여 진행되었다(미륵사지석탑보수정비사업단 2012, pp.34-35). 그러던 중 2009년 1월 14일에 1층 십자로 내부의 적심부재·심주석을 해체하는 과정에서 최하단 심주석 상면에 설치된 한 변 250mm 내외, 깊이 265mm의 사리공이 발견되자 해체조사는 전면 중지되었다(배병선·조은경·김현용 2009, pp.185-186). 사리공 내부에서 발견된 사리장엄은 모두 5층위로 구성되었는데, 사리공이 노출된 상태에서 가장 상층에 해당하는 1층위 중앙에 金銅製 舍利外壺가 위치하고 그 남측 벽면에 金製舍利奉安記[1], 서측 벽면에 刀子, 북측에 직물류가 놓여 있었으며, 2층위~4층위에 걸쳐 공양품으로 추정되는 金製小形板, 銀製冠飾, 靑銅盒, 刀子, 구슬류, 직물류가, 마지막 5층위에서는 바닥에 깔린 유리판이 수습되었다(배병선·조은경·김현용 2009, p.189). 사리장엄 수습 후 십자형 공간 내부의 해체를 완료하고 초석과 기단부만 남은 상태에서 다시 정밀조사를 실시한 결과 12개의 초석들이 모두 변위되었으며, 기단부도 상당부분 교란되어 있음이 확인되었고, 이에 2009년 9월 29일부터 약 9개월에 걸쳐 기단부에 대한 발굴조사가 진행되었다(미륵사지석탑보수정비사업단 2012, p.35, p.37). 2001년부터 2010년까지 약 9년에 걸친 미륵사지석탑에 대한 발굴조사는 현존하는 탑의 내·외측 발굴이라는 점에서 큰 의의를 지니며, 특히 사리장엄구 일체를 수습하고 백제시대 기초부의 축조기법을 파악한 것은 큰 성과라고 할 수 있겠다.

이상의 미륵사지 발굴조사 내역을 정리하면 아래와 같다.

1) 금제사리봉안기에는 별도로 제목이 기재되어 있지 않으나, 탑에 사리를 봉안한 것을 그 내용으로 하고 있기 때문에 발견 초기부터 대부분의 연구자들이 '금제사리봉안기'로 지칭하였다. 특히 김상현은 구체적으로 '미륵사서탑사리봉안기'라고 명명할 것을 제안하기도 하였다(김상현 2009b, p.138). 그러나 『彌勒寺址石塔 舍利莊嚴特別展』(미륵사지유물전시관 2009), 『옛글씨의 아름다움』(이천시립월전미술관 2010), 『미륵사지 석탑 사리장엄』(국립문화재연구소·전라북도 2013)과 같은 도록이나 『익산 미륵사지 출토유물의 체계적인 보존·관리 방안 연구』(한국문화관광연구원 2012) 등 공식출판물에서는 記文 중의 "奉迎舍利"라는 표현에 따라 '금제사리봉영기'로 명명하고 있다. 기문에서 "奉迎"이라는 표현을 사용하고 있기는 하지만, 자료의 성격이 사리를 봉안하면서 쓴 발원문에 해당하므로 본고에서는 초기의 명명 이유를 따라 '금제사리봉안기'로 표기한다. 더불어 최근에 출판된 백제 금석문 자료 해설 저서 중의 금제사리봉안기를 다룬 항목에서도 이유를 구체적으로 밝히지는 않았지만 '금제사리봉안기'로 지칭하고 있음을 밝혀둔다(박현숙 2014, pp.245-265).

〈표 1〉 미륵사지 발굴조사 내역

연도	발굴기간	사업명(주관기관)	발굴지역	출토유물
1974	8. 20. ~ 9. 20.	동탑지 발굴조사 및 서탑 기초조사 (원광대학교 마한·백제 문화연구소)	동탑지 및 서탑	석탑 부재 陶器片, 瓦當類, 도금 靑銅 風鐸 등
1975		미륵사지 동탑지 2차 발굴조사 (원광대학교 마한·백제 문화연구소)	동탑지	
1980	7. 7. ~ 12. 31.	미륵사지발굴조사(1차) (문화재연구소)	동탑 및 동금당지 주변	막새, 露盤石, 중국 청자 등 874점
1981	4. 1. ~ 11. 30.		서탑 및 서금당지 주변, 중원 목탑지 및 중금당지 주변	人面紋 막새, 석재 腰帶 장식, 靑銅馬 등 2,601점
1982	3. 2. ~ 11. 30.		서탑 북·동편 주변	三層小塔, 金銅장식, 유리장식 등 2,293점
1983	3. 2. ~ 11. 30.		추정 강당지, 강당지 북편 건물지	金銅透刻板佛, 塑佛, 曲玉 등 1,462점
1984	3. 2. ~ 12. 31.		당간지주 남쪽 지역	鏡板, 靑銅鳳凰形 장식 등 1,1811점
1985	3. 2. ~ 11. 30.	미륵사지발굴조사(2차) (문화재연구소)	사역 북편지역, 사역 內廓 지역	石燈臺座, 銘文瓦, 장군형 토기, 粉靑, 백자 등 3,982점
1986	3. 3. ~ 12. 27.		사역 서북편 지역, 동원 일부지역	청동제 보살 佛頭, 묵서 石簡, 청동제 재갈멈치, 銘文瓦, 막새 등 1,398점
1987	3. 4. ~ 12. 31.		사역 남편지역, 연못지 주변	녹유연목와, 막새, 소로, 토우, 벽화편 등 1,924점
1988	3. 3. ~ 12. 27.		강당지 동편지역, 승방지 일부, 사역 북편 일부, 동탑지 하부 사역 동편 와요지	치미, 목조건축부재, 청동·토제 편병, 탑제, 나비장이음쇠 등 836점
1989	3. 18. ~ 12. 31.		북승방지 동편 연못지, 사역 북편 대밭지역, 사역동편 와요지	瓦·塼類, 陶·土類, 金屬類, 玉石類, 목재류 등 511점

연도	발굴기간	사업명(주관기관)	발굴지역	출토유물
1990	4. 14. ~ 6. 30.		동원 승방지, 동편 배수로	목제 수저 등 57점
1991	2. 16. ~ 10. 19.		동탑지기단부, 연못지, 전시관부지	벽화편 등 660점
1992	4. 1. ~ 11. 20.	미륵사지발굴조사(3차) (문화재연구소)	동원지역, 사역 북동지역, 연못지, 전시관 미확인지역	靑瓷堆花紋甁 등 24점
1993	4. 1. ~ 11. 30.		연못지 및 중앙 진입로, 중심곽 미확인 지역	녹유연목와 등 83점
1994	4. 21. ~ 12. 24.		연못지 입수로 및 남측지역, 통일신라 와요지, 사역 서편 지역	백제등잔 등 59점
2001	10. ~ 2009.	미륵사지석탑보수정비사업 (국립문화재연구소·국립부여문화재연구소)	서탑 해체보수	舍利莊嚴 일체, 납석제 소포편, 건축부재, 기와류, 자기류, 나발·曲玉 등 鎭檀유물, 常平通寶 등 동전류, 석인상 등
2009	9. 29. ~ 2010. 7. 5.	미륵사지 석탑 기단부 발굴조사 (국립문화재연구소·국립부여문화재연구소)	서탑 기단부	舍利莊嚴 일체, 납석제 소포편, 건축부재, 기와류, 자기류, 나발·曲玉 등 鎭檀유물, 常平通寶 등 동전류, 석인상 등

근거자료: 원광대학교 마한 백제문화연구소 1975; 국립부여문화재연구소 1996; 전라북도익산지구문화유적지관리사업소 2001; 梁正錫 2009; 배병선·조은경·김현용 2009; 미륵사지석탑보수정비사업단 2012.

장기간에 걸친 발굴조사의 성과와 더불어 미륵사지에 대한 연구는 창건시기와 주체 및 창건배경 등 다양한 방면에서 심도 있게 진행되어 현재까지 이어지고 있다. 특히 가람배치에 대해서는 강당과 동·서 僧房이 중원의 북쪽에만 존재할 뿐만 아니라 동쪽 승방의 건물 중심축이 동원의 중문–동탑–동금당의 축과 일치하지 않기 때문에 탑과 금당이 동등하게 배열된 三院의 구조가 아니라 중원의 목탑, 중금당과 북쪽의 강당, 동·서 승방이 완결된 사원의 배치를 구성하고, 여기에 동·서로 탑과 금당이 추가 또는 확장된 것으로 보아야 한다는 새로운 견해도 제기되었으며(이병호 2014, p.261), 사리장엄구의 발견은 미륵사지 관련 연구에 재차 활기를 불어넣음으로써 미륵사의 창건목적과 施主者, 석탑의 건립연대 등을 둘러싼 기존 연구성과의 재검토 및 새로운 학설 등장의 획기적인 계기를 마련하였다. 그러나 본고에서는 미륵사지에서 출토된 백제시대 문자자료를 대상으로 하는 바, 일일이 언급할 수 없을 정도로 축적된 미륵사지 관련 연구성과에 대한 검토는 차후의 과제로 남기고자 한다.

앞서 정리한 미륵사지 발굴조사의 결과 수습된 유물 중 본고에서는 백제시대의 것으로 알려진 墨書銘文瓦, 금제사리봉안기, 금제소형판, 청동합에 대해 정리하고자 한다. 이밖에도 銘文이 있는 유물로서 1,178점에 달하는 상당량의 印刻瓦, 木簡 1점, 石簡 1점, 卍字·彌勒寺銘·延祐四年銘 등 다수의 명문와, 납석제 소호편 등이 출토되었으나 인각와는 왕궁리 유적, 제석사지, 연동리 유적, 오금산성, 저토성 출토 인각와와 더불어 익산 지역 출토 인각와로 묶여서 다른 연구자에 의해 별도의 글로 정리되었으며, 목간은 8세기 무렵의 것으로,[2] 석간은 고려시대 건물지 사이에 구축된 수로 내에서 출토되어 그 제작 연대의 하한이 고려전반기로 보고되었기에(국립부여문화재연구소 1996, p.504) 검토대상에서 제외하였다. 또한 납석제 소호편 역시 통일신라시기의 것으로 추정되었고(배병선·조은경·김현용 2009, p.183), 卍字·彌勒寺銘·延祐四年銘 등의 명문와는 통일신라~조선시대의 것으로 보고되었으므로(국립부여문화재연구소 1996, pp.227-245) 역시 제외하였다.

2. 墨書銘文瓦

印刻瓦를 제외하면 백제시대의 것이 확실한 미륵사지 출토 명문와는 1985년에 사역 북편 지역 동서축대 부근에서 출토된 묵서명문와 1점이 유일하다. 이 지점에서 백제시대와 직접 관련된 유구는 확인되지 않았으나 묵서명문와가 백제 인각와 11점과 동반 출토되었기 때문에 역시 백제시대의 것으로 편년되어 보고되었다(국립부여문화재연구소 1996, p.228). 크기 11.5cm×12cm의 암키와의 등과 안쪽 면에 먹을 이용하여 붓으로 썼는데, 등쪽에는 붓 자국만 남아있는 정도이지만 안쪽에는 포목에 의한 것으로 추정되는 흔적 위에 수려한 솜씨로 쓴 '道'자가 선명하게 남아있다(국립부여문화재연구소 1996, p.228).

발굴보고서에서는 묵서명문와의 현황만을 보고하였을 뿐이며, 이 자료를 다루거나 언급한 다른 연구는 확인된 바 없기 때문에 '道'자가 무슨 의미 혹은 목적으로 쓰인 것인지에 대한 논의도 이루어지지 못했

2) 미륵사지에서 출토된 목간은 총 2점(318번·319번)으로서 2차 발굴조사 중 사역 남편의 연못지를 발굴하는 과정에서 발견되었다. 이중 묵서가 있는 목간(318번)은 동·서 연못 가운데 서쪽 연못의 남동쪽 모서리 부근 지표 아래로 260cm 내려간 지점에서 人骨 2구와 함께 출토되었으며, 1989년 7월 1일에 문화재연구소에 의해서 출토 사실이 공식적으로 발표되었다. 공식적인 크기는 길이 17.5cm, 너비 2.5~5.0cm이며, 네 면에 걸쳐 "▨▨山五月二日" 등의 명문이 있는 것으로 알려졌다. 당시의 발굴보고서에서는 별도의 설명 없이 '백제'라고만 표기되었으나, 구체적인 유구 설명 부분에서는 통일신라시대 연못지로 판단하였고 통일신라시대 瓦片 등이 반출되었다고 기술하고 있어(국립부여문화재연구소 1996, pp.164-165) 제작시기를 특정하기 힘든 부분이 있다. 백제의 목간으로서 다룬 연구도 없지 않으나(손환일 2011; 이승재 2011), 목간의 출토층 및 동반유물의 下限이 통일시대까지 내려간다는 점과 신라의 목간을 본격적으로 다룬 연구성과에서(이경섭 2014(초판 2013), pp.14-15) 미륵사지 출토 목간의 연대를 8세기로 잡고 있음을 고려하여 미륵사지의 백제 문자자료를 다루는 본고에서는 검토대상에서 제외하기로 한다.

다. 다만 묵서를 하였다는 점과 글자 앞에 'V' 표시가 되어 있는 것으로 볼 때, 기와가 완성된 후 어떤 내용을 확인·명시할 필요에서 'V道'를 표기한 것이라고 생각된다. 혹시 인각와의 경우에서 보이는 것처럼 기와의 제작 주체나 사용처, 혹은 관련 집단·기관 등을 표시한 것일 수도 있겠으나 확실하지 않다.

국립부여문화재연구소, 1996, p.229 〈圖版 199-①〉

3. 舍利莊嚴具

1) 金製舍利奉安記

금제사리봉안기는 사리공이 노출된 상태에서 바로 보이는 제1층위 중앙 금동제사리외호의 남쪽으로 벽면에 기대어 세워져 있었다. 가로 15.3cm, 세로 10.3cm, 두께 1.3cm의 금판에 앞면에는 9자씩 11행 총 99자를, 뒷면에는 1행(10자), 10행(8자), 마지막 행인 11행(4자)을 제외한 나머지 행에 역시 9자씩 총 94자를 음각하여 전체 193자를 새겼으며, 특히 앞면 글자에는 朱墨을 입혀 書丹하였다. 뒷면에는 처음부터 주묵을 칠하지 않은 것으로 알려졌으나(배병선·조은경·김현용 2009, p.192) 양쪽과 아래쪽의 가장자리에 주묵이 뭉개진 채로 번져 있기 때문에 애초에는 뒷면에도 서단을 하였던 것이 오랜 세월 동안 씻겨 나간 것이 아닌가 하는 견해들이 제기되었으며(權寧愛 2009, p.44; 손환일 2009, p.86), 특히 뒷면의 주묵이 녹아 흘러내린 것은 朱沙를 갠 아교가 아직 굳지 않은 상태에서 봉안하였기 때문인 것으로 언급되기도 하였다(손환일 2009, p.86). 그러나 윗면~중앙의 글자들은 미세한 획이나 틈새에서도 주묵의 흔적을 찾기가 어렵기 때문에 애초에 서단하였던 것이라고 하기에는 의문이 남는다.

문체에 대해서는 초기에 "4-4자, 4-6자, 6-6자, 7-7자 등의 이른바 經書體를 기조로 하여 사륙병려체도 보인다"고 설명되었다(이용현 2009a; 김상현 2009a). 그러나 곧 '경서체'의 개념이 모호할뿐더러 일반적 의미인 '유교 경전의 서체'라고 할 경우 사리봉안기의 문체를 설명하는 개념으로는 적합하지 않다는 점이 지적되었으며(박중환 2009a), 사륙문의 구조를 충족시키고 있는 부분이 단 1句[3]에 불과하기 때문에

3) "心同水鏡 照法界而恒明 身若金剛 等虛空而不滅"

기본적으로 騈儷文이라고 보아야 한다고 하거나(박중환 2009b), 사륙병려체에 가깝지만 엄격하게 적용되진 않았다고 하는 견해가 제기되었다(조경철 2009, p.2). 이러한 지적이 수용되어 "대체로 4-4자, 4-6자, 6-6자, 7-7자를 기조로 하고 대구를 사용한 騈文"으로 수정·보완되었다(이용현 2009b, p.49).

글자는 판독에 이견이 없을 정도로 매우 선명하며, 刀子를 사용하였음에도 전반적으로는 붓으로 쓴 것과 같고, 一劃一刻하되 필획의 방향이 바뀌는 부분에서는 도자를 떼었다가 방향을 바꾸어 새겼다(權寧愛 2009, p.77; 손환일 2009, pp.85-86). 章法은 자간이 좁고 행간이 넓은 南朝의 것을 따른 것으로 이야기되고 있으며(손환일 2009, p.114), 結構에 있어서는 전반적으로 장방형이지만(정현숙 2010, p.225) 방형도 섞여 있어서 남조의 결구와 북조의 결구가 함께 사용되고 있다고 이해된다(손환일 2009, p.98; 權寧愛 2009, p.78).

서체에 있어서도 대체로 남조와 북조의 필획이 섞인 해서로 이해되고 있다. 즉, 앞면의 경우 대부분 露鋒을 사용한 북조필법으로 가로획이 강조되고 있는 것에 비해 뒷면은 세로획이 강조되고 있어 전체적으로는 자유롭고 다양하게 구사된 북조체이면서 남조필법으로의 변화도 보인다고 하거나(손환일 2009, p,98, p.102, p.114), 남조의 필획이 섞여 있는 북조체의 영향이 보인다고 하면서 남북조의 서사문화가 섞여있다는 점을 통해 당시 백제와 대륙 사이의 복잡했던 문화교류의 모습을 엿볼 수 있을 뿐만 아니라 불과 62년 먼저 제작된 왕흥사지의 청동제사리함과 비교했을 때 남조체로의 변모가 보이는 자료라는 점에 의의를 부여하기도 하였다(權寧愛 2009, p.70, p.78). 또한 백제 금석문으로서는 처음으로 보이는 初唐 해서풍이라고 이해되기도 하며, 더불어 왕흥사지 청동제사리함과 노봉의 필법이라는 점에서는 공통되나 금제사리봉안기가 훨씬 더 무른 재질(금 90%, 은 10%)인데다 평면이기 때문에 더 깊게 새겨졌음이 지적되기도 하였다(정현숙 2010, p.225). 전반적으로 세련되고 우아한 백제 해서풍을 보여주는 동시에 북조의 서사습관도 남아있는 등 다른 자료들에 비해 풍부한 서풍을 담고 있는 자료로서 평가할 수 있겠다(이은솔 2014, p.25).

(앞면)

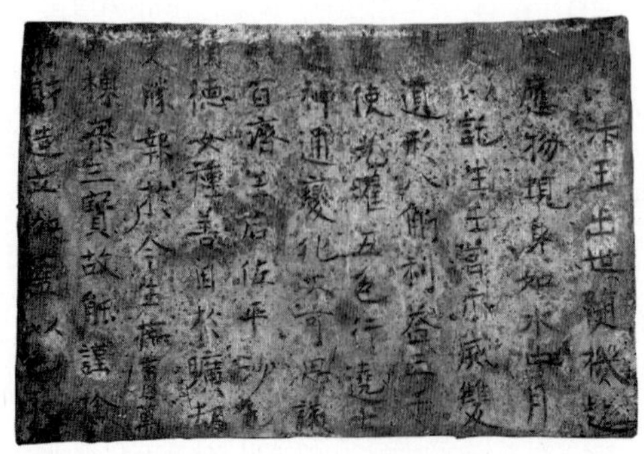

출처: 국립문화재연구소·전라북도, 2013, p.19, p.21.

(뒷면)

출처: 국립문화재연구소·전라북도, 2013, p.18, p.20.

(1) 판독 및 교감

판독문은 대체로 국립문화재연구소에서 공식적으로 제시한 것이 활용되고 있으며, 판독에 대해서는 이견이 없다. 이에 아래에서는 국립문화재연구소의 판독문을 따르되 형태가 특이한 몇몇 글자들을 중심으로 유사사례를 찾아 그 계통을 추적해보고자 한다.

(뒷면)

11	10	9	8	7	6	5	4	3	2	1	
俱	並	虛	界	后	正	寶	陛	盡	願	年	①
成	蒙	空	而	卽	法	曆	下	用	使	正	②
佛	福	而	恒	身	下	共	年	此	世	月	③
道	利	不	明	心	化	天	壽	善	世	廿	④
	凡	滅	身	同	蒼	地	與	根	供	九	⑤
	是	七	若	水	生	同	山	仰	養	日	⑥
	有	世	金	鏡	又	久	岳	資	劫	奉	⑦
	心	久	剛	照	願	上	齊		劫	迎	⑧
		遠	等	法	王	弘	固	大	無	舍	⑨
								王		利	⑩

(앞면)

11	10	9	8	7	6	5	4	3	2	1	
淨	民	受	積	我	遍	遂	樹	是	感	竊	①
財	棟	勝	德	百	神	使	遺	以	應	以	②
造	梁	報	女	濟	通	光	形	託	物	法	③
立	三	於	種	王	變	曜	八	生	現	王	④
伽	寶	今	善	后	化	五	斛	王	身	出	⑤
藍	故	生	因	佐	不	色	利	宮	如	世	⑥
以	能	撫	於	平	可	行	益	示	水	隨	⑦
己	謹	育	曠	沙	思	遶	三	烕	中	機	⑧
亥	捨	萬	劫	乇	議	七	千	雙	月	赴	⑨

竊以法王出世, 隨機赴感, 應物現身, 如水中月. 是以託生王宮, 示烕雙樹, 遺形八斛, 利益三千. 遂使光曜五色, 行遶七遍, 神通變化, 不可思議. 我百濟王后, 佐平沙乇積德女, 種善因於曠劫, 受勝報於今生, 撫育萬民, 棟梁三寶. 故能謹捨淨財, 造立伽藍, 以己亥年正月廿九日, 奉迎舍利. 願使世世供養, 劫劫無盡, 用此善根, 仰資大王陛下, 年壽與山岳齊固, 寶曆共天地同久, 上弘正法, 下化蒼生. 又願王后卽身, 心同水鏡, 照法界而恒明, 身若金剛, 等虛空而不滅, 七世久遠, 並蒙福利, 凡是有心, 俱成佛道.

앞면 1-③: 法

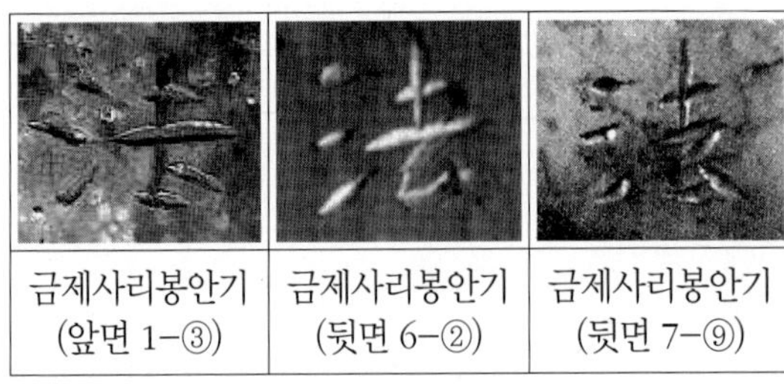

금제사리봉안기 (앞면 1-③)	금제사리봉안기 (뒷면 6-②)	금제사리봉안기 (뒷면 7-⑨)

∴ 금제사리봉안기에서 '法'자는 총 3회 보이는데, '氵'과 '厶'에 변화를 주어 각각 다른 형태로 쓴 점이 흥미롭다. 동일한 글자라도 자형에 변화를 줌으로써 예술미를 고려한 것으로 생각된다.

앞면 3-③: 託

금제사리봉안기	東晋 王献之 洛神賦十三行	北魏 劉根等造像記	北魏 元願平妻王氏墓誌	奈良 佛説彌勒成佛經

∴ 우변에 점이 찍힌 '託'으로 쓰였는데, 이러한 형태는 이미 東晋시기부터 등장하여 北魏에서 빈번하게 보인다. 한편 일본에서도 나라시대의 佛經에서 사례가 찾아진다.

앞면 3-⑧: 烕

금제사리봉안기 (앞면)	금제사리봉안기 (뒷면)	飛鳥 王勃詩序	奈良 光明皇后 杜家立成雜書要略

∴ '滅'은 앞면과 뒷면에 각각 한 번씩, 두 번에 걸쳐 보인다. 그러나 앞면에서는 '氵'이 생략되어 '烕'로 쓰인데 반해 뒷면(9-⑤)에서는 '氵'을 써서 '滅'로 새겼다. '滅'의 경우 北魏에서부터 隋·唐代에 이르기까지 그 사례가 적지 않으며, '烕'은 飛鳥, 奈良와 같이 이른 시기의 일본에서 예가 확인되는 점이 흥미롭다.

앞면 4-③: 形

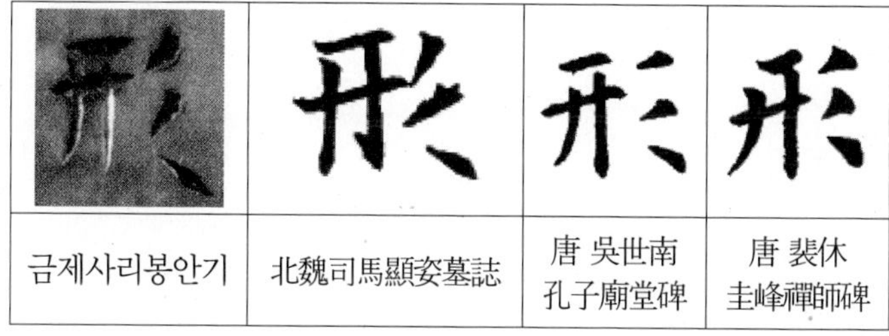

금제사리봉안기	北魏司馬顯姿墓誌	唐 吳世南 孔子廟堂碑	唐 裴休 圭峰禪師碑

∴ ‘彡’의 마지막 획을 반대방향으로 찍은 점이 눈에 띄는데, 이는 北魏의 司馬顯姿墓誌의 자형과 매우 흡사하며, 금제사리봉안기와 비슷한 시기인 唐 孔子廟堂碑를 거쳐 약 1세기 이후인 唐 圭峰禪師碑에서도 나타나고 있다.

앞면 11-⑨: 亥

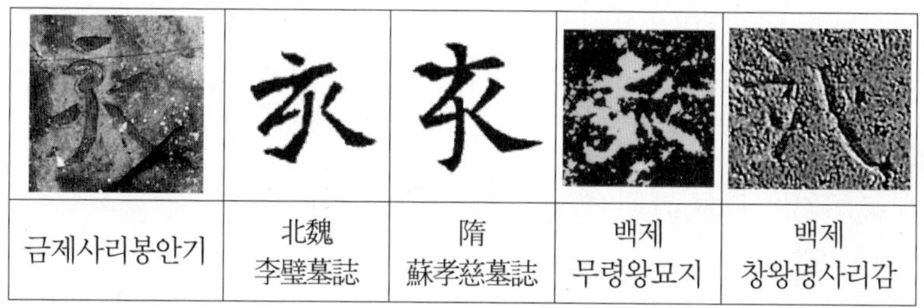

금제사리봉안기	北魏 李璧墓誌	隋 蘇孝慈墓誌	백제 무령왕묘지	백제 창왕명사리감

∴ ‘亥’가 매우 특이하게 쓰여 언뜻 ‘永’처럼 보이기도 하지만 앞의 글자가 ‘己’, 뒤의 글자가 ‘年’이기 때문에 이 글자가 ‘亥’로서 ‘己亥年’이라고 하는 간지를 나타내고 있는 것으로 보고 있다. 이에 대해 초서결구법을 취한 것으로서 모양은 약간 차이가 있지만 北魏, 隋 등에서 연유하였다고 보고, 백제 내에서는 무령왕의 묘지와 창왕명사리감의 ‘亥’가 같은 서법이라고 하는 견해가 제시된 바 있다(손환일 2009, pp.91-92).

뒷면 3-③: 此

∴ 자형상 특이한 점은 없으나, 행에서 벗어나 ‘用’과 ‘善’ 사이의 우측 여백에 작은 글자로 새겨져 있다. 처음 글자를 새길 때 실수로 빠뜨렸던 것을 補入한 것으로서 별도의 보정표시는 없다. 같은 행 끝 부분의 ‘大王’ 앞에 있는 빈 공간을 일반적으로 ‘大王’을 높이기 위한 空格이라고 이해하고 있는데(손환일 2009, p.99; 이용현 2009b, p.47), 이 점을 고려하면 공격을 넣기 위해 큰 의미가 없는 ‘此’를 일부러 옆으로 비껴 쓴 것일 가능성도 제기할 수 있다. 그러나 ‘仰’과 ‘資’의 자간이 불필요하게 벌어져있는 것으로 볼 때, ‘此’를 빠뜨렸다가 ‘善’ 혹은 ‘根’까지 쓴 후에 다시 돌아가서 보입한 것으로 보는 것이 자연스럽다고 하겠다(이용현 2009b, p.47).

뒷면 5-⑨: 弘

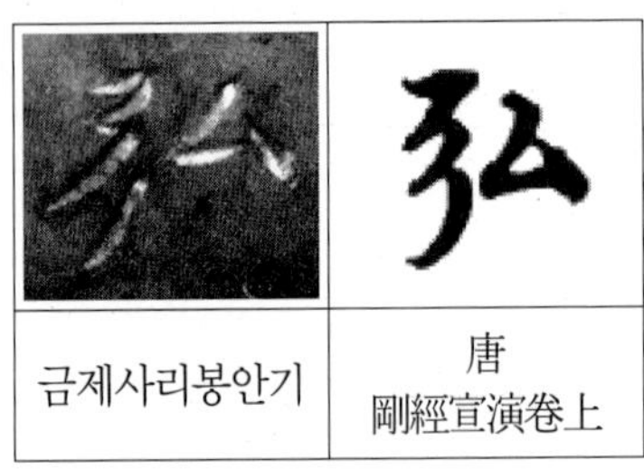

금제사리봉안기	唐 剛經宣演卷上

∴ 기존에 北魏와 隋는 '弓/口'로 결구하지만 왕희지를 비롯한 남조체는 '弓/厶'로 하는 것이 일반적이며, 이 점에서 금제사리봉안기는 남조체로의 전향을 보여준다고 설명된 바 있다(손환일 2009, 앞 논문, p.95). 이는 우변 '厶'에 주목한 것으로 보이는데, 총 4획으로 구성된 좌변 '弓'의 형태를 함께 고려하면 가장 유사한 필체가 역시 唐代의 사례이다. 이는 금제사리봉안기의 서체가 남북조의 그것을 기본으로 하면서도 隋·唐代의 필법 역시 보이고 있음을 말해주는 것이라고 할 수 있겠다.

뒷면 8-⑧: 剛

금제사리봉안기	北魏 元嵩墓誌	北魏 寇霄墓誌	隋 龍山公墓誌	唐 世說新書

∴ 금제사리봉안기에서는 이체자인 '𡚌'으로 쓰였는데, 특히 부수 '刂'를 '寸'으로 쓴 점이 특징적이다. 이러한 형태는 北魏의 사례에서 확인되며, 隋代와 唐代까지도 나타난다.

(2) 역주

※ 사리봉안기의 내용은 아래와 같이 크게 세 부분으로 나눌 수 있다. 즉, 앞면 처음부터 6행 "神通變化, 不可思議"까지는 중생에 대한 부처의 妙應과 舍利의 신통력에 대해 찬탄하고 있으며, 7행 "我百濟王后, 佐平沙乇積德女"부터 뒷면 1행 "奉迎舍利"까지는 왕후가 재물을 희사하여 가람을 건립하고 사리를 받들어 모셨음을 밝혔고,[4] 뒷면 2행 "願使世世供養"부터 마지막 11행 "俱成佛道"까지는 구체적인 발원의

4) 대부분의 연구자들이 "以己亥年正月廿九日 奉迎舍利"까지를 Ⅱ로 하고, "願使世世供養"부터 발원의 내용(Ⅲ)에 해당한다고 보고 있다. 그러나 "願使世世供養 劫劫無盡"은 봉안한 사리가 오래도록 공양을 받으면서 사라지지 않기를 바란다는 의미이므로, 사리를 봉안한 공덕으로 왕과 왕후, 중생들의 복을 바라는 Ⅲ의 내용과는 구분된다고 보기도 한다(최연식 2012, pp.22-24). "願使世世供養 劫劫無盡"이 사리에 대한 바람으로서 이후의 "用此善根" 이하와 내용상 차이가 있는 것은 분명하지만, "願使世世供養 劫劫無盡"이 곧 왕과 왕후, 중생들의 복을 비는 근거가 된 '此善根'이 되는 것으로 생각되며, 왕후에 대

내용으로서 사리를 봉안한 공덕으로써 왕과 왕후, 7세 부모와 뭇 중생들이 모두 복덕을 받고 깨달음을 증득하기를 기원하고 있다. 이를 정리하면 아래와 같다.

Ⅰ. 석가모니의 중생교화와 사리의 신통변화 찬탄: 竊以法王出世 ~ 不可思議

Ⅱ. 沙乇왕후가 가람을 짓고 사리를 봉안함: 我百濟王后 ~ 奉迎舍利

Ⅲ. 발원의 구체적 내용: 願使世世供養, 劫劫無盡 ~

① 대왕폐하: 用此善根 ~ 下化蒼生

② 왕후: 又願 ~ 等虛空而不滅

③ 왕후의 7세부모와 중생: 七世久遠 ~ 俱成佛道

위에서 금제사리봉안기의 내용 구조를 제시하였으므로 아래에서는 별도의 단락구분 기호 없이 해석문을 제시한다.

가만히 생각하건대,[5] 法王[6]께서 세상에 출현하시어 (중생들의) 根機에 따라 응하시고[隨機赴感] 만물에 응하여 몸을 나타내심[應物現身]은[7] 물에 비친 달과 같다[如水中月].[8] 이 때문에 (부처님께서는) 王宮

한 발원이 "又願"이라는 표현으로 시작되고 있는 점과도 상응한다는 점을 고려하여 본고에서는 다수의 견해를 따라 Ⅱ가 "以己亥年正月廿九日 奉迎舍利"까지 해당하는 것으로 구분하였다.

5) 김상현과 대부분의 연구자들은 평이하게 '가만히 생각하옵건대'로 풀었으나, 박중환은 특별히 '竊'字의 字意가 겸양에 있다고 강조하면서 '겸허히 생각하건데'로 해석해야 한다고 지적하였으며(박중환 2009b, pp.69-70), 정진원은 한문 문헌에서 상투적으로 나오는 표현으로 '가만히'라는 의미를 생략하고 '생각해보건대' 정도로 푸는 것이 좋겠다고 제시하였다(정진원 2012, pp.251-252).

6) 法王: 산스크리트어로 'dharma-rāja'라고 하며, 부처의 尊稱이다. 王에는 最勝·自在의 뜻이 있는데, 부처는 法門의 주인으로서 自在하여 중생을 교화하기 때문에 法王이라고 한다(『佛光大辭典』).

7) 정진원은 '隨機赴感'은 중생에 대하여, '應物現身'은 우주만물에 대한 것이라고 보고, 결과적으로 부처의 감응은 중생과 우주만물 모두를 포괄하는 것이라고 하였다(정진원 2012, p.252). 그러나 중생은 有情과 無情을 모두 포괄하는 개념이므로, 중생과 우주만물을 서로 구분되는 것으로 이해하는 것 보다는 김상현과 같이 양자 모두가 중생을 가리키는 것으로서 그 표현을 달리한 것이라고 보는 것이 자연스럽다고 생각된다(김상현 2009b 참조).

cf. 有情: 梵語 sattva, 巴利語 satta. 音譯하면 薩多婆·薩埵嚩·薩埵라고 쓰며 舊譯에서는 衆生이라고 하였으니 곧 生存者라는 의미이다. 有情과 衆生의 관계에 대해서는 여러 설이 있다. 한 설에서는 有情에 人類·諸天·餓鬼·畜生·阿修羅 등이 포함되며 情識이 있는 생물을 가리킨다고 한다. 이에 따르면 草木·金石·山河·大地 등은 非情·無情이 되며, 衆生은 有情과 非情 두 가지를 모두 포괄하는 것이다. 그러나 또 다른 설에서는 有情이 곧 衆生의 異名이라고 보고, 두 용어 모두 有情의 생물과 非情의 草木 등을 모두 포괄하는 것이라고 한다(『佛光大辭典』).

8) 如水中月: 佛典에서 '水中月'의 비유는 대체로 3가지의 맥락에서 등장하는 것으로 보인다. 첫째는 諸法의 無相을 표현한 것으로, 『大方廣佛華嚴經』(60권본) 卷第25「十地品」에서 "모든 法이 허깨비와 같고 꿈과 같으며 물 속의 달과 같이 두 가지의 相이 아님에 순응하면서도 갖가지 번뇌를 분별하여 업의 果報를 잃어버리지 않는다[隨順諸法如幻如夢如水中月不二相 而起分別種種煩惱 及不失業果報"라고 한 구절이 대표적이다. 둘째는 有無의 이분법적 경계를 넘어섬을 의미하는 경우이다. 『文殊師利問經』 卷下「雜問品」의 "손바닥이 부딪치면 소리가 나는 것처럼 있기도 하고 또한 없기도 하며, 나타나기도 하고 또한 나

에 몸을 의탁하시어 태어나셨고, 紗羅雙樹 사이에서 入滅을 보이시면서 舍利[遺形][9] 8斛[10]을 남기시어

타나지 않기도 하여 취할 수 있기도 하고 취할 수 없기도 함이 마치 물 속의 달과 같다. 如來의 正遍知 또한 이와 같다[如手合有聲 亦有亦無亦現不現 可取不可. 如水中月 如來正遍知亦復如是]" 구절이 참고 된다. 여기에서 물 속의 달과 같다는 것은 실제로는 물 속에 달이 있는 것이 아니기 때문에 '있다'고 할 수 없지만, 물 속에 달이 있는 모습이 눈 앞에 보이고 있으므로 '없다'고도 할 수 없다는 의미라고 생각된다. 셋째는 부처와 중생 사이의 感應에 관한 것으로서 중생의 마음이 부처에게 가 닿으면[感] 부처가 그에 응하여 주는 것[應]이 마치 하나의 달이 땅으로 내려오지 않고도 모든 江에 두루 비치는 것과 같다는 의미이다. 『大明三藏法數』 卷37의 "感은 곧 중생이고 應은 곧 부처이니, 중생이 능히 원만한 근기로 부처에게 가 닿으면 부처가 곧 묘한 응답으로 그것에 응하는 것이 물은 위로 올라가지 않고 달은 아래로 내려오지 않지만 하나의 달이 널리 여러 물에 나타나는 것과 같음을 일컫는다[感卽衆生, 應卽佛也, 謂衆生能以圓機感佛, 佛卽以妙應應之, 如水不上升, 月不下降, 而一月普現衆水]"(『佛光大辭典』) 구절이 참고 된다. 박중환의 경우 첫 번째 의미를 따라 실체의 존재를 따라 나타나는 가상적 현상이라는 의미에서 "그 이치가 물속에 달의 움직임이 비치는 것과 같도다"로 해석해야 한다고 하였고(박중환 2009b, p.70), 최연식은 부처님이 중생의 각기 다른 근기에 맞추어 가르침을 베푸는 것이 여러 강물 속에 비친 달과 같이 다양하게 나타난다는 의미로 이해하였으며(최연식 2012, p.23), 정진원은 '月印千江'의 의미에 따라 부처의 가르침이 '달은 하나이지만 온 세상의 강에 다 비추는 것'과 같다는 의미로 풀이하였다(정진원 2012, p.253). 부처의 응함이 두루 미친다는 의미에서는 '月印千江'과도 맥락이 닿지만, 여기에서의 '如水中月' 구절은 바로 앞의 感應에 대한 부가설명으로서 중생과 직접 닿지 않아도 응하여 주는 부처의 '妙應'을 강조한 것으로 생각된다. 이렇게 볼 경우 이후의 "神通變化 不可思議" 구절과도 같은 맥락으로 자연스러운 해석이 가능하다.

9) 遺形: 부처가 入滅한 이후의 遺骨을 가리키니, 곧 佛舍利이다(『佛光大辭典』 遺形條). 불교경전에서 遺形이 곧 사리를 가리키는 것으로 쓰인 사례는 『長阿含』 卷4 「遊行經」의 "如來遺形欲以廣益, 舍利現在但當分取, 衆咸稱善" 구절을 들 수 있다. 그러나 엄밀하게 구분한다면 '舍利'는 산스크리트어 'śarīra', 빨리어 'sarīra'의 음역으로서 死屍·遺骨을 가리키는 것으로 體·身·身骨·遺身 등으로 의역되지만, 통상적으로 佛舍利 및 高僧의 시신을 화장한 후에 나오는 骨頭를 지칭하여 쓰이고 있는 것이다(『佛光大辭典』 舍利條). 이와 관련하여 Gregory Schopen은 빨리어본 『大般涅槃經(Mahāparinibbāna-sutta)』에서 등장하는 'śarīra-pūjā'의 용례와 그 맥락을 살핌으로써 단수형으로 쓰인 'śarīra'는 일반적으로 우리가 이해하고 있는 사리가 아니라 屍身을 가리키는 것으로 부처가 열반 당시에 아난에게 관여하지 말라고 당부했던 'śarīra-pūjā'는 사리의 숭배가 아니라 장례의식이라고 하였다(GREGORY SCHOPEN 1997). 中村元 역시 빨리어본 『長阿含經』인 『Dīgha-nikāya』를 역주하면서 'sarira'가 단수로는 신체 또는 유체를 뜻하지만 복수형으로는 유골(사리)를 의미함을 명시하고(나카무라하지메 2006, p.293), 다비식 이전에는 '유체'로, 다비식 이후에는 '유골'로 번역하고 있다. 그러나 『長阿含』 卷4 「遊行經」에는 "빨리 쌍수 아래로 가서 사리를 공양하자[速詣雙樹供養舍利]"라고 한 구절도 보이는데, "그런 후에 서쪽 성문으로 나와 높고 탁 트인 곳으로 가서 화장[闍維]을 하자[然後出西城門 詣高顯處而闍維之]"라는 구절이 뒤따라 나오는 것으로 보아서 이때의 '사리'는 화장하기 전 부처의 시신을 가리키는 것이 분명함에도 '舍利'로 漢譯하고 있어 『장아함경』이 한역되던 5세기 초에는 이미 시신과 불사리의 구분 없이 '舍利'가 쓰이고 있음을 알 수 있다. 이에 대하여 Gregory Schopen이 『Milindapaňha』 단계에서 'śarīra-pūjā'가 사리 숭배의 의미로 사용됨으로써 그 의미에 변화가 있었음이 엿보인다고 한 것(GREGORY SCHOPEN 1997)이 참고가 되지만, 상세한 내용은 'śarīra-pūjā'의 의미 변천 및 佛經의 漢譯 과정에 대한 심화된 검토가 이루어져야 알 수 있을 것으로 생각된다.

10) 8斛: 斛은 본래 量器의 명칭으로서 10斗에 해당한다. 戰國時代 秦나라의 商鞅이 量制를 개혁하면서 10斗의 단위명이었던 石이 약 15斗로 변하게 되자 새롭게 10斗에 대한 단위명으로 쓰게 된 것이다. 이후 北朝에서 隋·唐을 거치면서 5斗로 그 양이 변하게 되었다(『한국민족문화대백과』).

빨리어본 『Dīgha-nikāya』에서는 부처가 열반에 든 후 그 유체를 화장하고 나온 유골(사리)가 8斛이라고 하였으며(나카무라하지메 2006, p.214), 『廣弘明集』(644년)에서도 "부처님께서 舍利 8斛을 남김으로써 그 遺身을 표시하였다는 말을 듣고……[聞佛有舍利八斛用表遺身]"라는 구절이 있어 일찍부터 부처의 사리가 8斛으로 전해졌음을 알 수 있다. 그러나 한편으로는 8斛 4斗라고 표현하고 있는 경우도 보이는데, 『大莊嚴論經』(5C 초 鳩摩羅什 譯)에서 "入涅槃時爲濟衆生故 碎身舍利 八斛四斗 利益衆生"이라고 한 것과 『法華經義記』(梁代)에서 "只用如來滅後八斛四斗舍利爲使也"라고 한 것이 그것이다. 더불어

三千大天世界[11]를 이익 되게 하셨으며, 마침내 (사리로 하여금) 오색으로 빛을 내며 (공중에서) 일곱 번 돌게 하셨으니[遂使光曜五色 行遶七遍][12], 그 神通한 변화는 不可思議하도다! 우리 百濟의 왕후이신 佐平[13] 沙乇積德[14]의 따님께서는 과거 오랜 기간[曠劫][15] 동안에 善因을 심으셨기에 今生에 뛰어난 과보를

후대의 것이기는 하지만 『註華嚴經題法界觀門頌』(宋代)의 "諸天奉火皆不能然 自化火光三昧而自焚之 得舍利八斛四斗 遍周沙界起塔供養", 『佛祖歷代通載』(元代)의 "闍維得舍利八斛四斗" 구절에서도 8斛 4斗로 표현되고 있다. 금제사리봉안기에서의 '8斛'이 어떤 전승에 근거한 것인지는 알 수 없으나, 『廣弘明集』과 『大莊嚴論經』·『法華經義記』가 모두 금제사리봉안기가 작성된 시기보다 앞서고 있으므로 당시에 이미 부처의 사리가 8斛이라고 하는 전승과 8斛 4斗라고 하는 전승이 각각 존재하고 있었을 것임은 짐작할 수 있다.

11) 三千大天世界: 고대 인도의 우주관의 한 계통으로서 一大三千大千世界·一大三千世界·三千世界로도 쓴다. 수미산을 중심으로 그 주위를 둘러싼 4大洲와 9山 8海를 一小世界라고 하는데, 이 一小世界가 1,000개가 모여 하나의 小千世界를 형성하며, 1,000개의 小千世界가 모여서 中千世界를 이루고, 1,000개의 中千世界가 모여서 大千世界를 형성한다. 이 大千世界는 小·中·大 3종의 千世界가 모여 이루어진 것이기 때문에 三千大千世界라고 한다(『佛光大辭典』). 중천세계를 2,000(dvi-sāhasra)세계, 대천세계를 3,000(tri-sāhasra)라고 하는 경우도 있으나, 산술적으로 계산하면 중천세계는 1,0002으로 100만 세계이며, 대천세계는 $1,000^3$으로 10억 세계가 된다(定方晟 1988, p.94). 따라서 일반적인 범칭으로서의 무한한 세계, 우주 전체라고 하는 모호한 개념과는 거리가 있으며, 佛典에서는 三千世界를 한 명의 부처가 교화하는 영역이라고 하여 '一佛國'이라고도 한다(『佛光大辭典』).

12) 遂使光曜五色 行遶七遍: 정진원은 "드디어 五色光明이 일곱 번 요잡(繞匝)하니"라고 하여 사리를 오색 광명이 7번 휘감아 도는 것으로 해석하였으나(정진원 2012, p.254), 김상현·박중환·조경철·최연식 등은 모두 사리가 오색의 빛을 내며 7번 돈 것으로 해석하였다(김상현 2009b, p.139; 박중환 2009b, p.69; 조경철 2009, p.9; 최연식 2012, p.22). 김상현이 지적한 것처럼, 사리가 오색으로 빛난다는 표현은 『廣弘明集』(644년)·『法苑珠林』(唐代)·『破邪論』(唐代) 등에 보인다. 사리가 오색광명을 내며 공중에서 돌았다고 하는 표현은 이들 세 佛典 외에 『集古今佛道論衡』(661년)·『集神州三寶感通録』(7C)·『古今譯經圖記』(唐代)·『續集古今佛道論衡』(8C)·『翻譯名義集』(宋代)·『緇門警訓』(明代)에도 보이는데, 흥미로운 점은 모두 동일하게 불교가 중국에 처음 전래되던 당시의 설화를 소개하는 부분이라는 것이다. 즉, 『廣弘明集』 권1 「漢顯宗開佛化法本傳」에 따르면 한나라 명제가 꿈에서 부처를 본 후 서역으로부터 부처의 사리와 경전·불상을 맞이하여 白馬寺에 안치하였는데, 道士들이 이에 거세게 항의하자 "때마침 부처님의 사리가 오색의 빛으로 빛나며 곧장 공중으로 올라가 寶蓋처럼 둥그렇게 돌면서 대중을 두루 뒤덮어 해를 가렸다[時佛舍利光明五色 直上空中旋環如蓋 遍覆大衆映蔽日光]"는 것이다. 이어서 이때부터 중국에서는 佛法이 흥하게 되었다고 덧붙이고 있다. 이러한 점을 고려하면 금제사리봉안기의 "遂使光曜五色 行遶七遍" 구절은 김상현 외 여러 연구자들과 같이 사리가 오색으로 빛나며 7번 돈 것으로 해석하는 것이 합당하다고 판단되며, 그 구체적인 의미는 바로 앞 구절이 인도에서 부처가 보인 妙應을 서술한 것인데 이어 다음으로 열반 후에도 중국에서 사리를 통해 신이함을 보임으로써 불법이 동쪽으로 전해질 수 있게 한 부처의 신통력을 찬탄하는 것이라고 생각된다. 다만, 사리가 돈 횟수를 '7번'이라고 한 표현에 대해서는 좀 더 고찰이 필요하다.한편, 우리나라의 경우 사리가 빛을 내며 돈 것과 조금 다르기는 하지만, 佛日寺에 벼락이 친 것을 계기로 消災를 위해 균여가 內道場에서 강연을 할 때에 經床 위에 놓여있던 염주가 공중으로 떠올라 균여를 세 바퀴 돌고 그쳤다고 하는 설화가 참고 된다(『大華嚴首座圓通兩重大師均如傳』).

13) 佐平: 『三國史記』 卷40 職官下에서는 『北史』와 『隋書』를 인용하여 백제의 관등은 16品이 있는데, 이 중 1품을 左平(佐平)이라 한다고 기록하였다. 좌평은 초기에 명칭이 '左率'이었을 것으로 추정되는데, 이때에는 達率 계층과 엄격히 구분되지 않은 채 왕·達率과 더불어 최고회의체를 구성하면서 왕과 귀족 사이의 매개자로 존재하다가 5세기에 들어 佐平이라는 명칭이 등장하면서 達率과 구분되는 뚜렷한 정치적 위상을 굳히게 되었으며, 6세기에 그 인원이 5명으로, 또 7세기에는 6명으로 늘어났다. 그러나 인원의 증가와 官人에 대한 왕권의 영향력 강화 경향에 따라 좌평회의는 최상위 의결기구로서의 귀족회의적 속성을 잃고 재상회의로 변화되어 간 것으로 이해·설명되고 있다(정동준 2010).

14) 沙乇積德: 대체로 沙乇氏는 곧 沙宅氏와 같은 것으로 沙氏·沙吒氏로도 표기된다(김상현 2009b, p.142). 沙宅氏는 부여지역을 세력기반으로 하면서 성왕의 사비 천도를 적극 지지한 것이 계기가 되어 백제의 최고 귀족가문이 되었으며, 『隋書』 百濟

받으셔서 萬民을 어루만져 기르시고 三寶의 동량이 되셨다. 이에 능히 삼가 淨財를 희사하여 伽藍을 건립하시고, 기해년(639) 정월 29일에 사리를 받들어 맞이하셨다. 바라건대, 世世토록 (사리를) 공양함이 劫劫동안 다하지 않게 하여, 이 善根으로써 대왕폐하께서 수명이 山岳과 같이 견고하여지고 치세[寶曆]가 天地와 같이 長久하여지며, 위로는 正法을 널리 펴시고 아래로는 蒼生을 교화하시는 데에 資糧이 되기를. 또 바라건대, 王后께서는 곧바로[卽身][16] 마음이 水鏡과 같아져서 法界를 비추매 항상 밝으시고, 몸은 金剛과 같아져서 허공과 같이 소멸하지 않으시며, 7世의 (부모와) 오랜 과거의 (친속들이)[七世久遠][17]

傳에서는 백제의 大姓八族 가운데 가장 먼저 언급되고 있다(노중국 2010, p.430). 대표적인 인물로 무왕대에 주로 활약한 大佐平 沙宅智積과 백제 멸망 이후 백제부흥군을 일으킨 沙吒相如를 들 수 있다.

15) 曠劫: 지극히 오랜 세월[久遠]을 의미한다. 劫은 산스크리트어 'kalpa'의 음역으로서 劫波·羯臘波라고도 하며, 의역하여 長時라고 쓴다. 고대 인도에서 지극히 큰 시간을 표시하는 단위로 쓰였으며, 사방 40리의 성 안을 가득 채운 芥子를 백년마다 한 알씩 집어내어도 劫은 다하지 않는다(『智度論』 권5)고 하여 '芥子劫'이라고도 하고, 사방 40리의 바위를 백년마다 한 번씩 엷은 옷으로 스쳐서 바위가 닳아 없어지더라도 겁은 다하지 않는다(『智度論』 권5)고 하여 '磐石劫'이라고도 한다(『佛光大辭典』, 『종교학대사전』).

16) 卽身: 김상현은 존칭어로 풀어 "왕후께서는"·"왕후 당신"으로 해석하였고(김상현 209b, p.143), 최연식은 "곧바로"로 해석하여 왕후가 지금의 몸, 즉 현생에 깨달음과 金剛身을 얻기를 기원한 것으로 이해하였다(최연식 2012, p.22, p.24). 여기에서 더 나아가 龍女가 남성으로 변하여 성불하였다고 하는 『法華經』의 구절을 들어 왕후가 여성으로서의 신체적 한계를 극복하고 성불하기를 기원하는 관념이 '卽身成佛'로 표현된 것으로 이해하고, 이 구절을 "왕후께서는 卽身成佛 하시고"(박중환 2009a, p.71)라고 풀거나 '卽身'이 '卽身成佛'의 의미를 내포하여 존칭어와 같이 쓰였다고 보아 "성불하실 고귀한 분"(조경철 2009, p.10)으로 해석되기도 한다. 卽身成佛이 '卽身'의 용례가 됨은 분명하지만 이때의 '卽身'은 '현재의 몸 그대로', '곧바로' 정도의 의미로서 '卽身' 자체에 성불의 의미를 포함하는 것은 아니며, 성불에 대한 내용, 즉 부처와 같은 몸과 마음을 얻기를 기원하는 내용이 뒤따르고 있으므로 '卽身' 자체는 최연식의 해석을 따라 '곧바로'로 풀이하는 것이 자연스럽다고 생각된다.

17) 七世久遠: "아주 오랜 과거칠세로부터"라고 해석하기도 하지만(정진원 2012, p.263), '七世의 부모'(김상현 209b, p.144) 또는 "7世의 부모와 먼 과거의 친속들이"라고 하여(최연식 2012, p.22) 대체로 사리 봉안의 공덕을 과거의 부모(혹은 친속)에게 회향하고 있는 구절로 이해하고 있다. 원문에는 '七世'라고만 하였으나 癸酉銘阿彌陀三尊四面石像, 己丑銘阿彌陀石像, 大和十三年銘石佛像(고구려)의 발원내용 중 '七世父母'가 등장하는 것을 고려한 것이다(김상현 2009b, p.144).'七世父母'에 대해서는 자신에 이르기까지의 일곱 世代라거나 父·祖·曾祖·高祖의 4代에 자신과 子·孫을 더한 것으로 설명되기도 하는데(한국금석문 종합영상정보시스템 「癸酉銘全氏阿彌陀佛三尊石像」 각주), '七世父母'에서의 '七世'는 7번의 轉生을 의미하는 것으로 보아야 할 것이다. 이때 참고가 되는 것이 '七生'이라는 개념인데, '七生'은 미혹의 세계에 7번 다시 태어남을 일컫는 것으로서 7은 이 세계에 轉生하는 최대한의 횟수가 된다(『佛敎語大辭典』 上卷). 또한 '極七返有'·'極七返生'과 동의어로서 곧 최초의 성자 반열인 預流果에 들더라도 아직 번뇌를 끊어 없애지 못하였으므로 7번 반복하여 다시 태어나야 비로소 열반에 들어갈 수 있다(『佛光大辭典』)는 의미를 함유하고 있다. 이처럼 成佛을 하기 전에 7번 다시 태어나야 한다는 불교적 관념이 있다는 점과 『삼국유사』의 「大城孝二世父母」條에서의 '二世'가 김대성의 전생과 현생을 가리킨다는 점을 고려하면 '七世'는 다시 태어난 7번의 생애를 의미하는 것으로 볼 수 있는 것이다.한편 '七世久遠'의 '七世'를 '七世父母'로 해석하는 것과 관련하여, 위에서 언급한 癸酉銘阿彌陀三尊四面石像 등은 발원자가 부모를 비롯한 여러 대상들을 위하여 造像하면서 본인의 발원내용을 기록한 것이기 때문에 '父母'가 명기되어 있는 것임에 반해 금제사리봉안기의 발원내용은 제3자가 사리를 맞아들인 왕후의 공덕을 칭송하면서 왕후가 그 공덕으로 인한 果報의 수혜자가 되기를 바라고 있기 때문에 차이가 있는 것으로 보이며, 따라서 '七世'를 반드시 '七世父母'로 확대하지 않아도 좋을 것으로 생각된다. 즉, 바로 앞 구절에서 왕후가 곧바로 부처와 같은 마음과 몸을 성취하기를 기원한 것과 7번의 轉生을 거듭해야 열반에 들 수 있다고 하는 불교적 관념을 미루어 볼 때, '七世久遠'의 '七世' 역시 왕후가 다시 태어난 일곱 번 생을 가리키는 것으로 해석하여, 사리 봉안의 공덕으로 인해 직전 과거 7번의 생을 단순한 중생으로서의 轉生이 아닌 성불의 준비단계로서의 轉生으로 바꾸어서 미혹한 세상에 또다시 태어

모두 福利를 입으시고, 이 모든 중생들도[18] 함께 佛道를 이루기를.

(3) 연구쟁점

① 미륵사의 창건 주체

기존에는 武王이 부인 선화공주와 함께 師子寺에 가다가 龍華山 아래의 큰 못에서 彌勒三尊이 출현한 것을 보고 예배를 올린 일을 계기로 선화공주의 발원으로 彌勒寺를 건립하였다고 하는 『三國遺事』 武王條의 기록을 바탕으로 미륵사의 창건이 백제 무왕과 신라 출신 선화공주에 의해 이루어진 것으로 널리 이해되어 왔다. 그러나 창건주체를 사탁왕후로 기록하고 있는 금제사리봉안기가 발견되면서 『삼국유사』 기록의 신뢰 가능여부와 함께 미륵사의 창건 주체가 누구인가의 문제가 대두되었다.

선화공주의 존재를 인정하는 입장에서는 미륵사가 3院으로 이루어진 거대 사찰이기 때문에 창건의 주체가 여러 명일 수 있다고 본다. 조경철의 경우, 사탁왕후의 신앙을 법화신앙으로 이해하고 사리봉안기에서 법화신앙이 보인다는 점을 들어 동·서원 혹은 서원을 사탁왕후가 건립하였으며, 이에 비해 중원은 미륵신앙에 바탕을 둔 무왕 혹은 무왕과 선화공주가 건립한 것이라고 보았다(조경철 2009). 이는 사탁왕후의 前에 선화공주가 왕비로서 존재했음을 인정하는 입장이라고 하겠다. 홍윤식 역시 『삼국유사』의 창건연기설화를 적극적으로 인정하고 있다. 즉, 고고학적 발굴조사를 통해서도 연기설화의 역사성이 증명되기 때문에 『삼국유사』 무왕조는 금제사리봉안기와는 다른 성격을 갖는 사료로서 해석해야 한다고 주장하는 것이다. 이에 두 사료를 종합하여 선화공주는 창건발원자이며 사탁적덕의 딸인 왕후는 서탑 사리봉안의 발원자라고 보았다(홍윤식 2009). 이도학도 선화공주를 前왕비로서 보고, 미륵사의 오랜 공사기간 동안 최초의 발원자인 선화 왕비가 사망 혹은 失勢하였을 수도 있으며, 이 경우 미륵사가 완공되던 무렵에는 당시 실권을 쥐고 있었던 사탁왕후에 의해 佛事가 진행되었을 것이라고 추측하였다(이도학 2009). 더불어 금제사리봉안기에 미륵사 창건에 대한 전체적인 설명은 없고, 왕의 壽福이나 왕위(寶歷)의 안녕을 기원하는 정도의 상투적인 글귀만 남아 있는 것이 사탁왕후가 창건발원자가 아님을 단적으로 보여주는 것이라고 덧붙였다. 정진원은 사리봉안기에 쓰인 용어에 착안하여 사탁왕후는 서탑만을 세운 인물이고 미륵사 전체는 역시 선화공주가 발원하고 창건한 것이라고 보았다(정진원 2012). 즉 사리봉안기에서

나지 않고 부처가 되기를 바란 것으로 이해할 수도 있지 않을까 조심스럽게 추측해 볼 수 있을 것이다. 그러나 '七生'의 관념이 직접적으로 표출된 다른 자료가 확인되지 않으며, 비슷한 시기의 발원문에서 부모에게 공덕을 회향하고 있는 사례들이 다수 존재하는 만큼 이러한 해석이 가능하기 위해서는 방증자료의 확보가 추가될 필요가 있음은 분명하다.

18) 凡是有心: 박중환은 '是'를 '이곳'/'여기'의 뜻으로 새겨서 "이 자리에 모인 모든 사람들"을 의미한다고 보았다(박중환 2009a, p.72). 즉 모든 중생의 성불을 발원하는 것이 아니라, 당시의 사리공양회 그 자리에 모인 사람들에 한정된다는 것이다. 이를 바탕으로 박중환은 이 사리봉안기의 특징 중 하나로서 "造塔이나 가람건립을 위해 만드는 발원문들에 흔히 등장하는 '一切衆生'에 대한 발원이 보이지 않는 점도 이 사리기의 기록내용이 갖는 구성상의 특징이다"라고 하였다. 그러나 대체적으로는 일반적인 중생을 의미하는 것으로 해석하고 있다. 한편 최연식은 '凡是有心'을 "모든 마음이 있는 존재들이"라고 풀어서 중생 중에서도 有情만을 포함하는 것으로 풀이하였다.

"造立伽藍"이라고 하였는데, '造'는 주로 僧房, 精舍, 佛像 등 구체적이고 개별적인 구조물을 만들 때 사용되는 용어이며, 『삼국유사』에서 선화공주에 대해 쓰인 '創'은 규모가 크고 전체적인 경우에 쓰이며, 새롭게 시작한다는 의미라는 것이다.

김수태는 선화공주의 존재 자체를 긍정하지는 않았지만, 미륵사의 창건에 관계된 세력이 다수였다는 점에는 동의하고 있다(김수태 2009). 즉, 익산에 미륵사를 창건하고자 한 세력은 신라와 우호관계를 추구하던 세력인데 비해 사탁씨 세력은 對신라 강경책을 고수했다고 파악하고, 『삼국유사』의 선화공주는 신라와 우호를 추구한 익산세력의 염원이나 움직임이 반영된 것으로 이해한 것이다. 결국 선화공주로 상징되는 익산세력이 미륵사 창건을 시작하였고, 이후에 사탁씨 세력이 실제로 사원을 건립하였다는 것이 된다.

이상의 견해들은 사탁왕후의 '造立伽藍'을 미륵사 중 西院에만 한정시켜 이해하고 있다. 그러나 이들 견해를 비판하면서 사탁왕후가 미륵사 전체의 창건 주체라고 하는 견해들도 제기되었는데, 대표적인 연구자는 김상현으로, 그는 『삼국유사』가 후대의 기록인 것에 비하여 금제사리봉안기는 당대의 기록이므로 금제사리봉안기를 1차 사료로서 우선시해야 한다고 강하게 주장하면서, 사리봉안기의 내용대로 사탁적덕의 딸이 왕후로서 미륵사를 창건하였다고 보았다(김상현 2009b, 2009c). 미륵사는 처음부터 3원 형식으로 설계된 것이며, 사탁왕후는 백제 제일의 명문귀족으로서 그만한 경제력 역시 충분히 갖추었을 것이고, 무엇보다도 가람이란 금당·강당·승당·중문·회랑·탑·석등 등의 건물은 물론 사역 내의 도량 전체를 지칭하는 것이지 서원이나 동원과 같이 하나의 건물을 독립해서 부르는 호칭이 아닐 뿐만 아니라 선화공주가 미륵사상을 지니고 미륵사 창건을 발원했다는 것은 선언적인 이야기일 뿐, 근거가 없다고 비판한 것이다(김상현 2009b, pp.147-148). 김주성 역시 김상현과 비슷한 논지에서 비판을 하였는데, 특히 『삼국유사』의 기록을 영웅설화와 미륵사창건설화가 합쳐진 형태로 파악함으로써 그 기록을 그대로 역사적 사실로서 받아들일 수 없음을 지적하고 있다(김주성 2009, pp.33-34). 정재윤도 선화공주가 미륵사를 창건했다는 기록을 부인하고, 639년 시점에 사탁왕후가 미륵사를 완성하면서 사찰 전체를 창건한 것으로 자처하고 있다는 사실을 주목해야 한다고 강조하였다. 더불어 사탁왕후가 정국의 주도권을 쥐고 미륵사를 건립하고 있는 점은 무왕과 사탁씨의 공조 결과로 이해하였다(정재윤 2009, pp.38-40).

최연식의 경우 선화공주의 역할에 대해서는 직접 언급하지 않았지만, 금제사리봉안기를 바탕으로 미륵사 창건과 관련하여 무왕과 왕후의 역할을 고찰하였으므로 크게 보아서 사탁왕후의 창건설에 포함된다고 할 수 있겠다(최연식 2012). 최연식은 사리봉안기에서 '大王'의 구체적인 역할이 전혀 보이지 않지만 왕후는 가람 건립과 사리봉영 등 중요한 역할을 담당한 것으로 표현되고 있는 점에 주목하였다. 그리고 이를 무왕 후반기의 정치적 변동과 연결시켜서 무왕은 재위 30년대 이후 실질적인 왕권을 행사하기 어려운 상황에 있었고, 그의 아들인 義慈가 실권을 지니고 있었다고 파악하고, 이러한 상황에서 왕실 내 최고 어른이자 최고 귀족가문 출신인 왕후가 중심이 되어 미륵사의 건립이 이루어졌다고 설명하였다.

② 미륵사의 창건 배경 사상

『삼국유사』 무왕조에 의하면 미륵사 창건의 사상적 배경은 미륵사상임이 인정된다. 그러나 금제사리봉안기에는 미륵과 관련한 언급이 보이지 않는다. 이 때문에 미륵사상 이외의 사상을 그 배경 사상으로 상정하고자 하는 견해들이 제기되었는데, 대표적으로 法華信仰과 釋迦佛信仰을 들 수 있다.

법화신앙을 적극적으로 주장한 연구자는 조경철이다(조경철 2009). 그는 사택지적의 신앙을 법화신앙으로 이해할 뿐만 아니라 사택지적과 사탁왕후를 정치적 공동운명체로 묶어 사택(혹은 사탁)씨 전체의 신앙을 법화신앙이라고 정리하였다. 나아가 『법화경』에 근거한 二佛竝坐 도상과 미륵과의 관계를 바탕으로 3탑 3금당으로 구성된 미륵사의 主尊이 미륵(중원)-석가(서원)-다보(동원)였을 것이라고 추측하고, 미륵사는 3원의 가람을 하나로 묶음으로써 『법화경』의 會三歸一적 통합 사상을 보여주는 것이라고 평가하였다. 결과적으로 미륵사의 배경사상으로서 미륵신앙과 법화신앙이 조화된 모습을 상정한 것이라고 하겠다. 길기태 역시 사리봉안기의 法王出世 관련 내용을 『법화경』에 기반하여 이해함으로써 사탁왕후를 법화신앙자로 보았으며, 이는 곧 미륵사가 창건발원될 때는 미륵신앙임이 분명하지만 사리봉안기가 만들어질 때쯤에는 법화신앙으로 전환되었음을 의미하는 것이라고 하였다. 더욱이 미륵신앙은 신통력을 강조하지만 법화신앙은 현실적인 면을 강조한다고 보고 법화신앙과 미륵신앙을 대립적인 구도로 파악하였다. 그러나 길기태의 이러한 입장은 김상현을 비롯한 여러 연구자들에 의해서 강렬하게 비판되었다.

김상현은 미륵사가 미륵하생신앙을 바탕으로 한 것이 분명하지만 석가모니는 불교의 교조이며, 미륵삼부경의 설주도 부처이기 때문에 석가불신앙과 미륵신앙을 구분하여 대립적으로 이해하는 것은 문제가 있다는 입장을 분명히 하였다(김상현 2009b, pp.148-149). 비슷한 취지에서 신종원은 어느 절이든 하나의 寺名에 의해 전체가 통합되는 것이 일반적이라고 하면서 미륵사에 미륵신앙 외에 다른 신앙을 동등한 비중으로 설정하는 것은 문제가 있다고 지적하였다. 정진원은 사리봉안기에 미륵과 관련한 언급이 전혀 없는 것에 대해, 봉안기가 사리를 봉안하게 된 연유를 밝히고 발원하는 글이며, 미륵사 전체가 아니라 일부에 속하는 서탑 관련 기록이기 때문에 굳이 전체 절의 이름과 창건관련 설명이 들어갈 필요가 없다는 점을 지적하는 한편, 미륵에 대한 언급이 없다고 하여 미륵신앙이 아닌 석가나 법화신앙 사찰이라고 보는 것은 근거가 부족할 뿐만 아니라, 法王은 석가모니 외에도 아미타불, 비로자나불, 미륵불 등을 모두 통칭할 수 있는 부처의 일반 명칭이라는 점을 강조하였다(정진원 2012, p.267, p.271). 한 발 더 나아가 김주성은 사리봉안기에서도 미륵신앙을 찾아볼 수 있다고 하면서 전륜성왕과 미륵의 관계를 지목하였다(김주성 2009, pp.47-48). 다만 무왕이 미륵사를 창건할 당시에는 사탁씨 세력과의 연합을 바탕으로 미륵사상에 대한 강조가 보이지만, 제석사를 건립하는 등 점차 석가신앙으로 전환되는 분위기를 느낄 수 있다고 하여 왕실과 석가불 신앙의 관련성에 대해서는 그 가능성을 열어놓고 있음이 눈에 띈다.

2) 金製小形板

금제소형판은 미륵사지 석탑의 사리공 내부 제2층위에서 발견되었는데, 초기에는 그 개수가 17개로 알려졌으나(배병선·조은경·김현용 2009, p.202), 이후 18점으로 수정되었으며, 함께 수습된 청동합을 개봉할 때 4번 합과 6번 합 내부에서 구부러지거나 말린 형태의 금판이 각각 2점씩 추가로 수습되어(국립문화재연구소 2013, pp.138~145 〈유물목록〉) 현재 금판은 총 22점이라고 하겠다. 그러나 일반적으로는 청동합 내에서 수습된 4점은 제외하고 초기에 사리공 내에서 수습된 18점을 대상으로 연구가 진행되었다. 처음 수습될 당시에는 '금제소형판'으로 명칭되었으나, 이것이 화폐의 기능을 한 것이라고 알려지면서 현재는 '금제소형판'·'소형금판'·'金板'·'金丁'·'金鋌' 등이 혼용되고 있다.

이들 가운데 명문이 있는 것은 3점으로 연번상 6번·12번·14번에 해당한다. 이들 명문은 시주자의 이름과 중량단위 등을 기록한 것으로 사리봉안 의례가 행해질 때에 시납된 것으로 이해되고 있으며, 나머지 19점은 원래부터 명문이 없었던 상태였던 것으로 보인다. 금제소형판 6번은 길이 81.4mm, 폭 12.4mm, 두께 1.1mm에 중량은 14.2g이며(국립문화재연구소 2013, p.51), 뒷면에 한 글자가 새겨져 있다. 12번은 길이 77.6mm, 폭 12.1mm, 두께 1.0mm, 중량 13.2g으로(국립문화재연구소 2013, p.51) 앞면에 1행 10자가 새겨져 있고, 14번은 82.6mm, 폭 13.4mm, 두께 0.7mm, 중량 11.6g으로(국립문화재연구소 2013, p.51) 앞면에 1행 10자, 뒷면에 1행 3자가 새겨져 있다.

이들 금제소형판의 서체를 다룬 연구는 많은 편이 아니지만, 주목되는 점은 함께 발견된 금제사리봉안기가 刀子를 사용한 것으로 추정되는 것과 달리 금제소형판의 명문은 도자가 아닌 바늘로 긁어 쓰듯 새긴 것으로 보이며, 이에 따라 그 글씨의 크기도 작고 각 획의 폭이 좁고 깊다는 점이다(손환일 2009, p.106). 이를 손환일은 송곳으로 모래 위에 글씨를 쓴 효과를 나타낸다고 하여 '錐劃沙'라는 용어로 지칭하였다. 더불어 이 명문은 미리 준비된 것이 아니라 사리를 봉안할 당시에 즉석에서 급하게 쓰인 시주자의 卽刻이며, 이에 따라 전문사경승의 글씨가 아닌 일상생활기록에 보이는 글씨라고 할 수 있다고 지적하였다(손환일 2009, p.106). 다만 구체적인 서체에 있어서는 대부분이 북조 필법을 보이는 북조체에 해당한다고 하면서, 7세기 이래로 일반 생활기록인 목간 등에는 남조체가 사용되고 기념기록인 금석문에는 북조체가 사용되었음을 고려하면, 이 금제소형판의 명문은 즉석에서 쓴 시주자의 일상체이면서도 그 명문이 공식적인 기념기록의 성격도 갖기 때문에 북조체를 쓴 것으로 이해하였다(손환일 2009, p.112).

금제소형판의 용도는 앞에서 언급한 것처럼 백제시대의 화폐 기능을 담당한 金鋌으로 추정되었다(국립문화재연구소 2013, p.50). 이는 수습된 금제소형판 18점이 모두 모양과 형식이 일정할 뿐만 아니라 그 크기가 大·中·小로 일정하게 분류될 수 있다고 알려졌기 때문이다(손환일 2009, p.104, p.105; 문동석 2010, p.137). 또한 박남수가 지적한 것처럼 『海東繹史』·『高麗史』·『酉陽雜俎』 등의 기록에서 금제소형판과 비슷한 형태로 추정되는 금정·은정에 대한 기술이 보인다는 점도 고려된 것으로 보인다(박남수 2010, pp.77-78). 이러한 여러 정황을 바탕으로 미륵사지에서 출토된 금제소형판은 고가의 교환 화폐의 용도로 제작되어 귀족층이 주로 사용하였을 것으로 이해되고 있다(박남수 2010, p.84).

다만, 국립문화재연구소에서 제시한 바에 따르면 금제소형판 18점 사이의 폭·길이·두께·중량이 각양각색이어서 大·中·小로 분류한 기준이 모호하다는 점이 문제가 된다. 즉, 길이를 기준으로 하면 가장 현격하게 차이가 나는 50mm 미만의 2점(No.2 47.5mm, No.8 42.5mm)을 제외하면 16점이 68.2mm(No.5) 이상 85.7mm(No.1) 이하의 범위에서 최대 3mm 내외의 차이로 점진적으로 크기가 커지고 있는 것이다. 금의 가치를 재는 기준으로서 가장 적합하다고 생각되는 중량을 기준으로 보아도 역시 No.2(6.7g), No.8(7.1g)이 7g 내외로 구분되는 것을 제외하면 11.6g(No.14) 이상 16.2g(No.16) 이하의 범위에서 최대 1.6g의 차이로 비교적 고르게 분포하고 있다(아래의 표 참조). 이와 관련하여 박남수 역시 대·중·소로 구분하기보다는 무게를 기준으로 장방형의 금정과 이것의 절반크기의 금정 두 가지가 사용되었다고 볼 수 있다는 견해를 제시한 바 있다(박남수 2010, p.95).

길이 기준 순서							중량 기준 순서					
번호	폭 (mm)	길이 (mm)	두께 (mm)	중량 (g)	비고		번호	폭 (mm)	길이 (mm)	두께 (mm)	중량 (g)	비고
8	11.5	42.5	0.8	7.1			2	11.8	47.5	0.9	6.7	
2	11.8	47.5	0.9	6.7			8	11.5	42.5	0.8	7.1	
11	12.1	68.2	1.1~1.4	13.6			14	13.4	82.4	0.7	11.6	명문
7	11.5	71.8	1	14.1			5	15	77.4	0.8	13.2	
4	12.9	77	1.2	14.9			12	12	77.6	1	13.2	명문
5	15	77.4	0.8	13.2			17	13.2	81.5	0.8	13.4	
12	12	77.6	1	13.2	명문		11	12.1	68.2	1.1~1.4	13.6	
3	11.5	78.6	1.2	13.6			3	11.5	78.6	1.2	13.6	
6	12.4	81.4	1.1	14.2	명문		7	11.5	71.8	1	14.1	
17	13.2	81.5	0.8	13.4			6	12.4	81.4	1.1	14.2	명문
14	13.4	82.4	0.7	11.6	명문		9	11.6	82.6	0.9	14.2	
9	11.6	82.6	0.9	14.2			4	12.9	77	1.2	14.9	
15	13.1	82.6	1.2	15.7			1	13.4	85.7	0.9	15	
18	13	82.6	1	15.1			18	13	82.6	1	15.1	
16	12.1	83.3	1.3	16.2			13	12.8	85.5	0.9	15.1	
10	14.4	85.1	0.9	15.5			10	14.4	85.1	0.9	15.5	
13	12.8	85.5	0.9	15.1			15	13.1	82.6	1.2	15.7	
1	13.4	85.7	0.9	15			16	12.1	83.3	1.3	16.2	

전거: 국립문화재연구소, 2013, p.51 〈금판 제원〉.

한편 이들 금제소형판이 사리를 봉안하는 의례 중에 시납된 것이라는 점에서는 이견이 없지만, 사리봉안에 참가했던 사람들이 소지하고 있던 것을 즉석에서 명문하여 시주한 것이라고 이해하기도 하고(손환일 2009, p.106), 명문 중에 보이는 '施'자를 미륵사의 건립에 필요한 자금을 시주한 것으로 보기도 하여(노중국 2010, p.442) 세부적으로는 약간의 차이를 보인다.

① 금제소형판 No.6(뒤)

惊

② 금제소형판 No.12(앞)

中部德率支受施金壹兩

출처: 국립문화재연구소, 2013, p.52.

③ 금제소형판 No.14 (앞·뒤)

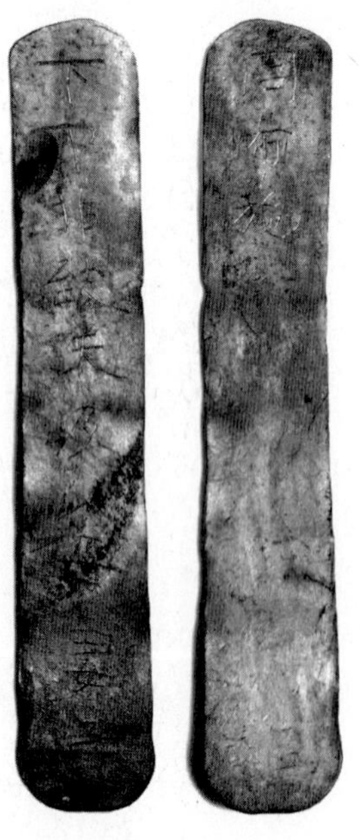

下卩非致夫及父母妻子	同布施

출처: 국립문화재연구소, 2013, p.53.

(1) 판독 및 교감

① 금제소형판 No.6

(뒷면)

1	
惊	①

뒷면 1-①: 惊[19)]

∴ 실제로는 '[illegible]'으로 쓰여 있다. 초기에는 '塡'으로 읽기도 하였으나 확실하지 않아 다양한 판독안이 제시되었다. 특히 손환일은 '忄'을 '十'으로 쓰고 좌부는 '一+旦'을 쓴 것으로 짐작하면서, '旦'의 아래 세 번 그어진 가로획은 잘못 쓴 부분의 필획 방향을 수정하면서 생긴 잘못된 필획이라고 설명하였다가(손환일 2009, p.112) 이후에 다시 '惊'으로 고쳐 읽기도 하였으며, 박남수는 '恒'이라는 견해를 소개하면서 동시에 '恨'일 가능성도 시사하였다(박남수 2010, p.84). 자형을 보면 좌부의 경우 가로획수가 부족하기 때문에 '土'라고 보기는 힘들며, '忄'을 '十'으로 쓴 것이라는 견해가 설득력이 있다고 생각된다. 그러나 우부의 형태를 '一+旦'으로 보고 잘못 쓴 가로획이 있는 것이라고 보기에는 세로획이 선명하기 때문에 손환일이 고쳐 읽은 '惊' 정도로 보는 것이 좋을 듯하다. 하지만 단 한 글자만이 쓰여 있고, 특별한 의미를 가진 것이라기보다는 시주자의 이름이나 성을 쓴 것으로 추정되는 만큼, 자형을 특정하기는 힘든 상황이다.

19) ▨(배병선·조은경·김현용), 恒(손환일, 박남수, 문동석), 惊(손환일), 恨?(박남수), 指(노중국), 凉(국립문화재연구소).

② 금제소형판 No.12

(앞면)

1	
中	①
部	②
德	③
率	④
支	⑤
受	⑥
施	⑦
金	⑧
壹	⑨
兩	⑩

中部德率支受施金壹兩[20)]

1-③: 德

∴ 일본이나 중국에서 쓰이는 '徳'과 같이 '心' 위의 가로획이 생략된 형태로서 사리공 안에서 함께 발견된 금제사리봉안기에서도 같은 형태로 쓰여 있다. 이러한 사례는 魏代 이후로 흔하게 찾아볼 수 있으며, 특히 금제사리봉안기와 『백제금강경』에서 동시에 확인된다는 점에 의거하여 당시 백제에서 유행한 결구법으로 이야기되기도 한다(손환일 2009, p.108).

1-⑥: 受

금제소형판 No.12	백제금강경	唐 褚遂良 枯樹賦	唐 王知敬 李靖碑	隋 甯贙碑

∴ '又'를 '大'로 썼는데, 이러한 방식은 『백제금강경』에서도 확인되며, 북위에서 수대에 걸쳐 유행하던

20) 万?(이한상), 兩(손환일, 권영애), 方(이도학), 万▨▨(노중국), [illegible](박남수).

'又'를 '丈'으로 쓰는 서사법에서 파생된 것으로 이해되고 있다(손환일 2009, p.108).

1-⑨: 壹

∴ '士'와 '冖'이 세로획에 의해 이어져있다는 점 외에 특이점은 없으며, '壹'로 판독하는 데에 이견이 없다. 다만 '一'로 제시된 경우도 있다(배병선·조은경·김현용 2009, p.193; 국립문화재연구소 2013, p.52).

1-⑩: 兩

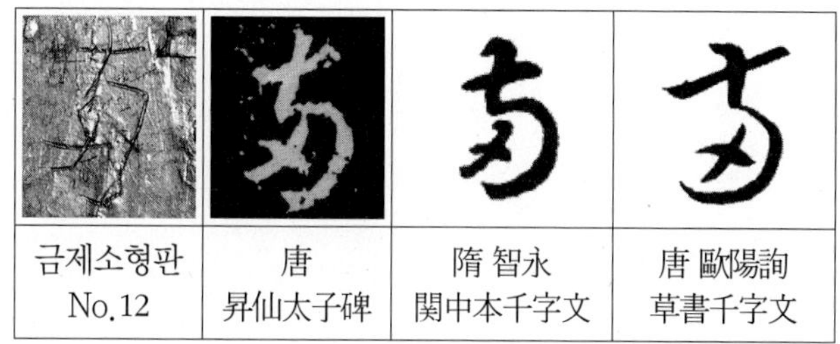

금제소형판 No.12	唐 昇仙太子碑	隋 智永 關中本千字文	唐 歐陽詢 草書千字文

∴ 대체로 量詞인 '兩'으로 이해되고 있으나 그 구체적인 자형에 대해서는 판독에 이견이 가장 많은 글자이다. 손환일의 경우 '兩'으로 보고 이를 초서의 결구를 해서의 필획으로 쓴 것으로 설명하였으나(손환일 2009, p.112), 해서의 문장 가운데 한 글자만 초서로 썼다는 점에 대해 의문을 제시하며 '方'으로 읽은 견해도 있으며(이도학 2009, p.51), 이한상과 같이 '万'으로 보되 뒤에 확인되지 않는 글자가 더 있는 것으로 표기('万▨▨')한 사례도 있다(노중국 2010, p.442). 박남수의 경우 이 글자가 量詞라는 점과 '兩'의 초서자와의 유사성을 인정하여 손환일의 입장을 지지하면서도 세부적으로는 '[illegible]'로 판독하고, 이를 백제에서 새로 글자를 만들거나 조합하여 사용한 예로 이해하였다(박남수 2009, pp.85-89). 창왕명 사리감의 '卯'의 이체자 '[illegible]', 왕흥사지 청동사리함의 '葬'의 이체자 '[illegible]' 등의 예를 들어 백제의 독자적인 문자 사용례로 이해한 것인데, 실제 사진을 유심히 살펴보면 '[illegible]' 내부의 '[illegible]'은 금박의 갈라진 틈까지도 획으로 오인한 것일 가능성도 있다고 여겨진다. 따라서 의도적으로 쓴 획이라고 인정되는 부분만을 고려한다면 손환일이 제시한 것과 같은 '兩'의 초서 결구의 형태와 동일하다고 판단되며, '[illegible]'이나 '[illegible]'과 같은 백제의 독특한 문자사용례와는 구분될 필요가 있다고 생각된다.

③ 금제소형판 No.14

(뒷면)

1	
同	①
布	②
施	③

(앞면)

1	
下	①
卩	②
非	③
致	④
夫	⑤
及	⑥
父	⑦
母	⑧
妻	⑨
子	⑩

下卩非致夫及父母妻子.

앞면 1-②: 卩

∴ 판독불가로 표기한 경우도 있으나(배병선·조은경·김현용 2009, p.193), 대체로 '部'를 '卩'로 표기한 것으로 생각되고 있다. '部'가 '卩'이 형태로 쓰인 것은 고구려의 광개토대왕릉비의 예서 필획에서 나온 것이라고 설명되기도 하였으며(권영애 2009, p.72), 이밖에도 부여 관북리 '中阝'명 목간, 부여 궁남지 315호 목간, 부여 능산리사지 301호 목간, 쌍북리 현내들 '上阝'명 목간, 부여 동남리 '前部' '上阝前阝川自此以'명 표석 및 5부명이 새겨진 백제시대 인각와에서도 상당수 확인된다(김영심 2007).

(2) 역주

① 금제소형판 No.6

悰 [시주자의 성 또는 이름]

② 금제소형판 No.12

中部[21]의 德率[22] 支受가 금 1兩[23]을 시납하다.

21) 中部: 上·前·下·後部와 더불어 백제의 단위정치체 혹은 지방행정구획단위로 이야기되는 5部의 하나이다. 백제의 部에 대

③ 금제소형판 No.14

下部[24]의 非致夫와 父母·妻子가 함께 시납하다.

3) 靑銅盒

청동합은 사리공 내부의 제2층위와 제3층위 중간 지점에서 1점, 최하층인 유리판 위 제4층위에서 5점, 모두 6점이 수습되었다. 사리공을 처음 개봉하였을 때 가장 먼저 보이는 제1·2층위의 유물을 수습한 후 드러난 청동합의 배치는 동측면 벽면을 따라 3개, 서측면 벽면을 따라 2개가 놓여 있었다고 하는데, 이처럼 사리공 내부 벽면 주위로 청동합이 놓여 있었던 것은 중앙에 안치된 사리호를 에워싸며 놓였기 때문

한 최초의 기록인 중국측 사료에서는 백제가 5部5方制를 시행하고 있었다고 하였으며, 『삼국사기』에서는 이미 온조대부터 方位名 4부와 백제의 중심지역인 中部를 아울러 5부 체제가 갖춰진 것으로 기록되어 있다. 또한 『日本書紀』에는 주로 人名에 冠稱된 부명이 나오는데, 사비천도 이후 기간에 집중되고 있어 사비도읍기 王都의 5부제 실시의 근거로 활용되었다. 이밖에도 『삼국유사』, 『자치통감』 등 다양한 사료에서 백제의 部가 언급되고 있는데, 이에 대해 학계에서는 온조왕대의 4부 성립 기사를 인정하고 웅진천도 이후 혹은 근초고왕대를 기점으로 部의 성격이 변화하여 部名이 고유명에서 방위명으로 전환되었을 것으로 보거나, 4부에 관한 기록 자체를 후대의 조작으로 보고 후기의 5부만을 인정하는 입장으로 나뉘어 있다. 그러나 일반적으로는 온조왕대에 4부가 성립되었다는 기록은 백제가 성립당시부터 고대국가로서의 모습을 갖추고 있었던 것으로 묘사하기 위해 후대의 사실을 소급하여 기록한 것이라고 이해된다. 백제 部制의 성격과 관련해서는 대체로 고이왕대를 기점으로 변화가 있었던 것으로 이야기된다. 즉, 고이왕 이전의 부는 族的인 성격이 강한데 반해 이후에는 족적 성격에서 벗어나기 시작하다가 웅진천도 이후에 완전히 탈피한 것으로 설명되는데, 이때 部는 지배자집단의 단위정치체로서 왕도에 국한되는 것이 된다. 혹은 고이왕 이전에 部가 독자적인 단위정치체로서 존재하다가 고이왕 이후 독자성이 약화되었다는 점에는 동의하면서도 근초고왕 이후가 되면 部가 전국을 방위에 따라 단순하게 나눈 지역구분으로서의 지방행정구획으로 자리 잡게 되었다고 보기도 한다. 백제의 部체제에 관한 자세한 내용과 기존의 논의 정리에 대해서는 다음의 연구성과가 참고 된다. 김영심 2000; 김영심 2007.

22) 德率: 백제의 16관등 가운데 제4품.

23) 兩: 무게를 측정하는 量詞이다. 이와 관련하여 사비시대의 도량형에 대하여 정림사지에서 출토된 고리모양의 저울추를 중국 남조의 衡制와 비교한 결과 1銖가 0.758g이라고 한 기존의 연구성과가 참고 되는데(노중국 2010, pp.263-264), 이에 따르면 1兩(24銖)은 18.192g이 된다. 그러나 이 금제소형판에서는 '1兩'이라고 표기했음에도 그 무게는 13.2g에 불과하기 때문에 정림사지 저울추를 근거로 한 1兩의 무게에 크게 미치지 못하고, 오히려 춘추시대의 衡制(1斤=198.4g~212.6g; 노중국 2010, p.262)에 가깝다고도 할 수 있다. 박남수 역시 이 금제소형판의 무게 '1兩'이 당시 백제의 1兩으로 추정되는 중량과 차이가 있다는 점을 지적하였다(박남수 2010, pp.90-98). 즉, 무령왕대에는 중국의 1銖에 해당하는 백제 고유의 무게단위로서 主(0.722g)를 사용하였고, 또 정림사지의 저울추는 唐代 開元通寶의 계산식인 1兩=17.328g을 채용한 것인데 비하여 금제소형판의 '1兩'은 이들 중량기준을 따르지 않고 漢·北魏·梁·陳의 1兩(13.92g)을 기준으로 제작된 것이라고 본 것이다. 나아가 이처럼 서로 다른 중량기준이 적용된 배경으로 당나라 조정과 중국 강남지방 각각의 중량기준에 맞추어 금정 또는 은정을 별도로 제작하여 교류하였기 때문일 가능성을 제시하였다. 물론 백제의 도량형, 특히 衡制에 대한 명확한 해답을 얻기는 아직 부족한 점이 없지 않지만, 금제소형판이 백제의 衡制를 연구하는 데에 또 하나의 중요한 자료로서 활용될 수 있음은 분명해 보인다. 한편 앞서 언급한 바와 같이 노중국은 이 글자를 '万'으로 보고 뒤이어 확인되지 않는 글자가 더 있는 것으로 표기('万△△')하면서 확인되지 않은 글자가 수량 단위를 나타내는 글자일 것으로 추정하였다. 더불어 『삼국유사』의 黃龍寺丈六條에서 장육상을 만들 때 사용된 금이 1만 136分이라고 기록하고 있음을 들어 금제소형판의 단위 역시 '分'이었을 것이라는 견해를 제시하였다(노중국 2010, pp.443-444).

24) 下部: 上·前·中·後部와 더불어 백제의 단위정치체 혹은 지방행정구획단위로 이야기되는 5部의 하나이다. 백제의 部체제에 대한 자세한 내용은 금제소형판 No.12의 '中部'에 대한 설명 참조.

인 것으로 설명되었다(배병선·조은경·김현용 2009, p.200).

이들 6개 청동합 중 명문이 있는 것은 1번으로서 그 크기는 지름 5.9cm, 높이 3.4cm로 6번 청동합과 더불어 가장 작은 크기에 해당한다. 합 내부에서는 香粉으로 추정되는 유기물과 이것을 싸고 있었을 직물이 발견되었다(국립문화재연구소 2013, p.76). 이 청동합의 명문에 대해서는 연구가 활발히 이루어지지 못하였지만, 명문에서 上部의 達率 目近이 시납하였다고 한 것에 따라 글씨 또한 목근이 직접 쓴 것이며, 필획의 강약이 거의 표현되지 않은 점을 미루어 刀子가 아닌 송곳으로 쓰듯 새겼다는 점, 예서법에 기본을 둔 해서로서 당시에 생활기록에서 예서와 해서가 혼용되고 있었음이 언급되었다(손환일 2010, pp.202-203).

명문이 있어서 주목을 받은 1번 청동합 외에도 6번 청동합은 함께 수습된 다른 청동합들과 달리 유일하게 4엽화문과 당초문 등 문양이 새겨져 있는데, 화려하면서도 우아한 선으로 표현되어 있어 7세기 백제 미술의 뛰어난 미적 감각을 잘 나타내는 것으로 평가되고 있으며, 4번 청동합 내부에서 발견된 曲玉은 작은 금 알갱이와 금선, 각종 색안료로 장식된 金帽가 씌워져 있어 무령왕릉 출토 장신구의 금속공예기법이 지속·발전되었음을 보여주는 것으로 이해되기도 하였다(주경미 2013, pp.123-124).

출처: 국립문화재연구소, 2013, p.74.

출처: 국립문화재연구소, 2013, p.79.

(1) 판독 및 교감

1	
上	①
卩	②
達	③
率	④
目	⑤
近	⑥

上卩達率目近.

(2) 역주

上部[25]의 達率[26] 目近(이 보시하다).

25) 上部: 前·中·下·後部와 더불어 백제의 단위정치체 혹은 지방행정구획단위로 이야기되는 5部의 하나이다. 백제의 部체제

4. 참고문헌

1) 보고서 및 자료집

국립문화재연구소·전라북도, 2013,『미륵사지 석탑 사리장엄』, 국립문화재연구소·전라북도.

국립부여문화재연구소, 1996,『彌勒寺 發掘調査報告書 Ⅱ』, 국립부여문화재연구소.

국립부여문화재연구소, 1996,『彌勒寺 發掘調査報告書 Ⅱ(圖版編)』, 국립부여문화재연구소.

미륵사지석탑보수정비사업단, 2012,『彌勒寺址石塔: 기단부 발굴조사 보고서』, 국립문화재연구소·전라북도.

미륵사지유물전시관, 2009,『彌勒寺址石塔 舍利莊嚴特別展』, 미륵사지유물전시관.

원광대학교 마한 백제문화연구소, 1975,「益山 彌勒寺址 東塔址 및 西塔 調査報告書」,『마한백제문화』 1, 원광대학교 마한백제문화연구소.

이천시립월전미술관, 2010,『옛글씨의 아름다움』, 이천시립월전미술관.

전라북도익산지구문화유적지관리사업소, 2001,『미륵사지석탑』, 전라북도익산지구문화유적지관리사업소.

한국문화관광연구원, 2012,『익산 미륵사지 출토유물의 체계적인 보존·관리 방안 연구』, 한국문화관광연구원.

2) 논저류

權寧愛, 2009,「百濟 彌勒寺址石塔 出土 金製舍利奉安記의 書體 考察」,『韓國思想史學』 32.

김상현, 2009a,「백제 무왕의 왕후와 미륵사 창건-『삼국유사』 무왕조의 사료비판을 중심으로」, 한국사상사학회 학술발표회.

김상현, 2009b,「미륵사 서탑 사리봉안기의 기초적 검토」,『대발견 사리장엄! 彌勒寺의 在照明』, 마한백제문화연구소백제학회 공동주최 학술회의.

김상현, 2009c,「백제 무왕대 불교계의 동향과 미륵사」,『한국사학보』 37.

김수태, 2009,「백제 무왕대의 미륵사 서탑 사리 봉안」,『신라사학보』 16.

김영심, 2007,「新出 文字資料로 본 백제의 5부·5방제」,『한국목간학회 학술대회 자료집』.

김영심, 2000,「百濟史에서의 部와 部體制」,『한국고대사연구』 17.

김주성, 2001,「백제 사비시대의 익산」,『한국고대사연구』 21, 한국고대사학회.

김주성, 2009,「미륵사지 서탑 사리봉안기 출토에 따른 제설의 검토」,『동국사학』 47.

나카무라하지메·이경덕 옮김, 2006,『붓다의 마지막 여행』, 열대림.

에 대한 자세한 내용은 금제소형판 No.12의 '中部'에 대한 설명 참조.

26) 達率: 백제의 16관등 가운데 제2품.

노중국, 2010, 『백제사회사상사』, 지식산업사.
문동석, 2010, 「2000년대 백제의 신발견 문자자료와 연구동향」, 『한국고대사연구』 57.
박남수, 2010, 「益山 彌勒寺址 출토 金鋌과 백제의 衡制」, 『한국사연구』 149.
박중환, 2009a, 「'미륵사 서탑 사리봉안기의 기초적 검토'에 대한 토론」, 『대발견 사리장엄! 彌勒寺의 在照明』, 마한백제문화연구소백제학회 공동주최 학술회의.
박중환, 2009b, 「미륵사 舍利記를 통해 본 百濟 騈儷文의 發展」, 『百濟文化』 41.
박현숙, 2009, 「百濟 武王의 益山 경영과 彌勒寺」, 『韓國史學報』 36.
배병선·조은경·김현용, 2009, 「미륵사지 석탑 사리장엄 수습조사 및 성과」, 『목간과문자』 3.
손환일, 2009, 「백제 미륵사지 서원서탑 금제사리봉안기와 금정명문의 서체」, 『신라사학보』 16.
손환일, 2010, 「백제 미륵사지석탑 〈석가모니진신사리봉영기〉와 〈금정〉의 서체 재 고찰」, 『백제 불교문화의 寶庫 미륵사』(국립문화재연구소 학술심포지엄 논문집), 국립문화재연구소.
손환일, 2011, 『한국 목간의 기록문화와 서체』, 서화미디어.
梁正錫, 2009, 「彌勒寺址 塔址의 調査過程에 대한 검토」, 『韓國史學報』 36.
이경섭, 2014(초판 2013), 『신라 목간의 세계』, 경인문화사.
李道學, 2003, 「百濟 武王代 益山 遷都說의 再檢討」, 『경주사학』 22, 경주사학회.
이도학, 2009, 「彌勒寺址 西塔 『舍利奉安記』의 分析」, 『白山學報』 83.
이병호, 2014, 『백제 불교사원의 성립과 전개』, 사회평론.
이승재, 2011, 「彌勒寺址 木簡에서 찾은 古代語 數詞」, 『국어학』 62.
이용현, 2009a, 「미륵사탑 건립과 사택씨」, 『익산 미륵사지 출토유물에 대한 종합적 검토』, 신라사학회·국민대학교 한국학연구소 공동주최 학술회의.
이용현, 2009b, 「미륵사탑 건립과 사택씨-사리봉안기를 실마리로 삼아」, 『신라사학보』 16.
이은솔, 2014, 「백제 印刻瓦 서풍 연구」, 『목간과문자』 12.
이한상, 2009, 「미륵사지 석탑 출토 은제관식에 대한 검토」, 『익산미륵사지 출토 유물에 대한 종합적 검토』, 신라사학회.
定方晟 지음·東峰 옮김, 1988, 『불교의 우주관』, 진영사.
정동준, 2010, 「백제 관등제의 변전과 의사결정구조」, 『한국사연구』 149.
정재윤, 2009, 「彌勒寺 舍利奉安記를 통해 본 武王·義慈王代의 政治的 動向」, 『한국사학보』 37.
정진원, 2012, 「익산 미륵사지 서탑 〈金製舍利奉安記〉 해독과 쟁점들」, 『한국어문학연구』 58.
정현숙, 2010, 「삼국시대의 서풍」, 『옛글씨의 아름다움』, 이천시립월전미술관.
조경철, 2008, 「백제 무왕대 神都 건설과 彌勒寺·帝釋寺 창건」, 『백제문화』 39, 공주대학교 백제문화연구소.
조경철, 2009, 「백제 익산 彌勒寺 창건의 신앙적 배경 -彌勒信仰과 法華信仰을 중심으로-」, 『韓國思想史學』 32.

주경미, 2013, 「익산 미륵사지 석탑 사리장엄의 성격과 의의」, 『미륵사지석탑 사리장엄』, 국립문화재연구소.

최연식, 2012, 「彌勒寺 創建의 歷史的 背景」, 『한국사연구』 159.

黃壽永, 1973, 「百濟帝釋寺址의 硏究」, 『백제연구』 4, 충남대학교 백제연구소.

홍윤식, 2009, 「익산 미륵사 창건과 선화공주의 역사적 의미」, 『원광대학교 마한백제문화연구소 학술발표논문집』.

GREGORY SCHOPEN, 1997 "Monks and the Relic Cult in the Mahāparinibbāna-sutta – An Old Misunderstanding in Regard to Monastic Buddhism" *Bones, Stones, and Buddhist Monks*, University of Hawai'i Press.

蓮洞里 出土 文字資料

기경량

1. 개관

익산 연동리 출토 동경은 전라북도 익산시 삼기면 연동리의 胎峯寺 부지에서 발견되었다. 태봉사는 미륵사지에서 서북쪽으로 약 3km 가량 떨어진 태봉산의 동쪽 기슭에 있다. 태봉사 부지에서 백제의 인각와가 출토된 적이 있어 백제 때 절터라고 추측하기도 하나 정식 발굴을 통해 확인된 것은 아니다. 태봉사가 위치한 태봉산에는 마한의 임금이 된 箕準이 기도를 통해 3명의 왕자를 얻은 뒤 그 태를 묻은 데서 이름이 유래되었다는 전승이 있다.

지금의 태봉사는 1930년대 태봉산 기슭에서 아들의 무병장수를 기원하는 산신 기도를 올리던 이가 삼존 석불을 발견하여 그 자리에 중창한 절이라고 한다. 태봉사 삼존 석불은 1971년 전라북도 유형 문화재 제12호로 지정되었다. 7세기 전반의 백제 불상으로 추정되기도 하는데, 석고를 이용해 조선 후기 불상 양식으로 복원하여 원형과 조성 시기를 확정하기 어렵다. 직접적으로 관련된 유적이라 하기는 어렵지만, 태봉사에서 서남쪽으로 약 800m 떨어진 곳에는 백제 때 절터인 익산 연동리사지와 백제의 불상이자 보물 제45호인 연동리 석불 좌상이 자리하고 있다.

2. 동경

익산 연동리 출토 동경은 1957년 10월 4일 부여 박물관에 입수되어 '부박 1번' 유물로 소장되었다. 하지만 정확한 발견 경위와 공반 유물에 대한 정보는 남아 있지 않다. 태봉사의 사찰 약사에 따르면 삼존석불이 안치되어 있는 대웅전을 건립한 시기가 1957년이라 하므로, 대웅전 건립 공사를 하던 중 동경이 출토되어 부여 박물관으로 흘러들어간 것으로 짐작된다.

익산 연동리 출토 동경은 부여 박물관에 입수될 당시 이미 크게 파손된 상태였고, 전체가 검은색 녹으로 덮여 있었다. 원래 5조각으로 깨져 있었으나 현재는 복원된 상태이다. 전체 직경은 14.3cm이고, 주연의 높이는 1.1cm이다. 외구는 너비 2.5cm에 높이 0.7~0.8cm이고, 바깥쪽부터 거치문-복선 파문-거치문 순으로 문양이 시문되어 있다. 또한 외구와 내구 사이에는 0.5cm 가량의 높이 차가 있다.

내구에는 두 마리 용과 한 마리 호랑이가 부조되어 있다. 용과 호랑이는 각각 한 마리씩 서로 마주보고 있고, 뉴 반대쪽에 또 한 마리의 용이 다른 용의 꼬리 쪽을 향하고 있는 형태이다. 뉴는 반원형으로 직경 1.8cm, 높이 1.4cm이고, 뉴공은 높이 0.7cm이다. 뉴좌는 내구보다 약간 높은 원좌로, 직경 3.5cm에 문양이 없다. 내구에는 돌아가며 명문이 새겨져 있는데, 파손으로 인하여 13자만 남아 있다. 익산 연동리 출토 명문 동경과 같은 유형은 일본에서 盤龍鏡이라 분류되는데, 중국에서는 龍虎境, 혹은 鼉龍境이라 부른다. 대체로 후한대에 제작되어 유통되었던 것으로 여겨진다(岡村秀典 1993, p.56).

출처: 국립부여박물관, 2003, p.114.

1) 판독 및 교감

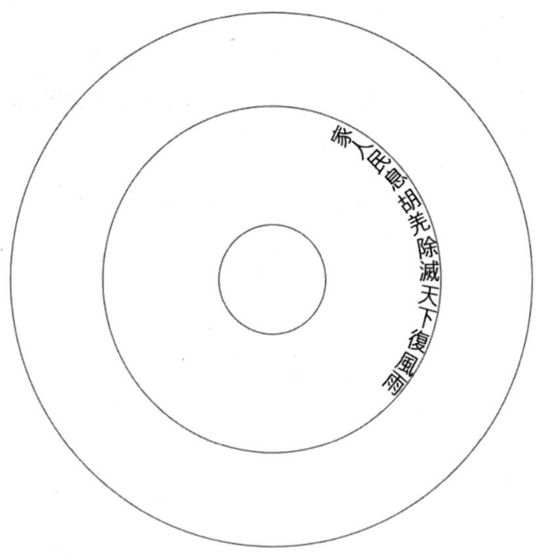

[龍氏作竟四夷服, 多賀君]家人民息, 胡羌除[1]滅天下復, 風雨[時節五, 官位尊顯蒙祿食, 長保二親樂無已]

1-⑦: 除

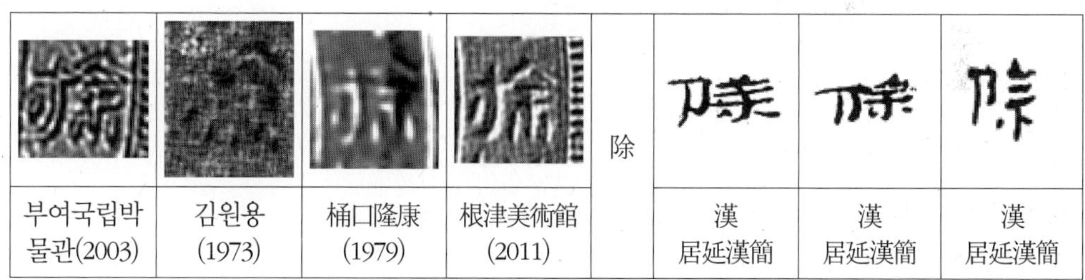

(image)	(image)	(image)	(image)	除	(image)	(image)	(image)
부여국립박물관(2003)	김원용 (1973)	桶口隆康 (1979)	根津美術館 (2011)		漢 居延漢簡	漢 居延漢簡	漢 居延漢簡

[歹+尔] (殄)				涂		徐		
	漢 隸辨	『古鏡圖錄』 大阪 國分神社 소장	『古鏡圖錄』 東京 五島美術館 소장		평양 장진리 30호분 周氏作鏡		前漢 馬王堆 帛書	後漢 曹全碑

∴ 판독에 논란이 있는 글자이며, 이와 유사한 명문이 새겨져 있는 일본 오사카 國分神社 소장 동경과

1) 捈(홍사준, 遺文, 全文, 譯註, 국립부여박물관), [歹+尔](梅原末治), 殄(김정배), 除(성정용·남궁승).

도쿄 五鳥美術館에 소장되어 있는 동경의 명문을 참고할 수 있다. 두 동경 모두 해당하는 글자가 명백하게 '殄'으로 새겨져 있는데, 梅原末治의 판독은 이를 근거로 한 것으로 보인다. 하지만 國分神社 소장 동경과 도쿄 五鳥美術館 소장 동경은 익산 연동리 출토 동경과 비슷한 문장이 새겨진 동경일 뿐 동범경은 아니다. 또한 익산 연동리 출토 동경 명문에서는 해당 글자의 우변 형태가 '余'가 분명하기 때문에 '殄'이라는 판독을 그대로 수용하기 곤란하다.

비슷한 문구를 새긴 또 다른 동경들의 사례를 살펴보면 일제 강점기 평안남도 대동군 대동강면 장진리(현 평양시 역포구역 장진동)의 장진리 30호분에서 출토된 '周氏作鏡'의 유사한 문구에서 해당 글자를 '涂'로 새긴 사례를 확인할 수 있다. '涂'에는 '지우다'는 뜻이 있는데, 이는 '除'와 통하는 부분이다. 해당 글자를 '徐'로 새긴 경우("胡虜徐威天下復")도 확인되는데, 이는 '除'의 가차자로 파악되고 있다(笠野毅 1993, p.220). 연동리 출토 동경의 해당 글자 좌변과 완전히 동일한 사례를 찾기는 어렵지만 居延漢簡에 보이는 '除'의 좌변과 어느 정도 유사성이 보인다고 할 수 있다. 따라서 현재로서는 '除'로 판독하는 것이 가장 설득력이 있다고 판단된다.

1-⑧: 滅

부여국립박물관(2003)	김원용(1973)	桶口隆康(1979)	根津美術館(2011)	前漢 馬王堆帛書	後漢 西嶽崋山廟碑	평양 장진리 30호분 周氏作鏡

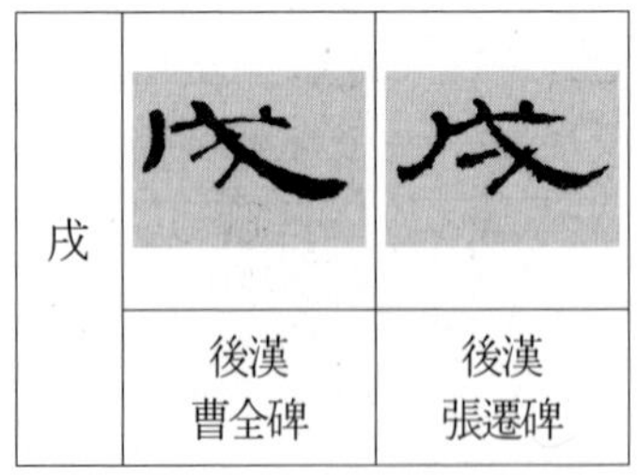

戊		
	後漢 曹全碑	後漢 張遷碑

∴ 평양 장진리 30호분에서 출토된 '周氏作鏡'의 해당 글자는 일반적인 滅에서 '氵'를 생략한 형태인데 반해 이 동경에서는 '火' 부분을 생략한 형태이다. 때문에 해당 글자는 마치 '氵'와 '戊'이 조합된 것처럼 보인다.

2) 역주

[龍氏[2]가 거울을 만드니 사방의 이민족이 복속하고, 나라에 경사가 많아] 백성들은 번성하네. 오랑캐[3]를 없애니 천하가 회복되고, 바람과 비가 [제때 와 오곡이 익네. 벼슬은 높이 올라 祿食을 받고, 오래도록 양친을 모시며 즐거움이 끝이 없네.]

3. 연구쟁점

익산 연동리 동경에 대해 가장 먼저 소개한 홍사준은 이 동경의 명문이 東晉의 太康 3년 명문이 새겨진 신수경과 유사하다는 점을 들어 중국 육조시대의 거울로 보았다(홍사준 1960, p.7). 이에 대해 梅原末治가 연동리 출토 동경이 후한대 중국에서 주조된 반룡경이라는 의견을 제시하였고, 일본의 고경 수집가인 守屋孝藏가 소장하고 있는 龍氏作盤龍鏡이 곧 동범경이라고 밝히며 명문의 전문을 소개하였다(梅原末治 1964, p.499). 이후 김원용이 이 동경을 후한의 신수경으로 일본에 소개한 데 이어(김원용 1973, 도판 160), 김정배 역시 후한경으로 보고 익산 지역의 乾馬國 세력이 중국 군현과 교섭한 자료라고 이해하였다(김정배 1979, pp.8-10).

박순발은 이 동경이 일본 교토의 廣峰 15호분에서 출토된 '景初 4년명 반룡경'과 유사하다는 데 근거하여 중국 삼국시대의 魏鏡으로 파악하였다(박순발 2001, p.13). 하지만 성정용·남궁승은 通口隆康나 岡村秀典의 동경 편년을 참고하여 '2龍 1虎'의 문양과 7언구의 명문 및 반원형 뉴공을 가지고 있는 익산 연동리 출토 동경이 '2룡 2호'의 문양과 4언구의 명문을 가진 廣峰 15호분보다 선행하는 것임을 지적하고, 이 동경이 후한대에 만들어진 것임을 재확인하였다(성정용·남궁승 2001, p.31-32). 성정용·남궁승은 익산 연동리 출토 동경의 동범경으로 일본 五島美術館 소장품과 중국 陝西省 西安 韓森寨 출토 반룡경이 있음을 밝히며 양자의 명문 판독을 제시하였다. 또한 연동리 출토 동경이 한반도에 유입된 시기는 후한 桓帝와 靈帝 재위기 한반도 군현에 대한 통제력이 상실되고 韓濊가 강성해졌던 때일 것으로 추정하였다.

익산 연동리 출토 동경은 파손된 상태로 명문은 13자만 남아 있을 뿐이다. 하지만 일본과 중국에 동범경이 존재하므로 이를 통해 원래의 명문 내용을 확인할 수 있다. 특히 앞에 소개되었던 동범경들 외에도 추가적으로 일본 根津美術館에 소장된 동경 중 익산 연동리 출토 동경과 동일한 동범경이 있음이 확인된다. 根津美術館 소장 동범경은 보존 상태가 매우 좋아 동경의 원형을 확인하고 명문을 판독하는 데 큰 도

2) 龍氏: 명문 첫머리에 나오는 龍氏는 동경을 제작한 주체가 당시 운영되었던 私工房 중 하나임을 의미한다. 이전 시기에는 국가가 운영하는 尙房에서 주도하여 동경을 제작하였으나, 시간이 흐르며 점차 사공방이 동경을 제작해 유통하였고, '○氏作竟'이라는 형태로 명문을 새겼다. 익산 연동리 출토 동경 역시 그러한 동경 중 하나이다.

3) 오랑캐: 이 동경에서는 '胡羌'이라고 되어 있으나 비슷한 시기 제작된 유사한 동경들에서는 대개 '胡虜'라고 새겨져 있다. 이에 주목하여 후한대에 실제로 발생하였던 강족의 반란이 명문에 반영된 것으로 추측하기도 하였다(성정용·남궁승 2001, p.37).

움이 된다. 예를 들어 일본 五島美術館 소장 동경과 陝西省 西安 韓森寨 출토 동경에서는 6구의 두 번째 글자가 분명하지 않아 다른 거울들의 비슷한 명문을 참고하여 '保'로 추독한 바 있으나(성정용·남궁승 2001), 根津美術館 소장 동경의 경우는 해당 글자가 선명하게 '保'로 판독된다. 이 동경은 일본의 유명한 거울 회사인 村上開明堂의 전 사장인 村上英二가 30년간 수집하여 미술관에 기증한 古鏡 컬렉션 중 하나이며, 2011년 출간된 수증 기념 도록인『中國の古鏡』에 선명한 사진이 실려 있다.

이 같은 동범경들의 존재를 통해 현재 13자만 남아 있는 익산 연동리 출토 동경의 명문이 원래 40자였으며, 6개의 구로 이루어져 있음을 확인할 수 있다. 각 구는 7언구의 형태인데, 네 번째 구만이 다른 구와 달리 5언으로 구성되어 있다. 이는 제작 과정에서의 실수로 짐작된다. 동경의 명문을 세밀히 살펴보면 글자 간격이 대체로 균일한 가운데 5언으로 처리된 부분의 글자 간격이 다른 곳보다 유독 좁다는 점을 확인할 수 있다. 아마도 명문을 새기는 과정에서 공간이 부족함을 인지하고 글자 간격을 줄이며 쓰다가 '風雨時節五穀熟'의 뒤쪽 두 글자 '穀熟'을 생략한 것으로 보인다.

명문은 홀로 떨어져 있는 1룡의 머리 부분에서 시작하여 시계 방향으로 한 바퀴를 돌아 완결된다. 서체는 후한대에 사용된 예서로서, 185년에 조성된 曹全碑나 186년 조성된 張遷碑의 서체와 매우 흡사하다. 따라서 이 동경이 만들어진 시기 역시 이 무렵일 것으로 짐작된다.

출처: 根津美術館學藝部, 2011, p.25.

4. 참고문헌

1) 보고서 및 자료집

金元龍 編, 1973,『朝鮮古蹟圖譜』別册, 名著出版.

韓國古代社會研究所 編, 1992,『譯註 韓國古代金石文』Ⅰ, 駕洛國史蹟開發研究院.

黃壽永, 1976,『韓國金石遺文』, 一志社; 1994, 復刊; 1999,『金石遺文 黃壽永全集 -4』, 혜안.

許興植, 1984『韓國金石全文 -古代篇-』, 亞細亞文化社.

根津美術館學藝部 編, 2011,『中國の古鏡』, 根津美術館.

桶口隆康, 1979,『古鏡圖錄』, 新潮社.

2) 논저류

국립부여박물관, 2003,『百濟의 文字』, 하이센스.

金英心, 1992,「益山 出土 銅鏡」,『譯註 韓國古代金石文』Ⅰ, 駕洛國史蹟開發研究院.

金貞培, 1979,「三韓社會의 '國'의 解釋問題」,『韓國史研究』26, 韓國史研究會.

박순발, 2001,「馬韓 對外交涉의 變遷과 百濟의 登場」,『百濟研究』33, 충남대학교 백제연구소.

成正鏞·南宮丞, 2001,「益山 蓮洞里 盤龍鏡과 馬韓의 對外交涉」,『考古學誌』12, 韓國考古美術研究所.

柳佑相, 1966,「胎峰寺出土 晋鏡에 對한 小考」,『湖南文化研究』4, 全南大學校 湖南文化研究所.

허흥식, 2007,「한문자의 사용」,『百濟의 文化와 生活』, 충청남도역사문화연구원.

洪思俊, 1960,「全羅北道 益山出土 六朝鏡」,『考古美術』1-1.

岡村秀典, 1984,「前漢鏡の編年と様式」,『史林』67-5, 京都大學文學部史學研究會.

岡村秀典, 1993,「後漢鏡の編年」,『國立歷史民俗博物館研究報告』55, 國立歷史民俗博物館.

梅原末治, 1942,『漢三國六朝紀年鏡圖說』, 同朋舍.

梅原末治 著, 秦弘燮 譯, 1964,「益山出土의 龍氏作 盤龍鏡」,『考古美術』5-3, 韓國美術史學會.

笠野毅, 1993,「中國古鏡銘仮借字一覽表(稿)」,『國立歷史民俗博物館研究報告』55, 國立歷史民俗博物館.

기타 지역

高敞 五湖里 出土 文字資料

高興 雁洞古墳 出土 文字資料

高興 野幕古墳 出土 文字資料

錦山 栢嶺山城 出土 文字資料

羅州 伏岩里 遺蹟 出土 文字資料

清州 鳳鳴洞 出土 文字資料

高敞 五湖里 出土 文字資料

강진원

1. 개관

고창 오호리 신지매 마을 동쪽 해발 25m 낮은 구릉 상에서는 청동기시대 주거지 2기, 원삼국시대 토광묘 1기, 옹관묘 2기, 주구묘 4기, 석곽묘 6기, 석실분 4기, 통일신라시대의 토광묘 1기가 확인되었다. 대부분 상부 유실이 심하여 뚜렷한 유구의 양상은 파악하기 어려웠다(전북문화재연구원 2009, p.69; p.101). 그 가운데 석실분 4기를 보면 1·2호분에서는 유물이 출토되지 않았음에 비해 3·4호분에서는 유물이 출토되었다. 2007년 청동인장이 발견된 3호 석실분의 경우 蓋石은 유실되었다 해도, 잔존상태가 비교적 양호하였으며, 석실(길이 270cm, 폭 182cm, 높이 72cm) 내부에서는 청동인장과 함께 蓋, 金銅耳飾도 출토되었다(전북문화재연구원 2009, pp.85-86).

출처: 전북문화재연구원, 2009, p.10, 원색사진15.

2. 인장

청동인장은 3호 석실분의 동벽에 치우친 바닥에서 출토되었으며, 출토 당시 인장 표면에서는 직물 흔적이 있었다. 또 인장 주변에 부식흔이 남아있는 것으로 볼 때 직물류로 포장한 다음 목재 상자에 담아 부장했던 것으로 보인다. 인장의 높이는 2.9cm였고, 印章面은 가로 2.7cm, 세로 2.5cm로 정방형에 가까운 형태였다. 인장면의 두께는 1.1cm이다. 상부에는 고리형의 손잡이(印紐)가 달려 있는데, 손잡이 길이는 1.8cm이다(전북문화재연구원 2009, p.87). 손잡이의 형태는 가장 보편적인 형태로서 명청시대까지 존속된 鼻鈕(高碑形鈕)에 속한다(조윤재 2009, pp.104-105). 청동인장에 새겨진 글씨는 부식이 심하여 보존 처리를 거쳐야 하였는데, 그 결과 篆書體를 사용하여 세로로 두 글자씩 총 6자가 음각되어 있음이 밝혀졌다(전북문화재연구원 2009, p.87). 발굴단이 인장을 6세기 초 무렵의 산물로 보았다(정동준 2013, p.141 주125).

曹魏·晋·劉宋·北魏 등 위진남북조시대 4품 이하의 官印은 모두 구리로 만들었고, 인장의 손잡이(印紐)는 높이가 1.5~1.8cm이며 손잡이 끝(鈕頂)은 반원형 혹은 반타원형을 띄고 있는데, 印面은 정방형에 손잡이의 형상은 비석과 흡사한 碑形鼻鈕이다(조윤재 2009, pp.105-107). 그런데 고창 출토 인장은 손잡이 길이가 1.8cm일 뿐 아니라 인면의 형태가 정방형이고 손잡이의 형상이 비석과 같아 동시기 중국의 관인들과 비슷한 모습을 띄고 있다. 고창 출토 인장 표면에는 직물 흔적이 있었고, 인장 주변에는 부식흔이 남아있어 직물류로 포장한 다음 목재 상자에 담아 부장했던 것으로 추정되는데(전북문화재연구원 2009, p.86), 이 또한 동시기 중국에서 인장을 盛裝하는 기물이 존재하였던 것과 상통한다(조윤재 2009, pp.109-110). 이를 보면 이 인장은 동시기 중국의 관인 등과 같은 종류로 보아도 무방하다고 생각한다. 백제 내부에서 중국의 인장을 모방하여 만들었다고 볼 수도 있다. 그러나 고대 한반도에서 인장의 출토 사례가 드물고 백제의 경우는 더하기에 그렇게 보기는 어렵다. 중국계 기술자가 와서 인장을 만들었다고 상정해볼 수도 있겠으나, 그보다는 남조 등에서 백제로 전해진 것이라 상정하는 편이 좋을 것 같다.

명문이 새겨진 인장은 그간 많이 전해지고 있지 않은 실정이었기에 역사적 의의는 작지 않다. 더욱이 이 인장의 주인은 將軍號 소지자인데, 북위나 유송 및 남제와의 교류 과정에서 백제의 왕이나 귀족이 장군호를 띤 것이 확인되기 때문에 백제사의 복원에 있어서도 중요한 역할을 하리라 생각된다. 한편 현재 중국에는 많은 官印들이 존재하고 있으나 남북조시대의 그것은 그 수가 상대적으로 적으며, 傳世된 경우를 제외하면 양의 관인이 출토된 사례는 전무하다고 한다(조윤재 2009, p.114). 따라서 고창 출토 인장이 가지는 의의는 비단 한국사의 영역에서만 그치는 것이 아니라 하겠다.

출처: 전북문화재연구원, 2009, p.213, 사진87.

1) 판독 및 교감

3	2	1	
[伏]	將	之	①
義	軍	印	②

[伏]義將軍之印

3-①: [伏]

3-① 사진	3-① 도면	3-① 사진 좌우회전	3-① 도면 좌우회전	漢印	伏波將軍章	伏波將軍章	伏義將軍之印

∴ 인장에 새겨진 6글자 가운데 이 글자를 제외한 나머지 글자에 대해서는 판독에 큰 이견이 없다. 그러므로 일단은 이 인장이 '▨義將軍'의 것임을 알 수 있다. 남북조시대에 '▨義將軍'이라는 이름을 가진 장군호는 建義將軍·立義將軍·雄義將軍·輔義將軍·明義將軍·向義將軍·馳義將軍·奉義將軍·執義將軍·宣義將軍·歸義將軍·守義將軍·懷義將軍·伏義將軍·忠義將軍·康義將軍 등이다. 청동인장은 인장의 재질이나 손잡이를 보면 같은 시기 중국의 영향을 받았다고 여겨지므로, 印文 또한 그럴 것으로 여겨진다. 따라서 지금 거론한 '▨義將軍' 가운데 하나가 고창 출토 인장의 인문과 합치할 가능성이 있다. 이에 漢印에 해당 장군호의 글자들이 새겨진 사례를 보자면 다음과 같다.

建	立	雄	輔	明	向	馳	奉
執	宣	歸	守	懷	伏	忠	康

그런데 남북조시대 중국 官印의 각서 기법은 刻刀의 방향이 아래에서 위로 향했기 때문에, 漢印처럼 유려하거나 부드럽지는 않았다(조윤재 2009, p.108). 그 점을 고려하고 바라보면, 위 글자들 가운데 3-① 과 유사한 형태를 보이는 것은 '伏'자가 아닐까 한다. 해당 인장을 종이에 찍을 경우 'リ'와 비슷한 형태의 각획이 왼쪽 부분에 몰려서 나타나는데, 이와 유사한 경우가 伏義將軍의 '伏'자이기 때문이다. '伏義將軍之印'과 '伏波將軍章'이란 이 시기의 중국 官印을 보면 더욱 그러하다.

2) 역주

[伏]義將軍[1)]의 인장

3. 참고문헌

1) 보고서 및 자료집

전북문화재연구원 편, 2009, 『高敞 石橋里 · 五湖里遺蹟』, 전북문화재연구원 · 고창군.

李志賢 · 楊瑞昭 · 蔡錦寶 · 張景春 편, 1994, 『中國篆書大字典』, 上海書畵出版社.

1) 伏義將軍: 525년(普通 6) 양무제가 '施於外國'을 목적으로 109개의 장군호를 내놓을 때 처음 나타났는데, 품계로는 최하위인 10품에 해당하였다. 더욱이 양무제는 품계별 구분 외에 이들 장군호를 二十四班으로 나누기도 하였는데, 이때 복의장군은 최말단인 一班에 소속되었다. 529년(大通3) 양무제가 이들 장군호를 125개로 늘리고 二十八班으로 재편성할 때에도 伏義將軍은 一班이었다(『隋書』 卷26, 百官上). 문헌에 나타나는 백제왕의 장군호는 2품, 그리고 귀족들의 그것이 3~4품인 경우가 많았다. 아마도 지방 통제의 목적으로 재지 수장층에게 이러한 하위 장군호가 내려졌던 것이 아닌가 한다. 중국의 경우 현직에서 사용하던 인장은 조정에 환급하는 것이 원칙이었기에, 고분에서 출토되는 관인들 대부분은 법규를 어기고 私意로 매장했거나, 혹은 묻기 위해 특별히 제작한 冥器로서의 순장인이었는데(조윤재 2009, pp.110-114), 이 인장 또한 그러했는지는 알기 어렵다.

2) 논저류

盧重國, 2012, 「百濟의 王·侯號, 將軍號制와 그 運營」, 『百濟研究』 55, 忠南大學校 百濟研究所.

梁起錫, 1984, 「五世紀 百濟의 「王」·「侯」·「太守」制에 對하여」, 『史學研究』 38, 韓國史學會.

정동준, 2013, 『동아시아 속의 백제 정치제도』, 일지사.

조윤재, 2009, 「高敞 出土 銅印考」, 『한국고고학보』 71, 한국고고학회.

張旭·景明臣, 1988, 「咸陽市博物館收藏的幾枚官印」, 『文博』 1988-1, 陝西省文物局.

高興 雁洞古墳 出土 文字資料

기경량

1. 개관

고흥 길두리 안동고분은 전라남도 고흥군 포두면 길두리에 소재하고 있으며, 고흥반도 동남쪽에 위치한 안동마을 구릉 위에 자리하고 있다. 노출된 천정석을 근거로 오랫동안 석실분으로 추정되어 오다가 2006년 2월 14일~5월 15일 사이에 전남대학교 박물관에 의해 1차 조사가 이루어졌고, 같은 해 5월 16일~6월 15일 사이에 2차 조사가 이루어졌다.

분구 규모는 직경 약 34m, 높이 약 5m으로, 남해안 지역에서 가장 규모가 큰 대형이다. 葺石 시설이 확인되었으며 내부는 수혈식 석곽으로 평면 형태는 사다리꼴이다. 장축은 동−서 방향이며, 길이 320cm, 너비 150(동)−130(서)cm, 높이 160cm로, 벽면은 편평하게 가공한 너비 20~50cm, 두께 15cm 내외의 할석을 벽돌처럼 11~12단으로 쌓아 축조하였다. 벽석 사이의 틈새는 점토로 메꾸었으며 벽면에는 주칠흔이 희미하게 남아 있다. 석곽 바닥에는 5cm 내외의 잔돌을 깔았고, 서쪽 모서리와 석곽 중앙 벽석 부분에 관대석으로 보이는 돌이 두 개씩 놓여 있다. 천정은 약 15cm 두께의 판석 3매로 구성되어 있다.

서쪽의 천정석이 발굴하기 전부터 들려진 상태에 있었고 그 아래쪽이 교란되어 있어 이미 도굴되었을 것이라 여겨졌으나, 실제로는 교란된 부분이 유물층에 이르지 못하였고, 부장품들은 발굴 당시까지 훼손되지 않은 채 남아 있었다. 출토 유물은 동경·금동 관모·금동 신발·금동 귀걸이·투구·갑옷·견갑·철도·환두도·철모·철부·철촉·도자·살포·철정·철촉·옥·방추차 등이 있다. 이 중 금동관은 높이 23.2cm로 고깔 모양 구조에 투조로 잎사귀를 형상화한 무늬를 넣었고, 정수리에 꽃봉오리 장식물을 달았다. 형태는 익산 입점리 출토품과 흡사하나 문양이 투조문으로 입점리의 타출문과는 다르고, 서산 부장리의 출토품과 상통한다. 금동신발은 한 쌍으로 길이는 약 30cm, 높이는 10cm이다. 凸자형 투조문이 원주 법천리 1·4호분 출토품과 상통한다. 투구에는 투조 장식의 챙이 달렸으며, 갑옷은 높이 35cm 가량의 長方板革綴板甲이다.

고분의 축조 시기에 대해 발굴 초기에는 금동관과 금동 신발이 서산 부장리나 원주 법천리의 출토품과 큰 시차가 없어 보인다는 점을 들어 5세기 초반일 가능성이 제기되었으나(전남대학교 박물관 2006), 다시 5세기 중엽으로 보기도 하였고(전남대학교 박물관 2007, p.118), 공반된 투구와 갑옷의 형태까지 감안해 5세기 후반으로 재설정되기도 하였다(임영진·오동선 2007, p.213; 임영진 2011b, p.73).

2. 동경

고흥 안동고분에서 출토된 명문 동경은 석곽의 중앙부에서 발견되었다. 지름 10.5cm의 크기이고, 중앙의 원형 鈕를 박쥐형의 四葉鈕座가 감싼 형태로, 그 사이에 4자의 명문이 있다. 뉴좌의 외곽에는 안쪽을 향하여 連弧紋이 8개 있으며, 그 사이에 8자의 명문이 있다. 시굴 조사 개보나 보도 자료 등에 따르면 발굴 내구에 있는 4자는 '長宜子孫'으로 판독하였으나, 외구에 있는 나머지 8자 명문에 대해서는 글자의 개수만을 밝혔을 뿐 판독문을 제시하지는 않았다. 다만 2011년에 외구 8자에 대해 "日月昭明位至三公"이라는 판독문이 제시된 바 있다(임영진, 2011a, p.16).

고흥 안동고분에서 출토된 동경 양식은 중국에서는 연호문경, 일본에서는 內行花文鏡이라 부른다. 중국 後漢대에 크게 유행했던 동경으로, 후한 초인 기원후 1세기부터 삼국시대인 3세기 중반까지 제작되었다(樋口隆康 1979, p.377). 5세기 후반대로 추정되는 안동고분의 축조 연대와는 차이가 나므로 전세품으로 볼 수 있다.

연호문경은 대개 8개의 내향하는 연호문을 주제 문양으로 하고, 뉴좌는 원형이거나 四葉紋, 박쥐형의 형태를 띤다. 중국에서는 문양의 구성을 기준으로 하여 연호문경을 ①雲雷連弧紋鏡, ②'長宜子孫' 連弧紋鏡, ③素連弧紋鏡 등 3종류로 구분하기도 한다(孔祥星·劉一曼 2003, p.176). ①운뢰연호문경은 바깥쪽 구획에 운뢰문과 圈線이 배치되어 있는 연호문경으로, 사엽문뉴좌 사이에 '長宜子孫'이나 '長生宜子' 등의 명문을 새긴 경우도 있다. ②'장의자손' 연호문경은 바깥쪽 구획에 운뢰문이 없고, 박쥐 형태의 사엽문뉴좌 사이에 4자의 명문을 배치하는 경우가 대다수인데, '長宜子孫'銘 이 압도적으로 많기 때문에 일반적으로 '장의자손' 연호문경이라 부른다. ③소연호문경은 둥근 뉴와 뉴좌를 갖추고 있으며 명문 및 운뢰문이 없다.

이러한 기준에 따를 경우 고흥 안동고분 출토 동경은 운뢰문이 없으면서도 '장의자손' 명문이 박쥐형 뉴좌 사이에 새겨져 있는 형태이므로 전형적인 '장의자손' 연호문경에 해당한다.

출처: 전남대학교 박물관 제공.

1) 판독 및 교감

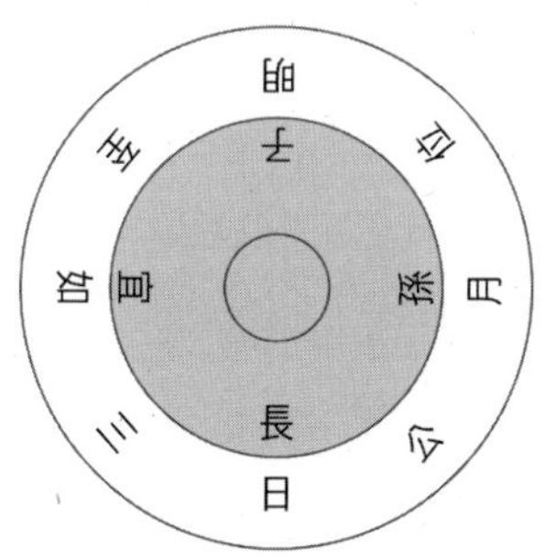

내구 : 長宜子孫

외구 : 明如[1]日月, 位至三公

1) 昭(임영진).

내구 ①: 長

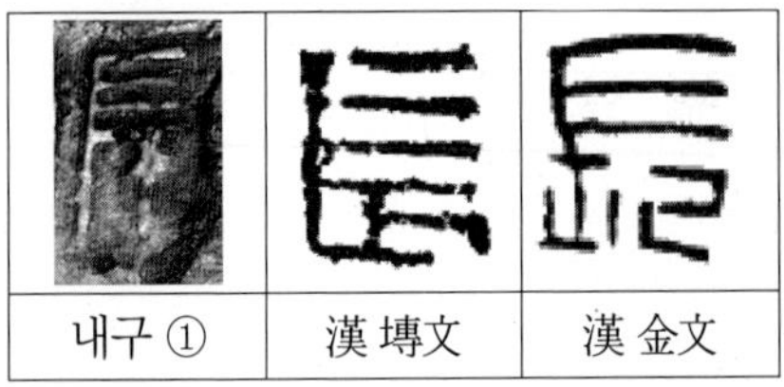

내구 ①	漢 塼文	漢 金文

∴ 내구의 명문 4자는 세로가 긴 장방형으로 전서와 예서가 섞인 듯한 서체이다. 인장에 새겨진 글씨처럼 꺾이는 부분마다 각이 진 자형을 가지고 있어 외구에 새겨진 글자들과 구분된다. 시계 방향으로 돌아가며 읽게 되어 있는데, 비교적 선명하여 판독에 어려움이 없다. 첫 글자는 '長'으로 판독된다.

내구 ②: 宜

내구 ②	漢印	漢 金文

∴ '宜'로 판독하는 데 문제가 없다. 상단이 '宀'이 아니라 '冖'의 형태이나 이는 '宜'를 쓸 때 일반적으로 혼용되었던 방식이다.

내구 ③: 子

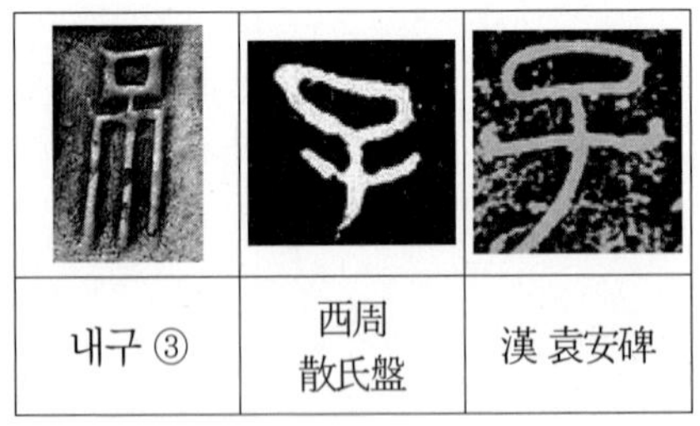

내구 ③	西周 散氏盤	漢 袁安碑

∴ '子'로 판독하는 데 문제가 없다.

내구 ④: 孫

내구 ④	漢印	說文篆文

∴ '孫'으로 판독하는 데는 문제가 없으나 좌우변 위치가 바뀐 점은 특이하다. 첫 글자인 '長'이 정상적으로 새겨진 것을 볼 때 명문 전체가 좌서인 것은 아니다. 이러한 좌우변의 바뀜 현상은 외구에 있는 글자들에서도 나타난다. 이 동경 명문이 가지고 있는 특징이라고 할 수 있다.

외구 ①: 明

외구 ①	後漢 西狹頌	後漢 白石神君碑

∴ 외구 8자 명문은 내구 4자와 달리 글자가 정방형이거나 좌우가 넓은 편방형이며, 서체는 후한대의 예서체이다. 손상된 부분이 있어서 명확히 판독되지 않는 글자도 일부 있다. 외구 첫 번째 글자인 '明'은 좌우변이 바뀐 것으로 보이기도 하지만 '眀'의 형태로 보는 것이 더 타당해 보인다. 후한대의 글씨들을 보면 '明'을 '眀'의 형태로 쓰는 경우가 많다.

외구 ②: 如

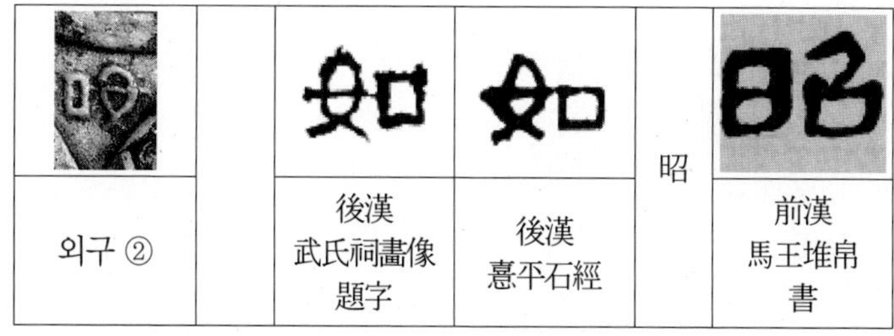

외구 ②		後漢 武氏祠畵像 題字	後漢 熹平石經	昭	前漢 馬王堆帛書

∴ 일반적인 '如'와 달리 좌우변이 바뀐 형태이다. '女'의 위쪽 부분을 둥글게 처리하는 것도 후한대에 유행하였던 서체의 모습을 반영하고 있다. 다만 '女'와 '口'의 좌우 위치가 바뀌는 형태는 흔히 볼 수 없는 경우인데, 앞에서도 밝혔듯이 이는 이 동경의 특징이다. 이 동경에서는 의도성을 가지고 글자 형태가 좌우 대칭이 되도록 디자인하고 있으며, 좌우 비대칭형의 글자를 사용할 때는 한 번은 정상적으로 쓰고, 그

다음번에 나오는 비대칭형 글자는 좌변과 우변을 바꾸는 식으로 처리하고 있다. 내구에서는 '長'에 대응하여 '孫'을 그렇게 처리하였고, 외구에서는 '明'에 대응하여 '如'를 그렇게 처리한 것으로 볼 수 있다. '昭'로 판독한 사례(임영진 2011a)도 있으나 자형 상 인정하기 어렵다.

외구 ③: 日

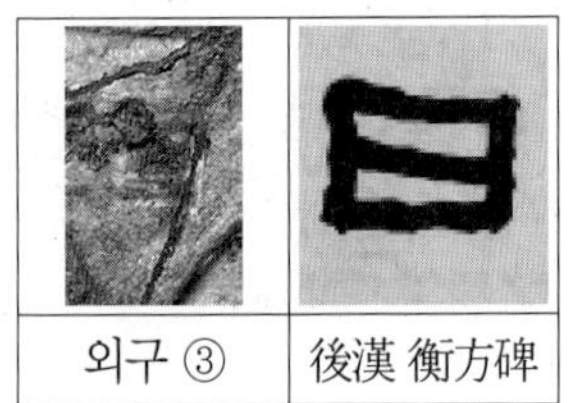

외구 ③	後漢 衡方碑

∴ 일부 녹이 덮여 글자의 일부를 가리고 있기는 하나 판독에는 문제가 없다.

외구 ④: 月

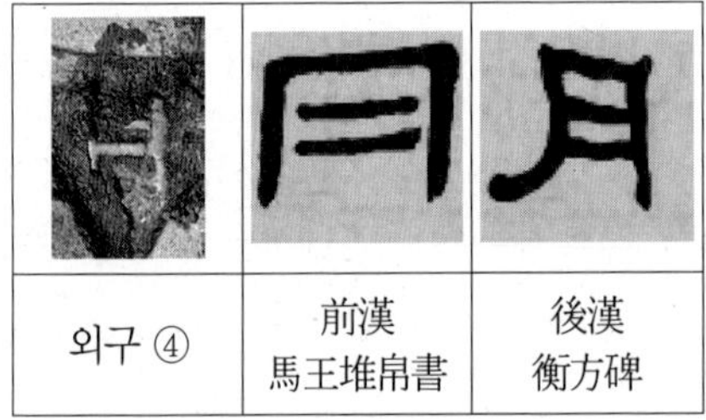

외구 ④	前漢 馬王堆帛書	後漢 衡方碑

∴ 절반 정도 녹이 슬고 깎여 나가 형태가 잘 남아 있지 않으나 남아 있는 자형 및 전체 문장 구성으로 보았을 때 원래 '月'이었던 것으로 여겨진다.

외구 ⑤: 位

외구 ⑤	後漢 石門頌	後漢 熹平石經	後漢 曹全碑

∴ 현재 남아 있는 형태는 '立'으로 보인다. 하지만 앞서 설명한 것처럼 이 동경은 의도적으로 글자의 좌우 대칭을 강조하고 있으므로, 비대칭형 글자인 '位'를 대칭형 글자인 '立'으로 假借한 것으로 볼 수 있다.

외구 ⑥: 至

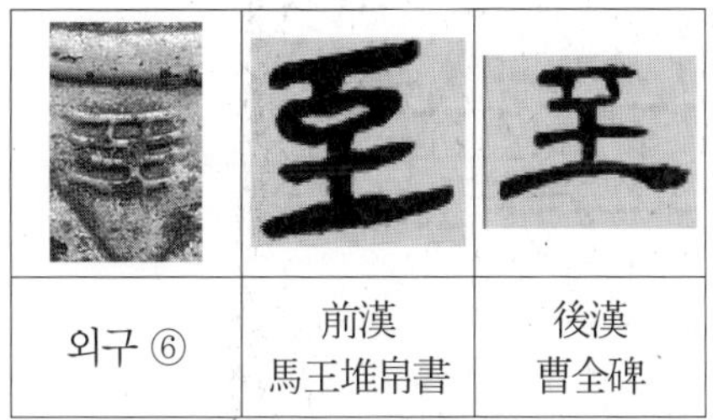

외구 ⑥	前漢 馬王堆帛書	後漢 曹全碑

∴ 전형적인 한대 예서체이다. 판독에 전혀 문제가 없다.

외구 ⑦: 三

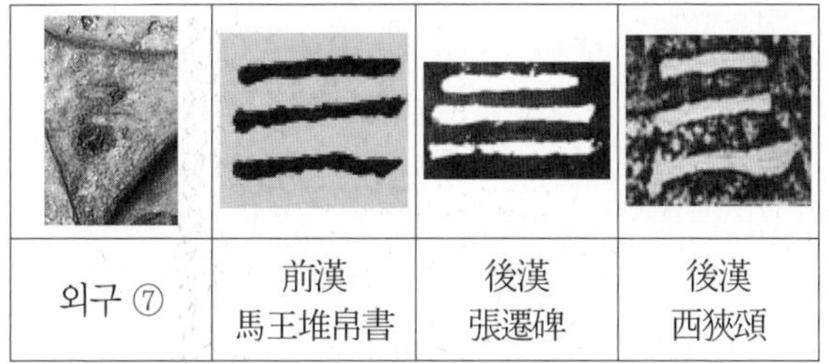

외구 ⑦	前漢 馬王堆帛書	後漢 張遷碑	後漢 西狹頌

∴ 현재 남아 있는 형태로는 '二'처럼 보이나 원래 '三'이었던 것으로 판단된다. 세 번째 획의 오른쪽 끝부분 흔적이 희미하게 남아 있는 것이 확인된다.

외구 ⑧: 公

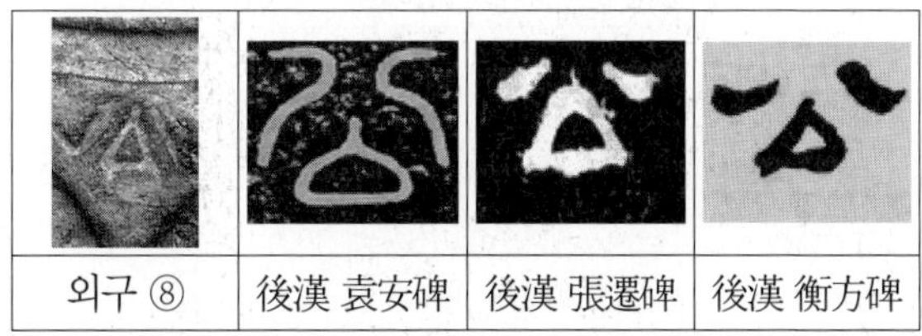

외구 ⑧	後漢 袁安碑	後漢 張遷碑	後漢 衡方碑

∴ 비교적 선명하며 판독 상에 문제가 없다.

2) 역주

오래도록 자손들이 번창하기를[2)]

밝기는 일월과 같고, 지위는 三公[3)]에 이르기를

3. 연구쟁점

1) 판독 순서

내구 명문 4자: 長宜子孫

외구 명문 8자: 明位如至日三月公

明		如		日		月	
	位		至		三		公

외구의 8글자를 순서대로 나열하면 '明位如至日三月公'이 된다. 하지만 이렇게 읽을 경우 시계 방향이든 시계 반대 방향이든 문장의 의미가 전혀 통하지 않는다. 이를 '日月昭明位至三公'이라고 읽은 경우도 있으나(임영진 2011a), 문장 구조가 어색할 뿐 아니라 판독 순서에서도 일관성을 잃게 되므로 따르기 어

2) 長宜子孫: '長樂未央', '壽如金石', '千秋萬歲' 등과 함께 흔하게 볼 수 있는 길상구이다. 공주 무령왕릉에서도 '宜子孫' 명문이 있는 거울이 발견된 바 있다.

3) 三公: 천자를 보필하는 세 개의 최고 관직을 합쳐 이르는 것이다. 周代에는 太師, 太傅, 太保를 가리켰다. 前漢代에는 행정을 담당한 丞相(大司徒), 군사를 담당한 太尉(大司馬), 감찰을 담당한 御史大夫(大司空)을 삼공이라 하였으며, 後漢代에는 이를 다시 太尉, 司徒, 司空으로 칭했다. 삼공은 달리 三司라고도 불렸고, 隋·唐대 이후에는 명예직이 되었다. 元·明·淸代 에도 태사·태부·태보를 두어 삼공이라 부르며 대신들의 최고 영예직으로 삼았다. 한국에서는 고려 때 태위·사도·사공을 두어 삼공이라 칭했으며, 조선 시대에는 영의정·좌의정·우의정의 3정승을 삼공이라 일컬었다.

렵다. 이 동경의 외구 명문을 바르게 읽기 위해서는 시계 반대 방향으로 징검다리처럼 한 글자씩 건너 뛰어가며 읽어야 한다. 이 방식으로 읽을 경우 '明如日月'과 '位至三公'이라는 2개의 의미 있는 문구가 만들어진다. 후한대에 만들어진 연호문경에서는 외구에 '位至三公'이라는 길상구를 새기는 경우가 많이 있었고, '壽如金石' 같은 어구도 많이 사용되었다. 안동고분 출토 동경의 명문 역시 이러한 경향에 부합한다고 할 수 있다. 다만 두 개 문구를 징검다리 식으로 한 글자씩 교차해 배치한 것은 독특한 모습이다.

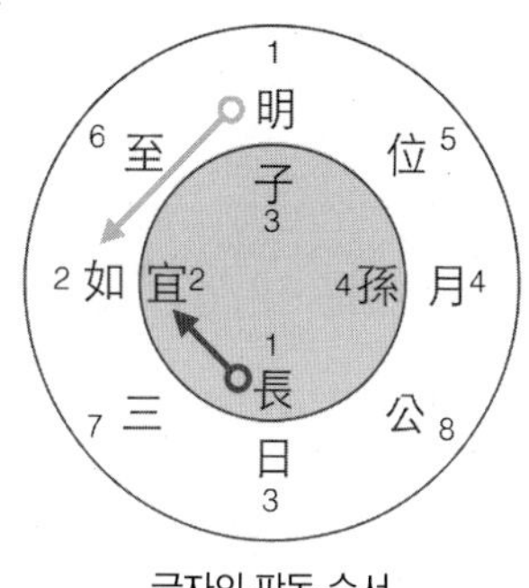

글자의 판독 순서

동경의 문자는 원형으로 돌아가며 배열되어 있기 때문에 문장의 시작과 끝이 분명하지 않다. 따라서 두 개 문구로 이루어졌음이 확인되었다 하더라도 '明如日月'과 '位至三公' 중 어느 것을 먼저 읽는가 하는 문제가 발생한다. 이는 명문의 전체적인 배열을 통해 추측할 수 있다. 얼핏 보기에는 '位至三公'의 첫 글자인 '位'가 내구의 마지막 글자인 '孫'과 가까운 지점에 배치되어 있으므로, 시계 방향으로 '長宜子孫'이라 읽은 다음 바로 외구로 넘어가 '位'부터 반시계 방향으로 읽어나가는 게 자연스러워 보인다. 하지만 이 경우 '位至三公'의 마지막 글자인 '公'과 그 뒤에 이어져야 할 '明如日月'의 첫 글자 '明' 사이에 '月'과 '位' 두 글자가 끼게 되는 어색함이 발생한다. 이 동경에서 내구 명문과 외구 명문이 서체상의 차이를 보이며 구분되고 있음을 감안한다면, 내구 문구와 외구 문구간의 연속성보다는 외구의 2개 문구 사이의 연속성이 더 중요하다고 할 수 있다.

외구 명문을 '明'부터 읽기 시작하면 '明如日月'의 마지막 글자인 '月'과 '位至三公'의 첫 글자인 '位'가 인접하게 되어 무리 없는 연속 읽기가 가능하다. 내구 4자의 첫 글자인 '長'과 외구 8자의 첫 글자인 '明'이 서로 대칭되는 방향에서 시작하여 하나는 시계 방향으로, 다른 하나는 반시계 방향으로 읽게 된다는 점도 글자의 형태나 배치의 대칭 구도를 강하게 의식하고 있는 이 동경의 전체적인 디자인 의도와 부합한다. 따라서 외구의 8글자는 '明如日月'부터 읽는 것이 타당하다.

2) 동경 출토 고분의 피장자 성격

고흥 안동고분 동경 자체에 대해서는 쟁점이라고 할 것이 없지만, 함께 출토된 금동관 및 갑주와 무기 등 유물들과 함께 피장자 성격에 관한 논의가 이루어지고 있다. 안동고분 피장자에 대해서는 크게 재지세력으로 보는 입장과 왜계 인물로 보는 입장으로 나뉜다.

고흥 안동고분 피장자의 독자적 성격을 강조하는 입장에서는 이 지역의 토착 세력가나 해양세력으로 이해하고 있다(강봉룡 2006, p.14; 정재윤 2008, p.245). 분구 구조와 출토 유물 상 백제 중앙과 뚜렷한 차이점을 보이므로 해상 활동을 통해 부를 축적한 독자적인 세력이 그 상징으로 금동관을 사용했을 것이라 파악하는 한편, 금동관이 백제에서 사여된 것이라 하더라도 확고한 지배·피지배의 관계 속에서 이루어진 것보다는 호의로 제공되었을 가능성이 높다고 추측하였다(임영진·오동선 2007, pp.213-214; 임영진 2011b, pp.76-77).

고분 피장자가 백제에게 부여받은 권위를 통해 대외교섭의 매개 역할을 수행하며 성장하게 되었다고 보는 시각도 있다. 백제가 동성왕대에 임나 4현과 가야 지역으로 진출할 수 있는 전략적 요충지인 고흥 길두리 일대에 자리 잡은 해상 세력을 포섭하여 성장시켰고, 안동고분에서 출토된 금동관 등의 위신재는 백제로부터 하사받은 것으로, 백제가 실시한 왕·후제와 관련해 보아야 한다는 것이다(문안식 2007, pp.40-42).

고흥반도에 대규모 주거지나 고분이 발견되지 않는다는 점을 들어 이 지역에 대대로 기반을 가지거나 강력한 세력을 형성한 집단이 존재하지 않았다고 보기도 한다. 그럼에도 안동고분에 최상급 위세품이 부장된 것은 길두리 포구 일대가 연안 항로의 기항지였기 때문에, 왜와의 관계 유지에 기여한 이들에 대한 백제 중앙의 포상에 따른 것이라 설명하였다(김영심 2014, p71).

반면 안동고분의 묘제나 출토 유물에 보이는 왜계 요소에 주목하여 피장자를 왜계 인물로 보는 시각도 있다. 안동고분의 피장자가 백제 중앙에서 지역에 파견한 왜계 백제 관인이라는 것이다(박천수 2006, pp.200-202). 한반도의 왜계 고분들이 단발적으로 조영되는 성격이 있음을 지적하고, 안동고분 역시 왜계 고분으로 분류하면서 피장자 역시 재지 세력이 아닌 왜인으로 보아야 한다고 주장하기도 한다(홍보식 2006, pp.43-44). 한반도 남부 지역 세력과 교섭 및 교역 활동에 종사한 왜계 유력자의 묘라고 설명하기도 하며(이동희 2007, p.92), 고흥 안동고분이 백제가 호남 동부 지역과 남해안 해로 등을 확보하던 시기 백제의 후원을 받았던 왜계 군사 집단의 존재를 보여 주는 유적이라 이해하는 경우도 있다(김영민 2011, p.82).

4. 참고문헌

1) 보고서 및 자료집

문화재청, 2010, 「보도자료 -고흥 길두리 안동고분 출토 유물, 발굴 4년 만에 원형을 찾다-」(2010. 5. 6).

전남대학교 박물관, 2006, 「고흥 안동고분 시굴조사 현장설명회 자료」.

전남대학교 박물관, 2011, 『고흥 길두리 안동고분의 역사적 성격 -특별전 기념 학술대회 자료집-』.

桶口隆康, 『古鏡圖錄』, 新潮社, 1979.

2) 논저류

강봉룡, 2006, 「고대 동북아 연안항로와 영산강·낙동강유역」, 『가야, 낙동강에서 영산강으로』, 김해시.

권혁남·서정은·유동완·이정민·함철희, 2011, 「고흥 길두리 안동고분 출토 금속유물의 수습 및 보존처리」, 『고흥 길두리 안동고분의 역사적 성격 -특별전 기념 학술대회 자료집-』, 전남대학교 박물관.

김영민, 2011, 「고흥 길두리 안동고분의 갑옷과 투구」, 『고흥 길두리 안동고분의 역사적 성격 -특별전 기념 학술대회 자료집-』, 전남대학교 박물관.

김영심, 2011, 「고흥 길두리 안동고분 축조의 역사적 배경」, 『고흥 길두리 안동고분의 역사적 성격 -특별전 기념 학술대회 자료집-』, 전남대학교 박물관.

김영심, 2014, 「고흥 안동고분 축조의 역사적 의미」, 『백제문화』 51, 공주대학교 백제문화연구소.

이동희, 2007, 「백제의 전남 동부 지역 진출의 고고학적 연구」, 『韓國考古學報』 64.

이한상, 2011, 「고흥 길두리 안동고분 금동관모와 금동식리에 대한 검토」, 『고흥 길두리 안동고분의 역사적 성격 -특별전 기념 학술대회 자료집-』, 전남대학교 박물관.

이 훈, 2010, 『금동관을 통해 본 4~6세기 백제의 지방통치』, 공주대학교대학원 박사학위논문.

임영진, 2006, 「고흥 길두리 안동고분 출토 금동관의 의의」, 『충청학과 충청문화』 5-2, 충청남도 역사문화원.

林永珍·吳東墠, 2007 「高興 吉頭里 雁洞古墳 試掘調查 概報」, 『研究論文集』 7, 湖南文化財研究院.

임영진, 2011a, 「고흥 길두리 안동고분의 발굴조사 성과」, 『고흥 길두리 안동고분의 역사적 성격 -특별전 기념 학술대회 자료집-』, 전남대학교 박물관.

임영진, 2011b, 「고흥반도 안동고분의 정체」, 『한국의 고고학 Unearth』 17, 주류성.

문안식, 2007, 「고흥 길두리고분 출토 金銅冠과 백제의 王·侯制」, 『韓國上古史學報』 55.

박천수, 2006, 「고대 동북아 연안항로와 영산강·낙동강유역」, 『가야, 낙동강에서 영산강으로』, 김해시.

정재윤, 2008, 「백제의 섬진강유역 진출에 대한 고찰」, 『백제와 섬진강』, 서경문화사.

전남대학교 박물관, 2007, 「고흥 길두리 안동고분」, 『(2006)한국 고고학 저널』, 국립문화재연구소·주류성출판사.

조영현, 2011, 「고흥 길두리 안동고분의 축조구조」, 『고흥 길두리 안동고분의 역사적 성격 -특별전 기념 학술대회 자료집-』, 전남대학교 박물관.

홍보식, 2006, 「한반도 남부지역의 왜계 요소 : 3~6세기를 중심으로」, 『韓國古代史研究』 44.

孔祥星·劉一曼 著, 高倉洋彰·田崎博之·渡辺芳郎 譯, 『図說中国古代銅鏡史』, 中国書店, 2001; 安京淑 譯, 『中國古代銅鏡』, 주류성, 2003.

桶口隆康, 『古鏡』, 新潮社, 1979.

高興 野幕古墳 出土 文字資料

기경량

1. 개관

고흥 야막고분은 전라남도 고흥군 풍양면 야막리에 있는 고분(전라남도 문화재자료 제218호)이다. 고흥만이 바라보이는 구릉 위에 1기만 독자적으로 조영되어 있으며, 직경 22m, 높이 3m 가량의 분구로 이루어졌다. 국립나주문화재연구소가 2012년 5월부터 12월까지 발굴조사를 하였다.

매장시설은 목곽을 구조틀로 엉성하게 벽석을 쌓고, 주위에 1m 내외 폭으로 돌을 2~3단 채워 보강한 형태이다. 전체 규모는 550×300cm이고, 내곽은 길이 310cm, 너비 73~86cm, 깊이 45~50cm이다. 일본 北九州의 석관계 수혈식 석실과 유사한 구조이며, 마산 대평리 M1호분, 신안 배널리 3호분과도 유사하여 倭와의 관련성이 있다고 여겨진다.

고흥 야막고분에서는 동경을 비롯하여 철제 갑옷과 투구, 竪櫛, 검, 대도, 창, 화살촉, 廣口小壺, 환옥, 곡옥 등 150여 점의 유물이 발굴되었다. 매장시설 내부 바닥에서는 두개골과 대퇴골 인골의 흔적도 확인되어 피장자의 키가 160cm 가량이라는 것을 파악할 수 있었다. 투구는 三角板革綴衝角付冑이고, 갑옷은 三角板革綴板甲으로 5세기 전반에 제작된 것으로 추정되었다. 이러한 갑주의 형식은 일본 畿內 지방에서 성립된 것으로 알려져 있어 매장시설의 형태뿐 아니라 유물에서도 왜와의 관련성을 보여준다. 야막고분은 고분의 형식, 출토되는 갑주는 물론 동경의 존재까지 인근의 안동고분과 유사성이 많으며 비슷한 시기 같은 유형의 고분을 축조했던 집단의 성격에 대해 고찰할 수 있는 중요한 자료로 주목된다.

2. 동경

고흥 야막고분에서는 2개의 동경이 발굴되었는데, 그중 하나는 무늬나 글자가 없는 소문경이고, 다른 하나는 漢代의 隸書로 '位至三公'이라는 명문이 새겨져 있는 동경이다. '位至三公' 명문경은 지름이 약 10cm의 크기이다. 鈕를 품고 상하로 銘帶가 마련되어 있어 동경의 공간을 3개로 구획하고 있다. 명대에는 '位至三公'이라는 명문이 세로로 새겨져 있는데, 뉴를 기준으로 위쪽에 '位至', 아래쪽에 '三公'이 있다.

고흥 야막고분에서 출토된 동경은 속칭 '位至三公鏡'으로 불리는 것으로, 중국에서는 '直行銘文雙夔文鏡'으로 부르기도 하며, 일본에서는 '雙夔鏡'이라 부르기도 한다. 명대 좌우에 쌍기, 혹은 머리가 둘인 龍鳳이 뉴를 사이에 두고 배치되어 있는 형태이다. 이러한 유형의 동경 명문으로는 '位至三公' 외에도 '君宜高官', '長宜子孫' 등이 새겨진 경우가 있고, 크기는 비교적 작은 편이다. 중국 후한 말부터 六朝시대 전반까지 유행하였다고 한다(樋口隆康 1979, p.210). 이는 기원후 2세기 중엽부터 4세기 후반에 해당하므로, 5세기대로 추정되는 야막고분의 축조 연대를 감안할 때 전세품으로 볼 수 있다.

출처: 문화재청 보도자료(2012. 11. 26).

1) 판독 및 교감

位至三公

2) 역주

지위가 三公[1]에 이르기를

3. 참고문헌

1) 보고서 및 자료집

문화재청, 「보도자료 –전남 고흥 야막고분 발굴조사 착수–」(2012. 5. 10).

문화재청, 「보도자료 –1500여 년 전 무덤의 주인은 누구일까–」(2012. 11. 26).

樋口隆康, 『古鏡圖錄』, 新潮社, 1979.

2) 논저류

樋口隆康, 『古鏡』, 新潮社, 1979.

孔祥星·劉一曼 著, 高倉洋彰·田崎博之·渡辺芳郎 譯, 『図說中国古代銅鏡史』, 中国書店, 2001; 安京淑 譯, 『中國古代銅鏡』, 주류성, 2003.

1) 三公: 천자를 보필하는 세 개의 최고 관직을 합쳐 이른다. 周代에는 太師, 太傅, 太保를 가리켰다. 前漢代에는 행정을 담당한 丞相(大司徒), 군사를 담당한 太尉(大司馬), 감찰을 담당한 御史大夫(大司空)을 삼공이라 하였으며, 後漢代에는 이를 다시 太尉, 司徒, 司空으로 칭했다. 삼공은 달리 三司라고도 불렸고, 隋·唐대 이후에는 명예직이 되었다. 元·明·淸代에도 태사·태부·태보를 두어 삼공이라 부르며 대신들의 최고 영예직으로 삼았다. 한국에서는 고려 때 태위·사도·사공을 두어 삼공이라 칭했고, 조선 시대에는 영의정·좌의정·우의정의 3정승을 삼공이라 일컬었다. '位至三公'은 '君宜高官', '長宜子孫' 등과 함께 흔히 사용되었던 길상구이다.

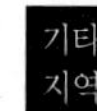

錦山 栢嶺山城 出土 文字 資料

이재철

1. 개관

錦山 栢嶺山城은 忠淸南道 錦山郡 남이면 역평리와 건천리 일대 성재산(438m) 정상부에 所在한 소규모 테뫼식 石築산성(둘레 207m)이다(최병화 2007, p.178).[1] 백령산성은 그 주변에 해발 700여m 정도의 高峰이 둘러싸고 있어서 넓은 시야를 확보하는데 제약이 있지만 능선 일대를 장악해 주변부에 대한 제한사항을 극복하고 있고, 산간의 협곡 사이에 형성된 통로에 위치하여 關門 역할(길목 차단)을 했던 것으로 판단된다. 산성은 충청남도 연산과 논산(황산벌), 전라북도 무주를 잇는 교통로를 조망할 수 있는 곳에 있기 때문에 일찍부터 炭峴이었을 가능성이 제기되기도 하였다.[2]

2003년의 정밀 지표조사와 시굴조사를 시작으로 2004년(1차)과 2005년(2차) 두 차례에 걸쳐 발굴조사를 시행한 결과, 다양한 유구와 유물이 확인되었다. 발굴조사는 남벽·북벽구간과 정상부 등 3개 지역을 중심으로 이루어졌는데, 성벽의 축성구조, 雉, 문지, 貯水用 木槨庫, 배수시설, 보도시설, 구들시설 및 주공 등이 확인되었고 유물은 다량의 기와류와 토기류, 소량의 목기류와 철기류가 出土되었다.

---

1) 백령산성을 포함하여 금산지역에서 확인되는 백제의 석축산성은 13여 個所에 이른다. 백령산성은 규모 600m 이하의 소형산성으로 구분된다(충청남도기념물 제183호).

2) 백령산성이 위치한 一帶는 옛날부터 新羅의 對百濟 침공로 중 하나인 炭峴으로 통하는 중요 길목으로 주목받았다(성주탁 1990). 660년 백제정벌을 위해 신라 5만 군사의 진격로가 금산지역을 통과하면서 백령산성을 거쳐 간 것으로 이해하여 백령산성은 금산지역의 주변산성과 더불어 백제와 신라의 戰況을 알 수 있게 해주는 유적으로 간주되었다(홍사준 1967, pp.55-81; 忠南大百濟硏究所·論山市 2000, p.117).

이러한 조사 내용을 종합적으로 검토해 볼 때, 백령산성은 單一 토층만이 나타나고 層位 내에서 출토된 유물의 연대가 百濟時代의 것으로만 비정됨에 따라 백제시대(泗沘期)에 조성·사용되었던 유적으로 여겨진다(강종원·최정화 2007, p.178). 특히 유물들의 양상이 백제시대로 한정된다는 것은 백제시대 산성의 구조와 축조 방법, 축조 배경, 사용 시기 등을 규명하는데 도움이 될 것으로 보인다(충청남도역사문화원·금산군 2007).

더욱이 본 글에서 다루려는 '上水瓦作土…'銘 음각와를 비롯한 多數의 銘文瓦와 墨書 木板 등의 문자 자료는 백제의 地方統治體制 樣相의 一面을 파악할 수 있는 題材로서 그 의미가 크다고 할 수 있다.[3)]

지금까지 백령산성과 관련한 연구 성과들은 산성의 입지조건을 바탕으로 그 구조와 성격을 이해하면서 지역적 형세에 대해 고찰하거나(최병화 2007) 문자 자료에 잔존한 글자의 서체를 분석하여 서사문화의 수용 양상을 파악하고(손환일 2009), 출토된 문자 자료의 의미(개별 자형의 분석과 명문의 의미 분석)에 주목한 것(강종원 2004·2009)이었다. 최근에는 기존 연구를 기반으로 當代 금산지역에 대한 백제의 지방통치체제 양상을 규명하려는 연구(이병호 2013)가 開陳되기도 하였다.

이러한 일련의 연구 성과들을 통해 당시 백제의 중앙이 아닌 지방에서도 기와가 생산되었으며(기와 생산의 규모와 범위 추정 가능), 지방의 산성이나 官衙에서도 木簡을 이용한 文書行政이 이루어졌다는 것을 파악할 수 있게 되었다.[4)]

금산지역 일원에는 백령산성 이외에도 산성 유적들이 상당수 분포하고 있다. 그러나 이들(금산군 管內) 산성에 대한 조사는 여전히 대략적인 현황 확인 정도로만 그친 것들이 대부분이다. 앞으로 증가 추세인 발굴조사와 이에 따른 고고학 자료, 문헌사 등의 관련 연구 성과가 함께 蓄積된다면, 백령산성과 관련한 보다 다양한 주제의 의미 있는 내용들이 判明될 것으로 기대된다(이재철 2014).

---

3) 일부 유물의 경우, 유물에 남아있는 문자의 형상이 좋지 않아 개별 字形에 대한 분석은 물론 전체적인 맥락을 이해하기에도 어려움이 많다. 이로 인해 명확한 유물의 성격과 의미를 究明하는데 다소 제한이 있다.

4) 이 점은 全羅南道 羅州市에 所在한 伏岩里 遺蹟에서 많은 목간이 출토되면서 더욱 확실해졌다(윤선태 2013, p.244).

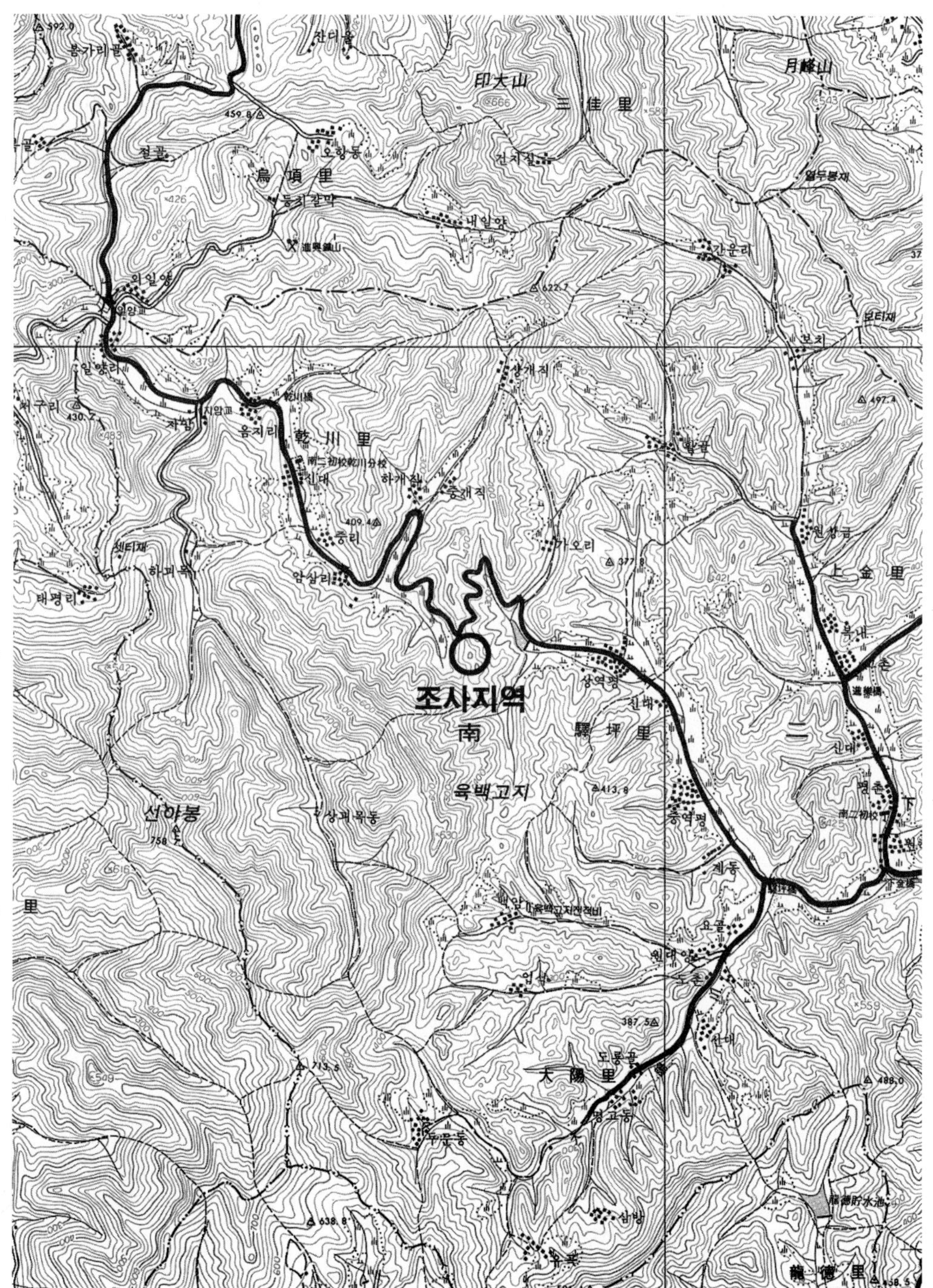

출처: 忠淸南道歷史文化院·錦山郡, 2007, p.29, 도면 1.

출처: ⓒ오택현.

2. 銘文瓦

1) '上水瓦作土…'銘 음각와

'上水瓦作土…'銘 음각와는 백령산성 정상부에 조성된 목곽고 내부에서 출토되었다(길이 21.3cm, 두께 0.8~2.0cm). 음각와는 발견 당시, 반파된 상태였으나 수습된 이후 현재의 상태처럼 접합되었다.

銘文은 음각와의 등면과 측면에서 확인된다.[5] 등면의 명문은 3행 19字로 그 字形이 대체적으로 명확한 반면 측면의 명문으로 추정되는 일련의 자형은 불분명해서 그 형상을 가늠하기 어렵다.

銘文의 記載, 表現 방식과 관련하여, 제작 기법과 목적, 용도 등의 차이는 있지만 '上水瓦作土…'銘 음각와와 비슷한 전돌(塼)의 사례가 있어서 참고가 된다. 발굴사례를 통해 확인되듯이 일반적인 전돌은 無紋이거나 표면과 측면에 文様을 새겨서 사용하였는데, 특히 銘文塼(문자전돌)의 경우에는 제작자와 제작일 등을 함께 기록하기도 했다(忠清南道 公州市 宋山里古墳群 武寧王陵 출토 '‥士 壬辰年作'銘塼 등). 그러나 銘瓦로서 '上水瓦作土…'銘 음각와와 같이 등면과 측면에도 명문을 함께 새긴 경우는 드물다(이재철 2014, p.185).

출처: 忠清南道歷史文化院·錦山郡, 2007, p.8, 원색도판 5-01.

5) '上水瓦作土…'銘 음각와 銘文은 기와 成形 간 기와가 굳기 전에 瓦工에 의해 刻書되었을 것으로 추정된다(등면: 3행 19자, 측면 위: 手決·측면 아래: 판독이 어려운 자형).

출처: 忠淸南道歷史文化院·錦山郡, 2007, p.424, 도판 183.

(1) 등면

① 판독 및 교감

3행			2행			1행			
원본	음영반전	판독	원본	음영반전	판독	원본	음영반전	판독	
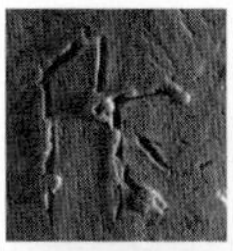	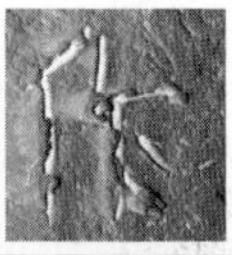	作	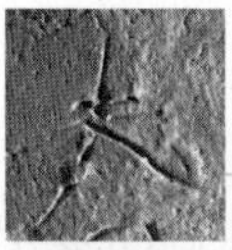	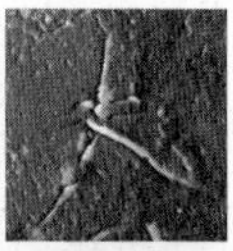	夫	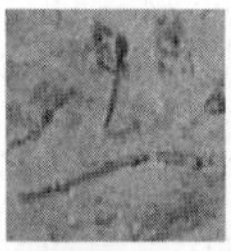		上	①
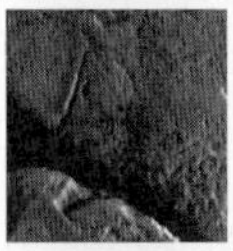	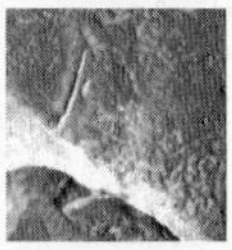	▨ [人]		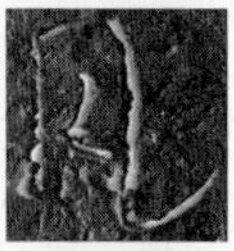	瓦			水	②
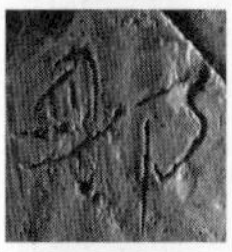	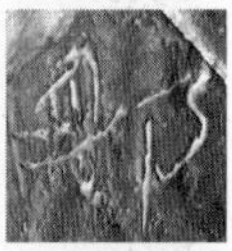	那		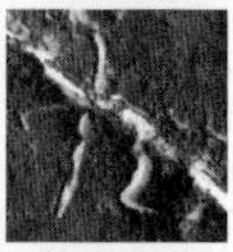	九			瓦	③
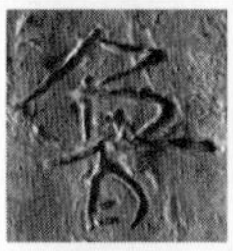	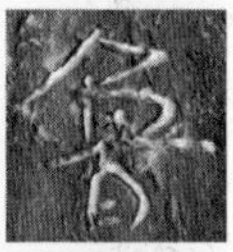	魯	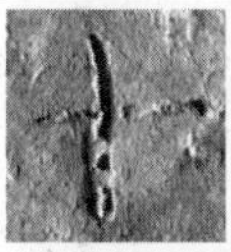	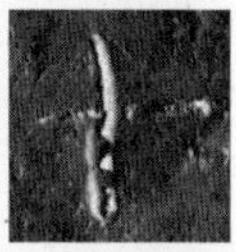	十			作	④
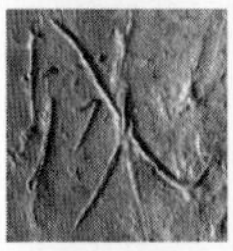	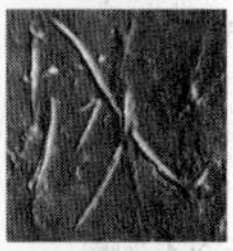	城	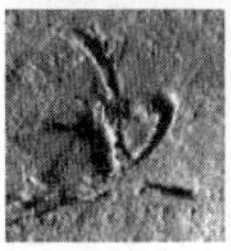	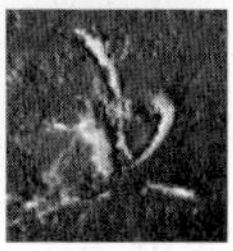	五	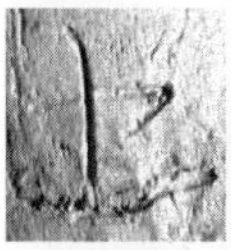	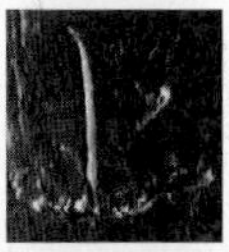	五	⑤
	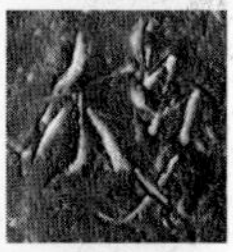	移				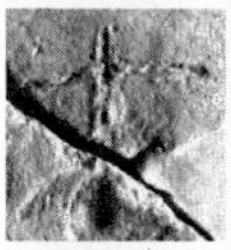		十	⑥
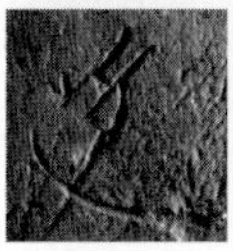	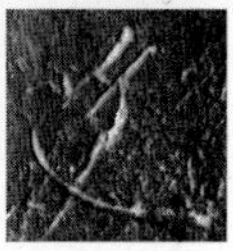	文						九	⑦

1행: 上[6]水瓦作五[7]十九

2행: 夫[8]瓦九十五

3행: 作[人][9]那魯城移文[10]

6) 上(보고서, 손환일, 강종원, 문동석, 이재철), ∠+—(이병호).

7) 土 또는 [五](보고서 1차), 土(보고서 2·3차, 강종원 1차), 五(손환일, 강조원 2·3차, 문동석, 이병호).

1-①: 上

‘上水瓦作土…’銘 음각와 1행-①	‘上水瓦作土…’銘 음각와 1행-① (음영반전)	唐太宗	平城宮 4-5747	平城宮 5-6320

∴ 이 글자의 자형을 ‘上’으로 인식하는 기존 판독 안에 대해 연구자별 異見은 없다. 다만 ‘上’자는 ‘∠’와 ‘一’가 결합된 형태(∠+一)로도 볼 수 있다는 견해(이병호 2013)가 제기되어 검토가 요구된다. 이 글자의 자형을 살펴보면, 그 모습이 ‘∠+一’로 이루어진 것을 알 수 있다. 일반적인 ‘上’자의 형태를 생각해 볼 때, (∠+一에서) 음각와에 기재된 ‘∠’ 부분(한 획으로 구성)은 ‘上’자의 筆順상 1~2획에 해당한다. 그 획은 위에서 아래로 내려 그었다가 다시 위로 올라간 형상으로 밑변의 ‘一’ 획과는 離隔된 상태이다. 이러한 형태는 위의 唐太宗 書體(밑변 ‘一’이 생략)와 日本 平城宮 木簡 4-5747과 5-6320의 ‘上’자 사례에서도 확인된다. 따라서 이 글자는 ‘上’의 變形으로 판단된다. ‘上’자로 판독 가능하다. 이 글자에서 劃처럼 보이는 ‘丿’ 형태(왼쪽)는 기와 제작 전후 생성된 殘痕으로 생각된다.

3-②: [人]

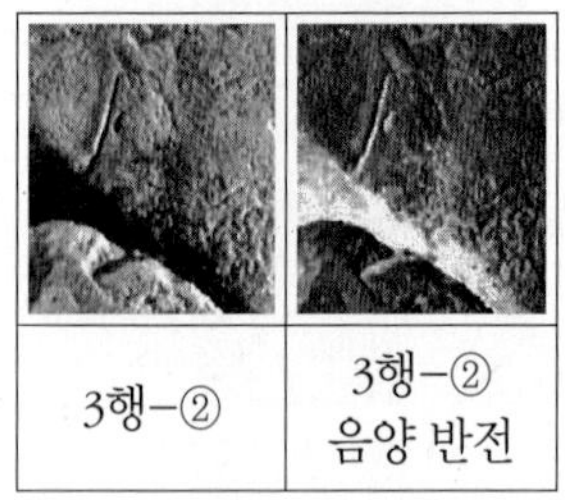

3행-②	3행-② 음양 반전

∴ 이 글자는 파손되어 缺落된 부분에 남아있기 때문에 그 原形을 짐작하기 힘들다. 해당 자형은 반파된 부분(접합부)에 위치하고 있고, 剝落의 경우를 상정하더라도 획으로 생각되는 부분이 (등면의) 다른 자형에 비해 상대적으로 희미하고 불분명하다. 하지만 명문의 전체적인 문맥상 ‘人’字로 판단된다.

8) 一夫(보고서, 강종원 1·2차), 夫(손환일, 강종원 3차, 문동석, 이병호).

9) [人](손환일, 강종원 3차, 문동석, 이병호), ▨(보고서 1·2차, 강종원 2차), 미판독(보고서 3차, 강종원 1차).

10) ▨(보고서 1·2차), 遷(보고서 3차, 강종원 1차), 文(손환일, 강종원 3차, 문동석, 이병호), 支(강종원 2차).

② 역주

(上)水瓦 59, 夫瓦 95를 만들었다.[11] 만든 사람(作人)은 那魯城[12]의 移文이다.

⑵ 측면 위

'上水瓦作土…'銘 음각와의 측면 윗부분에는 手決로 짐작되는 字樣을 포함해 총 4~5자 정도가 陰刻되어 있다. 우측 부분의 자형은 '竹內'로 판단되나 좌측 부분은 그 형상을 파악하기 어렵다. 좌측 부분의 자형은 글자라기보다는 一種의 표식으로 보인다.

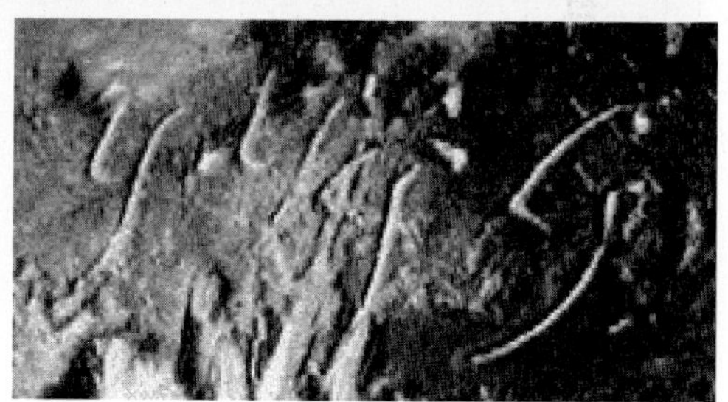

출처: 忠淸南道歷史文化院·錦山郡, 2007, p.424, 도판 183.

11) '五十九(59)'와 '九十五(95)'가 기와의 수(枚·張)인지 또는 짐이나 수레의 수를 의미하는지 그 單位를 알 수는 없으나 數量과 관련된 내용을 의미하는 것으로 생각된다(손환일 2009a, pp.132-133; 이병호 2013, p.75). 기와에 수량을 의미하는 명문이 기록된 사례는 夫餘 亭巖理瓦窯址, 扶蘇山城, 益山 王宮里 遺蹟에서 출토된 '二百八(208)', '八六(86)', '三百(300)'銘瓦 등이 있다.

12) 那魯城: 지명인 것은 분명하지만 그 위치가 명확하지 않다. 논산의 '魯城山城'이나 熊津都督府 시기 支潯州(現 洪城) 9현 중 '古魯縣'이 유사한 지명으로 거론된다. 그러나 논산 지역의 '魯城山城'이 백제 당시의 명칭이라고 단정할 수 없기 때문에 백령산성 인근의 지명이었을 것으로 생각된다(이병호 2013, p.73).

① 판독 및 교감

竹內 □□[13]

1-②: 內

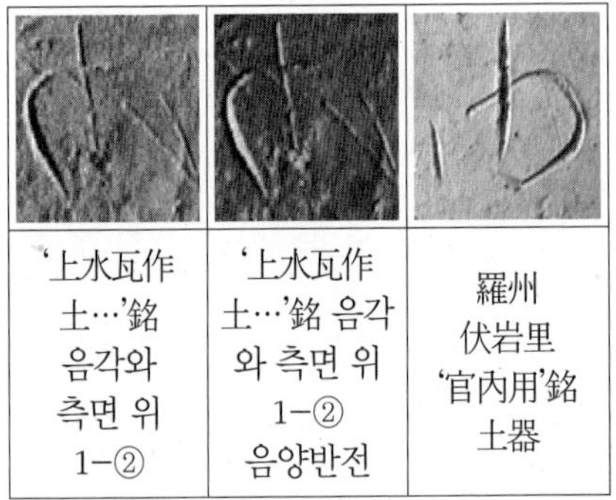

'上水瓦作土…'銘 음각와 측면 위 1-②	'上水瓦作土…'銘 음각와 측면 위 1-② 음양반전	羅州 伏岩里 '官內用'銘 土器

∴ 이 글자는 反左書의 형태로, 그 자형은 羅州 伏岩里 '官內[用]'銘 土器의 '內'字와 비슷하다.

(3) 측면 아래

'上水瓦作土…'銘 음각와의 측면 아래 부분에는 자형 또는 기호로 추정되는 여러 形迹들이 남아있다. 측면은 전체적으로 마모가 심한 상태여서 형적의 개별 형태는 물론 전체적인 모습을 파악하기 어려운 상태이다. 縱書해서 각자한 것으로 판단되며 기와 제작 간(前後) 발생했을 것으로 여겨지는 잔흔들과 함께 주공(구멍)도 확인된다. 측면에 銘文과 穿孔의 흔적이 확인되는 것과 관련해서는 이와 유사한 사례를 검토할 필요가 있다. 널길의 폐쇄전돌로 사용된 공주 송산리 6호분의 문자전돌과 무령왕릉 출토 문자전돌, 연목기와의 천공 등은 '上水瓦作土…'銘 음각와의 각자 과정이나 기와의 용도를 구명하는 단초를 제공할 것으로 생각된다.

13) 2~3자의 手決로 추정된다.

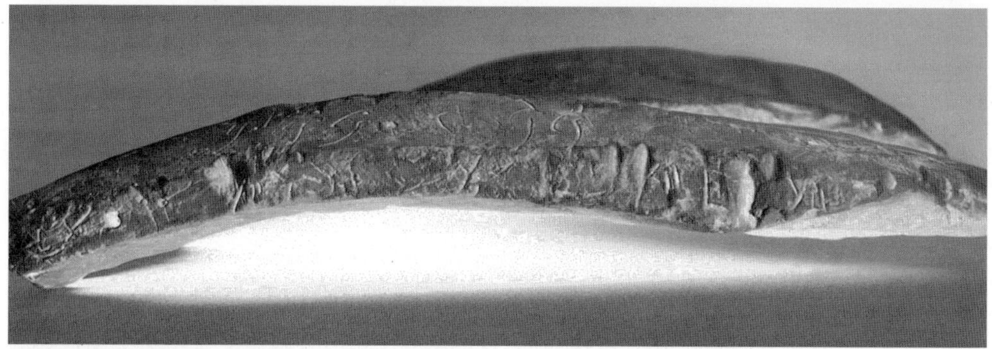

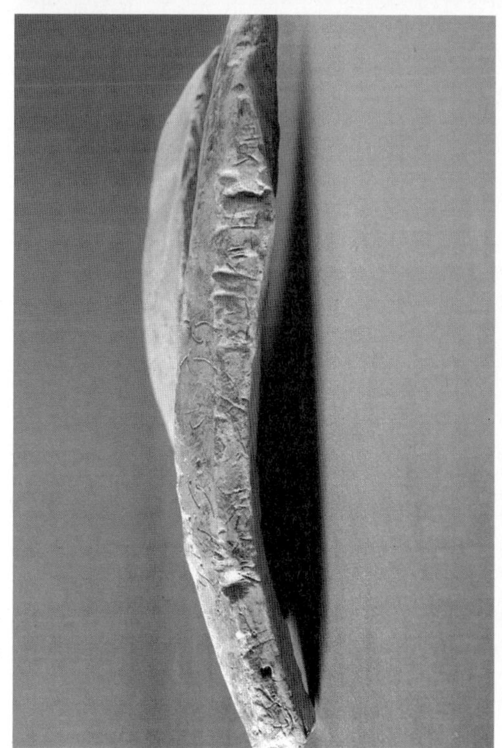

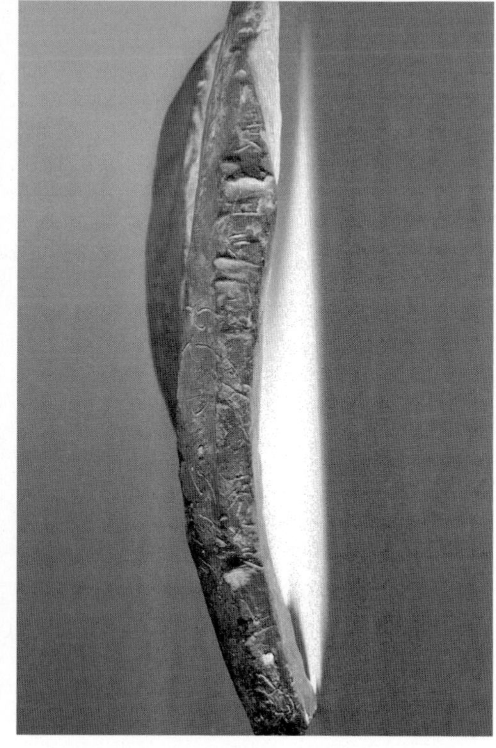

출처: 忠清南道歷史文化院·錦山郡, 2007, p.424, 도판 183.

① 판독 및 교감

⎣ ⎦[14]

⑷ 연구쟁점

'上水瓦作土…'銘 음각와의 명문과 관련하여 주목해야 할 사항은 두 가지로 구분해 볼 수 있다.

첫째는 등면 1행의 첫 글자인 '上'과 이에 대한 해석을 어떠한 형태로 파악해야 할 것인가 하는 문제이다. 이와 관련해서 기존의 연구들은 다음의 다양한 의견들을 제시하였다(손환일 2009, pp.132-134; 이병호 2013, pp.73-74).

① '上水瓦', '夫瓦'와 같은 기와의 명칭 또는 종류
② 어떤 항목을 記載할 때, 첫머리를 의미하는 서식의 한 형태('∠'라는 부호와 '一'자로 판별)
③ '윗물받이 기와'와 같은 하나의 단어('水瓦'와 연결지어 '上水瓦'로 판독)
④ 크기를 지칭하는 '常女瓦'로서의 성격을 지닌 것
⑤ '올리다'와 같은 동사로 파악해 '水瓦'를 올리다(바치다)라는 의미

이 의견들은 '上'이라는 개별 자형의 분석뿐만 아니라 유사 사례를 확인하는 등 추정할 수 있는 여러 가능성을 고려해 파악한 것이다. 제시된 의견 중 어느 것이 '上水瓦作土…'銘 음각와의 명문 내용에 적합한 의미라고 확정할 수 없기 때문에 이 부분은 명문의 전체적인 맥락을 검토하는 차원에서 판단해야 한다.

두 번째는 등면 3행 '作[人]那魯城移文'의 두 번째 글자 '[人]'에 대한 판독과 移文의 의미이다. '[人]'의 판독이 관건으로 이에 따른 '移文'의 人名 가능성 판단과 公文書를 의미하는 고유 명칭으로 이해할 것인지가 논제이다.

이 글자를 '人'으로 판독하면, '移文'은 인명일 가능성이 높다. 이에 검토 차원에서 '移文'에 대해 살펴보았다. '移文'이라는 인명 자체가 여타의 자료들에서 확인될 가능성은 극히 희박하다고 하더라도 지금까지의 관련 연구 성과에서는 언급되지 않았기 때문에 '移文'과 '移○', '○文'으로 구성된 인명들을 확인해 본 것이다.

그 결과, '移文'과 '移○'의 경우는 확인할 수 없었으나 '○文'로 끝나는 인명은 찾아볼 수 있었다. 국내 사서에서는 『三國史記』 新羅本紀 眞興王 12年條에 于勒의 제자인 '尼文'이 확인되었다. 이러한 형태는 『日本書紀』에서도 나타나고 있는데, 奈率 得文, 德率 眞慕宣文, 乙相 賀取文 등이 그것이다.

사실, 선행 연구에서 '移文'의 인명 가능성 여부를 논하면서도 그 사례에 대해 언급하지 않았던 것은 이와 같은 경우가 특수한 사례이거나 확인이 된다고 하더라도 일반적인 상황으로 파악해 일률적으로 적

---

14) ▨[又][曰]文[自]支界▨[位][界](손환일), ▨卄文▨▨▨▨▨▨▨▨(이병호) / 글자로 생각되는 몇몇 자형이 확인되지만 알아보기 어렵다.

용할 수는 없기 때문이다.

이러한 이유로 "同級의 행정관서들이 주고받은 공문서"라는 '移文'의 사전적 의미 가능성(文書名)을 배제하기도 어려운 것이다.[15)]

이상의 내용을 종합해 봤을 때, '上水瓦作土…'銘 음각와는 다른 유적에서 발견되는 동일한 성격이나 형태의 명문와 사례와 비교·검토하는 작업이 요구된다. '上水瓦作土…'銘 음각와가 공납의 성격을 지닌 것은 분명하기 때문에 문장의 구성과 인명의 기록 여부, 수결 작성 등 기재 방식과 관련한 내용들을 면밀히 분석한다면 당시의 공납 구조나 상황 등도 파악할 수 있을 것이다.[16)]

2) '上阝'銘 음각와

'上阝'銘 음각와는 목곽고가 위치한 지역의 표토층에서 2점(2가지 유형)이 수습되었다('上阝'銘 음각와 Ⅰ: 길이 7.3cm, 두께 1.1~1.4cm / '上阝'銘 음각와 Ⅱ: 길이 8.8cm). 명문은 무문의 평기와에 글자를 새긴 것으로 '上阝' 2자가 확인된다(이재철 2014, p.195).

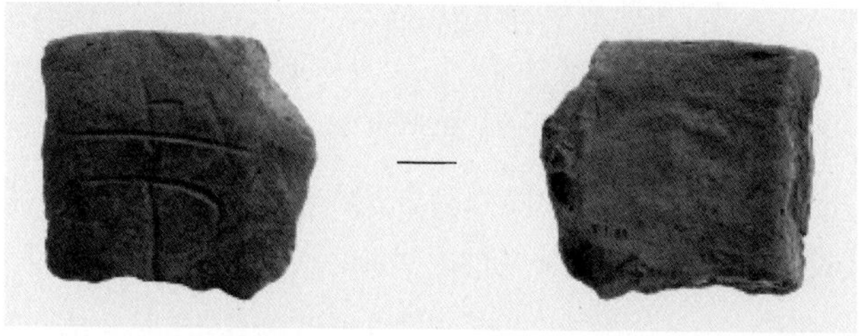

출처: 忠淸南道歷史文化院·錦山郡, 2007, p.422, 도판 181-04.

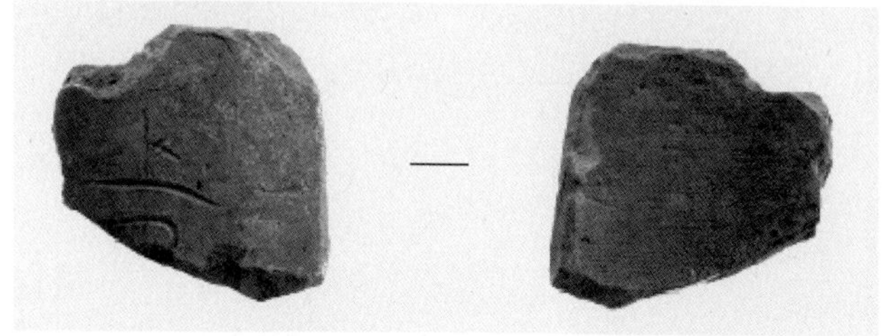

출처: 忠淸南道歷史文化院·錦山郡, 2007, p.423, 도판 182-01.

15) 이병호는 '移文'을 공문서를 의미하는 문서명으로 파악한다면, 측면의 수결로 추정되는 문자는 등면의 문장이 끝나는 지점에 있어야 한다고 언급했다. 또한 '上水瓦作土…'銘 음각와는 동등한 행정기관에서 주고받은 문서라기보다는 하급기관에서 상급기관으로 보내는 上申文書에 가깝고, 이러한 점에서 측면 윗부분과 아랫부분의 수결로 판단되는 자형 또는 기호도 하나의 문서를 구성하는 것으로 보았다(이병호 2013, p.74). 또한 해당 글자의 자형을 명확히 '人'字로 보기도 어렵다.

16) 백령산성에서 출토된 문자기와(명문와)들은 백제 기와의 생산과 공급의 문제를 비롯한 생산체제의 문제와 연관되어 있어 백제 멸망 이후에 등장하는 일본의 초기 문자기와와의 관련성을 살펴볼 수 있다는 측면에서 일본의 7~8세기대 문자기와의 원류나 성격 논쟁에서도 시사하는 바가 크다(이병호 2013, p.66).

(1) 판독 및 교감

上[17] ㄗ

1-②: ㄗ

'上ㄗ'銘 음각와 1-②	扶餘 宮南池 木簡 1-1	扶餘 宮南池 木簡 1-2	平城宮1-91 (日本古代木簡選·城1-3 上(10))	平城宮 1-433

∴ '上ㄗ'銘 음각와의 'ㄗ'字와 같은 자양은 위에 제시된 유사 자형의 사례에서도 확인된다. 이러한 'ㄗ'字 자형은 알파벳(Alphabet) 'P(p)'를 연상시킨다(이재철 2014, p.196). '部'를 'ㄗ'로 쓴 예는 부여 궁남지 1호 목간에서도 사용된 것을 보면, 백제시대에는 일상적으로 '部'를 'ㄗ'로 사용한 것으로 보인다. 그러나 부여 동남리 출토 '仐部'銘 標石에서는 '部'로 쓴 예가 있어서 모두 '部'를 'ㄗ'자로 사용한 것은 아님을 알 수 있다(손환일 2009a, p.135). 부여·익산·공주 등을 제외한 지방에서 출토된 인각와들은 암키와나 수키와의 제작기술뿐 아니라 문자의 기재 방식이나 내용 또한 백제 중앙과 연관되어 있는 것이 확인된다. 예를 들어 고부 구읍성에서 출토된 인각와 중에는 '上ㄗ匚', '⊐ㄗ上巷'과 같이 중앙 행정구역인 上部上巷과 관련된 문자가 있고, 금산 백령산성의 경우도 '上ㄗ'라는 글자가 음각된 문자가 함께 출토되었다(이병호 2014, p.306). 삼국이 공존할 당시 '部'의 이체(형)자로 'ㄗ'가 폭넓게 사용되었을 가능성이 높다. 하지만 部=ㄗ의 명확한 연결고리가 밝혀지지 않으면 재고해야 할 것으로 판단된다(심상육 2013, p.72).

(2) 역주

상부[18]

---

17) 上(보고서, 손환일, 강종원, 문동석, 이병호) / '上ㄗ'銘 음각와의 '上'字와 '上水瓦作土…'銘 음각와의'上'字는 자형 비교 차원에서 相互 참조된다.

18) 상부: 이병호는 '上ㄗ'를 지명으로 생각했는데, 이 '上ㄗ'가 사비 도성의 행정구역인 5부의 하나로 판단할지는 논란의 여지가 될 수 있음을 지적했다. 정읍의 고부 구읍성에서 출토된 '上ㄗ上巷'명 인각와나 부여 능산리 목간을 통해서 백제의 지방 5방성에서도 수도와 동일한 部制가 실시되었을 가능성이 제기되었지만, 실질적으로 5방성에서의 부제 시행 여부를 확정하기가 어렵고 백령산성의 경우 지리적 여건상 5방성인 논산·고부 지역과도 멀리 떨어져 있기 때문에 5방성의 상부보다는 수도의 5부와의 연관성이 더 높다고 이해한 것이다. 또한 해당 '上ㄗ'銘 음각와는 백령산성에서 출토된 다른 기와들과 달리 기술적 측면에 차이가 있음을 확인하고, 산성 내에서 묵서 목판도 함께 발견된 점을 주목하면 백제 중앙과의 관련성이 매우 깊을 것으로 판단했다. 다만 부여지역에서 발견된 '상부'명 음각와들과도 기술적 차이의 유무가 감안되므로 (수도의 '상부'와 관련이 있다 하더라도) 제품의 직접적인 이동 가능성을 상정하기보다는 기술적 지도·지원 정도로 인식해야 한다고 보았

3) '▨四▨'銘 음각와

'▨四▨'銘 음각와는 발견 당시 상부 왼편과 하부가 缺落된 상태였다(길이 8.4cm, 너비 9.1cm, 두께 0.75~1.05cm). 음각와의 등면에는 格子文이 타날되어 있고 그 위에 세 글자 정도의 자형이 새겨져 있다. '四'字로 판독되는 두 번째 글자를 제외한 나머지는 일부 字劃의 윤곽만 확인될 뿐이다.

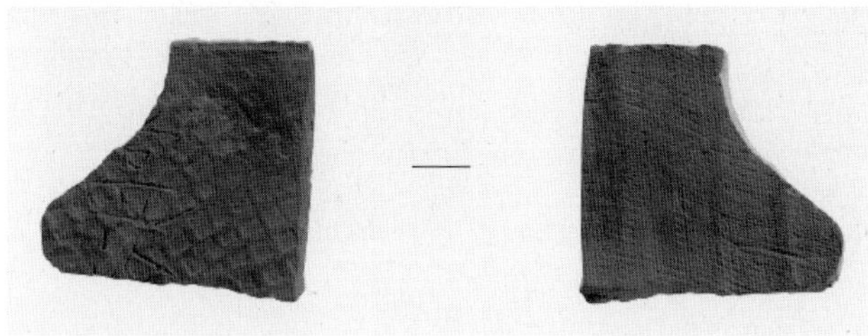

출처: 忠淸南道歷史文化院·錦山郡, 2007, p.423, 도판 182-02.

(1) 판독 및 교감

▨[19]四[20]▨[21]

3. 印刻瓦

1) '丙'字銘瓦

'丙'字銘瓦는 南門址 내부 매몰토층에서 발견된 2점을 포함해 발굴과정에서 총 3점이 수습되었다('丙'字銘瓦 Ⅰ: 길이 24.5cm, 두께 1.0~1.9cm / '丙'字銘瓦 Ⅱ: 길이 12.8cm, 두께 1.0~1.6cm / '丙'字銘瓦 Ⅲ: 길이 8.5cm, 너비 4.6cm, 두께 0.95~1.3cm).

印章의 지름은 2.1cm 정도이고 陽刻된 '丙'字의 지름은 1.7cm 정도이다. 인장의 크기와 인장 안 자형 등을 감안해 볼 때, 모두 동일한 消印으로 추정된다. '丙'字銘瓦의 '丙'字는 '栗峴 丙辰瓦'銘瓦와의 관련성으로 보아 干支인 '丙辰年'을 표현하기 위한 것(제작 시기)으로 생각된다(이병호 2013, pp.68-69).

다(이병호 2013, pp.72-73).

19) 右(보고서, 강종원, 문동석, 이병호) / 자획의 아랫부분이 '口'의 형상이고 그 바로 위의 획이 '一'字처럼 그어져 있다. '右' 또는 이와 유사한 글자로 추정되지만 그 모습을 논하기에는 제시된 자형이 분명하지 않다.

20) 四(보고서, 강종원, 문동석, 이병호), 血(보고서).

21) ▨(이병호).

출처: 忠淸南道歷史文化院·錦山郡, 2007, p.7, 원색도판 4-02.

(1) 판독 및 교감

丙

2) '丙辰瓦 栗峴▨'銘瓦

'丙辰瓦 栗峴▨'銘瓦는 목곽고 내부와 그 주변에서 총 12점이 출토되었다(회백색의 無紋으로 수키와가 多數). '丙辰瓦 栗峴▨'銘瓦의 명문은 方形의 인장에 '丙辰瓦 栗峴▨'의 일부 자형(左書 형태)과 구획선을 陰刻으로 새겨서 기와 표면에 찍었을 때는 右書·양각으로 나타나게 하였다(이재철 2014, p.198). 文은 양각된 형상으로 가로×세로 5cm의 방형 구획을 나눠서 세 글자씩 종서했다.

출처: 忠淸南道歷史文化院·錦山郡, 2007, p.7, 원색도판 4-01.

(1) 판독 및 교감

2	1	
丙	栗	①
辰	峴	②
瓦	▨	③

丙辰瓦 栗峴▨[22]

1-③: ▨

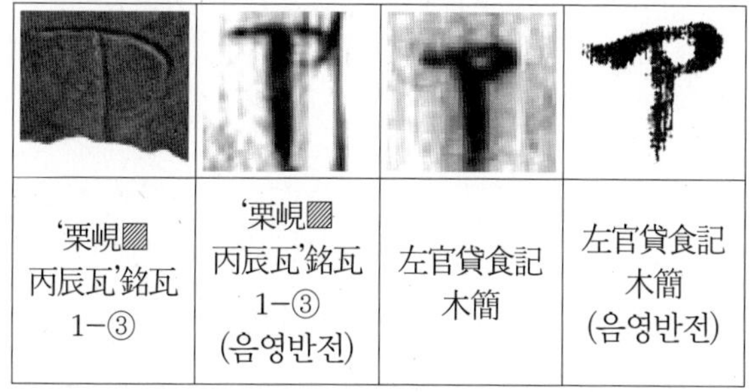

'栗峴▨ 丙辰瓦'銘瓦 1-③	'栗峴▨ 丙辰瓦'銘瓦 1-③ (음영반전)	左官貸食記 木簡	左官貸食記 木簡 (음영반전)

∴ 이병호는 이 글자를 '[〃]'로 보고, '〃'은 等號(=)의 의미로서 이와 동일한 형태가 夫餘 雙北里 280-5번지에서 발굴된 '左官貸食記' 木簡에서도 확인된다고 하였다(이병호 2013, p.69). 이병호가 '[〃]' 자형의 유사 용례가 확인된다고 언급한 부분은 '左官貸食記' 목간 후면 2段의 내용으로 박태우·정해준·윤지희 2008에서는 '〃'을 '己'로 파악하였다(박태우·정해준·윤지희 2008). 아마도 相應하는 유사 자형의 사례를 확인(판단)하는 과정에서 착오가 발생한 듯하다. '左官貸食記' 목간의 '〃' 자형 판독과 관련해서는 이외에도 연구자별 '己', '巳' '刀(〃)' 등 여러 안이 제시되었다(박태우·정해준·윤지희 2008, pp.181-183; 이용현 2008; 손환일 2008, p.106·118; 정동준 2009, p.18). 그런데 '丙辰瓦 栗峴▨'銘瓦의 이 글자는, 그 형태만 본다면 등호를 표기한 것이라기보다 기와 제작 시 생긴 일종의 잔흔(氣泡 형상)처럼 보인다. 그 모습은 마치 기포가 생성되어 볼록하게 솟아오른 형태(2개의 기포가 斜線으로 연결)로 무척 자연스럽다. 이러한 모습은 비교 사례로 제시된 左官貸食記 木簡의 '〃' 추정 부분 字形과는 엄연히 구분된다. 글자 형적으로 판단해 미상자(▨)로 이해하겠다. 강종원은 '丙辰瓦 栗峴▨'銘瓦에 대해서 戊午, 丁巳銘의 銘文이 6字인 것과는 달리 5字로 추정되며, 다만 '栗峴' 다음에 '〃'와 비슷한 삐침 형태의 字劃이 있는데 어떤 의미를 지닌 字인지는 알 수 없다고 하였다(강종원 2009, p.250). 유물이 내포하고 있는 의미와 이와 관련된 문제를 구명하기 위해서는 해당 미상자(▨)의 자형과 유사한 사례를 확인해 비교·검토하는 작업이 필요

22) 〃(손환일, 이병호).

하다.

(2) 역주

丙辰瓦 栗峴[23)]▨[24)]

(3) 연구쟁점

'丙辰瓦 栗峴▨'銘瓦의 '栗峴▨'을 지명으로 인식하는 연구자들의 의견은 일치한다. 다만 지명이 지칭하는 대상에 대한 관점은 相異하다. 이와 관련해서는 백령산성이 축조된 산봉우리가 위치한 고개의 백제시대 이름이라는 견해(강종원 2009, p.250),[25)] '丙辰瓦 栗峴▨'銘瓦와 동반 출토된 명문와의 내용을 볼 때 製作地의 명칭으로 볼 수 있다는 견해(손환일 2009, p.137)와 『三國史記』 地理志의 三國有名未詳地分條에 나타나는 '○○峴', '○○柵'와 같이 자연지형에서 기인한 지명들에 準據하여, 이 경우도 자연지형에서 비롯된 지명이라는 의견(이병호 2013, p.73) 등이 제기되었다.

3) '丁巳瓦 耳停辛'銘瓦

'丁巳瓦 耳停辛'銘瓦는 북문과 북쪽 성벽 일대에서 출토되었다(총 18점, 암키와 다수). 명문은 방형 구획을 구분해 종서한 상태로 2행, 총 6자가 확인된다. '丁巳瓦'는 기와의 제작 연대를, '耳淳辛'은 지명으로 판단된다. '丁巳瓦'銘瓦는 백령산성 출토 '丁巳瓦 耳停辛'銘瓦 외에도 부여 쌍북리에서 출토된 '葛那城 丁巳瓦'銘瓦의 사례가 있으며, 부소산성과 미륵사지, 왕궁리유적 등에서 '丁巳'銘의 형태로 상당수가 발견되었다.

출처: 忠淸南道歷史文化院·錦山郡, 2007, p.7, 원색도판 4-01.

---

23) 栗峴: '丙辰瓦 栗峴▨'銘瓦의 '栗峴'을 비롯해 '上水瓦作土…'銘 음각와의 '那魯城', '上卩'銘 음각와의 '上卩', '丁巳瓦 耳停辛'銘瓦의 '耳停辛'은 地名으로 판단된다.

24) ▨: 이 글자를 '〃'으로 판독한 손환일은 앞 글자인 '峴'자의 音價를 借字해서 '縣'을 표기한 것으로 보았다(栗峴縣)(손환일 2009, p.137). 이병호는 손환일의 주장을 거론하면서 '〃'를 '峴' 그대로 봐야 한다고 했다(栗峴峴)(이병호 2013, p.73).

25) 강종원은 백령산성이 축조된 산봉우리가 위치한 고개의 백제시대 명칭으로 보면서도 출토 명문와의 양상을 볼 때, 제작지의 가능성이 더 높을 것으로 보아, 두 의견에 대한 가능성을 모두 상정하였다.

(1) 판독 및 교감

2	1	
耳	丁	①
淳	巳	②
辛	瓦	③

耳淳辛 丁巳瓦

1-②: 淳

'耳淳辛 丁巳瓦'銘瓦 1-②	'耳淳辛 丁巳瓦'銘瓦 1-② 음양반전	'戊午瓦 耳淳辛'銘瓦 2-②	'戊午瓦 耳淳辛'銘瓦 2-② 음양반전

∴ 이 글자는 '停', '淳', '渟', '傳' 등으로 판독될 수 있다. 그러나 '耳停辛 戊午瓦'銘瓦의 2-②字와 동일한 글자인데, 이 두 명와의 자형을 종합적으로 검토해 볼 때, 최종 '淳'으로 판단된다.

(2) 역주

丁巳瓦 耳淳辛[26)]

4) '耳停辛 戊午瓦'銘瓦

'耳停辛 戊午瓦'銘瓦는 목곽고와 남·북문, 치 등에서 총 23점이 확인되었다. 제작기법은 앞서 살펴본 '丙辰瓦 栗峴▨'銘瓦, '丁巳瓦 耳停辛'銘瓦와 동일했을 것으로 추정된다. 명문은 가로×세로 4.5cm 정도의 방형 구획을 기준으로 세 글자씩 종서되어 있는데, '丙辰瓦 栗峴▨'銘瓦, '丁巳瓦 耳停辛'銘瓦와는 반대로 간지가 새겨진 부분이 왼편에 나타나고 있다. 다른 자형에 비해 상대적으로 '耳'와 '戊'의 자형이 분명하지 않다.

26) 耳淳辛: 이병호는 지명으로 파악하면서 '得爾辛'의 사례와 같이 '辛'이 지명을 가리키는 접미사로 사용된 용례가 있어 이와 동일한 형태(지명)로 인지했다(이병호 2013, p.73).

출처: 忠淸南道歷史文化院·錦山郡, 2007, p.7, 원색도판 4-01.

(1) 판독 및 교감

2	1	
戊	耳	①
午	淳	②
瓦	辛	③

耳淳[27]辛 戊午瓦

4. 木簡

1) 墨書 木板

墨書 木板은 백령산성 정상부에 조성된 목곽고 내부에서 기와편, 토기편, 목제, 철기류 등과 함께 출토되었다. 목곽고의 바닥면에서 수습된 묵서목판은 발견 당시, 반파되어 둘로 나뉜 상태였다(두께 0.8cm, 폭 13cm, 길이 23cm). 앞면 우측 상부(2행의 묵서)와 그 이외의 부분에 묵흔이 확인되나 잔존상태가 좋지 않아서 그 내용과 의미를 파악하기 어렵다.

27) '丁巳瓦 耳停辛'銘瓦 1-②字의 교감 참조.

출처: 忠淸南道歷史文化院·錦山郡, 2007, p.396, 도판 154.

출처: 忠淸南道歷史文化院·錦山郡, 2007, p.397, 도판 155.

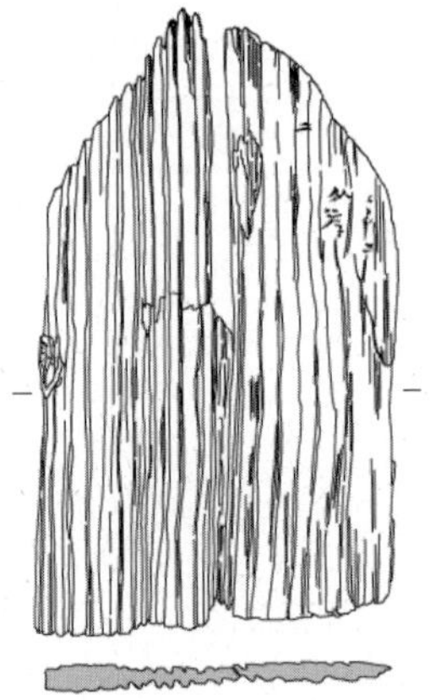

출처: 忠淸南道歷史文化院·錦山郡, 2007, p.504, 도판 263-01; p.275, 도면 160-①.

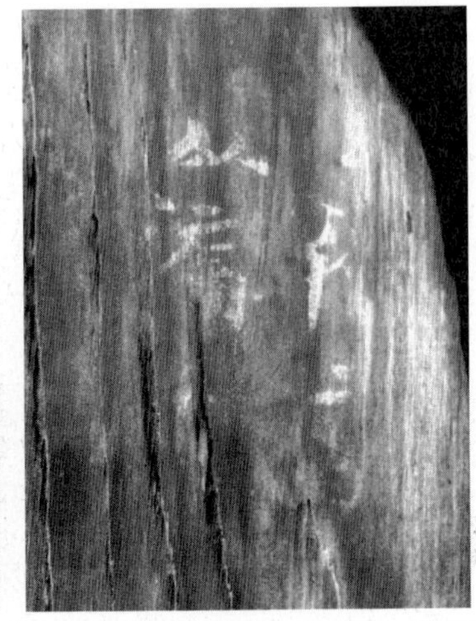

출처: 忠淸南道歷史文化院·錦山郡, 2007, p.504, 도판 263-01.

(1) 판독 및 교감

앞면			
그 외	2행	1행	
판독 불가	▨	▨	①
	▨	▨	②
		二	③
		百	④

1행: ▨[28]▨[29]二[30]百[31]

2행: ▨[32]▨[33]

그 외: ⌊ ⌋[34]

1-②: ▨

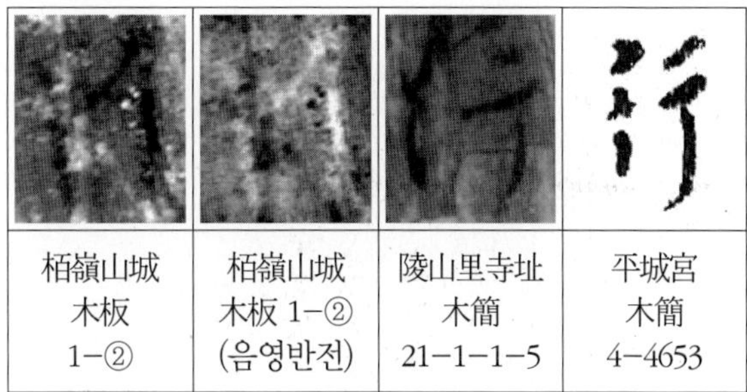

栢嶺山城 木板 1-②	栢嶺山城 木板 1-② (음영반전)	陵山里寺址 木簡 21-1-1-5	平城宮 木簡 4-4653

∴ 해당 자형에 대한 기존 판독안은 '▨', '行', '長'으로 구분된다. 필자는 本 자형이 '長'보다는 '行'의 형태와 더 비슷하다고 판단해 陵山里寺址 木簡 21-1-1-5와 平城宮 木簡 4-4653의 '行'字를 유사 자형으로 상정하고 대비해 보았다. 자형의 변형을 참작하더라도 백령산성 출토 묵서 목판의 자형과 '行'字 자형 간에는 자획의 구성과 필순에 확연한 차이가 있음을 알 수 있었다. '行'으로 파악하려면, 무엇보다 좌변에 해당하는 획의 형태가 '彳'이어야 하는데, 필순 상 '亻'의 윗부분에 있어야 할 자획('丿')이 분명하지 않다('亻'의 형상처럼 보임). 만약 '亻'이라고 판단한다면, 2-②의 좌변에 해당하는 필획과 그 자형이 매우 비슷하다는 것을 알 수 있다. 이는 자형 판독 차원에서 참고할 만한 사항이다. 또한 우변의 획은 좌변의 중간 부분과 부착된 형상으로 '竹'과 같은 모습이어서 명확히 '行', '竹' 두 글자 중 어느 하나라고 판단하기 어렵다. 이것을 언뜻 '長'의 밑변에 해당하는 획으로 파악해 '長'으로 생각할 수도 있겠지만, 목판에 남아 있는 묵흔이 불분명할 뿐만 아니라 (목판에 잔존한) 다른 글자와의 크기를 비교해보아도 '長'으로 인식하기는 무리다. 기존 판독안에서 검토된 자형이 아닌 제3의 자형일 가능성까지 念頭해 본 글에서는 미상자로 판단한다.

---

28) ▨(보고서, 강종원, 이용현, 문동석, 이병호), 去(손환일).

29) ▨(보고서), 行(손환일, 강종원, 문동석), 長(이용현) / '竹'字의 가능성도 고려해 볼 수 있다. 그러나 자형의 구성과 필순 상 '竹'으로 이해하기도 어렵다.

30) 二(손환일, 강종원, 이용현, 문동석, 이병호), ▨(보고서).

31) 百(손환일, 강종원, 이병호, 이재철), ▨(보고서).

32) ▨(보고서, 이병호), 从(보고서), 以(손환일, 강종원. 이용현, 문동석).

33) ▨(이병호), 傭(손환일), 滴(이용현) / 좌변의 획은 '亻' 내지 '氵'으로 보인다. 우측의 자형은 '广'에 '向 또는 이와 유사한 글자'가 결합된 것으로 생각되지만 확정하기 어렵다.

34) 목판 우측 상부(묵서가 확인되는 부분)와 그로부터 2칸 정도 떨어진 하부('傭', '滴'으로 추정되는 글자의 좌측 1~2cm 이격된 위치)에도 묵흔이 확인된다. 손환일은 '孟'과 '高'字의 형태가 확인된다고 하지만 판별할 수 없다.

1-④: 百

栢嶺山城 木板 1-④	栢嶺山城 木板 1-④ (음영반전)	平城宮 木簡 4-3912	平城宮 木簡 4-4650	平城宮 木簡 6-10428

∴ 제시한 유사 자형의 사례와 비교할 볼 때, '百'字가 확실하다.

2-①: ▨

栢嶺山城 木板 2-①	栢嶺山城 木板 2-① (음영반전)	木研3-11頁 -1(5)(城14-9 上(28)·日本 古代木簡選)	平城宮 木簡 3-03068

∴ '以'字로 판독한 기존 견해 외에 '竹'字의 자양으로도 파악할 수 있지만 확정할 수 없다. 미상자(▨)로 처리한다.

2-②: ▨

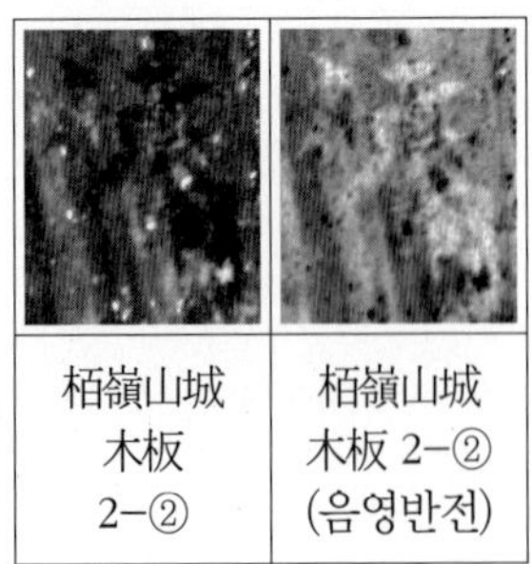

栢嶺山城 木板 2-②	栢嶺山城 木板 2-② (음영반전)

∴ '傭', '滴'으로 판독되던 이 글자는 그 좌획이 '亻' 또는 '氵'으로 여겨진다. 이를 바탕으로 좌변이 '亻'이나 '氵'의 형태이면서 우변은 '广'의 형상에 '向' 또는 이와 유사한 글자가 결합된 자형('广+向')이 있는지 확인해보았다. 자체 자형 판독 시, 좌변의 '氵' 획이 뚜렷하다고 생각되어 '氵'와 '喬'이 결합된 글자('氵+喬')로 판단했었다. 그렇지만 해당 자형은 존재하지 않을 뿐더러 고대문자자료 연구모임 발표에서 좌변의

자형은 '氵'보다는 '亻'일 가능성이 높다는 견해에 따라 '亻'에 '喬'가 조합된 '僑'로 판독하였다. 그러나 이러한 판독도 자형의 형상에만 국한하여 추정한 것으로 확정하기 어렵다.

(2) 역주

… ▨▨二百 ▨▨[35] …

5. 연구쟁점

1) 지명

백령산성 출토 문자 자료에는 지명으로 판단되는 글자가 여럿 확인된다. 泗沘 都城의 행정구역 또는 지방 5方城의 하나일 것으로 생각되는 '上阝'와 백령산성 인근의 지명으로 추정되는 '栗峴▨', '耳淳辛', '那魯城' 등이다.

『三國史記』 地理志에 의하면, 當代(백제) 금산지역은 '進仍乙郡'(進乃郡)의 1개 郡('豆尸伊縣·勿居縣·赤川縣 등 3개의 領縣)과 黃山郡에 속한 珍同縣으로 나뉘어 구성되었던 것을 알 수 있다(『三國史記』 地理志 進禮郡條 및 黃山郡條).

백령산성에서 출토된 명문와에서 확인되는 지명들은 史書에는 확인되지 않는다. 또한 백령산성은 백제시대에 어떻게 불렸는지도 알 수 없다. 그러나 출토된 명문와의 성격을 추론해 볼 때, 여러 개의 지명이 확인되는 것은 이들이 기와의 소비지가 아니라 산성의 시설물 구축에 사용할 기와를 제작해 공급한 제작지(공급처) 또는 그 집단을 의미하는 것으로 판단된다.

이러한 맥락에서 산성에 기와를 공급했을 것으로 판단되는 '栗峴▨'나 '耳淳辛'이라는 지명은 백제의 지방통치체제인 方郡城 체제와는 다른 형태였다고 파악한 의견(이병호 2013, pp.82-84)이 있어 주목된다. 이러한 지명의 성격은 나주 복암리 5호 목간의 '大祀村'의 경우나 신라의 사례를 참고할 때, '城' 하부에 존재하던 자연 취락이나 地緣 집단을 보여주는 일종의 '村'과 같은 것으로 파악된다고 하였다.

2) 묵서 목판 자형

묵서 목판에서 1행의 '行', '長', '竹' 등으로 판독되었던 글자(앞면 1-②)를 살펴보면, 그 좌변의 형상은 '亻' 혹은 '彳'으로 생각된다. 이에 따라 해당 자형을 '行'이나 이와 유사한 '竹'으로 상정하고 나름의 자형 분석을 시도해 보았다.

'行'으로 파악하려면, 무엇보다 좌변에 해당하는 획의 형태가 '彳'이어야 하는데, 필순 상 '亻'의 윗부분

35) ▨: 이 글자를 '傭'으로 판독할 경우, '傭'은 雇用, 報酬(품삯) 등의 의미가 있다. 그리고 판독 글자 중 '二'와 '百'자가 있는 것을 감안하면, 목판은 일종의 出納 臺帳과 같은 성격 혹은 그와 관련된 내용이 기재되었던 것은 아닌지 짐작해본다.

에 있어야 할 자획('丿')이 분명하지 않다('亻'의 형상처럼 보임). 만약 '亻'이라고 판단한다면, 앞면 2-② 의 좌변에 해당하는 필획과 그 자형이 매우 비슷하다는 것을 알 수 있다. 이는 자형 판독 차원에서 참고할 만한 사항이다. 또한 우변의 획은 좌변의 중간 부분과 부착된 형상으로 '竹'과 같은 모습이어서 명확히 '行', '竹' 두 글자 중 어느 하나라고 판단하기 어렵다. 이것을 언뜻 '長'의 밑변에 해당하는 획으로 파악해 '長'으로 생각할 수도 있겠지만, 목판에 남아있는 묵흔이 불분명할 뿐만 아니라 (목판에 잔존한) 다른 글자와의 크기를 비교해보아도 '長'으로 인식하기는 무리다. 기존 판독안에서 검토된 자형이 아닌 제3의 자형일 가능성까지 念頭해 본 글에서는 미상자로 판단했다.

'傭', '滴'으로 판독되는 2행의 2번째 글자(앞면 2-②)는 그 좌획이 '亻' 또는 '氵'으로 여겨진다. 이를 바탕으로 좌변이 '亻'이나 '氵'의 형태이면서 우변은 '广'의 형상에 '向' 또는 이와 유사한 글자가 결합된 자형('广+向')이 있는지 확인해보았다. 자체 자형 판독 시, 좌변의 '氵' 획이 뚜렷하다고 생각되어 '氵'와 '喬'이 결합된 글자('氵+喬')로 판단했었다. 그렇지만 해당 자형은 존재하지 않을 뿐더러 고대문자자료 연구모임 발표에서 좌변의 자형은 '氵'보다는 '亻'일 가능성이 높다는 견해에 따라 '亻'에 '喬'가 조합된 '僑'로 판독하였다.[36]

그 외 우측 상부와 그로부터 2칸 정도 離隔된 하부('傭', '滴', '僑'로 추정되는 글자에서 좌측으로 1~2cm 정도 떨어진 위치)에도 일련의 묵서 잔흔이 확인되지만 판별할 수 없다.

백령산성에서 출토된 문자 자료 중 묵서 목판은 묵흔이 남아있는 유일한 자료이다.[37] 하지만 판독 가능한 자형의 수도 적은데다가 연구자별 판독안에 이견까지 있어 그 성격을 규명하기 매우 어렵다. 이는 비단 묵서 목판에 한정된 것이 아니다. 유물별 차이는 있지만 백령산성에서 출토된 모든 문자 자료에는 이와 같은 문제들이 있다. 이러한 難題들을 궁극적으로 해결하기 위해서는 해당 자료들에 대한 연구자들의 공동 판독 작업이 이루어져야 한다고 생각하며, 아울러 인근 산성 유적과 지역적 개연성이 있는 곳에 대한 본격적인 조사 및 발굴작업이 진행되어야 할 것이다.

3) 백령산성 축조시기 비정

금산 백령산성에서 출토된 여러 문자 자료들은 산성의 축조시기와 주체, 배경 등을 추정할 수 있게 함은 물론 산성 내에서 문자 행위가 이루어졌음을 알 수 있게 해주는 귀중한 자료이다. 백령산성 출토 유물의 편년 등을 고려했을 때, 산성의 축조와 운용 시기는 백제 사비기로 추정된다. 이러한 추정이 가능했던 것은 앞서 살펴보았던 印刻瓦에서 확인되는 간지 때문이다.

백령산성 축조시기 비정 문제는 간지를 중심으로 산성의 축조시점을 검토한 것이다. 이에 따르면 '丙辰', '丁巳', '戊午'의 간지는 1년 차로 연속되며 3년간에 이른다. 특히 유물의 편년 상, 백제 사비기에 해당

36) '僑' 판독은 자형의 형상에만 국한하여 추정한 것으로 확정하기 어렵다.

37) 잔존한 묵서에 대한 판독도 중요하지만 목판의 크기와 형태를 파악하는 것도 주의 깊게 생각해야 할 것이다(목판의 크기와 묵서의 관계, 다른 산성 유적에서 출토된 목간과의 비교 등).

되고 이들 간지가 나타내는 시점은 이를 전후한 시기라는 것이다. 이 경우 '丙辰'年은 536년(聖王 14), 596년(威德王 43), 656년(義慈王 16)이고, '丁巳'年은 537년(성왕 15), 597년(위덕왕 44), 657년(의자왕 17)이며, '戊午'年은 538년(성왕 16), 598년(위덕왕 45), 658년(의자왕 18)에 해당한다.

백령산성의 축조와 운용은 백제의 대 신라 정책과 관련되어 접경지대에 대한 군사적 차원에서 비롯된 것으로 이해된다. 이와 관련해서는 강종원과 이병호의 견해가 있다.

강종원은 해당 간지별 당시 백제와 주변의 정세를 파악하는 방식('丁巳'년을 기준으로 '丙辰'년과 '戊午'년 참고)을 통해 산성의 축조와 운용 시기를 가늠해보았다. 이를 살펴보면, 537년 '丁巳'년은 성왕 15년으로 성왕이 사비 천도하기 바로 전년(사비 천도: 538년 봄)으로 분주한 시기였을 것이다. 당시 백제가 고구려와는 전쟁 상태, 신라와는 동성왕대에 맺어진 동맹관계가 지속되고 있었다는 것을 감안한다면, 백령산성의 축조는 현실적으로 어려웠을 것이다. 또한 그 다음해에 해당하는 '戊午'年의 경우도 성왕이 사비로 천도하는 해이기 때문에 '丁巳'年을 성왕 15년으로 비정하기는 어렵다고 보았다.

그 다음 '丁巳'년은 597년으로 위덕왕 44년이다. 위덕왕대는 對新羅戰에서 성왕이 전사하는 등 어지러운 형국이었다. 게다가 적대관계로 변한 신라와의 관계 속에서 신라와 접경지대였던 곳들은 군사적 요충지가 되어 해당 지역에 군사적 목적의 축성이 이루어졌을 것으로 추정된다. 특히 백령산성이 위치한 금산지역은 성왕이 전사한 관산성(옥천)과 근거리이고 신라로 진출하는 要地이었다.

이러한 상황을 짐작해 볼 때, 강종원은 위덕왕 44년의 '丁巳'년이 타당하다고 보았다. 그리고 '葛那城丁巳瓦'銘瓦가 부여에서 발견된 것이 참고되는데, 갈나성이 논산 황화산성에서도 비정됨으로 이것은 사비 천도 이전인 537년(성왕 15)에 제작된 것으로 보기에는 어렵다는 것이다(사비 천도 이후에 제작된 것, 그 시점은 위덕왕대). 이러한 정황을 종합하면 명문의 글자, 형식에 있어 이와 유사한 백령산성 출토 간지명와의 제작 시점도 동일했을 것으로 파악하였다.

마지막으로 657년의 '丁巳'년은 의자왕 말기로 불안한 정국과 더불어 각종 변란이 끊임없이 일어난 시기여서 상대적으로 대신라 방비를 위해 백령산성을 축조하기에는 어렵다고 보았다.

이와 같은 논지들을 기준으로 강종원은 '丙辰'년과 '戊午'년의 해당 시기들을 파악해서 백령산성이 위덕왕 43년~45년에 걸쳐 조영된 것으로 판단했다. 그리고 이러한 비정이 타당하다면, 위덕왕이 재위 초, 왕권의 안정 도모와 대신라 진출을 염두해 사비 도성과 그 주변, 국경지대에 대대적인 축성을 이룬 것이고 백령산성은 그 일환이라는 것이다.

이에 반해 이병호는 백령산성 출토 명문와는 '丙辰', '丁巳', '戊午' 3년에 걸쳐 기와를 공급받은 것으로 판단하고, 간지의 해당 시기를 유추하면서 의자왕 16년인 656년 '丙辰'년이 백령산성의 축조 가능성이 높다고 판단했다.

이 논거에 의하면, 6세기 말 이후 유행된 부여나 익산지역의 명문와 양상은 백령산성에서 출토되는 것과는 차이가 있다는 것이다('丙'銘瓦를 제외하면 백령산성에서 출토된 명문와와는 그 형태가 상이함). 백제의 중심부에서 처음으로 사용하기 시작한 새로운 형태의 인장을 찍은 명문와가 지방의 산성 유적에서 동시기에 사용되었다고 적용하기에는 무리가 있음을 지적한 것이다. 더욱이 백제 사비기의 기와 제작은 중앙에서 점차 지방으로 확산되는 것으로 보는 것이 이치에 맞고 동일한 '丁巳'銘으로 판단하더라도 지방 산성에서 출토되는 것은 그 편년을 한 단계 늦추어 이해할 필요가 있다는 것이다.

또한 6세기 말부터 나타나는 백제의 명문와들은 부여를 중심으로 1字~2字, 혹은 4字 등이 원형의 인장으로 찍히는 단계에서 점차 주변부(고부, 금산, 임실, 순천 등)로 확산되고, 그 내용이나 형태도 방형의 구획 안에 여러 글자가 찍히는 구조로 변모한 것으로 보았다('丙辰'年: 656년, '丁巳'년: 657년, '戊午'年: 658년으로 이해). 이러한 이유로 백령산성에서 이러한 기와들이 사용·발견되는 것은 백제가 신라와의 접경지대에 대한 방어의 필요성이 증대됨에 따라 여러 성들을 축성하면서 사용되었던 것으로 파악했다.

6. 참고문헌

1) 보고서 및 자료집

강종원·최병화, 2007, 『그리운 것들은 땅속에 있다』, 국립부여박물관·충청남도역사문화원.

국립부여문화재연구소, 1996, 『미륵사』.

국립부여박물관, 2002, 『百濟의 文字』.

국립부여박물관, 2009, 『나무 속 암호 목간』.

국사편찬위원회, 2011, 『한국 서예문화의 역사』.

원광대학교 마한·백제문화연구소, 2001, 『益山猪土城試掘調査報告書』.

윤무병, 1982, 『夫餘雙北里遺蹟發掘調査報告書』, 忠南大學校 百濟研究所.

충청남도역사문화원·금산군, 2007, 「錦山 栢嶺山城 1·2次 發掘調査 報告書」, 『遺蹟調査報告』 33.

忠南大百濟研究所·論山市, 2000, 『論山黃山벌 戰蹟地』.

忠淸南道·韓南大中央博物館, 2003, 『文化遺蹟分布地圖 -錦山郡-』.

2) 논저류

강종원, 2004, 「錦山 栢嶺山城 銘文瓦 檢討」, 『百濟研究』 39, 忠南大學校 百濟研究所.

강종원, 2009, 「夫餘 東南里와 錦山 栢嶺山城 出土 文字資料」, 『木簡과 文字』 3, 한국목간학회.

김영심, 2007, 「백제의 지방통치에 관한 몇 가지 재검토」, 『한국고대사연구』 48, 한국고대사학회.

문동석, 2010, 「2000년대 백제의 신발견 문자자료와 연구동향」, 『한국고대사연구』 57, 한국고대사학회.

박태우·정해준·윤지희, 2008, 「夫餘 雙北里 280-5番地 出土 木簡 報告」, 『木簡과 文字』 2, 한국목간학회.

성주탁, 1990, 「百濟 炭峴 小考; 金庾信將軍의 百濟 攻擊路를 中心으로」, 『百濟論叢』 2, 百濟文化開發研究院.

손환일, 2008, 「百濟 木簡 『左官貸食記』의 分類體系와 書體」, 『韓國思想과 文化』 43, 한국사상문화학회.

손환일, 2009a, 「百濟 栢嶺山城 출토 명문기와와 木簡의 서체」, 『口訣硏究』 22, 구결학회.

손환일, 2009b, 「百濟木簡 '支藥兒食米記'와 「左官貸食記」의 記錄과 書體」, 『백제 "좌관대식기"의 세계』, 국립부여박물관 학술세미나.

신종국, 2005, 「백제 지하저장시설의 구조와 기능에 대한 검토」, 『문화재』 38, 국립문화재연구소.

심상육, 2013, 「백제 사비도성 출토 문자유물」, 『木簡과 文字』 11, 한국목간학회.

윤선태, 2007, 『목간이 들려주는 백제 이야기』, 주류성.

윤선태, 2008, 「新羅의 文字資料에 보이는 符號와 空白」, 『口訣硏究』 21, 구결학회.

윤선태, 2013, 「백제목간의 연구현황과 전망」, 『百濟文化』 49, 공주대학교 백제문화연구소.

이병호, 2013, 「금산 백령산성 출토 문자기와의 명문에 대하여 -백제 지방통치체제의 한 측면-」, 『百濟文化』 49, 공주대학교 백제문화연구소.

이병호, 2014, 「7세기대 백제 기와의 전개 양상과 특징」, 『百濟文化』 50, 공주대학교 백제문화연구소.

이용현, 2008, 「左官貸食記와 百濟貸食制」, 『百濟木簡』, 국립부여박물관.

이재철, 2014, 「錦山 栢嶺山城 遺蹟 出土 文字 資料와 懸案」, 『木簡과 文字』 13, 한국목간학회.

정동준, 2009, 「「左官貸食記」 목간의 제도사적 의미」, 『木簡과 文字』 4, 한국목간학회.

최병화, 2005, 「錦山地域 百濟山城에 관한 연구」, 公州大學校 碩士學位論文.

최병화, 2006, 「錦山 栢嶺山城 發掘調査 概報」, 『한국 성곽학보』 9, 한국성곽연구회.

최병화, 2007, 「錦山 栢嶺山城의 構造와 性格」, 『湖西考古學報』 17, 호서고고학회.

홍사준, 1967, 「炭峴考」, 『歷史學報』 35·36, 歷史學會.

홍승우, 2009, 「「左官貸食記」木簡에 나타난 百濟의 量制와 貸食制」, 『木簡과 文字』 4, 한국목간학회.

龜田修一, 2013, 「百濟山城と印刻瓦の階層性(豫察)」, 한국기와학회·한국성곽학회 2013년도 국제학술회의.

羅州 伏岩里 遺蹟 出土 文字資料

이재철

1. 개관

2006년부터 10여 년에 걸친 장기계획에 의해 조사가 진행 중인 '羅州 伏岩里 遺蹟'은 榮山江 유역의 고대 문화 樣相을 究明하는데 큰 역할을 하고 있다. 2008년에 시행된 복암리 고분군 주변의 유적 발굴 결과, 복암리 유적에서는 木簡類[65점의 목간(文書, 付札, 習字 등)과 목제품 3점]뿐만 아니라 銘文이 새겨진 각종 土器 등이 出土되었으며,[1] 당시 활발한 문자생활이 이루어졌음을 입증하는 벼루와 같은 文房具類 또한 발굴되었다. 목간을 포함한 문자자료들이 출토된 지역은 나주시 다시면 복암리 875-4, 6번지 일대로, 목간이 출토된 유구는 1호 수혈(圓形竪穴)이다. 수혈 안에서는 목간을 포함한 각종 목제품들과 토기류(백제 선문계 기와, 대형 호 등), 씨앗류(밤·살구씨·솔방울 등) 등 다양한 유물이 출토되었다.

이 중에서도 특히 묵서 목간의 발굴은 百濟의 都城지역이 아닌 지방에서 목간이 발견된 첫 사례이다. 목간에는 기존 문헌자료에서는 확인할 수 없었던 백제의 戶口파악방식, 농업경영, '郡-城'의 지방행정체제 등과 관련한 내용들이 기재되어 있다(윤선태 2013). 이를 통해서 當代 중앙의 지방에 대한 통치체제의 一面을 추정할 수 있게 하는 것은 물론 복암리 일대의 문화·사회적 측면의 상황을 파악하는데 도움이 되었다.

1) 김성범은 '官內[用]'銘 土器가 官의 존재나 縣의 설치가 관청의 설치라는 점에서 연관성이 있고 지속적으로 이 지역에 주요 관청이 설치되었음을 직접적으로 나타내는 유물로 판단했다. 이러한 토기에는 寺名·官廳名·地名·供給處名·需要者名·使用部位·吉祥句 등이 새겨진다(김성범 2009).

이를 계기로 2010년에는 국립나주문화재연구소 개소 5주년을 기념한 국제학술회의가 개최되었고, 이후 한국목간학회를 비롯한 여러 학회를 통해 지속적으로 관련 연구자들의 연구 성과가 발표되었으며 현재까지도 활발히 그 논의가 개진되고 있는 실정이다.

출처: 국립나주문화재연구소, 2013, p.38, 사진 1.

출처: 국립나주문화재연구소, 2013, p.51, 도면 2.

2. 木簡

나주 복암리에서 최초 목간이 발굴된 것은 2008년으로 당시에는 1·2·3호의 목간 3점만이 출토되었으나, 이후 묵서 목간이 10점이 추가로 확인되었다. 복암리에서 출토된 목간은 자료의 중요성 때문에 많은 연구가 발표되었으며 현재도 이와 관련한 연구가 진행되고 있는 상태이다. 복암리 목간에 대해서 가장 먼저 주목한 사람은 당시 국립나주문화재연구소의 소장이었던 김성범이었다. 그는 일련의 논고를 통해 나주지역에서 출토된 목간의 판독문과 해석을 제시했고 이를 수정·보완하였다. 이외에도 2010년에는 나주 복암리와 관련한 국제학술회의가 개최되어 나주 복암리 유적과 유물에 대한 심도 있는 논의와 목간이 가지고 있는 의의에 대해서 한 단계 진전할 수 있었다.

복암리 목간과 관련하여 중요한 논쟁사항은 목간의 작성 시기이다. 목간의 작성 시기에 관한 견해는 크게 세 가지가 제시되었다. 610년, 670년, 그리고 이들 두 시점의 목간이 섞여 있다는 혼재설이다. 목간의 시기를 밝히는 것은 당시 상황을 이해하는데 매우 중요한 과제이다. 특히 610년과 670년은 백제의 存亡과 관련하여 급격한 사회변동이 예상된 상황이었기 때문에 어느 견해를 따르는가에 따라 그 해석이 달라질 수 있다.

최초 3점의 목간(1·2·3호 목간)만이 발견되어 동반된 유물을 설명할 때, 목간은 부수적으로 언급되는 상황이었으나 현재 나주 복암리에서만 65점의 목간이 발견되었고, 그중 묵서가 확인된 목간은 13점이나 된다. 복암리에서 발견된 목간은 당시 百濟의 수도 부여 이외에 지방에서 발견된 최초의 목간이라는 점과 목간에 기재되어 있는 '部巷'과 같은 지역구분은 목간이 작성될 당시 백제의 수도와 동일한 행정체제로 지방에 대한 지배가 이루어지고 있음을 반증한다. 그렇기 때문에 목간의 편년을 살펴보는 것이 중요하다.

우선 나주 복암리의 목간을 610년으로 보는 견해를 살펴보면, 610년 설은 11호 목간에 남겨진 '庚午年'을 근거로 시작되었다. 이는 공반된 유물, '豆肹縣'이라고 하는 百濟式 地名을 통해 목간의 연대를 610년으로 파악한 것이다(김성범 2010, pp.174-175). 대부분의 연구자들이 4호 목간에 보이는 '郡佐'와 10호 목간의 '郡得分'이 사비기의 지방행정제도인 '方-郡-城' 체제를 나타내는 것이라고 보았다(이성시 2010, pp.108-113). 그리고 干支만으로 연도를 표기했다는 점으로 610년 설을 지지하기도 했다(윤선태 2010, p.167).

670년 설은 목간에 나오는 지명을 분석해서 김창석이 제기하였다. 『三國史記』 地理志의 내용을 근거로 3호 목간의 '半那'와 12호 목간의 '軍那'는 웅진도독부 시기 행정구역명과 일치하기 때문에 백제의 멸망 이후로 목간의 제작연대를 파악한 것이다. 백제의 지명이 보이기는 하지만 그 지명이 이후에도 지속적으로 사용되었을 가능성이 있고 백제의 멸망 이후 10년 밖에 지나지 않은 시점이기 때문에 충분히 사용되었을 가능성이 있다고 주장하였다.

610년과 670년 혼재설은 2010년 국제학술회의 토론석상에서 제기되었다. 세부토층이 다양하기 때문에 하나의 시점으로 비정하기 어렵다는 것에서 논의가 출발되었다. 현재는 670년 설을 필자가 직접 철회하여(김창석 2011, p.105), 610년설이 정설로 인정되고 있다.

1) 1호 수혈 출토유물 403호(자전-伏1)

1호 수혈 출토유물 403호(1호 목간)는 상부가 결실된 장방형(잔존 크기: 길이 8.3cm, 너비 4.2cm, 두께 0.8cm)으로 1호 수혈 내부 남동편 암회색 사질점토층(유구 윗부분에서 110cm 정도 아래 부근)에서 출토되었다. 墨書는 앞면에만 잔존해 있고 2행 16자가 확인된다(국립나주문화재연구소 2010, p.509).

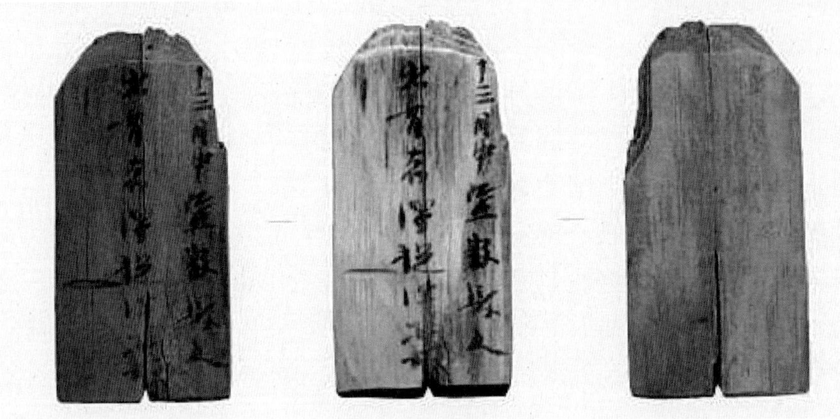

출처: 국립나주문화재연구소, 2010, p.411, 사진 257.

(1) 판독 및 교감

× 出背者得捉得安城	年三月中監數長人

〈앞면〉

2	1	
出	年	①
背	三	②
者	月	③
得	中	④
捉	監	⑤
得	數	⑥
安	長	⑦
城	人	⑧

〈앞면〉

〈글자번호표〉

[앞면]

× 年[2]三月中監[3]數長[4]人

出背[5]者得捉得安成

(2) 연구 쟁점

1호 수혈 출토유물 403호(1호 목간)와 관련해서 주의 깊게 살펴볼 사항은 '長'에 대한 자형 판독 문제이다. '長'을 '肆'로 판독하는 견해에 따르면, '肆'는 '四'와 通字의 의미로 '四' 대신 '肆'로 표기한 것은 확실한 숫자를 摘記하기 위한 것이고 그 의미의 중요성을 고려해서 기술한 것이다. 이러한 점은 백제 지방행정에서 수준 높은 문서행정이 이루어지고 있음을 반증하는 측면에서 파악될 수 있다고 보았다(김성범 2010, p.153; 보고서 2010, p.510).

목간의 내용에 대해 김성범은 "○○년 3월, 감독자 4인이 出背者를 得安成에서 잡을 수 있었다."라고 파악했다. 또한 '監'과 '出背者'로 볼 때, 노동력을 감독·통제했고 '~月'에 발생한 사실을 기록한 것인데, 매월 정기적으로 기록·보고한 것이라기보다는 특별한 사건이나 사실이 발생해 기재한 것으로 이해했다(김성범 2010, p.153).

김창석은 '監'의 숫자에 주목하면서 해당 목간은 일종의 사건일지용 성격을 띠며 차후 長官이나 상급부서에 보고하기 위한 기초자료로 이용되었을 것으로 판단하였다. 그리고 복암리에서 사역당한 노동자들이 '得安成'과 일련의 연고를 맺고 있었을 가능성이 있다고 보았다(김창석 2011, pp.112-113).

'감독하던 수명의 장인'이 國役에 징집되었거나 예속노비를 추포한 것이라고 파악한 윤선태는 갑자만을 사용하는 것은 백제 고유의 연호표기 방식이라고 했다. 이성시는 '出背者'를 도망자로 이해하면서 '得捉'은 '捕捉'이고, '監數肆人'은 주체가 되며, 득착과 관련된 '監'은 4명이었다고 판독하였다. 또한 '得安城'은 백제 5방성 중의 하나로 동방(現 충청남도 논산시 은진면 비정)으로 판단되는데, 출토지와 '得安城'은 직선거리로 대략 130km나 떨어진 곳이어서 출토지의 기능적인 부분과 관련된 상황을 주목해야 한다고 하였다.

이용현은 『日本書紀』 繼體紀 任那日本縣邑에서 "이탈된 지 3~4代나 되는 백제 백성들을 括하여 貫에 부쳤다"는 기사를 사례로 들었는데, 이 기사가 신빙성이 있다면, 적어도 6세기 초반 백제에는 호적이나 이와 유사한 형태가 존재했을 것으로 보았다. 이러한 점은 6세기 초반의 사례였는데, 7세기 초의 경우도 이와 비슷한 상황이었을 것으로 판단하였다.

平川 南은 得安城을 최초로 판독하였다. 長登銅山 출토 목간과 비교해서 '逃+숫자', '○명이 도망쳤

2) 年(김성범, 보고서, 윤선태, 이용현), [年](김창석), 午(자전).

3) 監(김창석, 보고서, 윤선태, 자전), 置(와타나베), 肆(와타나베).

4) 長(윤선태, 자전), 肆(김성범, 김창석, 보고서, 平川 南) / 일부 연구자들은 '肆'로 판독하지만 그 자형은 '長'으로 보인다.

5) 背(김성범, 보고서, 이성시, 윤선태, 자전, 平川 南), 有(와타나베).

다.', '도망친 사람이 몇'이라는 점에 착안해서 이것은 도망자에 대한 추포 목간이라고 이해하였다. 기존 '省'으로 판독한 글자를 이러한 상황에 입각하여 '背'로 보았다. 또한 '長'을 '肆'으로 판독했다(이용현 2013, pp.65-66).

2) 1호 수혈 출토유물 404호(자전-伏2)

1호 수혈 출토유물 404호(2호 목간)는 상단과 좌우가 결실·마모된 세장방형이다(잔존 크기: 길이 28.1cm, 너비 5cm, 두께 0.3cm). 1호 수혈 중심부 점질토층(유구 윗부분에서 105cm 정도 아래 부근)에서 6편이 쪼개진 상태로 출토되었다.

묵서는 앞면에 삼행 정도가 확인된다. 총 삼십여 자 이상이 쓰였을 것으로 추정되나 상태가 좋지 않아 판독 가능한 글자는 이십여 자 정도이다(국립나주문화재연구소 2010, p.511).

출처: 국립나주문화재연구소, 2010, p.411, 사진 257.

(1) 판독 및 교감

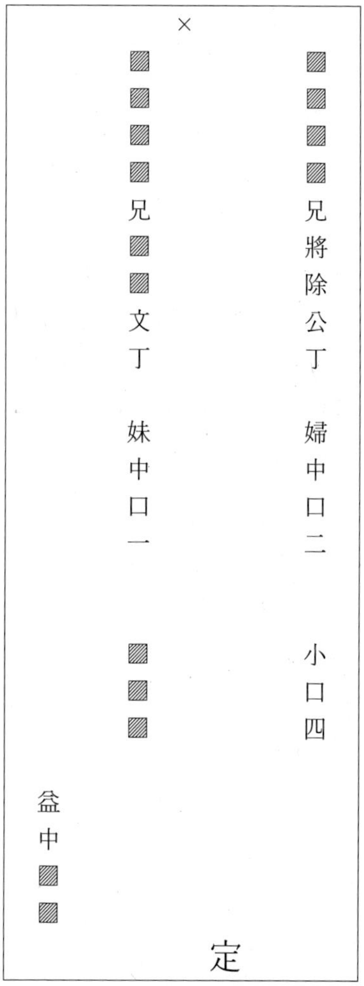

×
▨▨▨▨兄將除公丁 婦中口二 小口四
▨▨▨▨兄▨▨文丁 妹中口一 ▨▨▨
益中▨▨
定

〈앞면〉

4	3	2	1	
	▨		▨	①
	▨		▨	②
	▨		▨	③
	▨		▨	④
	兄		兄	⑤
	▨		將	⑥
	▨		除	⑦
	文		公	⑧
	丁		丁	⑨
	妹		婦	⑩
	中		中	⑪
	口		口	⑫
	一		二	⑬
	▨		小	⑭
	▨		口	⑮
	▨		四	⑯
益				⑰
中				⑱
▨				⑲
▨				⑳
		定		㉑

〈앞면〉

〈글자번호표〉

[앞면]

× ▨▨▨▨兄[6]將除公[7]丁　婦[8]中口[9]二　　小口四

定

× ▨▨▨▨兄▨▨文丁　　妹[10]中口一　　▨▨▨

益[11]中[12]▨[13]▨▨

(2) 연구 쟁점

1호 수혈 출토유물 404호(2호 목간)은 戸口과 관련한 내용이 기재되어 있어 주목된다. 발견 당시 가로·세로 6편의 조각으로 나뉘어 수습되었는데 충격에 매우 취약한 상태인데다가 묵흔의 잔존 상태가 좋지 않아 판독에 어려움이 있다. '公'과 '婦'와 같은 글자에 대한 자형 판독상의 문제가 있지만 연구자별 '丁', '中口', '小口'에 대한 판독에는 이견이 없다.

내용에 대한 연구자별 견해를 살펴보면, 김성범은 2호 목간이 '丁-中口-小口'라는 연령등급의 구분이 나타나 있는 것으로 볼 때, 戸口의 관리 또는 노동력 파악·징발자의 출입을 확인해 편성한 것을 확인한 문서목간으로 파악했다. 목간의 앞면 1행의 '公'을 '乙'로 이해해 '乙丁을 제외하고'로 이해하면서 '歸'·'背'의 對句 형태로 볼 때, 이것은 다시 복귀한 인력을, '背'는 도망친 인력을 의미한다고 보았다. 또한 하단의 1행과 3행 중간 부분에 쓰인 '定'은 문서 확인을 위한 일련의 표기방식(手決)으로 이해했다(김성범 2010, pp.155-156).

김창석은 '之', '云', '公'으로 논의되던 것을 '正'으로 판독했다. '益'을 증가한다고 해석하고 어떤 戸의 호구 내역과 변동 상황을 조사한 문서라고 판단했다(김창석 2011, pp.105-111).

윤선태는 목간에 대한 첫 판독을 수정하여 '之'를 '云'으로, '女+妻'를 '婦'와 '妹'의 형태로 파악하였다. '益中口'를 판독했다. 이 목간은 호주와 그 가족의 기록이며, '兄'은 호주의 兄을 의미하는 '從父兄'이거나, 호주가 동생인 경우의 '戸'로 판단되며, '호주+직계가족+친족'순의 복합세대 구성으로 기술되었다고 판단했다. 지역의 관청에서 호별로 호구 손익을 파악하기 위해 만든 기초작업용 문서목간의 하나로 보았다. 이와 같은 내용을 근거로 '호주, 호주의 처, 호주의 자녀 / 호주의 형제, 호주 형제의 처, 호주 형제의 자녀'로 백제 호적 호구부 서식을 복원하였다(西魏 호적 서식과 유사하다고 확인). 출토지 제철유구는 두힐성 관아의 관련 시설이 존재했을 가능성이 있으며, 제철유구는 관아의 제철공방일 수 있다고 하였다. '定'은 기존의 호적과 대조해서 재확인 또는 확정한 것이라 하였다. 한편 '丁' 앞은 인명이라고 보았다(윤선태 2012, pp.56-59).

이성시는 목간은 '丁-中口-小口'의 연령구분 순으로 열거된 것이라고 하였다. 신라촌락문서에 '除公'이 6개의 연령구분 중 하나이므로, 목간의 '除公'도 연령구분이라고 판단한 것이다. '除公丁'은 '中口' 위에 위치하고 '除公丁-中口-小口'의 순서로'丁-除公丁-中口-小口'의 순서를 상정할 수 있다고 하였다. '中

6) 兄(김성범, 보고서), 光(자전).
7) 公(平川 南), 云(윤선태, 자전), 乙(김성범, 보고서), 正(김창석).
8) 婦(김창석, 윤선태, 平川 南), 歸(김성범, 보고서).
9) 口(김성범, 보고서, 윤선태, 平川 南), 四(자전).
10) 妹(윤선태, 平川 南), 背(김성범, 보고서).
11) 益(윤선태), 前(平川 南).
12) 中, [中](윤선태), ▨(김성범, 보고서, 平川 南).
13) ▨(김성범, 보고서, 平川 南), 口(윤선태).

口'에는 각각 '婦'와 '妹'가 기재되었는데, 이는 6세기 울주천전리서석의 신라자료에도 婦와 妹가 친족호칭으로 쓰인 점에 주목하고 싶다고 하였다(婦와 妹가 어떤 구분인지는 향후 문제). 부여 궁남지 목간도 같은 구성을 가진다고 하면서 이에 궁남지 목간은 매라성에 동원된 사람들이고 2호 목간도 그러한 목적의 장부라고 보았다.

이용현은 2호 목간은 궁남지 목간의 재해석과 함께, 백제의 호구 파악에 있어 중요함을 지적했다. 판독에 있어서 '除云丁'이냐 '除公丁'인가가 논점으로 이 부분에 대한 객관적인 공동 판독 혹은 판독 작업이 필요하다는 의견을 제시하였다.

平川 南은 목간에 대해 신라촌락문서에 상응하는 백제의 촌락문서로 판단하였다. '乙'로 판독되던 자형을 '公'으로 보았는데, 이것은 '除公丁'에 착안한 것이다. '婦'자를 판독하고 종래 부여 궁남지 목간에서 '歸'로 판독하던 글자를 '婦'로 정정하였다. 또한 백제 '丁-中-小'의 나이를 21-59세, 16-20세, 4-15세로 비정하였다. 일본 다가죠성 호적목간이 있음을 들어 이를 백제호적목간으로 보았다. '定'의 의미에 대해서는 호적 원(原)장부와 대조해서 이상 유무를 확인 후, 이를 표시한 것으로 파악했다(목간을 제출하고, 관청에서 호적 원장부와 대조). 야마가타현 고마자와시 코시타히가시 유적 목간에 기재된 '-丁 ○人, 小 ○人, 男 ○人-'을 소개하고 해당 목간은 이와 유사한 형태라고 파악했다(이용현 2013, pp.61-64).

3) 1호 수혈 출토유물 405호(자전-伏3)

1호 수혈 출토유물 405호(3호 목간)는 상부의 상·좌·우 부분을 다듬어서 둥글게 하고 하부에 이를수록 좁아지는 일종의 주걱 형태를 하고 있다(잔존 크기: 길이 24.8cm, 너비 4.5cm, 두께 0.5cm). 1호 수혈의 남동쪽 사질토층(유구 윗부분에서 360cm 정도 아래 부근)에서 출토되었다. 앞·뒷면 각각 3행의 묵서가 확인되는데, 앞면은 26자, 뒷면은 32자 정도가 식별 가능하다(국립나주문화재연구소 2010, p.513).

출처: 국립나주문화재연구소, 2010, p.412, 사진 258.

(1) 판독 및 교감

× 半那比高墻人等若▨▨	▨ 毛羅	× ▨年自七月十七日至八月卄三日

〈앞면〉

× ▨將法戸匊次 又德率▨	夜之間徒 釗非頭扞率麻進	× 尤戸智次 前巷奈率烏胡留

〈뒷면〉

3	2	1	
半		▨	①
那		年	②
比		自	③
高		七	④
墻		月	⑤
人		十	⑥
等		七	⑦
若		日	⑧
▨		至	⑨
▨		八	⑩
		月	⑪
		卄	⑫
		三	⑬
	▨	日	⑭
	毛		⑮
	羅		⑯

〈앞면〉

3	2	1	
▨	夜	尤	①
將	之	戸	②
法	間	智	③
戸	徒	次	④
匊			⑤
次			⑥
又	釗	前	⑦
德	非	巷	⑧
率	頭	奈	⑨
▨	扞	率	⑩
	率	烏	⑪
	麻	胡	⑫
	進	留	⑬

〈뒷면〉

〈글자번호표〉

[앞면]

1행: ×▨[14]年自七月十七日至八月卄三日

2행: ▨ 毛羅

3행: ×半[15]那比高墻人等若[16]▨▨

[뒷면]

1단

×尤[17]戸智次

夜之間徒

×▨將法戸匊次

2단
前巷奈率烏胡留
釗[18]非頭扞率麻進
又[19]德率▨

(2) 연구 쟁점

1호 수혈 출토유물 405호(3호 목간)에는 간지를 나타내는 '▨年'이 확인된다. '▨年'는 동반 출토된 1호 수혈 출토유물 413호(11호 목간)에 기재된 '庚午年' 묵서로 볼 때, '庚午年'을 의미하는 것으로 파악된다. 이와 관련해서 610년(百濟 武王 10年)으로 보는 것이 확정적인데, 김창석은 '軍那' 등 일련의 지명이 熊津都督府 시기의 地名과 일치한다는 점에 착안하여 舊說에서 1주갑을 내려 670년으로 보았으나 新說에서 철회하였다.

김성범은 목간은 용도 폐기된 후 주걱과 같은 용도로 재활용되었으며, '毛羅'라는 지역에서 인력을 징발한 것으로 파악하였다. 그 내용에 대해서는 37일 만에 업무가 완수되어 이를 복암리에 보고한 것이며, '墻人'으로 보아 모라 지역 관청의 담장을 신축·보수한 것을 보고한 것으로 이해했다. 일부 연구자가 '領'으로 판독한 자형을 '釗'으로 판독하여 '釗非頭'를 지명으로 이해했다. 이것은 鐵과 관련하여 지금의 전남 나주시 남평읍 일대인 '實於山縣'(新羅 景德王 시기, 鐵冶縣)으로 비정하고, 인근 지역인 반나와 검비두 지역에서 인력동원을 지원받은 것이라고 하였다(김성범 2010, p.157-160; 보고서 2010, pp.513-515).

윤선태는 해당 목간을 7월 17일부터 8월 23일까지 '半那比高墻人'과 관련된 인력의 배분을 기록한 문서목간으로 파악하였다. '半那'는 대방주 하의 반나현과 동일 지명으로 이해된다고 보았다. '劒非頭'는 '지명+(관등+)인명'의 기재 방식으로 볼 때, 지명으로 이해된다고 하면서 '前巷'은 도성이 아닌 출토지 인근 지방의 지명이라는 설에 입각해 그곳이 '두힐성'이라고 하였다. 이러한 형태의 문서목간이 출토되었다는 것은 두힐성이 '반나'성의 인력을 차출·배분할 수 있는 행정적 위상을 가지고 있었기 때문에 가능했던 것으로 파악하였다(윤선태 2013, pp.65-66).

이성시는 '毛羅'는 '毛良夫里縣'으로 고창군 고창읍 또는 탐라이고, '半那'는 '半那夫里縣', 나주시 반남면이라고 보았다. 모량부리는 출토지에서 북으로 40km 정도이고, '半那夫里'는 출토지 인근이라는 것을 환기시켰다. 목간의 앞면은 7월 17일에서 8월 23일의 한 달 남짓이고, 이면은 인명을 열거하였는데, '-戶+인명, 지명+관위+인명'의 기재양식이고, '領非頭'는 관직일 가능성이 있다고 주장하였다. 이에 상단은

14) ▨(김성범, 보고서, 平川 南), [午](윤선태).
15) 半(김성범, 보고서, 平川 南), [半](윤선태).
16) 若(김성범, 보고서, 윤선태, 平川 南), 石(자전).
17) 尤(김성범, 보고서), ▨(윤선태, 자전, 平川 南).
18) 釗(김성범, 보고서, 윤선태), 領(平川 南).
19) 又(김성범, 보고서, 윤선태, 平川 南), ▨(자전).

반나의 재지인, 하단은 중앙에서 파견된 사람들로, 상단의 사람들을 하단의 사람들이 감독하였다고 추정하였다.

平川 南은 7월 17일에서 8월 23일까지라는 기간, 열거된 인물, '徒'에 착안해서, 일종의 월별 노동보고 장부 형태로 판단했다(이용현 2013, pp.67-69).

4) 1호 수혈 출토유물 406호(자전-伏4)

1호 수혈 출토유물 406호(4호 목간)는 국내에서 출토된 목간 중 최대·최장 목간이다(잔존 크기: 길이 60.7cm, 너비 5.0cm, 두께 0.5cm). 장방형으로 상부의 끝은 네 면(전·후·좌·우), 하부의 끝은 두 면(전·후)을 칼과 같은 날카로운 도구를 이용해 다듬었다. 앞·뒷면 모두 묵서가 확인되는데, 앞면에는 5~10자 내외(3자 판독 가능), 뒷면에는 2행 50자 정도(25~28자 판독 가능)의 묵서가 잔존했던 것으로 추정된다(국립나주문화재연구소 2010, p.516).

출처: 국립나주문화재연구소, 2010, p.413, 사진 259.

(1) 판독 및 교감

郡佐▨▨▨　　　　▨▨▨▨文
▨▨▨▨　　　▨▨▨▨
▨▨▨▨

〈앞면〉

受米之及八月八日高嵯支▨記▨▨▨好二▨▨又及告日▨▨
責之▨▨　　　　一　　　　　　　　八月六日

〈뒷면〉

3	2	1	
	郡		①
	佐		②
	▨		③
	▨		④
	▨		⑤
▨		▨	⑥
▨		▨	⑦
▨		▨	⑧
▨		▨	⑨
		▨	⑩
		▨	⑪
		▨	⑫
		▨	⑬
	▨		⑭
	▨		⑮
	▨		
	▨		
	文		

〈앞면〉

2	1	
責	受	①
之	米	②
▨	之	③
▨	及	④
	八	⑤
	月	⑥
	八	⑦
	日	⑧
一	高	⑨
	嵯	⑩
	支	⑪
	▨	⑫
	記	⑬
	▨	⑭
	▨	⑮
	▨	
	好	
	二	
	▨	
	▨	
	又	
八	及	
月	告	
六	日	
日	▨	
	▨	

〈뒷면〉

〈글자번호표〉

[앞면]

1행: ▨▨▨▨ ▨▨▨▨

2행: 郡佐▨▨▨ ▨▨▨▨▨文

3행: ▨▨▨▨

[뒷면]

1행: 受米之及[20]八月[21]八日高嵯[22]支▨記▨[23]▨▨[24]好二[25]▨▨又及告日▨▨

2행: 責[26]之▨▨ 一[27] 八月六日

(2) 연구 쟁점

김성범은 '方佐'는 '方領'을 보좌하는 역할을 했으므로, 군좌는 군장을 보좌하던 관직으로 이해했다. '佐'는 중앙뿐만 아니라 지방에도 존재하는 실무책임자라고 하였다. 8월 8일까지 미곡 수급 등을 완료하라는 명령을 8월 6일에 내린 것이며, 상급관청과 하급관청사이의 행정문서로, 수신자는 출토지인 복암리 일원의 관청이었다고 하였다(김성범 2010, pp.161-163; 보고서 2010, pp.516-517).

윤선태는 목간의 형태가 완형으로는 국내에서 출토된 목간 중에 최대·최장이라고 하였다. 목간의 앞면 상단 중앙부에 남아있는 '郡佐▨▨▨'는 목간의 제목에 해당하고 단을 달리해서 문서의 본론을 기술한 것으로 파악했다. 뒷면 2행의 마지막이 '八月六日'로 되어 있는데, 뒷면 1행에서 '8월 8일에 이르러'라고 되어 있어 그 내용은 '… 쌀을 받아 8월 8일까지 어떻게 하고, 또 보고하는 날에 ▨▨를 가져올 것'과 같은 일종의 명령을 기록한 것으로 이해했다. '郡佐'는 '진법자묘지명'에 보이는 진법자가 역임한 '旣母郡佐官'과 동일한 성격의 관직이었을 것으로 보면서, 方領 아래의 '方佐'처럼 郡將 휘하에서 행정적으로 보좌하던 관인으로 생각했다(김성범 2010, p.162) 이러한 내용을 통해 볼 때, 군좌가 그 예하 재지사회의 소환인에게 명령을 하달한 후, 소환인이 명령을 수행한 다음 이 목간을 가지고 와 보고한 뒤 폐기되었을 가능성이 있음을 언급한 것이다. 이 경우 목간의 출토지인 두힐성은 목간의 발급자인 군좌가 있던 곳인 '郡'이 된다고 파악하였다(윤선태 2013, pp.62-63) (謹, 文, 記를 새롭게 판독). 군좌 아래의 하위관료가 군좌에게 보고한 문서라고 했으나 군부목간과의 연관성을 상정한 뒤, 군에서 예하 재지사회에 내린 하행문서라

20) 及(김성범, 보고서, 윤선태, 平川 南), ▨(자전).

21) 月(김성범, 보고서, 윤선태, 平川 南), [月](김창석).

22) 嵯(김성범, 보고서, 윤선태, 平川 南), [嵯](김창석).

23) ▨, 遺(김성범, 보고서, 윤선태, 平川 南), [遺](김창석).

24) ▨, 之(김성범, 김창석, 보고서, 윤선태, 平川 南).

25) 二(김성범, 보고서, 윤선태), ▨(김창석, 平川 南)

26) 責(김성범, 보고서, 윤선태, 平川 南), [責](김창석).

27) 一(김성범, 보고서).

고 파악하였다(군좌는 군장의 예하 관리)(윤선태 2013, pp62-63).

이성시는 '郡佐'를 '郡의 副官(2인자)'으로 보았다. 이것은 方領이 있고 다음에 方佐가 있다는 『隋書』 百濟傳의 내용을 인용한 것으로 같은 자료에 '郡將'이 3인이 있다는 것을 근거로 하여 '郡에 將이 1, 佐가 2'였다고 하였다. 受米 작업을 8월 8일까지 가져오도록 명한 명령서이며, 郡에서 수하의 책임자에게 하달한 문서로, 재지사회에서 권위를 가시화하기 위해 크게 만들었던 고대 일본의 예와 공통된다고 하였다.

이용현은 해당 목간에 대해 국내 최초 발견된 郡付木簡이라고 정의하면서 일본의 사례에서 확인되듯이, 군에서 하급관청 또는 관인과 백성을 호출하고 이에 응한 것과 관련된 문서목간으로 이해했다. 크기가 크며 일본의 것과 동일하다고 판단하였다. 이를 통해 일본 군부 목간의 기원도 백제에 있었을 가능성이 있을 것으로 추론했다(일본의 지방통치 시스템도 백제의 통치기술이 전파된 것)(이용현 2013, pp.64-65).

5) 1호 수혈 출토유물 407호(자전-伏5)

1호 수혈 출토유물 407호(5호 목간)는 장방형으로 상부에 구멍이 뚫려 있다(잔존 크기: 길이 18.5cm, 너비 2.7cm, 두께 0.6cm). 앞·뒷면에 모두 묵서가 있는데, 앞면은 삼행 이십 자(15~20자 판독 가능), 뒷면은 삼행 서른한 자 정도(30자 판독 가능)가 확인된다(국립나주문화재연구소 2010, p.517).

출처: 국립나주문화재연구소, 2010, p.414, 사진 260.

(1) 판독 및 교감

丁一 中▨▨
大祀◎村▨弥首▨作▨▨
▨丁一 牛一

〈앞면〉

涇水田二形得七十二石 在月三十日者
◎畠一形得六十二石
得耕麥田一形半

〈뒷면〉

3	2	1	
	大		①
	祀		②
	◎		
	村		③
	▨		④
	弥		⑤
	首		⑥
	▨		⑦
▨	作	丁	⑧
丁	▨	一	⑨
一	▨		⑩
牛		中	⑪
一		▨	⑫
		▨	⑬

〈앞면〉

3	2	1	
	◎		
得	畠	涇	①
耕	一	水	②
麥	形	田	③
田	得	二	④
一	六	形	⑤
形	十	得	⑥
半	二	七	⑦
	石	十	⑧
		二	⑨
		石	⑩
		在	⑪
		月	⑫
		三	⑬
		十	⑭
		日	⑮
		者	⑯

〈뒷면〉

〈글자번호표〉

[앞면]

1단: 大祀[28)]◎村▨[29)]弥首▨[30)]

2단: 丁一

作[31)]▨[32)]▨[33)]

▨[34)]丁一

3단: 中▨[35)]▨[36)]

牛一

[뒷면]

1단: 涇[37)]水田二形得七十二石

畠[38)]一形得六十二石

得耕麥田一形半[39)]

2단: 在[40)]月三十日者

(2) 연구 쟁점

1호 수혈 출토유물 407호(5호 목간)는 일종의 백제촌락문서에 해당된다는 평가로 주목받는 목간이다. 목간의 성격·용도와 관련해서는 크게 두 가지 견해가 있다. 첫째는 大祀村의 戶(戶主) 弥首(또는 호주 ▨

28) 祀(김성범, 보고서, 윤선태, 平川 南), [禮](자전).

29) ▨(김창석), 主(김성범, 보고서, 平川 南), [戶](윤선태).

30) ▨, 山(김성범, 보고서, 자전, 平川 南), [山](김창석), 上(윤선태) / 해당 자형은 '山' 또는 '上'자로 추정되나 제시된 사진으로는 명확히 구별할 수 없다.

31) 作(윤선태), [作](김창석), ▨(김성범, 보고서, 平川 南).

32) ▨(김성범, 보고서, 윤선태, 平川 南), [中](김창석) / 김창석은 '中'으로 추독한 후 다른 연구자들과는 달리 한 글자가 더 존재했을 것으로 보고 '口'로 추독하였다.

33) ▨, 四(김창석, 平川 南), [四](윤선태), 一(김성범, 보고서).

34) ▨(김성범, 보고서), 偶(김창석), 傭(平川 南), [傭](윤선태).

35) ▨, 口(김성범, 보고서, 平川 南), [口](김창석, 윤선태).

36) ▨(김성범, 보고서, 平川 南), [一](김창석, 윤선태).

37) 涇(김성범, 김창석, 보고서, 윤선태), ▨(平川 南).

38) 畠(김성범, 보고서, 윤선태, 平川 南) / 김창석은 해당 자형을 '白'과 '田'으로 구분해 판독하였다. '畠'자 자형은 우리나라에서는 사용하지 않는 글자이지만 일본에서는 밭을 의미하는 '畠(はたけ)'로 사용하고 있다. 이것은 '水'와 '田'이 합쳐져 '畓'이라는 한자어가 생성된 것과 유사한 용례라고 할 수 있다(김성범 2010, p.165; 보고서 2010, p.518). 이에 대해 김창석은 좌·우행 글자의 크기와 자간 간격 등을 비교·판단해야한다고 하면서 2행의 자형이 전체적으로 작은 것을 볼 때, 이러한 기재 방식은 1·3행을 작성한 다음, 追記되었을 가능성을 언급하였다(김창석 2011, p.120).

39) 半(김성범, 보고서, 윤선태, 平川 南), 在(자전).

40) 在(김성범, 김창석, 보고서, 平川 南), 半(자전), [右](윤선태).

弥首)의 戶內 노동력 및 토지(면적 고 생산량 등)를 고려, 戶等을 산정하기 위해 작성한 '戶等定簿'의 기초 문서라는 입장(윤선태 2010, pp.163-165; 홍승우 2011, pp.144-146)과 두 번째는 곡물재배의 노동 월별 보고 장부라는 의견(李成市 2010, p.124; 平川 南 2010, p.196)이다. 두 번째 의견을 구체화한 견해도 제시되었는데, 이에 따르면 호주인 '▨弥首[山]'의 戶口員 일부가 국가 공유지인 田·畓의 경작과 수확, 麥田의 파종 작업에 동원되어 '이 달에 30일'간 사역했다는 것을 기록한 徭役 수취 장부라는 것이다(김창석 2011b, p.161). 이와 관련한 연구자별 견해를 살펴보면 다음과 같다.

김성범은 『三國史記』를 비롯한 사료와 기존 목간에서는 발견되지 않았던 백제의 村落名이 처음으로 확인되었다는 것에 의미를 두고 '大祀村'의 '弥首山'이란 인물에 관한 것으로, 일종의 촌락문서로 규정하였다. 목간의 기재 내용은 논농사와 밭농사로 구분하여 곡물과 경작방식에 따라 표기하였으며, 그에 따른 소출량 등 농업생산 관련 사항을 기록한 목간으로 파악하였다. '形'은 백제의 토지 단위를 나타내는 것으로 판단하였다. 한편, '畠'과 '麥田'의 차이가 무엇인지 알 수 없다고 하고, '畠'에는 쌀보다는 덜 중요하고 보리보다는 중요한 작물을 심었을 것으로 추정하였다. 목간의 구멍은 묵서 전에 이미 뚫어 놓은 것으로 판단하였다. 앞면은 촌락 대표 가호의 노동력과 재산을 적은 것이고, 뒷면은 노동 결과와 향후 계획을 적었다고 하였다(김성범 2010, pp.164-167; 보고서 2010, pp.517-519).

김창석은 목간의 뒷면 1행 '在月三十日者'를 '在月三十 日者'로 파악하여 '十'과 '日'자 사이에 공백을 강조하였다. 또한 '得耕麥田一形半▨'으로 이해해 '一形半'의 뒤에 미상자(▨)를 상정하였으며 '畠'를 '白田'로 판독하였다. '偶丁一'라고 판독하면서 이것은 戶主에 예속되는 존재라고 하였다(김창석 2011, pp.119-121).

윤선태는 5호 목간으로 '호주의 이름+가족구성원+소유 牛+田畓 소유현황과 수확량'을 적었다고 파악하였다. '得耕麥田一形半'는 새로 개간한 토지를 의미하며, '右月三十日者'은 목간의 작성 일자로 파악했다. 이를 唐 전기에 작성된 9등호 관련 장부로 '上'을 호등산정으로 보면 복암리 목간도 호등 산정을 위한 자료라고 볼 수 있다고 하였다.이와 관련하여 '[戶]', '上', '傭'자를 판독했는데, '傭'은 예속인, '得耕'은 '새로 경작한' 것으로 보았다(윤선태 2012, pp.60-64).

이성시는 平川 南과 동일한 판독문에 입각해, '形'은 토지면적을 나타내는 것이라고 하였다. 麥田은 水田과 畠의 수확 후 二毛作하였으며, 앞면에는 노동력, 뒷면에는 노동 결과를 기록한 장부라고 파악하였다. 平川 南은 해당 목간을 곡물 재배의 노동 월별 보고 장부로 보았다. 이와 관련하여 연희식의 主稅式에 "公田에서 稻를 획득함은, 上田에서 500속, 中田에서 400속, 下田에서 300속, 下下田에서 150속이다. 地子(땅을 빌려주고 받는 소작료)는 각각 田의 품질에 따라 5분의 1을 보내게 한다"는 자료를 예시하였다(이용현 2013, pp.59-61).

6) 1호 수혈 출토유물 408호(자전-伏6)

국내 최초의 封緘(檢)木簡으로 확인된 1호 수혈 출토유물 408호(6호 목간)는 장방형으로 상·하부의 끝이 반듯하게 가공된 형태이다(잔존 크기: 길이 29.7cm, 너비 3.5cm, 두께 0.5cm / 재질: 옻나무). 1호 수혈 출토목간 407호(5호 목간)가 상부에만 천공된 흔적이 남아있는 반면에 6호 목간은 상·하부 모두 구멍이 뚫려 있다. 목간은 종방향의 단면이 '凹'자 형태로 되어 있는데, 덮개용 목간과 결합할 수 있게 상·하부를 제외한 나머지 부분이 1mm 가량 파진 상태이다.

묵서는 앞면에 1자, 뒷면에 3글자가 적혔던 것으로 보인다. 뒷면 3글자 중 판독이 가능한 자는 2자이다(국립나주문화재연구소 2010, p.520).

출처: 국립나주문화재연구소, 2010, p.415, 사진 261.

(1) 판독 및 교감

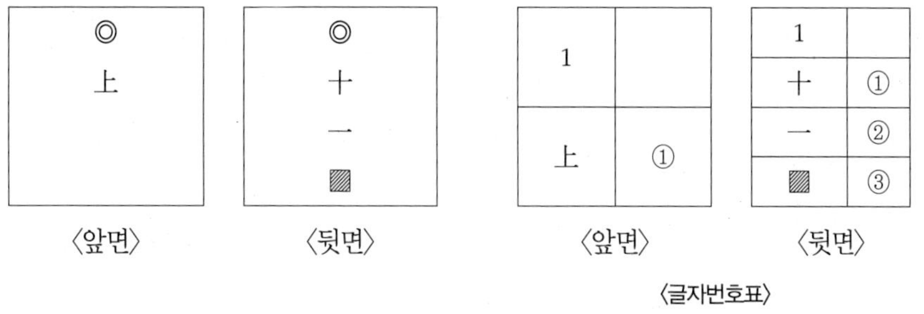

〈앞면〉 〈뒷면〉 〈앞면〉 〈뒷면〉

〈글자번호표〉

[앞면]

◎上[41)]

[뒷면]

◎十[42)]一[43)]▨[44)]

(2) 연구 쟁점

1호 수혈 출토유물 408호(6호 목간)는 국내 최초로 확인된 봉함목간이다('凹'자 형태). 봉함목간은 관청에서 문서나 물건 등을 운송할 때, 사용하던 목간의 한 형태로 봉투의 역할이나 기밀이 요구되는 문서·물건 등을 봉함하는 과정에서 사용되었다. 이러한 맥락에서 1호 수혈 출토유물 408호(6호 목간)는 지방관청에서 복암리 일대 관청으로 올린 上申文書의 형태로 중요한 기밀이 기재·포함되었을 것으로 추정된다. 봉함목간의 구조상 '凹'자 형태와 '凸'자 형태가 짝을 이뤄야 하는데, 해당 목간은 '凹'자 형태만 출토되고 '凸'자 형태는 발견되지 않았다. 이것은 목간에 기재된 자형의 수가 적게 확인되고 있는 것과도 관련이 있는 것으로 보인다.

뒷면의 세 번째 자형에 대해서는 '年', '草', '筆'의 형태로 파악(김성범 2010, p.168; 보고서 2010, p.520)하기도 하지만 판독이 어렵다.

7) 1호 수혈 출토유물 409호(자전-伏7)

1호 수혈 출토유물 409호(7호 목간)는 장방형의 부찰목간이다(잔존 크기: 길이 10.8cm, 너비 3.5cm,

41) 上(김성범, 보고서).

42) 十(김성범, 보고서).

43) 一(김성범, 보고서).

44) ▨(김성범, 보고서), [年]·[筆]·[草](김성범, 보고서).

두께 0.4cm). 앞면 우측 상부에 ∨자의 缺入部가 있는데, 좌측은 상부의 결실로 ∨자 홈이 없다. 목간의 상단은 전·후·좌·우로 둥글게 다듬었고, 하단은 전후로 칼을 이용해 마무리했다. 앞면 좌측의 결실된 부분에 사선(/) 형태의 패인 자국이 보이는데, 이것은 ∨자 홈에 끈을 걸어 횡으로 묶었던 흔적으로 생각된다.

앞면은 중앙 상단을 기준으로 2글자의 큰 글자가 있고 그 아래로 중앙과, 좌·우로 4행으로 구분되어 있으나 중앙 상단의 큰 글자 바로 밑의 2자는 상단에 있고 나머지는 하단에 3행의 형태로 묵서가 남아있다. 묵서는 10자 이상이 기재된 것으로 보이며 판독 가능한 자형은 8자 정도이다(국립나주문화재연구소 2010, p.521).

출처: 국립나주문화재연구소, 2010, p.416, 사진 262.

(1) 판독 및 교감

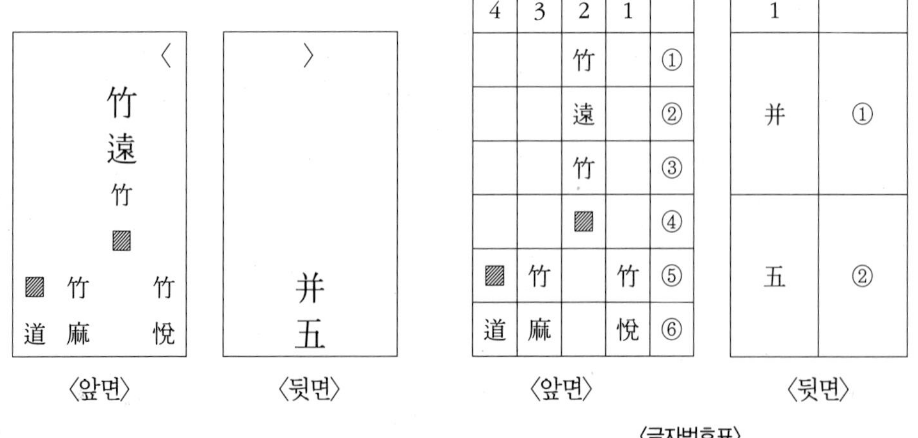

4	3	2	1	
		竹		①
		遠		②
		竹		③
		▨		④
▨	竹		竹	⑤
道	麻		悅	⑥

〈앞면〉

1	
并	①
五	②

〈뒷면〉

〈글자번호표〉

[앞면]

∨ 竹[45]悅[46]

竹[47]遠[48]竹[49]▨[50]

竹[51]麻[52]

▨[53]道[54]

[뒷면]

∨ 并[55]五[56]

뒷면 1-②: 五

1호 수혈 출토유물 409호	1호 수혈 출토유물 409호 (음영반전)	月城垓字 5호 木簡	平城宮第二次大極殿院·內裏東方官衙地区木簡	藤原宮朝堂院回廊東南隅木簡

∴ 1호 수혈 출토유물 409호(7호 목간)의 해당 자형은 '五'자로 판독된다. '之'로 파악할 수도 있지만 일반적인 '之'의 형태를 고려해 볼 때, 그 형상은 해당 자형과는 분명한 차이가 있다. 특히 자형의 2획에서 3획으로 구성되는 필획은 각진 형태가 아니라 둥글게 처리되고 있는데, 이러한 모습은 平川南이 예시로 든 月城垓字 5호 목간의 '五'자와 매우 유사하다. 이와 같은 필획으로 구성된 '五'의 형태는 위에 제시된

45) 竹(김성범, 보고서, 平川 南).
46) 悅(김성범, 보고서, 平川 南).
47) 竹(김성범, 보고서, 平川 南).
48) 遠(김성범, 보고서, 平川 南).
49) 竹(김성범, 보고서, 平川 南).
50) ▨(김성범, 보고서, 平川 南).
51) 竹(김성범, 보고서, 平川 南).
52) 麻(김성범, 보고서, 平川 南).
53) ▨(김성범, 보고서, 平川 南).
54) 道(김성범, 보고서, 平川 南).
55) 并(김성범, 보고서, 平川 南).
56) 五(김성범, 보고서, 平川 南), 之(자전).

유사 자형들의 사례를 통해 보다 확실하게 확인할 수 있다.

(2) 연구 쟁점

1호 수혈 출토유물 409호(7호 목간)는 목간의 앞면에 기재된 '竹'자의 의미(인명 또는 지명)와 뒷면의 '五'자 자형에 대한 판독이 關鍵이다.

김성범은 목간에 기재된 내용을 인명으로 파악하면서 '竹○'이라는 형태가 돌림자로 적은 것으로 보았다. 이들은 특수한 신분의 匠人 집단이나 승려와 같은 특정한 직업에 종사한 인물들의 인명을 나타내는 것으로 이해되는데(총 5명), 목간에 기재된 글자의 크기와 기재 양식을 볼 때, '竹遠'은 이들의 대표자이고 나머지 사람들(4명) 모두 '竹○'으로 시작하는 이름을 가진 것으로 추정했다. 목간의 성격에 대해서는 특수 집단인의 존재와 그들의 소유품을 표시하는 부찰목간으로 이해하였는데, 이것은 집단 간 다수의 인원이 모였을 때, 신분증명과 물품의 소유자를 구분하기 위해 사용된 것이라고 판단했다(김성범 2010, p.170; 보고서 2010, p.522).

이용현은 '竹'이 공통적으로 기재된 것에 주목하고 이것은 목간의 출토지인 '豆肹縣'과 관련된 지명일 것으로 판단하면서 '竹軍縣'의 존재를 언급하였다.

平川南은 목간 뒷면의 두 번째 자형에 대해서 기존에 '之'로 판독한 것을 '五'로 재판독하였다. 앞서 판독 및 교감에서 '五'자와 그 유사 자형의 사례에 대해 살펴봤지만 月城垓字 5호 목간에 나타난 '五'자의 서체를 볼 때, 2획에서 3획으로 연결되는 필획의 모습을 검토한 결과 '五'라고 한 것이다. 목간의 성격은 日本 平城京 右京7條1坊동북평의 우물 유적에서 출토된 불교 경전 암송을 분담한 승려의 명단이 기재된 문서목간을 사례로 들어 7호 목간도 이와 같은 성격의 승려 명단이 적힌 부찰로 판단하였다(이용현 2013, p.70).

8) 1호 수혈 출토유물 410호(자전-伏8)

1호 수혈 출토유물 410호(8호 목간)는 장방형의 하찰목간이다(잔존 크기: 길이 14cm, 너비 2.1cm, 두께 0.6cm). 상단은 앞뒤로 칼을 사용해 다듬었고, 하단은 횡으로 두 단의 층이 나도록 두 번 자른 것으로 보인다. 앞면과 뒷면 상부에 구멍이 뚫려있으며 묵서는 앞면에만 네 글자가 확인된다(국립나주문화재연구소 2010, p.522).

출처: 국립나주문화재연구소, 2010, p.416, 사진 262.

(1) 판독 및 교감

◎
上
去
三
石

〈앞면〉

1	
上	①
去	②
三	③
石	④

〈앞면〉

〈글자번호표〉

[앞면]

◎上[57]去[58]三[59]石[60]

(2) 연구 쟁점

1호 수혈 출토유물 410호(8호 목간)에 대한 연구자별 판독은 '上去三石'으로 동일하다. 김성범은 '上'은

57) 上(김성범, 보고서, 윤선태, 이용현, 자전).

58) 去(김성범, 보고서, 윤선태, 이용현, 자전).

59) 三(김성범, 보고서, 윤선태, 이용현, 자전).

60) 石(김성범, 보고서, 윤선태, 이용현).

‘올리다’라는 進上의 의미로, ‘去’는 ‘去年’으로 이해해 ‘去年分’, 작년분 3석을 진상한다는 의미로 파악하였다. 목간의 재질이 옻나무인 것에 주목해서 매우 진귀한 물품이나 곡물 등을 진상하면서 사용한 목간으로 추정했다(김성범 2010, p.171; 보고서 2010, p522). 반면에 이용현은 부여 좌관대식기 목간의 ‘上’의 용례를 들어 ‘上’을 진상이란 의미로 이해하는 것은 적절하지 않다고 보았다. 平川 南은 야마가타현 도덴유적의 ‘去七年料’ 목간을 예로 들어 1호 수혈 출토유물 410호(8호 목간)도 곡물의 작년분을 납입한다는 내용의 하찰로 파악하였다(이용현 2013, p.70).

9) 1호 수혈 출토유물 411호(자전-伏9)

1호 수혈 출토유물 411호(9호 목간)는 꼬리표 목간의 모습이지만 상부와 하부가 절단되었다. 상부는 전·후로, 하부는 전·후·좌·우로 칼을 이용해 다듬었다(잔존 크기: 길이 11.7cm, 너비 4.9cm, 두께 0.7cm). 묵서는 앞면 우측에 여섯 자가 확인된다(국립나주문화재연구소 2010, p.523).

출처: 국립나주문화재연구소, 2010 p.417, 사진 263.

(1) 판독 및 교감

麻中練六四斤

〈앞면〉

1	
麻	①
中	②
練	③
六	④
四	⑤
斤	⑥

〈앞면〉

〈글자번호표〉

[앞면]
麻[61]中[62]練[63]六[64]四[65]斤[66]

(2) 연구 쟁점

1호 수혈 출토유물 411호(9호 목간)와 관련해서 '麻中練六四斤' 판독에는 연구자별 이견이 없지만 수량 파악에 있어서는 차이가 있다. 김성범은 麻의 中練을 6개씩 묶은 다발이 4근이라고 파악하면서 '中練'은 麻의 가공과정에서 생산되는 제품을 의미하는 것이고 이것은 재가공이 가능한 중간단계의 마제품이라 하였다(김성범 2010, p.172; 보고서 2010, p.523).

윤선태는 '麻中練'은 麻中에서 練처럼 고운 제품을 의미하는 백제어휘이며, '六四斤'은 64근이라 하였다(윤선태 2010). 이용현은 '六四斤'을 64근으로 보면서도 4다발보다는 4회한 것으로 의미를 부여하였다. 平川南은 '練'은 '生'의 반대어로 蠶絲에서 견사를 구성하는 단백질(세리신)을 녹여 제거한 것이 '絁'이라는 것을 밝혔다. 그리고 '麻中練六'이란 식물섬유 삼마에 '中練(표백 공정)'을 6회한 것이고, 그것이 4斤이라고 해석하였다(이용현 2013, p.71).

10) 1호 수혈 출토유물 412호(자전-伏10)

1호 수혈 출토유물 412호(10호 목간)는 상부에 ∨字의 결입부가 있는 목간이다(잔존 크기: 길이 15.3cm, 너비 2.9cm, 길이 0.7cm). 상단은 전·후·좌·우로 여러 차례 칼을 이용해 다듬었고 하단으로 내려갈수록 뾰족한 형태를 하고 있다(하부 결실). 상부의 ∨자 부분에 끈을 묶어서 사용한 것으로 판단된다. 앞면에는 세 글자, 뒷면에는 여덟 자 정도의 묵서가 쓰였던 것으로 보인다(국립나주문화재연구소 2010, p.523).

61) 麻(김성범, 보고서, 윤선태, 이용현, 자전, 平川 南).
62) 中(김성범, 보고서, 윤선태, 이용현, 자전, 平川 南).
63) 練(김성범, 보고서, 윤선태, 이용현, 자전, 平川 南).
64) 六(김성범, 보고서, 윤선태, 이용현, 자전, 平川 南).
65) 四(김성범, 보고서, 윤선태, 이용현, 자전, 平川 南).
66) 斤(김성범, 보고서, 윤선태, 이용현, 자전, 平川 南).

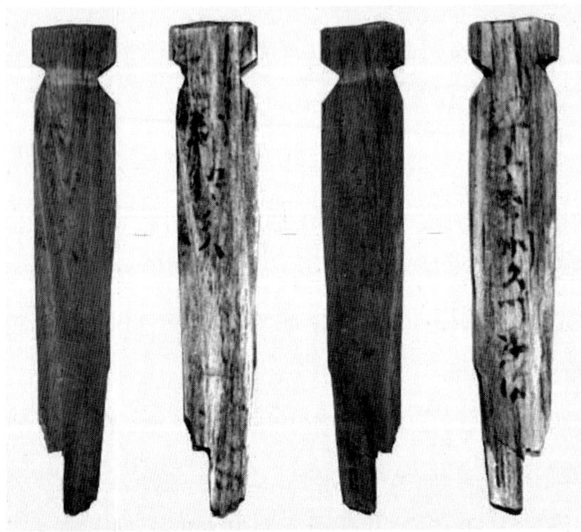

출처: 국립나주문화재연구소, 2010, p.417, 사진 263.

(1) 판독 및 교감

〉〈
郡
得
分

〈앞면〉

〉〈
▨
子
▨
州
久
川
米
付

〈뒷면〉

1	
郡	①
得	②
分	③

〈앞면〉

1	
▨	①
子	②
▨	③
州	④
久	⑤
川	⑥
米	⑦
付	⑧

〈뒷면〉

〈글자번호표〉

[앞면]

∨郡[67]得[68]分[69]

[뒷면]

∨▨[70]子[71]▨[72]州[73]久[74]川[75]米[76]付[77]

(2) 연구 쟁점

김성범은 1호 수혈 출토유물 412호(10호 목간) 뒷면 1행의 '州久川'을 인명으로 본다면, '州久川'이라는 사람이 송부해서 郡에서 얻게 된 분량으로 군에 송부 혹은 납부된 물량에 대한 보고용 하찰목간으로 판단하였다. 윤선태의 견해와 같이 앞서 살펴본 1호 수혈 출토유물 406호(4호 목간)에서 본 '郡佐'와 함께 '郡'의 본질을 확인할 수 있게 해주는 자료로 파악하였다. 또한 그 내용으로 볼 때, 목간의 출토지인 복암리 일대에 郡과 관련된 官衙가 있었음을 시사하는 것으로 이해했다(김성범 2010, p.173; 보고서 2010, p.524).

윤선태는 해당 목간을 부찰로 파악하면서 목간 앞면의 '郡得分'은 '郡이 얻는 分'이고 '▨子▨州久川(지명)'에서 '郡得分'의 명목으로 보낸 쌀 짐에 묶여있던 부찰로 이해했다. 그리고 목간이 출토된 두힐성은 당시 '郡'이었다는 것을 의미한다고 보았다(윤선태 2013, pp.64-65). 이성시도 이와 동일한 의견을 제시했는데, '郡得分'은 '郡이 얻은 몫'이고 '分'은 부여 관북리 목간 285호의 '中方向分' 사례가 있다고 언급하였다. 목간이 출토지에서 폐기된 것이라면, 복암리에 군과 관련한 관청이 있었던 것이고 나주 시내에는 이러한 군아가 존재했으며 폐기된 곳은 豆肹縣일 것으로 파악했다. '▨子▨州久門'에서 郡에 공진할 쌀이 출토지인 복암리(두힐현)로 모아지고, '▨子▨州久門'과 다른 곳(다른 이)의 것도 취합한 후 다시 재포장해서 郡에 보냈을 것이라고 파악하였다(이용현 2013, p.69).

이용현은 묵서와 관련하여 목간의 앞면 1행 이외에도 '布'와 '常'으로 추정되는 자형이 있다고 파악하였다(이용현 2013, p.69). 平川 南은 해당 목간은 부찰로, '郡得分'의 '得' 용례는 수확 또는 획득을 의미하며 '分'은 그 몫으로 郡이 수확한 것으로 보았다. 쌀에 붙은 공진물 하찰로서 郡 소유의 토지에서 수확된 米이나 郡에 배당된 쌀에 대한 하찰로 보았다(이용현 2013, p.69).

11) 1호 수혈 출토유물 413호(자전-伏11)

1호 수혈 출토유물 413호(11호 목간)는 꼬리표형 목간이다(잔존 크기: 길이 8.5cm, 너비 3.4cm, 두께 0.3cm). 상단과 하단은 칼을 이용해 다듬은 것으로 보이는데 상단의 왼편은 결실되었다. 앞면 상부에 半

67) 郡(김성범, 보고서, 윤선태, 이용현), ▨(자전).
68) 得(김성범, 보고서, 윤선태, 이용현), ▨(자전).
69) 分(김성범, 보고서, 윤선태, 이용현), [分](자전).
70) ▨(김성범, 보고서, 윤선태, 이용현, 자전).
71) 子(김성범, 보고서, 윤선태, 이용현), 十(자전).
72) ▨(김성범, 보고서, 윤선태, 이용현, 자전).
73) 州(김성범, 보고서, 윤선태, 이용현, 자전).
74) 久(김성범, 보고서, 윤선태, 이용현, 자전).
75) 川(김성범, 보고서, 윤선태, 이용현), ▨(자전).
76) 米(김성범, 보고서, 윤선태, 이용현), ▨(자전).
77) 府(김성범, 보고서, 윤선태, 이용현), ▨(자전).

透孔 상태의 구멍이 확인된다(제작 도중에 폐기된 것으로 판단됨).

앞면에는 간지를 나타내는 묵서가 확인되지만 뒷면은 묵흔의 흔적을 식별하기 어렵다(국립나주문화재연구소 2010, p.524).

출처: 국립나주문화재연구소, 2010, p.418, 사진 264.

(1) 판독 및 교감

◎
庚
午
年

〈앞면〉

1	
庚	①
午	②
年	③

〈앞면〉

〈글자번호표〉

[앞면]

◎庚[78)]午[79)]年[80)]

(2) 연구 쟁점

1호 수혈 출토유물 413호(11호 목간)에는 간지를 나타내는 묵서가 있다. 묵서는 앞면 중앙에 '庚午年'(干支+年)이라고 기재되어 있다. '庚午'는 550년(百濟 聖王 28년), 610년(百濟 武王 11년), 670년(新羅 文

78) 庚(김성범, 보고서, 자전).

79) 午(김성범, 보고서).

80) 年(김성범, 보고서).

武王 10년)으로 상정된다. 이에 대해 김성범은 공반유물(목간: 백제 관등 기재, 이두식 표현, 촌락문서 / 토제 유물: 백제계 선문기, 발형 토기, 개배, 대형의 호형 토기 / 금동이식)과 복암리 유적 내 다른 유구에서 출토된 '豆肹舍'銘 土器, 벼루 등 복암리 유적의 전반적인 상황을 종합해 볼 때, 1호 수혈 출토유물 413호(11호 목간)의 '庚午年'은 610년으로 판단하는 것이 타당하다고 보았다(김성범 2010, pp.174-175; 보고서 2010, p.524).

12) 1호 수혈 출토유물 414호(자전-伏12)

1호 수혈 출토유물 414호(12호 목간)는 위아래가 둥글게 다듬어진 형태로 상부에 마름모(◇)꼴 형태의 구멍이 뚫려 있다(잔존 크기: 길이 19cm, 너비 2.4cm, 두께 0.5cm). 앞면에는 천공된 부분 바로 아래에 여섯 자의 묵서가 확인되는데, '地名+官等+人名'의 순서로 기재되어있다(국립나주문화재연구소 2010, p.525).

출처: 국립나주문화재연구소, 2010, p.418, 사진 264.

(1) 판독 및 교감

◎
軍
那
德
率
至
安

〈앞면〉

1	
軍	①
那	②
德	③
率	④
至	⑤
安	⑥

〈앞면〉

〈글자번호표〉

[앞면]

◎軍[81)]那[82)]德[83)]率[84)]至[85)]安[86)]

(2) 연구 쟁점

1호 수혈 출토유물 414호(12호 목간)에 대한 '軍那德率至安' 판독에는 이견이 없다. '軍那'에 대해서는 관련 연구자들이 공통적으로 도독부 시기 帶方州 예하 6縣의 하나인 '軍那縣'과 동일한 지명으로 이해하고 있다(『三國史記』 地理志). 윤선태는 이를 통해서 '군나' 역시 7세기 초 백제에서 이미 사용했던 지명이라는 것을 알 수 있다고 파악하면서 '軍那' 지역과 관련된 이 목간이 두힐성에서 폐기된 이유에 대해 주목했다. 이에 따르면, 12호 목간은 그 형태나 묵서의 내용으로 보아 군나에 살았던 덕솔 지안이 두힐성으로 이동 간에 통행을 보증한 휴대용 부찰이거나 군나의 덕솔 지안이 두힐성으로 보낸 물품에 달려 있던 하찰로 추정하였다(윤선태 2012, pp.67-68).

김성범은 '軍那'가 영산강 유역 중 선진지역이라 할 수 있는 지방관청 소재지인 나주 복암리 인근에서 이미 통용되던 漢式地名으로 唐에서 이를 그대로 사용하려 했던 계획안을『三國史記』에서는 地理 條의 위치미상 조 이후로 기재했을 것으로 보았다. 이것은『三國史記』의 지명 관련 기사의 오류 부분을 확인하고 수정하는 고증 차원의 일환이 될 수 있을 것으로 이해하였다(김성범 2010, pp.176-177; 보고서 2010,

81) 軍(김성범, 보고서, 윤선태, 이용현, 자전).
82) 那(김성범, 보고서, 윤선태, 이용현, 자전).
83) 德(김성범, 보고서, 윤선태, 이용현, 자전).
84) 率(김성범, 보고서, 윤선태, 이용현, 자전).
85) 至(김성범, 보고서, 윤선태, 이용현, 자전).
86) 安(김성범, 보고서, 윤선태, 이용현, 자전).

pp.525-526). 이성시는 '軍那'를 '屈奈縣'으로 파악하였다. '屈奈縣'은 咸豐縣, 지금의 全南 咸平郡 咸平邑으로 비정되는 곳인데, 이곳은 나주 복암리에서 서북방향으로 약 15km 정도에 있다는 점을 지적하면서 해당 목간은 '軍那'에서 출토지인 '豆肹'로 가져온 것이라고 이해했다. 한편 平川南은 부여 능산리에서 출토된 목간 299호에 인명만 기록된 사례를 언급하면서 인명만 기록된 부찰로 보았다(이용현 2013, p.71).

13) 1호 수혈 출토유물 415호(자전-伏13)

1호 수혈 출토유물 415호(13호 목간)는 일련의 글자를 연습한 習字 형태의 목간이다(잔존 크기: 길이 11.5cm, 너비 4.5cm, 두께 0.8cm). 그 형태는 상부와 하부를 잘라내서 넓은 판형을 이루고 있는데, 나무의 결에 따라(위에서 아래로) 칼을 이용해 자른 것으로 보인다.

앞면에는 열네 자, 뒷면은 아홉 자 정도의 묵서가 확인된다(국립나주문화재연구소 2010, p.526).

출처: 국립나주문화재연구소, 2010, p.419, 사진 265.

(1) 판독 및 교감

<table>
<tr><td></td><td>×</td><td></td></tr>
<tr><td>道</td><td>衣</td><td>德</td></tr>
<tr><td>道</td><td></td><td>德</td></tr>
<tr><td>道</td><td></td><td>德</td></tr>
<tr><td>道</td><td>衣</td><td>德</td></tr>
<tr><td>道</td><td>衣</td><td>德</td></tr>
<tr><td></td><td>衣</td><td></td></tr>
<tr><td></td><td>×</td><td></td></tr>
</table>

〈앞면〉

<table>
<tr><td></td><td>×</td><td></td></tr>
<tr><td></td><td>道</td><td>道</td></tr>
<tr><td></td><td>道</td><td></td></tr>
<tr><td>率</td><td></td><td>衣</td></tr>
<tr><td></td><td>率</td><td>率</td></tr>
<tr><td></td><td>率</td><td></td></tr>
<tr><td></td><td>率</td><td></td></tr>
<tr><td></td><td>×</td><td></td></tr>
</table>

〈뒷면〉

[앞면]

德德德德德
×衣　　衣衣衣×
道道道道道

[뒷면]

道　　衣率
×道道　率率率×
率

(2) 연구 쟁점

1호 수혈 출토유물 415호(13호 목간)는 '德', '衣', '道', '率' 등의 글자를 연습한 습서목간이라는 데 연구자의 의견이 일치한다. 뒷면의 자형에 대해서 '道 衣率', '道道 率率率', '率'로 판독하여 당시 문서 작성에 자주 등장했던 관등의 '率'자 등을 연습한 것으로 파악한 견해(윤선태 2010, p.177)에 따르면 목간의 성격은 백제 관명 '德率', '道使' 등을 부분적으로 습서한 것으로 판단된다.

이와 관련하여 권인한은 뒷면의 '率'로 판독한 자형이『木簡字典』의 판독안과 같이 '平'자로 볼 만한 필치를 보인다는 견해를 제시하였다. 즉, 목간의 앞면과 뒷면에서 2행의 '衣', '平'자가 반복된 부분과 그 외 나머지 부분은 자형의 크기나 착묵의 정도 등으로 볼 때, 다른 사람이 쓴 異筆이라는 것이다. 앞 · 뒷면 2행의 묵서('平衣' 반복)와는 별개로, 앞면 1행과 3행에 '道'와 '德'이 반복적으로 습서된 점을 주목하였는데, 해당 목간을 부여 능산리경사지에서 출토된 '능9호' 목간의 경우와 같이 경전류의 다용자를 연습했을 가능성을 상정하였다. 이러한 맥락에서 해당 목간은 백제에서 경전류에 대한 학습이 7세기 前半에 이르러 지방에까지 확산되었음을 알려주는 자료로 판단된다고 보았다(권인한 2013, p.21).

앞서 살펴본 목간(목간 1~12호)들에서는 '德'과 '率'이 확인되지만 '衣', '道'는 보이지 않는다. 김성범은 이를 통해 기존 판독이 어려웠던 묵서 중 이 두 글자가 포함되었을 가능성과 두 글자가 기재된 또 다른 목간의 존재 유무를 상정하게 한다(김성범 2010, p.178; 보고서 2010, p.527).

안압지 목간의 '韓舍'를 습서한 것에서 착안하여 목간의 성격을 파악한 이성시는 '德率'의 습서라고 하였다. 이용현은 '德'과 '率'이 각기 다른 면에 있고, '德'이 '道'와 같은 면에 있는 점에 의미를 부여해 '道德'일 수 있다고 하면서 동일 사례가 능산리 목간에서도 확인된다고 하였다(이용현 2013, p.73).

3. 土器

1) '官內[用]'銘 土器

'官內[用]'銘 土器는 부정형 유구의 내부에서 출토되었다. 현재는 구연부와 견부 일부만 남아있는 상태(추정 구경: 19cm, 잔존 높이: 10.5cm, 두께: 0.5cm)로 토기 태토와 기형을 볼 때, 7세기 백제의 호형 토기로 추정된다(김성범 2009c).

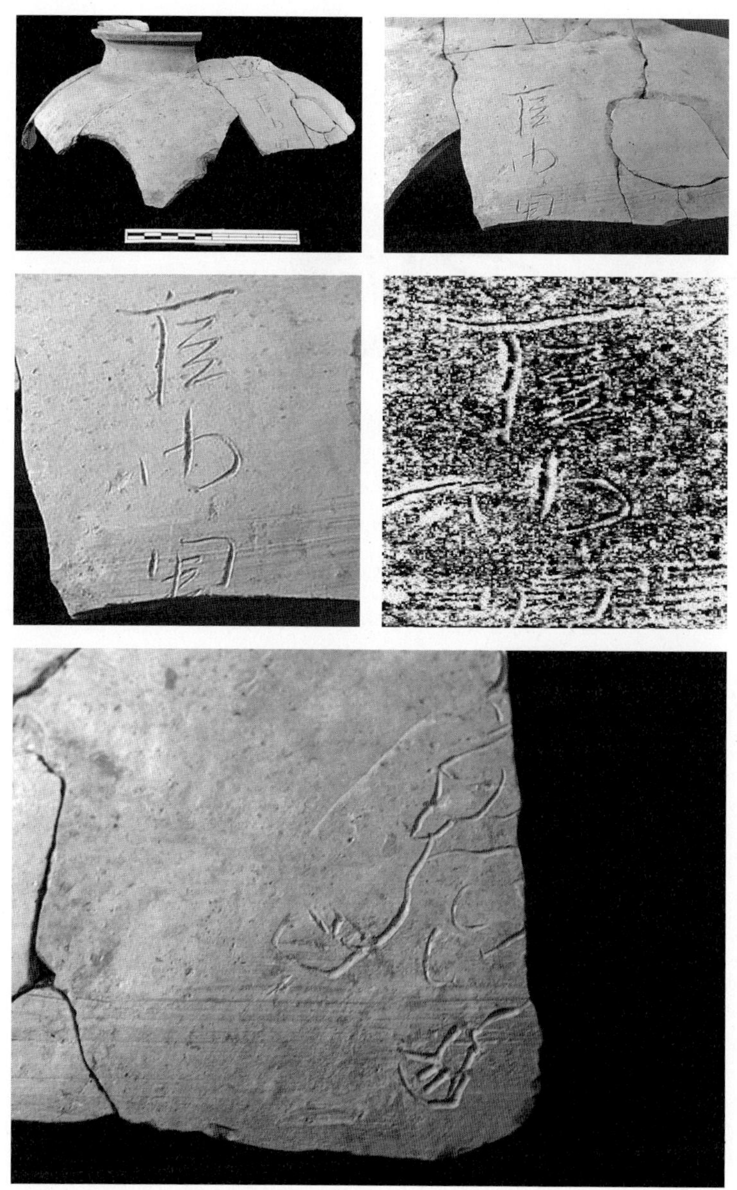

출처: 김성범, 2009c, p.241.

토기의 견부에는 토기의 사용처를 나타낸 것으로 판단되는 銘文이 세로로 陰刻되어 있다. 명문에서 우측으로 8~9cm 정도 떨어진 부분에는 형상을 알 수 없는 文様이 남아있다. 문양은 土器片의 일부가 결락된 상태여서 전체적인 모습을 짐작하기 어렵지만 동물의 형상을 표현한 것으로 보인다. 문양 하단부에는 발(足)로 생각되는 부분이 묘사되어 있는데, 흡사 조류나 양서류의 갈퀴를 연상시킨다.

(1) 판독 및 교감

官內[用]

1-①: 官

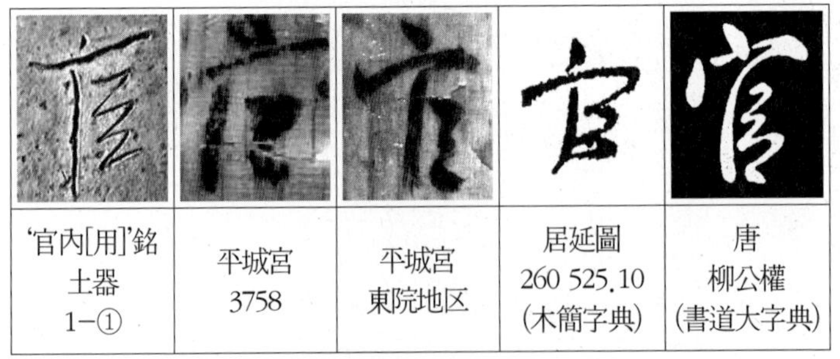

'官內[用]'銘 土器 1-①	平城宮 3758	平城宮 東院地区	居延圖 260 525.10 (木簡字典)	唐 柳公權 (書道大字典)

∴ '官內[門]用'銘 土器의 '官'字는 '宀'과 '㠯'가 단순화된 형태이다. '宀'이 '亠'처럼 새겨진 것이 눈에 띄는데, 이와 같은 모습의 '官'자는 위의 類似 字形의 사례에서도 확인된다. '官'자가 새겨진 토기는 이외에도 전라북도 익산의 왕궁리 유적에서 출토된 臺附盌(2점)이 있다(김성범 2009c).[87] 이러한 '官'字가 새겨진 '官內[用]銘 土器는 당시 복암리 일대에 백제의 지방관청과 같은 시설이 설치되었음을 입증하는 자료라고 할 것이다(국립나주문화재연구소 2010).

87) 왕궁리 유적의 臺附盌은 2점이 출토되었는데 굽 안쪽 바닥에 명문을 새겼다(국립부여문화재연구소 2006).

1-②: 內

'官內[用]'銘 土器 1-②	內	錦山 栢嶺山城 出土 '上水瓦 作土…'銘 음각와	米芾 (五體字典)	唐 歐陽詢 千字文 (書道大字典)	唐太宗 屏風書 (書道大字典)
門	亭巖理瓦窯址 盌	居延圖 179 325.14 (木簡字典)	平城宮1-97 (木研22-298頁· 城1-3下(17))	王獻之 (五體字典)	

∴ '內' 또는 '門'으로 판독되는 두 번째 자형은 '內'자로 판단된다. '官內[門]用'銘 土器의 자형에서 보이는 것처럼, 그 모습은 '冂'에 'ㅣ'이 결합(冂+ㅣ)된 형태로 구성되어 있다. 형태상으로는 錦山 栢領山城 출토 '上水瓦作土…'銘 음각와(측면 윗부분)의 '門'字와 비슷하다. '上水瓦作土…'銘 음각와의 '內'字는 反左書의 형태로 새겨졌는데, '冂'와 '入(ㅣ)'의 획 형태가 분명히 나타나 있다. '入'의 획 표기 방식에 차이는 있지만 이 부분은 제시된 '內'의 유사 자형 사례에서도 동일하게 확인된다. 한편, 해당 자형에 대해서 충청남도 부여군 정암리 가마터 B지구 2·3호 회구부에서 출토된 '軍門'銘 土器(대부완)의 '門'자 용례와 유사하다는 의견(김성범 2009)이 제기된 바 있다. 김성범의 의견과 같이 해당 자형을 '門'으로 판독하기 위해서는 일반적인 '門'자의 자형과 그 용례들을 검토하는 과정이 선행되어야 한다. 巖理瓦窯址 盌의 '門'자와 '門'의 유사 자형들을 보면 알 수 있듯이, 그 형태는 상당히 유사하다. 좌변의 형태가 점·선으로 간단히 표현되거나 생략되어 있고, 우변의 획은 꺾은 후 돌려 쓴 형태(갈고리와 같은 형상)이다. 위에 제시된 '門'자 유사 자형들에서 '冂'이 비슷한 형상으로 표기되어 있어서 '官內[用]'銘 土器의 자형을 '門'의 형태로 인식할 수도 있으나 '官內[用]'銘 土器의 자형에서 확인되는 '入(ㅣ)'의 획이 전혀 보이지 않는다. 또한 우획의 형상(갈고리 모양)이 '官內[用]'銘 土器의 자형과는 확연한 차이가 있다. 이로 미루어보아 '官內[用]'銘 土器의 자형은 '門'으로 판독하기 어렵다. '官內[用]'銘 土器의 자형을 亭巖理瓦窯址 盌의 '門'과 비슷하다고 판단한 의견은 토기의 용도나 의미 분석 측면에 중점을 두고 설정한 판독인 것으로 생각된다. 이상의 내용을 종합적으로 검토해 볼 때, '官內[用]'銘 土器 두 번째 자형은 '內'자로 판독된다.

1-③: [用]

'官內[用]'銘 土器 1-③	飛鳥池遺跡北 地区 169	平城宮 4641	平城宮 南面大垣 東端地区 10266

∴ '官內(門)用'銘 土器의 '用'으로 판독되는 자형은 일반적으로 '用'으로 인식되지만 자형이 위치한 토기의 하부가 결락된 상태이기 때문에 다른 자형일 가능성도 고려해봐야 한다. 명확히 '用'으로 판단하기는 어렵다. '[用]'으로 추독한다.

(2) 역주

官內[用]

2) '豆肹舍'銘 土器

'豆肹舍'銘 土器는 12-2호 수혈에서 발견되었다. 현재는 측면 일부만 남아있는 상태지만 잔존한 토기편의 형상으로 볼 때 토기의 전체적인 기형과 크기를 짐작할 수 있다. '豆肹舍'銘 土器의 용도는 장군(缶)으로 판단되는데, 회청색의 경질로 완전한 기형의 약 1/4 가량만 파손된 상태로 수습되었다(두께: 0.8cm, 외면: 2조의 침선문이 가로로 4~5cm 간격으로 돌아간 형태)(보고서 2010).

토기에는 3개의 명문이 확인되는데, 2조의 침선문 사이에 '豆肹舍', '焉(?)亅次(?)入(人)小陶(門)'과 '廿七'이 음각되어 있다(김성범 2009c).

'豆肹舍' 명문 왼쪽 부분(약 8~9cm)에는 '焉(?)亅次(?)入(人)小陶(門)'라는 6자 정도가 세로로 음각되어 있다. '焉(?)亅次(?)入(人)小陶(門)'에 대해 "(제작을) 마치고, 별(?)차가 조그마한 도기(小陶)를 (만들어 수요처에) 들여넣었다."로 해석(김성범 2009)하기도 했는데, 이와 관련해서는 자형에 대한 면밀한 검토 후 논의가 필요하다. 자형을 확인할 수 있는 글자는 '次'와 '小'뿐이다.

'豆肹舍' 명문의 오른쪽으로 약 10~13cm 떨어진 부분에는 '廿七'이라는 자형이 새겨져 있는데, 이것은 토기의 제작 번호 또는 제작 수량을 나타낸 것으로 생각된다.[88]

88) '十·廿' 등은 일본 쓰에무라의 사례와 같이 공인집단 간의 구별 기호일 수도 있으나 다른 가능성도 상정할 필요가 있다. 공인들은 지정기한의 납품을 위해 일정 부분 할당량을 확인할 필요가 있었을 것이다. 이러한 맥락에서 기호들은 십단위로 묶어서 확인하는 과정에서 발생했을 가능성도 있다(이동주 2013, p.226).

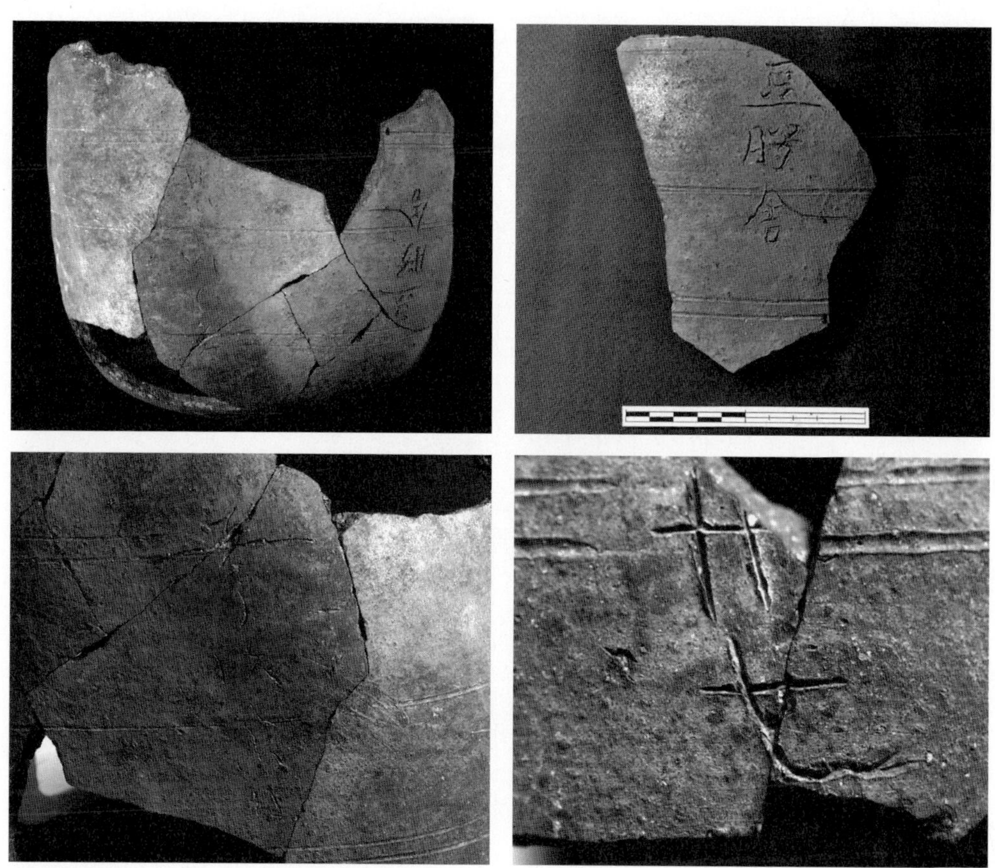

출처: 김성범, 2009c, pp.241-242.

(1) 판독 및 교감

豆肦舍, ▨▨次▨小▨, 卄七

④: ▨

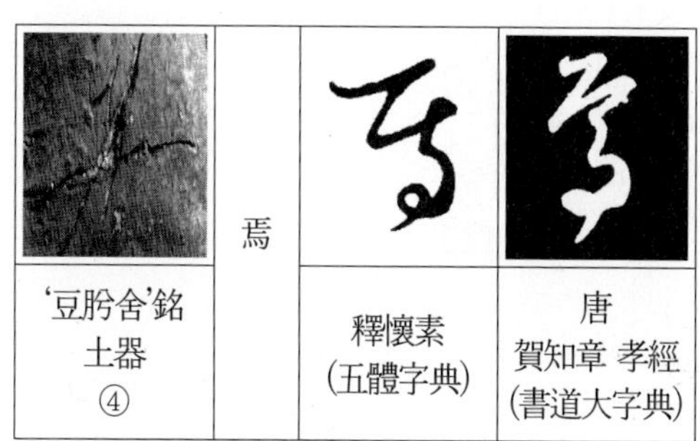

	焉		
'豆肦舍'銘 土器 ④		釋懷素 (五體字典)	唐 賀知章 孝經 (書道大字典)

∴ 기존에 '焉'으로 판독되던 이 글자는 2조의 침선문 사이에 새겨져 있는데, 파손된 부위와 겹쳐 있어

서 명확한 자형 판독이 어렵다. 해당 자형을 '焉'字의 유사 자형과 비교해 보아도 알 수 없다. 미상자(▨)로 처리한다.

⑥: 次

	次			
'豆肹舍'銘 土器 ⑥		王羲之 (五體字典)	平城宮木簡 5-8335 (日本古代木簡字典)	北魏 寇演墓誌 (書道大字典)

∴ '冫'과 '欠'을 간단히 표현한 것이다. '次'로 판독된다.

⑦: ▨

	入			人	
'豆肹舍'銘 土器 ⑦		平城宮木簡 3-3030 (日本古代木簡字典)	居延圖 160 203.37 (木簡字典)		唐 孔子廟堂碑 (書道大字典)

∴ 해당 자형은 기존에 '入', '人'으로 판독되었지만, 좌획의 모습이 불분명하다. '八'자의 형상으로 보이기도 하나 확정할 수 없다. 미상자(▨)로 처리한다.

⑨: ▨

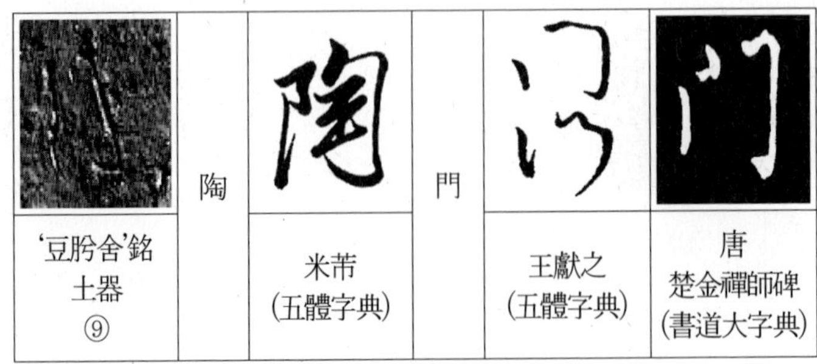

	陶		門		
'豆肹舍'銘 土器 ⑨		米芾 (五體字典)		王獻之 (五體字典)	唐 楚金禪師碑 (書道大字典)

∴ 자형의 변형과 생략을 감안하더라도 '豆肹舍'銘 土器의 해당 자형을 '陶'나 '門'으로 판독하기는 어렵

다. 미상자(▨)로 판독한다.

⑵ 연구 쟁점

'豆肹舍'銘 土器의 '豆肹舍' 銘文의 경우, 상당히 세련된 필체로 음각되어 있다. 3개의 명문 중 '豆肹舍'를 보면, '豆肹'이라는 글자는 百濟의 '豆肹縣'을 의미하는 것으로 판단된다.

두힐현은 唐이 백제를 멸망시키고 '竹軍縣'으로 바꾸어 '帶方州'의 영현으로 하였고, 이후 新羅 景德王代에 '會津'으로 고쳐 '錦山'(現 全南 羅州)에 귀속시켰다. '舍'자는 집이나 가옥을 나타내는 의미로 생각해 볼 수도 있지만 사찰이나 궁궐, 군영 등의 용례로 쓰인 경우도 있다. 이러한 정황을 감안하면, 당시 복암리 일대가 지니는 지역적 중요성을 생각해 볼 수 있다(김성범 2009c).

4. 綠釉托盞

綠釉托盞은 복암리 고분군 1호분(가장 북쪽, 해발 8.4m의 畓에 위치)에서 출토되었다. 녹유탁잔은 현실과 연도 사이 전실의 문비석 앞에서 대호 2점과 함께 발견되었다, 발견 당시, 잔의 뚜껑 부분은 옆에 떨어진 상태였고 대부는 거의 유실되었는데, 인위적으로 파손한 것으로 추정된다.

구순에는 뚜껑을 받치기 위한 홈이 파여져 있고, 잔 뚜껑은 드림부 일부가 유실된 상태로 녹유가 많이 벗겨진 상태였다. 탁은 대부접시형으로 구연의 끝부분이 약간 파손되었고 내면에 1줄, 외면에 2줄의 침선문이 가로로 둘려져있다.

바닥 부분에는 녹유의 剝離 상태가 심해 불분명하지만 2자의 묵서가 확인되었다. 첫 번째 글자는 '鷹'이나 그 이체자로 추정되고 두 번째 글자는 '人'변의 형태가 확인된다(伏岩里古墳群 1999).

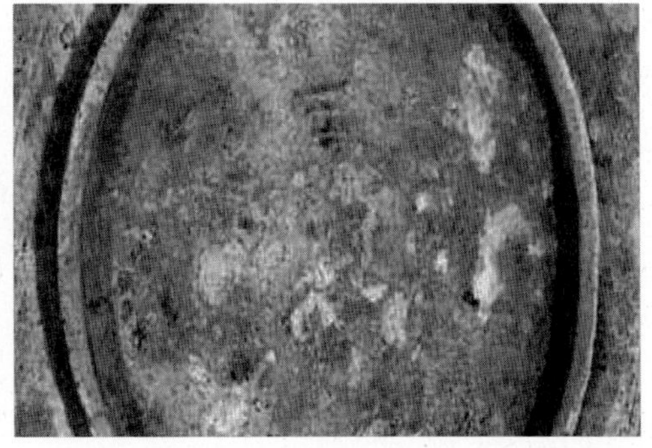

출처: 국립청주박물관·청주인쇄출판박람회조직위원회, 2000, p.74.

(1) 판독 및 교감

鷹▨

(2) 연구 쟁점

字形의 형태가 분명치 않아 논란의 여지가 있으나 첫 번째 글자는 '鷹'으로 추정된다. 두 번째 글자는 더욱 확인이 어려우나 관련 발굴보고서의 실측도와 적외선 촬영사진 등을 통해 살펴보면, '亻'으로 구성된 자형이나 '準'과 같은 자형으로 생각할 여지가 있다.

當代 백제가 '鷹準', '鷹遊'와 같은 별칭으로 불리던 것을 감안했을 때, 이를 의미하는 글자로 이해할 수 있으나 다소 圖式的인 판단을 필요로 하기 때문에 이와 관련해서는 보다 다양한 가능성을 고려해 판단해야 한다('鷹'과 '準'의 이체 형태 고려: 부수, 필획 등).

이와 관련하여 백제의 중앙에서 벗어난 지역에서 발견된 녹유기의 사례를 검토해 해당 녹유탁잔의 성격과 의미를 파악한 견해가 발표되어 주목된다. 현재 녹유기의 발견 사례는 나주 복암리 1호분의 녹유탁잔을 비롯해서 전남 여수 고락산성의 녹유잔, 전남 순천 검단산성의 경우(벼루) 외에는 없다. 복암리 1호분을 제외한 두 곳의 사례는 관방유적에서 발굴된 것인데, 산성 등지에서 이러한 일련의 고급 威勢品을 사용했다는 것은 그 사용자가 고위급으로 일정 정도의 지위가 있었을 것으로 파악한 것이다. 녹유잔과 벼루가 생활용기인 것에 반해 녹유탁잔은 의례용기로 사용되었을 가능성이 있다.

결국 녹유탁잔의 묵서는 일반적인 용도, 즉 왕실과 관련된 장소 이외의 곳에서 사용되어야 했기 때문에 이를 구분하기 위해 쓰인 것이고, 이것은 곧 당시 나주 복암리 세력의 수장에게 대한 賜與의 형태로 보아야 하며 이 지역의 유력세력을 지칭하는 것으로 판단해야 한다는 견해이다(배재훈 2011).

5. 朱書蓋杯

1) '卍'字 朱書蓋杯

'卍'字 朱書蓋杯는 개배의 뚜껑 윗면과 접시 아랫면에 '卍'字가 붉은 글씨로 쓰여져 있다. '卍'자가 吉祥萬德을 의미하는 점을 고려해 볼 때, 주서개배는 일련의 불교적 의미의 기원을 담아 제작된 것으로 추정된다(국립부여박물관 2003, pp.66-67).

출처: 국립청주박물관·청주인쇄출판박람회조직위원회, 2000, p.75.

(1) 판독 및 교감

卍

(2) 역주

卍[89)]

89) 卍: '卍'자는 아리안족의 태양 숭배와 관련된 상징으로 만 자의 중앙 정십자는 태양, 주변의 꺽인 부분은 태양의 광휘를 의미한다. 이러한 '만'자는 인도에서부터 그 의미가 발전하면서 '만덕을 총괄하는 길상', '길상의 회오리', '행운의 총체'라는 뜻으로 인식되었다(자현 2014, p.293).

6. 참고문헌

1) 보고서 및 자료집

국립나주문화재연구소, 2007, 『나주 복암리 고분군 주변지역 발굴조사 약보고서』.

국립나주문화재연구소, 2008, 『나주 복암리 고분군 주변지역 3차 발굴조사 약보고서』.

국립나주문화재연구소·동신대학교문화박물관, 2010, 『6~7세기 영산강유역과 백제 -국립나주문화재연구소 개소 5주년 기념 국제학술대회-』.

국립나주문화재연구소, 2010, 『나주 복암리 유적1 -1~3차 발굴조사보고서-』.

국립문화재연구소, 2001, 『羅州 伏岩里 3號墳』.

국립부여문화재연구소, 2006, 『王宮里』.

국립부여박물관, 2003, 『百濟의 文字』.

국립부여박물관·국립가야문화재연구소, 2009, 『나무 속 암호 목간』.

국립창원문화재연구소, 1999, 『함안 성산산성 출토목간의 내용과 성격』.

국립창원문화재연구소, 2006, 『韓國의 古代木簡(개정판)』.

국립청주박물관·청주인쇄출판박람회조직위원회, 2000, 『한국 고대의 문자와 기호유물 -2000 청주인쇄출판박람회기념 특별전-』.

湖南文化財硏究院, 2006, 『羅州 防築·上仍遺蹟』.

湖南文化財硏究院, 2007, 『羅州 長燈遺蹟』.

2) 논저류

강봉룡, 2006, 「제4장 백제와 통일신라시대의 나주」, 『羅州市誌』(1권), 나주시지편찬위원회.

權仁瀚, 2013, 「고대한국 습서 목간의 사례와 그 의미」, 『木簡과 文字』 11, 韓國木簡學會.

金建洙·李暎澈·陣萬江·李恩政, 2003, 『羅州 龍虎古墳群』, 湖南文化財硏究院.

金英心, 1998, 「百濟의 支配體制 整備와 王都 5部制」, 『百濟의 地方統治』, 學硏文化史.

김영심, 2011, 「백제문화의 도교적 요소」, 『한국고대사연구』 64, 韓國古代史學會.

김성범, 2008, 「羅州 伏岩里 遺蹟 出土 百濟木簡과 其他 關聯 遺物」, 『東아시아 古代木簡의 形態』, 제3회 한국목간학회 국제학술대회, 韓國木簡學會.

김성범, 2009a, 「羅州 伏岩里 유적 출토 백제목간과 기타 문자 관련 유물」, 『백제학보』 1, 百濟學會.

김성범, 2009b, 「나주 복암리 유적 출토 백제목간」, 『고대의 목간, 그리고 산성』, 국립문화재연구소 40년·한국 박물관 개관 100주년 기념 학술심포지엄, 국립가야문화재연구소·국립부여박물관.

김성범, 2009c, 「羅州 伏岩里 유적 출토 백제목간과 기타 문자 관련 유물」, 『木簡과 文字』 3, 韓國木簡學會.

김성범, 2009d 「羅州 伏岩里 木簡의 判讀과 意味」, 제4회 한국목간학회 국제학술대회 『東亞細亞의 木

簡 研究와 新出土 文字資料』, 韓國木簡學會.

김성범, 2010a, 「나주 복암리 목간의 판독과 석독」, 『木簡과 文字』 5, 韓國木簡學會.

김성범, 2010b, 「나주 복암리 유적 출토 목간의 판독과 의미」, 『진단학보』 109, 震檀學會.

김성범, 2010, 「羅州 伏岩里 出土 百濟木簡의 考古學的 硏究」, 공주대학교 박사학위논문.

김창석, 2011a, 「羅州 伏岩里 출토 木簡 연구의 쟁점과 과제」, 『百濟文化』 45, 공주대학교 백제문화연구소.

김창석, 2011b, 「7세기 초 영산강 유역의 戶口와 農作 –나주 복암리 목간의 분석–」, 『백제학보』 6, 百濟學會.

盧重國, 1988, 『百濟政治史硏究』, 일조각.

문동석, 2010, 「2000년대 백제의 신발견 문자자료와 연구동향」, 『한국고대사연구』 57, 韓國古代史學會.

박중환, 2002, 「扶餘 陵山里發掘 木簡 豫報」, 『韓國古代史硏究』 44, 韓國古代史學會.

裵宰勳, 2011, 「6~7세기 나주 지역 정치세력에 대한 시론적 검토 : 복암리1호분 출토 綠釉托盞의 명문을 중심으로」, 『한국고대사탐구』 9, 한국고대사탐구학회.

徐聲勳·成洛俊, 1988, 『羅州潘南古墳群』, 國立光州博物館.

윤선태, 2007, 『목간이 들려주는 백제이야기』, 도서출판 주류성.

윤선태, 2007, 「목간연구의 현황과 전망」, 『한국고대사 연구의 새 동향』, 서경문화사.

윤선태, 2010, 「나주 복암리 출토 목간의 용도」 『6~7세기 영산강유역과 백제』, 국립나주문화재연구소.

윤선태, 2012, 「羅州 伏岩里 出土 百濟木簡의 判讀과 用途 分析 –7세기 초 백제의 지방지배와 관련하여–」, 『百濟硏究』 56, 忠南大學校 百濟硏究所.

윤선태, 2013, 「신출토 문자자료와 백제 지방제도 연구의 신지평」, 제293차 한국사연구회 월례 연구발표회 발표문.

이동주, 2013, 「경주 화곡 출토 在銘土器의 성격」, 『木簡과 文字』 10, 韓國木簡學會.

李炳鎬, 2008, 「夫餘 陵山里 出土 木簡의 性格」, 『木簡과 文字』 1, 韓國木簡學會.

이용현, 2006, 『韓國木簡基礎硏究』, 신서원.

이용현, 2008, 「목간」, 『百濟의 文化와 生活』, 百濟文化史大系 硏究叢書 12, 충남역사문화연구원.

이용현, 2013, 「나주 복암리 목간 연구 현황과 전망」, 『木簡과 文字』 10, 韓國木簡學會.

林永珍·趙鎭先·徐賢珠, 1999, 『伏岩里古墳群』, 全南大學校博物館.

林永珍·黃在焄, 2005, 『羅州 新村里 土城』, 全南大學校博物館·羅州市.

자현, 2014, 『사찰의 비밀』, 담앤북스.

정동준, 2013, 『동아시아 속의 백제 정치제도』, 일지사.

鄭在永, 2003, 「百濟의 文字 生活」, 『口訣硏究』 11, 口訣學會.

洪承佑, 2011, 「韓國 古代 律令의 性格」, 서울大學校大學院 國史學科 博士學位論文.

渡辺晃廣, 2010,「日本古代の都城木簡と羅州木簡」『6~7세기 영산강유역과 백제』, 국립나주문화재연구소.
李成市, 2010,「韓國古代社會における羅州伏岩里木簡の位置」『6~7세기 영산강유역과 백제』, 국립나주문화재연구소.
田中俊明, 1990,「王都로서의 泗沘城에 대한 豫備的 考察」,『百濟研究』21, 충남대학교 백제연구소.
平川 南, 2010,「日本古代の地方木簡と羅州木簡」『6~7세기 영산강유역과 백제』, 국립나주문화재연구소.

清州 鳳鳴洞 出土 文字資料

정동준

1. 개관

청주 봉명동 유적은 1998년 11월18일~1999년 5월31일에 발굴조사된 유적으로, Ⅳ지구에서 3~4세기에 해당하는 243기의 토광묘가 발견되었다. 토광묘군은 청주의 중심을 가로지르는 무심천 변의해발 60×75m의 낮은 구릉지대에 자리하고 있다.

이러한 무심천과 미호천 변의 낮은 구릉지대에는 삼한시대에서 백제시대에 이르는 시기의 고분군이 흩어져 있다. 인근의 삼한~백제시대의 고분유적은 봉명동 유적을 중심으로 능선을 따라 동남쪽에 신봉동 백제고분군이, 북서쪽으로 송절동의 삼한시대 토광묘군이 연이어 구릉지역에 위치하고 있다. 북쪽으로는 미호천 북쪽 연변의 낮은 구릉 지역에 오창 송대리 유적이 있다.

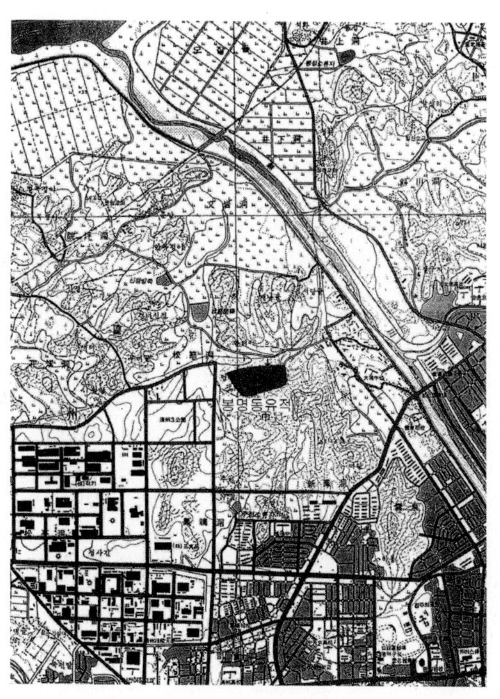

출처: 보고서, p.11.

봉명동 Ⅳ지구에서는 삼한시대부터 백제 초기까지의 토광묘가 240여 기나 발굴조사되었다. 이들 토광묘들은 피장자의 수에 따라 개인의 단장묘와 부부의 합장묘로 나누어진다. 묘광 내부의 구조에 따라 묘광 내부에 목관만을 둔 토광목관묘와 묘광 내부에 목곽을 설치하고 목곽 안에 목관을 둔 토광목곽목관묘로 나누어 볼 수 있다. 이 중 대부분은 토광목관묘이며, 243기 중 단장묘가 234기로 9기에 불과한 합장묘보다 압도적으로 많다.[1)]

'大吉'銘 銅鐸이 발견된 A구역은 서쪽으로 뻗어내린 가지능선 중하단의 능선 중앙을 중심으로 남사면에 해당한다. 토광묘는 총 75기의 삼한시대 토광묘가 조사되었으며, 토광묘의 분포상태는 능선의 평탄부와 사면을 따라 등고선방향과 나란히 동서방향으로 일정한 간격으로 조성되어 있다. A구역에서는 각종 토기, 철기, 청동기 등이 출토되었는데, 그중 청동기는 마형대구 9점과 '大吉'銘 銅鐸이 발견되었다. 마형대구는 천안 청당동 유적에서 발견된 이래로 주목을 받기 시작한 이래 발굴이 증가되어 왔다.

2. '大吉'銘 銅鐸

'大吉'銘 銅鐸은 52호 토광묘 묘광의 남동 모서리에서 출토되었다. 52호 토광묘는 39호에서 남서쪽으로 3m 떨어진 해발 69.7m의 능선 평탄부에 위치하고 있다. 墓壙은 말각장방형으로 장축방향이 북서-남동(N-65°-W)이 되게 생토면을 약간 비스듬히 굴착하여 묘광을 조성하였는데, 묘광의 남동단벽은 후대의 교란으로 파괴되었다. 묘광 내부에는 매장주체시설인 목관을 안치한 토광목관묘로 목관의 크기는 길이 210cm, 너비 50cm로 추정되고 있다.

봉명동 유적의 토광묘는 주로 3세기 후반에서 4세기 후반까지의 시기에 걸친 것들로 보이며, 송절동기에서 신봉동기로 가는 과도기적인 성격을 가지고 있다고 여겨지고 있다. 또 봉명동 유적은 송절동 단계보다 한층 발전된 사회·문화 단계로 나아간 반면, 신봉동 단계와는 달리 아직 한성백제의 직접적인 영향권에 들어가지 않았던 것으로 보인다(차용걸 1999; 보고서; 차용걸 2005).

'大吉'銘 銅鐸은 봉명동 유적에서 유일하게 명문이 있는 유물로 출토되었다. 청동의 산화로 부식이 심하며, 下椽의 일부가 결실되었다. 身部는 상부에서 하부로 벌어지며 내려오고 있으며, 상부의 위에는 弧狀으로 鈕가 돌출되어 중앙에 0.6cm의 구멍을 뚫어 끈을 꿰어 馬鐸을 매달 수 있게 하였다. 상부의 중앙부로 뉴의 좌우에는 2개의 구멍이 투공되어 있는데, 실이 꿰어져 있었으며 鐸身 내부의 舌을 연결했던 것으로 보인다.

탁신의 앞면에는 사다리꼴의 틀을 만들고, 그 안에 양쪽으로 2줄의 구슬 문양을 베풀고 그 중앙에 세로 방향으로 '大吉'銘을 鑄出하였다. 뒷면 역시 사다리꼴의 틀을 주출한 후 양쪽에 세로 방향으로 2줄의 구슬 문양을 주출하였으며, 하연은 직선이다. 높이 6.9cm, 윗부분 둘레는 긴 곳이 2.8cm, 짧은 곳이 1.9cm이고, 아랫부분 둘레는 긴 곳이 5.0cm, 짧은 곳이 3.5cm이다.

---

1) 분묘의 숫자는 글에 따라 차이가 있어 보고서를 기준으로 하였다.

하연이 직선인 형태는 송대리 유적 출토 馬鐸 등 대부분의 마탁이 하연이 弧狀으로 처리된 것과는 다르다. 남한 지역에서 출토된 명문 동탁은 경주 황오동 16호분 출토의 '大富貴'명이 있는 것이 이미 알려져 있으나, 이것은 5~6세기로 편년되고 있다. 따라서 '대길'명 동탁은 남한에서 출토된 것으로서는 가장 오래된 금석문일 가능성이 있다(차용걸 1999; 보고서; 차용걸 2005).

출처 : 도록, p.25.

출처 : 보고서, p.82.

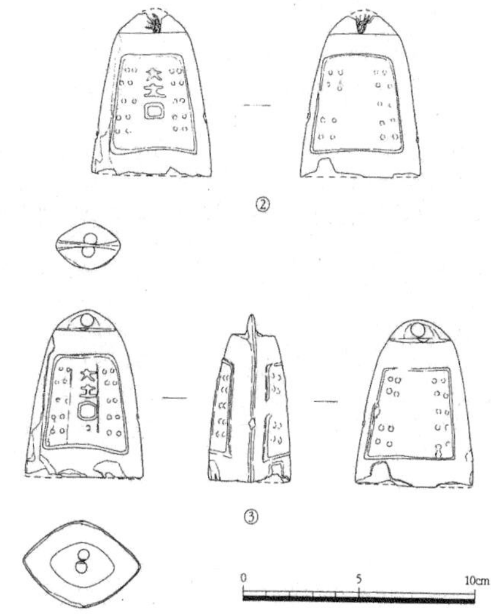

출처: 보고서, p.146.

3. 판독 및 교감

大 吉

大吉

4. 역주

大吉[2)]

5. 연구쟁점

이 '大吉'銘 銅鐸은 청주 지역에서는 드물게 발견된 고대의 문자유물로서 금강 유역의 마한 또는 초기 백제 집단이 漢 또는 樂浪과의 교류과정에서 입수한 유물로 추정된다. '大吉'이라는 구절이 있는 비교유물로는 형태는 약간 다르지만 洛陽 西郊 출토의 漢 銅鐸이 있다. 한편, 이 유물을 遼寧省 北票市 西溝村 출토의 '大吉利 宜牛馬'銘 銅鐸과 비교하여 慕容鮮卑와의 교섭의 산물로 이해하는 견해도 있다(도록).

6. 참고문헌

1) 보고서 및 자료집

차용걸, 1999, 「청주 봉명동·송절동 Ⅳ지구 유적의 조사개요」, 『湖西考古學』 2.

국립청주박물관, 2000, 『한국 고대의 문자와 기호유물』(약칭: 도록).

차용걸·박중균·노병식·한선경, 2005, 『청주 봉명동 유적(Ⅱ) -Ⅳ지구 조사보고1-』, 충북대학교 박물관(약칭: 보고서).

2) 논저류

차용걸, 2005, 「청주 봉명동 토광묘군의 편년과 성격」, 『忠北史學』 18.

2) '大吉'은 크게 길하라는 뜻의 吉祥句이다.

도 판

공산성 출토 찰갑 / 송산리 '梁宣'銘 명문기와
무령왕릉 출토 무령왕 지석 / 무령왕릉 출토 무령왕비 지석
관북리 1차 목간 1 / 구아리 '一斤'銘 도량형 석제품
구아리 출토 47호 목간 / 구아리 출토 90호 목간
궁남지 출토 2차 2호 목간 / 동남리 출토 표석
부소산성 출토 광배 / 북나성 출토 표석
쌍북리 280-5번지 131호 목간 / 왕흥사지 출토 사리기
사택지적비 / 미륵사지 출토 금제 사리봉안기
미륵사지 출토 금제 소형 금판 / 고창 오호리 출토 인장
익산 연동리 출토 동경 / 고흥 안동고분 출토 동경
고흥 야막고분 출토 동경 / 나주 복암리 1호 수혈 출토유물 404호
나주 복암리 1호 수혈 출토유물 405호 / 청주 봉명동 출토 동종
갑오명금동일광삼존불상 명문 / 갑인명금동광배 명문
계미명금동삼존불입상 명문 / 금동정지원명석가여래삼본입상 명문
부여융 묘지명 / 태비 부여씨 묘지명 / 이제 묘지명
흑치상지 묘지명 / 흑치준 묘지명 / 예군 묘지명
예식진 묘지명 / 예소사 묘지명 / 예인수 묘지명
진법자 묘지명 / 난원경 묘지명 / 대당평백제국비명
칠지도 / 물부순공덕기 전면 / 물부순공덕기 잔편
낙양 용문석굴 소재 '부여씨' 관련 자료

'李肇銀'명 찰갑편

'史護軍▨'명 찰갑편

'緒'명 찰갑편

'王武監大口典'명 찰갑편

'行貞觀十九年'명 찰갑편

공산성 출토 찰갑

송산리 '梁宣'銘 명문기와

앞면

뒷면

무령왕릉 출토 무령왕 지석

앞면

뒷면

무령왕릉 출토 무령왕비 지석

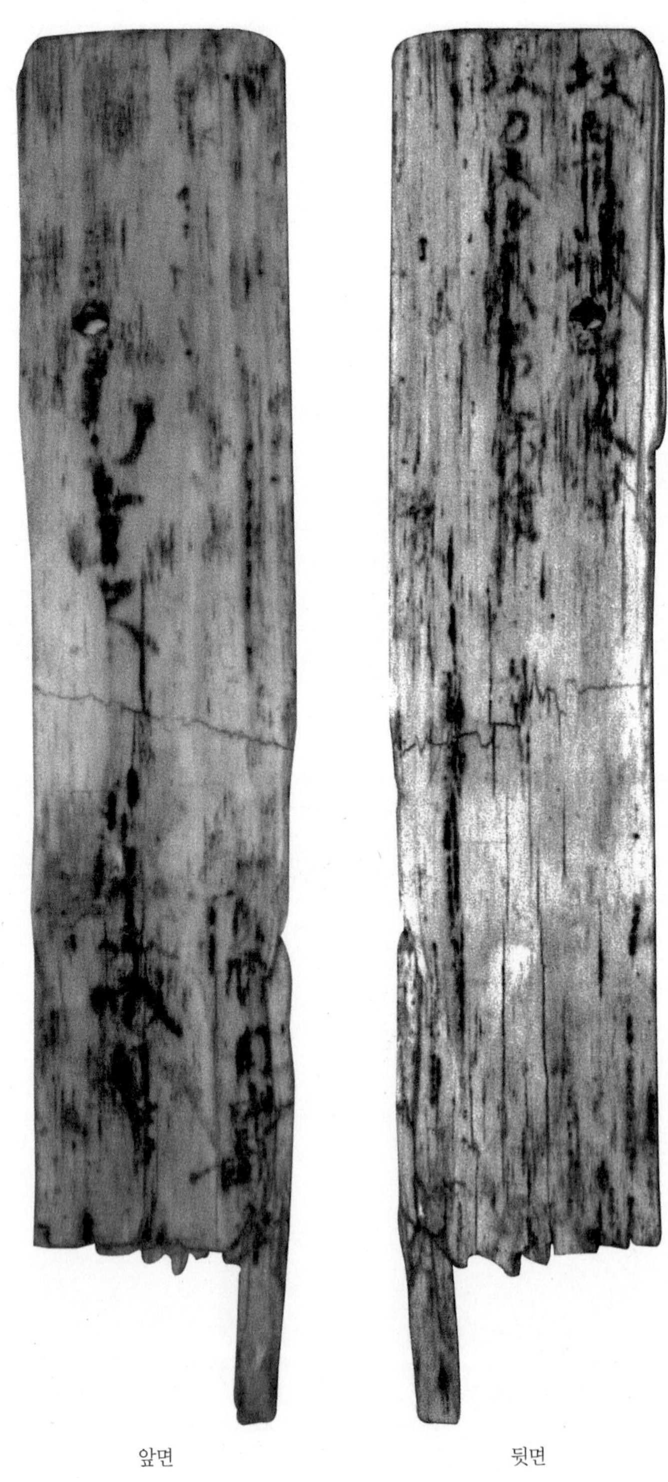

앞면 뒷면

관북리 1차 목간 1

앞면

뒷면

구아리 '一斤'銘 도량형 석제품

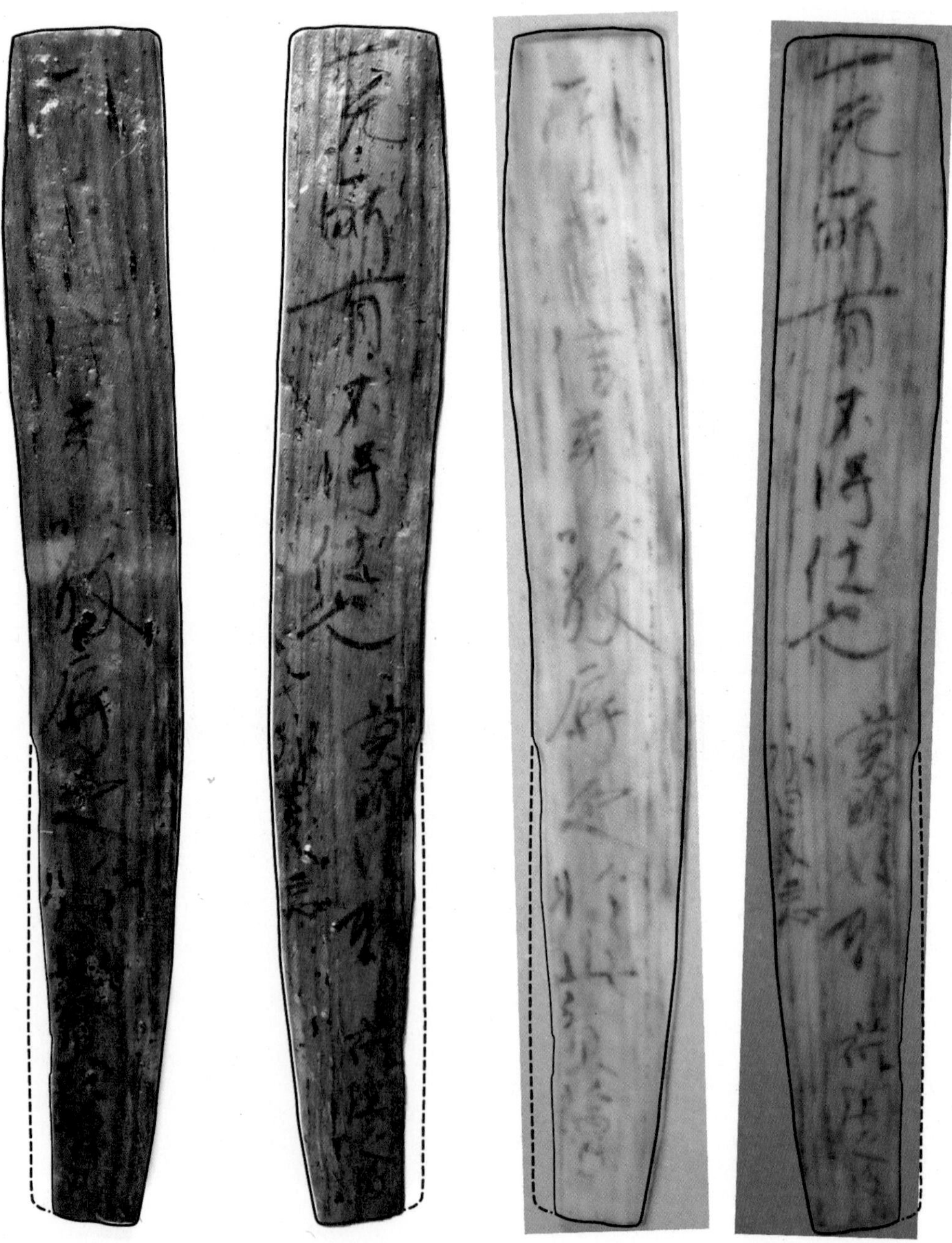

구아리 출토 47호 목간

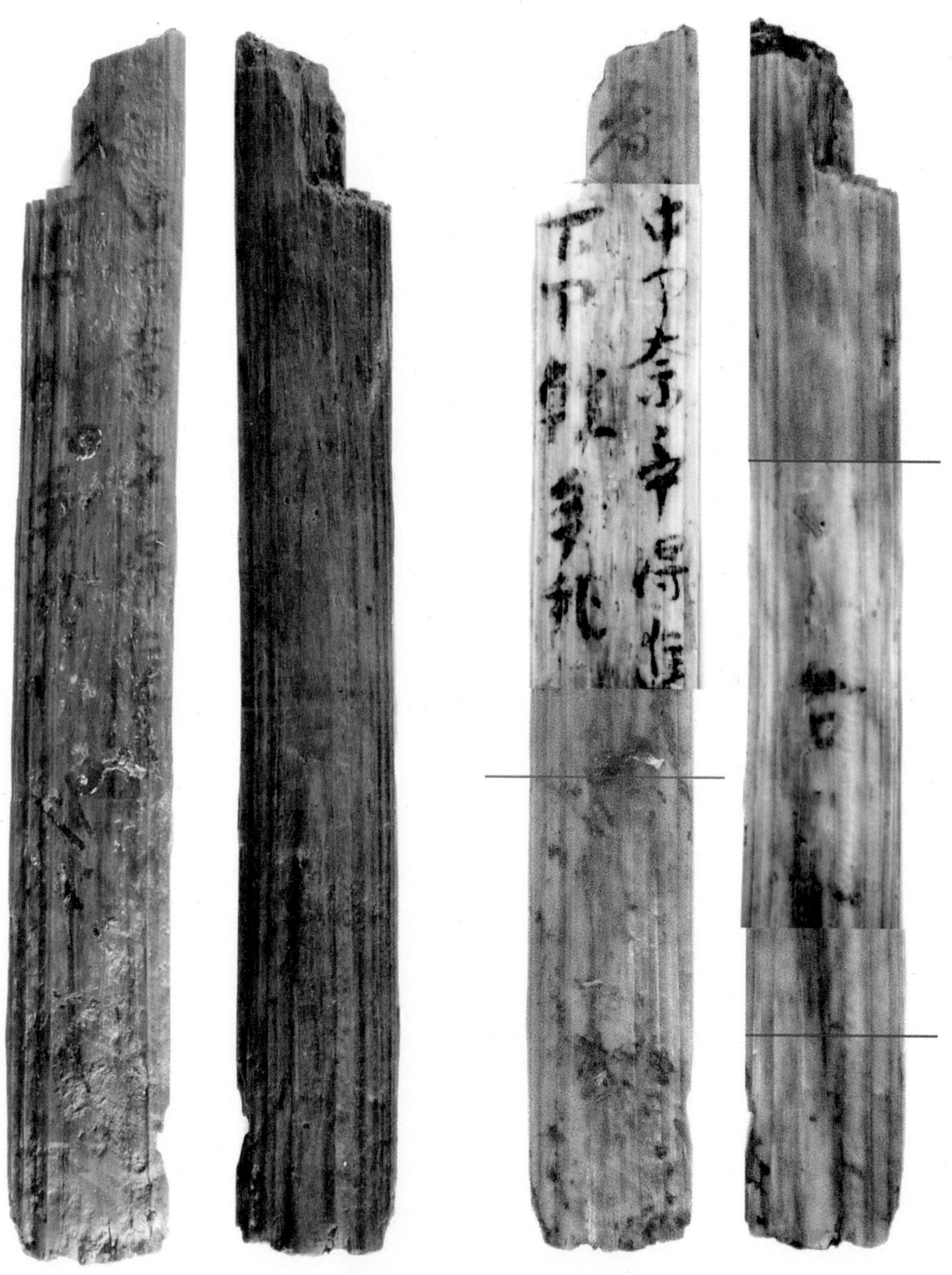

구아리 출토 90호 목간

앞면　　　　뒷면

궁남지 출토 2차 2호 목간

「前部」銘 標石

「上卩」銘 標石

동남리 출토 표석

정면

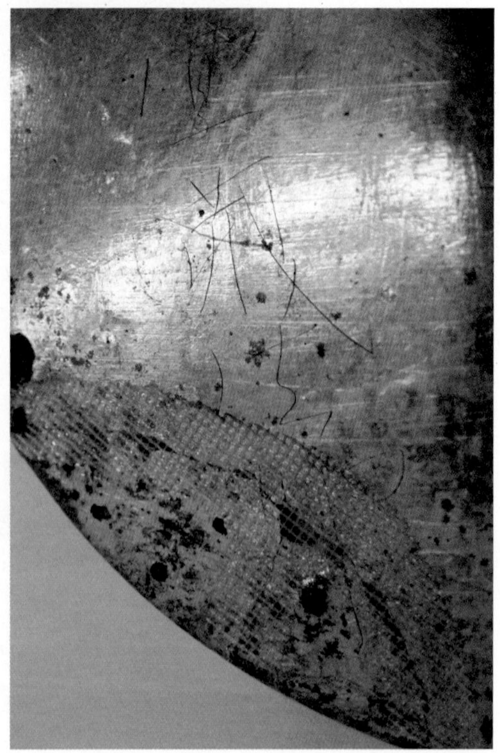

후면

부소산성 출토 광배

북나성 출토 표석

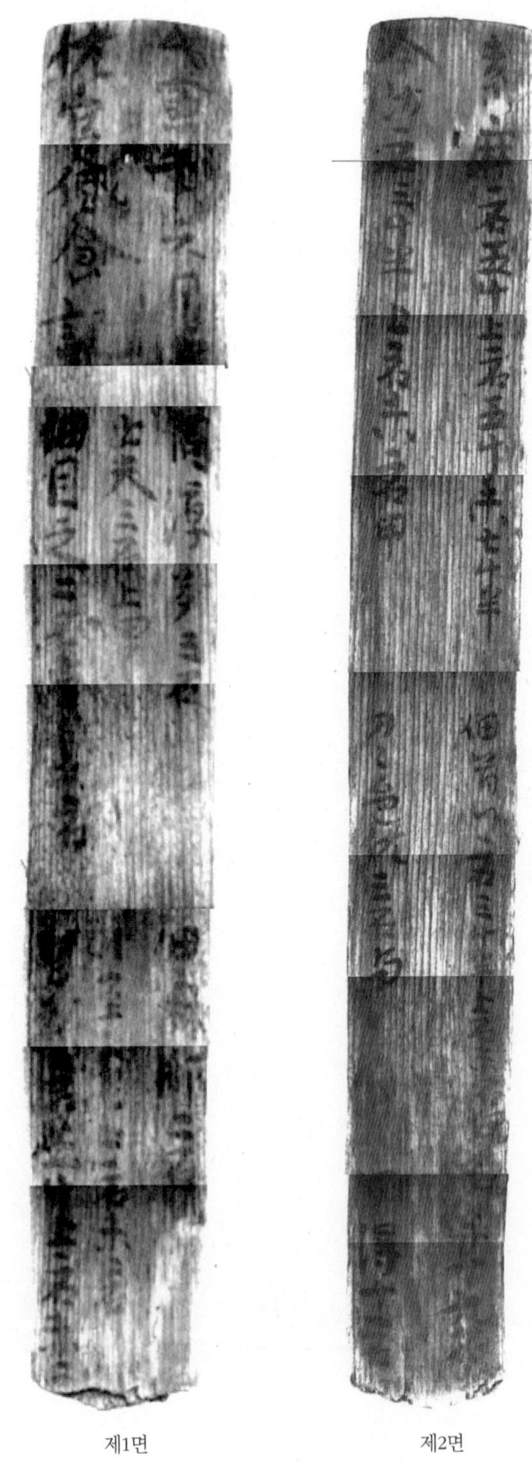

제1면 제2면

쌍북리 280-5번지 131호 목간

왕흥사지 출토 사리기

사택지적비

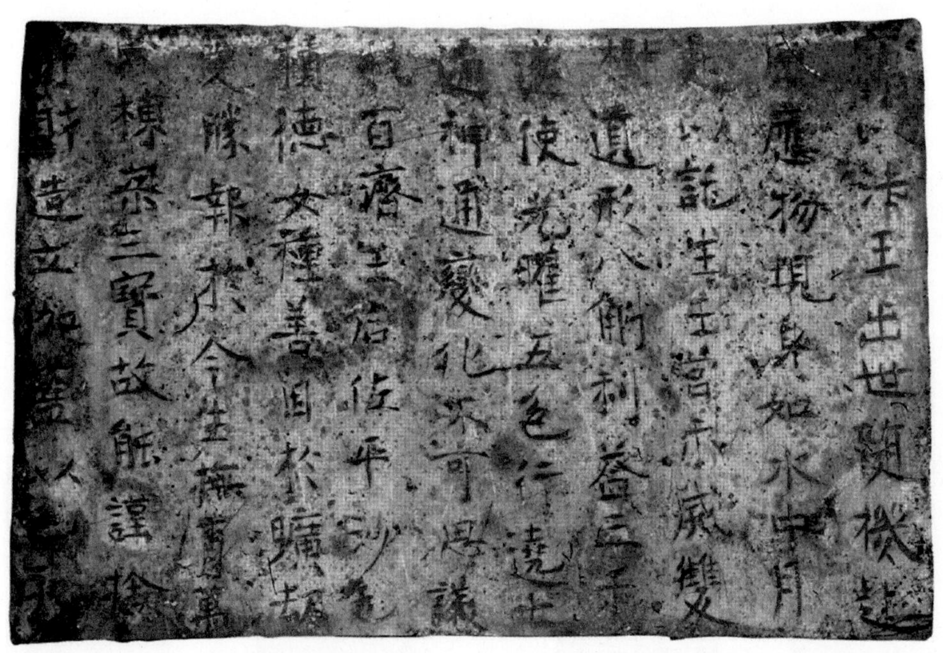

앞면

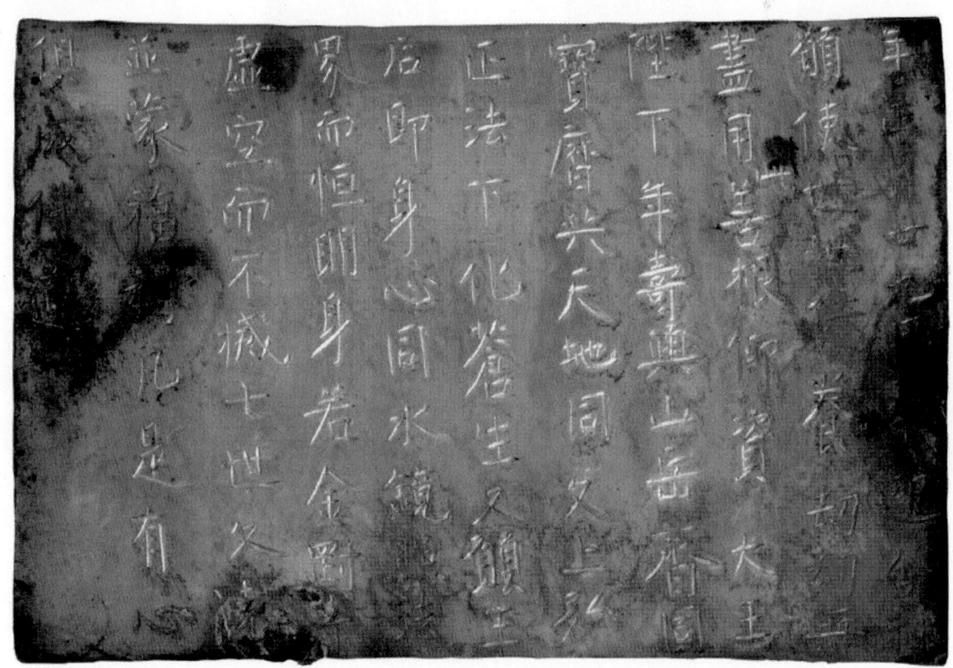

뒷면

미륵사지 출토 금제 사리봉안기

금제소형판 No.6
뒷면

금제소형판 No.12
앞면

금제소형판 No.14
앞면

금제소형판 No.14
뒷면

미륵사지 출토 금제 소형 금판

고창 오호리 출토 인장

익산 연동리 출토 동경

고흥 안동고분 출토 동경

고흥 야막고분 출토 동경

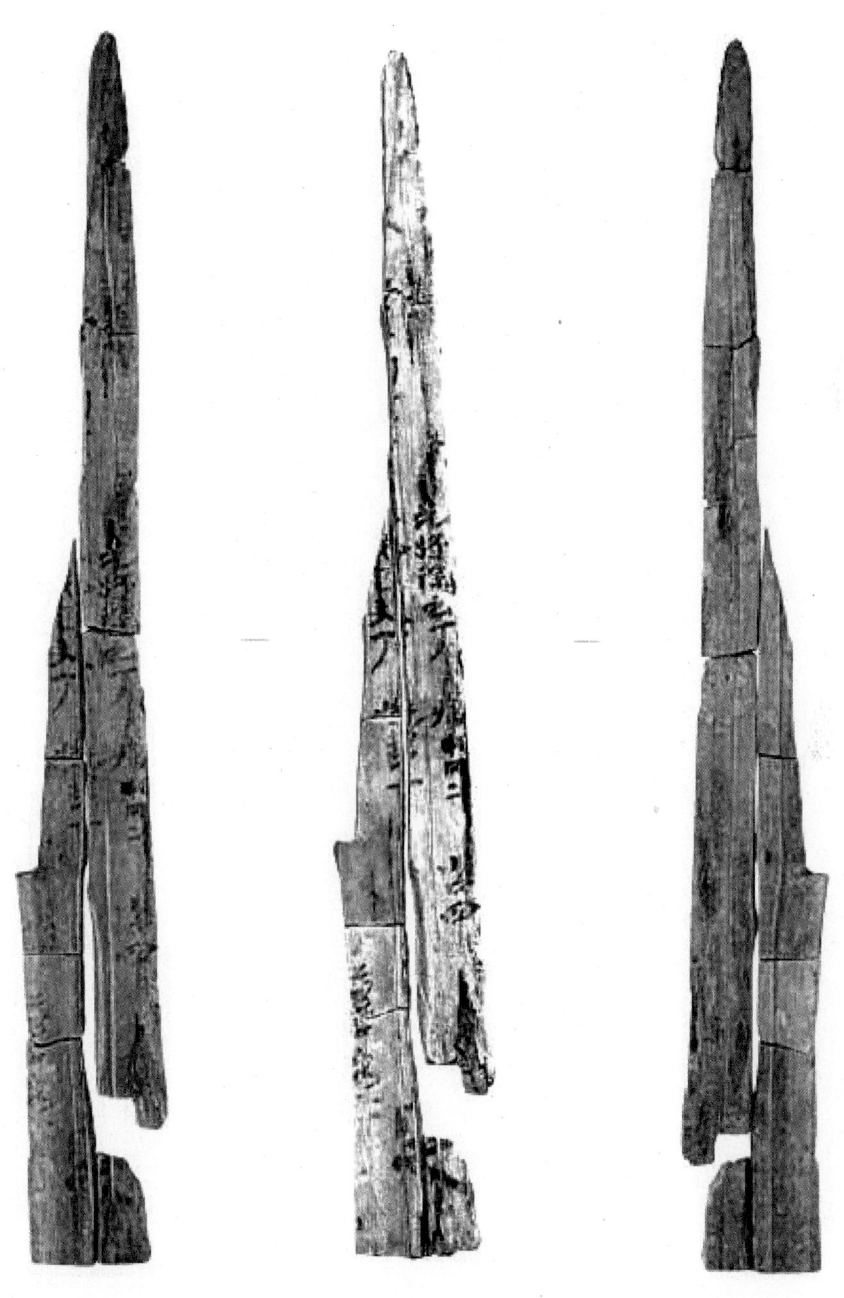

나주 복암리 1호 수혈 출토유물 404호

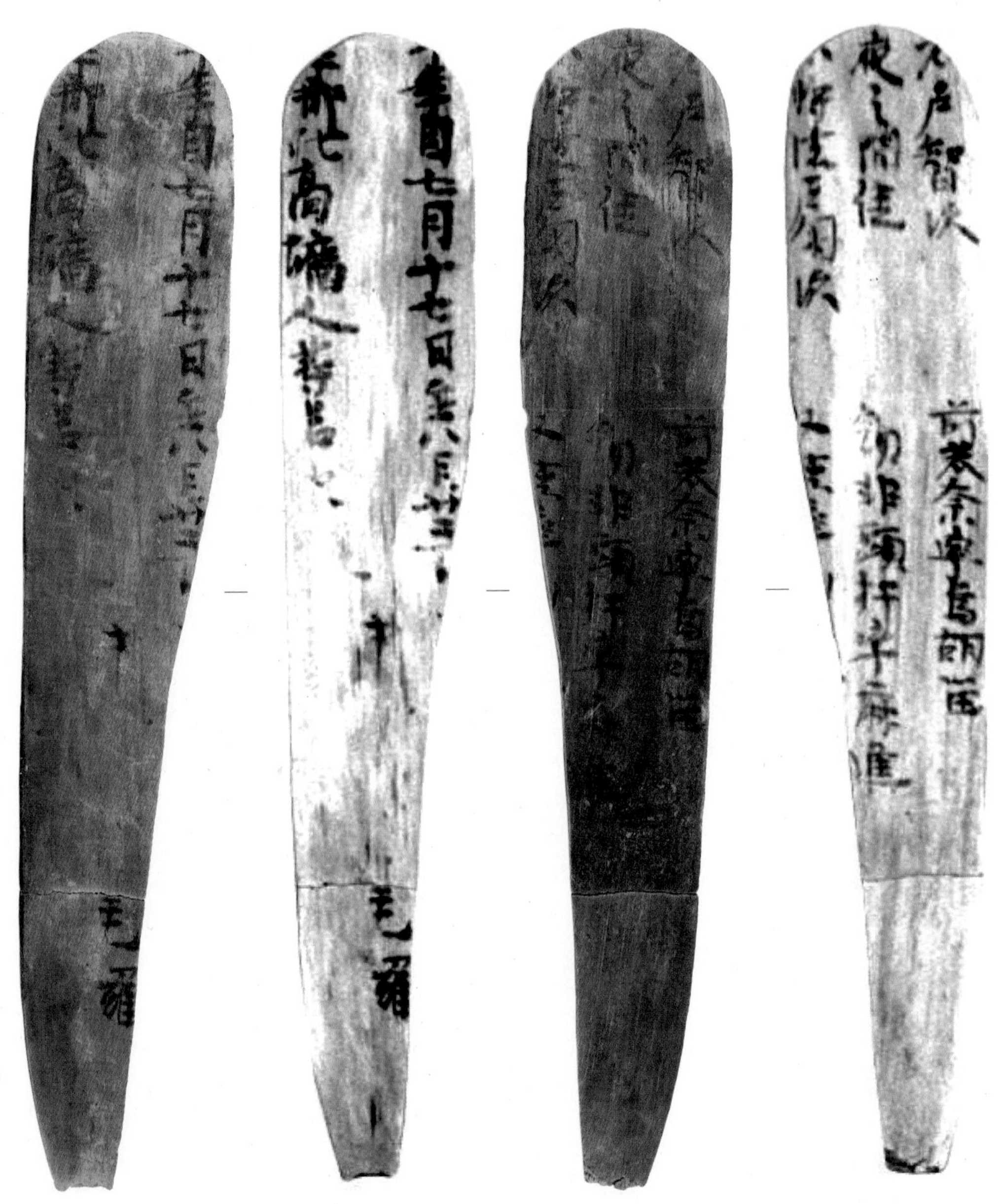

나주 복암리 1호 수혈 출토유물 405호

청주 봉명동 출토 동종

갑오명금동일광삼존불상 명문

甲寅年三月廿六日弟子
王延孫奉爲現在父母
敬造金銅釋迦像一軀
願父母乘此功德現
身安隱生生世世不經
三塗遠離八難速生
淨土見佛聞法

갑인명금동광배 명문

계미명금동삼존불입상 명문

금동정지원명석가여래삼존입상 명문

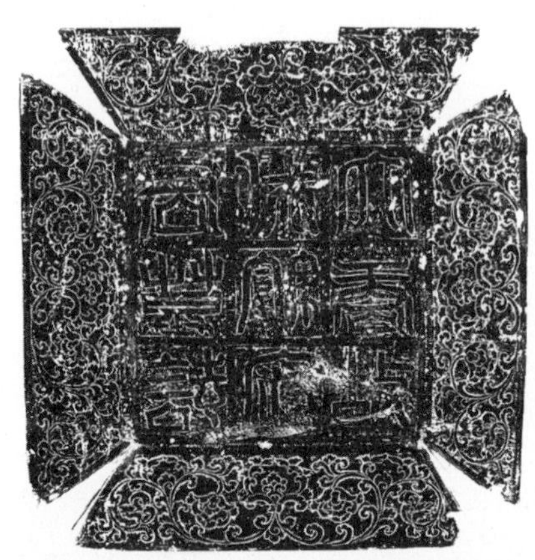

부여융 묘지명

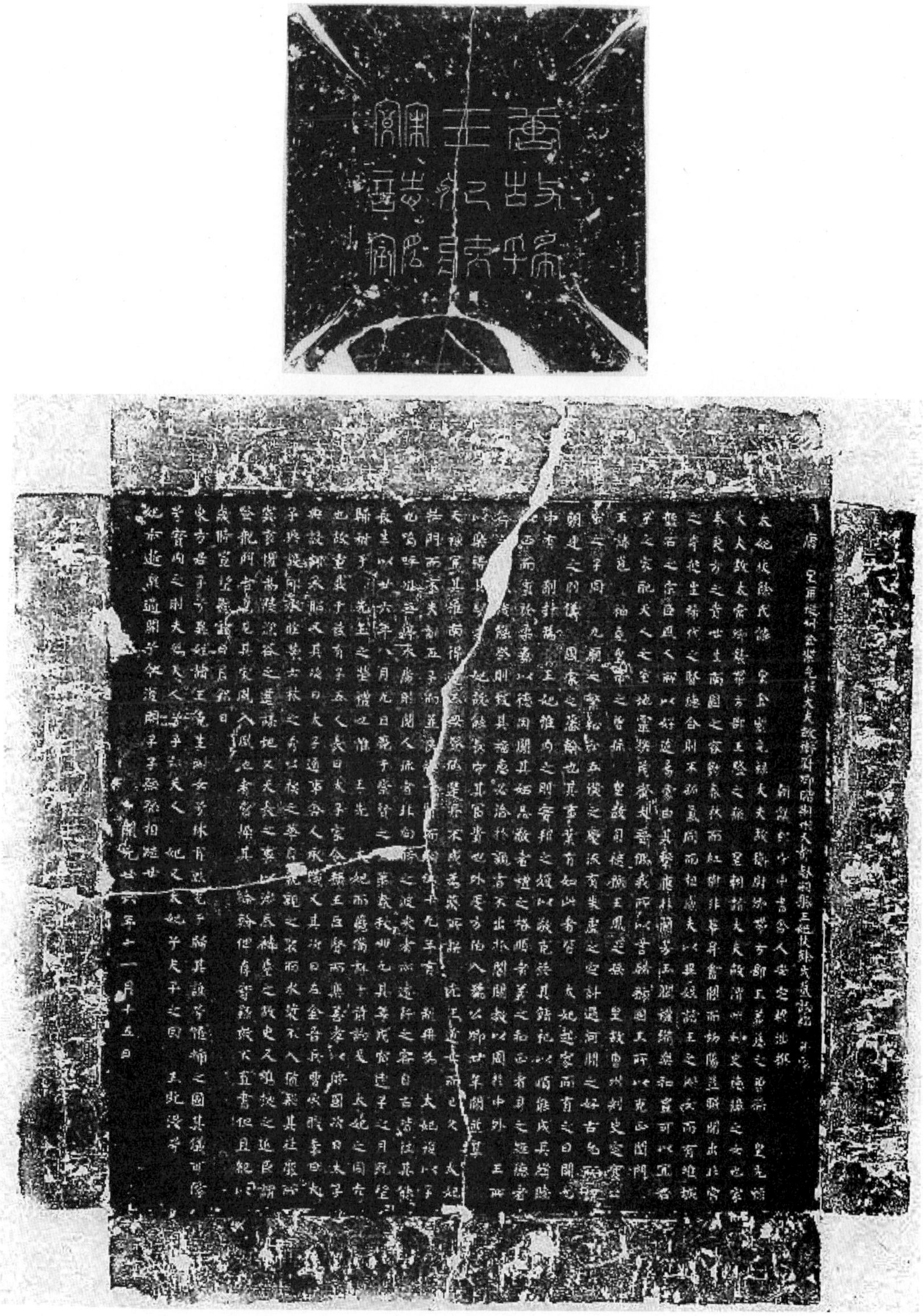

태비 부여씨 묘지명

唐故宗正少卿上柱國賜紫金魚袋李公墓銘并序
通直郎守尚書水部郎中賜緋魚袋李仍叔撰
公諱濟字恕躬隴西成紀人也六代祖
神堯高皇帝生元鳳爲虢王王生宏爲定襄郡公郡公生邕爲銀青光祿大夫
秘書監嗣封虢國贈荊州大都督都督生承曄皇漢州刺史使君生望之皇大
理評事贈工部侍郎侍郎即 公先考也 先夫人弘農楊氏贈華陰
郡君夫人外祖諱瑀開州刺史娶京兆府華原縣令彭城劉偃女先 公殁十
四年殯于鎮州真定縣令則不及祔 公之墓生子九人長曰同辰右司
禦率府倉曹參軍次同師同贊同玄同行同文同泰同賓同証女六人長第廿
二巳下五人皆未字也自同辰而府者性懷善良克奉家法哭泣之節頗見孝
道 公初任試太祝次轉金吾倉曹遷監察御史賜緋魚袋爲成德軍節
度巡官轉殿中爲推官又改侍御史仍帶舊職遷戶部外郎轉爲判官皆以公
事條舉序進賓府也貞元中
德宗文皇帝初平寇賊遂復京邑錄定功德以遣師 太師大夔艱危却立
東夏撥正將亂自是殊庸禮加寵崇許婚宗族 公從伯姊得至于趙
太師知[illegible]之賢遂領賓職歲月淹久官至外郎旋因 太師薨落
公不得離去舊職而將死者殁矣元和歲末鎮有師喪三軍將亂欲立其弟令
鳳翔節度從事也 公竭誠贊咨伯姊全真王氏之族亟列忠臣之家使
太師之業復光從時之名不墜得非 公之力焉 朝廷擢拜宗正
少卿制詞褒稱此績 公自筮仕至于登 朝曾無兼月之糧盡入俸
而已也及茲喪威字莫容伯姊晉國太夫人哀傷生疾徹膳正寢安
公柩焉送往存生情禮皆備豈不道高人倫義激風俗与 公游者莫不
揮涕而感之 公享五十寶曆元年正月十日寢疾而殁閏七月十九日
葬於萬年縣義善鄉舊塋之東北維刻石銘墓以難朽也銘曰
好古耽書名從軍立投筆論功侯封不及奈彼數奏差池憂悒跡爲賓寮道[illegible]
伍什歎忠事泄割地功集疑責俾死詞非血泣仰諸鴻翔悲同蟲蠹人多闇闇
公常汲汲星氣生躔下應人間王氏忠烈忽然昭宣傑射承家舉族
朝天 公隨伯姊乃得生還 寵錫斯極擢貳卿寺日星半紀忝移
官理棠衛疾生沉然不起魂神銷離嗚呼已矣 鄉貢進士周[illegible]賓書

이제 묘지명

흑치상지 묘지명

大唐故右金吾衛守翊府中郎將上柱國黑齒府君墓誌銘幷序
府諱俊唐左領軍衛大將軍燕國公之子焉分邦海濱見美玄虛
之賦稱首澤國取重太沖之詞纘種落於遐荒精[illegible]冠於中國之
立事懸名於畫月之旗[illegible][illegible]紀德於鐘鼎之[illegible]曾祖加[illegible]
鄉[illegible]史祖沙子任本鄉戶部尚書並[illegible][illegible]荊山珠[illegible][illegible][illegible]
自域風化大行擢[illegible]於天[illegible][illegible]時[illegible][illegible][illegible]朝左武衛大
將軍上柱國燕國公贈左領軍衛大將軍[illegible]行光金氏功[illegible]
天地仲璠之任將軍賛戎山河郡奠之封燕國死[illegible]可作哀贈載榮
公稟訓[illegible]門夙懷武略陶謙見戲即列旌旗李廣[illegible][illegible]必圖畢陣由
是[illegible]鵝領之遠略挺猿臂之奇工弱冠以別奏從[illegible][illegible][illegible][illegible]道行以
軍功授游擊將軍任右豹韜衛翊府左郎將[illegible]遷右金吾衛翊府中
郎將上柱國高踐連雲之閣俯從秋省之遊珥晉代[illegible]華貂盛漢年
之車服方冀七葉貽慶以享西漢之榮豈[illegible]二賢[illegible][illegible][illegible][illegible]北廿[illegible]
君以神龍二年五月廿三日遘疾終洛陽縣從善[illegible]春秋卅一嗚
呼城府颯焉邦國殄瘁惟公志氣雄烈宇量高深雖[illegible]上[illegible]功勳[illegible]
若戰而數奇難偶竟不封侯奄及殲良朝野痛惜即以神龍二年歲
次景午八月壬寅朔十三日葬於北邙山原禮也途移楚挽路引周[illegible]
宅穸將闢黃腸遽掩封崇既畢翠栢方深紀餘恨於[illegible][illegible][illegible]碑字之
生金銘曰
於維后唐求賢以理頹當見用秺侯入仕西戎孤[illegible][illegible]夷之子求
如不及片善斯紀棋紀善奚謂加之將纓忠以立勳孝以揚名[illegible]乎
皇考畢勳清貞孝哉令嗣無墜厥聲其二厥聲伊何將門武德受命
家閫立功異域克定禍亂掃除氛慝哥鍾賞賢車服表德其三車服伊
何金吾家盛美矣夫子膺茲寵命高閣連雲華貂疊映享此積善
倚伏[illegible][illegible]餘慶不延儀終小年梁木斯壞彼蒼者天挽悲萬里蕭鳴
一埋白日永塵黃泉其五

흑치준 묘지명

예군 묘지명

大唐故左威衛大將軍來遠縣開國子柱國禰
公墓誌銘 并序
公諱寔進百濟熊川人也
祖左平譽多父左平思善並蕃官正一品雄毅
爲姿忠厚成性馳聲滄海効節青丘公器宇深
沉幹略宏遠虛弦落鴈挺劔飛猨鳳稟貞規早
標義節占風異域就日長安式奉文棍爰陪武
帳壽襍拜鶡紆紫懷黃驂十影於香街翊九旗
於綺禁豈与夫日磾之華曲金之儔議其誠績
較其優劣者矣方承休寵荷日用於百年遽促
浮生奄塵飄於一瞬以咸亨三年五月廿五日
因行薨於來州黃縣春秋五十有八
恩加 詔葬禮洽飾終以其年十一月廿
一日葬於高陽原爰命典司爲其銘曰
溟海之東遠截 星鳳殞和歆化抱義懷承
榮簪紱接釆鵷鴻星搖寶劒月滿彫弓
恩光屢洽寵服方隆遄川遷遠悲名俄鄉烟合
古樹霜落寒叢雕天地兮長久与蘭菊芳兮無絶

예식진 묘지명

예소사 묘지명

예인수 묘지명

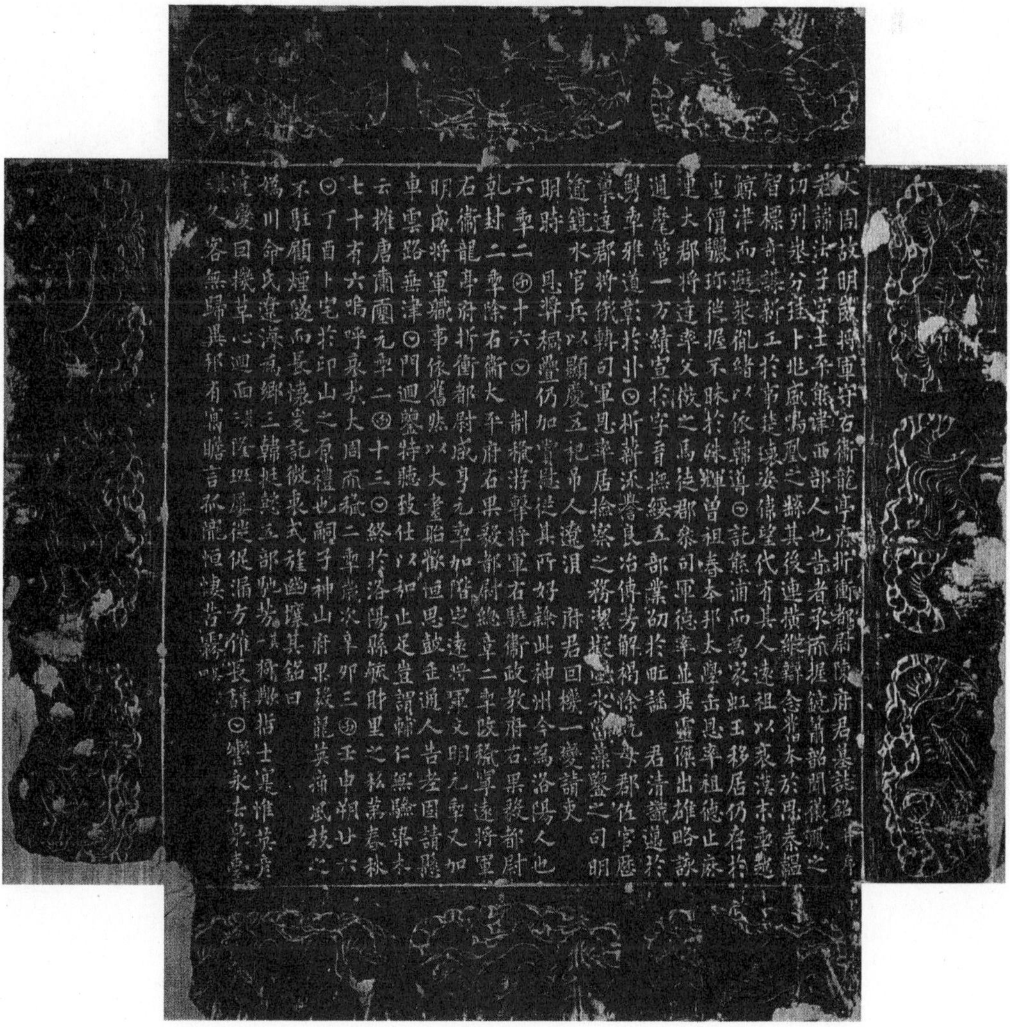

진법자 묘지명

난원경 묘지명

대당평백제국비명

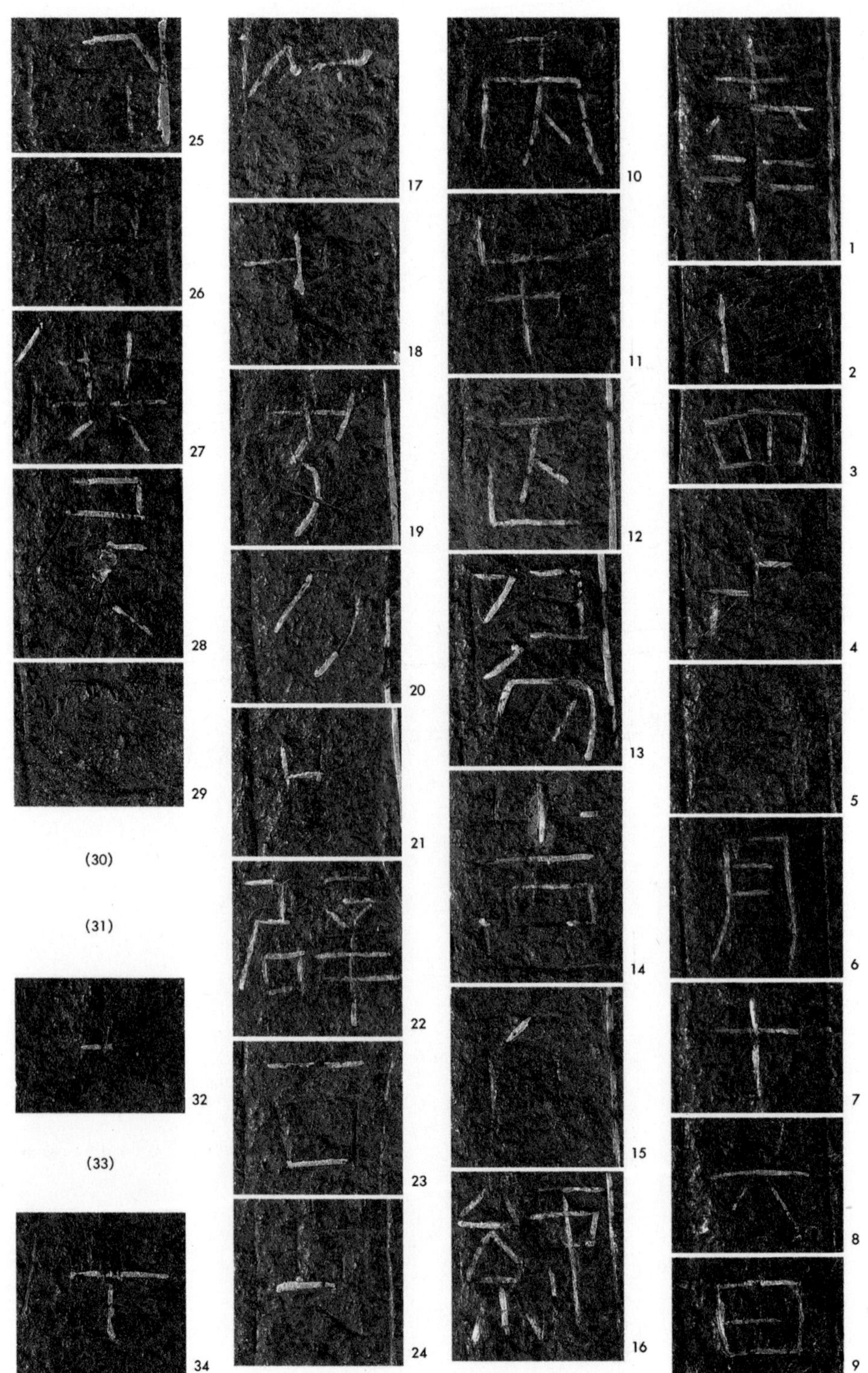

25
26
27
28
29
(30)
(31)
32
(33)
34
17
18
19
20
21
22
23
24
10
11
12
13
14
15
16
1
2
3
4
5
6
7
8
9

칠지도 앞면

칠지도 뒷면

물부순공덕기 전면

물부순공덕기 잔편

낙양 용문석굴 소재 '부여씨' 관련 자료

화보 출처

공산성 출토 찰갑 : 이남석, 2012, 「公山城出土 百濟 漆刹甲의 銘文」, 『木簡과 文字』 9, 한국목간학회.

송산리 '梁宣'銘 명문기와 : 국립부여박물관, 2010, 『百濟瓦塼:기와에 담긴 700년의 숨결』, 씨티파트너.

무령왕릉 출토 무령왕 지석 : 이재환 소장자료

무령왕릉 출토 무령왕비 지석 : 이재환 소장자료

관북 1차 목간 1 : 국립부여박물관·국립가야문화재연구소, 2009, 『나무 속 암호 목간』, 예맥.

구아리 '一斤'銘 도량형 석제품 : 국립부여박물관, 2003, 『백제의 문자』, 하이센스.

구아리 출토 47호 목간 : 심상육·이미현·이효중, 2011, 「부여 '중앙성결교회유적' 및 '뒷개유적' 출토 목간 보고」, 『木簡과 文字』 7, 한국목간학회.

구아리 출토 90호 목간 : 심상육·이미현·이효중, 2011, 「부여 '중앙성결교회유적' 및 '뒷개유적' 출토 목간 보고」, 『木簡과 文字』 7, 한국목간학회.

궁남지 출토 2차 2호 목간 : 국립부여박물관·국립가야문화재연구소, 2009, 『나무 속 암호 목간』, 예맥.

동남리 출토 표석 : 국립부여박물관, 2003, 『백제의 문자』, 하이센스.

부소산성 출토 광배 : 국립중앙박물관, 2011, 『문자, 그 이후』, 국립중앙박물관.

북나성 출토 표석 : 부여군 문화재 보존센터, 2012, 『부여 북나성 3차 발굴조사 약보고서』.

쌍북리 280-5번지 131호 목간 : 朴泰祐·鄭海濬·尹智熙, 2008, 「扶餘 雙北里 280-5番地 出土木簡 報告」, 『木簡과 文字』 2, 한국목간학회.

왕흥사지 출토 사리기 : 이천시립월전미술관, 2010, 『옛 글씨의 아름다운 : 그 속에서 역사를 보다』, 이천시립미술관.

사택지적비 : 이천시립월전미술관, 2010, 『옛 글씨의 아름다운 : 그 속에서 역사를 보다』, 이천시립미술관.

미륵사지 출토 금제 사리봉안기 : 국립문화재연구소·전라북도, 2013, 『미륵사지 석탑 사리장엄』, 국립문화재연구소·전라북도.

미륵사지 출토 금제 소형 금판 : 국립문화재연구소·전라북도, 2013, 『미륵사지 석탑 사리장엄』, 국립문화재연구소·전라북도.

고창 오호리 출토 인장 : 전북문화재연구원 편, 2009, 『高敞 石橋里·五湖里遺蹟』, 전북문화재연구원·고창군.

익산 연동리 출토 동경 : 국립부여박물관, 2003, 『백제의 문자』, 하이센스.

고흥 안동고분 출토 동경 : 전남대학교 박물관 제공

고흥 야막고분 출토 동경 : 문화재청, 「보도자료-1500여 년 전 무덤의 주인은 누구일까」(2012. 11. 26).

나주 복암리 1호 수혈 출토유물 404호 : 국립나주문화재연구소, 2010, 『나주 복암리 유적1 -1~3차 발굴조사보고서-』.

나주 복암리 1호 수혈 출토유물 405호 : 국립나주문화재연구소, 2010, 『나주 복암리 유적1 -1~3차 발굴조사보고서-』.

청주 봉명동 출토 동종 : 국립청주박물관, 2000, 『한국 고대의 문자와 기호유물』.

갑오명금동일광삼존불상 명문 : 정영호, 2011, 「百濟와 中國南朝의 金銅一光三尊像에 關한 試論 -百濟 甲午銘 金銅一光三尊佛像의 新出을 계기로」, 『문화사학』 35, 한국문화사학회.

갑인명금동광배 명문 : 東京國立博物館, 1996,『(特別展)法隆寺獻納寶物』, 東京國立博物館.

계미명금동삼존불입상 명문 : 문화재청 홈페이지

금동정지원명석가여래삼본입상 명문 : 김영관 소장자료

부여융 묘지명 : 국립중앙박물관 編, 2010,『금석문자료(1) -삼국시대-』, 국립중앙박물관.

태비 부여씨 묘지명 : 張蘊·汪幼軍, 2008a,「唐「故䥍王妃夫餘氏墓誌」」,『碑林輯刊』13, 陝西人民美術出版社 : 2008b,『木簡과 文字』2, 한국목간학회.

이제 묘지명 : 西安市 長安博物館 編, 2011,『長安新出墓誌』, 文物出版社.

흑치상지 묘지명 : 李希泌, 1986,『曲石精廬藏唐墓誌』, 齊魯書社.

흑치준 묘지명 : 李希泌, 1986,『曲石精廬藏唐墓誌』, 齊魯書社.

예군 묘지명 : 김영관 소장자료

예식진 묘지명 : 김영관, 2012,「中國 發見 百濟 遺民 禰氏 家族 墓誌銘 檢討」,『신라사학보』24, 신라사학회.

예소사 묘지명 : 김영관, 2012,「中國 發見 百濟 遺民 禰氏 家族 墓誌銘 檢討」,『신라사학보』24, 신라사학회.

예인수 묘지명 : 김영관, 2012,「中國 發見 百濟 遺民 禰氏 家族 墓誌銘 檢討」,『신라사학보』24, 신라사학회.

진법자 묘지명 : 胡戟·荣新江 主編, 2012,『大唐西市博物馆藏墓志』, 北京大学出版社.

난원경 묘지명 : 郝本性 主編, 1991,『隋唐五代墓誌彙編 : 河南卷 第1册』, 天津 : 天津古籍出版社.

대당평백제국비명 : 국립중앙박물관 編, 2010,『금석문자료(1) -삼국시대-』, 국립중앙박물관.

칠지도 : 村山正雄, 1996,『石上神宮七支刀銘文圖錄』, 吉川弘文館.

물부순공덕기 전면 : 北京圖書館金石組, 1990,『北京圖書館藏 中國歷代石刻拓本匯編』20册, 中州古籍出版社.

물부순공덕기 잔편 : 李裕群·李剛 編, 2003,『天龍山石屈』, 科學出版社.

낙양 용문석굴 소재 '부여씨' 관련 자료 : 오택현 소장자료